D1731582

Deutsches Münzpreis-Jahrbuch 1981/82

Tyra Gräfin Klenau

Deutsches Münzpreis-Jahrbuch 1981/82

30000 Auktionsergebnisse deutscher Münzen
in den Jahren 1980 und 1981

Battenberg

© 1982 by Battenberg Verlag, München
Umschlag: Walter Lachenmann, Buchendorf
Satz und Technik: Herbert Tausend, Puchheim
Gesamtherstellung: Strauß & Cramer, Hirschberg-Leutershausen
Printed in Germany
ISBN 3-87045-204-8

VORWORT

Dieses Buch handelt von Ihrem Geld - von dem Geld, das Sie für Ihre Münz-
sammlung ausgeben. Weder Sie noch ich können die 25-30000 jährlich ver-
steigerten deutschen Münzen und ihre Preise im Gedächtnis speichern.
Als Privatmann ist es Ihnen auch nicht möglich, eine Kartei dieser Ergebnisse zu erstellen - es sei denn, Sie könnten es sich leisten, ganz-
tägig daran zu arbeiten.

Mit diesem Buch erwerben Sie die Informationen der Preiskartei der Münz-
handlung Graf Klenau oHG München, deren Mitinhaberin ich bin. Wir erfassen
in unserer Münzpreiskartei die Versteigerungsergebnisse der deutschen
und der maßgeblichen ausländischen Auktionshäuser.

Ich habe für dieses Buch den Bereich herausgegriffen, der für die deutsch-
sprachigen Sammler am interessantesten ist: den Zeitraum vom Beginn der
Talerprägung bis zur modernen Zeit. Im einzelnen sind dies die folgenden
Gebiete: [1]

- Heiliges Römisches Reich deutscher Nation
- deutsche Münzherren von 1806-1870
- Österreich bis 1918
- Liechtenstein bis 1918
- Schweiz bis 1849

Eine scharfe Abgrenzung wurde nicht angestrebt. So wurden die Münzstände
des Elsass und Lothringen berücksichtigt, die südlichen Niederlande im
wesentlichen erst ab 1713 und lückenlos ab 1780 (Katalog von Jaeger -
Jaeckel), nicht jedoch die selbständigen Staaten Belgien und Luxemburg.
Der Bereich der nördlichen Niederlande ist nicht aufgenommen, Lüttich
dagegen wegen der dynastischen Verbindung mit dem Hause Wittelsbach berücksichtigt. Im Osten fehlen Polen und Litauen, aber als deutsche Münzen
wurden die von (Ost- und West-) Preußen, die der deutschen Städte unter
polnischer Oberhoheit und die verschiedener Münzstände des Baltikums aufgenommen. Die Gebiete der Habsburger sind durchgehend berücksichtigt und
damit auch die Münzen Ungarns und Böhmens bis 1918.

---

1) Die zweifellos hoch interessanten Prägungen des Mittelalters entziehen
sich wie ebenso die Münzen der Antike durch ihren subtilen Variantenreich-
tum jener schemamäßigen Erfassung, die für dieses Buch unabdingbar ist.

Als Numismatiker sind Sie mit der Problematik jeder Ordnung von Münzherrschaften vertraut. Keines der zahlreichen praktizierten Systeme
trägt sowohl den staatsrechtlichen Verhältnissen, den historischen Ent-
wicklungen und den Erfordernissen der Übersichtlichkeit Rechnung. Um Ihnen
bei der Benützung dieses Buches ein Maximum an Praktikabilität zu gewährlei-
sten, habe ich daher die einfachste und sachlichste Gliederung gewählt,
nämlich die reihenalphabetische Ordnung. Die Systematik innerhalb dieser
Ordnung habe ich ebenfalls so einfach wie möglich gehalten. Die Goldmünzen
wurden grundsätzlich den anderen Münzen der jeweiligen Münzherrschaft
geschlossen vorausgestellt, bei dynastisch eng verbundenen Gruppen von
Münzherrschaften (z.B. der Linien der Häuser Habsburg, Hohenzollern,
Pfalz-Wittelsbach und Wettin) geschah dies mit den Goldmünzen der ganzen
Gruppe. Stets folgen die kleineren Nominale den größeren, lediglich
bei den Münzen von Franz Joseph (Österreich und Ungarn) ist wegen ihrer
Vielzahl der Ordnung von Jaeger-Jaeckel gefolgt. Die Taler sind im allgemeinen so geordnet, wie Davenport sie aufeinander folgen läßt. Wegen
ihrer Zusammengehörigkeit in einem Sammelgebiet wurden die Münzen der
Stände der schweizerischen Eidgenossenschaft zusammengefaßt: sie finden
sich unter "Schweiz" in der Buchstabenfolge der einzelnen Münzstände.

Am folgenden Musterbeispiel darf ich Ihnen erläutern, welche Informationen
Sie im einzelnen erhalten und wie sie zustandegekommen sind.

SACHSEN (1)
Friedrich August III., 1763-1827 (2)
Taler, 1765 (3), Dav. 2682 (4)   19 (5)   III (6)   155,- (7)

(1) Münzherrschaft
(2) Münzherr mit Regierungsdaten
(3) Nominal und Jahrgang
    Grundsätzlich wurden die Bezeichnungen der Auktionskataloge übernommen.
    Oft war es im Interesse einer einheitlichen Bezeichnung jedoch not-
    wendig, die Begriffe zu ändern oder zu vereinfachen. Die verschiedenen
    Kurant-, Spezies-, Konventions- und anderen Taler wurden in der Regel
    als Taler bezeichnet, auch bei anderen, unterschiedlich beschriebenen
    Münzen (z.B. 2/3 Taler oder Gulden, Dreibätzner oder 12 Kreuzer, 5 Ta-
    ler oder Pistole) wurde eine einheitliche Bezeichnung wenigstens bei
    der jeweiligen Münzherrschaft angestrebt.

(4) Literatur-Zitat(e)

Die höchstunterschiedliche Handhabung der Literatur durch die einzelnen Auktionshäuser bringt eine besondere Problematik mit sich. Ich
habe mich bemüht, im allgemeinen wenigstens jedermann zugänglichen
Standardkataloge zu zitieren. Die ebenfalls öfters herangezogenen,
meist älteren Spezialkataloge erschweren durch ihre häufig außerordent-
lich detailierte Nummerierung (nach Jahrgängen und Varianten) eine
typenmäßig gegliederte Standardeinteilung. Gerade in diesen Fällen
sind Ungenauigkeiten und Irrtümer (auch in den verarbeiten Auktions-
katalogen) unvermeidbar. .

(5) Auktions-Kennziffer

Diese können Sie auf den ausklappbaren Faltblatt entschlüsseln. Bei
unserem Beispiel also: Autkion Kastner, April 1975.

(6) Erhaltung

Selbstverständlich mußten die Erhaltungsgrad-Angaben aus den Auktions-
katalogen übernommen werden. Bitte berücksichtigen Sie hierbei, daß
jede Qualitätsbeschreibung das Ergebnis einer subjektiven Prüfung ist,
die zu voneinander abweichenden Beurteilungen führen kann.

Die Erhaltungsgrade wurden in den folgenden Stufen angegeben, wobei
aus den Katalogen auch die Angaben für unterschiedlich erhaltene
Vorder- und Rückseiten, sowie für Zwischenstufen übernommen wurden:

PP	polierte Platte,
I	Stempelglanz,
II	vorzüglich,
III	sehr schön,
IV	schön,
V	sehr gut erhalten,
VI	gut erhalten,
z .B.I-II	Stempelglanz bis vorzüglich,
III/II	Vorderseite sehr schön, Rückseite vorzüglich

Mängelangaben, die Hinweise auf Kratzer, Randfehler, Schrötlingsfehler
und -risse, Reinigung, Justierungsstriche u.ä. wurden im allgemeinen
nur bei Stücken der Erhaltungsgrade I und II sowie bei PP in das Buch
übertragen, zumal Erhaltung III ohnehin die weitestreichende Qualitäts-
spanne darstellt und solche Fehler als in der Qualitätsangabe implizit
anzusehen sind.

Hinweise auf gravierende Mängel wie Henkel, Henkelspur, gestopfte und ungestopfte Löcher, Polier- und Feilspuren etc. habe ich selbstverständlich stets angeführt.

(7) Zuschlagspreis

Die Ergebnisse wurden entweder auf den jeweiligen Versteigerungen mitgeschrieben oder den Ergebnislisten der Auktionshäuser entnommen, wobei die Preise ausländischer Häuser in cirka DM umgerechnet wurden. Dabei blieben alle hinzukommenden Aufschläge (Kommission und Steuern) unberücksichtigt.

Grundsätzlich bitte ich Sie zu beachten, daß Einzelergebnisse nicht immer ein zuverlässiges Spiegelbild des Marktes vermitteln. Spitzen- wie Niedrigstpreise können vielfältigste Ursachen haben: lokale Präferenzen - die Kulmination unlimitierter Aufträge - nicht zuletzt die berühmten "beiden Verrückten" in Saal - und im umgekehrten Falle zufällig ausgebliebene Konkurrenz oder im Einzelfall auch irrtümlich nicht angegebene Mängel.

Bei aller Bemühung um vollständige und fehlerfreie Information ist das zu bearbeitende Material zu umfangreich, um Auslassungen und Irrtümer auszuschließen. Gerade zum Jahresschluß war es leider nicht möglich, alle Ergebnisse so rechtzeitig zu erhalten, daß sie lückenlos ausgewertet werden konnten. Es erschien mir dringlicher, das Manuskript so rasch wie möglich fertigzustellen, um die Aktualität des vorliegenden Münzpreis-Jahrbuchs sicherzustellen. Die hierdurch bedingten Auslassungen sind jedoch geringfügig und im Rahmen des Gesamtwerkes unerheblich.

Für die Mithilfe beim raschen Zustandekommen dieses Buches danke ich den Herren Dr. Battenberg und Dr. Rittmann und ganz besonders der numismatischen Mitarbeiterin der Graf Klenau oHG, Frau Dr. Eva Link.

Ich hoffe, mit diesem Buch dazu beizutragen, Ihnen den Münzmarkt transparenter zu machen und Ihnen beim weiteren Aufbau Ihrer Sammlung ein brauchbares Handwerkszeug in die Hand zu geben. Zusammen mit dem Verleger ist es mein Wunsch, daß das Münzpreis-Jahrbuch in der Sammler- und Händlerschaft eine gute Aufnahme findet und sich damit die Perspektive eröffnet, in den kommenden Jahren zu einer festen Institution zu werden.

München, Januar 1976   TYRA GRÄFIN KLENAU

VORWORT ZUR AUSGABE 1977

Nach der guten Aufnahme, die der erste Jahrgang des Münz-
preisjahrbuches gefunden hat, freue ich mich, nun den zwei-
ten vorlegen zu können. Die Hinweise und Anregungen, die
mir von Benutzern gegeben wurden, habe ich weitgehend für
die Neuausgabe verwenden könnnen, insbesondere wurde aus-
führlicher zitiert. Zahlreiche Münzen, die im Vorjahr nicht
angeboten wurden, und Verschiebungen des Preisgefüges las-
sen sich vor allem im Vergleich mit der letzten Ausgabe
feststellen. Die beiden Bände ergänzen sich zu einem aktu-
ellen Preisspiegel, der Sammlern und Händlern gleichermaßen
nützlich sein wird - wie dies schon bei der ersten Auflage
der Fall war. Zahlreiche Benutzer teilten mir mit, daß dieses Buch die nutzbringendste Investition für ihre Sammlung
gewesen sei, die sich vielfach amortisiert habe. Ich hoffe
sehr, daß auch Sie einen großen Nutzen daraus ziehen können.

TYRA GRÄFIN KLENAU

VORWORT ZUR AUSGABE 1978

Bei Weiterführung der Kartei, die die Grundlage für das
Deutsche Münzpreis-Jahrbuch bildet, habe selbst ich mit
Erstaunen immer wieder feststellen können, wie viele
Münzen nur alle paar Jahre einmal angeboten werden. Dies
gilt nicht nur für die großen Seltenheiten, sondern auch
für viele niedrige Nominale, die sich plötzlich als klei-
ne Raritäten herausstellen. Da demnach viele Münzen an
anderer Stelle nur schwer aufzufinden sind, behalten sämt-
liche Jahrgänge stets ihre Aktualität. Aber auch bei häufig vorkommenden Serien hilft das Vergleichen der Preise
die wechselnde Tendenz der einzelnen Gebiete im Laufe der
Zeit zu erkennen.

Einem verschiedentlich geäußerten Wunsch bin ich nachge-
kommen und ich habe die Goldmünzen nicht wie bisher geschlossen zu Beginn jeder Herrschaft angeführt, sondern
diese wurden nunmehr bei dem jeweiligen Münzherrn den
Silbermünzen vorangestellt. Hierdurch dürfte die Benützung
dieses Werkes weiterhin erleichtert werden.

TYRA GRÄFIN KLENAU

VORWORT ZUR AUSGABE 1980

Da diesmal der Zeitraum von zwei Jahren erfaßt werden sollte, mußte eine stärkere Straffung vorgenommen werden. So wurde mit dem Beginn der Talerprägung angefangen und aufgehört bei den Regenten, die noch um 1800 Münzen ausgaben. Für die danach folgenden Ausgaben liegen eine Reihe von Veröffentlichungen vor, die dem Händler wie Sammler ebenfalls Informationen über Preise vermitteln. Außerdem wurden bei den Ergebnissen die Preise unter DM 200,-- nicht mehr berücksichtigt. Trotz dieser Änderung gegenüber den früheren Jahren war der Aufwand an Arbeit bei den Vorbereitungen - Auswertung der Auktionsergebnisse, Führung der Kartei - so umfangreich wie für zwei einzelne Jahrgänge in der Vergangenheit.

Ich hoffe, daß durch diese Änderung der Inhalt in seiner konzentrierten Form für den Benützer noch wertvoller geworden ist.

Fridingen, April 1980

TYRA GRÄFIN KLENAU

VORWORT ZUR AUSGABE 1981/82

Meine Arbeit an der wohl vollständigsten Kartei deutscher Münzpreisergeb-
nisse in den vorausgegangenen zwei Jahren ergab, daß, von wenigen Aus-
nahmen abgesehen, keine Sensationen eintraten. Insgesamt war die Preis-
tendenz stetig und leicht steigend.

Durch eine besondere Statistik konnte ich feststellen, daß in den sieben
Jahren seit Begründung des Deutschen Münzpreisjahrbuchs mindestens 1.000
Nominale jährlich nur einmal angeboten wurden.

Das heißt, Jahr für Jahr kommen im deutschen Münzhandel 1.000 Stücke auf
den Markt, die in den nächsten sieben Jahren überhaupt nicht mehr zum
Verkauf kommen. Dabei handelt es sich keineswegs vorwiegend um Stücke
zwischen 25-50.000,-- DM, sondern häufig um Kleinmünzen. Es lohnt sich
daher, anhand der vorangegangenen Bände zu prüfen, ob ein Stück überhaupt, oder ein oder mehrere Male angeboten wurde. Denn extreme Selten-
heit erhöht natürlich den Preis.

Fridingen, April 1982

TYRA GRÄFIN KLENAU

Die Auktionsergebnisse
der Jahre 1980/1981

AACHEN, Stadt

Dukat, 1646, Fr. 142, Schön 12, Men. 207	06	III	4600,--
Silberabschlag vom Dukat auf den Frieden			
zu Aachen, 1748 (leichter Randfehler)	100	II	210,--
Reichstaler, 1568, De Mey 1, Schön 2, Dav.			
8902	20	II-III	1725,--
(Fundexemplar)	27	II-III	1600,--
	28	III	900,--
	54	III	1650,--
	73	III-IV	850,--
(Schrötlingsfehler)	85	III	1100,--
	97	III	800,--
(rauher Schrötling)	100	III	575,--
1570	70	III-IV	675,--
1571	22	III-IV	625,--
(Schrötlingsfehler)	47	III	2100,--
Taler, 1573, Dav. 8904, Schön 3, De Mey 3	68	III	3200,--
Taler, 1644, Dav. 5005, Men. 210	28	III	4100,--
32 Mark, Ratszeichen, 1755, Cr. 8, Schön 19	20	III	190,--
	100	II-III	315,--
16 Mark, Ratszeichen, 1752, Cr. 7, Schön 18	100	II	415,--
Ratszeichen zu 8 Mark, 1753, Cr. 6, Schön 17	41	I	255,--
Kipper-6 Mark, 1620	55	III-IV	225,--
III Mark, 1707	75	III	205,--
II Mark, 1753, Cr. 4, Schön 21, Men. 274	12	II/I	300,--
Notmünze zu 2 Bauschen, Silber, 1597	100	III-IV	315,--
Kupferbauschen, 1597, Men. 168	68	IV	380,--
(Schrötlingsfehler)	99	III-IV	240,--

ALTENA, Stadt

12 Kupferpfennige, o. J. (gebogen), Weing.455	56	IV	600,--

ANHALT-gemeinschaftlich
Wolfgang, Johann V., Georg III. und Joachim,
1510-1544
Taler, 1539, Ausbeute Grube Birnbaum in
Harzgerode, Dav. 8909, De Mey 10, Schulten

25, Mann 34	61	III	8000,--

Joachim Ernst, allein, 1570-1586

Taler, 1572, Dav. 8911, De Mey 13-14, Mann 55	55	III	5400,--

Johann Georg I., Christian I., August,

Rudolf, Ludwig, 1603-1618

Taler, 1614, Dav. 6002, Mann 126 a	89	I-II	5250,--

Christian I., August, Ludwig, Johann Casimir,

Georg Albert, Johann, 1622-1625

Taler, 1624, Dav. 6003, Mann 183 a (Randfehler)	19	III	1325,--
Taler zu 24 Groschen, 1624, Dav. 6005, Mann 183 a	26	II	2300,--

Johann Georg II., Victor Amadeus, Wilhelm,

Karl Wilhelm und Emanuel Lebrecht, 1669-1689

1/3 Taler, 1670, Mann 216 c	26	III	1200,--

ANHALT-BERNBURG

Christian II., 1630-1656

Taler, 1636, Dav. 6007	19	III	1450,--

Victor II. Friedrich, 1721-1765

Dukat, 1750, Fr. 151, Cr. 36 (leichter Schrötlingsriß)	00	II-III	1250,--
	41	II	2950,--
Dukat, 1761, Fr. 151, Mann 587	70	II	2900,--
2/3 Taler, 1727, Cr. 29, Mann 593	75	III	270,--
2/3 Taler, 1729, Cr. 29, Mann 594	79	III	230,--
1730, Mann 595	56	III	380,--
1727, Mann 593 a (Schrötlingsfehler)	48	III	320,--
2/3 Taler, 1733, Cr. 29	51	II-III	500,--
2/3 Taler, Harzgerode, 1747, Cr. 29, Mann 600	70	III	310,--
1/3 Taler, Stolberg, 1727, Cr. 22	75	III	320,--
1/3 Taler, Harzgerode, 1750, Cr. 22, Mann 610	79	II-III	235,--
1/3 Taler, Harzgerode, 1750, Cr. 23	26	II-III	2850,--
24 Mariengroschen, Stolberg, 1727, Cr. 28	04	III	255,--
	01	III	230,--
24 Mariengroschen, Stolberg, 1727, Cr. 28, Mann 592 a (leichter Randfehler)	04	II	255,--
8 Gute Groschen, Kriegsgeld, 1758, Cr. 26	12	III	200,--
	54	II-III	290,--

Friedrich II. Albrecht, 1765-1796

Konventionstaler, 1793, J. 35, Dav. 1905,

Cr. 46, Mann 697 (leichter Randfehler)	19	II-III	1000,--
(Randfehler)	48	II-III	1100,--
	56	III-IV	1100,--
1794	26	III	1650,--
	48	II-III	1300,--
Taler, Bernburg, 1796, Dav. 1906, Cr. 46 a,			
J. 36	26	II-III	1650,--
	31	III/II	1775,--
	51	II-III	1625,--
	73	III	850,--
1/2 Konventionstaler (= Gulden), 1793, Cr. 44,			
J. 34, Mann 700	20	II	215,--
	51	II-III	270,--
	79	II-III	225,--
(justiert)	92	II	200,--

Alexius Friedrich Christian,1796-1834

Kupferabschlag von 5 Taler, 1796, Fr. 154,			
Cr. 56, J. 47, Mann 718	01	III	225,--
Kupferabschlag vom Dukat, 1825, Fr. 155, J.			
55, Vogels. 363, Mann 719 b	31	II	700,--
Konventionstaler, Bernburg, 1806, Dav. 501,			
Cr. 63, J. 51 a, Mann 720 (leicht justiert)	19	III	1125,--
(leicht justiert)	19	III	1100,--
(leicht justiert)	41	II	3050,--
	46	III	1800,--
(leicht justiert)	51	II-III	2850,--
(Schrötlingsfehler)	62	III	1250,--
(Randfehler)	62	III	1300,--
	68	III	900,--
	85	III-IV	650,--
Taler, Bernburg, 1809, Dav. 501, Cr. 63,			
Mann 721 a (Randfehler)	09	III	2250,--
1/2 Reichstaler, 1799, Cr. 55, Mann 724	04	II	275,--
1/12 Rechnungstaler, 1799, Cr. 51, Mann 730	49	II	223,--
24 Mariengroschen, 1797, Cr. 54	04	II	330,--

ANHALT-BERNBURG-HARZGERODE

Wilhelm, 1670-1709

2/3 Taler, 1677, Mann 837 a	73	III-IV	270,--
1676	07	II-III	480,--
2/3 Taler nach zinnaischem Fuß, Plötzkau,			
1677, Mann 834	26	II	340,--

ANHALT-BERNBURG-HOYM-SCHAUMBURG

Karl Ludwig, 1772-1806

Ausbeutetaler der Mine von Holzappel,

Frankfurt/Main, 1774, Dav. 1907, J. 22,

Mann 846 (leichter Randfehler)	51	II-III	1725,--
	53	III	2060,--
(kleiner Fleck)	70	I-II	3600,--

1/2 Taler, Ausbeutegulden der Holzappeler

Bergwerke, Frankfurt, 1774, J. 21, Cr. 130,

Mann 847	26	II	1350,--
	31	III	775,--
	51	III-IV	750,--
	39	II	900,--
(kleine Faßspur)	73	III	700,--

ANHALT-DESSAU

Johann Georg II., 1660-1693

Taler, 1692, Dav. 6010	55	II	5300,--
1693	47	III	2950,--
Gulden, 1674, Mann 882 (Schrötlingsfehler)	36	III	220,--
Gulden, 1675, Mann 883 m	75	III	230,--
2/3 Taler, 1675, Mann 883 i	01	III	270,--
Gulden, 1676, Mann 884 p	86	II-III	260,--

ANHALT-KÖTHEN

Ludwig der Ältere, 1603-1650

Taler auf den Tod seines Sohnes Ludwig, 1624,

Mann 433	26	II	3400,--

August Ludwig, 1728-1755

Senioratsdukat, 1747, Fr. 156, Cr. 111

(leichter Kratzer)	44	II	3700,--

Speciestaler zu 1 1/3 Taler, Feinsilber,

1747, Dav. 1909, Cr. 108, Mann 493	19	III	1800,--
	47	II	3300,--
	70	I-II	2600,--
2/3 Rechnungstaler, Stolberg, 1747, Cr. 106,			
Mann 495	51	II-III	400,--
	67	II	490,--
	87	III	255,--
1750	20	II	420,--
	48	II-III	450,--
	89	III	285,--
1/3 Taler, 1750, Cr. 105, Mann 497	19	II	310,--
	19	III	220,--
	67	II	320,--

ANHALT-ZERBST

Johann, 1621-1667

Sterbegroschen, 1667, Mann 240 (Randfehler)	86	III	270,--

Karl Wilhelm, 1667-1718

2/3 Taler, 1674, Mann 248 b	55	II	775,--
	73	III	280,--
2/3 Taler, 1675 (leichter Schrötlingsfehler)	36	III	350,--
	43	II-III	335,--
1678	26	III	325,--
	67	II-III	200,--
	70	III	270,--
1679	45	III/II	250,--
2/3 Taler, 1675, Mann 249	04	II-III	200,--
1676, Mann 250 t	01	II-III	290,--

Johann August, 1718-1742

2/3 Taler nach Leipziger Fuß, Stolberg,			
1728, Mann 332	68	II-III	725,--

Johann Ludwig und Christian August, 1742-1747

Dukat, 1742, Mann 350	55	II	3300,--
2/3 Taler, 1742, Mann 352	85	II-III	400,--

Friedrich August, 1747-1793

IV Groschen, 1767, Mann 366	41	II/I	210,--
	67	I-II	355,--

16 Pfennige = 5 Kreuzer, 1764, Cr. 148,				
Mann 371		60	IV	260,--
4 Groschen - 16 Pfennig - 5 Kreuzer, 1764,				
Mann 372		01	II-III	360,--
		66	III/II	340,--
XVI Pfennige, 1767, Cr. 149, J. 10		49	III	205,--
		66	II	250,--
		102	III	260,--

ANSBACH, Stadt
4 Pfennige, Passagegeld, 1764   27   I-II   380,--

ARENBERG
Margarethe, 1568-1596
Taler, 1576, Dav. 8916 A, De Mey 20, Neu 4   71   II-III   5500,--
Karl Eugen, 1674-1681
2 Albus, kölsch, 1676, Neu 27   97   III   225,--
Ludwig Engelbert, 1778-1801
Konventionstaler, 1785, Neu 34   26   III   2250,--
          66   III/II   1950,--
          85   III   1650,--

AUERSPERG
Johann Weikard, 1615-1677
Taler, St. Veit, 1654   55   I   18000,--
Wilhelm, 1800-1822
Taler, Wien, 1805   19   II-III/II   825,--
          27   I   1600,--
          51   III   700,--
          74   III/II   1000,--

AUGSBURG, Bistum
Heinrich von Knörringen, 1598-1646
Kipper-24 Kreuzer, 1622 (dezentriert, leich-
ter Randfehler)   19   III   575,--
Alexander Sigismund von der Pfalz, 1690-1737
Doppeldukat, 1708, Fr. 224, Schön 3, Forst.
401   76   II   24000,--

Taler, 1694, Dav. 5010, Forst. 398

(poliert)   87   III   800,--

Joseph von Hessen-Darmstadt, 1740-1768

Taler, 1744, Dav. 1916, Cr. 3, Schön 6

(Henkelspur, leicht poliert)   05   III/II   900,--

                                                 26   III   1900,--

(leicht justiert)   65   II/I-II   2800,--

1/2 Taler, 1744, Cr. 2, Schön 5, Forst. 404   18   III   775,--

AUGSBURG, Reichsmünzstätte

Eberhard IV. von Eppstein-Königstein,

1515-1535

Batzen, 1515, Schulten 35   65   III/II   410,--

Batzen, 1521, Schulten 39   41   I-II   210,--

Ludwig II. von Stolberg, 1535-1574

Guldengroschen, 1547, Dav. 9864, De Mey

482, Schulten 47   66   III   700,--

1548   23   III   800,--

1549   22   III   1500,--

1/4 Guldengroschen, 1544, Fr. 295, Schulten

52 (Randfehler)   68   III   1225,--

3 Kreuzer, 1554, Schulten 56   26   III   200,--

AUGSBURG, Stadt

Goldgulden, o. J., Schulten 57   06   III   1600,--

                                                 41   III   1125,--

                                                 100   II-III   1100,--

Goldabschlag des 1/2 Regimentstalers zu

5 Dukaten, 1626, Forst. 19   72   II   39000,--

Doppeldukat, 1630   76   I-II   15000,--

Doppeldukat, 1657, Fr. 187, Forst. 328

(leichter Stempelriß)   76   I   8700,--

(leicht justiert)   98   II-III   7700,--

Doppeldukat, 1672, Fr. 198, Forst. 353

(leicht poliert)   19   III   5100,--

(leicht poliert)   76   II   5700,--

Doppeldukat, 1691, Fr. 201, Forst. 393   70   II-III   14500,--

St. Afra-Dukat, 1630, Fr. 183 (leicht gewellt)   76   III/II   1500,--

wie vor, 1636	44	II	2350,--
	76	II	3000,--
1638	76	III	1450,--
Dukat, 1639, Fr. 186, Forst. 275			
(leichter Randfehler)	76	II	2700,--
1640 (Stempelsprünge)	72	I	3700,--
(Stempelrisse)	76	II	2800,--
1641 (leicht gewellt)	76	II	2700,--
Dukat, 1643, Fr. 186 (leicht gewellt)	76	II	2500,--
1645	38	III	1750,--
(leichte Stempelsprünge)	72	II/I	3350,--
(leicht gewellt)	76	II-III	2100,--
1647	27	II	3500,--
	48	II-III	3650,--
(leicht gewellt)	72	II-III	2000,--
1649 (leichte Stempelfehler)	76	II	2700,--
1650 (starke Kratzer)	97	II	825,--
1651 (leichter Randfehler)	72	II	2900,--
(leichter Stempelfehler)	76	II	2100,--
1652 (gewellt)	76	III/II	1950,--
1654 (gewellt)	01	II-III	1525,--
(leichter Randfehler)	44	II	2500,--
	76	II	3500,--
1655 (leicht gewellt)	65	III	2400,--
(leicht gewellt)	72	II	2450,--
	76	II-III	2200,--
1656 (Stempelfehler)	76	II	2600,--
Dukat, 1637, Fr. 188 (Randfehler, Zainende)	73	II-III	1125,--
1638 (leicht gewellt)	72	II	2900,--
1642	76	III	1450,--
Dukat, 1660, Fr. 192, Forst. 335	26	III	2250,--
	76	II	7100,--
1662 (leichte Randfehler)	76	III/II	2900,--
1664 (leichter Randfehler)	06	III	3300,--
Dukat, 1677, Fr. 192, Forst. 360	76	I-II	6800,--
Dukat, 1677, Fr. 193, Forst. 361	72	II	5250,--
1687 (leicht gewellt)	72	II-III	4600,--
Dukat, 1689, Fr. 199	18	II-III	2350,--

wie vor (leicht gewellt)	38	III	1750,--
(leichte Kratzer)	76	II	3100,--
(leicht gewellt)	77	III	2300,--
Dukat auf die Krönung von Joseph I., 1690,			
Fr. 202, Forst. 389	76	I	5700,--
Dukat, 1699, Fr. 195	72	I-II	8250,--
Dukat, 1701, Fr. 196 (leicht gewellt)	76	II	2900,--
1702 (leichte Fehler)	64	III	3000,--
	72	I-II	6500,--
(Randfehler)	76	III/II	2900,--
Dukat, 1705, Fr. 206, Forst. 444	76	I-II	5200,--
Dukat, 1708, Fr. 207	76	I	6200,--
Dukat, 1711, Fr. 208, Forst. 461	76	II	4600,--
Dukat auf die Krönung von Karl VI., 1711,			
Fr. 210, Forst. 460	76	II	6500,--
Dukat, 1714, Fr. 209	76	II	4500,--
Dukat, 1726, Fr. 213, Forst. 485 (gewellt)	72	III	3000,--
Dukat (Medaille), 200-Jahrfeier der Augs-			
burger Konfession, 1730, Forst. 99			
(leicht gewellt)	70	II	600,--
	76	III	1400,--
Dukat auf die 200-Jahrfeier der Augsburger			
Konfession, 1730, Fr. 168, Forst. 106	76	II	5200,--
Dukat, 1738, Fr. 212, Forst. 510 (leicht			
gewellt)	72	II-III	6000,--
	76	III	4100,--
Dukat, 1737, Fr. 212 (leichter Knick)	72	II	7250,--
	76	II	5000,--
Dukat auf die Kaiserwahl Karl VII., 1742,			
Fr. 215	76	I	5700,--
Dukat, 1743, Fr. 216, Forst. 533	72	I	6750,--
	76	I	5900,--
Dukat, 1745, Fr. 221, Cr. 31 (leichter			
Kratzer)	70	I-II	7000,--
	72	I-II	6100,--
(gewellt, leichte Randfehler)	76	II	3600,--
Dukat, 1763, Fr. 222, Cr. 32, Forst. 629	76	II	3000,--
	98	I-II	3650,--

Dukat, 1767, Fr. 223 (leichter Randfehler)	26	I-II	3600,--
(leichter Randfehler)	44	I-II	5300,--
(leichter Kratzer)	70	I-II	4800,--
	76	I	4400,--
1/2 Dukat, 1717, Fr. 214, Forst. 474	76	II	3900,--
1/4 Dukat, Abschlag vom Heller-Stempel,			
1608, Forst. 91	72	II	1150,--
Goldabschlag vom Kupfer-Heller = 1/6 Dukat,			
1731, Forst. 494	76	I	1400,--
Doppeldukat, 1632, Fr. 227	70	I-II	28000,--
Dukat, 1632, Fr. 228 (leicht geputzt)	98	III	3350,--
Silberabschlag vom Doppeldukat auf die			
Krönung Ferdinand IV. zum römischen König,			
1636, Forst. 36	41	II	270,--
Silberabschlag des Dukaten auf die Krönung			
Ferdinand IV. zum römischen König, 1653,			
Forst. 40	50	II	715,--
Silberabschlag vom Dukaten auf die Krönung			
Joseph I. zum römischen Kaiser, 1690	50	II-III	215,--
Silberabschlag des Dukaten auf die 200-Jahr-			
feier der Augsburger Konfession, 1730,			
Forst. 106	44	II	240,--
	50	I-II	230,--
Silberabschlag vom Doppeldukat auf den			
Westfälischen Frieden für die Schüler			
des Gymnasiums St. Anna, 1748, Forst. 119	31	II	245,--
	41	I-II	250,--
Silberabschlag vom Doppeldukat, Prämie des			
St. Anna-Gymnasiums, o. J., Forst. 206	31	II	205,--
Silberabschlag vor Dukat auf den Besuch			
von Papst Pius VI . 1782, Forst. 134	31	I	295,--
Dicker Doppelreichstaler, 1740, Dav. 1920,			
Forst. 519 (leichter Randfehler)	32	II	6475,--
(leichter Randfehler)	61	I-II	9000,--
(leichter Randfehler)	70	II	8000,--
Schraubdoppeltaler, 1628	31	II	1300,--
Schraubtaler, 1626 (15 kolorierte Einlagen,			
unvollständig)	68	III	525,--

Schraubtaler, innen (2 Einlagen), 1626/o.J.,

Dav. 5024/39 (leicht gewellt)	65	III	950,--
Guldentaler zu 60 Kreuzer, 1563, De Mey 22	65	IV/III	1450,--
Guldentaler zu 60 Kreuzer, 1574, De Mey 24			
(Henkelspur)	16	III	1000,--
(Henkelspur)	17	III	775,--
	30	III/II	1450,--
	48	II	2500,--
(starke Schäden)	65	III	500,--
(Wertzahl entfernt)	60	III	725,--
Taler, 1623, Dav. 5011 A, Forst. 127			
(Schrötlingsfehler)	60	III	3800,--
Reichstaler, 1624, Dav. 5012	36	III	2000,--
(Henkelspur, Schrötlingsfehler)	65	III	750,--
Reichstaler, 1624, Dav. 5014	16	III/II	1200,--
	29	III	625,--
1625	06	III	650,--
(aus 1624, leicht fleckig)	16	II	1075,--
(aus 1624, kleines Zainende)	18	III	650,--
(aus 1624, Randfehler, fleckig)	36	III	710,--
(leicht poliert, Randfehler)	36	III	375,--
	51	III	775,--
(aus 1624)	77	III/II	1050,--
(aus 1624)	86	III	675,--
Ulrichstaler, 1625, Dav. 5019	18	III/II	2350,--
(Randfehler)	48	III	800,--
	65	IV	410,--
(leichte Henkelspur)	67	III	700,--
	71	III	1200,--
	73	III	1000,--
Ulrichstaler, 1625, Dav. 5019 A, Forst. 168			
(winzige Anlochung im Rand)	60	III/II	1350,--
Taler, 1626, Dav. 5021	00	II-III	850,--
	16	III/IV	480,--
(Henkelspur)	44	III	270,--
	65	II	1000,--
	65	II	1000,--
	70	I-II	1500,--

wie vor	73	II-III	725,--
	77	II	1150,--
	82	III/IV	450,--
	94	II	890,--
(leichter Randfehler)	102	III/II	600,--
Taler, 1626, Dav. 5024, Forst. 182			
(leichter Randfehler)	05	III	670,--
	33	III	600,--
	44	III	775,--
	55	II-III	650,--
	65	III/II	800,--
	71	II-III	1500,--
(Zainende)	77	III	500,--
	86	II	1050,--
	94	II-III	830,--
	97	III	600,--
	100	III	625,--
Taler, 1626, Dav. 5024 A, Forst. 181			
(Feilspur)	77	II-III	800,--
	60	III/II	825,--
Regimentstaler (Ratsmedaille), 1626, Forst. 18	36	IV/III	1000,--
	70	III	3500,--
Taler, 1627, Dav. 5026, Forst. 201	36	III/IV	975,--
	36	III/IV	575,--
	77	III	850,--
Reichstaler, 1628, Dav. 5028 (aus 1627, leichter Randfehler)	36	III	750,--
	77	III	850,--
Taler, 1628, Dav. 5035	70	II	1675,--
1629	18	II	1650,--
1635	38	II	1050,--
	60	III/II	1900,--
	100	II	1025,--
Taler, 1632, Dav. 4543, Forst. 240 (leichter Randfehler)	06	II	1400,--
	16	III	1275,--
(Henkelspur)	16	III/II	850,--

wie vor	70	I-II	2300,--
	98	I-II	1725,--
	98	II-III	1075,--
Reichstaler, 1639, Dav. 5038, Forst. 277	65	II/I-II	2050,--
	60	II	2900,--
Taler, 1639, Dav. 5039, Forst. 278	21	II-III	475,--
	31	II/I	850,--
1640, Forst. 280 (leicht justiert)	48	II	725,--
	62	II-III	500,--
(stark gereinigt)	63	II-III	675,--
	92	II-III	550,--
1641, Forst. 286	02	II	675,--
(Randfehler, leichte Kratzer)	06	III	500,--
Forst. 285 (Henkelspur, poliert)	16	IV/III	300,--
Forst. 286 (Henkelspur, poliert)	16	III	410,--
	17	III	320,--
Forst. 285	21	II	575,--
	29	II-III	490,--
Forst. 286	31	II	700,--
Forst. 285 (aus 1639, leichter Schrötlings-			
fehler)	36	III	460,--
Forst. 286	48	II-III	500,--
Forst. 285 (leicht justiert)	51	II	750,--
	52	II	575,--
Forst. 292	05	II	570,--
	63	II-III	925,--
Forst. 286	70	I	1750,--
	79	III	385,--
	79	III	330,--
(poliert)	102	III	280,--
1642, Forst. 292	02	II	675,--
Forst. 322 (leichter Randfehler)	04	II-III	500,--
(Henkelspur)	04	III	295,--
Forst. 292	05	II	570,--
(mit Umrandung)	10	III	250,--
	21	III	575,--
(leichter Randfehler)	33	II	525,--
	36	III	525,--

wie vor	42	II	750,--
(Sammlerzeichen)	47	II	500,--
	48	II-III	500,--
	51	II-III	725,--
(Rand befeilt)	65	II	450,--
(leichter Randfehler)	65	III/II	400,--
	71	II	925,--
(leichte Henkelspur)	73	II-III	370,--
	97	III	260,--
1643, Forst. 298 (leichter Kratzer)	02	II-III	725,--
Forst. 328	04	II	700,--
Forst. 292	32	III/II	400,--
Forst. 298	60	III	620,--
	73	II-III	470,--
	89	II/III	550,--
Taler, 1641, Dav. 5039 A, Forst. 286			
(Henkelspur, poliert)	36	III	230,--
Taler, 1658, Dav. 5040, Forst. 332			
(leichter Randfehler)	61	II	16000,--
Taler, sogen. "Wassertaler", 1694, Dav.			
5047	17	IV	205,--
	18	II	1200,--
	45	I-II	1200,--
(leichte Henkelspur)	65	III/II	675,--
(leichter Schrötlingsfehler)	70	II-III	750,--
	71	II-III	1700,--
	99	III-IV	315,--
Reichstaler, 1694, Dav. 5048, Forst. 402			
(leichtes Zainende)	36	III/II	850,--
Taler, 1694, Dav. 5049, Forst. 403	60	II	1000,--
Forst. 414	75	II	600,--
Forst. 403	102	II	975,--
Taler, 1694, Dav. 5049	03	I-II	900,--
(leicht poliert)	16	III	400,--
	17	III/II	725,--
	47	II	1075,--
	48	II-III	700,--
	48	II-III	675,--

Taler, 1713, Dav. 1107	77	III	725,--
Reichstaler, 1743, Dav. 1922, Forst. 535	27	II-III	2650,--
	40	II-III	4300,--
(leichter Randfehler)	65	III	2000,--
	70	I-II	4100,--
Taler, 1744, Dav. 1924 (poliert)	25	III-IV	675,--
	31	PP/II	3550,--
(leicht justiert)	37	I	5500,--
	44	II-III	3600,--
(leichter Kratzer)	64	I-II	7700,--
(leichte Henkelspur)	68	III	1750,--
	70	I	6600,--
(leichter Schrötlingsfehler, justiert)	70	I-II	3550,--
	71	III	3000,--
	72	I	4700,--
(Henkelspur, poliert)	100	III	575,--
Taler, 1745, Dav. 1925, Cr. 24 (leichter Kratzer)	19	II	2750,--
	05	I	3050,--
	62	II	4000,--
(Randfehler, leichter Kratzer)	65	I-II	2450,--
	70	I-II	4150,--
Reichstaler, 1760, Dav. 1926, Cr. 26, Forst. 609	06	II-III/III	525,--
(leicht justiert, leichte Kratzer)	23	III/II	600,--
	45	II	825,--
	55	III	310,--
	72	II-III	360,--
	81	II-III	525,--
Taler, 1763, Dav. 1928, Cr. 27 a	00	II-III	875,--
	31	II	2000,--
(leicht justiert)	36	III/II	750,--
(gedrückt)	65	III	500,--
	81	I	3600,--
Taler, 1764, Dav. 1929, Cr. 28, Forst. 640	06	II	650,--
	17	III	220,--
	20	III	270,--
	36	III	380,--

wie vor	47 III	525,--
(leichter Kratzer)	65 II	470,--
Taler, 1764, Dav. 1929, Cr. 28, Forst. 640	04 II-III	470,--
	36 III	430,--
	70 I	1100,--
	73 II-III	400,--
	73 III	230,--
	80 II	625,--
Taler, 1765, Dav. 1930, Cr. 29	04 II-III	365,--
(justiert, gereinigt)	17 III	310,--
	21 III	270,--
(justiert)	23 III	250,--
	28 III	215,--
	30 III/II	310,--
	31 III	320,--
	32 II	425,--
(leichter Schrötlingsfehler)	32 III	250,--
(justiert)	36 III/IV	210,--
	39 III	210,--
(leichter Randfehler)	45 III/II	370,--
	54 III	270,--
	54 III	275,--
	60 III	310,--
	65 II	600,--
	73 II-III	340,--
	73 III	230,--
	78 III	235,--
	79 II-III	350,--
	79 II-III	405,--
	85 III	365,--
	86 III	405,--
2/3 Taler, 1627, Forst. 204	98 III	2400,--
1/2 Guldentaler zu 30 Kreuzer, 1560	18 III-IV	1250,--
1/2 Taler, 1623, Forst. 129 (Kratzer)	16 III/II	1775,--
	98 II-III	2450,--
1/2 Reichstaler, 1643 (leichte Henkelspur)	16 III	950,--
(leichte Henkelspur)	73 II-III	700,--
1/2 Reichstaler, 1694	38 III	750,--

1/2 Konventionstaler, 1760, Cr. 22	18	II-III	800,--
	26	III	400,--
(leicht justiert, leichtes Zainende)	29	II	575,--
	65	III	300,--
	60	III	450,--
1/2 Taler auf den Frieden von Hubertusburg,			
1763, Forst. 632 v	18	III	2000,--
1/3 Reichstaler, 1626, Forst. 187	71	III	500,--
	77	III	725,--
1/4 Reichstaler, 1623	18	II-III	850,--
(leicht justiert)	98	III-IV	195,--
1/4 Reichstaler = Abschlag vom 3-fachen Du-			
katen, 1745, Forst. 559	98	II	1525,--
1/6 Taler, 1623, Forst. 137	71	III	675,--
wie vor	98	II	850,--
1625, Forst. 170	38	II-III	950,--
	77	III/II	775,--
1/6 Taler, 1628, Forst. 219 (leicht korro-			
diert)	23	III/IV	260,--
(Henkelspur)	71	II-III	270,--
1/9 Reichstaler, 1623, Forst. 138	38	II	875,--
1/9 Taler, 1625, Forst. 209	100	III	315,--
10 Kreuzer, 1527, Schulten 60	86	II-III	330,--
	86	III	275,--
1530	38	III-IV	300,--
	91	III	525,--
Kipper-VI Kreuzer, Stadtmünze, 1622, FuJ. 148,			
Forst. 122	18	IV	260,--

BADEN, Stammhaus

Gemeinschaftsprägung mit Württemberg

Christoph I. von Baden, 1475-1527,

Ulrich V., Eberhard V. im Bart von Württemberg,

1479-1540

Schilling, Tübingen, o. J. (1479-1480),

Schulten 75	42	III	1300,--

BADEN-BADEN

Christoph I., 1475-1515

Goldgulden, o. J., Fr. 229, Bally 23	38	III	3650,--

Christoph I., 1475-1527

Dicken = 1/3 Taler(Teston), 1519, Schulten

83	42	III	2000,--
(leicht korrodiert)	73	III	2550,--

1/3 Taler (Teston), 1519, Schulten vgl. 85,

Wiel. vgl. 114	41	III	3850,--

Dreier (1 Kreuzer), o. J., Schulten 99, Wiel.

179	51	III-IV	255,--

Philipp II., 1569-1588

Dreier (Kreuzer), 1580, Wiel. 206	42	IV	400,--

Wilhelm, 1622-1677

Taler, 1624, Dav. 6036, Bally 126, Wiel.

256	41	III	2200,--
(leichter Schrötlingsfehler)	42	II	2600,--
Taler, 1626, Dav. 6038	42	III	1325,--
(leichter Kratzer)	75	III	1625,--
12 Kreuzer, 1625	42	III	350,--
	42	III	380,--
	75	III	575,--
1626 (Randfehler)	42	III	400,--
	94	III	450,--

Ludwig Wilhelm, 1677-1707

Gulden zu 60 Kreuzer, 1704, Bally 155, Wiel.

327	27	III	1950,--
(Zainende)	42	III	2600,--

Ludwig Georg, 1707-1761

Dukat auf den Frieden Rastatt, 1714, Wiel.

329, Fr. 234	48	II-III	2850,--

BADEN-DURLACH

Georg Friedrich, 1604-1622

Taler, 1622, Dav. 6045, Bally 196, Wiel.

364 (Schrötlingsfehler)	04	III	1900,--
	42	III	1650,--
Kipper-24 Kreuzer, 1621	42	III	310,--

Kipper-24 Kreuzer, o. J., Wiel. 402	41	II	445,--
Kipper-6-Bätzner = 24 Kreuzer, o. J.	42	III	280,--
Kipper-24 Kreuzer, o. J., Wiel. 421	42	III	240,--
	42	III	320,--
6-Bätzner (24 Kreuzer), Hachberger Landwährung, 1622, Bally 97	42	III	625,--
Friedrich V., 1622-1659			
Taler, Pforzheim, 1624, Dav. 6048 (schwere Prägung)	47	III-IV	775,--
(leichter Schrötlingsfehler)	67	III-IV	900,--
Taler, Pforzheim, 1625, Dav. 6049 var., Bally 257, Wiel. 476 (Schrötlingsfehler)	04	III	1500,--
Reichstaler, 1625, Dav. 6052, Bally 260 (Schrötlingsfehler)	16	III/IV	1025,--
	42	IV	520,--
1/2 Taler, 1624, Wiel. 497 (aus 1623)	42	III	8600,--
Kipper-6-Bätzner, o. J., Kraaz 128, Bally 231	42	III-IV	270,--
Kipper-6-Bätzner, o. J.	67	III	450,--
Kipper-6-Bätzner, o. J., Wiel. 545	11	IV	310,--
Kupfer-8 Pfennige, Landmünze, o. J., Wiel. 575 var.	42	III	270,--
Friedrich VII. Magnus, 1677-1709			
Gulden zu 16 Batzen, Hachberger Landwährung, o. J., Wiel. 600	42	III	8300,--
12 Kreuzer, o. J., Bally 277, Berst. 234 (leichter Schrötlingsfehler)	16	III	520,--
	42	III	900,--
	86	III-IV	310,--
	94	II-III	975,--
12 Kreuzer, o. J., Bally 280	44	III	575,--
	100	III	900,--
6 Kreuzer, o. J., vgl. Berst. 239	42	III	900,--
	44	III	875,--
1/2 Batzen (2 Kreuzer), o. J., Bally 286	42	III	600,--
	44	III	210,--
	100	III	310,--
4 Pfennige, Hachberger Landwährung, o. J.	42	III	500,--
	42	III-IV	400,--

2 Pfennige, Hachberger Landwährung, o. J.	42	III	550,--
Karl III. Wilhelm, 1709-1738			
Dukat, 1737, Wiel. 637, Fr. 246	44	II	5700,--
30 Kreuzer = 1/2 Gulden, 1735, Bally 337	01	III	525,--
	42	III	530,--
	42	II	250,--
	51	II	1100,--
(Zainende)	86	III-IV	270,--
	94	II-III	650,--
V Kreuzer, 1732	67	III	200,--
1734	19	II/III	260,--
2 Kreuzer (Albus), 1737, Wiel. 655 a var.	41	II	245,--
Karl Friedrich, unter Vormundschaft, 1738-1745			
Administrationsgulden zu 60 Kreuzer, 1740,			
Wiel. 668, Bally 359 (leicht poliert)	19	II-III	875,--
	42	II	1200,--
	42	III	580,--
(Schrötlingsfehler)	48	III	625,--
	94	II-III	1200,--
3 Bätzner (12 Kreuzer), 1745, Bally 373	16	III/IV	200,--
	51	III	320,--
	94	II	460,--
Karl Friedrich, maj., 1746-1811			
Dukat auf die Geburt des 1. Enkels Prinz			
Karl, 1786, Fr. 259, Cr. 32, Bally 518,			
Wiel. 701 (leicht verbogen)	00	II	5000,--
	44	II	5250,--
Rheingold-Dukat, 1807, Fr. 260, Cr. 63,			
J. 5, Bally 350, Wiel. 722	19	II	7800,--
	36	III/II	5200,--
(leicht poliert)	86	III	3450,--
	95	II	7000,--
Silberabschlag vom 3-fachen Dukaten, 1756,			
Wiel. 112	89	III/II	310,--
Feinsilberabschlag vom Dukaten, 1. Nieder-			
kunft seiner Schwiegertochter Amalie Frie-			
derike von Hessen-Darmstadt, 1776, Fr. 257	51	II-III/I-II	525,--
	67	III	355,--

wie vor	99	III	260,--
Silberabschlag vom Prämiendukat, 1786,			
Bally 1194	05	II/I-II	410,--
	41	I-II	260,--
Konventionstaler, 1763, Dav. 1931, Cr. 19,			
Bally 409, Wiel. 703	100	IV	1000,--
Konventionstaler, 1763, Dav. 1932, Cr. 19 a,			
Bally 410, Wiel. 704	67	III-IV	525,--
Taler, 1764, Dav. 1933, Cr. 20, Wiel. 706	30	IV/III	300,--
	69	III-IV	280,--
	85	III-IV	400,--
1765	19	III/II-III	450,--
	25	III	360,--
	42	III	750,--
	42	III	310,--
	48	III	470,--
	48	III-IV	445,--
	51	III-IV	300,--
	67	II-III	575,--
	67	III	550,--
	68	II-III	775,--
	70	II	775,--
	89	III	700,--
(leichter Kratzer)	86	II	1250,--
	99	III	575,--
	100	III	400,--
1766	33	III-IV	260,--
(leicht justiert)	51	III-IV	230,--
	55	III	500,--
	60	IV/III	270,--
	86	III	450,--
Taler, 1766, Cr. 20, Wiel. 708 a	41	III	550,--
Taler, 1766, Dav. 1934, Cr. 20 a (justiert)	05	III-IV	380,--
	42	III	620,--
(Schrötlingsfehler)	42	II-III	425,--
	49	III	460,--
	51	III	550,--
	60	IV	200,--

wie vor (justiert)	68	III	675,--
	70	I	4500,--
	89	III	700,--
	86	III	500,--
	100	III	470,--
	100	III-IV	300,--
1772	61	II-III	1500,--
Taler, 1778, Dav. 1935, Cr. 21	42	II-III	625,--
(Schrötlingsfehler)	42	III	320,--
	51	III	850,--
	66	II/III	1050,--
(justiert)	94	II/I	1225,--
	98	II-III	725,--
1779 (leicht justiert)	42	II	1050,--
	51	I-II	2200,--
Taler, 1803, Dav. 513, Cr. 48, J. KB 7, Wiel.			
756	109	III	3100,--
	101	III-IV	2250,--
Taler, 1810, Dav. 514, Cr. 62, J. 14, Thun			
13	46	III/II-III	6500,--
1811	02	III-IV	1100,--
Gulden zu 1/2 Taler, 1747, Cr. 16, Bally 377,			
Wiel. 680	42	II	7400,--
1/2 Taler, 1767, Cr. 17 a	51	III-IV	330,--
	61	II-III	1750,--
	67	III	775,--
	94	II-III	1125,--
	99	III	455,--
1767 (leicht justiert)	01	II	1650,--
1/2 Taler, 1778, Cr. 18, Bally 516	04	I-II	1675,--
	42	III	590,--
(leicht justiert)	73	III-IV	335,--
	86	I-II	1925,--
	94	I	2000,--
20 Kreuzer (Kopfstück), 1763, Cr. 14	94	III-IV	575,--
20 Kreuzer (Kopfstück), 1807, Cr. 59, J. 4,			
Wiel. 777	86	I-II	2500,--
(leicht justiert)	94	II	1600,--

20 Kreuzer (Kopfstück), 1808, Cr. 60, J. 11,			
Wiel. 778 (justiert, Schrötlingsfehler)	29	III-IV	265,--
	42	III	350,--
	51	III-IV	250,--
	86	I-II	1450,--
	94	I-II	1100,--
	97	III/II	825,--
(Schrötlingsfehler)	98	I-II	800,--
	99	II-III	775,--
20 Kreuzer, 1810, Cr. 61, J. 13 (leicht			
rauh)	94	III/II	1600,--
Dreibätzner (12 Kreuzer), 1747, Cr. 12,			
Bally 383, Wiel. 683	36	IV/III	245,--
	51	III	270,--
	51	III	270,--
	67	II-III	325,--
	94	II	440,--
	99	II-III	350,--
12 Kreuzer, 1748, Cr. 12 a	42	III	310,--
	86	III	440,--
	94	II-III	350,--
3 Bätzner (12 Kreuzer), 1750, Cr. 13,			
Wiel. 688	51	III-IV	390,--
	51	III-IV	330,--
	94	III	330,--
10 Kreuzer (1/2 Kopfstück), 1765, Cr. 11,			
Wiel. 733	67	III-IV	225,--
10 Kreuzer (1/2 Kopfstück), 1767, Cr. 11 a	44	II	420,--
1769	44	II	380,--
10 Kreuzer (1/2 Kopfstück), 1808, Cr. 57,			
J. 10, Wiel. 781	86	II-III	1525,--
	94	II/I	1750,--
10 Kreuzer, 1809, Cr. 58, J. 12, Wiel. 782	94	III/II	2325,--
VI Kreuzer, 1804, Cr. 45, Wiel. 757	41	IV	445,--
VI Kreuzer, 1804, Cr. 46, Schön 22	18	III	600,--
III Kreuzer, 1806, Cr. 43	41	II-III	600,--
3 Kreuzer, 1809, Cr. 54, J. 8	92	II-III	300,--
1810	74	III/II	280,--

1 Kreuzer, 1803, Cr. 42	86	II-III	600,--
1 Kreuzer, 1808, Cr. 51, J. 1 (leichter			
Schrötlingsfehler)	44	I-II	260,--
1/2 Kreuzer, 1804, Cr. 51	86	II-III	260,--
	86	II/III	280,--
1805	98	II	235,--
	100	I-II	290,--
1/4 Kreuzer, Kupfer, 1802, Cr. 40, J. 1,			
Wiel. 769 (kleines Schrötlingsloch)	51	II-III	480,--
	86	I-II	1300,--
	100	II-III	500,--

BAMBERG

Johann Georg II. Fuchs von Dornheim,
1622-1633

Dukat, 1631, Fr. 274	76	III/II	15000,--
Taler, o. J., Dav. 5051, Heller 123	27	II	3650,--
Franz von Hatzfeld, 1633-1642			
Dukat, 1637, Fr. 276	20	II	2350,--
	27	II	2900,--
1638	00	III	1800,--
Philipp Valentin von Rieneck, 1653-1672			
5 Dukaten - Goldabschlag vom Taler-Stempel,			
1657, vgl. Heller 170	27	II	38500,--
Dukat, 1657, Fr. 278, Heller 171 (leicht			
gewellt)	76	II	5000,--
Sterbegroschen, 1672, Heller 174	45	II/I	275,--
Marquard Sebastian Schenk v. Stauffen-			
berg, 1683-1693			
Taler, 1691, Dav. 5063, Heller 264			
(Henkelspur)	05	IV/III	550,--
(leichter Randfehler)	23	III	2800,--
(Henkelspur, poliert)	51	III	700,--
(leichter Randfehler, Kratzer)	65	II/III	2300,--
Sedisvakanz, 1693			
Taler, 1693, Dav. 5064, Heller 273	16	III	2300,--
	47	III	1925,--
	62	III	2700,--

wie vor (Henkel)	87	III-IV	365,--
Lothar Franz von Schönborn, 1693-1729			
10 Dukaten - Goldabschlag vom Taler-Stempel,			
1697, vgl. Heller 296	27	I-II	79000,--
5 Dukaten - Goldabschlag vom Taler-Stempel,			
1696, vgl. Heller 294	27	I-II	40000,--
Dukat auf den Frieden von Rijswick, 1696,			
Fr. 1600 var., Heller 298 var.	27	I	5500,--
Dukat, o. J., Fr. 1599, Heller 301	26	II	3800,--
(leichter Randfehler)	76	I-II	2500,--
	97	II/I	4050,--
Taler, 1694, Dav. 5065, Heller 293	91	III	650,--
Reichstaler, 1696, Dav. 5066	46	III	975,--
	68	III-IV	975,--
Batzen, 1698	41	II/I	235,--
Johann Philipp Anton von Frankenstein,			
1746-1753			
Dukat, 1750, Fr. 279, Cr. 9, Heller 366	27	I-II	11000,--
Taler, 1750, Dav. 1937, Cr. 7, Heller 365	65	III/II	2200,--
Franz Konrad von Stadion, 1753-1757			
Dukat, Huldigung der Stadt zum Regierungs-			
antritt, 1753, Fr. 281, Cr. 14, Heller 372	76	I-II	5100,--
Silberabschlag des Huldigungsdukaten der			
Stadt Bamberg, 1753, vgl. Fr. 281, Heller			
372	22	II-III	365,--
Groschen auf seinen Tod, 1757, Cr. 12,			
Heller 375 (leichter Fleck)	99	I	265,--
Adam Friedrich von Seinsheim, 1757-1779			
Dukat, Huldigung der Stadt, 1757, Fr. 282,			
Cr. 33, Heller 397	76	I	5000,--
Groschen auf seinen Tod, 1779, Cr. 23	99	I-II	210,--
Franz Ludwig von Erthal, 1779-1795			
Silberabschlag vom Huldigungsdukaten der			
Stadt, 1779, vgl. Fr. 283, Heller 537	22	III	250,--
Kontributionstaler, 1795, Dav. 1939, Cr. 47,			
Heller 532	00	III	410,--
	04	II	450,--

wie vor	04	II-III	350,--
(Randfehler, leicht justiert)	05	III	380,--
	05	III/IV	300,--
(justiert, leichter Stempelfehler)	16	III	430,--
	17	III/II	260,--
(gereinigt)	17	II	245,--
(Randfehler)	19	III	300,--
	20	II-III	490,--
	22	III	350,--
(leichter Randfehler)	23	I-II	525,--
	27	I-II	825,--
	30	III	300,--
	32	II/I	575,--
(leicht poliert)	46	III	320,--
	48	II-III	440,--
(Schrötlingsfehler)	48	III	280,--
	52	II	550,--
(leichter Schrötlingsfehler)	55	I-II	725,--
(justiert, gedrückt)	65	II/I	580,--
	67	III	525,--
	77	III	385,--
	81	II	365,--
	85	III	415,--
	91	III	525,--
	91	II	575,--
	99	II	485,--
	100	II-III	370,--
	102	III	420,--
	102	III/IV	340,--
	102	IV	290,--

Christoph Franz von Buseck, 1795-1802

Dukat, Huldigung der Stadt, 1795, Fr. 284,			
Cr. 59, Heller 570 (Randfehler)	76	I	1800,--
Silberabschlag vom Huldigungsdukat der Stadt,			
1795, vgl. Fr. 284, Heller 570 (leichter			
Stempelfehler)	22	II	550,--
(leichter Kratzer)	102	I-II	410,--
Taler, 1800, Dav. 1940, Cr. 57, Heller 569	04	II	775,--

wie vor	39	III	550,--
	65	II/I-II	990,--
	70	I-II	1425,--
	98	I-II	1550,--
Taler, 1800, Dav. 1941, Cr. 57, Heller 568,			
Schön 4091 (Schrötlingsfehler)	38	III	575,--
(Henkelspur)	51	III	460,--
(Randfehler)	51	III	625,--
	70	II	925,--
(leichter Schrötlingsfehler)	86	II	700,--
	91	II	725,--
(leicht justiert)	100	II	1075,--
(poliert)	102	III/IV	420,--
Taler, 1800, Dav. 1941 A, Cr. 57	00	III/II	725,--
(justiert)	05	III	400,--
(leichter Randfehler)	27	II	525,--
(Fassungsspur)	48	III	350,--
	54	II	1000,--
	65	III/II	900,--
	69	II	775,--
1/2 Konventionstaler, 1800, Cr. 56, Heller			
567	19	II	550,--
(leicht justiert)	23	III	700,--
(leicht justiert)	23	II/III	525,--
	27	I	875,--
	38	III	625,--
	39	III	310,--
(starker Schrötlingsfehler)	65	III	325,--
	86	II-III	430,--
20 Konventionskreuzer = 1/6 Taler, 1800,			
Cr. 55, Heller 566	19	II-III	240,--
	21	II-III	210,--
	41	I-II	370,--
	68	III	200,--
(leichtes Zainende)	94	II-III	220,--

BAMBERG, Stadt
Silberabschlag des Dukaten auf die Vereini-
gung des Bistums Bamberg mit Bayern, 1802,
vgl. Fr. 268, Heller 573   99   II-III   205,--

BARBY
Albrecht Friedrich, 1609-1641
Groschen, 1615   71   II   200,--
1616   71   II   205,--

BATTHYANI
Karl Joseph, 1764-1772
V Dukaten, 1764, Fr. 108, Cr. 4, Holzm. 7 61   I-II   21000,--
Dukat, 1764, Fr. 109 var., Cr. 3, Holzm. 8
(Stempelriß)   61   II   3500,--
Taler, 1764, Dav. 1182, Cr. 2, Schön 4972,
Holzm. 9   04   II-III   445,--
                                           12   II   875,--
(Schrötlingsfehler)   19   III   360,--
                                           32   II   675,--
                                           34   II-III   900,--
(leichter Randfehler)   61   I-II   1900,--
1/2 Taler, 1764, Cr. 1, H. 10   06   III   360,--
(leichtes Sammlerzeichen)   16   III   350,--
                                           26   II   450,--
                                           32   II   450,--
1765   47   III   360,--
                                           48   II-III   350,--
                                           61   II   675,--
(leicht justiert)   102   III   270,--
Ludwig, 1788-1806
Taler, 1788, Cr. 8, H. 17   00   II   1100,--
                                           44   II   1000,--
                                           70   I   3900,--
1/2 Taler, 1789, Cr. 7, Holzm. 18   26   I   750,--
20 Kreuzer, 1790, Cr. 6, Holzm. 19   31   III/II   210,--

BAYERN

Albrecht IV. der Weise, 1465-1508

Goldgulden, 1506, Fr. 288, Schulten 141,

Hahn 10, Witt. 195	10	III	5600,--
(leicht gewellt)	102	III	4150,--
Goldgulden, 1506, Witt. 192 b var.	72	III-IV	3400,--

Goldgulden, 1506, Fr. 288, Schulten 141 v.,

Hahn 11, Witt. 193 e	64	III	4600,--

Goldgulden, 1506, Fr. 289, Hahn 9, Schulten

140	44	III	5300,--

Wilhelm IV.,unter Vormundschaft, 1508-1511

1/2 Batzen, 1509, Schulten 149, Hahn 16	64	III	525,--
1510	98	III	250,--

Wilhelm IV. und Ludwig X., 1516-1545

6 Kreuzer, 1536, Hahn 24, Witt. 249	60	III	725,--
Groschen, 1536, Schulten 160, Hahn 24	01	III	320,--
(leicht gewellt)	26	III	540,--

1/2 Batzen (Gröschl), 1530, Schulten 159,

Hahn 22	60	III	280,--
	60	III	200,--

Albrecht V. der Großmütige, 1550-1579

Doppeldukat, 1565, Fr. 293, Hahn 52, Witt.

414	27	II	51000,--

Guldentaler zu 72 Kreuzer, 1557, Dav. 8922,

De Mey 32, Schulten 168, Hahn 46	48	III	14250,--

Guldentaler zu 60 Kreuzer, 1567, Dav. 10006,

De Mey 36, Hahn 48 (leicht gedrückt)	64	III	4350,--
1569 (Randfehler)	102	III	3150,--
1571	72	III-IV	4850,--
1572	48	III	6000,--
	67	III	4350,--
	72	III	4000,--
1573	34	IV	3400,--
	44	III	4600,--
	72	II-III	6600,--

1/2 Guldentaler zu 30 Kreuzer, 1564, Hahn 44,

Witt. 466 (Randfehler)	64	III	3500,--
3 Kreuzer, 1554, Schulten 171, Hahn 39	64	IV/III	210,--

1/2 Batzen, 1572, Hahn 38, Witt. 510	64	IV	235,--
Kupfer-Rechenpfennig des herzoglichen Münz-			
meisters Anton Hundertpfund, 1562, Neum.			
6124	39	III	280,-
Ferdinand, Sohn Herzog Albrechts V.,			
1550-1608			
Doppeldukat (Gnadenpfennig), o. J., Witt.			
615	70	II	26500,--
Wilhelm V., 1579-1598			
Dukat, 1596, Fr. 298, Hahn 56	70	II-III	22500,--
Maximilian I., 1598-1651			
Doppeldukat, 1618, Hahn 63	44	I-II	7600,--
	61	I	8250,--
	72	I-II	6200,--
(leichter Randfehler)	76	II	6300,--
(gewellt)	76	II	4800,--
Reichstaler, 1618, Hahn 62	64	III	1700,--
Taler, 1620, Hahn 62 var., Witt. 824 Anm.	72	II	2800,--
Sechsbätzner (24 Kreuzer), o. J., Hahn 59,			
Witt. 829 a	16	II/III	850,--
	34	II-III	1000,--
	38	III	900,--
	73	I-II	1100,--
Kippertaler zu 120 Kreuzer, 1621, Hahn 77,			
Witt. 840	102	III	5000,--
Kippertaler zu 120 Kreuzer, 1621, Hahn 78			
(Zainende)	47	I-II	5200,--
	70	III	3100,--
(Stempelsprung)	72	II	3000,--
1622 (Zainende)	64	III	2950,--
1/2 Kippertaler (Gulden) zu 60 Kreuzer,			
1622, Hahn 76 a	26	III	900,--
	44	III	1350,--
	73	III-IV	1500,--
Kipper-1/2 Taler, 1623, Witt. 848 Anm.	72	II-III	2000,--
Kipper-48 Kreuzer = 12 Batzen, o. J.,			
Hahn 74, Witt. 849 c	18	II-III	1400,--
	25	IV	200,--

wie vor (Randfehler)	64	III	750,--
	72	III-IV	470,--
(Henkelspur, Randfehler)	98	III-IV	360,--
1/4 Kippertaler zu 30 Kreuzer (= 1/2			
Gulden), 1622, Hahn 72 (Stempelfehler)	64	III/IV	490,--
(Randausbruch)	98	II	450,--
1/4 Kippertaler zu 30 Kreuzer (= 1/2 Gulden),			
1622, Hahn 73 (korrodiert)	16	III/IV	450,--
Kipper-VIer Landmünze, 1622, Hahn 70, Witt.			
853 a/c	72	IV	220,--
5 Dukaten auf die Neubefestigung der Stadt			
München, 1640, Fr. 304	27	II	8600,--
	61	I	11250,--
	72	I	9750,--
(Kratzer)	76	II	9500,--
	100	II	7300,--
5 Dukaten auf die Neubefestigung der Stadt			
München, 1640, Fr. 304	00	II	8100,--
(leichter Knick)	09	II-III	5250,--
	47	I	10500,--
	48	III	10250,--
(Henkelspur)	71	III	5900,--
	76	I	9500,--
Doppeldukat, 1642, Fr. 299, Hahn 124	02	II	8300,--
	26	II	6200,--
(leicht gedrückt)	64	III/IV	3300,--
	76	II	5000,--
(leichte Randfehler, Kratzer)	102	II	5150,--
(leichte Kratzer)	102	III/IV	2150,--
1645 (Kratzer)	76	II-III	3800,--
1647	76	II-III	4200,--
Dukat, 1642, Fr. 300, Hahn 120	48	II	5750,--
(leichte Kratzer)	72	II-III	3100,--
	76	I-II	4600,--
(gewellt)	76	III	2200,--
	79	III	3250,--
	102	III	2400,--
(leicht gewellt)	102	II/I-II	5000,--

wie vor, 1643	76	II/III	2700,--
1644	76	II-III	3500,--
1645 (gewellt)	76	II	5000,--
1646	61	II	5800,--
	72	III	3800,--
	76	III	3000,--
	76	II-III	3700,--
1647	00	IV/III	2500,--
	76	III	2800,--
	97	III	2600,--
Dukat, 1645, Fr. 305, Hahn 121, Witt. 879			
(leicht gewellt)	05	III/II	7200,--
	44	II	19000,--
Dukat, 1645, vgl. Fr. 306, Hahn 123	76	II	11500,--
Dukat, 1644, Fr. 307	72	II-III	14000,--
Dicker Doppeltaler, 1625, Dav. 6068, Hahn			
114, Witt. 885 (leichter Randfehler)	05	III	3350,--
(leichter Randfehler)	72	II-III	4300,--
(Schrötlingsfehler)	102	III	4000,--
Dicker Doppeltaler, 1626, Dav. 6072, Hahn 115			
(Zainende)	27	II-III	4525,--
(leichtes Zainende)	36	III/II	4400,--
	72	II	7250,--
	72	II-III	5750,--
(leichtes Zainende)	72	III	3000,--
	72	II-III	3050,--
Taler, 1625, Dav. 6069, Hahn 106 (Zainende)	05	III/II	900,--
(Zainende)	26	III	925,--
(leichtes Zainende)	27	I-II	1200,--
	27	II-III	825,--
(leichtes Zainende)	36	II	1450,--
	36	III	1000,--
	44	II-III	1550,--
	66	II/III	1225,--
	72	II-III	975,--
	72	II-III	1000,--
	72	III	825,--
(leicht poliert, Zainende)	73	III	500,--

wie vor (leichte Henkelspur)	102	III	450,--
	102	III/II	1300,--
Reichstaler, 1625, Dav.6070 var., Hahn 106			
var., Witt. 887	65	II/III	1450,--
1626 (Henkelspur, poliert)	16	III/IV	310,--
Taler, 1625, Dav. 6070, Hahn 107	05	II	1500,--
(starker Schrötlingsfehler, Randfehler)	16	III	475,--
(Zainende, Randfehler)	23	III	925,--
	38	II	1550,--
(Randfehler, Stempelfehler)	65	III/II	800,--
(Kratzer)	72	III	560,--
	72	II-III	1000,--
(Randfehler)	86	III	575,--
Reichstaler, 1625, Dav. 6071, Hahn 108	01	III	900,--
	16	II/III	900,--
(leichter Feuerschaden)	21	III	525,--
(leichter Randfehler)	23	III/II	1175,--
	27	III	825,--
	36	III/IV	775,--
(leichter Stempelsprung)	72	II-III	1075,--
	72	II	1125,--
	72	II-III	950,--
(leichter Randfehler)	72	III	775,--
	73	III	575,--
(vergoldet)	89	II/III	490,--
Reichstaler, 1625, Dav. 6066, Hahn 109,			
Witt. 890 (Randfehler)	102	III	1050,--
Reichstaler, 1626, Dav. 6073, Hahn 108 var.			
(leicht poliert)	21	III	650,--
	41	III/II	770,--
(leichter Schrötlingsfehler)	72	I	2500,--
	102	III/II	1100,--
1627 (aus 1626)	64	III	1125,--
Taler, 1626, Dav. 6074, Hahn 111 v., Witt.			
896 c (Henkelspur)	49	III	485,--
(fleckig)	73	I-II	1400,--
	102	III/II	1450,--
1627 (aus 1626, fleckig)	65	III	800,--

wie vor (poliert)	102	III	410,--
Taler, 1626, Dav. 6074 A, Hahn 110, Witt.			
895	16	IV/III	805,--
1627 (leichte Henkelspur)	54	III-IV	355,--
(Kratzer)	72	II-III	1425,--
(leicht poliert)	72	II	925,--
(leichte Schrötlingsfehler)	72	II-III	825,--
	86	III	485,--
Taler, 1627, Dav. 6075, Hahn 111 (Stempel-			
fehler)	34	III	540,--
	47	III	900,--
	72	I-II	1900,--
(leichter Randfehler)	72	II-III	1050,--
(Kratzer)	72	II-III	925,--
	86	II-III	925,--
	102	II	1650,--
1628 (aus 1627)	18	III	950,--
(aus 1627)	72	III	775,--
(leichte Schrötlingsfehler)	72	II	900,--
	72	II-III	850,--
	85	III	725,--
(leichter Kratzer)	102	II/III	975,--
1631	19	II-III	1125,--
(geänderte Jahreszahl)	44	II	1450,--
	72	II	1350,--
	72	II	1200,--
	86	II-III	1100,--
1637	41	II-III	1325,--
	102	III	1025,--
Taler, 1632, Dav. 6076, Hahn 111, Witt. 902			
(poliert)	48	III	490,--
Taler, 1638, Dav. 6078, Hahn 111, Witt. 904	72	II	1350,--
(leicht korrodiert)	72	II	725,--
(Stempelsprung)	72	II-III	975,--
	73	I-II	1350,--
Taler, 1640, Dav. 6080, Hahn 112, Witt. 907			
(gelocht)	98	I-II	525,--
Taler, 1641, Dav. 6081, Witt. 908, Hahn 112 v.	97	III/II	1100,--

Reichstaler, 1643, Dav. 6082, Hahn 113, Witt.

909	72	II-III	4500,--
(Henkelspur, Kratzer)	78	III	975,--

1/2 Taler, 1627, Witt. 911, Hahn 103

(leicht poliert)	47	III	1400,--
1/2 Taler, 1627, Hahn 104	23	III	800,--
	26	II-III	925,--
	44	II-III	1550,--
	44	III	800,--
(leichte Henkelspur)	64	III	650,--
	72	III	975,--
	72	II-III	1200,--
	72	II-III	1250,--
	72	II-III	1250,--
	72	II-III	1050,--
(Zainende)	102	II	800,--
(Henkelspur)	102	IV	275,--

1/3 Taler, o. J., Hahn 101, Witt. 912

(Randfehler)	05	III	3050,--
1/6 Reichstaler, o. J., Hahn 98, Witt. 914	20	III	525,--
	23	IV	335,--
	27	III	450,--
	38	III	775,--
	38	III-IV	360,--
	41	II-III	625,--
(kleiner Randriß)	49	III	525,--
	64	III	675,--
(kleiner Randriß)	68	III	560,--
(Stempelsprung)	72	III	460,--
	77	III	460,--
	85	III-IV	360,--
	86	III-IV	285,--

1/6 Reichstaler, 1624, Hahn 99, Witt. 915

(leichte Henkelspur)	99	III	230,--
1/9 Reichstaler, o. J., Hahn 95	18	III	355,--
	26	III	400,--
	27	III	450,--
(Henkelspur)	37	III	230,--

wie vor	55	III	500,--
(Stempelfehler)	64	III	410,--
	86	III	380,--
Groschen, o. J., Witt. 831 c/d (Doppel-schlag)	72	II	550,--
1/2 Batzen, 1632, Hahn 94	20	II-III	235,--
1 Kreuzer, 1653, Hahn 91, vgl. Witt. 933 (posthum)	72	III-IV	410,--
Taler, o. J., Dav. 6083, Hahn 141, Witt. 969	102	III	6100,--

Ferdinand Maria, 1651-1679

4 Dukaten, Präsent der Stände auf die Geburt des Prinzen Ludwig Amadeus, 1665, Fr. 317, Witt. 1365 (Randfehler)	23	III/IV	6200,--
3 Dukaten, Geschenk der bayerischen Land-stände auf seine Vermählung mit Henriette Adelheid von Savoyen, 1652, Fr. 314, Witt. 1354	76	II	51000,--
Dukat auf das Vikariat, 1657, Fr. 309, Hahn 181, Witt. 1373 (gewellt)	76	III	7400,--
Dukat, 1677, Fr. 310, Hahn 173	76	III	10000,--
1678 (leichter Randfehler)	64	III/II	16000,--
	76	II-III	11500,--
1/2 Dukat auf die Geburt des Prinzen Max Emanuel, Präsent der Stände, 1662, Fr. 315, Witt. 1362	76	III	3800,--
1/4 Dukat, 1676, Fr. 313, Hahn 169, Witt. 1397 (leicht gewellt)	76	I	4800,--
Goldgulden, 1574, Fr. 311, Cahn 216, Hahn 166	34	III	2700,--
	73	III-IV	750,--
	76	III	1600,--
	76	IV	800,--
	76	II-III	2600,--
	76	III	1550,--
	76	IV/III	1600,--
(leicht justiert, Schrötlingsfehler)	76	II-III	1350,--
	76	II	3900,--

wie vor, 1675	76	III	1550,--
	76	III	1500,--
	76	III	1200,--
	76	II-III	1600,--
Goldgulden, 1676, Fr. 311, Hahn 166	87	II	2500,--
1678 (leicht justiert)	76	II	3300,--
(Randfehler)	76	II-III	1800,--
(Schrötlingsfehler)	91	III	1300,--
	100	III	975,--
1679	76	II-III	2150,--
	76	II	2600,--
	76	II-III	2100,--
	76	III	1300,--
	98	I-II	2450,--
(leichter Kratzer)	102	III/II	2100,--
(leicht justiert)	102	III	1250,--
Goldgulden, 1676, Fr. 311, Hahn 166	38	III	1400,--
(Randfehler)	64	III/IV	1100,--
(Kratzer)	76	II	2100,--
	76	III	1200,--
(leichter Schrötlingsfehler)	76	III/II	2000,--
1677 (Schrötlingsfehler)	73	II	1425,--
	76	II-III	1800,--
(justiert)	76	IV	725,--
1678 (Stempelfehler)	04	III	750,--
	72	IV	600,--
(Schrötlingsfehler)	76	III	1050,--
(Schrötlingsfehler)	76	III	950,--
1679	26	III	1450,--
(leichter Randfehler)	64	III	2350,--
(leicht justiert)	72	II-III	1800,--
Vikariatstaler, München, 1655, Dav. 6097, Hahn 180, Witt. 1398	00	II/I	13750,--
	48	II	11250,--
1/2 Taler, Präsent der Stände auf die Geburt des Prinzen Ludwig Amadeus, 1665, W. 1365	97	III	1525,--
1/9 Taler auf das Vikariat München, 1657, Hahn 176, Witt. 1402 (leichter Randfehler)	64	III	2425,--

1/2 Batzen, 1667, Hahn 165 (leicht fleckig)	23	III	230,--
Maximilian II. Emanuel, 1679-1726			
Goldgulden, 1691, Fr. 323, Hahn 200	76	II	5100,--
Goldgulden, 1702, Fr. 324, Hahn 200	64	III	2200,--
	76	II	1650,--
1703	72	III	1750,--
	76	II	1700,--
	76	III/II	1150,--
1704	16	II/I	3050,--
	16	III/II	2250,--
	44	II	2550,--
(leichter Randfehler)	72	III	1200,--
	72	IV	550,--
	76	II	1450,--
	98	I	3100,--
(leicht gedrückt)	102	II	2000,--
Goldgulden, München, 1715, Fr. 324, Hahn 201,			
Witt.1631	76	II	8000,--
Landständemünze zu 5 Dukaten auf seine			
Hochzeit mit Erzherzogin Marie Antonie			
von Österreich, Tochter Leopold I., o. J.			
(1685), Witt. 1468 (eingeritztes "V")	27	I-II	35500,--
	76	II	28500,--
5 Dukaten, Präsent der Stände zur Vermählung			
mit Maria Antonia von Österreich, Tochter			
Leopold I., o. J., Witt. 1472 (leichter			
Randfehler)	76	II	42000,--
5 Dukaten, Präsent der Stände zur Geburt			
des Prinzen Josef Ferdinand, 1692			
(leichter Randfehler, Kratzer)	102	II/I-II	20750,--
Doppeldukat, München, 1685, Fr. 321, Hahn			
203	76	I	22000,--
	76	I	24000,--
1687	76	II	17000,--
2 Dukaten, Präsent der Stände zur Geburt			
Carl Alberts, 1697, Fr. 330, Witt. 1540	05	II	10500,--
	44	II	15000,--
	70	II	12750,--

wie vor	76	I-II	9600,--
Doppeldukat auf die Geburt des Prinzen			
Ferdinand Maria, 1699, Fr. 331, Witt. 1546	76	II	10700,--
Doppeldukat, Präsent der Stände auf die			
Rückkehr des Kurfürsten aus den Niederlanden,			
1701, Witt. 1553	70	I-II	28000,--
	76	I	19000,--
Dukat, 1687, Fr. 322, Hahn 202	71	I-II	20000,--
	76	II	16000,--
	98	I-II	22000,--
Doppelter Max d'or, 1717, Fr. 327, Hahn			
207	25	III	18500,--
	70	III	29000,--
Max d'or, München, 1717, Fr. 328, Hahn 206	97	III	1050,--
1718	97	II	1600,--
1724 (leichter Kratzer)	98	III	1000,--
1725 (leichter Randfehler)	76	II	1800,--
Max d'or, 1715, Fr. 328, Hahn 206 (Schröt-			
lingsfehler)	76	III	1300,--
1716 (leicht justiert)	27	II	2500,--
	38	III	1250,--
(leichter Kratzer)	76	II-III	1600,--
1717	72	II-III	1800,--
	76	II-III	1700,--
1718	76	II	2100,--
1719	38	II-III	2350,--
	38	III-IV	1200,--
	76	II	2100,--
(leichter Schrötlingsfehler)	76	II	1700,--
1720 (leichter Randfehler)	23	II	1900,--
	71	III	1800,--
	72	II-III	1800,--
	72	III	1400,--
	72	III	1250,--
(leicht justiert)	72	III	1050,--
(angerostete Stempel)	76	II-III	1400,--
	76	II-III	1400,--
1723	38	III	1250,--

wie vor (leicht justiert)	71	II-III	1950,--
	72	III	1500,--
	76	III	1400,--
1724 (leicht justiert)	76	II-III	1300,--
	76	II	2400,--
1/2 Max d'or, 1715-1725, Fr. 329, Hahn 204	22	III	1000,--
	38	III	1000,--
(justiert)	44	II-III	1500,--
	48	III	1000,--
1721	87	III	1000,--
1722	72	II-III	1300,--
	72	III	1200,--
	76	III	1000,--
	76	II	1000,--
1723	72	III-IV	800,--
1/2 Max d'or, 1715, Fr. 329	76	II-III	1300,--
1721	76	II	1800,--
1/2 Max d'or, 1722, Fr. 329, Hahn 205	97	III	850,--
1723	27	II	2500,--
(leichter Einhieb, Schrötlingsfehler)	71	III	800,--
	76	II-III	1100,--
Silberabschlag vom Dukat auf die Vermählung des Prinzen Karl Albrecht mit Maria Amalia von Österreich, 1722, Mont. 1574, Witt. 1860	38	II-III	220,--
	50	I-II	355,--
	70	II-III	200,--
Taler, München, 1694, Dav. 6099, Hahn 199 (leichter Kratzer, Randfehler)	49	II-III	725,--
	51	II-III	1000,--
	62	V	200,--
	65	III/II	1000,--
(Schrötlingsfehler)	68	III	490,--
	72	II-III	750,--
	72	II-III	850,--
(Sammlerzeichen)	72	II-III	675,--
	77	II	950,--
(poliert)	82	III	500,--
	85	II-III	900,--

wie vor	89	III	600,--
(leichter Schrötlingsfehler)	102	II/I-II	1475,--
Taler, München, 1694, Dav. 6099, Hahn 199,			
Witt. 1645	00	II	875,--
(Schrötlingsfehler)	04	III	650,--
	16	III	885,--
	18	II	975,--
	18	II	1150,--
(Feilspur)	20	III	490,--
(leichter Randfehler)	23	II	1125,--
	38	II-III	850,--
	41	II	925,--
	44	I	1900,--
	47	III/II	1150,--
Taler, München, 1694, Dav. 6099, Hahn 199,			
Witt. 1645 Anm. (leichter Kratzer)	04	II	1030,--
	29	III	460,--
	34	II-III	875,--
	34	III	600,--
	44	II	1200,--
(Randfehler)	64	III	625,--
	70	II	1350,--
	72	II-III/II	825,--
	72	II	975,--
	72	II-III	775,--
	72	II-III	775,--
	73	II-III	700,--
(leichte Henkelspur, poliert)	73	II-III	320,--
	75	III	700,--
	83	II	1200,--
	86	II	900,--
	100	II	1000,--
Taler, 1694, Dav. 6100, Hahn 199, Witt. 1645			
Anm.	26	II-III	950,--
	31	II	1350,--
(Broschierungsspur)	60	III/IV	360,--
	79	II	1250,--

Taler, 1695, Dav. 6101, Hahn 199, Witt.

1646 (Druckstelle)	49	II-III	1100,--

1/2 Schautaler, geprägt von den bayerischen
Ständen zum Geburtstag des Prinzen Josef

Ferdinand, 3. Stempel, 1692	72	I-II	1900,--
1/2 Taler, 1694, Hahn 198	16	III/II	2850,--
	26	III	1900,--
	27	II-III	4000,--
	64	III	2600,--
	72	II-III	2600,--
30 Kreuzer, München, 1692, Hahn 195	05	III	395,--
	23	IV/III	205,--
	34	III	440,--
	55	III	380,--
	89	III	310,--
	86	III	215,--
1693 (leichter Fleck)	05	III	390,--
	16	III/IV	200,--
	20	II	380,--
	49	II-III	380,--
	51	II-III	410,--
	55	III-IV	230,--
	68	I-II	650,--
	68	II	525,--
(leicht justiert)	102	II/III	380,--
30 Kreuzer, 1719, Hahn 196	98	III	200,--
1720	27	I-II	310,--
30 Kreuzer, 1719, Hahn 196	19	III	200,--
1718	05	II	420,--
XV Kreuzer, Landmünze, 1691, Hahn 191	05	III	290,--
(leichter Schrötlingsfehler)	34	III	210,--
(leichter Schrötlingsfehler)	38	II	400,--
	49	III	210,--
(leichter Schrötlingsfehler)	64	II	350,--
	94	II	380,--
1692 (leicht korrodiert)	102	III	210,--
15 Kreuzer, 1693, Hahn 192 var.	16	II	390,--

wie vor (Kratzer)	16	III/II	205,--
	32	II/I	235,--
1694	05	II	340,--
XV Kreuzer, 1693, Hahn 192	20	II	225,--
	38	II	340,--
1696	23	III	200,--
	38	II	320,--
	60	II	500,--
	64	II/I-II	565,--
1697	38	II	400,--
	70	I-II	550,--
1701 (leicht fleckig)	60	II	210,--
1702 (leichter Randfehler)	16	II/I	280,--
(leicht gedrückt)	16	III/II	200,--
	16	II	270,--
(leicht korrodiert)	16	III	220,--
(leichter Stempelfehler)	16	II/III	240,--
	102	II/III	240,--
(leichter Schrötlingsfehler)	102	II	250,--
XV Kreuzer, 1696, Hahn 192	05	II	360,--
(leicht fleckig)	16	III	260,--
1697	16	II/III	285,--
(leichter Randfehler)	16	II	310,--
	16	III/II	310,--
1698 (leichter Randfehler)	16	II/III	310,--
	16	II	280,--
1699 (leicht korrodiert)	16	III/II	270,--
1700 (Stempelfehler)	05	III/II	270,--
1701	16	II	270,--
1702	16	II	285,--
(leichter Schrötlingsfehler)	16	II/III	270,--
Groschen, 1725, Hahn 190, Witt. 1692 Anm.	71	I	230,--
1 Kreuzer, 1700, Hahn 184, Witt. 1700 Anm.	72	II	200,--
Dukat, München, 1708', Hahn 234, Witt. 1703 Anm.	72	II	15000,--

Reichstaler, München, öst. Verwaltung in
Bayern, 1705, Dav. 1033, Voglh. 248 I,

Forst. 892 (Henkelspur, Stempelfehler)	00	II-III	950,--
	02	III	1750,--
(Stempelfehler, leicht gewellt)	16	III/II	1250,--
	46	II-III	2000,--
(leichter Schrötlinasfehler)	48	II-III	1500,--
Taler, München, 1705, Dav. 1033, Forst.			
892, Hahn 233 v.	32	II	1300,--
	46	II-III	1950,--
	71	III	1800,--
Reichstaler, München, 1705, Voglh. 248 I/II,			
Hahn 233	46	II-III	2400,--
Taler, Augsburg, 1703, Voglh. 255	46	II-III	1900,--
(leichte Fehler)	65	III	790,--
Groscher, München, 1708, Hahn 230	64	III	200,--
Taler, Namur, 1712, Dav. 1271, Hahn 220,			
Witt. 1708	27	I	24000,--
1/2 Esc lin, Namur, o. J., Hahn 213	73	III	725,--
Kupfer- .ard, Namur, 1712, Hahn 212 var.,			
Witt. 1.23 v.	64	IV	380,--
Doppel-Karolin, 1729, Hahn 261	76	I-II	67000,--
Karolin, München. 1727, Hahn 258	76	II-III	6500,--
1728	76	III/II	3000,--
1729 (leicht justiert)	36	III	4900,--
(leichter Kratzer)	76	III	3100,--
1730 (leichter Kratzer)	23	II	3950,--
	72	II-III	2600,--
	76	III	2100,--
1731 (Flecken, Kratzer)	76	II	2500,--
(leichte Risse)	76	II	2200,--
	102	III	2400,--
1732	76	II-III	3400,--
Karolin, 1732, Fr. 336, Hahn 259 (leicht			
justiert)	31	II/III	3850,--
	72	II-III	2800,--
	73	I-II	3450,--
1733	76	III	2100,--

wie vor, 1734	25	III	1200,--
(Kratzer)	72	II-III	2100,--
(leichte Schrötlingsfehler)	76	I	3700,--
Karolin, 1734, Fr. 336, Hahn 260, Witt.			
1922	36	III	3800,--
1/2 Karolin, 1730, Fr. 334, Hahn 255,			
Witt. 1926 Anm.	102	II	1625,--
1/2 Karolin, 1726, Fr. 334, Hahn 255	05	III	1950,--
	76	III	900,--
1727	76	II	2100,--
1728	72	II	2450,--
	76	II-III	2150,--
1729	76	III	1450,--
	91	III	1000,--
1730	44	II-III	2150,--
(Kratzer)	49	III-IV	625,--
	64	III/IV	1700,--
	72	III	975,--
(Schrötlingsfehler)	72	III	525,--
	73	III-IV	750,--
	76	I-II	2500,--
1731	05	III	3000,--
(Randfehler)	76	II	1800,--
1/2 Karolin, 1733, Fr. 337, Hahn 256,			
Witt. 1927	76	I	3700,--
1735	19	III-IV	550,--
1/2 Karolin, 1734, Fr. 337, Hahn 257,			
Witt. 1928 Anm.	05	II/III	3500,--
1/4 Karolin, München, 1726, Fr. 335,			
Hahn 253	27	II-III	2500,--
1727 (leichte Henkelspur)	102	II/III	580,--
1728	76	II	1300,--
	86	II-III	1500,--
1729	27	II-III	2600,--
	76	II	1100,--
Dukat, 1737, Fr. 344, Hahn 251	44	I-II	9750,--
	72	I-II	8500,--

wie vor	76	II	7400,--
1739 (leicht fleckig)	05	III/II	7000,--
(schwache Prägung)	76	I	7000,--
Vikariats-Dukat, München, 1740, Fr. 342,			
Hahn 269, Witt. 1953 (leicht gewellt)	76	II	15250,--
Doppel-Vikariatsgoldgulden, München, 1740,			
Fr. 340, Hahn 268	05	II/I-II	39000,--
	76	II	32000,--
Goldgulden, München, auf das Vikariat,			
1740, Fr. 341, Hahn 267, Witt. 1952	05	III/II	4200,--
	34	II	5000,--
(leicht justiert)	76	II	3600,--
Doppel-Reichstaler, München, auf die Geburt			
des Kurprinzen Max Joseph, 1727, Witt. 1862	27	I-II	25500,--
	72	I-II	15500,--
Taler, München, auf die Zusammenkunft mit			
der Kaiserwitwe Wilhelmina Amalia, 1739,			
Hahn 249 (leichte Fehler)	102	II	5250,--
Vikariatstaler, München, 1740, Dav. 1943,			
Hahn 265, Witt. 1954 (leicht justiert)	27	II	5500,--
(leicht justiert)	64	III/II	5400,--
	65	I-II	6000,--
	72	II	4700,--
	102	I-II	5100,--
Gemeinschaftlicher Vikariatstaler, München,			
1740, Hahn 264 (Randfehler)	51	II-III	3750,--
	70	I-II	5000,--
(leicht justiert)	72	II	3850,--
Gemeinschaftlicher Taler auf das Vikariat,			
1740, Dav. 1946, Hahn 272	05	I-II	5150,--
	37	I-II	5100,--
(leichter Randfehler)	64	III/II	4050,--
(leichter Kratzer)	70	I	5300,--
(leicht justiert)	72	I-II	4500,--
	73	III	3050,--
Kaisertaler, 1743, Hahn 277	02	I-II	13500,--
(Schrötlingsfehler)	18	II	4000,--

wie vor (justiert, leicht poliert)	10	III	4100,--
(leicht justiert)	37	III/II	4400,--
(leichter Schrötlingsfehler)	48	II	4400,--
	62	II	5100,--
	70	I	9600,--
	70	II	5250,--
(leichter Randfehler)	72	II-III	4100,--
	91	III	3150,--
(leichtes Randloch)	102	I-II	4550,--
1/2 Vikariatstaler, Mannheim, 1740, Hahn			
271, Witt.. 1958 (Doppelschlag)	72	II	4300,--
1/4 Vikariatstaler, Mannheim, 1740, Hahn			
270, Witt. 1959	26	III	1600,--
	64	III	2400,--
30 Kreuzer (= 1/2 Gulden), 1732, Witt.			
1941, Hahn 247	01	III	215,--
	60	III/II	320,--
	71	II	320,--
12 Kreuzer, 1742, Witt. 1903	60	I-II	1550,--
Vikariats-6 Kreuzer, 1740, Hahn 263,			
Witt. 1960	20	II	200,--
	34	III	210,--
	60	II	800,--
	64	III	500,--
	64	III/IV	360,--
	98	I-II	445,--
6 Kreuzer, Landmünze, 1744, Hahn 276,			
Witt. 1965	64	III/IV	340,--
	82	III	575,--
1745	60	II	650,--
	64	III/IV	240,--
Landgroschen, 1736, Hahn 243	05	III/II	210,--
Vikariatsgroschen, München, 1740, Hahn 262			
(leicht fleckig)	16	III	295,--
(müder Stempel)	34	I	200,--
	64	III/IV	205,--
Groschen, 1744, Hahn 275, Witt. 1966	64	III	800,--
5 Dukaten, 1747, Fr. 350, Cr. 49, Witt. 2130	76	II	17000,--

Dukat, Huldigung der Stände, 1747, Fr. 349,			
Cr. 43, Witt. 2134	72	II	5700,--
	76	II-III	2600,--
(leichter Kratzer)	102	II/I-II	4450,--
Dukat, 1764, Fr. 354, Cr. 44, Hahn 311	76	II	6700,--
1765	72	I-II	8300,--
	72	II	6250,--
	72	II-III	5900,--
	76	I	8000,--
1767	76	I-II	7000,--
1770	102	II/I-II	8700,--
1773	72	II	5700,--
	76	I	6000,--
1775	76	I	8200,--
Isar-Gold-Dukat, 1756, Fr. 353, Cr. 46,			
Hahn 312	44	I-II	19500,--
	76	I	27000,--
1760 (justiert)	76	II	10000,--
(Fassungsspur)	60	IV	3100,--
1762	76	II	26000,--
Inngold-Dukat, 1756, Fr. 352, Cr. 47,			
Witt. 2158, Hahn 313	76	II	16500,--
1760	76	II-III	20500,--
1762	44	I-II	17000,--
	76	II	16500,--
Donau-Gold-Dukat, 1756, Fr. 351, Cr. 45,			
Hahn 314 (leichter Knick)	76	III	10000,--
1760	76	II	27000,--
Max d'or, München, 1752, Hahn 315			
(leicht justiert)	76	II-III	3500,--
1767 (leichter Schrötlingsriß)	76	I	4700,--
Einseitiger Zinnabschlag der Rückseite des			
Donau-Dukaten, 1760, vgl. Witt. 2157	51	II	220,--
Wappentaler, 1753, Hahn 308 (leicht justiert)	29	II-III	245,--
(leicht justiert)	64	III	600,--
1754	70	III	370,--
	99	III	250,--
1755	27	I-II	875,--

wie vor	51	II-III	215,--
(leicht justiert)	72	II-III	600,--
(leicht justiert)	72	II	625,--
(justiert)	96	III	225,--
1756 (justiert)	16	III/IV	260,--
	34	II-III	370,--
	99	III	225,--
1759 (stark justiert)	36	III	280,--
Wappentaler, 1758, Hahn 308	21	II-III	200,--
(leicht justiert)	72	II-III	360,--
1759 (leicht justiert)	72	II-III	450,--
Wappentaler, München, 1759, Hahn 309			
(justiert)	16	III/IV	240,--
1760	38	III	235,--
	60	IV/III	245,--
	102	I-II	2400,--
1761 (leicht justiert)	36	II	800,--
Wappentaler, Amberg, 1767, Hahn 331	41	III	240,--
	48	III	390,--
	97	III	200,--
Madonnentaler, 1753, Hahn 306 var.	51	III	575,--
Madonnentaler, 1754, Dav. 1952, Cr. 35,			
Hahn 306	70	I-II	1625,--
	70	I-II	1600,--
(leichter Randfehler)	83	III	325,--
1755	85	II-III	230,--
	87	II-III	305,--
(justiert)	96	II-III	220,--
1756 (justiert)	34	II	300,--
(leicht justiert)	72	II	500,--
1759 (leicht justiert)	72	II	290,--
Madonnentaler, München, 1755, Dav. 1952,			
Cr. 35, Hahn 306	00	III	300,--
	25	II-III	250,--
	26	II	450,--
	27	I-II	575,--
1756	27	I-II	575,--
	34	II	300,--

Madonnentaler, 1760, Dav. 1953, Hahn 307	39	II	305,--
(leicht justiert)	65	I	1350,--
(leicht justiert)	65	III	250,--
(leicht justiert)	68	II	550,--
1764	47	II	400,--
1765 (leicht justiert)	94	II	250,--
1768 (leicht justiert)	72	I-II	725,--
1770	41	II	300,--
(leicht justiert)	72	I-II	575,--
(leicht justiert)	72	II-III	210,--
(leicht justiert)	86	II-III	200,--
Madonnentaler, 1763, Dav. 1953, Hahn 307			
(leicht justiert)	16	III	210,--
1764 (leicht justiert)	34	II-III	200,--
1765	06	I-II	600,--
1771	27	II-III	230,--
(leicht justiert)	27	I	500,--
(leicht justiert)	32	II/I-II	235,--
(poliert, leicht justiert)	34	II	320,--
1774 (leicht justiert)	27	II	380,--
Madonnentaler, 1765, Hahn 307 (justiert)	65	IV/III	360,--
Madonnentaler, A = Amberg, 1765, Dav. 1954,			
Hahn 330 (justiert)	62	II-III	220,--
1768 (leicht justiert)	72	I-II	400,--
1769 (leicht justiert)	72	II	380,--
1770 (leicht justiert)	72	II	360,--
(leicht justiert)	98	II-III	205,--
1771 (leicht justiert)	72	I-II	400,--
1772	64	I-II	600,--
(oxydiert)	96	III	200,--
1773 (leicht justiert)	72	I-II	700,--
1774 (leicht korrodiert)	72	II	380,--
(justiert)	89	II/I	525,--
1775 (leichter Randfehler)	49	III/II	330,--
1776	72	I-II	775,--
1777 (leicht justiert)	72	II	410,--
Madonnentaler, Amberg, 1771, Dav. 1954,			
Hahn 330	18	II	440,--

Taler, München, "Arslanitaler", 1765, Dav.			
1955, Hahn 310, Witt. 2180 (leicht justiert,			
leicht poliert)	23	III	4300,--
Taler, Amberg, "Arslanitaler" für den			
Levantehandel, 1768, Hahn 332	00	II	5100,--
	26	III	1800,--
	47	III	2050,--
	48	II	3100,--
(leicht justiert)	64	III/II	3000,--
(leicht justiert)	72	II-III	2200,--
Gulden, 1747, Witt. 2130	26	II	1400,--
	27	III	460,--
1/2 Madonnentaler, München, 1753, Cr. 32,			
Hahn 305	64	II/III	430,--
	72	II-III	300,--
	81	I-II	550,--
	102	III	300,--
1754 (leichte Kratzer)	72	II	600,--
1770 (leicht justiert)	77	III/II	230,--
1774 (leicht justiert)	72	I	1375,--
(leicht justiert)	86	II	390,--
	102	III	270,--
1775	64	I-II	750,--
	77	I	1800,--
1/2 Madonnentaler, München, 1753, Cr. 32,			
Hahn 305	01	III	345,--
1754	27	II	550,--
	41	I-II	625,--
	55	III	200,--
1770	38	III	300,--
1775	31	III	200,--
30 Kreuzer (= 1/2 Gulden), 1746, Cr. 29,			
Hahn 303	48	II-III	700,--
	86	III	360,--
20 Kreuzer, 1763, Hahn 298 (leichter Rand-			
fehler)	60	I-II	550,--
20 Kreuzer, 1774, Hahn 299	60	II/III	300,--

20 Kreuzer, A, 1774, Hahn 327 (leicht justiert)	72	I	460,--
20 Kreuzer, München, 1772, Hahn 300	86	III-IV	250,--
20 Kreuzer, A = Amberg, 1772, Cr. 27, Hahn 328	27	I-II	490,--
4 Groschen (= 12 Kreuzer), Landmünze, 1766, Hahn 297	55	III-IV	325,--
10 Kreuzer, München, 1755, Hahn 294	64	IV	200,--
10 Kreuzer, München, 1769, Hahn 295	41	I	235,--
1770	34	II	260,--
1775 (justiert)	34	I-II	230,--
3 Kreuzer auf das Vikariat, 1745, Hahn 279	64	IV	205,--
2 1/2 Kreuzer, Landmünze, München, 1754, Hahn 291, Witt. 2200	34	III	200,--

Karl Theodor, 1777-1799 (s. auch Pfalz)

3-facher Dukat, München, 1787, Fr. 355, Cr. 97, Hahn 352, Witt. 2322	72	II	26000,--
	76	I	25000,--
3-facher Dukat, Vikariat, München, 1792, Fr. 361, Hahn 371, Witt. 2383	05	I	42500,--
Doppeldukat, München, 1787, Fr. 356, Cr. 95, Hahn 351, Witt. 2323	72	I	28500,--
Doppeldukat, Vikariat, München, 1790, Fr. 362, Cr. 96, Hahn 362, Witt. 2384 (leichte Broschierungsspuren)	76	III	7600,--
Doppeldukat, Vikariat München, 1792, Fr. 362, Hahn 370	76	II	18000,--
Dukat, München, 1778, Fr. 357, Cr. 90, Hahn 349 (leichter Schrötlingsfehler)	76	I	4700,--
1779	72	I-II	5400,--
	72	I-II	5500,--
	76	I	5200,--
1780	76	I-II	3900,--
1781	72	II	5000,--
	76	I	4600,--
1784	76	II/I	3250,--
1786	76	II-III	2600,--
1787	72	I-II	4500,--

wie vor	76	I	3800,--
	76	II	3050,--
	82	II	2900,--
Dukat, München, 1776, Fr. 357, Cr. 90,			
Hahn 349	70	II	5000,--
	72	I	5100,--
1778	27	I-II	3800,--
	27	II	3000,--
1787	41	II	3300,--
	48	II	4550,--
	51	II-III	3050,--
	61	I-II	3750,--
Dukat, München, 1794, Fr. 357, Cr. 90 a,			
Hahn 350, Witt. 2343	76	I-II	7600,--
	98	I-II	9500,--
1795	72	I	7250,--
1796	76	I	7400,--
1797	76	I	8000,--
Donaugold-Dukat, 1779, Fr. 358, Cr. 91,			
Hahn 355	76	I	32000,--
1780	27	I	13500,--
	44	I	12750,--
	70	I	12500,--
	76	II	10750,--
(Kratzer)	76	II	18000,--
1793	76	II	32000,--
Inngold-Dukat, 1779, Fr. 359, Cr. 92,			
Witt. 2331, Hahn 354	72	I	22800,--
	76	I	18000,--
1780	27	I-II	16000,--
	76	I	12000,--
(Fassungsspur)	60	IV/V	2100,--
Isargold-Dukat, 1779, Fr. 360, Cr. 93,			
Witt. 2330, Hahn 353	76	I-II	24000,--
1780	27	I-II	15000,--
	71	II-III	13500,--
	76	II	11000,--
Madonnentaler, 1778, Hahn 345	61	III	280,--

wie vor (leicht justiert)	64	II/I-II	475,--
	70	II	270,--
(leicht justiert)	72	I-II	500,--
(leicht justiert)	72	I	900,--
(leicht justiert)	72	II	675,--
(leicht justiert)	72	II	675,--
(leicht justiert)	72	II	675,--
(justiert)	82	III	330,--
(justiert)	86	III	240,--
Madonnentaler, München, 1778, Dav. 1964, Cr.			
80, Hahn 345	03	II-III	230,--
	05	II/III	325,--
(leichter Randfehler, justiert)	16	I-II	210,--
(leicht justiert)	18	II	330,--
1780 (leicht justiert)	24	II	460,--
Madonnentaler, Amberg, 1778, Dav. 1967,			
Cr. 80, Witt. 2400, Hahn 383 (justiert)	16	III/IV	210,--
	32	II	250,--
(leicht justiert)	70	II-III	370,--
(leicht justiert)	72	II	325,--
(leicht poliert)	83	II	200,--
(leicht justiert)	98	III	200,--
1779 (justiert)	16	III/II	240,--
Madonnentaler, 1781, Dav. 1965, Cr. 80 a,			
Hahn 346 (justiert)	41	II	360,--
1783 (leicht justiert)	72	III/II	280,--
(leicht justiert)	94	III/II	300,--
1784 (justiert)	77	II-III	210,--
1786	10	III	270,--
(justiert)	34	II	230,--
(leicht justiert)	51	II-III	205,--
(leicht justiert)	94	II/I	490,--
(leicht justiert)	94	II/I	450,--
1789 (leicht justiert)	72	II	420,--
1792 (justiert)	41	II	390,--
1794	39	II	280,--
Konventionstaler, München, 1795, Hahn 347			
(leicht justiert)	72	III/II	750,--

wie vor (justiert)	77	II-III	230,--
1797 (leicht justiert)	00	II	625,--
(leicht justiert)	51	III	250,--
1798 (leicht justiert)	72	II-III	320,--
Reichstaler, München, auf das Vikariat,			
1790, Dav. 1969, Cr. 84, Hahn 359, Witt. 2389			
(Randfehler, justiert)	23	III/IV	600,--
(justiert)	41	II	1325,--
	49	II/I-II	1450,--
(leicht justiert)	64	III	1100,--
(justiert)	65	III	700,--
	72	II	1075,--
	100	II-III	850,--
	102	III	925,--
Vikariatstaler, München, 1790, Hahn 360	00	III	900,--
	48	II/I	1900,--
(leicht justiert)	65	III/II	1000,--
(leicht justiert)	72	III	900,--
Taler auf das Vikariat, 1792, Hahn 367			
(leicht justiert)	64	II/I-II	1425,--
(leicht justiert)	65	III/II	725,--
	72	II	1050,--
Vikariatstaler, München, 1792, Hahn 367			
(leicht justiert)	16	III	910,--
	16	III	910,--
	18	III	825,--
	26	II	1275,--
	30	I-II	1000,--
	34	II	1100,--
	41	I-II/I	1500,--
	47	III/II	1400,--
(justiert)	62	II/I	1400,--
1/2 Taler, München, 1779, Hahn 344 (leichte			
Henkelspur)	73	II-III	340,--
(Randfehler)	102	III	400,--
1789	86	II-III	800,--
1/2 Taler, München, 1779, Hahn 344	26	III	550,--
	72	II-III	875,--

wie vor	73	I	1825,--
1780	72	III	600,--
1786	26	II-III	900,--
	51	II-III	1150,--
(leicht justiert)	72	II	900,--
1796	44	II-III	750,--
(justiert)	65	III/IV	525,--
1/2 Taler, München, 1797, Hahn 344 var.	72	II-III/II	2250,--
1/2 Vikariatstaler, München, 1790, Cr. 77,			
Witt. 2393, Hahn 358	26	II-III	950,--
	41	II	725,--
	48	III	800,--
	64	III/IV	725,--
(leicht justiert)	72	II	1075,--
	77	II/I	1100,--
(leicht justiert)	82	II	825,--
1/2 Vikariatstaler, München, 1792, Hahn			
366 (leicht justiert)	64	III/II	825,--
(leicht justiert)	72	II-III	750,--
1/2 Wappentaler, Amberg = A, 1793, Hahn			
381, Witt. 2403	48	III	2300,--
(gehenkelt)	102	III/II	3350,--
1/2 Schulpreis-Taler, 1782, Hahn 448	44	II	4400,--
20 Kreuzer, München, 1796, Hahn 342			
(leicht justiert)	41	I	245,--
20 Kreuzer, A (Amberg), 1779, Hahn 379			
(leicht justiert)	27	I-II	390,--
	61	I-II	650,--
(justiert)	62	I-II	250,--
1781	19	II-III	220,--
	61	II-III	325,--
20 Kreuzer auf das Vikariat, 1790, Hahn 357			
(leicht justiert)	64	III/II	675,--
10 Kreuzer, München, 1793, Hahn 341	67	II-III	255,--
(leicht justiert)	98	I	265,--
10 Kreuzer, A, 1781, Hahn 378	64	III/IV	300,--
	94	II	230,--
3 Kreuzer, München, 1796, Hahn 339	41	I-II	290,--

BECKUM, Stadt

II Stadtpfennig, 1595, Weing. 116	43	III-IV	1250,--

BENTHEIM-STEINFURT

Ernst Wilhelm, 1643-1693

Adlerschilling zu 6 Stüber (1/8 Taler) =

Blamüser, 1662, Pieper 3241	11	III	495,--
2 Stüber (Doppel-Albus), 1660, Pieper 3244,			
Weyg. 3431	20	III	425,--

BENTHEIM-TECKLENBURG-RHEDA

Anna, 1562-1582

Fürstengroschen zu 12 Pfennige, o. J.,

Kenn. 23 (starker Schrötlingsriß, Fund-exemplar)	75	III	330,--

Moritz, 1625-1674

1/8 Taler (= Blamüser), 1673, Kenn. 115 b	11	III	440,--
	99	II-III	1650,--
XII Mariengroschen (Kirchstapel), 1671,			
Kenn. 102	07	III	340,--
1672	65	I-II	650,--
VI Mariengroschen (Kirchstapel), 1672,			
Kenn. 109	67	III	360,--
	100	III	290,--
V Pfennige, Kupfer - für Rheda, 1659, Kenn.			
90, Weyg. 3413	49	III	225,--
V Pfennige, Kupfer - für Rheda, 1669, Kenn.			
100	98	III	275,--
Kupfer-2 Pfennige für Rheda, 1655, Kenn. 75,			
Pieper 3218, Weing. 614	99	IV	350,--

Johann Adolph,1674-1700

24 Mariengroschen, Tecklenburg, 1676, Weyg. 3416, Pieper 3226	49	III	925,--
1/16 Taler (= 1/2 Blamüser), 1677, Kenn. 125, Pieper 3228, Weyg. 3419	20	III	280,--
	20	III-IV	205,--
II Pfennige, Kupfer für die Grafschaft Teck-lenburg, 1685, Kenn. 132, Pieper 3233	49	III	200,--

BESANÇON

Doppeltaler, o. J., Dav. 8941, Mad. 5933			
(poliert)	10	III	4700,--
2 Taler, 1564, Dav. 8942 (leichte Randfehler)	86	III	14500,--
Taler, 1658, Dav. 5070 (Randfehler)	51	III	500,--
	97	III	625,--
1759 (justiert)	51	III	410,--
(justiert)	100	III-IV	360,--
1661 (poliert)	86	III	320,--
1664	19	III	575,--
(Randfehler)	05	III	495,--
	36	III/IV	500,--
(Randfehler)	39	III	400,--
	42	III	550,--
(leichter Randfehler)	73	III	525,--
1666	36	III/IV	525,--
	85	III	470,--
Taler, 1660, Dav. 5070 (Henkelspur)	04	III	300,--
1661 (Henkelspur)	09	III	280,--
1666	15	III	425,--
1/2 Taler, 1642	42	III	900,--
Teston, 1624	22	II-III	300,--
Teston, 1639	31	III	260,--

BIBERACH, Stadt			
Silberabschlag vom Dukat auf die 200-Jahr-			
feier der Reform, 1717, Nau 4	26	II	330,--
Silberabschlag vom Dukaten, 1801, Nau 20	77	II	235,--

BÖHMEN			
Wladislaus II., 1471-1516			
Dukat, Prag, o. J., Schulten 3800	61	II	8000,--
Friedrich von der Pfalz, 1619-1620			
Kipper-48 Kreuzer, Joachimsthal, 1620,			
Don. 2083 (Henkelspur)	50	III	355,--
Kipper-48 Kreuzer, Kuttenberg, 1620	10	III	370,--
	19	III	340,--
	97	III	290,--

Kipper-48 Kreuzer, 1621	47	III/IV	420,--
24er, Kuttenberg, 1620, Kraaz 25 (leichter			
Randfehler)	86	III	320,--
Kipper-24 Kreuzer, Öls, FuJ. 78	61	III-IV	575,--
Kipper-24 Kreuzer, Prag, Kraaz 23	36	III/IV	500,--
	55	III	360,--
Böhmische Stände, 1619-1620			
Kipper-24er, Kuttenberg, 1619	36	IV	220,--
Kipper-24 Kreuzer, Prag, 1619, Don. 1994	99	III	205,--

BRANDENBURG in Franken

Friedrich VI., Burggraf von Nürnberg,
1415-1440

Nürnberger Goldgulden, Wöhrd, o. J., Fr.

457	78	III	14100,--
Schilling, o. J., Schr. 236 ff.	78	III	500,--

Johann IV., Alchymista und Albrecht Achilles
von Ansbach, 1440-1464

Schilling, o. J., v. Schr. 272	78	III	500,--
Schilling, o. J., v. Schr. 275	78	III-IV	420,--
Schilling, o. J., v. Schr. 279	78	III-IV	430,--

Albrecht Achilles von Ansbach, allein,
1464-1486

Goldgulden, Schwabach, o. J., Fr. 458,

Schulten 190 (gereinigt)	06	III	900,--
	26	II-III	900,--
(leichter Schrötlingsriß)	27	III	750,--
(Feilspur)	34	III	725,--
	38	III	950,--
	47	III	775,--
(leichte Knickspur)	55µ	III	625,--
(leichte Bugspur)	71	III	750,--
	78	III	775,--
	79	II-III	1250,--
	89	IV	500,--
(Druckstelle)	89	III	525,--
(leichter Randfehler)	102	III	850,--

Schilling, Ansbach, o. J., v. Schr. 312

(Doppelschlag)	70	III-IV	725,--
	70	III-IV	925,--
Halbschilling, o. J., v. Schr. 316 (gewellt)	78	III-IV	440,--

Friedrich IV. der Ältere von Ansbach und
Sigismund von Kulmbach, 1486-1495
Goldgulden, Schwabach, o. J., Fr. 459,

Schulten 191, Wilm. 419	01	III-IV	675,--
(schwacher Rand)	06	III	725,--
(Schrötlingsriß)	23	III	675,--
(leichter Schrötlingsriß)	36	III	675,--
	44	III	875,--
	55	III	750,--
(leichte Feilspur)	71	II	800,--
	71	III	800,--
	97	II	850,--
	98	III	1100,--
	100	III	825,--
	102	III/II	1250,--

Friedrich IV. der Ältere, allein, zu Ansbach,
1495-1515
Schwabacher Goldgulden, 149?, Fr. 460,

Schulten 193	78	III	875,--
1497	27	III	850,--
1498	78	III-IV	775,--
	86	III	775,--
1503	86	II-III	800,--
1504	23	III/IV	1000,--
1506	51	III	850,--
	79	III	1075,--
1507	06	II-III	900,--
	26	II-III	1100,--
1508	27	III	1050,--
1509	39	III	1050,--
o. J. (leichte Schrötlingsrisse)	23	III	700,--
(Randfehler, leicht gewellt)	25	III	700,--
	53	III	830,--
? (gedrückt)	23	IV	480,--

Schwabacher Schilling, 1514, Schulten 194	70	III	340,--
1515	78	III	260,--
o. J.	16	III/IV	280,--
Kasimir von Bayreuth und Georg der Fromme			
von Ansbach, 1515-1527			
Goldgulden, Schwabach, 1518, Schulten 200	38	II	1500,--
Georg der Fromme, allein, 1527-1537			
Goldgulden, Schwabach, 1530, Schulten 209	78	III	1900,--
Batzen, Schwabach, 1532, Schulten 211	04	II/III	210,--
Georg der Fromme von Ansbach und Albrecht			
Alcibiades von Bayreuth, 1536-1543			
Taler, Schwabach, 1538, De Mey 60, Schulten			
217	68	III-IV	1300,--
Taler, Schwabach, 1538, Dav. 8967, De Mey			
61, Schulten 218	61	III	700,--
1539	41	II-III	725,--
	73	III	340,--
	73	III	340,--
	73	III	340,--
1540	73	III	330,--
	78	III	410,--
1541	70	III	385,--
	73	III	360,--
	73	III	360,--
1542	33	III	315,--
	52	III	370,--
	68	III	625,--
	73	III	360,--
	77	III	315,--
	78	III	410,--
	78	III	460,--
	100	III	550,--
1543	47	III	825,--
	51	III	350,--
	66	III/II	700,--
	78	III	460,--
(leichte Stempelfehler)	79	III	400,--
	93	III	365,--

Taler, Schwabach, 1538, Dav. 8967, De Mey

61, Schulten 218 (leichte Schrötlingsfehler)	23	III	675,--
1539	05	III/IV	475,--
	15	III-IV	240,--
	16	III	650,--
	21	III	475,--
1542	21	III	405,--
1543 (Randfehler)	23	IV/III	330,--
	31	III	675,--
(Schrötlingsfehler)	25	II-III	800,--

Guldiner, Schwabach, posthum, 1544, Dav.

8967, Schulten 218, De Mey 61 (Zainende)	06	II	550,--
(leicht poliert)	39	III	320,--
	55	III	480,--
(leichter Kratzer)	85	III	350,--
	86	III/II-III	420,--
(leichte Schrötlingsfehler)	98	II-III	550,--
1545	70	III	500,--

Albrecht der Jüngere Alcibiades zu Bayreuth,

allein, 1543-1554

Zwittertaler - orientalische Nachahmung eines

Talers, 1549/52	25	III	1850,--

Taler, Erlangen, 1548, Dav. 8969, Schulten

222, De Mey 62	78	III	600,--
1549	04	IV	315,--
	66	III	625,--
(Fundexemplar)	67	III	550,--
	72	III-IV	320,--
	73	III	725,--
	74	II-III	1850,--
	85	III-IV	500,--
	86	III	575,--
1550	31	III	950,--
(leichter Doppelschlag)	54	III	575,--
	73	III	625,--
	89	III/II	600,--

Georg Friedrich von Ansbach, 1543-1603

Dukat, 1587, Fr. 468 (Kratzer)	25	III	3300,--

wie vor	26	II	2700,--
1589	06	III	1600,--
Guldentaler zu 60 Kreuzer, Schwabach, 1565,			
Dav. 10008, De Mey 66, v. Schr. 854 (fleckig)	86	III	775,--
1567 (Randfehler)	78	III	2250,--
1572	91	III-IV	700,--
1573	77	III	2000,--
	78	III	1600,--
1574	78	II-III	2900,--
Probe-Klippe vom Guldentaler, Schwabach,			
1565, Dav. 10008, De Mey 67 (leichte			
Henkelspur)	44	III	6200,--
Guldentaler zu 60 Kreuzer, Schwabach, 1576,			
Dav. 10010, De Mey 69	78	III	2200,--
1577	91	IV	650,--
1/2 Guldentaler, 1565	78	IV	1250,--
1/2 Guldentaler, 1577, v. Schr. 878			
(Wertzahl ausgekratzt)	36	III	925,--
1/4 Taler auf seinen Tod, 1603, Wilm. 534	70	IV	1450,--
(Henkelspur)	78	III	450,--
	125	III	1250,--
1/8 Reichstaler auf seinen Tod, 1603,			
v. Schr. 1321	78	III	350,--

BRANDENBURG-ANSBACH

Joachim Ernst, 1603-1625

Goldgulden, 1610, Fr. 401, Wilm. 819	51	III	2500,--
	78	II-III	2950,--
1920 (leichter Randriß)	61	II	2250,--
Reichstaler, Fürth, 1619, Dav. 6226, Mad.			
3533	04	III	1350,--
	77	II-III	1450,--
1620	78	III	1050,--
Reichstaler, Fürth, 1620, Dav. 6227, Schön			
6135, Wilm. 821	47	III	1450,--
(leichter Schrötlingsfehler)	54	III	950,--
(leichtes Zainende)	85	III	1075,--
Taler, Fürth, 1620, Dav. 6228	77	III	1000,--

wie vor, 1621 (leichte Kratzer)	05	III	1700,--
Taler, Fürth, 1625, Dav. 6230, Wilm. 827			
(Schrötlingsfehler)	17	III	525,--
(Schrötlingsfehler)	47	III	1650,--
Kipper-24 Kreuzer, Fürth, 1621, Kraaz 191	78	II	900,--
Kipper-24 Kreuzer, Fürth, 1622, Kraaz 192	78	III-IV	400,--
24 Kipperkreuzer, Kitzingen, 1622, Wilm. 844	78	III-IV	500,--
6 Kreuzer auf seinen Tod, Fürth, 1625			
(Henkelspur)	78	III	200,--
(Henkelspur)	98	II-III	305,--
Friedrich II., Albrecht und Christian,			
1625-1634			
Dukat, Nürnberg, 1626, Fr. 403, Wilm. 866	79	II	3100,--
	102	III/IV	900,--
1627	78	III	1100,--
Taler, 1626, Dav. 6236, Wilm. 867 (Henkel)	35	III	200,--
	41	III	480,--
	78	II	925,--
Taler, 1627, Dav. 6237	99	III	350,--
Taler, Nürnberg, 1626, Dav. 6237, Mad.			
1062, Wilm. 869 (neu versilbert)	20	III	215,--
1627	04	II-III	625,--
(Henkelspur)	20	III	225,--
(leichter Randfehler)	51	II-III	460,--
	54	II	700,--
	68	III	600,--
(Zainende)	94	II	550,--
	97	III	400,--
1628 (Kratzer, Schrötlingsfehler)	78	III	260,--
(Kratzer, Henkelspur)	96	III	235,--
Taler, Nürnberg, 1629, Dav. 6238	31	II	900,--
(aus 1628)	56	III-IV/III	265,--
(Zainende)	78	III	400,--
(leichter Randfehler)	100	III	330,--
1630 (leichter Randfehler)	54	III-IV	355,--
	77	III/II	575,--
	78	III	310,--
(leichter Randfehler)	102	III	400,--

wie vor, 1631	47	II	850,--
(aus 1630)	99	III	315,--
1/2 Taler, 1628, Wilm. 873	70	III	1350,--
Albrecht, 1634-1667			
Dukat, Minden, 1651, Fr. 405, Wilm. 877			
(Henkelspur)	78	II-III	1525,--
1652	52	III	2775,--
	61	II	3100,--
	78	II	3200,--
	89	II	2400,--
Reichstaler auf seinen Tod, o. J. (1667),			
Dav. 6240, Mad. 3536, Wilm. 878 (kleiner			
Schrötlingsfehler)	70	II-III	6200,--
Johann Friedrich, 1667-1686			
Dukat, 1672, Fr. 408 (Henkelspur, poliert)	78	III	1000,--
1/4 Dukat, 1680, Fr. 413	78	III	1000,--
1684 (Randfehler)	91	III	675,--
Taler, 1680, Dav. 6245	85	III	3200,--
Taler, 1686, Dav. 6246, Wilm. 895	70	II	4900,--
2/3 Taler nach zinnaischem Fuß (Gulden),			
Schwabach, 1675	89	III	290,--
1676	55	II-III	490,--
	60	IV/III	200,--
2/3 Taler, Fürth, 1679, Wilm. 908	70	III	3400,--
1/2 Reichstaler, Schwabach, auf seinen Tod,			
1686, Wilm. 897 (leichter Randfehler)	70	II-III	4000,--
1/3 Taler, 1675	78	III-IV	400,--
1676	73	III	450,--
1/6 Taler nach zinnaischem Fuß, 1678, Wilm.			
911	32	II	750,--
1/6 Taler, 1679, Wilm. 1679	78	III	360,--
Sterbegroschen, 1686, Wilm. 917	101	III	210,--
Georg Friedrich II., 1692-1703			
Taler, 1695, Dav. 6250, Wilm. 925	61	III	4900,--
Taler, Augsburg (P.H.M.), 1695, Dav. 6253,			
Forst. 909, Wilm. 925 (leichte Schrötlings-			
fehler)	98	III	800,--

Wilhelm Friedrich, 1703-1723

Dukat, Schwabach, 1715, Fr. 414, Wilm. 943	47	III	4000,--
(Henkelspur, poliert)	78	III	1225,--
Reichstaler, Schwabach, 1715, Dav. 1976,			
Wilm. 945	91	II-III	3350,--

Christiane Charlotte von Württemberg, Vormünderin für ihren Sohn Karl Wilhelm Friedrich,
1723-1729

Dukat, 1726, Fr. 416, Wilm. 952	70	I-II	4600,--
Taler, Schwabach, 1727, Dav. 1977, Wilm.			
954 (leichter Randfehler)	06	I-II	3700,--
	47	I	8200,--
	70	I-II	6000,--
1/2 Reichstaler, Schwabach, 1726, Wilm. 956			
(Randfehler, leichter Kratzer)	05	III	800,--
(Randfehler)	25	II	850,--
	71	II	1600,--
	78	III	525,--
(leichter Schrötlingsfehler)	91	III	550,--
1/4 Taler, 1727, Wilm. 957 (Randfehler)	98	I-II	1650,--

Karl Wilhelm Friedrich, 1729-1757

Dicker Doppeldukat, 1729, Fr. 417, Cr. 53 a	51	III	4000,--
Doppeldukat, Erbanfall der Grafschaft Sayn-			
Altenkirchen, 1741, Wilm. 995	01	II	4100,--
	16	II/I-II	4100,--
Jagddukat, o. J., Fr. 422, Cr. 52, Wilm. 997			
(Henkelspur)	78	III	1000,--
Dukat, 1753, Fr. 421, Cr. 51, Wilm. 1001	78	III	3100,--
Dukat auf die Vermählung des Erbprinzen			
Karl Alexander mit Friederike Karoline von			
Sachsen-Coburg-Saalfeld, 1754, Fr. 426,			
Cr. 140	51	II-III	1600,--
Karolin = 10 Taler, Schwabach, 1734, Fr. 423,			
Cr. 55	78	III	3650,--
1735 (Randfehler)	51	III-IV	2300,--
1/2 Karolin, 1735, Fr. 424, Cr. 54	26	II-III	3600,--
	78	III	2100,--

Silberabschlag vom Dukaten auf die Vermählung
des Erbprinzen Alexander mit Friederike
Karoline von Sachsen-Coburg-Saalfeld, 1754,

Cr. 140, Wilm. 1068	71	III	460,--
	78	III	260,--
Taler auf die 2. Säkularfeier der Reformation,			
1730, Dav. 1980, Cr. 40, Wilm. 1007	23	I	4300,--
	48	II	3200,--
	70	I-II	3700,--
Taler auf die 200-Jahrfeier der Augsburger			
Konfession, 1730, Dav. 1981, Cr. 41, Wilm.			
1008	19	II	2300,--
	38	II-III	2250,--
Zwitter-Taler auf die 200-Jahrfeier der			
Augsburger Konfession, o. J., Cr. 41 a	78	II	6800,--
Taler, 1732, Dav. 1982, Cr. 42, Wilm. 1010			
(leichter Kratzer)	78	II	2900,--
	85	III	1800,--
Taler, Ansbach, 1752, Dav. 1984, Cr. 44			
(Henkelspur)	17	III	250,--
	23	IV/III	400,--
	70	III	1575,--
(leichter Randfehler)	78	III	400,--
	89	III	1200,--
(Schrötlingsfehler)	91	II-III	420,--
Konventionstaler, Schwabach, 1754, Dav. 1985,			
Cr. 45	21	III	350,--
	27	II-III	450,--
	70	III	410,--
	70	III	400,--
	70	III	370,--
	78	II	625,--
	91	III	410,--
1. Falkenjagd-Taler, o. J., Dav. 2926, Wilm.			
1002	78	III	3950,--
Reichstaler, preuß. Feinsilber, 2. Falken-			
jagd-Taler, o. J., Dav. 2926	78	II	7000,--
2/3 Taler, Schwabach, 1753, Cr. 36, Wilm.1024	20	II-III	295,--

2/3 Taler, Schwabach, 1753, Cr. 36	21	II-III	375,--
	54	III	215,--
	67	III	315,--
	70	I-II	825,--
(leichter Schrötlingsfehler)	78	III	200,--
	100	III	205,--
1/2 Taler (Vestner), Vermählung mit Frie-			
derike Louise von Preussen, 1729, Cr. 30,			
Wilm. 1004	78	III	1050,--
1/2 Taler, Vermählung mit Friederike Louise			
von Preussen, 1729, Wilm. 1005	78	II-III	1650,--
1/2 Taler ("Schöner Taler" von Vestner),			
1729, Wilm. 1018	70	II	3150,--
1/2 Taler auf die Errichtung des neuen			
Justizkollegs in Ansbach, 1730, Cr. 32,			
Wilm. 1019	70	II	3800,--
	78	II-III	2100,--
1/2 Reichstaler, 1732, Wilm. 1020	100	IV	625,--
1/2 Taler, 1746, Cr. 34	70	III	1050,--
	78	II	2235,--
1/4 Taler auf seinen Regierungsantritt,			
1729, Cr. 22, Wilm. 1026	78	II-III	1050,--
1/4 Taler, 1732, Wilm. 1028	78	II-III	1050,--
1/6 Taler, Schwabach, auf seinen Tod, 1757,			
Cr. 20	26	II	450,--
30 Kreuzer, 1754, Cr. 28, Wilm. 1033	78	II-III	410,--
Alexander, 1757-1791			
Dukat auf die Kreisobristenwürde, 1765,			
Fr. 433, Cr. 144	00	II-III	3600,--
	25	II	4000,--
Dukat auf die Vereinigung mit Brandenburg-			
Bayreuth, 1769, Fr. 434, Cr. 145	26	II	4000,--
Breiter Dukat auf die Vereinigung von			
Ansbach und Bayreuth, 1769, Fr. 435, Cr. 146	78	II-III	2850,--
	91	II-III	2100,--
Dukat, Schwabach, auf die Huldigung der			
vogtländischen Ritterschaft, 1769, Fr. 436,			
Cr. 147	38	II-III	2500,--

wie vor	70	II-III	2600,--
	78	II-III	2000,--
Dukat auf die Erneuerung des Roten			
Adler-Ordens, 1779, Fr. 431, Cr. 148, Wilm.			
1073 (leicht gewellt)	51	II	2150,--
	78	II-III	2950,--
Silberabschlag vom Dukat auf die Vereinigung			
mit Culmbach, 1769, Wilm. 1071	78	II	300,--
Taler, 1757, Dav. 1989, Cr. 117, Wilm. 1074	17	III/II	430,--
	89	III	400,--
Taler, Schwabach, 1764, Dav. 1993, Cr. 118 b,			
Wilm. 1078	85	III	360,--
Taler, Schwabach, 1765, Dav. 1995, Cr. 119	04	III	330,--
	36	III	420,--
	70	III	310,--
Schwabacher Kreisobristen-Taler, 1765, Dav.			
1996, Cr. 120, Wilm. 1080	04	II-III	1200,--
(Stempelfehler)	25	II	1050,--
(leichte Kratzer)	27	II	1250,--
(leichter Kratzer)	36	I-II	1450,--
	38	II-III	1050,--
	44	I-II	2200,--
	57	I	1600,--
	70	I-II	2600,--
	78	III	900,--
	85	II-III	850,--
	89	I	2600,--
Konventionstaler, Schwabach, 1766, Dav. 1997,			
Cr. 119, Wilm. 1081	47	III	650,--
Konventionstaler, Schwabach, 1767, Dav. 1998,			
Cr. 121	39	III	200,--
	65	III/IV	200,--
	70	III	410,--
1768	70	III-IV	250,--
Taler auf die Vereinigung von Ansbach mit			
Bayreuth, 1769, Dav. 1999, Cr. 122, Wilm.			
1086, Sch. 6214	05	III/IV	500,--
	00	II-III	1025,--

wie vor	16	I-II	1500,--
	26	II	900,--
	27	I-II	1250,--
	70	I	2025,--
	78	II-III	1075,--
	85	III	725,--
(Randfehler)	91	II	775,--
(poliert)	102	III	300,--
Taler, Vereinigung der Markgrafschaft Ansbach mit Bayreuth, 1769, Dav. 2000, Cr. 123, Wilm. 1087	27	I-II	1650,--
(leichter Schrötlingsfehler)	36	II/I-II	1650,--
	78	II	1425,--
Konventionstaler, Schwabach, 1769, Dav. 2001, Cr. 124, Sch. 6216	78	III	260,--
1771 (leicht justiert)	51	III	240,--
(Schrötlingsfehler, justiert)	73	III	305,--
Taler, Schwabach, 1773, Dav. 2005, Cr. 125 a, Wilm. 1089	70	III	1050,--
Reichstaler, Schwabach, 1774, Dav. 2006, Cr. 125, Wilm. 1091 (justiert)	17	III	320,--
	78	III-IV	290,--
Taler, Schwabach, 1774, Dav. 2007, Cr. 125, Wilm. 1092	27	II-III	460,--
	38	III	340,--
Konventionstaler, Schwabach, 1774, Dav. 2008, Cr. 125, Wilm. 1094	85	III	360,--
Taler, Schwabach, Prämie für den Kleeanbau, 1775, Dav. 2010, Cr. 127, Wilm. 1093	21	II	3750,--
Konventionstaler, Schwabach, 1775, Dav. 2011, Cr. 128 (leicht justiert)	22	III	300,--
	27	II-III	450,--
	39	III	420,--
Konventionstaler, Schwabach, 1775, Dav. 2013, Cr. 128	70	III	310,--
Taler, Schwabach, 1777, Dav. 2014, Cr. 129, Wilm. 1098	39	III	550,--
	41	II	825,--

wie vor (Randfehler)	51	III-IV	200,--
	54	III	525,--
	55	III	575,--
(Erstabschlag)	70	I	3100,--
	70	II-III	600,--
	73	II-III	475,--
	77	III	400,--
	78	III	310,--
(leichte Schrötlingsfehler)	85	III	250,--
	87	III-IV	285,--
Konventionstaler, Schwabach, 1777, Dav. 2014, Cr. 129, Wilm. 1098	02	I	1500,--
	07	II-III	390,--
	16	IV	280,--
	17	III-IV	310,--
	23	III/II	625,--
	27	II-III	400,--
Taler, 1778, Dav. 2015, Cr. 130, Wilm. 1099	27	II	1200,--
	78	III	625,--
Taler, 1778, Dav. 2016, Cr. 131, Wilm. 1100	39	III	260,--
	72	III	320,--
	78	III	650,--
	85	III	550,--
	91	III	370,--
Konventionstaler, Schwabach, 1778, Dav. 2017, Cr. 132	27	II-III	800,--
Taler auf die Erneuerung des Roten Adler-Ordens, 1779, Dav. 2018, Cr. 133, Wilm. 1101	27	II	1250,--
	29	I	2500,--
	36	II/III	1400,--
	78	II-III	1000,--
Taler, Schwabach, auf die Erneuerung des Roten Adler-Ordens, 1779, Dav. 2019, Cr. 134, Wilm. 1102	26	II-III	550,--
	38	III	550,--

wie vor	69	III	315,--
	70	I	3100,--
	78	I-II	1450,--
(leicht dezentriert)	85	I-II	1175,--
Taler, Bayreuth, 1779, Dav. 2020, Cr. 95			
(leicht justiert)	05	III/IV	400,--
(Lötspur)	51	III	250,--
(justiert)	55	III-IV	440,--
(leichter Schrötlingsfehler)	65	III	410,--
Taler, Schwabach, 1779, Dav. 2021, Cr. 135,			
Wilm. 1103	38	III	650,--
	78	II	2200,--
Taler auf den Frieden von Teschen, 1779,			
Dav. 2022, Cr. 136, Sch. 6239, Wilm. 1106	25	II	1100,--
	29	II	900,--
	78	II	1100,--
	91	I-II	1850,--
Taler auf den Frieden von Teschen, 1779,			
Wilm. 1107	26	II	3000,--
	70	I-II	2000,--
Taler auf den Frieden von Teschen, 1779,			
Dav. 2023, Cr. 137, Wilm. 1108	27	I-II	1400,--
	38	III	1350,--
Konventionstaler, Schwabach, 1780, Dav.			
2024, Cr. 138, Wilm. 1109 (leichte Kratzer)	85	II-III	575,--
Taler, Bayreuth, 1783, Dav. 2025, Cr. 95,			
Wilm. 1111	04	III	400,--
	21	III	400,--
	39	III	350,--
	85	III	430,--
Taler, S, 1784, Dav. 2026, Cr. 138 a, Wilm.			
1113	27	III	440,--
	38	III	625,--
	85	III	575,--
2/3 Taler (Gulden), 1757, Cr. 108, Wilm. 1122			
(leicht justiert)	19	III	310,--
Lotteriegulden, o. J., Wilm. 4889, 1050	55	III	200,--
	65	III	230,--

wie vor	70	I	1750,--
	71	I-II	500,--
1/2 Konventionstaler, Schwabach, 1760, Cr.			
111, Wilm. 1117	70	II-III	360,--
	77	II-III	305,--
1/2 Konventionstaler, S, 1765, Cr. 113			
(justiert)	70	III	280,--
1/2 Konventionstaler, Schwabach, Lotterie-			
preis, 1767, Cr. 115, Wilm. 1056 ff.	05	III	240,--
	16	II	330,--
	31	III/II	330,--
	41	II	385,--
	77	III	245,--
	78	III	200,--
	78	III	210,--
(Feilspur)	87	II	250,--
1/2 Taler, Schwabach, 1775, Cr. 116, Wilm.			
1121	26	II	775,--
	45	III/II	400,--
	70	II	900,--
1/2 Taler auf die Weinlese in Franken, 1779	78	II	2050,--
1/2 Taler auf die Getreideernte in Franken,			
1779, Wilm. 1064	78	I-II	2050,--
1/3 Taler, Eröffnung der Porzellanfabrik			
Bruckberg, 1767, Wilm. 1058	47	II	420,--
(Randfehler)	48	II	310,--
1/4 Kreisobristentaler, Schwabach, 1765,			
Cr. 100	19	II-III	485,--
	21	II-III	305,--
	21	II	355,--
	25	I-II	575,--
	41	PPb.	355,--
(leichter Randfehler)	65	II	420,--
	78	III	200,--
	78	II-III	280,--
(leichte Schrötlingsfehler)	98	I-II	380,--
(Kratzer)	100	II-III	220,--

1/4 Taler auf die Vereinigung der beiden			
Fürstentümer, 1769	78	II	650,--
1/4 Taler, Schwabach, 1775, Wilm. 1127	26	II	550,--
	78	II	480,--
	85	III	330,--
	86	III	285,--
1/4 Konventionstaler, Schwabach, auf den			
Frieden von Teschen, 1779, Cr. 104, Wilm.			
1066	06	I-II	465,--
	41	I-II	500,--
	71	II	520,--
	78	III	230,--
1/4 Taler, 100 Jahre Neustadt/Erlangen, 1786	78	II-III	525,--
	91	II-III	440,--
20 Kreuzer, Schwabach, 1783, Cr. 95, Wilm.			
1128	78	I-II	220,--
1787	83	I-II	255,--
20 Konventionskreuzer, 1772, Cr. 96, Wilm.			
1128	75	III	305,--
5 Kreuzer, Schwabach, 1784, Cr. 83, Wilm.			
1135	86	I-II	350,--
2 1/2 Kreuzer, S, 1786, Cr. 78, Wilm. 1137	82	I-II	210,--
BRANDENBURG-BAYREUTH			
Christian, 1603-1655			
Dukat, 1631, Fr. 439, Wilm. 557	42	III	1800,--
	91	III	2400,--
Dukat, 1642, Fr. 440, Wilm. 558	55	III	1800,--
	78	II-III	1750,--
(leicht gewellt)	86	III	1550,--
	89	II	2350,--
	97	I	2100,--
	102	III	2800,--
Dukat, 1. Vermählung des Erbprinzen Christian			
Ernst mit Erdmuthe Sophia, Tochter von Johann			
Georg II. von Sachsen, 1654, Wilm. 652			
(leichte Henkelspur)	73	III	2025,--

Reichstaler, Kulmbach (Fürth), 1623, Dav.

6265 (leichter Schrötlingsriß)	54	III	1750,--
1624	102	III	2550,--

1/8 Taler auf den Tod von Sophia von
Braunschweig-Lüneburg-Celle, 1639, Wilm.

549	89	III/IV	340,--

Kipper-24 Kreuzer, 1622, Wilm. 624

(Randfehler)	78	III	410,--

Kipper-24 Kreuzer, Culmbach, 1622

(schwache Prägung)	16	III	700,--
(stark dezentriert)	44	II	700,--
	78	IV	450,--

Kipper-24 Kreuzer, Erlangen, 1621, Wilm.

594	78	III-IV	525,--

Kipper-24 Kreuzer, Pegnitz, 1622, Wilm. 604,

Kraaz 174 (Loch)	78	III	750,--
Kipper-24 Kreuzer, Schauenstein, 1622	95	III	525,--
o. J.	49	III-IV	420,--
Kipper-24 Kreuzer, Wunsiedel, 1622, Wilm. 614	79	III	875,--
Kipper-12 Kreuzer, Bayreuth, 1620, Wilm. 581	86	III	575,--
Sterbegroschen, Nürnberg, 1655, Wilm. 628	55	III	205,--

Christian Ernst, 1655-1712

Taler auf die Ernennung zum Obristen des
Fränkischen Kreises, 1664, Dav. 6272, Mad.

1050	54	II-III	2400,--
(Kratzer)	78	II-III	1800,--

Reichstaler auf seine 2. Vermählung mit
Sophie Luise von Württemberg, 1671, Dav.

6273, Mad. 1051, Wilm. 654	70	III	2500,--

Taler auf seinen Tod, 1712, Dav. 2030

(leichte Schrötlingsfehler)	31	II	4100,--
XV Kreuzer, 1696 (leichte Schrötlingsrisse)	70	II	3150,--
XV Kreuzer auf seinen Tod, 1712, Wilm. 664	78	II-III	600,--
6 Kreuzer = Sechsling, 1688, Wilm. 672	97	I	200,--

Georg Wilhelm, 1712-1726

1/2 Taler-Klippe auf das Scheibenschießen,

1722, Wilm. 695	27	II	2600,--
1/2 Taler, 1720, Wilm. 703	44	I-II	470,--

1/12 Taler auf seinen Tod, Bayreuth, 1726,

Wilm. 701 (leichter Schrötlingsfehler) 05 II 200,--

XV Kreuzer, 200-Jahrfeier der Reformation,

1717 (leichter Schrötlingsfehler) 100 II 675,--

Georg Friedrich Karl, 1726-1735

Dukat, Huldigung der vogtländischen Ritter-

schaft, 1727, Fr. 449, Wilm. 710 02 II 2400,--

(leicht gewellt) 16 III 1450,--

Doppelter Groschen auf seinen Tod (1/12

Taler), 1735, Wilm. 714 25 I-II 275,--

 38 II 280,--

 92 II-III 225,--

Groschen auf die Huldigung, 1727, Wilm.

711 70 I 575,--

 78 I-II 320,--

Groschen auf seinen Tod, 1735, Wilm. 715 75 I-II 280,--

Friedrich II., 1735-1763

Silberabschlag des Doppeldukaten auf die

Kundmachung der Privilegien der Universität

Erlangen, 1743, Wilm. 743 78 II-III 650,--

Reichstaler, Bayreuth, 1752, Dav. 2032,

Cr. 43, Wilm. 751 78 III 390,--

Taler, 1757, Dav. 2036, Cr. 43, Wilm. 752 75 III 300,--

 79 II 750,--

Breiter Taler, 1760, Dav. 2037, Cr. 44,

Wilm. 753 07 III 400,--

 27 II 550,--

(Henkelspur) 44 III 270,--

Konventionstaler, Bayreuth, auf seinen Tod,

1763, Dav. 2039, Cr. 46, Wilm. 754

(leichter Schrötlingsfehler) 27 II-III 825,--

(justiert) 75 III 625,--

 78 II 1850,--

 89 III 800,--

1/2 Taler auf seinen Tod, 1763, Cr. 42,

Wilm. 756 78 II-III 1425,--

1/6 Taler, B, Kriegsprägung, 1757, Cr. 33,

Wilm. 767 44 II 200,--

wie vor	98	II	245,--
1/6 Taler, Bayreuth, auf seinen Tod, 1763,			
Wilm. 768 (leichter Schrötlingsfehler)	78	III	240,--
30 Kreuzer, 1735, Cr. 37	38	II	320,--
	86	III	235,--
	91	I-II	215,--
30 Kreuzer, 1735, Wilm. 763	27	I-II	320,--
Breiter Kreuzer, Kupfer, 1752, Cr. 5	71	I-II	725,--
	78	III	320,--
12 Kreuzer, 1752, Cr. 4, Neum. 6473	71	III	490,--
	78	III	200,--
Friedrich Christian, 1763-1769			
Dukat auf die Kreisobristenwürde, 1767,			
Fr. 454, Cr. 73, Wilm. 796	26	II	4500,--
	51	II	3700,--
Taler, 1763, Dav. 2040, Cr. 68, Mad. 3532	89	III	1850,--
Konventionstaler, Bayreuth, 1766, Dav. 2041,			
Wilm. 797	91	III	210,--
Taler, 1766, Dav. 2042, Cr. 69	70	III	260,--
	71	III	500,--
Taler, Bayreuth, 1766, Dav. 2042, Cr. 69	04	III	245,--
(justiert)	05	III	220,--
	23	III/IV	250,--
(justiert)	23	III/IV	200,--
(leichter Randfehler)	26	I	1150,--
	27	II-III	300,--
	49	III	280,--
	54	III	255,--
(justiert)	67	II-III	250,--
	70	II	1050,--
1768	38	III	300,--
20 Kreuzer, 1766, Cr. 63 a	41	I-II	225,--
Friedrich Wilhelm II. von Preussen, 1791-1797			
Abschlag vom Dukaten auf die Erneuerung			
des Roten Adler-Ordens, o. J., Wilm. 1145	78	III	240,--
2/3 Taler, Schwabach, 1792, Cr. 7, J. 208 a,			
Wilm. 1151	39	II	370,--
	47	III	220,--

wie vor	48	III	250,--
	49	II-III	390,--
	78	III	260,--
	97	III	240,--
2/3 Taler, preußisch, 1794, Cr. 7, J. 208 b	07	III	225,--
(leicht justiert)	54	I	1100,--
	88	III	340,--
	91	II-III	230,--

BRANDENBURG-KÜSTRIN

Markgraf Johann von der Neumark, 1535-1571

Dreigröscher (= 1/2 Örter), Krossen, 1544,

Schulten 372	86	II	285,--
Groschen, Krossen, 1544, Schulten 373	54	III	210,--
1545	21	II-III	255,--

Herzogtum PREUSSEN

Albrecht zu Brandenburg, 1525-1569

6-Gröscher, 1535, Schulten 2807	25	III	1525,--
Dreigröscher, 1539, Schulten 2808	74	II/I	280,--

BRANDENBURG-PREUSSEN

Johann Cicero, 1489-1498

Groschen, ohne Münzstempel, 1498, Schulten

251, Bahrf. 51 g	25	III	210,--
Groschen, 1497, Schulten 252	21	II-III	460,--
1/2 Groschen, Annamünde, 1496, Schulten 259,			
Bahrf. 64 a	35	III	210,--
	92	III-IV	210,--
Taler, Guldengroschen, Stendal, 1521,			
Dav. 8945, De Mey 41, Schulten 292			
(Sammleranfertigung)	55	II	650,--
1/4 Guldengroschen, Stendal, 1524, Schulten			
294 (leicht porös, Schrötlingsriß)	19	III	3500,--
(leicht befeilt)	86	III-IV	2350,--
(leicht rauh)	86	III-IV	2800,--
1/4 Guldengroschen, Frankfurt/Oder, 1526,			
Schulten 295 (Rand poliert)	129	III	1725,--

Johann Sigismund, 1608-1619

Dicker Doppeltaler, Cölln/Spree, 1614,

Dav. 6118 (leichter Randfehler)	25	III	12500,--
Taler, Cölln an der Spree, 1611, Dav. 6119			
(Henkelspur)	19	III	4400,--
Taler, 1612, Dav. 6121, Bahrf. 602	85	III	9100,--
3 Pölker-Klippe, Königsberg, 1620 (leichte			
Henkelspur)	100	III	1525,--

Georg Wilhelm, 1619-1640

Doppeldukat, Cölln, 1638, Fr. 2025, Bahrf.			
807	27	III	21000,--
Dukat, Königsberg, 1638, Fr. 2032	23	III	6600,--
	27	I-II	8500,--
Breiter Doppeltaler, Königsberg, 1630,			
Dav. 6144 (Variante)	02	II-III	12500,--
Breiter 2-facher Taler, Königsberg, 1640	25	III	12000,--
Taler, 1620, Dav. 6128, Bahrf. 637			
(Randfehler)	97	III/IV	2350,--
Taler, 1620, Dav. 6134, Bahrf. 641	55	III	5100,--
"Spruchtaler", Königsberg, 1629, Dav. 6141,			
Mad. 3049	25	II	3400,--
	26	II	3100,--
	41	II	3400,--
1634	25	II	2300,--
	25	III	2400,--
	68	III	1925,--
	97	III	1700,--
Taler, Königsberg, 1636, Dav. 6151 (altver-			
goldet)	67	III	775,--
Taler, Cöln, 1640, Dav. 6163, Bahrf. 786	112	II-III	3400,--
	72	II-III	3400,--
1/2 "Spruchtaler", Königsberg, 1634	75	III-IV	1575,--
Ort (18-Gröscher) = 1/4 Taler, Königsberg,			
1624	12	II-III	400,--
	21	II-III	400,--
	54	II-III	300,--
	55	III	220,--
	79	III	200,--

wie vor, 1625	55	II-III	420,--
Ort (= 18-Gröscher) = 1/4 Taler, Königsberg,			
1625	21	II	600,--
	79	II-III	305,--
Ort (= 18-Gröscher) = 1/4 Taler, Königsberg,			
1621	01	III	355,--
	87	III-IV	205,--
Ort (= 18-Gröscher) = 1/4 Taler, Königsberg,			
1621, M. 1386	55	III-IV	380,--
Ort, M, 1621, Mbg. 1386 var.	79	III	825,--
Ort (= 18-Gröscher) =1/4 Taler, Königsberg,			
1622, Mbg. 1426 (leichtes Zainende)	73	III	370,--
Ort (= 18-Gröscher) = 1/4 Taler, 1622	21	II	275,--
Kipper-12 Gröscher, Crossen, 1622, Bahrf.			
687 b	21	III	305,--
Kipper-6 Groschen, Cölln, o. J., Kraaz 147	21	II	260,--
Friedrich Wilhelm I. der große Kurfürst,			
1640-1688			
3 Dukaten auf den 35. Geburtstag des Kur-			
fürsten und auf die Geburt des Kurprinzen			
Karl Emil, 1655, Fr. 2074	27	II	35000,--
3 Dukaten auf die preußische Erbhuldigung			
zu Königsberg, 1663 (leichte Einhiebe)	85	II-III	8300,--
Doppeldukat, 1646, Fr. 2044, Bahrf. 27			
(aus 1644)	70	III	7500,--
Doppeldukat auf die Eroberung von Stettin,			
1677, vgl. Fr. 2077 (gestopftes Loch)	28	II	2150,--
Doppeldukat auf die Eroberung von Stettin,			
1677, Fr. 2077	06	II-III	8600,--
	61	II	9750,--
Dukat, 1685, Fr. 2061, Bahrf. 63 c	00	II	10750,--
Guineagold-Dukat, 1687, Fr. 2072, Bahrf. 75 a,			
v. Schr. 143	26	III	7100,--
Dukat (geprägt für Ostpreussen), 1665,			
Fr. 2080, v. Schr. 85	27	III	9500,--
Dukat, Königsberg, 1666, Fr. 2099	02	II-III	6400,--
	23	II	8450,--
Dukat, Königsberg, 1672, v. Schr. 74 (l. gew.)	01	II	5900,--

Dukat, 1648, Fr. 2117 (gewellt)	77	III-IV	11500,--
1/2 Dukat auf die Eroberung von Stettin, 1677,			
Fr. 2078, Bahrf. 395 a (Kratzer)	23	II	3600,--
	27	II-III	2600,--
(leicht gewellt)	28	II-III	1800,--
	48	II-III	3100,--
1/2 Dukat, Königsberg, 1670, Fr. 2103, Mbg.			
1655	06	III	2400,--
	27	III	1450,--
Silberabschlag des 1 1/2 Dukaten, 1663	41	II	335,--
Silberabschlag vom Doppeldukaten, 1677	73	III	410,--
AR-Abschlag vom Doppeldukaten, 1677	73	I-II	650,--
	92	III-IV	300,--
	100	II	450,--
Silberabschlag vom Doppeldukat auf die			
Eroberung von Stettin, 1677, Bahrf. 392 var.	25	II	525,--
	55	III	425,--
Breiter Doppeltaler, Königsberg, o. J.,			
Dav. 258, v. Schr. 2154 (leichte Henkelspur)	41	III	6000,--
Taler, 1641, Dav. 6167, v. Schr. 149 a	26	III	4100,--
Taler, 1641, Dav. 6168, Bahrf. 93 a	21	III	4850,--
(leichtes Sammlerzeichen)	72	II-III	4200,--
Reichstaler, 1645, Dav. 6178, Bahrf. 101,			
Mad. 603 (Henkelspur)	27	III	1325,--
Taler, 1645, Dav. 6180, v. Schr. 171			
(Stempelfehler)	72	III	3100,--
Taler, 1646, Dav. 6182, Bahrf. 110	01	II-III	4200,--
1648	79	III	4200,--
(leichtes Zainende)	92	II-III	4100,--
Taler, 1650, Dav. 6183, Mbg. 114 a			
("FRIDERIC")	02	II-III	5600,--
(mit Öse)	10	III	1450,--
	27	II-III	3800,--
(leichte Henkelspur)	97	III	3250,--
Taler, Königsberg, 1652, Dav. 6186, v. Schr.			
216 (Henkelspur, poliert)	97	III	1575,--
Taler auf die Souveränität von Preussen,			
1657, Dav. 6187, Bahrf. 356	25	III	3600,--

wie vor	41	II-III	3450,--
Taler, 1662, Dav. 6192, v. Schr. 188			
(leichte Überprägungsspuren)	25	III	10000,--
Taler, 1664, Dav. 6194, Bahrf. 122 a	25	II	5000,--
	85	III	2700,--
Taler auf den Sieg bei Fehrbellin, 1675,			
Dav. 6200, Bahrf. 384, v. Schr. 2191			
(leicht poliert)	01	III	2700,--
Taler auf den Sieg von Fehrbellin, 1675,			
Dav. 6201, v. Schr. 2199 (kleines Sammler-			
zeichen)	92	II-III	3500,--
Breiter Reichstaler, Magdeburg, auf die			
Huldigung der Stadt, 1681	47	I-II	3600,--
2/3 Taler, 1672 (Schrötlingsfehler)	04	III	265,--
2/3 Taler, 1676, v. Schr. 273	25	III	550,--
	89	III	525,--
	89	II-III	750,--
2/3 Taler, 1680 (leicht korrodiert)	33	III	390,--
1687	36	IV	280,--
	54	III-IV	355,--
2/3 Taler, 1688, Bahrf. 33	21	IV	230,--
	25	II	1050,--
	41	III	550,--
	55	III	320,--
	75	III	320,--
(Schrötlingsfehler)	85	III	390,--
Gulden, 1688, Bahrf. 333 (schwache Prägung)	04	III	405,--
2/3 Taler, 1687	92	III	550,--
1688	92	III-IV	500,--
2/3 Taler, 1686	100	II	1175,--
1688	86	III	435,--
2/3 Taler, Königsberg, 1671, v. Schr. 325	86	III	675,--
2/3 Taler, 1683, v. Schr. 365 (leicht			
schwache Prägung)	48	II	650,--
2/3 Taler, Magdeburg, 1688	54	II-III	825,--
	92	III	460,--
	97	III	420,--
2/3 Taler, Minden, 1683	25	II-III	675,--

wie vor	92	II-III	1050,--
2/3 Taler, Minden, 1683, v. Schr. 412	51	III	525,--
2/3 Taler, Reinstein, 1674	21	II	550,--
	22	III	355,--
	54	II	470,--
2/3 Taler, Reinstein, 1675	55	III	340,--
	92	II-III	825,--
	92	II-III	825,--
2/3 Taler, Reinstein, 1675 (leicht fleckig)	21	III	350,--
	45	II	700,--
	45	III	550,--
	79	III	390,--
	92	III-IV	625,--
	97	III/IV	320,--
	100	II-III	700,--
2/3 Taler, Reinstein, 1676 (Schrötlings-fehler)	62	III	360,--
(korrodiert)	73	II	250,--
1/3 Taler, geringhaltig, nach dem Interims-fuß, 1662, Bahrf. 204 d	03	III	1150,--
1/3 Taler, 1664, v. Schr. 243	25	II	1750,--
1/3 Taler, 1668, v. Schr. 427	31	II	1250,--
1/3 Taler, 1672	55	III	330,--
	79	III	525,--
1/3 Taler, 1672, v. Schr. 444	04	III	215,--
1673 (Überprägung)	79	III	355,--
1674	41	II	315,--
1/3 Taler, 1667	92	III/II	490,--
1668	92	II-III	480,--
	92	III	290,--
1671	92	III-IV	205,--
1/3 Taler, 1688, Bahrf. 337 var.	21	III	725,--
1/3 Taler = 1/2 Gulden, Königsberg, 1669	21	III	355,--
1671	25	II-III	260,--
	25	III	250,--
	55	III-IV	220,--
	55	III	370,--
1672	19	II-III	275,--

wie vor	70	III	200,--
1/3 Taler, Königsberg, 1673	26	II-III	280,--
	85	III	360,--
(Fleck)	89	III	240,--
(Fleck)	89	III	230,--
1/3 Taler, Königsberg, 1674	92	III	225,--
1675	55	II	470,--
Breiter 1/3 Taler, Krossen, 1667, Bahrf.			
408, v. Schr. 539	92	III/II	250,--
1/3 Taler, Krossen, 1668	26	III	270,--
	92	III/II	380,--
1/3 Taler, Krossen, 1668	01	III	550,--
1669	55	III	240,--
1/3 Taler, Krossen, 1674, v. Schr. 624	54	III	220,--
1/2 Gulden = 1/3 Taler nach zinnaischem			
Fuß, Minden, 1672	07	III	240,--
1/3 Taler, Minden, 1672	31	III	240,--
(leichte Randfehler)	63	III	240,--
1/3 Taler, Minden, 1674, Bahrf. 797	92	III	235,--
1/4 Schautaler auf die preußische Erbhuldi-			
gung, 1663	92	III	350,--
Tympf = 18-Gröscher, Königsberg, 1657,			
v. Schr. 1586	79	III	425,--
18-Gröscher (Tympf), Königsberg, 1657,			
v. Schr. 1589	68	III-IV	310,--
Tympf = 18-Gröscher, Königsberg, 1660	55	III-IV	400,--
Tympf = 18-Gröscher, Königsberg, 1674	22	III	215,--
	54	II	325,--
Tympf = 18-Gröscher, Königsberg, 1682	07	II-III	205,--
1683	25	I-II	200,--
1685	41	II-III	210,--
Groschen, Minden, 1679, v. Schr. 1386	98	III-IV	205,--
Schilling zu 1/52 Taler, Lünen, 1660	85	III	350,--
Friedrich III. (I.), 1688-1713			
Doppeldukat auf die Huldigung in Königsberg,			
1690 (leichte Henkelspur)	27	II-III	5800,--
Guineagold-Dukat, 1688, Fr. 2125, Bahrf. 448,			
v. Schr. 22	26	II-III	8000,--

Guineagold-Dukat, 1692, Fr. 2126, v. Schr.			
25	27	I-II	13000,--
Dukat, 1701, Fr. 2138, v. Schr. 8	27	I-II	11500,--
Dukat, 1710, Fr. 2140, v. Schr. 22	23	IV/III	4200,--
Dukat, 1712, Fr. 2140, v. Schr. 24	27	II	5600,--
Dukat, Königsberg, 1708, Fr. 2149	27	II	5500,--
1/2 Dukat auf die Huldigung zu Königsberg,			
1690	51	III	1275,--
Dukat, Magdeburg, auf die Hochzeit des Kronprinzen Friedrich Wilhelm mit Sophia Dorothea von Braunschweig-Calenberg, 1706,			
Fr. 2154, v. Schr. 411	27	III	2300,--
Silberabschlag vom Doppeldukaten, Huldigung			
der Mark, 1688	41	II	635,--
(gereinigt)	92	III	245,--
Silberabschlag vom Doppeldukat auf die			
Huldigung in Königsberg, 1690	41	II	500,--
	97	II	210,--
Silberabschlag des Dukaten auf die Huldigung			
in Königsberg, 1690, Mbg. 1842 (Zainende)	41	I-II	300,--
Silberabschlag vom Doppeldukat auf seine			
Krönung zu Königsberg, o. J., Mbg. 1933	01	III	280,--
Silberabschlag vom Dukaten auf seine Erhebung zum preußischen König, 1701, v. Schr.1	55	II	460,--
Dickabschlag vom Dukat, Königsberg, auf			
seine Krönung, 1701, Mbg. 1940	01	III	250,--
	31	III	210,--
	92	III	210,--
	92	III	205,--
Taler, Magdeburg, 1691, Dav. 6214, v. Schr.			
34 a	72	I	17250,--
Schautaler auf die Huldigung von Magdeburg,			
1692, Henckel 4460 (Henkelspur)	97	IV/III	290,--
Taler, 1692, Dav. 6217, v. Schr. 30, Bahrf.			
456 a	07	III	3600,--
Albertustaler, 1695, Dav. 6221, Bahrf. 462			
(Henkelspur)	01	III	725,--
	21	III	1050,--

wie vor	55	III-IV	525,--
(Kratzer)	87	III	725,--
	97	III	1000,--
	97	III	1000,--
1696	21	III-IV	725,--
	41	III	775,--
	55	III-IV	525,--
	92	IV	700,--
	97	III	775,--
Albertustaler, Emmerich, 1695, Dav. 1621,			
v. Schr. 48 var.	86	III-IV	1150,--
Albertustaler, 1695, Dav. 6221, v. Schr. 38			
(leichte Henkelspur)	99	III	650,--
Albertustaler, Emmerich, 1695, v. Schr. 46	85	III	2550,--
Krönungstaler, Königsberg, 1701, Dav.			
2553, Mbg. 1944, 1945, v. Schr. 402	41	II-III	8300,--
Ausbeutegulden der Gruben von Rothenburg			
bei Magdeburg, 1701, Dav. 2554	25	I	11500,--
(Schrötlingsfehler)	41	II	6600,--
Taler, 1702, Dav. 255 A, v. Schr. 47	72	II-III	11000,--
Taler, 1703, v. Schr. 54	25	III	6100,--
Ordenstaler, 1704, Dav. 2563 (leichter			
Schrötlingsfehler)	79	II	6300,--
1705	21	II	5800,--
Ordenstaler, 1712, Dav. 2566	41	I-II	7500,--
2/3 Taler, Landmünze, 1688 (leichte			
Schrötlingsfehler)	26	II-III	575,--
2/3 Taler, 1689	39	III	230,--
	62	III	210,--
	97	III	210,--
2/3 Taler, 1689	39	III	305,--
	41	II-III/II	300,--
	55	II	330,--
	55	II	310,--
	85	III	235,--
	97	IV	210,--
1690	54	III	355,--
	70	III	230,--

wie vor, 1691	45	II	340,--
	49	III	270,--
	55	III	210,--
	86	III	375,--
1692	32	II	300,--
	45	II	270,--
1693	49	II-III	245,--
1695	92	III/II	380,--
2/3 Taler, 1689 (leichte Kratzer)	04	III	260,--
	15	III	210,--
	21	II-III	325,--
	32	II-III	250,--
1690 (leichter Schrötlingsfehler)	04	II-III	275,--
	19	III	255,--
	21	III	230,--
1691	10	III	200,--
	22	III	220,--
1692 (leichter Schrötlingsfehler)	04	III	205,--
2/3 Taler, 1690	25	II-III	345,--
	25	I-II	450,--
2/3 Gulden, 1691	93	II-III	300,--
1692 (Randfehler)	75	III	205,--
1693	80	III	220,--
2/3 Taler, 1690, v. Schr. 81	92	III-IV	290,--
2/3 Taler, 1690	12	III	500,--
1691	92	III	225,--
2/3 Taler, 1695	21	III	240,--
	21	II	675,--
2/3 Taler, 1699, v. Schr. 142	22	III	280,--
	70[1]	III-IV	200,--
2/3 Taler, 1702	92	IV/III	775,--
2/3 Taler, 1706, v. Schr. 100	55	III-IV	525,--
1707	21	III	1125,--
2/3 Taler, Emmerich für Cleve, 1691	01	III-IV	200,--
	51	III	380,--
	54	III	425,--
(Schrötlingsfehler)	97	III	245,--
(leicht korrodiert)	102	III	200,--

wie vor, 1692	92	III/II	480,--
	92	IV	220,--
	92	IV/III	360,--
	98	II-III	395,--
2/3 Taler (Gulden), für Cleve, Münzstempel			
Emmerich, 1692	49	II-III	360,--
	68	II	550,--
1693	54	III	360,--
1694	19	III	210,--
	92	III	360,--
2/3 Taler, Magdeburg, 1689	51	II-III	310,--
	92	III	245,--
	97	III	240,--
1690	54	III	275,--
	68	III	200,--
	69	II-III	260,--
	79	II	600,--
	85	III	200,--
	92	III	225,--
	93	III	230,--
	97	III/II	310,--
1691	31	III/II	320,--
2/3 Taler, Magdeburg, 1690 (Zainende)	16	III	200,--
	19	III	205,--
	21	II	375,--
	32	III	205,--
	41	II-III	310,--
	47	II	425,--
1691	07	II-III	320,--
1693 (Einhieb)	05	III	240,--
2/3 Taler, Magdeburg, 1691	85	III	260,--
	92	III	310,--
1692	89	III	200,--
1693	69	III	290,--
(aus 1692)	79	II	375,--
	88	III	355,--
	95	III	260,--
1694	79	II-III	425,--

2/3 Taler, Magdeburg, 1691	21	II-III	300,--
(Randfehler)	39	III	220,--
	54	III	225,--
	69	III	240,--
1692	04	II-III	250,--
	32	II-III	275,--
1693	20	II-III	230,--
	21	III	240,--
	39	III	225,--
	66	III	330,--
2/3 Taler, Magdeburg, 1694	19	II	385,--
	21	III	295,--
	23	III	290,--
(leicht fleckig)	36	III	390,--
	54	II	600,--
(leichte Kratzer)	68	III	210,--
1695	25	II-III	450,--
1698	20	III-IV	205,--
2/3 Taler, Magdeburg, 1695, v. Schr. 181	85	III	325,--
2/3 Taler, Magdeburg, 1698	54	I-II	1100,--
1700	19	III	310,--
2/3 Taler, Magdeburg, 1699, v. Schr. 196 d	25	III	280,--
	39	II	410,--
	55	III	325,--
	56	III	230,--
2/3 Taler, Magdeburg, 1700	25	III	350,--
	70	III	800,--
	92	III-IV	248,--
	97	III	300,--
2/3 Taler, Magdeburg, 1701	85	III	1250,--
1702	31	III	825,--
	97	III	950,--
1705	97	III	800,--
2/3 Taler, Magdeburg, 1702	25	II-III	1000,--
1703	25	II-III	1350,--
1704 (leichter Schrötlingsfehler)	20	III	480,--
	49	III	900,--
2/3 Taler, Magdeburg, 1704	68	III	1300,--

wie vor, 1705	97	III/IV	355,--
	99	III	1050,--
2/3 Taler, Magdeburg, 1707 (leichter			
Randfehler)	68	III	1200,--
1709	10	III	750,--
1710 (Randfehler)	17	IV/III	450,--
	52	II-III	1200,--
1712	21	II/II-III	1725,--
	25	II-III	1000,--
	25	II-III	1050,--
(leicht korrodiert)	33	III	605,--
	73	II-III	1600,--
2/3 Taler, Magdeburg, 1713, v. Schr. 257	25	II-III	2200,--
2/3 Taler, Minden, 1691, v. Schr. 258	54	III	340,--
2/3 Taler, Minden, 1690, v. Schr. 225	55	II-III	470,--
2/3 Taler nach Leipziger Fuß, Minden,			
1690, K. 2201	20	III	405,--
	32	III	455,--
	41	II-III	350,--
	49	II-III	325,--
1691	51	III	300,--
2/3 Taler, Minden, 1691 (Schrötlingsfehler)	68	II-III	300,--
1692	31	III/II	420,--
	33	III	230,--
1693	25	II-III	700,--
2/3 Taler, Minden, 1693	97	III	270,--
1694	22	III	330,--
1695	85	III	330,--
2/3 Taler, Minden, 1693, v. Schr. 280	97	III	405,--
2/3 Taler, Minden, 1693 (leichter Rand-			
fehler)	05	II	550,--
	21	II-III	330,--
	97	III/II	490,--
2/3 Taler, Stargard, 1689, He. 4015, v.			
Schr. 149	28	III	380,--
	97	III	380,--
1690	28	III	350,--
	28	III	35,--

wie vor	55	III-IV	200,--
1691 (leicht schwacher Schrötling)	28	III	310,--
1/3 Taler nach Leipziger Fuß, 1690	68	III-IV	310,--
1691	55	III	575,--
1/3 Taler, 1692 (leichte Henkelspur)	21	III-IV	305,--
	55	III-IV	325,--
1693 (leichter Stempelfehler)	21	III	925,--
1/3 Taler, 1701	26	III	1200,--
1705	92	IV-V	360,--
1/3 Taler, Magdeburg, 1702, v. Schr. 160 b	21	II	1650,--
1/3 Taler, Stargard, 1689, v. Schr. 380	21	III	850,--
1/4 Taler auf den Tod seiner 1. Gemahlin Elisabeth Henriette von Hessen-Kassel, 1683, Henckel 1028, Hoffm. 1418	85	III	900,--
1/12 Taler, 1704, v. Schr. 170	41	II	200,--
1/12 Taler, Magdeburg, 1690, v. Schr. 529	85	I-II	205,--
18-Gröscher = Tympf, Königsberg, 1698, Henckel 3516	21	II-III	205,--
	79	II	235,--
1699	41	II-III	200,--
VI-Gröscher, Königsberg, 1698	41	II	390,--
VI-Gröscher, Königsberg, 1704	11	I-II	235,--
Groschen, Königsberg, 1700, v. Schr. 843	79	II-III	200,--
1 Pfennig, Kupfer, Minden, 1705	99	III	200,--
Einseitiger Pfennig, Minden, o. J., v. Schr. 729	85	III	320,--
Friedrich Wilhelm I., 1713-1740			
5 Dukaten, Huldigung von Stettin, Abschlag vom 1/2 Taler-Stempel, 1721 (leichter Knick)	27	I	31000,--
Dukat, 1713, Fr. 2158, v. Schr. 5	27	II-III	7000,--
Dukat, Königsberg, 1713, Fr. 2163, Mbg. 1973, v. Schr. 101	00	II-III	4300,--
Dukat, 1733, Fr. 2199	27	I-II	3000,--
Dukat, Königsberg, 1719, Fr. 2188, Bahrf. 2077 (Henkelspur ?)	27	II	1900,--
Dukat, 1722, Fr. 2195	07	II-III	3000,--
1723 (leicht gewellt)	27	II-III	2800,--

Dukat, 1726, Fr. 2196	27	II	3000,--
Dukat, Magdeburg, 1714, Fr. 2172	27	II	4100,--
Dukat, 1733, Fr. 2178	27	I-II	3800,--
1735	27	II	3100,--
1736	11	II	2650,--
	23	IV	1450,--
	27	II	2750,--
	60	V	650,--
	98	II	2100,--
1737	00	II	3000,--
	06	III/II-III	2000,--
	27	I	4200,--
(Henkelspur)	27	II-III	875,--
	47	II	2700,--
	47	II	2650,--
	100	I-II	2425,--
1738	01	II-III	1650,--
1/2 Dukat, Magdeburg, 1713, Fr. 2165,			
v. Schr. 159 a (leichter Randfehler)	23	III	925,--
1/2 Dukat, Magdeburg, 1714, Fr. 2175,			
v. Schr. 161	26	II	1800,--
1/2 Dukat, Magdeburg, 1714, Fr. 2186,			
v. Schr. 162	26	II	1600,--
1/2 Dukat, 1726, Fr. 2197, v. Schr. 158			
(gewellt, Randfehler)	06	III-IV	455,--
	27	II	1700,--
	41	II	1825,--
	55	II	2025,--
(Randeinschnitt)	85	III	575,--
1/4 Dukat, Magdeburg, 1713, Fr. 2159,			
v. Schr. 166	02	II	1100,--
1/4 Dukat, Magdeburg, 1713, Fr. 2166,			
v. Schr. 163 ff.	27	II-III	925,--
	49	II-III	800,--
(gewellt)	85	II-III	800,--
1/4 Dukat, Magdeburg, 1715, Fr. 2176	60	II	1000,--
	92	II-III	1200,--
1/4 Dukat, Magdeburg, 1714, Fr. 2187	01	II	850,--

wie vor	02	II	950,--
	07	II	575,--
	23	II	750,--
	25	I-II	1300,--
	27	II	975,--
	52	II	1350,--
	55	III	800,--
1/4 Dukat, Magdeburg, 1716, Fr. 2185, v.			
Schr. 175	41	I-II	1475,--
Probe-Wilhelm d'or, 1737, v. Schr. 180 Anm.	27	II-III	13600,--
Wilhelm d'or, 1737, Fr. 2200, Henckel 1396	26	II	10000,--
1738	23	II/III	7100,--
(2 Kratzer)	27	III	3600,--
1737	39	II	9000,--
1/2 Wilhelm d'or, 1739, Fr. 2201, v. Schr.			
187 ff.	27	I-II	5000,--
1740	27	II-III	2600,--
	43	III-IV	1675,--
(leichte Henkelspur)	73	III	1275,--
Doppeltaler (medaillenförmig), 1730,			
Henckel 1375 (leichte Randfehler)	23	I-II	16100,--
Taler, 1718, Dav. 2571	31	II	8000,--
	54	II	11000,--
	66	III/II	7750,--
Taler, 1727, Dav. 2577	61	I-II	14500,--
Gedenktaler auf die Genesung des Königs,			
1736, Henckel 3645, Mbg. 2100	27	II	7250,--
2/3 Taler nach Leipziger Fuß, 1719	21	III-IV	1450,--
	79	III	2300,--
1720	54	III	2400,--
1723 (Randfehler, poliert)	23	IV/III	950,--
2/3 Taler, Magdeburg, 1718, v. Schr. 284 b			
(aus 1716)	54	III	2500,--
2/3 Taler, Magdeburg, 1718	23	IV	1650,--
	92	III-IV	2500,--
Berliner 1/2 Taler auf die Huldigung in			
Königsberg, 1714, Mbg. 1996	41	III	1625,--
	68	III	2450,--

1/3 Taler, 1719, v. Schr. 294	19	III	1800,--
1/3 Taler, 1721	79	II-III	3500,--
1727	54	II-III	4400,--
1727	68	III-IV	2100,--
1728	54	II-III	4550,--
1729	21	III	3100,--
1/12 Taler, 1713, v. Schr. 307 var.	21	III	315,--
1/12 Taler, 1714, v. Schr. 309, 313 b	95	III	300,--
1715	21	III	200,--
1/12 Taler, 1735, Mad. 28	11	III	205,--
1736	54	II-III	300,--
	79	II-III	345,--
1737	92	III	225,--
1739	01	III	320,--
1/12 Taler, Magdeburg, 1713, v. Schr. 368	62	V	220,--
	92	IV	675,--
1/12 Taler, Magdeburg, 1714, v. Schr. 379	21	III	265,--
Tympf = 18-Gröscher, Königsberg, 1717,			
v. Schr. 424 ff.	92	V	400,--
(aus 1716, porös)	100	III-IV	500,--
18 Gröscher, Königsberg, 1718, v. Schr. 435			
(Schrötlingsriß)	51	III	1450,--
VI-Gröscher, Königsberg, 1715, v. Schr.			
441 ff.	87	III-IV	275,--
	92	IV	350,--
1718	87	III	280,--
VI-Gröscher, Königsberg, 1718, v. Schr.			
457 ff.	92	IV-V	200,--
1720	95	III-IV	335,--
1721 (aus 1720)	21	III	450,--
(leichte Schrötlingsfehler)	21	III	280,--
Friedrich II. der Große, 1740-1786			
Dukat auf die Huldigung zu Königsberg,			
1740, Fr. 2202, v. Schr. 2, Mbg. 2112, Cr. 37	27	I-II	3300,--
Huldigungsdukat, 1740, Fr. 2203, Cr. 38,			
v. Schr. 1 (gewellt)	23	IV/III	1450,--
	27	I-II	2950,--
	51	II-III/III	1700,--

wie vor (leicht gewellt)	65	III	925,--
Dukat, 1741, Fr. 2204, Cr. 39, v. Schr. 28 ff.	23	III	3700,--
	52	I-II	4000,--
	75	I	5000,--
1742	27	I	6000,--
1743	70	II	5700,--
Dukat, Breslau - W, 1743, Fr. 2205, Cr. 36	27	I-II	7000,--
Dukat, 1748, Fr. 2207, Cr. 41 (leichte			
Kratzer)	06	II	4100,--
1749	27	I	7300,--
Dukat, Frieden von Hubertusburg, 1763,			
Henckel 1659, Mbg. 4768	25	II	2100,--
	27	I-II	1600,--
(Henkelspur, gewellt)	78	III	625,--
Doppelter Friedrich d'or, 1750, Fr. 2215,			
Cr. 54 a, v. Schr. 79-81	23	III	7000,--
	26	II	11250,--
Doppelter Friedrich d'or, 1765, Fr. 2242,			
Cr. 56	26	II-III	8000,--
1769 (leichte Henkelspur, Randfehler)	23	III/IV	1900,--
(Randfehler)	57	II-III	5000,--
1770 (leicht justiert)	27	II-III	5600,--
1775	22	II	7000,--
Doppelter Friedrich d'or, A, 1776, Fr. 2247,			
Cr. 56 a, v. Schr. 374	16	III/IV	4900,--
	22	III	5000,--
Friedrich d'or, 1746, Fr. 2217, Cr. 49,			
v. Schr. 12 (poliert)	60	IV/III	1700,--
Friedrich d'or, Breslau, 1745, Fr. 2213,			
Cr. 40, v. Schr. 15	27	II	4500,--
Friedrich d'or, A, 1750, Fr. 2218, Cr. 49 a	27	I-II	4700,--
	27	II	2950,--
	27	II-III	3200,--
	39	III	1550,--
(Variante)	43	III	2250,--
(Brandspur)	73	III	470,--
	77	III	1900,--
(leichter Kratzer)	23	III	2000,--

wie vor, 1751 (leichte Druckstelle)	00	II	2100,--
	23	III/IV	1700,--
	27	I	6000,--
1752 (leichte Henkelspur)	95	III	1000,--
Friedrich d'or, Breslau - A. E., 1750, Fr.			
2221, Cr. 41 a (Randfehler, leicht poliert)	65	III	1100,--
Friedrich d'or, Beslau - B, 1750, Fr. 2237,			
Cr. 42 (leichter Randfehler)	27	III	3300,--
1751	12	II	5100,--
	00	III	1800,--
(leicht poliert)	27	III	1100,--
Friedrich d'or, Kleve - C, 1753, Fr. 2238,			
Cr. 16, v. Schr. 138	16	IV	3800,--
Friedrich d'or, A, 1753, Fr. 2229, Cr. 52			
(Jahrgang RRR)	21	III	4200,--
Friedrich d'or, Kriegsprägung, A, 1755,			
Fr. 2232, Cr. 49 b, v. Schr. 1661 (Kratzer)	27	II-III	2100,--
Friedrich d'or, A, 1770, Fr. 2243, Cr. 53,			
v. Schr. 375 ff.	18	III	1350,--
	47	III	2000,--
	79	III	2600,--
1771	23	IV	1125,--
Friedrich d'or, Breslau - B, 1764, Fr. 2244,			
Cr. 43	62	III	2550,--
1766	27	I	6000,--
Friedrich d'or, A, 1776, Fr. 2248, Cr. 53 a			
(leichter Randfehler)	23	III/II	2350,--
	27	II	3700,--
	68	III-IV	1125,--
	73	III	1700,--
1777 (Henkelspur)	04	III-IV	575,--
(leicht justiert)	23	III	2250,--
	23	III	2000,--
	48	II	4600,--
(leichte Feilspur)	57	II-III	1400,--
(Henkelspur)	75	III	675,--
(leichte Feilspur)	98	II	1450,--
(Fassungsspur)	102	III	525,--

wie vor, 1782	23	IV/V	490,--
	49	II-III	1650,--
1783 (Fassungsspur)	23	III	1225,--
	73	II	3250,--
	92	III/II	2250,--
	100	III-IV	585,--
1784	02	II-III	2500,--
1/2 Friedrich d'or, 1749, Fr. 2223, Cr. 45,			
v. Schr. 26	26	II	2700,--
1/2 Friedrich d'or, A, 1750, Fr. 2224, Cr.			
45 a	06	IV/III-IV	650,--
	27	I-II	2900,--
	27	II	2700,--
(leichter Randfehler)	65	III	1400,--
	73	III-IV	400,--
1/2 Friedrich d'or, A, 1751, Fr. 2224, Cr.			
45 a	00	II	1450,--
	72	III	1000,--
(Henkelspur)	82	IV	470,--
	85	III	1575,--
1/2 Friedrich d'or, Breslau- B, 1751, Fr.			
2239, Cr. 38, v. Schr. 159	26	III	1800,--
	47	III	1750,--
1/2 Friedrich d'or, A, 1752, Fr. 2230,			
Cr. 47 a, b, v. Schr. 103 ff.	27	II-III	2250,--
1753 (leichte Schrötlingsfehler)	47	III	900,--
	26	III	1800,--
1/2 Friedrich d'or, A, 1772, Fr. 2245,			
Cr. 48, v. Schr. 422 ff.	27	III	1100,--
1/2 Friedrich d'or, Breslau - B, 1766, Fr.			
2246, Cr. 39	12	II-III	4300,--
1767 (leicht justiert)	71	II-III	2350,--
Goldabschlag vom Mariengroschen, Aurich,			
1756, Henckel 5303, v. Schr. 1359	35	III	4500,--
(2. bekanntes Exemplar)	35	III	4500,--
Silber-Dickabschlag (= 1/4 Taler) des Dukaten			
auf die Huldigung von Berlin, 1740, Fr. 2203,			
v. Schr. 1	55	II	320,--

wie vor	71	II-III	500,--
	92	II-III	245,--
Silberabschlag vom 3-fachen Dukaten auf den			
Sieg bei Sorr, 1745, FuS. 4305	31	II/I	335,--
Taler - A, 1750, Dav. 2582, Cr. 31, v. Schr.			
177 ff.	03	III	215,--
	03	III	215,--
	04	III	270,--
	18	III	295,--
	21	III	330,--
	21	III	370,--
	21	III	295,--
	25	II	2400,--
	26	II-III	450,--
	33	III	255,--
	41	II/I	2000,--
	44	II	1375,--
	48	III	290,--
(Randfehler)	48	III	225,--
	49	II-III	400,--
	55	II-III	750,--
	67	III	300,--
(leichte Kratzer)	68	III	370,--
(leichter Schrötlingsfehler)	70	III	500,--
	75	III	300,--
	75	III	300,--
(leichter Schrötlingsfehler)	79	III	240,--
	79	III	350,--
	79	II	1950,--
	85	II	950,--
	86	III	340,--
	92	IV/III	270,--
	97	III	260,--
	93	III	290,--
Taler, Breslau - B, 1750, Dav. 2583, Cr. 31	19	II-III	700,--
	26	III	270,--
	36	III/II	975,--
	54	III	355,--

wie vor	47	III	240,--
	92	III	340,--
1751	03	III	215,--
	19	III	675,--
	39	III	280,--
	39	III	235,--
	55	III	325,--
	62	III	380,--
	67	III	280,--
	85	III	375,--
	97	III	255,--
1752	85	III-IV	300,--
	92	IV	270,--
	97	III	390,--
Reichstaler, Cleve, 1751, Dav. 2584, Cr. 31	39	IV	240,--
Taler - A, 1764, Dav. 2586, Cr. 32 a	92	III-IV	260,--
1765	92	IV/III	290,--
1768	92	IV	200,--
1769	62	III-IV	310,--
1770	85	III	380,--
1774	89	III	260,--
Taler, A, 1764, Dav. 2586, Cr. 32 a	10	II	460,--
1766	45	III	250,--
1768 (leicht justiert)	25	II	1100,--
1769	00	III	290,--
1770	26	II	675,--
1771	25	I	3300,--
	36	III	340,--
Reichstaler, 1764, Cr. 32 a var.	41	I-II	1125,--
1765	54	III	500,--
Taler - B, 1765, Dav. 2586, Cr. 32 a	39	III	300,--
	48	III	300,--
1767	92	III-IV	440,--
1771	51	III	260,--
	70	II	575,--
(leichter Randfehler)	79	III	260,--
1772 (leichter Schrötlingsfehler)	67	III	320,--
(leichter Randfehler)	79	II-III	600,--

wie vor (leichter Schrötlingsfehler)	99	III	295,--
Taler, Aurich, B, 1765, Dav. 2586, Cr. 32 a,			
v. Schr. 495	99	IV	1350,--
Taler, Königsberg, E, 1772, Dav. 2586, Cr.			
32 a, v. Schr. 496 ff.	27	III	510,--
Taler, Magdeburg, F, 1764, Dav. 2586, Cr.			
32 a	03	III-IV	250,--
1765	97	III	400,--
Reichstaler, Cleve, 1764, Dav. 2587, Cr.			
32 a, v. Schr. 490 (Kratzer)	25	III-IV	400,--
(Henkelspur)	92	IV	250,--
Reichstaler, F, 1764, Dav. 2588, Cr. 32 a,			
v. Schr. 504	25	I-II	2600,--
(Kratzer)	25	III	220,--
	27	III	360,--
(leichte Schrötlingsfehler)	44	I	3800,--
	48	III-IV	290,--
(leichte Schrötlingsfehler)	85	III	325,--
Taler, A, 1775, Dav. 2590, Cr. 32 c	92	III/II	440,--
1776 (leichter Schrötlingsfehler)	21	II	525,--
(leichter Schrötlingsfehler)	21	II-III	280,--
	25	II-III	400,--
(leichter Schrötlingsfehler)	80	III	235,--
1777	25	III	220,--
	36	III/IV	200,--
	85	II	1250,--
	97	III	200,--
1778	33	III	255,--
1779	62	III/II	320,--
	97	III	240,--
1780	97	III	200,--
1781	21	I-II	1450,--
	39	III	300,--
	41	II-III	385,--
1783 (leichter Schrötlingsfehler)	21	II	700,--
	22	I-II	750,--
	92	I-II	1550,--
1784 (justiert)	17	II-III	210,--

wie vor	85	II-III	525,--
(Kratzer)	44	III	250,--
	67	II-III	365,--
(leicht justiert)	70	II-III	500,--
	95	I-II	925,--
	99	II-III	385,--
1785	00	II	300,--
	21	II-III	575,--
	27	II-III	220,--
	31	II	575,--
	48	III	200,--
	49	III	200,--
	54	I-II	1000,--
(leichter Schrötlingsfehler)	54	II	405,--
(leichte Schrötlingsfehler)	85	II-III	280,--
	79	II-III	525,--
	85	II	675,--
(leicht justiert)	85	II-III	320,--
	89	II/III	410,--
(Kratzer)	92	II	280,--
	94	I-II	875,--
	95	II-III	335,--
(leicht justiert)	31	II	430,--
(leichter Schrötlingsfehler)	79	II-III	425,--
	41	I-II	900,--
1786	03	II-III	280,--
	19	I-II	900,--
	25	II-III	280,--
	44	II	245,--
	54	I-II	1250,--
	68	III	260,--
(leicht justiert)	85	II-III	320,--
	86	II-III	360,--
	92	III/II	300,--
Sterbetaler, A, 1786, Dav. 2590 a, Cr. 32 d, v. Schr. 473	04	III	230,--
	16	III/IV	245,--
	17	III	220,--

wie vor	18	III	205,--
	20	III	205,--
	21	II-III	345,--
	21	III	270,--
	21	III	260,--
	25	I	1600,--
	28	II-III	350,--
	39	III	295,--
	39	III	225,--
	51	II-III	300,--
(justiert)	52	III	225,--
	62	III	280,--
(leicht justiert)	63	II-III	355,--
	65	III/IV	220,--
	79	II	725,--
(leicht justiert)	89	II/III	350,--
	92	III	300,--
	93	III	300,--
	96	III	205,--
(justiert)	98	II	280,--
Taler, B, 1781, Dav. 2590, Cr. 32 c	22	II-III	600,--
1784	93	III	250,--
1785	54	III	225,--
1786	39	III	305,--
	79	III/II	575,--
	79	II-III	405,--
Reichstaler, E, 1781, Dav. 2590, Cr. 32 c	21	II-III	1100,--
1784 (leicht justiert)	21	III	255,--
	55	III-IV	325,--
(korrodiert)	62	III/II	270,--
1785	19	III-IV	205,--
	69	II	750,--
1786	39	III	360,--
	68	II-III	550,--
Schwerer Taler für die ostindische Compagnie zu Emden, o. J., Dav. 2591, Cr. 66, v. Schr. 1651	11	II	9000,--
	60	III/II	7100,--

wie vor (leicht porös)	72	II	8000,--
Banco-Taler, A, 1765, Dav. 2593, Cr. 34,			
v. Schr. 1645, Henckel 1690	29	II-III	5500,--
	97	III	3150,--
Schwerer (1 1/3) alter Albertustaler, 1767,			
Dav. 2594, Cr. 35, v. Schr. 1650 (leichter			
Schrötlingsfehler)	31	III/II	4500,--
(leicht justiert)	72	I-II	11700,--
Schwerer Taler für den Levantehandel, 1766,			
Dav. 2595, Cr. 36, v. Schr. 1646 b ff.	27	II	5900,--
1767	61	I-II	7200,--
1/2 Taler, A, 1750, Cr. 28, v. Schr. 188-90	31	III	320,--
	37	III	200,--
	44	III	230,--
	45	III/II	250,--
	74	I-II	1000,--
	86	II-III	320,--
	92	III-IV	240,--
1/2 Taler, A, 1750, Cr. 28, v. Schr. 188 ff.	03	II-III	290,--
	07	III	225,--
1/2 Taler, B, 1751, C. 28, v. Schr. 191 ff.	79	III	280,--
	89	III	240,--
1752	68	III	250,--
1/2 Taler, A, 1764, v. Schr. 515	92	III	245,--
1/2 Taler, A, 1764, Cr. 28, 5, v. Schr. 510-			
526	17	III	260,--
	31	III	390,--
	32	III	225,--
	44	III	325,--
	44	II-III	300,--
	55	III	220,--
	79	III	500,--
	79	II	500,--
1765 (justiert)	17	II	575,--
	19	III	215,--
1766 (leichte Kratzer)	01	II-III	325,--
	21	III/II	355,--
	62	III/II	360,--

1/2 Reichstaler, E, 1764, Cr. 28, 5, v. Schr.			
530	85	III	775,--
1/2 Reichstaler, F, 1764, Cr. 28, 5, v. Schr.			
531 ff.	44	III	285,--
	79	III	430,--
	100	III	375,--
1/2 Taler, F, 1765, v. Schr. 532 (leichter			
Randfehler)	25	III	300,--
1/2 Taler, A, 1786, v. Schr. 528	25	I	4000,--
1/3 Taler, Berlin, 1741, Cr. 24, v. Schr. 58			
(leichter Stempelfehler)	26	II	3100,--
1/3 Taler, A, 1764, Cr. 27 a	25	II-III	460,--
1773 (leicht justiert)	92	II-III	250,--
	97	I	525,--
1774 (leicht schwache Prägung)	21	I	350,--
	92	II-III	420,--
1/3 Taler, B, 1768, Cr. 27 a, v. Schr. 550 ff.	27	I	925,--
	85	II-III	300,--
1772	79	II	300,--
1/3 Taler, E, 1775, Cr. 27 a, v. Schr. 563 ff.	21	III/II	420,--
	62	I-II	360,--
1/3 Taler, B, 1769, v. Schr. 545 ff.	19	II-III	330,--
1773	19	II-III	380,--
	49	II-III	200,--
1/3 Taler, A, 1774, Cr. 27 b, v. Schr. 539	85	III	280,--
1/3 Reichstaler, Breslau, 1779, Cr. 27 b,			
v. Schr. 554 (justiert)	17	II	220,--
1784	47	III	280,--
	49	II	250,--
	85	III	250,--
1/3 Reichstaler, E, 1780, Cr. 27 b, v. Schr.			
565 ff.	85	III-IV	285,--
8 Gute Groschen, A, 1753, Cr. 26, v. Schr.			
1664	92	III	340,--
	92	III	350,--
	92	III-IV	270,--
	97	II	450,--
1755	92	II-III	525,--

wie vor, 1756	03	III	330,--
	44	II	430,--
	79	II	850,--
8 Gute Groschen = 1/3 Taler, F, 1754, Cr.			
26 a	92	II-III	600,--
1759 (justiert)	92	II-III	550,--
1/4 Reichstaler, A, 1750, Cr. 22, v. Schr.			
202 ff.	01	II	305,--
	53	II-III	210,--
	47	II-III	260,--
	82	III	320,--
1/4 Taler, A, 1750, Cr. 22 var., v. Schr.			
201	01	III	200,--
1/4 Reichstaler, B, 1752, Cr. 22, v. Schr.			
207	85	III	200,--
1/4 Taler, A, 1765, Cr. 23, v. Schr. 577	29	I-II	725,--
1/4 Taler, E, 1764, Cr. 23, v. Schr. 583	68	III-IV	280,--
	92	III-IV	250,--
1/4 Reichstaler, F, 1764, Cr. 23 a	92	III-IV	250,--
1/6 Taler, B, 1750, Cr. 19 a, v. Schr. 256	51	II-III	225,--
1/6 Taler, B, 1751, Cr. 19	25	I-II	320,--
	31	II	280,--
	31	III/II	220,--
	54	II	275,--
	55	II	270,--
1/6 Taler, C, 1752, Cr. 19, v. Schr. 272			
(leicht korrodiert)	92	II/I	775,--
1/6 Taler, C, 1757, Cr. 20 a, v. Schr. 279	01	III	275,--
	66	III	650,--
1/6 Taler, F, 1759, Cr. 20 a, v. Schr. 1700			
(leicht justiert, RR)	31	III	360,--
1/6 Reichstaler, Cleve, 1764, Cr. 21	22	III	270,--
	68	III-IV	200,--
(Schrötlingsfehler)	92	III	410,--
1765	87	III	260,--
1/6 Taler, E, 1773, Cr. 21, v. Schr. 625 ff.	11	I	410,--
	41	I-II	335,--
1777	92	II	340,--

1/12 Taler, Berlin, 1743, Cr. 16	31	II	215,--
1/12 Taler, A, 1750, Cr. 17	20	II-III	315,--
	41	I-II	350,--
1752 (Schrötlingsfehler)	92	II-III	420,--
1/12 Taler, C, 1754, Cr. 17, v. Schr. 331 ff.			
(leichter Schrötlingsfehler)	21	II-III	200,--
1755	68	III	500,--
1/12 Taler, D, 1752, Cr. 17	21	II-III	550,--
	71	II-III	600,--
	74	II	420,--
1/12 Taler, A, 1753, Cr. 18, v. Schr. 312	31	II	230,--
1/12 Taler, B, 1766, Cr. 18, v. Schr. 650	54	II	205,--
1/12 Taler, C, 1764, v. Schr. 655	01	II-III	370,--
1/12 Taler, D, 1768, Cr. 18, v. Schr. 668	92	IV/III	230,--
1/12 Taler, E, 1764, Cr. 18, v. Schr. 673 ff.	41	I-II	255,--
1/12 Taler, G, 1753, Cr. 18, v. Schr. 360	31	III	230,--
	54	III	265,--
1/24 Taler, F, 1753, Cr. 14	92	I-II	270,--
1/24 Taler, F, 1756, v. Schr. 737	41	I-II	225,--
1/24 Taler, A, 1783, Cr. 15, v. Schr. 709	92	I	270,--
1/48 Taler, Berlin, 1748, Cr. 8, v. Schr.			
779	92	II-III	210,--
1/48 Taler, F, 1753, v. Schr. 844	92	II-III	240,--
Stüber-Prägungen für Kleve			
60 Stüber, C, 1765, Dav. 2589, Cr. 13	03	III	225,--
	25	II-III	1600,--
	85	IV	400,--
1/6 Taler zu 10 Stüber, C, 1765 (leicht			
justiert)	21	III	700,--
1 Stüber, C, 1764, Cr. 4, v. Schr. 1403	01	III	250,--
	65	II	210,--
4 Kreuzer, Cleve, 1755, Cr. 64, v. Schr. 49	67	III	345,--
Kupfer-Deut, C, 1749, Cr. 1, v. Schr. 1439	62	III	280,--
Prägungen für Ostfriesland			
1/24 Taler, Aurich, 1748, v. Schr. 728	21	III	405,--
IV Mariengroschen, D, 1756, Cr. 23			
(leicht justiert)	21	II	220,--
	54	II	550,--

wie vor	31	II	310,--
(justiert)	68	III	210,--
	71	II	240,--
	79	II-III	460,--
(Randfehler)	89	II	340,--
	89	II/I	450,--
	89	II	340,--
(Schrötlingsfehler)	92	II	400,--
1757 (leicht justiert)	54	I-II	650,--
	31	II/I	440,--
	47	II	350,--
	92	II-III	320,--
	93	III	200,--
I Mariengroschen, D, 1752, Cr. 15	92	III/II	310,--
1753	54	II-III	205,--
1/2 Stüber, A, 1772, Cr. 5, J. 5, v. Schr.			
1413 (Stempelriß)	75	II	280,--
Prägungen für die westlichen Lande			
IV Mariengroschen, F, 1752, Cr. 76, v. Schr.			
1319	92	III-IV	240,--
Prägungen für Schlesien			
18 Kreuzer, B, schlesischer Typ, 1752, Cr.			
31	45	II/I	270,--
	54	II	300,--
1753	01	II-III	305,--
	07	II	345,--
	54	I-II	500,--
	55	II-III	225,--
	79	II-III	225,--
	79	II	375,--
(leicht narbig)	83	II	215,--
	85	II-III	315,--
1754	11	I-II	410,--
	21	I-II	260,--
	21	II	255,--
	21	I-II	300,--
	54	I	500,--
	55	II	225,--

wie vor	54	I	480,--
1755	17	II-III	260,--
18 Kreuzer, B, 1756, v. Schr. 1464	49	I-II	225,--
Tympf = 18 Kreuzer, B, 1755, Cr. 32	11	I	375,--
	21	I-II	235,--
	21	II	225,--
	21	I-II	260,--
	26	II	445,--
	49	I-II	225,--
	52	I	440,--
	54	I-II	290,--
	54	II	200,--
	55	I-II	320,--
	79	I-II	375,--
	79	I-II	405,--
1756	01	II/I	400,--
	01	III	350,--
	03	I-II	240,--
	07	II	320,--
	11	I	400,--
	21	I-II	400,--
	21	II/I	330,--
	22	I	410,--
	41	I-II	245,--
	41	I-II	280,--
	45	I	300,--
	51	I-II	340,--
	51	I-II	310,--
	54	I	400,--
	54	I	425,--
	54	I	425,--
	54	I	475,--
	55	I-II	300,--
	79	I-II	350,--
	79	I-II	360,--
(leichter Randfehler)	79	II	225,--
	79	I-II	315,--
(leicht justiert)	87	I-II	400,--

wie vor	89	II	320,--
	89	III/II	290,--
XV Kreuzer (Siebzehner), W, 1743, Cr. 30,			
v. Schr. 1451 (leichter Schrötlingsfehler)	52	II/I	1600,--
VI Kreuzer, W, 1744, Cr. 26, v. Schr. 1475	80	III	330,--
VI Kreuzer für Schlesien, B, 1757, Cr. 28,			
v. Schr. 1484 (leichte Schrötlingsfehler)	92	I	250,--
3 Kreuzer, B, 1755, Cr. 21, Henckel 4183,			
v. Schr. 1498	87	II	205,--
3 Kreuzer, B, 1764, Cr. 23, v. Schr. 1504	98	III	310,--
2 Gröschel, A.E., 1749, Cr. 14, v. Schr.			
1772	41	I	250,--
Doppel-Gröschel, B, 1751, Cr. 14, v. Schr.			
1578 ff.	41	I-II	255,--
Doppel-Gröschel, o. J.	41	I-II	215,--
Prägungen für Ostpreußen			
Tympf = 18 Kreuzer, E, 1752, Cr. 30	01	III-IV	340,--
1753	41	I-II	215,--
	55	III	275,--
1758	83	II-III	245,--
Tympf = 18 Kreuzer, E, 1753, Cr. 30			
(Schrötlingsfehler)	41	II	380,--
	51	III	290,--
18 Gröscher, E, 1754, Cr. 30 v., v. Schr.			
997 ff.	20	III	200,--
	54	II-III	410,--
	54	II-III	500,--
18 Gröscher, E, 1755	92	II-III	380,--
1757	92	III	245,--
Tympf = 18 Gröscher, E, 1764, v. Schr.			
1013 ff., Cr. 32	01	III-IV	225,--
	54	II	470,--
	54	III	200,--
	85	I-II	525,--
1765 (Schrötlingsfehler)	01	III	280,--
	54	II	470,--
18 Gröscher, G, 1753, Cr. 30 a, v. Schr.			
1018	01	III	320,--

wie vor	28	III	260,--
	28	III	230,--
	28	III	295,--
	54	II-III	380,--
	60	IV	200,--
3 Gröscher, E, 1765, Cr. 18, v. Schr. 1158	54	II	275,--
1767	41	I-II/I	245,--
Solidus, E, 1771, Cr. 6, v. Schr. 1298	92	I-II	205,--
(Schrötlingsfehler)	92	I-II	205,--
8 Gute Groschen, A, 1759, v. Schr. 1664	21	II	355,--
	55	III	250,--
	55	III	240,--
	62	III	230,--
8 Gute Groschen, B, 1759, v. Schr. 1671	17	III	400,--
	92	II	925,--
1/3 Taler, 1759, Cr. 27	19	II	265,--
(leichter Randfehler)	44	I-II	500,--
	54	I-II	405,--
(justiert)	100	II	215,--
1/48 Taler, Kriegsprägung, A, 1760, v. Schr.			
1711	21	II	220,--
18 Kreuzer, F, 1758, v. Schr. 1728	21	II-III	295,--
XII Mariengroschen, 1758, Cr. 27	41	II	250,--
VI Gröscher, C, 1756, Cr. 25 a	68	III	210,--
1757 (Schrötlingsfehler)	01	II-III	230,--
VI Gröscher, E, 1763, Cr. 23, v. Schr. 2739	21	II	265,--
I Mariengroschen, D, 1761, v. Schr. 1744	54	III	205,--
Kriegsgeld fremden Gepräges			
Okkupations-Ausbeutetaler, 1757, Dav. 2674,			
v. Schr. 1754 b	21	II	2500,--
	25	I-II	3500,--
	25	II-III	3000,--
	37	II	3000,--
	41	III	1150,--
	54	II	2950,--
	62	I-II	3000,--
	74	II/I	3150,--

Taler, Leipzig, 1755, Dav. 1617, v. Schr.

1835	54	II-III	1450,--
18 Gröscher (Ort), 1754, Cr. 10	41	II	225,--
	62	I-II	260,--
1756	87	II	225,--
18 Gröscher, Leipzig, 1754, v. Schr. 1818	41	II	225,--
Russische Okkupation			
1/3 Taler, 1761, Cr. 48, v. Schr. 1846	21	II	825,--
	41	II/I-II	750,--
	44	III	550,--
(Schrötlingsfehler)	48	II-III	450,--
	55	III	725,--
	62	III-IV	410,--
	79	III	700,--
1/6 preußischer Reichstaler, 1761, Cr. 47,			
Mbg. 2324	01	III	420,--
	24	III	280,--
	48	II	360,--
	68	III	380,--
(leicht justiert)	75	III	400,--
	79	II	800,--
	85	II-III	500,--
Tympf = 18 Gröscher, 1759, Cr. 46, v. Schr.			
1865 ff. (leichte Schrötlingsfehler)	48	II-III	600,--
1761	41	II	280,--
VI Gröscher, 1759, Cr. 45	22	III	245,--
	25	I-II	230,--
	55	II	450,--
1760	07	II-III	225,--
1761	01	III	220,--
	22	III	245,--
	31	II/I	550,--
	79	III	315,--
3-Gröscher, 1761, Cr. 44, v. Schr. 1922 ff.	85		
(Schrötlingsfehler)	85	III	290,--
II-Grossus, 1761, Cr. 43, v. Schr. 1941	48	III	550,--
I-Gröscher, 1759, Cr. 42, v. Schr. 1943	48	II	725,--
Schilling, Königsberg, 1761, Cr. 41	85	II-III	625,--

Friedrich Wilhelm II., 1786-97
Friedrich d'or, A, 1786, Fr.2253, Cr. 93,

J. 100 (Kratzer)	98	IV	530,--
1790	23	IV	850,--
1794	100	IV	380,--
1796	00	II-III	1400,--
(Henkelspur)	04	III	500,--
	27	III	1250,--
	37	III	1200,--
	41	III	1250,--
	47	III	1500,--
	92	III/II	1500,--
1797	23	IV/III	1050,--
Friedrich d'or, B, 1794, Fr. 2254, Cr. 93,			
J. 100, v. Schr. 19	27	II-III	3200,--
(Henkelspur)	37	IV	900,--
1797	89	III	1025,--
Dukat, Handelsmünze, A, 1787, Fr. 2255,			
Cr. 92, J. 181, v. Schr. 220	27	II	3300,--
Silberabschlag vom Doppel-Dukat, 1786	71	III	380,--
Silberabschlag vom Doppel-Dukat auf die			
südpreuß. Huldigung, 1796, Henckel 3953,			
Mbg. 2610	47	III	210,--
Taler, A, 1786, Dav. 2597, Cr. 88, J. 23,			
v. Schr. 23-27	22	III	210,--
	27	II	950,--
1787	55	I-II	1000,--
	55	III	250,--
	98	I-II	1250,--
1789	25	II	1300,--
	29	I	1050,--
	54	I-II	950,--
	92	III	300,--
1790	00	III	340,--
	11	II	650,--
(leicht justiert)	28	III	300,--
	37	II-III	525,--
	44	II-III	365,--

wie vor	79	II–III	525,–
(leicht justiert)	86	II–III	300,–
Taler, B, 1789, Dav. 2597, Cr. 88, J. 23,			
v. Schr. 28 ff.	25	II	625,–
	31	III	260,–
	54	II–III	450,–
	70	I–II	2000,–
1790	55	II	550,–
	77	III	255,–
(leicht justiert)	79	II	575,–
1791 (justiert)	04	II–III	360,–
	79	I–II	2050,–
	85	III	360,–
Taler, A, 1791, Dav. 2599, Cr. 90, v. Schr.			
34–41	03	III/II	230,–
	25	II	575,–
	81	II	415,–
	99	III	275,–
1792	54	I–II	950,–
	55	II–III	280,–
	79	I–II	900,–
1793 (justiert)	16	III	200,–
	19	III	300,–
	51	II–III	290,–
	54	I–II	950,–
	79	II	675,–
1794	44	II	700,–
	54	I–II	600,–
	68	II–III	425,–
	79	II–III	425,–
	79	II–III	550,–
	79	II–III	300,–
	85	III	260,–
	97	IV	200,–
	100	II–III	370,–
1795	04	III	205,–
	07	II–III	260,–
	27	II	330,–

wie vor	21	II	450,--
(Schrötlingsfehler)	41	II	390,--
	54	III	245,--
	55	II	425,--
	55	III	225,--
	70	II	750,--
	73	II	525,--
(leicht justiert)	79	II-III	425,--
1796	11	I-II	875,--
	21	II-III	290,--
	52	I-II	800,--
	53	III	225,--
	74	II-III	310,--
	75	III	340,--
(leicht justiert)	87	III	225,--
(leicht justiert)	92	II	500,--
1797 (leicht justiert)	01	II-III	380,--
	21	II-III	280,--
	54	III	225,--
	79	III	240,--
Taler, B, 1791, Dav. 2599, Cr. 90, J. 25,			
v. Schr. 35 ff.	51	II	850,--
(leicht justiert)	79	II	525,--
1794	36	III	240,--
Reichstaler, B, 1792, Dav. 2599 var., Cr.			
90 var., J. 25 Anm.	15	III	650,--
Taler, B, 1791, Dav. 2599, Cr. 90, J. 25,			
v. Schr. 49-52 (leichte Schrötlingsfehler)	79	I-II	1100,--
	97	III	300,--
1793	54	II-III	900,--
	66	III/II	975,--
1795	19	II-III	525,--
	26	III	360,--
	54	I-II	600,--
	70	III	370,--
1797	22	II	700,--
	25	II-III	700,--

Taler, Schwabach, für den Umlauf in Franken,
1794, Dav. 2600, Cr. 8, J. 182, v. Schr.

222-24	03	III	450,--
	04	III-IV	335,--
	23	III	600,--
	25	III	450,--
(korrodiert)	33	III	260,--
	21	II-III	525,--
	21	III	475,--
	43	III	365,--
	47	III	330,--
	47	III-IV	250,--
	49	II	660,--
	51	II-III	500,--
	55	II-III	465,--
	62	II-III	700,--
	75	III	800,--
	77	II	525,--
	78	II-III	500,--
	79	III	500,--
	92	III	550,--
	100	III-IV	240,--
1795	03	III	450,--
	19	III	600,--
	25	I-II	1250,--
	39	III	390,--
	47	II	850,--
	47	III	330,--
	62	III/II	420,--
	78	III	220,--
	79	II	1000,--
	97	III	425,--
	98	III	310,--
1796 (leichte Randfehler)	85	III	355,--

Schwerer Albertustaler (1 1/3), geprägt
für den Ostseehandel, 1797, Dav. 2601,

Cr. 91, J. 183, v. Schr. 225 a	94	I	9700,--
2/3 Stück, 1796, Cr. 87, J. 184	19	II	725,--

wie vor	54	I-II	950,--
	92	I-II	800,--
1797	23	III	430,--
	55	III	250,--
	69	III	275,--
	97	III	300,--
2/3 Stück (Liepmann-Prägung), 1797, J. 185,			
v. Schr. 228	55	III	310,--
1/2 Taler, S (2/3 Stück), 1792, Cr. 7, J.			
208 a, Henckel 5363	25	I-II	420,--
(leicht justiert)	60	III	290,--
	85	III	250,--
1/2 Taler, S, 2/3 Stück, 1794, Cr. 7, J.			
208 b, Henckel 5370	04	III	255,--
(Schrötlingsfehler)	41	II	400,--
1/3 Reichstaler, A, 1787, Cr. 86, J. 22,			
v. Schr. 53-61	21	I	1350,--
	41	I-II	400,--
1788	68	II	380,--
1789	09	II-III	205,--
	21	II-III	305,--
	97	II	260,--
1790 (Schrötlingsfehler)	41	II	275,--
1/3 Taler, E, 1787, Cr. 86, J. 22, Mbg. 2520	49	II-III	205,--
1790	21	II	265,--
(leichter Kratzer)	92	II-III	380,--
1792	03	II-III	250,--
1797	37	I-II	525,--
4 Groschen (= 1/6 Taler), A, 1796, Cr. 84,			
J. 21, v. Schr. 80, 81	98	II	210,--
1797 (leichter Kratzer)	41	II/I	360,--
(justiert)	62	I	400,--
(justiert)	92	I	525,--
(justiert)	92	I-II	380,--
	92	II/I	240,--
(justiert)	92	III/II	230,--
	100	II	270,--

Provinzen
```
1 Groschen, E, 1787, Cr. 52, J. 15        92   II/I      400,--
1796                                      99   I-II      210,--
I Grossus, E, 1796, J. 175, v. Schr. 202  62   III/II    320,--
```

BRAUNSCHWEIG-BEVERN

Ferdinand Albrecht II., 1687-1735
```
Doppeldukat auf die Geburt seines 2. Sohnes
Anton Ulrich, 1714, Fr. 714               07   II-III    1600,--
2 Dukaten auf die Vermählung des Erbprinzen
Karl I. mit Philippine Charlotte   von
Brandenburg-Preußen, 1733, Fr. vgl. 777,
Henckel 1430                              27   II      12000,--
Doppeldukat auf die Geburt seines 2. Sohnes
Anton Ulrich, Silberabschlag, 1714        07   II-III     260,--
1/2 Taler auf seine Tochter Elisabeth
Christine zu ihrer Vermählung mit Kronprinz
Friedrich von Preußen, 1733, Henckel 1426 25   I-II      3000,--
2 Gute Groschen auf die Vermählung
seiner Tochter Elisabeth Christine mit
Friedrich von Brandenburg-Preußen, 1733,
Henckel 1428                              25   II         440,--
```

BRAUNSCHWEIG-BLANKENBURG

Ludwig Rudolph, 1707-1735
```
Dukat, 1727, Fr. 727, We. 2433            27   I-II      4000,--
Dukat, 1717, Fr. 734, We. 2437            25   III       2000,--
1719                                      07   III       2300,--
1/2 Dukat, 1719, Fr. 740, We. 2444        25   II-III    1400,--
1/4 Dukat, 1717, Fr. 738, We. 2454        14   II        1150,--
Silberabschlag von 10 Dukaten im Gewicht
eines 1/2 Talers, 1715                    14   I-II      1050,--
Taler, 1718, Dav. 2133, We. 2460 (leicht
korrodiert)                               79   III-IV     435,--
```

BRAUNSCHWEIG-CALENBERG

Erich I., 1495-1540
```
Körtling, Minden, 1539, We. 336           16   IV         275,--
```

Erich II., allein, 1545-1584
Taler, 1558, Dav. 8997, De Mey 76, Schulten
496, We. 435 (teilweise schwache Prägung)   70   III   1800,--
Taler zu 24 Groschen, 1769, Dav. 9002,
De Mey 84, We. 441   68   III   1400,--
                                               73   II-III   1075,--
1572   48   III   875,--
1573   47   III   925,--
Taler zu 24 Groschen mit Vlieskette, 1573,
De Mey 87, We. 443   73   II-III   1075,--
Taler zu 24 Groschen, 1577, Dav. 9007, De
Mey 89, We. 446 (korrodiert)   73   III-IV   255,--
Fürstengroschen-Klippe zu 12 Pfennig, o. J.,
We. III, 467 A   85   II-III   2200,--

BRAUNSCHWEIG-DANNENBERG

Julius Ernst, 1598-1636
Taler, 1624, Dav. 6426/25, We. 704 var.
(leicht poliert)   88   III   500,--
Reichstaler, 1624, Dav. 6427, We. 704   97   III   675,--
1/2 Taler, 1624, We. 706 (leicht poliert)   88   III   575,--
1/2 Reichort,1624 (Randschaden)   79   III-IV   335,--
Doppelschilling, o. J., We. 712 B   67   III   205,--

BRAUNSCHWEIG-GRUBENHAGEN

Ernst V., Johann, Wolfgang und Philipp II.,
1551-1557
Fürstengroschen zu 12 Pfennig, 1557   19   III   550,--
                                               85   III   1150,--
Wolfgang und Philipp II., 1567-1595
Taler zu 24 Groschen, 1574, Dav. 9017, De
Mey 101, We. 529 (schwache Prägung)   98   II   925,--
Breiter Taler zu 24 Groschen, 1577, Dav.
9018, De Mey 102, We. 530   73   III   725,--
1580   07   III   800,--
1584   70   III   975,--
Reichstaler zu 24 Groschen, 1588, De Mey 102,
We. 530   04   I-II   1675,--

wie vor, 1593	97	III	450,--
Wolfgang, 1551-1595			
Sterbetaler, 1595, Dav. 9028, De Mey 112,			
We. 680	04	III	1075,--
Philipp II., 1595-1596			
Taler, 1595, Dav. 9029, De Mey 115 var.,			
We. 686	20	II-III	1900,--
Reichstaler zu 24 Groschen, 1595, Dav.			
9031, De Mey 113, We. 686	19	III	1075,--
	73	III	825,--
Taler, 1595, Dav. 9034, De Mey 116 var.,			
We. 687	20	III	3400,--

BRAUNSCHWEIG-LÜNEBURG-HARBURG

Wilhelm, 1603-1642

Taler, 1624, Dav. 6405, We. 722 A (Rand-			
fehler)	04	III	280,--
1627 (Schrötlingsfehler)	86	III	500,--
Taler, 1622, Dav. 6405, We. 722 B	01	IV	280,--
	15	III	675,--
1623	07	III	800,--
(leicht poliert)	88	III	450,--
1624	47	III	575,--
(leichter Schrötlingsfehler)	56	III	500,--
Taler, 1639, Dav. 6410, We. 724	47	II	1550,--
	79	II	1750,--
Taler, 1642, Dav. 6412, We. 724	07	III	720,--
Taler auf seinen Tod, 1642, Dav. 6413, We.			
726	26	II	1200,--
	97	III	575,--
1/2 Taler, 1622, We. 727 B (Schrötlings-			
fehler)	56	III	2000,--
1/4 Taler, 1624, We. 729 B (Randfehler)	67	III-IV	700,--
1/2 Ort (= 1/8 Taler), 1623, We. 735 A			
(gewellt)	15	III-IV	850,--
1/16 Taler, 1619, We. 737 A	88	III	205,--
1/16 Reichstaler, 1616, We. 737	56	III	220,--
1/16 Taler, 1620, We. 739	15	II-III	210,--

wie vor	56	III	205,--
Kipper-1/24 Taler, 1620, We. 741	73	III	235,--

Katharina Sophia, gest. 1665
1/2 Taler auf den Tod von Katharina Sophia,
Tochter Otto des Jüngeren von Harburg,

Schwester Wilhelms, 1665, We. 749	25	II-III	6000,--

BRAUNSCHWEIG-LÜNEBURG-HITZACKER

August der Jüngere zu Hitzacker, 1604-1635
Sterbetaler für seine 1. Gemahlin Clara
Maria von Pommern, 1623, Dav. 6333, We.

857	28	III	4000,--
Kipper-1/24 Taler, o. J.	67	III	235,--

BRAUNSCHWEIG-LÜNEBURG-CELLE

Christian der Ältere, 1611-1633

Taler, 1617, Dav. 6431, We. 921	19	III	480,--
Taler, 1620, Dav. 6436, We. 921	14	III	500,--
	47	III	460,--
Taler, 1622, Dav. 6438, We. 921	97	III/IV	1000,--
Taler, 1623, Dav. 6441, We. 921	73	III	240,--
Taler, 1624, Dav. 6443, We. 922	19	III/II	525,--
Taler, 1624, Dav. 6448, We. 922	56	III-IV	280,--
Taler, 1624, Dav. 6457, We. 922	51	II-III	410,--
	73	III	335,--
Taler, 1624, Dav. 6458, We. 923	31	III	280,--
Taler, 1625, Dav. 6461, We. 923	04	III	330,--
Taler, 1625, Dav. 6464, We. 923	68	II-III	625,--
Taler, 1626, Dav. 6469, We. 963	39	III	200,--
Taler, 1627, Dav. 6471 var., We. 923	19	III	340,--
Taler, 1627, Dav. 6471, We. 923	67	III	315,--
	98	III	330,--
Taler, 1629, Dav. 6473, We. 923 (leichter Schrötlingsfehler)	89	III	240,--
	97	III	270,--
Reichstaler, 1629, Dav. 6475, We. 924	47	II/III	800,--
1630	20	III-IV	300,--
(leichter Randfehler)	32	III	310,--

wie vor, 1631	73	III	240,--
1632 (Schrötlingsfehler)	48	II-III	240,--
	68	III-IV	270,--
	99	III	315,--
1633	33	III	290,--
	33	III	280,--
	56	III	350,--
	67	III	285,--
	77	II-III	395,--
(Schrötlingsfehler)	86	III	210,--
Taler, Ausbeute St. Andreasberg, ohne Münz-			
zeichen, 1622, Dav. 6476, We. 926	61	III	525,--
(leicht gedrückt)	65	III	670,--
Taler, Ausbeute St. Andreasberg, 1621,			
Dav. 6477 var., We. 926 var.	87	III	650,--
Taler, 1624, Dav. 6479, We. 926	14	III	675,--
	37	III	500,--
	47	III	750,--
	97	III	420,--
	98	II-III	675,--
Taler, 1633, Dav. 6480, We. 927	33	III	380,--
Taler auf den Tod seines Bruders Johann,			
1628, Dav. 6656, We. 864 (Randfehler)	44	III	1950,--
Taler auf den Tod seines Bruders Magnus,			
1632, Dav. 6657, We. 860	44	III	2000,--
1/2 Taler, Celle, 1632, We. 931	07	III	625,--
1/4 Taler, Andreasberg, 1623, We. 942			
(leichte Henkelspur)	31	III	370,--
1/4 Zwittertaler, 1619, We. 939 var.	12	III	460,--
	98	III	480,--
1/2 Reichsort (= 1/8 Taler), 1625, We. 946	26	III	250,--
1626	86	III	155,--
1627	67	II-III	250,--
August, Friedrich und Georg, gemeinschaftlich,			
1636			
Taler, 1636, Dav. 6484, We. 904 (Henkelspur)	57	III	1600,--
Friedrich, 1636-1648			
Löser zu 3 Taler, 1639, Dav. 131, We. 1406	52	II	9500,--

Breiter Ausbeute-Löser zu 3 Taler, 1647,

Dav. 135, We. 1399	26	II-III	6600,--
Taler, o. J., Dav. 6486, We. 1417	39	III/II	650,--
	97	III	460,--
Taler, o. J., Dav. 6488, We. 1410	33	III	750,--
	39	III	850,--
	66	III	575,--
	87	III	600,--
1645 (gewellt, Henkelspur)	07	III	480,--
1648	39	II	1225,--
Taler, 1637, Dav. 6482, We. 1414	67	II-III	450,--
	97	III	270,--
1638	33	III	305,--
	101	III-IV	270,--
Taler, 1638, Dav. 6494, We. 1414 (Schröt-			
lingsfehler)	48	II-III	370,--
(Randfehler)	73	III	275,--
1639	33	III	295,--
	40	III	500,--
	56	III	310,--
	80	III	370,--
(Einriß)	84	III	300,--
	88	III	380,--
1640	04	II-III	405,--
	14	III	420,--
(leichte Fehler)	102	III	240,--
1641	04	II	600,--
	25	III	340,--
1642	66	III	365,--
	73	III	380,--
Taler, 1640, Dav. 6494, We. 1414 var.	31	II	775,--
1641 (Randfehler)	23	III	330,--
	39	III	675,--
	47	III	450,--
Taler, 1640, Dav. 6994, We. 1414	39	III	450,--
	89	III	475,--
1641	07	III	460,--
	88	III	370,--

wie vor, 1642 (Schrötlingsfehler, Sammler-			
zeichen)	52	III	300,--
	81	III	390,--
1643	14	III	460,--
	86	III-IV	345,--
Taler, 1644, Dav. 6497, We. 1415	33	III	405,--
1645	25	II-III	325,--
(leichter Schrötlingsfehler)	39	III	700,--
(Henkelspur)	97	III	240,--
1646	07	III	400,--
(leichte Schrötlingsfehler)	84	III	300,--
Spruchtaler, 1647, Dav. 6498, We. 1415	33	III-IV	255,--
(Henkelspur, poliert)	75	III	205,--
1648 ("...VERZEH")	07	III	400,--
(leicht poliert)	19	III	285,--
(leicht fleckig)	23	III	405,--
Sterbetaler, 1648, Dav. 6500, We. 1418	98	III	800,--
Sterbetaler auf den Tod seiner Schwester			
Margarethe, 1643, Dav. 6501, We. 1438 A			
(leichter Randfehler)	04	II	2200,--
1/2 Taler, 1640, We. 1419	07	III	550,--
1/2 Reichstaler, 1645, We. 1420 A	07	III	430,--
1/4 Taler, 1639, We. 1422	26	II-III	550,--
1642 (leichte Henkelspur)	67	III-IV	425,--
1/4 Taler, 1647, We. 1423 A (leichte			
Henkelspur)	47	III	280,--
1/4 Taler, 1647, We. 1423 B	85	III	1100,--
1/2 Reichsort = 1/8 Taler, 1640, We. 1429	35	III	260,--
1642	19	III	230,--
1/8 Taler, 1647, We. 1425	100	III	295,--
Christian Ludwig, 1648-1665			
Dukat, 1650, Fr. 611, We. 1470	73	III	1700,--
1661 (leichter Knick)	70	II	5100,--
Löser zu 5 Taler, 1650, Dav. 148, We. 1477	93	III	11000,--
Löser zu 4 Taler, 1654, Dav. 155, Duve 3 II,			
We. 1484	93	III	4600,--
Löser zu 3 Taler, 1648, Duve 1, We. 1474	48	III	5500,--
	70	III	4300,--

wie vor	79	II-III	4750,--
	89	III	3850,--
(leichter Schrötlingsfehler)	98	III	4650,--
Löser zu 3 Taler, 1650, Duve 2, We. 1479	26	II	6900,--
Löser zu 3 Speciestaler, 1662, Dav. 173,			
We. 1496	25	III	4500,--
Löser zu 3 Taler, 1664, Duve 12 A, We. 1496	51	II-III	4900,--
Löser zu 2 Taler, Ausbeute, 1662, Duve 9 B,			
Dav. 174	39	III/II	2800,--
Breiter Löser zu 1 1/2-facher Ausbeutetaler,			
1659, Duve 7-12 B, We. 1498 (Schrötlings-			
fehler)	73	I-II	3400,--
1664 (leichte Fassungsspur)	25	III	1500,--
	39	III/II	2800,--
Taler, 1649, Dav. 6514, We. 1503	33	III	530,--
Taler, 1657, Dav. 6517, We. 1508 + Nachtrag	39	III/IV	400,--
1658	98	III	500,--
1662 (Henkelspur)	66	III	270,--
Zwittertaler, 1648, We. 1507 A (leicht			
poliert)	88	III	310,--
Taler, 1650, Dav. 6518, We. 1506	04	III	300,--
	07	III	400,--
	14	III	340,--
	51	III	460,--
Taler, 1664, Dav. 6519, We. 1505	25	I-II	1150,--
Taler, 1649, Dav. 6521, We. 1511	68	III	235,--
1651	97	III	230,--
1652	04	II	400,--
	52	III	350,--
1653	60	III/IV	330,--
1654 (Einhiebe)	37	III	215,--
1655	55	III	440,--
1657	04	II-III	355,--
	33	II-III	360,--
1659 (Randfehler)	65	III/II	600,--
	67	III	340,--
	68	III	280,--
1661	25	III	280,--

wie vor	31	II	650,--
	35	III	350,--
	48	III	200,--
	86	II-III	400,--
1662	01	III	280,--
	07	II-III	350,--
	19	III	350,--
	100	I-II	320,--
1663	52	III-IV	200,--
	55	III-IV	335,--
1664	01	III	425,--
1665	14	III	480,--
	70	III	340,--
Zwittertaler, 1657, Dav. 6522, We. 1510	67	II	
(Schrötlingsfehler)	67	III	775,--
Sterbetaler für Clara, Tante von Christian			
Ludwig, 1658, Dav. 6524, We. 1547 A	07	III	720,--
Sterbetaler, 1665, Dav. 6525, We. 1512			
(leichte Henkelspur)	31	III	525,--
(leichte Henkelspur)	67	III	675,--
1/2 Sterbetaler, 1665, We. 1517	26	II	1000,--
1/4 Sterbetaler, 1665, We. 1521	19	II-III	490,--
	98	I-II	800,--
1/8 Taler, 1663, We. 1523	67	III	270,--
1664 (Randfehler)	62	III	240,--
1/24 Taler auf den Tod seiner Tante Clara,			
1658, We. 1547 B	41	I	310,--
Sterbegroschen auf den Tod seiner Schwester			
Clara, 1658, We. 1547 B	67	II-III	215,--
Groschen auf seinen Tod, 1665, We. 1532	19	II-III	260,--
3 Pfennig, 1660, We. 1544	20	III-IV	550,--
Georg Wilhelm, 1665-1705			
Dukat, Celle, 1685, Fr. 622 v.	61	II-III	3300,--
Dukat, 5-fach behelmtes Wappen von Hosenband-			
ordensband umgeben, 1693, Fr. 622 v., We.			
1560	70	I-II	4100,--
Taler auf die 100-Jahrfeier der Universität			
Helmstedt, 1676, Dav. 6543, We. 1585	41	II	1750,--

wie vor	57	I	2700,--
Schautaler zum 80. Geburtstag, gestiftet			
vom Senat der Stadt Lüneburg, 1703, Fiala			
1181 (leichter Randfehler)	31	III/II	550,--
(Schrötlingsfehler)	62	I-II	900,--
Reichstaler auf seinen Tod, 1705, Dav. 2056,			
We. 1586	47	III	1450,--
	86	II-III	1700,--
	87	III	950,--
	97	III	750,--
2/3 Taler, Feinsilber, 1692, We. 1588	89	II	260,--
1694	99	II-III	210,--
2/3 Taler, ohne Feinsilber, 1693, We. 1589	14	III	210,--
2/3 Taler, 1690, We. 1590	07	III-IV	290,--
	31	II	300,--
1/3 Taler, 1674, We. 1602	33	II-III	500,--
	51	III	800,--
	86	III	750,--
	99	III	235,--
1/4 Taler auf seinen Tod, 1705, We. 1608	67	II-III	725,--
1/8 Taler auf seinen Tod, 1705, We. 1612	67	II-III	500,--
16 Gute Groschen, 1698, We. 1595	97	III	240,--
8 Gute Groschen, 1698, We. 1603	14	III	340,--

BRAUNSCHWEIG-CALENBERG-HANNOVER

Georg, 1636-1641

Breiter Löser zu 5 Taler, 1638, We. 1447

(leichte Fassungsspuren)	52	III	24000,--
Taler, 1635, Dav. 6502, We. 1443	57	III	2050,--
Taler, 1639, Dav. 6505, We. 1453 (Henkelspur)	47	III	410,--
Taler, 1640, Dav. 6506, We. 1453	31	II/III	800,--
	39	III	850,--
	86	IV/III	345,--
(kleines Sammlerzeichen)	23	III-IV	625,--
1641 (Henkelspur)	89	III	360,--
Taler, 1637, Dav. 6507, We. 1454	88	III	360,--
1638 (starke Kratzer)	16	IV/III	270,--
	39	III	310,--

wie vor, 1639	88	III	310,--
	100	III	365,--
Taler, 1640, Dav. 6508, We. 1454	07	II-III	600,--
	35	III-IV	270,--
	37	III-IV	300,--
1641	07	III	360,--
	66	III	425,--
	66	III-IV	240,--
Taler auf seinen Tod, 1641, Dav. 6510, We. 1455	44	II-III	1850,--
1/2 Taler, 1637, We. 1456	07	III	600,--
1/8 Taler, 1640, We. 1460	33	III	255,--
Christian Ludwig, 1641-1648			
Ausbeute-Löser zu 1 1/2 Taler, 1664, We. 1498	42	II-III	2300,--
Georg Wilhelm, 1648-1665			
Löser zu 1 1/2 Taler, 1662, Fiala 1266, We. 1568 (poliert)	04	III	1175,--
Löser zu 1 1/4 Taler, 1662, Dav. 6531, We. 1568	66	III	1350,--
	89	III	1600,--
Taler, 1649, Dav. 6527, We. 1579	07	III	500,--
1650	47	III	525,--
1651	32	III	310,--
Reichstaler, 1652, Dav. 6527, We. 1580 (Sammlerzeichen)	84	III	430,--
1653	14	III	480,--
Wilder Mann-Zwittertaler, 1650, Dav. 6527, We. 1581	97	III	550,--
Taler, 1655, Dav. 6528, We. 1583	25	III	360,--
	39	II	800,--
	80	III	380,--
	97	III	450,--
1657 (Henkelspur)	51	III	210,--
	69	III	310,--
1660	07	III	410,--
1661	25	II-III	350,--
	67	II-III	400,--

wie vor, 1663 (korrodiert)	22	III	250,--
Taler, 1665, Dav. 6529, We. 1583	67	III	480,--
1/8 Sterbetaler für seine Mutter Anna			
Eleonora, 1659, We. 1468	73	III	385,--
XII Mariengroschen, 1671, We. 1767	62	II-III	210,--
Johann Friedrich, 1665-1679			
Silberner Ausbeute-Löser, 1677, Duve 167			
(leichter Randfehler)	14	II	5200,--
Löser zu 4 Taler auf seinen Tod, 1680, Duve			
8 A, We. 1685, Fiala 2207	52	III	9400,--
Ausbeute-Löser zu 2 1/2 Taler, 1677, Duve			
5 A, We. vgl. 1674	25	II-III	6100,--
Löser zu 1 1/2 Taler, Duve 3, I, Fiala 1899,			
We. 1667	86	II	2700,--
Löser zu 1 1/2 Taler, Duve 3, II, We. 1669	31	II	3900,--
Taler, 1665, Dav. 6544, We. 1714	67	III	385,--
	87	III	475,--
1666	97	III	390,--
1667	39	III	435,--
Taler, 1667, Dav. 6545, We. 1715	101	III	450,--
Taler, 1669, Dav. 6546 var., We. 1715	67	II-III	875,--
Taler, 1678, Dav. 6548, We. 1715 + Nachtrag	14	II	1600,--
Reichstaler, 1665, Dav. 6549, We. 1716	00	III	360,--
	04	III	400,--
	39	III	400,--
1666	31	I	1075,--
1670 (Fundexemplar)	56	III	280,--
Taler, 1667, Dav. 6550, We. 1716	25	II-III	360,--
Taler, 1668, Dav. 6551, We. 1718	31	III	700,--
1669	07	II-III	675,--
(Kratzer)	49	III	310,--
	67	II-III	675,--
1670	07	II-III	550,--
Breiter Reichstaler, 1668, Dav. 6569, We.			
1706 (leichter Stempelfehler)	100	II-III	1625,--
Reichstaler, 1676, Dav. 6573, We. 1704			
(Schrötlingsfehler)	47	III	1800,--

Reichstaler, 1679, Dav. 6575, We. 1705

(Henkelspur)	51	III	525,--
	74	II-III	1450,--
Taler, 1670, Dav. 6579, We. 1701	26	II	3000,--
Reichstaler, 1676, Dav. 6588, We. 1723	04	III	1625,--
2/3 Taler, 1678, We. 1727 (Schrötlingsfehler)	14	III	340,--
Palmbaum-Gulden, 1676, We. 1728	85	III	315,--
	97	III	360,--
1677	01	III	325,--
	07	II-III	400,--
	07	III	240,--
	35	III	305,--
	82	III/IV	275,--
1678	17	III	240,--
	39	II/III	370,--
	39	III	240,--
1679	07	III	260,--
	99	III	280,--
Palmbaum-Gulden, 1675, We. 1729	35	III	275,--
	68	III	410,--
Palmbaum-Gulden = 2/3 Taler, 1675, We. 1729	31	II/I	750,--
	69	II-III	260,--
	77 μ	II-III	345,--
Palmbaum-Gulden, ohne Innenkreis, 1679,			
We. 1728	14	III	325,--
	25	II-III	310,--
	85	III	350,--
Palmbaum-Gulden, mit Innenkreis, 1679, We.			
1730	31	III	375,--
	97	III	330,--
Palmbaum-Gulden, 2/3 Taler, 1675, We. 1731	52	III	275,--
1676	25	II-III	370,--
	35	III/II	420,--
2/3 Taler, 1676, We. 1731	33	III	250,--
	39	III	340,--
(leichter Feuerschaden)	67	II-III	310,--
(leichter Randfehler)	86	III	310,--
1677	07	III	300,--

wie vor	57	III	380,--
	86	III	380,--
2/3 Taler, 1677, We. 1731	31	III	310,--
1678	86	III	355,--
2/3 Taler, Feinsilber,"Polengulden", 1679,			
We. 1730	01	III-IV	200,--
	14	III	300,--
Palmbaum-Gulden, 1675, We. 1741	32	III	330,--
2/3 Taler, o. J., We. 1735	67	II-III	800,--
	97	III	550,--
1/2 Sterbetaler, 1679, We. 1755	31	II/I	1900,--
1/3 Dicktaler, 1673, We. 1756 (Randfehler)	19	III	290,--
	35	III	280,--
	47	III	230,--
	67	II	325,--
	67	II-III	245,--
	75	III	365,--
(leichter Randfehler)	86	III	275,--
	97	III	260,--
1/3 Taler, 1676, We. 1758	07	III	250,--
	33	III	225,--
	86	III	290,--
1/3 Taler, 1679, We. 1758	97	III	390,--
1/3 Taler, o. J., We. 1760	25	III	325,--
Dicker 1/3 Roßtaler, o. J., We. 1762	68	III-IV	375,--
Zwitter-1/4 Taler, 1670, Fiala 1881	00	III	4100,--
1/4 Taler, 1673, We. 1772 (Feilspur)	47	III	430,--
	97	III	550,--
1/4 Taler, 1667, We. 1775 (Henkelspur)	67	II-III	450,--
1/4 Taler auf seinen Tod, 1679, We. 1778	67	II-III	525,--
1/8 Taler, 1666, We. 1782	19	III/II	575,--
1/8 Taler auf seinen Tod, 1679, We. 1784	67	II-III	380,--
1/16 Taler auf seinen Tod, 1679, We. 1794	67	II-III	255,--
24 Mariengroschen, 1674, We. 1737	12	III	300,--
24 Mariengroschen, 1677, We. 1738	99	II-III	335,--
1679	14	III	300,--
XXIV Mariengroschen, 1675, We. 1741	39	III	340,--
	98	II-III	365,--

Palmengulden zu XXIV Mariengroschen (1/2

Taler), 1675, We. 1742	06	III	350,--
	07	II	600,--
	67	II-III	320,--
XXIV Mariengroschen - dicker Schrötling,			
1675, We. 1744	87	III	380,--
Dicke XXIV Mariengroschen, Ausbeute Andreas-			
berg, 1675, We. 1746	88	III	875,--
XII Mariengroschen, 1669, We. 1767	67	II	225,--
XII Mariengroschen, 1675, We. 1768 (kleiner			
Randfehler)	99	II	140,--
Groschen auf seinen Tod, 1679, We. 1805	14	II	290,--
Ernst August, 1679-1698			
Goldabschlag vom Taler-Stempel im Gewicht			
von 14 Dukaten, o. J. (wohl Unikum)	02	I-II	38000,--
Silberner Ausbeute-Löser im Gewicht von 3			
Talern, o. J., Fiala 2301	14	II/III	3000,--
Breiter Löser zu 2 Taler auf die Huldigung			
von Hannover, 1680, Dav. 233, We. 1920	03	II	3050,--
	30	II-III	2325,--
Ausbeute-Löser zu 2 Reichstaler, 1681, Duve			
5 B, Dav. 239, We. 1924 (Henkelspur)	06	II-III	2250,--
Bergbau-Löser zu 1 1/2 Taler, 1681, Dav.			
240, We. 1925	04	II	2450,--
(Lötspuren)	52	III	1550,--
Löser zu 1 1/2 Talern, 1688, Dav. 245, We.			
1925 (leicht poliert)	01	III	2650,--
Löser zu 1 1/4 Taler, 1680, Dav. 235, We.			
1927	14	III	2550,--
(Broschierungsspuren)	51	II/III	1600,--
Taler, 1686, Dav. 6630 var. (Lötspuren)	14	III	1750,--
Taler, 1682, Dav. 6631, We. 1943	31	II	3550,--
	61	II-III	2800,--
(Zinnabschlag)	98	II	305,--
Taler, 1688, Dav. 6640, We. 1939 (Randfehler)	07	III	525,--
1689	04	III	1200,--
Taler, 1691, Dav. 6644, We. 1940 (Randfehler)	33	III	1100,--
Taler, 1692, Dav. 6646, We. 1940	97	III	975,--

Reichstaler, 1694, Dav. 6649, We. 1944	37	II	2200,--
(leicht poliert)	80	II	975,--
Reichstaler, Ausbeute St. Andreasberg, 1691,			
Dav. 6625, We. 1948	00	III	375,--
Taler, Ausbeute St. Andreasberg, 1695, Dav.			
6627, We. 1949	07	II	725,--
	14	III/II	1075,--
	39	III/II	775,--
(2 Feilspuren)	55	III	350,--
(leichter Kratzer)	67	II-III	750,--
	97	III	525,--
Reichstaler, 1681, Dav. 6591, We. 1950	34	II-III	1075,--
Zwillings-Taler, 1684, Dav. 6593, We. 1953			
(Henkelspur)	22	III	270,--
1685	61	I-II	1900,--
Taler, 1691, Dav. 6595, We. 1950 (Schrötlings-			
fehler)	87	III	320,--
Taler, 1693 (unediert?)	39	III	850,--
Taler, 1694, Dav. 6598, We. 1955	31	II/III	1150,--
1695	14	II	950,--
Taler, 1696, Dav. 6599, We. 1955	87	III	525,--
Taler, 1698, Dav. 6601, We. 1955	14	II	1000,--
Taler, 1680, Dav. 6603, We. 1957	70	II	2500,--
(leichte Henkelspur)	85	III	600,--
Taler, 1682, Dav. 6605, We. 1957	39	III	1225,--
Taler, 1685, Dav. 6609, We. 1959	61	II-III	2700,--
Taler, 1693, Dav. 6616, We. 1963	31	III	2000,--
2/3 Taler, 1680, We. 1971	86	III	235,--
2/3 Taler, 1682, We. 1971	14	III	200,--
	55	III	330,--
(leichter Kratzer)	86	III	360,--
	97	III	200,--
2/3 Taler (Feinsilber), 1682, We. 1971	88	II-III	350,--
2/3 Taler, 1690, We. 1974	14	III	240,--
	31	II	390,--
2/3 Taler, Feinsilber, 1690, We. 1975	67	III	205,--
2/3 Taler nach zinnaischem Fuß, 1691, We.			
1980	97	III	205,--

wie vor, 1692	67	II-III	260,--
2/3 Taler, "Einhorngulden", 1694, We. 1969			
(leichter Kratzer)	23	III	410,--
2/3 Taler, Feinsilber, 1693, We. 1969	31	II	330,--
	52	III	230,--
	84	III	220,--
1694	07	II-III	460,--
	14	III	270,--
	31	III	270,--
1696	14	III	320,--
	39	III/II	270,--
	52	III	225,--
	54	III	265,--
1697 (leichter Randfehler)	14	III	220,--
2/3 Taler, Feinsilber, 1695, We. 1969			
(leichter Kratzer)	19	II-III	280,--
2/3 Taler, 1670, We. 1970	70	III	250,--
1681	67	III	230,--
1683	39	II/III	280,--
1690	55	III	240,--
	70	II-III	270,--
1692	14	III	210,--
	25	II	230,--
1693	67	II-III	250,--
	80	III	255,--
1/3 Taler, 1690, We. 1987	67	II-III	240,--
1692	14	II	210,--
1/3 Taler, Feinsilber, 1684, We. 1990			
(Henkelspur)	87	III	205,--
1/3 Zwittertaler, 1694/95, We. 1994	52	III-IV	205,--
	70	III	400,--
	88	II-III	550,--
1/3 Taler, Ausbeute St. Andreasberg, 1695,			
We. 1995	67	II	235,--
1/3 Taler, Feinsilber, 1697, We. 1996			
(leichter Randfehler)	86	II	340,--
XXIV Mariengroschen, 1694, We. 1982	14	II	350,--
	55	III	200,--

wie vor, 1695	14	III/II	320,--
1697	66	III	270,--
Georg Ludwig, 1698-1727			
Taler, 1702, Dav. 2057, We. 2145	14	II	3700,--
Taler, 1701, Dav. 2057, We. 2145	47	III	500,--
1703	14	II	1450,--
	44	III	550,--
Reichstaler, 1705, Dav. 2058, We. 2146	25	III	410,--
1706	14	III	625,--
	38	III	335,--
1707	62	III	350,--
1708	20	III	480,--
1709	47	II-III	1200,--
	66	III	410,--
Taler, 1713, Dav. 2059, We. 2148	07	II-III	425,--
	14	III	480,--
Taler, 1715, Dav. 2060, We. 2149	14	II-III	875,--
Reichstaler, Ausbeute St. Andreasberg, 1701,			
Dav. 2061, We. 2136	20	III	525,--
	38	III	360,--
	62	III	440,--
	85	III	360,--
1703	52	III/IV	240,--
(Randfehler)	62	III/II	500,--
1704	14	II/III	845,--
	97	III	550,--
Andreastaler, 1705, Dav. 2061, We. 2137	43	III	450,--
Reichstaler, Ausbeute St. Andreasberg,			
1707, Dav. 2062, We. 2138	39	III	330,--
1708	14	III	500,--
	30	III	450,--
	38	III	350,--
(Randfehler)	62	III	250,--
1709	14	III	850,--
	39	III	315,--
	70	III	550,--
1710	14	III	430,--
Taler, 1711, Dav. 2063, We. 2139	25	III-IV	480,--

```
Taler, Ausbeute St. Andreasberg, 1713,
Dav. 2063, We. 2140                              14    III        725,--
                                                 30    III        355,--
1714                                             14    III        500,--
                                                 86    III        375,--
Reichstaler, Ausbeute St. Andreasberg, 1715,
Dav. 2064, We. 2141                              14    III        950,--
                                                 86    III        260,--
                                                 86    III        315,--
Taler, 1703, Dav. 2065, We. 2143                 14    I/II      1225,--
1704                                             41    II         675,--
1707                                             37    III        375,--
                                                 65    III/IV     280,--
1706                                             97    III        410,--
1709                                             12    III/II     700,--
1710                                             14    III        650,--
                                                 39    III/II     510,--
1711                                             26    II-III     725,--
(leichte Kratzer)                                31    III        575,--
                                                 39    III        300,--
(leichte Henkelspur)                             47    III        430,--
Taler, 1715, Dav. 2066, We. 2144 (Randfehler)    14    III        320,--
                                                 25    II-III     410,--
                                                 87    III        470,--
Taler, Ausbeute, 1713, Dav. 2068, We. 2135       14    III/II    3100,--
                                                 19    III        600,--
Reichstaler auf den Tod seiner Mutter Sophia
von der Pfalz, 1714, Dav. 2069, We. 2058
(leichter Schrötlingsfehler)                     04    II-III    1200,--
                                                 07    II-III    1350,--
                                                 14    II        1650,--
                                                 22    III        900,--
                                                 97    III        875,--
Ausbeute-Taler, 1717, Dav. 2070, We. 2237        14    III        875,--
Ausbeute-Taler, 1717, Dav. 2070, We. 2237        14    II        4100,--
Reichstaler, 1718, Dav. 2072, We. 2238           14    III        675,--
1719                                             14    III        550,--
                                                 14    III        775,--
```

wie vor	43	II-III	675,--
1720	14	III	650,--
	14	III/II	975,--
1721	14	III	600,--
(Randfehler)	14	II	1300,--
	98	III	390,--
1722	14	II/I	1650,--
	14	III	750,--
	33	III	440,--
	97	III	725,--
1723	14	III	575,--
	14	III	525,--
	47	III	750,--
1724	14	III/II	650,--
Taler, Ausbeute, 1719, Dav. 2072, We. 2238	14	III	1150,--
Taler, 1725, Dav. 2073, We. 2238	14	III	600,--
1726	14	II	1000,--
1727	14	III	1350,--
Taler, Ausbeute St. Andreasberg, 1717, Dav. 2074, We. 2232	14	II/I	2700,--
Reichstaler, Ausbeute St. Andreasberg, 1719, Dav. 2075, We. 2233	14	III	750,--
1720	14	III	1100,--
1721	14	II	1500,--
1722	14	III/II	700,--
	51	II-III	650,--
	86	II-III	585,--
1723	14	III	700,--
	37	III	480,--
1724	14	II/III	1000,--
1725	14	II/I	1650,--
172?	19	II-III	460,--
Taler, Ausbeute, 1719, Dav. 2077, We. 2233 Nachtrag	14	II	2900,--
Taler, Ausbeute St. Andreasberg, 1726, Dav. 2075, We. 2234	14	III	525,--
	39	III	490,--
(leichter Randfehler)	88	II-III	800,--

wie vor, 1727	14	II/I	1550,--
	66	III	450,--
Taler, 1716, Dav. 2036, We. 2235	14	II	1250,--
Taler, 1717, Dav. 2076, We. 2236 + Nachtrag			
(leichter Schrötlingsfehler)	14	III/II	650,--
1718	14	II/III	775,--
	39	III	525,--
1719	14	III	525,--
(Randfehler)	14	III	385,--
1720	14	III	525,--
1721	14	II/III	675,--
(leichte Einstiche, Randfehler)	25	III	250,--
1722	14	III/II	625,--
	14	III	450,--
1723	14	III/II	600,--
	23	III/IV	360,--
	70	III	525,--
1724	14	III	410,--
	65	III/II	560,--
	87	III	550,--
1725	14	II	1000,--
1726	14	II	950,--
	33	III	380,--
	86	II-III	625,--
1727	14	III/II	470,--
Taler, 1719, Dav. 2076 var., We. 2236			
(Randfehler)	89	II/III	525,--
1721	97	III	325,--
Taler, 1717, Dav. 2077, We. 2231	14	III/II	775,--
1718	14	III	700,--
1719	14	III	700,--
1720	14	III	550,--
	86	III	460,--
1721	14	II	700,--
1722	14	III/II	550,--
	19	III	575,--
	22	II	500,--
(leichter Schrötlingsfehler, Randfehler)	60	III	410,--

wie vor, 1723	14	II-III	650,--
	14	III/II	700,--
(Henkelspur)	39	III	230,--
1724	14	II	950,--
	25	II	609,--
	39	II	650,--
(leichter Randfehler)	66	III	460,--
1725	14	II/III	675,--
	67	II-III	470,--
1726	14	II	1000,--
	33	III	480,--
Taler, 1715, Dav. 2078, We. 2227	14	I-II	1200,--
1716	14	IV	260,--
	14	III	775,--
	14	I/II	2150,--
	19	II	1300,--
Taler, 1717, Dav. 2078, We. 2228	14	III	825,--
	87	III	800,--
Taler, 1717, Dav. 2079, We. 2226	14	III/II	2300,--
Taler, 1718, Dav. 2080, We. 2229	14	II	1500,--
Taler, Ausbeute, 1720, Dav. 2081, We. 2229	14	III	2750,--
1724	14	III/IV	2300,--
Taler, 1719, Dav. 2081, We. 2229 (Rand-			
fehler)	14	III/II	1050,--
1720	14	III	950,--
	100	III	1050,--
(leichter Schrötlingsfehler)	100	III	725,--
1721	07	II-III	900,--
	67	II-III	775,--
1722 (korrodiert)	34	III-IV	325,--
	97	III	470,--
1723	14	III/II	1150,--
1725	14	IV	410,--
Taler, 1726, Dav. 2081, We. 2230	14	III	950,--
	62	III/II	625,--
1727	14	II	1800,--
	88	III	725,--

Taler auf seinen Tod, 1727, Dav. 2082,

We. 2239	07	III	1400,--
	14	II/I	3500,--
(Randfehler)	19	II	1650,--
	47	III	650,--
(leichter Schrötlingsfehler)	68	II-III	1600,--
(leichter Randfehler)	100	II	2000,--
2/3 Taler, 1700, We. 2153	39	III	200,--
	25	II	250,--
1701	14	II/III	400,--
1702	62	II	250,--
1703	39	III/II	400,--
	67	II-III	235,--
1704	51	III	280,--
	62	III/II	210,--
	79	I-II	315,--
2/3 Taler, 1706, We. 2154	14	II/III	350,--
1707	07	III	280,--
	32	III	195,--
1709	35	II	400,--
1710	14	III	310,--
	87	II	300,--
	100	III	250,--
1711	14	II/III	330,--
2/3 Taler, 1713, We. 2156	14	III	210,--
1714	14	III	270,--
2/3 Taler, 1715, We. 2240	14	II	1050,--
	14	II	1050,--
1716	14	II	975,--
1717	14	III/II	800,--
	14	III/II	500,--
	14	III	470,--
1718	07	II-III	430,--
	14	III	410,--
	14	III-IV	250,--
(Randfehler)	14	III-IV	200,--
	14	III	600,--
	20	II	445,--

wie vor, 1724	14	I	1000,--
1726	75	III	420,--
1727	87	II-III	675,--
2/3 Taler, 1717, We. 2241	14	III	200,--
	54	II-III	255,--
1718	39	III	350,--
1719	14	II/I	370,--
1722	14	III	220,--
1723	14	III	240,--
	25	I-II	360,--
	100	II-III	280,--
1725	69	II-III	245,--
1/3 Taler, 1713, We. 2164	14	II	1650,--
1/3 Taler, Ausbeute, 1699, We. 2165	67	II-III	205,--
1702 (Randfehler)	14	III	205,--
1/3 Taler, Ausbeute St. Andreasberg, 1706,			
We. 2167	100	II-III	230,--
1708	14	II	230,--
1/3 Taler, 1711, We. 2168	14	II/III	250,--
	47	III	360,--
1/3 Taler, 1716, We. 2246 + Nachtrag			
(Randfehler)	14	III	300,--
1717	14	II	800,--
1718	14	III	410,--
1720	14	III/IV	280,--
1721	14	III/II	525,--
1722	14	III	525,--
	89	III/II	525,--
1724	14	II	625,--
1726	14	III	250,--
	75	III	350,--
1727	14	III/II	600,--
1/3 Taler, 1719, We. 2247	14	III	310,--
1722	07	II	360,--
	14	I	500,--
	14	III	360,--
	86	III	270,--
1724	14	II	350,--

1/3 Taler, 1723, We. 2248	14	II	525,--
1/3 Taler, 1719, We. 2249	14	III/IV	370,--
1/4 Taler auf den Tod seiner Mutter			
Sophia von der Pfalz, 1714, We. 2060	14	II	1250,--
	66	III	380,--
1/4 Taler, 1718, We. 2252	80	II-III	1225,--
1/4 Taler, 1726, We. 2250	67	II-III	1175,--
1/4 Taler, 1718 (Henkelspur)	86	III	525,--
1/4 Taler, 1726, We. 2253 (4 bekannte			
Exemplare)	14	II	1600,--
1/4 Taler auf seinen Tod, 1727, We. 2254	47	III	360,--
	98	I-II	825,--
1/6 Taler, 1716, We. 2255	14	II	200,--
1717	14	III/II	280,--
	86	II-III	215,--
1720	14	III	210,--
1721	14	III	230,--
1722	14	III/II	300,--
1723	14	III	200,--
1724	14	II/III	250,--
	14	III	200,--
1726	14	I	470,--
1/6 Taler, 1719, We. 2256	14	III	260,--
1721	14	II	240,--
1/6 Taler, 1723, We. 2257	14	I	390,--
1724	14	III	200,--
1726	14	II	210,--
1/6 Taler, 1724, We. 2258	14	II	290,--
1/8 Taler, 1720, We. 2259	14	IV	440,--
	67	III-IV	310,--
1/8 Taler auf den Tod seiner Mutter Sophia			
von der Pfalz, 1714, We. 2061, Fiala 2872	14	III	305,--
1/8 Taler auf seinen Tod, 1727, We. 2261,			
Fiala 3668	14	II	575,--
XXIV Mariengroschen, 1702, We. 2158	14	III	200,--
	39	II	220,--
XII Mariengroschen, Ausbeute St. Andreas-			
berg, 1702, We. 2171, Fiala 3587	67	I-II	215,--

VI Mariengroschen, 1715, We. 2188	41	I	210,--
II Mariengroschen, 1717, We. 2272	14	I	340,--
II Mariengroschen, Feinsilber, 1724	14	II	600,--
Taler, 1699, We. 2142, Dav. 6652	14	II	1050,--
Georg II., 1727-1760			
IV Goldgulden (oder 8 Taler), 1749, Fr.			
660, Cr. 98, We. 2515	14	II	4100,--
2 Goldgulden = 4 Taler, 1749, Fr. 661, Cr.			
95, We. 2517	07	III	1050,--
1751	47	III	1400,--
2 Goldgulden zu 4 Taler, 1750, Fr. 661,			
Cr. 96, We. 2518	14	III/II	1700,--
1 Goldgulden zu 2 Taler, 1750, Fr. 662,			
Cr. 93, We. 2519	07	III	720,--
1753	14	III	850,--
1754	73	III-IV	650,--
Goldgulden zu 2 Taler nach dem Reichsfuß,			
1752, Fr. 662, Cr. 94, We. 2520	07	II-III	875,--
	14	II	1050,--
Goldgulden zu 2 Taler nach Leipziger Fuß,			
1754, Fr. 662, Cr. 94, We. 2529	43	III	1075,--
1755	14	III	800,--
1 Goldgulden zu 2 Taler, 1755, Fr. 662,			
Cr. 94, We. 2521	14	III	800,--
1756	47	III	700,--
1/2 Goldgulden zu 1 Taler nach Leipziger			
Fuß, 1750, Fr. 663, Cr. 92, We. 2522	06	III	900,--
	14	II	850,--
	100	II	700,--
1/4 Goldgulden (1/2 Taler), 1754, Fr. 664,			
Cr. 91, We. 2523	14	III	480,--
	47	III	525,--
1757	14	I	1200,--
Harzgold-Dukat, 1736, Fr. 668, We. 2534	14	III	3000,--
Harzgold-Dukat, 1756, Fr. 668, Cr. 88 var.,			
We. 2534 (leichter Kratzer)	19	II-III	4300,--
Dukat, 1751, Fr. 665, Cr. 89, We. 2528			
(geknittert)	07	III-IV	650,--

Goldabschlag zu 1 Dukat vom Wilden-Mann-Pfennig, o. J., We. 2543 (leicht gewellt)	100	III	700,--
Reichstaler, 1727, Dav. 2025, Cr. 65, We. 2554	25	II	900,--
1729	14	III	450,--
	67	III/II	420,--
Taler, 1727, Dav. 2093, Cr. 61, We. 2546	14	III/II	2150,--
1728	14	III	1600,--
	39	III	900,--
1729	14	III	1500,--
Taler, 1730, Dav. 2095, Cr. 63, We. 2547	14	II/III	1600,--
1735	14	II-III	2150,--
1738	14	I	6250,--
1740	14	I/II	3900,--
1751	14	III	1050,--
Taler, 1729, Dav. 2084, Cr. 64 a, We. 2550	14		
(Schrötlingsfehler)	14	III	675,--
Taler, 1732, Dav. 2086, We. 2560	14	III	750,--
1734	14	III	480,--
1737 (Schrötlingsfehler)	14	III/II	600,--
1741	14	III	675,--
1742 (poliert)	14	III	250,--
1743	14	II-III	625,--
	97	III	340,--
1744 (leichtes Zainende)	14	III	440,--
1747	14	II/I	1050,--
	19	II	625,--
	70	II-III	600,--
1753	14	III	975,--
1754	14	III	460,--
1755	14	III	525,--
Taler, Ausbeute, 1741, Dav. 2086, We. 2560	14	III	2600,--
Taler, 1730, Dav. 2086, We. 2560	14	II	1750,--
1731	14	II/I	1400,--
Taler, 1730, Dav. 2086, Cr. 66, We. 2560	07	III	925,--
1734 (Randschläge)	14	III	220,--
1735	14	II	950,--
1737	14	II/I	1750,--

wie vor, 1756	14	III	400,--
1757	14	III	625,--
(Schrötlingsfehler)	21	III	250,--
1758	14	III/IV	270,--
	97	III	1150,--
1759	14	III	600,--
1760	14	II/I	1800,--
	61	II	650,--
Taler, 1731, Dav. 2087, Cr. 66 a, We. 2561	14	II	1600,--
1732	14	III	1400,--
	39	III	675,--
1735 (poliert)	14	III	320,--
1736	14	III	750,--
	89	III/II	1000,--
1737	14	III/II	850,--
1738	14	III	825,--
1739 (leichte Schrötlingsfehler)	14	III	490,--
1740	14	III	575,--
Taler, 1727, Dav. 2088, Cr. 67, We. 2552	14	III	850,--
1729	14	III	775,--
Taler, Ausbeute St. Andreasberg, 1730, Dav. 2089, Cr. 68, We. 2558	14	III	550,--
1735	14	II	825,--
1736	14	III	475,--
	14	III	575,--
	47	III	850,--
1738	01	III	485,--
	12	III	440,--
	14	II/I	1650,--
	33	III	395,--
1740	14	III	425,--
	86	II-III	420,--
1743	14	II	1250,--
	14	III	575,--
	55	III	480,--
1744	14	III	775,--
1745	47	II	1600,--
1746	14	III	490,--

wie vor, 1748	14	III	625,--
1749	14	III	600,--
1750	14	III	460,--
1751	14	II	1050,--
1752	14	II	800,--
	66	II	700,--
	75	III	400,--
1754	14	II/I	2500,--
1755	14	III	425,--
1758	14	III/II	675,--
(Stempelfehler)	14	III	575,--
1760	14	III/II	900,--
Taler, Ausbeute, 1753, Dav. 2089 (Rand-fehler)	14	III	2600,--
Taler, 1727, Dav. 2090, Cr. 69, We. 2553 (leichte Schrötlingsfehler)	01	III	380,--
	14	III/II	700,--
1728	14	III	400,--
1729	14	III	440,--
(Schrötlingsfehler)	14	IV	230,--
	52	III-IV	305,--
Taler, 1727, Dav. 2091, Cr. 70, We. 2548	14	III/II	675,--
	14	III/II	850,--
1729	14	III	600,--
Taler, 1730, Dav. 2029, Cr. 71, We. 2559	14	III	575,--
1731	14	III	625,--
	14	III	600,--
1732 (schwache Prägung)	14	III	350,--
1733	14	III	470,--
	39	III/IV	210,--
1734	14	III	525,--
1735	14	III	400,--
1738	14	III	490,--
1742	14	III	775,--
Taler, 1746, Dav. 2092, Cr. 71, We. 2556	14	III/II	825,--
(Henkelspur)	97	III	340,--
1750	14	III	900,--
1755	14	III/II	1200,--

wie vor	47	II/III	1800,--
Taler auf den Tod seiner Gemahlin Wilhelmine			
Karoline von Brandenburg-Ansbach, 1737,			
Dav. 2096, Cr. 72, We. 2665	14	II/I	4700,--
Reichstaler, Ausbeute der Grube "Weißer			
Schwan", 1744, Dav. 2097, Cr. 73, We.			
2568 (Randfehler)	73	II	1650,--
1752	32	II	1925,--
Ausbeutetaler der Grube "Cronenburgs Glück",			
1750, Dav. 2098, Cr. 74, We. 2562	82	III/IV	950,--
(schwache Prägung)	98	II-III	1475,--
1752	07	II-III	1350,--
Ausbeutetaler der Grube "Lautentals Glück",			
1745, Dav. 2099, Cr. 75, We. 2566	26	II	2000,--
1752	73	II	1650,--
Ausbeutetaler "Grube Regenbogen", 1752,			
Dav. 2101, Cr. 77, We. 2567	45	III/II	1475,--
(leichter Schrötlingsfehler)	51	II-III	1800,--
	55	II	2300,--
2/3 Taler, 1727, Cr. 49, We. 2569	14	II	1250,--
1729	07	II-III	1550,--
(Randfehler)	14	III/II	725,--
	97	III/II	650,--
2/3 Taler, 1730, Cr. 49 a, We. 2571	14	III/II	1250,--
1731	14	II	1750,--
2/3 Taler, 1738, Cr. 49 b, We. 2572 + Nach-			
trag (Randfehler)	14	III	1150,--
2/3 Taler, 1754, Cr. 49 d, We. 2570	14	III	1500,--
	55	III-IV	700,--
2/3 Taler, 1728, Cr. 50, We. 2575	14	III	400,--
2/3 Taler, Feinsilber, 1732, Cr. 50 a, We.			
2582	14	II	650,--
	39	II	500,--
1734	07	III	260,--
	14	III/II	650,--
1737	66	II	430,--
	75	II-III	355,--
2/3 Taler, 1737, Cr. 50 b, We. 2581	14	III/II	1250,--

2/3 Taler, 1747, Cr. 50 d, We. 2584 + Nach-			
trag	14	III	360,--
1755	85	III	340,--
1756	07	III	330,--
	14	II/I	800,--
	67	II-III	350,--
1760	07	III	280,--
2/3 Taler, 1744, Cr. 50 e, We. 2579	25	I-II	550,--
2/3 Taler (24 Mariengroschen), 1727, Cr.			
52, We. 2574	14	II/I	700,--
2/3 Taler, 1736, Cr. 52 a, We. 2580	87	II	315,--
1738	20	II	390,--
1740	67	II-III	260,--
2/3 Taler, 1746, Cr. 52 b, We. 2578	26	II	280,--
1749	70	II-III	230,--
1/3 Taler, 1727, Cr. 41, We. 2593	14	III-IV	1050,--
1729	14	I	1050,--
1/3 Taler, 1736, Cr. 41 a, We. 2594	27	I-II	900,--
1/3 Taler, 1732, Cr. 43, We. 2601	14	II	1250,--
1/3 Taler, Feinsilber - Ausbeute, 1731,			
Cr. 44, We. 2596	14	III	210,--
1732	14	II	650,--
	67	II-III	350,--
	82	III	370,--
1/3 Taler, Ausbeute St. Andreasberg, 1740,			
Cr. 44 b, We. 2598	14	III	380,--
	67	II-III	335,--
1743	14	II/I	400,--
1749	14	I	430,--
1751	14	III/II	240,--
1/3 Taler (= 12 Mariengroschen), 1739, Cr.			
45 a, We. 2600	14	III	350,--
1748	14	III	200,--
1749	14	III/II	320,--
1750	65	III	270,--
1751	14	II	360,--
1/6 Taler, 1727, Cr. 32, We. 2608	14	III	300,--
1/6 Taler, 1739, Cr. 32 b, We. 2610	07	II-III	450,--

wie vor	14	III	290,--
1/6 Taler, Reichsfuß, 1746, Cr. 32 c, We.			
2611	14	III	300,--
	67	II-III	370,--
1/6 Taler, 1729, Cr. 34, We. 2612	14	II	240,--
1/6 Taler, Feinsilber, 1727, Cr. 36, We.			
2614	14	III	250,--
1/6 Taler, 1729, Cr. 36, We. 2614 Nachtrag	14	II	340,--
1/6 Taler, Feinsilber - Ausbeute, 1731,			
Cr. 34 a, We. 2615	14	I-II	250,--
1/6 Taler, Feinsilber - Ausbeute, 1734	14	III	380,--
1/6 Taler, 1753, Cr. 34 b, We. 2616	14	I	220,--
1/6 Taler, Feinsilber, 1730, Cr. 36 a, We.			
2618	14	II	210,--
1/6 Taler zu 6 Mariengroschen, 1734, Cr.			
37, We. 2617	14	III	200,--
1/8 Taler, 1728, Cr. 30, We. 2619	67	II-III	725,--
1/12 Taler, 1752, Cr. 23 b, We. 2626	14	II	220,--
1/24 Taler, 1751, Cr. 14 a, We. 2635	41	I-II	230,--
IV Mariengroschen, 1735, Cr. 25, We. 2621	14	I	310,--
Georg III., 1760-1820			
1 Pistole = 5 Taler, 1803, Fr. 678, Cr.			
174, We. 2788	14	II/I	2500,--
(leichte Henkelspur)	47	III	850,--
	48	II-III	2450,--
Harzgold-Dukat, 1780, Fr. 676, Cr. 172, We.			
2793	44	II	3800,--
1 Harzgold-Dukat, 1791, Fr. 676, Cr. 172,			
We. 2794	31	II/III	3200,--
1 Harzgold-Dukat, 1797, Fr. 676, Cr. 172 a,			
We. 2794 (leichter Randfehler)	102	III/II	2450,--
1798	06	II	3700,--
1799	27	II	3600,--
1800 (leicht gewellt)	14	II-III	1950,--
Harzgold-Dukat, 1802, Fr. 676, Cr. 172 b,			
We. 2795	14	II	2400,--
1804 (leicht gewellt)	87	II	3100,--

Einseitiger Probe-Silberabschlag zu 1 Pistole,

o. J.	14	II/I	525,--
Taler, Ausbeute St. Andreasberg, 1761, Dav.			
2104, Cr. 164, We. 2802	14	III	650,--
	44	II-III	360,--
1762 (Henkelspur)	14	III	225,--
(Schrötlingsfehler)	86	II	405,--
	87	II	725,--
	97	III	300,--
	101	II	575,--
1763	14	III	525,--
	14	III	525,--
1764	14	III	370,--
	47	III	450,--
	51	II-III	650,--
1765	14	III	420,--
1766	06	III-IV	260,--
	12	II	800,--
	14	II-III	600,--
	23	III/IV	335,--
	39	III	400,--
	67	III	315,--
	84	III/II	450,--
1767	12	III	325,--
	14	III	575,--
	65	III	430,--
	98	II	400,--
1768	14	III	480,--
(Randfehler)	99	III	220,--
1769	14	II	700,--
	32	II-III	450,--
1770	14	III/II	550,--
1771	14	III/II	450,--
1772	07	III	525,--
	14	III	470,--
	14	III	525,--
1773	14	III	370,--

Taler, 1764, Dav. 2105, Cr. 166, We. 2803			
(schwache Prägung)	14	III	1750,--
1770	14	III	1800,--
Taler, 1773, Dav. 2106, We. 2800 (leichter			
Schrötlingsfehler)	14	II	4000,--
Taler, 1779, Dav. 2106, Cr. 168, We.			
2800	14	I	7300,--
1791	14	III/II	2300,--
1797 (justiert)	14	III	2300,--
	19	II-III	1600,--
Taler, 1777, Dav. 2107, Cr. 170, We. 2801	07	II/III	2250,--
	14	III	1450,--
1778	14	I	4100,--
Taler, Ausbeute der Grube "Segen Gottes",			
1765, Dav. 2109, Cr. 167, We. 2807	26	II	2250,--
	51	II	2150,--
Cassentaler, 1801, Dav. 660, Cr. 171, We.			
2804	47	II	7100,--
	51	I-II	12200,--
2/3 Taler, Feinsilber nach dem Reichsfuß,			
1772, Cr. 458, We. 2808	14	II/I	600,--
1773	14	III/II	360,--
1774	14	II	500,--
1775	14	II/I	775,--
	62	III/II	220,--
1776	14	II/I	1050,--
1777	14	III/II	430,--
1779	14	II	1000,--
1780	14	II	950,--
1781	14	III	330,--
1791	14	II	725,--
1796 (Randfehler)	14	III	250,--
1797	14	III	240,--
1800	41	I-II	650,--
	67	II	485,--
2/3 Taler, 1776, Cr. 156, We. 2809	14	I	1300,--
	67	II-III	335,--
	86	III	410,--

wie vor, 1778	14	III	880,--
	62	II-III	500,--
1781	14	II	850,--
	89	II/I	1600,--
2/3 Taler, 1801, Cr. 160, We. 2810	07	III	235,--
(leichter Schrötlingsfehler)	14	II-III	575,--
1802	14	III	210,--
2/3 Taler, 1763, Cr. 154, We. 2812 + Nach-			
trag	89	III	240,--
1767	14	III	240,--
1774	14	I	825,--
2/3 Taler, Feinsilber, 1787, Cr. 154 a, We.			
2813	14	II	260,--
1788	14	III	210,--
(leichter Fleck)	67	II-III	220,--
1789	14	II	260,--
2/3 Taler, 1802, Cr. 162, We. 2814	41	I-II	370,--
	87	II	215,--
1803	41	I-II	380,--
	94	II	360,--
1804	14	II/III	210,--
1805	14	II	220,--
2/3 Taler, C, 1801, Cr. 162, We. 2814	87	II-III	215,--
1802	14	III/II	250,--
2/3 Taler, 1805, Cr. 162 a, We. 2815 + Nach-			
trag	14	III	200,--
	41	II/I	420,--
1807	14	I	390,--
	47	II	375,--
	51	I	400,--
	41	I-II	380,--
1/2 Taler, "Cassen-Geld", C, 1801, Cr. 150,			
We. 2820 (Broschierungsspuren)	07	II-III	525,--
(leichter Schrötlingsfehler)	14	II	1025,--
(großer Schrötlingsfehler)	14	II/I	2300,--
	41	I-II	1600,--
	47	I	2200,--
	62	III-IV	460,--

wie vor	68	III	1050,--
	70	I-II	1950,--
	86	II	2025,--
	94	II	1650,--
	98	II-III	1025,--
1/3 Taler, 1767, Cr. 146, We. 2831	14	III	2900,--
1/3 Taler, 1774, Cr. 147, We. 2821	14	III/II	230,--
1782	14	III	300,--
1/3 Taler, 1778, Cr. 147 a, We. 2822	14	II	430,--
1779	14	II/I	550,--
	20	III	215,--
	67	II-III	250,--
1/3 Taler, 1785, Cr. 147 b, We. 2823	14	II/I	625,--
1786	14	II	410,--
1/3 Taler, 1789, Cr. 147 c, We. 2824	14	I	450,--
1790	14	II/III	270,--
1791	14	III	220,--
	14	III	250,--
1793	67	I-II	350,--
1794	14	II	280,--
1795	14	II	310,--
	86	I-II	325,--
	07	II-III	230,--
1796	14	II/I	370,--
1797	14	II	280,--
1799	14	I	430,--
1800	14	II	260,--
	41	I-II	400,--
1/3 Taler, 1803, Cr. 147 b, We. 2825	97	II	205,--
1804	09	II	200,--
	67	II-III	265,--
1805	14	II/I	410,--
1/3 Taler, 1804, We. 2825	14	I	480,--
	41	I-II	410,--
1/3 Taler, Ausbeute, 1764, Cr. 143, We. 2826	14	I	575,--
1770	14	I	500,--
1793	14	II	220,--

1/3 Taler, Ausbeute St. Andreasberg, 1779,			
Cr. 143, We. 2826	14	III	270,--
1781	14	III	240,--
	98	I-II	380,--
1783	14	II/I	380,--
1784	14	II/I	390,--
1/3 Taler, Feinsilber nach dem Reichsfuß,			
Ausbeute, 1791, We. 2827	14	III	310,--
1/3 Taler nach Leipziger Fuß, Ausbeute			
St. Andreasberg, 1804, Cr. 143 a, We. 2828	14	II	230,--
	67	II	300,--
1/3 Taler (= 12 Mariengroschen), 1762, Cr.			
145, We. 2829	14	III/II	210,--
1771	14	III	210,--
1772	14	III	230,--
1777	14	III	200,--
1/3 Taler, Feinsilber, 1785	14	III/IV	290,--
1/3 Taler, Feinsilber, 1786, Cr. 145 a,			
We. 2830	14	III	230,--
1/6 Taler, 1782, Cr. 134, We. 2832	14	I	260,--
	98	I	260,--
1/6 Taler, 1776, Cr. 134 a, We. 2833	07	II-III	230,--
	14	III	200,--
1779	14	II	340,--
	67	II	210,--
1/6 Taler, 1800, Cr. 134 b, We. 2834 +			
Nachtrag	41	I-II	240,--
1/6 Taler, 1787, Cr. 137, We. 2835	67	I	255,--
1/6 Taler, 1807, Cr. 138 b, We. 2838	41	I-II	205,--
24 Mariengroschen, 1764, Cr. 152, We. 2817	14	III/II	240,--
1771 (Schrötlingsfehler)	14	II	230,--
1778	14	II	220,--
1785	14	II	200,--
	84	II	250,--
1787	14	II	250,--
	46	I-II	290,--
1788	14	I	260,--
1792	14	II	200,--

wie vor, 1791	04	II	220,--
1793	66	II	255,--
1795	14	II/I	280,--
1796	14	II/I	250,--
1797	86	I-II	260,--
1798	14	II/I	210,--
	41	II	225,--
1799	14	I	300,--
1800	14	II	200,--
	41	I-II	260,--
	41	I	400,--
	67	I	335,--
	94	I-II	950,--
	94	I-II	435,--
IV Pfennig, Billon, 1791, Cr. 109 b, We.			
2873 + Nachtrag	14	I	200,--
1797	14	II/I	200,--

BRAUNSCHWEIG-WOLFENBÜTTEL

Heinrich der Ältere, 1496-1514

Mariengroschen, o. J., Schulten 419, We.

330 a	67	II-III	550,--

Heinrich der Jüngere, 1514-1568

Goldgulden, 1558, Schulten 429, We. 384	06	III-IV	2250,--
	26	III	3400,--
Taler, 1536, Schulten 431, We. 399	97	III	1050,--
Taler, 1547, We. 387, De Mey 127, Dav. 9044,			
Schulten 435 (leichter Kratzer)	47	III	1550,--
Taler, 1548, Dav. 9045, We. 390	31	III	1675,--
Taler, 1550, Dav. 9046, De Mey 128, Schulten			
434, We. 390 (leichte Fassungsspur)	67	III	725,--
1551	33	III	850,--
	47	II	2100,--
Taler, doppelter Schriftkreis, 1554, De Mey			
128, We. 391, Dav. 9046, Schulten 438	97	III	430,--
Reichstaler, 1561, Schulten 441, Dav. 9051,			
De Mey 136, We. 395	41	III	700,--
(leichter Randfehler)	100	III	675,--

wie vor, 1562	101	III-IV	450,--
1564	47	III	900,--
1565	97	III	480,--
1566 (leicht korrodiert)	48	III	400,--
(leicht korrodiert)	73	III	465,--
1667	21	III-IV	365,--
	38	III	430,--
	48	III	600,--
	63	III	850,--
1568	87	III	650,--
Taler zu 24 Groschen, 1568, Dav. 9052, De Mey			
137, We. 396 (Henkelspur)	87	III	650,--
1/2 Taler, 1534, Schulten 442, We. 409			
(leicht korrodiert)	19	III	1350,--
1/2 Taler, 1563, We. 405	31	III	1600,--
1566	67	II-III	1800,--
1/4 Taler, 1551, Schulten 457, We. 411	73	III-IV	320,--
1/4 Taler, 1567, We. 413	67	IV	225,--
1/4 Taler, 1568	07	III-IV	1350,--
Heinrich der Jüngere und Wilhelm V. der			
Jüngere, 1559-1568			
Breiter Juliuslöser zu 9 Taler, 1574,			
Dav. 1 A, Duve 1, De Mey 161, We. 548	89	III	20000,--
Breiter 1 1/2-facher Brillentaler, 1587,			
De Mey 157, We. 574 (Henkelspur)	93	IV	625,--
Lichttaler, 1570, De Mey 148, We. 576			
(Fundexemplar)	68	III-IV	365,--
(leichter Schrötlingsfehler)	70	III	400,--
1572	98	II-III	550,--
	100	III	675,--
Lichttaler, 1572, De Mey 149, We. 576	21	III-IV	405,--
	75	III-IV	350,--
1574 (leichte Fundspur)	04	I-II	1050,--
	66	III	400,--
	73	III	450,--
1575	55	III	410,--
	66	III	400,--
(Randfehler)	89	III/IV	600,--

wie vor, 1576	07	II-III	525,--
	55	III-IV	330,--
	73	II	800,--
Lichttaler, 1577, De Mey 151, We. 577			
(leicht schwache Prägung)	98	II-III	550,--
Lichttaler, 1. Typ, 1777, Dav. 9063, De Mey			
152, We. 576	14	III	600,--
	25	III	525,--
	25	II-III	625,--
	73	II	700,--
	73	III	400,--
(leicht korrodiert)	73	III	360,--
	98	II-III	625,--
1778 (Henkelspur, poliert)	05	IV/III	370,--
	73	III	675,--
1779	31	III	420,--
(leicht korrodiert)	73	III	360,--
	75	III	500,--
1780	27	III	440,--
	39	III	650,--
1782 (leichter Randfehler)	62	III	440,--
Lichttaler, Goslar, 1583, Dav. 9064, De Mey			
154, We. 578	39	III	575,--
	67	III	525,--
	72	III	530,--
1585	55	III	750,--
1586	20	III	525,--
	97	III	360,--
	98	III	750,--
1587	07	II-III	850,--
	14	III/II	800,--
	22	III-IV	400,--
"Brillentaler", 1588, Dav. 9067, De Mey 159,			
We. 581	06	II	1450,--
	14	III	900,--
	39	III	800,--
	87	III	875,--
	89	III/II	1375,--

wie vor	97	III/IV	480,--
Reichstaler auf seinen Tod, 1589, Dav. 9068,			
De Mey 186, We. 583	57	III	1150,--
	87	III	800,--
	97	III	725,--
1/2 Lichttaler, 1573, We. 585	48	III	460,--
1576	35	III	775,--
1/2 Lichttaler, 1584, We. 586	98	III	650,--
1587 (leichte Henkelspur)	67	III-IV	555,--
1/4 Lichttaler, 1578, We. 591 var.	68	II	1800,--
1/4 Lichttaler, 1571, We. 591	89	III	280,--
1580	98	III-IV	440,--
Silbergroschen, 1573, We. 596	37	III	200,--
Heinrich Julius, 1589-1613			
Löser zu 5 Speciestaler, 1609, Dav. 28, We.			
614	61	II-III	14500,--
Breiter Löser zu 4 Taler, 1608, Dav. 25,			
We. 611	70	III	6500,--
Löser zu 3 Speciestaler, 1612, Duve 4,			
Dav. 31, We. 619	48	III	7250,--
Rebellentaler, 1595, Dav. 9088, De Mey 199,			
We. 627	01	III-IV	410,--
	05	IV	290,--
	07	III	480,--
	12	III	625,--
	27	III	525,--
	31	III	650,--
	37	IV	400,--
	49	III-IV	360,--
	61	II-III	950,--
(Randfehler)	75	III	400,--
	99	III	410,--
Lügentaler, 1596, Dav. 9089, De Mey 200,			
We. 628	39	III	675,--
Lügentaler, 1596, Dav. 9090, De Mey 201,			
We. 628	07	II-III	725,--
	22	III	625,--
	26	II	875,--

wie vor		31	III	725,--
		61	II-III	1050,--
		65	III	575,--
		67	III-IV	415,--
		69	III	430,--
		75	III	625,--
		85	III	440,--
1597		19	III-IV	410,--
Wahrheits-Taler, 1557, Dav. 9091, De Mey				
202, We. 629		01	III-IV	265,--
(leichte Henkelspur)		24	III	240,--
		29	III	490,--
(Kratzer)		33	IV/III	325,--
		35	IV	250,--
		36	III/IV	280,--
		39	III	490,--
(Henkelspur)		47	III	220,--
(Rand bearbeitet)		60	III/II	340,--
		65	III	360,--
		69	III	280,--
		87	III	575,--
		89	III	625,--
		97	III	310,--
		97	III	330,--
		97	III	270,--
		97	III	290,--
		97	III	300,--
1598		48	III	240,--
(Schrötlingsfehler)		51	III	340,--
		69	III	250,--
		81	IV/III	350,--
Wespentaler, 1599, De Mey 204, Dav. 9092,				
We. 630		03	III	210,--
		31	II/III	850,--
(justiert)		75	III	550,--
Wespentaler, Osterode, 1599, Dav. 9093,				
De Mey 203, We. 630 (Henkelspur)		07	III	320,--
(Schrötlingsfehler)		39	III	490,--

wie vor	41	II-III	850,--
	48	III	850,--
	53	III	690,--
	65	III	800,--
(gereinigt)	69	III-IV	450,--
Pelikantaler, 1599, Dav. 9094, De Mey 208,			
We. 631	31	III/II	1300,--
	98	II-III	1500,--
Taler, 1590, Dav. 9069, We. 634	100	III	700,--
Reichstaler, 1591, Dav. 9072, De Mey 187,			
We. 634	04	II	1125,--
	31	III	850,--
	44	III	500,--
	62	III	700,--
1592 (leichter Randfehler)	32	II-III	750,--
	75	III-IV	525,--
	89	II/III	1800,--
	97	III	490,--
Taler, 1596, Dav. 9073, We. 636, De Mey			
193	61	III	975,--
Taler, 1594, Dav. 9075, De Mey 190, We. 637			
(leicht schwache Prägung)	37	III	360,--
1595	31	III	1400,--
	85	II-III	1450,--
Taler, 1598, Dav. 9076, We. 637	75	III-IV	400,--
Taler, 1598, We. 637	54	III	500,--
Taler, 1599, Dav. 9078, De Mey 191	86	III	750,--
Ausbeute-Taler, Andreasberg, 1598, Dav. 9080,			
De Mey 195, We. 638 (Henkelspur)	07	III	400,--
	39	III	775,--
Ausbeutetaler, Andreasberg, 1599, Dav.			
9086, De Mey 198, We. 641	04	III	925,--
Taler, 1601, Dav. 6288, We. 643	04	II-III	775,--
Ausbeutetaler, St. Andreasberg, 1601,			
Dav. 6290, We. 643	16	III	850,--
1606	47	II/III	1250,--
Taler, 1603, Dav. 6292, We. 643	31	III/II	800,--

Taler, Ausbeute St. Andreasberg, 1604, Dav.			
6293, We. 643	89	III	825,--
Taler, Andreasberg, 1602, Dav. 6285, We.			
645 A	89	II	1300,--
1603	36	III	385,--
1610	52	III	325,--
	70	III	270,--
	86	III-IV	230,--
1611 (Henkelspur)	04	III	225,--
(korrodiert)	66	III	210,--
Taler, 1602, Dav. 6285, We. 645 B	52	III-IV	250,--
1605	27	II-III	350,--
	63	III	965,--
1606	31	III/II	525,--
(leichter Randfehler)	51	III	250,--
1607	14	III	330,--
	86	III	370,--
1608 (leichter Kratzer)	44	III	310,--
1609	14	III	330,--
	39	III	300,--
1610 (Henkelspur)	14	III	200,--
	29	II-III	340,--
	52	III-IV	270,--
1611	39	III	305,--
	63	III	400,--
	102	IV/III	270,--
1612	05	IV	220,--
	41	II	525,--
	66	III	270,--
(Sammlerzeichen)	56	III	250,--
(Zainende)	62	III	260,--
1613	29	III	285,--
	67	III	325,--
Taler auf den Tod seiner Mutter Hedwig			
von Brandenburg, 1602, Dav. 6296, We.			
676	47	II/III	1900,--
Taler auf seinen Tod, 1613, We. 646			
(leichte Henkelspur)	101	III	460,--

Taler auf seinen Tod, 1613, Dav. 6298 B,

We. 646	39	III	600,--
1/2 Taler, Goslar, 1595, We. 649	89	III	525,--
1/2 Taler, Goslar, 1599, We. 649	67	II-III	1025,--
Ausbeute-1/2 Taler, Andreasberg, 1597,			
We. 650	19	III	900,--
1/2 Taler, Ausbeute, 1599, We. 651	86	III	1050,--
1/2 Taler, Ausbeute St. Andreasberg, 1601,			
We. 652	51	III	1450,--
1/2 Reichstaler, 1605, We. 656 (Henkelspur)	37	III	200,--
1606	89	III	290,--
1609	67	III	550,--
	68	III	390,--
1610	07	III-IV	250,--
	86	III	320,--
1/2 Taler auf seinen Tod, 1613, We. 657			
(Henkelspur?)	35	III	900,--
1/4 Taler, 1597, We. 660	07	IV	650,--
1/4 Taler, 1594, We. 661	67	III	500,--
1/4 Taler, 1602, We. 664 A	19	III	330,--
1603	86	III	410,--
1/4 Taler, 1612, We. 664 B	07	III-IV	525,--
1/4 Taler, 1597 (Randfehler)	67	III-IV	355,--
1/16 Taler, 1606, We. 669 (leichter			
Randfehler)	47	II	775,--

Friedrich Ulrich, 1613-1634

Breiter Löser zu 6 Taler, 1620, Dav. 44,			
We. 1014	52	II	15650,--
Breiter Löser zu 6 Taler, 1634, Dav. 61,			
We. 1037 (schwacher Stempelfehler)	52	II	21500,--
Löser zu 5 Speciestaler, 1614, Dav. 36,			
Duve 2, We. 1029	31	II	11500,--
Löser zu 4 Taler, 1617, Dav. 37 A, We.			
1011	52	III	8000,--
Löser zu 3 Taler, 1617, Dav. 38 a, We.			
1012 (Henkelspur, poliert)	87	III	3500,--
Löser zu 3 Taler, 1618, Dav. 40, We. 1018			
(leichter Schrötlingsfehler)	25	II	5000,--

Zwitter-Doppeltaler, 1605/16, Dav. 6301, We.

1042	07	III	4600,--

Löser zu 2 Taler, Ausbeute der St. Jacobs-

grube, 1625, Duve 13	52	II	8000,--

1 1/4-facher "Glückstaler", Ausbeute

St. Andreasberg, o. J., Dav. 6311, We. 1049	15	III-IV	1275,--
	88	III-IV	1175,--

1 1/4 Reichstaler, Ausbeute St. Andreas-

berg, "Glückstaler", o. J., Duve 6313,

We. 1048	02	II-III	1650,--
	14	III	1700,--
(leicht gedrückt)	65	III	1150,--
(leichter Doppelschlag)	86	III	1300,--
(Henkelspur, poliert)	97	III	500,--

Reichstaler, Ausbeute der Grube St. Jakob,

1634, Dav. 6308, We. 1052	73	III	1625,--

Lautenthaler Ausbeutetaler, St. Jakobs-Taler,

1633, Dav. 6309, We. 1055	26	III	4500,--

Ausbeutetaler der Grube St. Jacob, 1633,

Dav. 6310, We. 1053	01	III-IV	2250,--
	70	III	3550,--
Taler, 1615, Dav. 6303, We. 1056	31	III	450,--

Taler, 1614, Dav. 6303, We. 1057 A

(Henkelspur)	55	III	220,--
1616	31	III	320,--
1617	07	II	400,--
1618 (Kratzer)	18	III	360,--
	67	III	245,--
1619	37	III-IV	290,--
1620 (Schrötlingsfehler)	89	III	200,--
1622 (Schrötlingsfehler)	37	IV/III	300,--
1623	31	II/III	625,--
1625	14	III	325,--
	69	II-III	400,--
1626 (Schrötlingsfehler)	16	III	280,--
1632	07	III	350,--
1633	75	III	320,--

Taler, ohne Münzzeichen, 1619, Dav. 6303,

We. 1057 A	22	III	280,--
1620	01	III-IV	205,--
Taler, Mzz. Doppellilie, 1621, Dav. 6303,			
We. 1057 A	17	III	215,--
1622	86	III	340,--
Taler, Mzz. HL, 1624, Dav. 6303, We. 1057 A	30	III	280,--
Reichstaler, 1628, Dav. 6303, We. 1057 A	86	III	310,--
1630	39	III	430,--
	99	II-III	325,--
1631	86	III-IV	225,--
Taler, 1623, Dav. 6306, We. 1057 B	35	III	330,--
1625	52	III-IV	250,--
Taler, 1629, Dav. 6307, We. 1057 A	21	III	295,--
	70	II	625,--
1630	54	III	300,--
	100	III	360,--
1631	97	III	270,--
1632	70	III	280,--
	73	II-III	330,--
1633 (leichter Randfehler)	62	III	300,--
1634	100	III	410,--
Taler auf den Tod seiner Mutter Elisabeth			
von Dänemark, 1626, Dav. 6299, We. 1151			
(Henkelspur)	89	III	400,--
Mariengulden (2/3 Taler), 1624, We. 1058	26	II	900,--
1/2 St. Jakobstaler = Lautenthaler-Ausbeute,			
1633, We. 1059	98	III	3300,--
1/2 Taler, 1629, We. 1061	35	II-III	825,--
1/2 Taler, 1624, We. 1061	48	III	465,--
1/2 Taler, 1624, We. 1062 (leicht korro-			
diert)	01	III-IV	200,--
1/2 Taler auf den Tod seiner Mutter Elisa-			
beth von Dänemark, 1626, We. 1152 A			
(Randfehler)	06	II-III	1350,--
1/4 Taler, 1614, We. 1067	67	III-IV	345,--
1/4 Taler, 1615, We. 1068 (leichte Henkel-			
spur)	67	III-IV	310,--

1/4 Taler, ohne Mzz., 1625, We. 1068 v.	66	III/II	495,--
Kupfer-4 Pfennig, 1617, We. 1141	67	II-III	300,--
Kipper-12 Kreuzer, o. J., We. 1178	67	III-IV	240,--

BRAUNSCHWEIG-WOLFENBÜTTEL, jüngeres Haus

August der Jüngere, 1635-1666

Dukat, 1639, Fr. 695, We. 764	07	III	2250,--
Dukat, 1658, Fr. 696, We. 765	06	II-III	2600,--
(leicht geknittert)	07	III	4150,--
	26	II-III	2700,--
	49	III	1600,--
(Randfehler)	73	II-III	2600,--
Breiter 4-facher Zwitter-Löser-Taler, 1665, Dav. 79, Duve 3, We. 774 (leichter Schrötlingsfehler)	05	II	10000,--
Löser zu 3 Taler, 1665/55, Dav. 80, We. 775	31	III	4800,--
Löser zu 2 Taler, 1655, ohne Wertpunze, Dav. 70 A, Duve 4, We. 772	39	III	2750,--
	73	I-II	4900,--
(leichte Schrötlingsfehler)	74	II	3250,--
	86	III	2400,--
Löser zu 2 Taler zum 88. Geburtstag, Mzz. HS, 1666, Dav. 87, We. 785	39	III	3750,--
	52	II	3350,--
	85	II-III	3600,--
	93	IV/III	2275,--
Löser zu 2 Taler zum 88. Geburtstag, 1666, Dav. 87 C, Duve 8 B III	30	II	2600,--
Breiter Löser zu 1 1/2 Taler auf seinen Geburtstag, ohne Wertzahl, 1655, Duve 4, We. 773	68	III	2300,--
Löser zu 1 1/2 Taler, mit Wertzahl, 1662, Dav. 75, Duve 6, We. 773	75	III	1900,--
Löser zu 1 1/2 Taler, mit Wertzahl, 1664, Dav. 77, We. 773 (Henkelspur)	14	III	1625,--
	31	III	2250,--
(leichte Henkelspur)	52	III	1500,--

wie vor	86	III	2500,--
1 1/2-facher Geburtstagstaler zum 88. Ge-			
burtstag, 1666, Dav. 88, We. 786	79	III	1350,--
	85	III	2400,--
Taler, 1636, Dav. 6335, We. 817?	07	III	450,--
Taler, 1637, Dav. 6337, We. 819	27	II	500,--
	87	III	300,--
Taler, 1639, Dav. 6338, We. 819	03	III	280,--
1643	87	II-III	550,--
1647	31	III	525,--
Taler, 1650, Dav. 6340, We. 818	67	III	425,--
1651	98	III	405,--
Taler, 1652, Dav. 6340, We. 819 (Schröt-			
lingsfehler)	33	III	315,--
1653 (Henkelspur)	89	III	200,--
"Hausknechtstaler", 1656, Dav. 6341, We.			
822	21	III	385,--
1660	07	III	410,--
1661	48	II-III	775,--
1662	04	III	455,--
Taler, 1665, Dav. 6342, We. 822	01	III-IV	300,--
(leicht schwache Prägung)	61	II	525,--
Taler, 1657, Dav. 6343, We. 823	29	III	350,--
1660	39	III-IV	250,--
1662	04	III	365,--
(kleiner Schrötlingsriß)	01	III	225,--
	31	III/II	875,--
1663	23	III	400,--
	97	III	330,--
Taler, 1664, Dav. 6344, We. 823 var.			
(schwache Prägung)	98	III	305,--
Taler, 1640, Dav. 6347, We. 797	39	III	460,--
	87	II-III	825,--
1647	47	III	575,--
	68	III	525,--
1648	39	II	1300,--
	60	III/IV	875,--
	67	III	575,--

wie vor, 1649	80	III	675,--
Taler, 1642, Dav. 6348, We. 796	100	II-III	800,--
1649 (Schrötlingsriß)	89	III	320,--
Taler, 1652, Dav. 6350, We. 798	14	III	1000,--
Taler, 1653, Dav. 6351, We. 799	89	II/III	1000,--
1654 (teilweise schwache Prägung)	86	III	390,--
1655 (Schrötlingsfehler, leicht poliert)	97	III	350,--
Taler, 1657, Dav. 6353, We. 801	07	III	720,--
	55	III-IV	700,--
1659	67	III-IV	625,--
"Famataler", "Schöner Taler", 1665, Dav.			
6355, We. 803 (Schrötlingsriß)	39	III-IV	550,--
1666	07	II-III	1150,--
	66	III	900,--
Reisetaler, o. J., Dav. 6357, We. 804 A	61	II-III	1300,--
	67	II-III	1125,--
	67	II-III	1225,--
	97	III	925,--
Reisetaler, o. J., Dav. 6358, We. 804 A	20	II-III/II	1450,--
Reisetaler, o. J., Dav. 6362, We. 804 B	70	III	800,--
Reisetaler, o. J., Dav. 6362, We. 804 B	31		
(Randriß)	31	III	925,--
	39	III	850,--
1. Glockentaler, 1643, Dav. 6363, We. 806			
(Henkelspur?)	51	III	750,--
2. Glockentaler, 1643, Dav. 6364, We. 807			
(leicht gedrückt)	23	III/II	775,--
(kleiner Randriß)	31	III	625,--
(leichter Randfehler)	67	III	575,--
	68	II-III	875,--
Second-Bell-Taler, 1643, Dav. 6367, We.			
808	39	III	1150,--
4. Glockentaler, 1643, Dav. 6371, We. 812	39	III	925,--
5. Glockentaler, 1643, Dav. 6373, We. 814	07	II-III	650,--
	27	III	800,--
	31	II/III	1000,--
	67	II-III	850,--
	86	III	750,--

wie vor	97	III	575,--
6. Glockentaler, 1643, Dav. 6374, We. 815	25	III	675,--
	27	II-III	825,--
7. Glockentaler, 1643, Dav. 6375, We. 816	01	III	575,--
	03	III/II	540,--
(leichter Schrötlingsriß)	07	II-III	500,--
	07	III	440,--
	31	III	730,--
	31	III	750,--
	32	III	525,--
	39	III	410,--
	39	III	625,--
	44	III	525,--
	52	III	450,--
	55	III	600,--
	67	II-III	525,--
(kleines Sammlerzeichen)	67	II-III	550,--
(leichte Schrötlingsfehler)	68	II-III	600,--
	79	III	625,--
	85	III	550,--
	86	III	725,--
Breiter Sterbetaler, 1666, Dav. 6376, We.			
824	31	II/III	1275,--
	39	III	950,--
(leichter Schrötlingsfehler)	39	III	975,--
1/2 1. Glockentaler, 1643, We. 826	07	II-III	525,--
1/2 4. Glockentaler, 1643, We. 828	67	II-III	1150,--
1/2 5. Glockentaler, 1643, We. 829	67	III	625,--
	87	III	445,--
	97	III	450,--
1/2 6. Glockentaler, 1643, We. 830	04	III	475,--
(leichte Henkelspur)	31	II/III	430,--
(leichter Schrötlingsfehler)	62	III	500,--
	81	II	700,--
1/2 Taler, 1637, We. 831	67	III	675,--
1639	35	III-IV	525,--
1/2 Taler, 1656, We. 833	14	III/II	800,--
1663	07	III	360,--

2. Glockentaler = 2. Glockenort, 1643, We.

836	07	II-III	400,--
	27	III	470,--
	47	II/III	410,--
	67	III-IV	410,--
	70	III-IV	220,--
	101	III	500,--
1/4 Taler, 1639, We. 838 (Randfehler)	89	III	250,--
1655	67	II-III	850,--
1/4 Taler, 1655, We. 838 var.	89	III	330,--
1/4 Taler, 1660, We. 839 (leichter Rand-			
fehler)	67	III	480,--
1664	77	III	395,--
1/8 Taler, 1647, We. 842	39	III	350,--
1/8 Taler, 1641, We. 843	67	III	325,--
1647	86	III	235,--
1/8 Taler (1/2 Reichsort) auf die Beisetzung			
Hedwig von Braunschweig-Wolfenbüttel, 1654,			
We. 1154	48	III	1500,--
1/8 Taler, 1664, We. 844	99	II-III	340,--
Breiter 1/8 Sterbetaler, 1666, We. 846	68	III	440,--
Rudolf August, allein, 1666-1685			
Löser zu 3 Taler, 1679, Dav. 104, We. 1832	73	II	16500,--
Löser zu 3 Taler, Ausbeute der Grube			
in Lautenthal, 1685, Dav. 111, Duve 4, We.			
1834	03	II	3450,--
(stark verkratzt)	51	III-IV	3200,--
Breiter Löser zu 2 Taler, 1679, Duve 5,			
We. 1827	37	II	4200,--
	70	I-II	7600,--
	73	I-II	3700,--
(Henkelspur)	87	II	2300,--
1686	35	III	1975,--
	41	II	3325,--
Breiter Löser zu 1 1/2 Taler, 1683, Dav.			
108, Duve 3, We. 1828	31	II	3800,--
	89	II	2600,--

Reichstaler, 1674, Dav. 6379, We. 1840			
(leichte Kratzer)	25	III	350,--
1679	33	II-III	530,--
	52	IV	225,--
1680 (Henkelspur)	49	II-III	360,--
Taler, 1684, Dav. 6380, We. 1840	67	II-III	700,--
Taler, 1671, Dav. 6383, We. 1837	03	II	1100,--
	66	III	1000,--
Breiter Taler, Eroberung der Stadt Braun-			
schweig, 1671, Dav. 6384, We. 1837	14	III/II	1300,--
	88	IV	270,--
Taler auf den Tod von Rudolf August von			
Braunschweig, 1704, Dav. 2113, We. 1841	26	I	2700,--
(leichter Schrötlingsfehler)	61	I-II	2000,--
	89	II	2000,--
Taler auf seinen Tod, 1704, Dav. 2114,			
We. 1842	19	III	2100,--
1/8 Taler auf seinen Tod, 1704, We. 1855	48	II-III	300,--
	82	III	310,--
	88	II	490,--
XII Mariengroschen, 1675, We. 1848	14	III/II	230,--
2 Mariengroschen auf seinen Tod, 1704, We.			
1863	07	I-II	355,--
	41	II/I	245,--
	68	II	385,--
	88	II	225,--
Sterbe-Guter Groschen, 1704, We. 1865	88	II	200,--
2 Pfennig auf seinen Tod, 1704, We. 1873	98	I	200,--
Rudolf August und Anton Ulrich, 1685-1704			
Taler, 1692, Dav. 6389, We. 2069	00	II	450,--
1693 (Henkelspur)	04	III	230,--
Taler, 1695, Dav. 6389, We. 2069	67	II-III	925,--
Taler, 1699, Dav. 6390, We. 2069	25	III	360,--
Taler, 1700, Dav. 6391, We. 2070	97	III/IV	330,--
Taler, 1694, Dav. 6395, We. 2066	07	II	1150,--
1695 (leicht fleckig)	05	III	550,--
	67	II-III	925,--
1697	07	I-II	1050,--

wie vor, 1700	97	II	825,--
Eintrachtstaler, 1701, Dav. 2111, We. 2066	67	II-III	825,--
1702	20	III	600,--
1703	101	III/II	625,--
Zwietrachtstaler, 1702, Dav. 2930, We. 2073 A (leicht poliert)	43	III	2100,--
Taler auf die Trennung der brüderlichen Eintracht, 1702, We. 2073 B (Fassungsspuren)	48	III-IV	600,--
2/3 Taler, 1695, We. 2074	67	II	325,--
2/3 Taler, Landmünze, 1693, We. 2075 (justiert)	37	IV/III	200,--
2/3 Taler, 1699, We. 2076	88	III-IV	290,--
2/3 Taler, 1696, We. 2077	67	II-III	205,--
2/3 Taler, 1697, We. 2078 (Zainende)	62	III/II	290,--
Breiter 1/2 Taler, 1687, We. 2084	07	III	310,--
	14	III	550,--
	52	II	550,--
(leichter Kratzer)	65	II	460,--
	97	III	470,--
	102	IV	240,--
1/2 Taler auf den Tod der Tochter und Schwiegertochter Christine Sophia, Gemahlin von August Wilhelm, 1695, We. 2422	07	III	900,--
	73	III	750,--
1/4 Reichstaler, 1691, We. 2088	19	II	380,--
	86	III	245,--
	98	II	400,--
1702	07	III	225,--
	67	II-III	335,--
1/8 Taler, 1692, We. 2099	25	I-II	430,--
1/12 Taler auf den Tod von Maria Elisabeth, Tochter von August dem Jüngeren, 1687, Fiala 370	88	III-IV	215,--
24 Mariengroschen, 1686, We. 2079	97	II/III	205,--
1695	70	II-III	200,--
24 Mariengroschen, Feinsilber, 1690, We. 2079	14	II	280,--

wie vor, 1695	67	II	200,--
1697	70	II-III	200,--
24 Mariengroschen, Landmünze, 1692, We.			
2080	35	III	310,--
Anton Ulrich, allein, 1704-1714			
Breiter Taler, 1705, We. 2301 (leicht			
gedrückt)	23	III	1215,--
Taler, 1704, Dav. 2115 A, We. 2302	89	III/II	650,--
Taler, 1708, Dav. 2115, We. 2303	07	III	450,--
Taler, 1705, Dav. 2116, We. 2303	67	II-III	415,--
1706	51	II-III/III	410,--
1711 (leicht schwache Prägung)	37	II-III	380,--
	39	III	285,--
	54	III-IV	335,--
	66	III	450,--
Taler, 1712, Dav. 2117, We. 2303 (leichte			
Fehler)	65	III	450,--
Taler, 1706, Dav. 2119, We. 2299	86	III	1525,--
Taler, 1710, Dav. 2120, We. 2299 (Feilspur)	33	II-III	1550,--
1712	42	II-III	2100,--
	73	I-II	3050,--
Taler auf den Tod seiner Gemahlin Elisa-			
beth Juliane von Holstein-Norburg, 1704,			
Dav. 2122, We. 2342	19	II-III	1975,--
	22	II/III	2750,--
2/3 Taler, 1705, We. 2307	29	III	305,--
1708	07	II-III	480,--
24 Mariengroschen, C, mit Zeichen der			
Kommission, 1711, We. 2305 (2 bekannte			
Exemplare)	08	III	800,--
(3 bekannte Exemplare)	101	III	450,--
August Wilhelm, 1714-1731			
1/4 Dukat, 1717, Fr. 757, We. 2368	47	III	600,--
Goldabschlag von 1 Pfennig, 1726, We. 2360	14	II	850,--
Taler, 1715, Dav. 2126, We. 2376	87	III	500,--
1716	57	III-IV	200,--
	80	III/IV	310,--
1717	39	III	400,--

wie vor	89	III	320,--
1718 ("TIVERI")	07	III	700,--
	07	III	600,--
1719	31	III	400,--
1720	14	III	525,--
	47	III	380,--
	48	III	320,--
1721	31	II/III	500,--
1723 (Henkelspur)	97	III	240,--
1727	67	II-III	360,--
Reichstaler, 1717, Dav. 2127, We. 2377	55	III	550,--
1719	25	II	675,--
	70	III	1200,--
1721	39	II	775,--
1724	75	III	550,--
1725	97	III	420,--
Taler, 200-Jahrfeier der Reformation, 1717, Dav. 2128, We. 2373 (leichter Kratzer)	19	II-III	2500,--
Reichstaler auf die 200-Jahrfeier der Augsburger Konfession, 1730, Dav. 2130, We. 2375 (Henkelspur)	19	III	500,--
Taler auf seinen Tod, 1731, Dav. 2132, We. 2378 (teilweise korrodiert)	19	II	1700,--
2/3 Taler, 1717, We. 2380	06	III	775,--
2/3 Taler, 1715, We. 2381	86	III	260,--
1716	70	II-III	380,--
2/3 Taler, Feinsilber, 1715, We. 2382	14	III	390,--
1717	26	II	360,--
2/3 Taler, Feinsilber, 1720, We. 2382	75	III	355,--
1723	14	III	320,--
	67	II-III	420,--
1724	67	II-III	330,--
1727	07	III	380,--
1729	25	II	390,--
1/2 Taler auf den Tod seiner 1. Gemahlin Christine Sophie, 1695, We. 2422	56	III/II	650,--
1/4 Taler, 1715, We. 2391	20	III	490,--
	67	II-III	1000,--

1/8 Taler, 200-Jahrfeier Augsburger Kon-

fession, 1730, We. 2398	67	II-III	280,--
	68	III	270,--
24 Mariengroschen, 1716, We. 2383	07	II	225,--
1718	67	II-III	205,--
	98	I	335,--
XII Mariengroschen, 1724, We. 2390	67	III	215,--
3 Mariengroschen auf seinen Tod, 1731, We.			
2404	67	I-II	360,--
	67	II	260,--

Ludwig Rudolf, 1731-1735

Dukat, 1733, Fr. 731, We. 2428	25	II-III	2450,--
(Feilspuren)	31	III	1250,--
Dukat, 1733, Fr. 731, We. 2428 v.	06	III/II-III	2900,--
	48	I-II	5100,--
1/2 Dukat, 1719, Fr. 740, We. 2444	73	II	1000,--
1720	07	II-III	1700,--
1721	07	II-III	1850,--
Goldabschlag von 1 Pfennig = 1/4 Dukat,			
1734, We. 2456	07	I-II	1400,--
Taler, 1733, Dav. 2137, We. 2462	97	III	490,--
1/2 Taler auf die Vermählung seiner Tochter			
Elisabeth Christine mit Friedrich II. von			
Preußen, 1733, We. 2664 E	21	I	3250,--
12 Mariengroschen, 1733, We. 2473	67	II-III	210,--
II Gute Groschen auf die Huldigung in			
Braunschweig, 1731, We. 2479	07	II-III	225,--
	55	III	200,--
	67	II-III	225,--
	67	II-III	225,--

Ferdinand Albrecht II., 1735

Goldabschlag vom VI Pfennig-Stempel, 1735,			
We. vgl. 2688	48	II-III	1000,--
Goldabschlag von 2 Pfennig = 1/4 Dukat,			
1735, We. 2672	47	III	550,--
1/4 Taler, 1735, We. 2679 (leicht justiert)	25	II	675,--
IV Mariengroschen, 1735, We. 2682	25	I-II	330,--
2 Mariengroschen, 1735, We. 2685	14	I	450,--

2 Mariengroschen, 1735, We. 2686	25	I	280,--
Karl I., 1735-1780			
X Taler = 2 Pistolen, 1777, Fr. 774, Cr.			
111, We. 2693	31	III	2700,--
10 Taler, 1760, We. 2692	57	III	2250,--
5 Taler, 1743, Fr. 770, Cr. 107, We. 2694			
(Kratzer)	97	III	675,--
1745	82	IV	525,--
1746	47	IV/III	650,--
1747	29	III	875,--
5 Taler, 1757, Fr. 770, We. 2694	31	II	1875,--
5 Taler, 1760, Fr. 770, Cr. 107, We. 2694			
(Öse)	39	III	625,--
1763	73	II-III	1875,--
1764 (leichte Einstiche)	25	I-II	1250,--
1765 (leichter Randfehler)	84	III	800,--
5 Taler, 1744, Fr. 770, Cr. 107, We. 2694			
(leichte Kratzer)	25	II-III	1000,--
1745	07	III	800,--
1746	73	IV	420,--
1747	07	III	950,--
1748	00	II-III	1700,--
(Henkelspur)	04	III	420,--
1749 (leicht justiert)	19	I-II	1450,--
1750	26	II	1800,--
2 1/2 Taler, 1750, Fr. 771, We. 2698	07	III	900,--
	32	III-IV	420,--
2 1/2 Taler, 1744, Fr. 771, Cr. 106, We.			
2698	48	III-IV	390,--
1760	65	IV	800,--
1761	80	II	1150,--
1769 (RRRR)	82	II	3000,--
1774	86	II	1850,--
Dukat, 1736, Fr. 768, Cr. 101, We. 2705	00	II	3000,--
(leicht gewellt)	47	III	1175,--
Dukat, 1739, Fr. 772, Cr. 103, We. 2704	89	II/III	1550,--
1742	07	III	1000,--
	47	III	1600,--

Taler, 1739, Dav. 2145, Cr. 81, We. 2719	87	III/IV	460,--
1746 (leichter Kratzer)	25	I	800,--
Albertus-Taler, 1747, Dav. 2148, Cr. 84,			
We. 2722	14	II	1950,--
	54	II-III	800,--
Taler, 1759, Dav. 2150, Cr. 86, We. 2721	07	II-III	800,--
(justiert)	62	III	420,--
Taler, , 1764, Dav. 2151, Cr. 87, We. 2716	15	III-IV	200,--
	19	III	220,--
(Schrötlingsfehler)	60	III	270,--
	68	III	420,--
	89	III	280,--
(Schrötlingsfehler)	101	III	225,--
1765	01	III	250,--
	14	III	310,--
	55	III	300,--
	60	III/IV	230,--
	66	III	270,--
Taler, 1779, Dav. 2155, Cr. 89, We. 2717	01	II-III	350,--
(Schrötlingsfehler)	19	II	500,--
	33	II-III	725,--
Ausbeutetaler der Grube "Weißer Schwan",			
1744, Dav. 2156, Cr. 90, We. 2730	41	I-II	3500,--
	52	II	1600,--
Ausbeutetaler der Grube "Cronenburgs Glück",			
1752, Dav. 2160, Cr. 91 a, We. 2723	48	II	2500,--
	70	I	7600,--
	70	I-II	3000,--
Ausbeutetaler der Grube "Lautenthals Glück",			
1745, Dav. 2161, Cr. 92, We. 2727	39	III/IV	675,--
1748	51	III	975,--
Ausbeutetaler der Grube "Lautenthals Glück",			
1752, Dav. 2162, Cr. 92 a, We. 2727	07	III-IV	825,--
(leicht poliert)	48	II-III	1150,--
	51	II-III	1675,--
	55	III-IV	925,--
	68	II-III	1525,--
	68	III	1250,--

wie vor	101	III	1375,--
Ausbeutetaler der Grube "Güte des Herrn",			
1748, Dav. 2163, Cr. 93, We. 2724	19	III	1290,--
	73	III	1650,--
Reichstaler, Ausbeute der Grube "Herzog			
August Friedrich Bleyfeld", 1750, Dav.			
2167, Cr. 95, We. 2725	97	II	1800,--
1752 (leicht schwache Prägung)	00	II	1225,--
	07	II-III	1200,--
	38	II-III	1400,--
	51	II-III	1800,--
Ausbeutetaler, Grube "König Karl", 1752,			
Dav. 2168, Cr. 96, We. 2726	67	III	1800,--
Ausbeutetaler, Grube "Segen Gottes", 1761,			
Dav. 2169, Cr. 97, We. 2729	00	III	1600,--
2/3 Taler, 1737, Cr. 74, We. 2731	25	I-II	675,--
2/3 (1/2) Taler, 1764, Cr. 75, We. 2733	14	III	200,--
(leicht justiert)	47	II	350,--
1/2 Taler, 1776, We. 2737	67	II	700,--
1/2 Albertustaler, 1747, Cr. 71, We. 2739	14	III	650,--
	62	II	800,--
	97	III	625,--
1748	07	III	320,--
	25	III	525,--
Kupferabschlag vom 1/3 Taler, 1770, We.			
vgl. 2740	25	I-II	310,--
1/4 Albertustaler, 1748, Cr. 57, We. 2748	25	III	230,--
	51	III	400,--
24 Mariengroschen, 1751, Cr. 73, We. 2735	07	III	225,--
1764 (leichte Schrötlingsfehler)	65	III	200,--
1775	41	II	220,--
24 Mariengroschen (2/3 Taler), 1760,			
Cr. 77, We. 2736	07	III	410,--
1763 (leicht justiert)	25	I-II	440,--
1773	14	III	300,--
XII Mariengroschen, 1753, Cr. 59, We.			
2742 (I.B.H. RRR)	20	II	275,--
1780	68	III	205,--

Mariengroschen, 1758, We. 2762	07	II-III	210,--
Karl Wilhelm Ferdinand, 1780-1806			
Dukat, 1780, Fr. 778, Cr. 158, We. 2898	06	II	3100,--
Harzgold-Dukat, 1800, Fr. 779, Cr. 159,			
We. 2899	14	I	4700,--
10 Taler, 1783, Fr. 780, Cr. 162, We. 2894	30	III	1750,--
1794	23	III/II	2500,--
1800	30	II-III	1800,--
1805	14	III/II	2050,--
(leichter Randfehler)	19	II-III	1800,--
	48	II	3050,--
V Taler, 1801, Fr. 781, Cr. 161, We. 2896	44	III	1350,--
1805	14	III	1400,--
	39	II-III	1600,--
	52	III	1125,--
2 1/2 Taler, 1806, Fr. 782, Cr. 160, We.			
2897	14	III	1400,--
	47	II/III	2000,--
Konventionstaler (Probe-Speciestaler),			
1783, Dav. 2172, Cr. 157, We. 2901	25	I-II	2400,--
Taler, 1790, Dav. 2173, Cr. 156 a, We.			
2903	06	II-III	360,--
(leichte Schrötlingsfehler)	31	II	240,--
	55	III-IV	200,--
1795 (leicht justiert)	07	III	355,--
(leichter Schrötlingsfehler)	14	II	460,--
	35	III	265,--
	39	II/III	300,--
	44	II-III	240,--
	55	III	270,--
(leichter Schrötlingsfehler)	60	III	250,--
	62	III/II	235,--
	66	III	305,--
	70	I	1400,--
(justiert)	89	II	350,--
1796	19	III	205,--
	23	IV/III	200,--
(Randfehler)	39	II/III	310,--

wie vor	47	II/I	725,--
(leichter Randfehler)	52	II-III	225,--
(justiert)	67	II	625,--
(Schrötlingsfehler)	93	I-II	390,--
	99	II	265,--
1/2 Taler zu 16 Gute Groschen, 1785, Cr.			
149, We. 2911	41	I-II	290,--
1786 (justiert)	41	I-II	240,--
	55	II	230,--
1688	31	II	200,--
1790	41	I-II	250,--
1796	47	II/I	410,--
1797	07	I	350,--
1798	67	I-II	300,--
1/6 Konventionstaler, 1785, Cr. 139, We.			
2916	41	I-II	220,--
1/12 Taler, 1789, Cr. 131, We. 2922	14	I	230,--
24 Mariengroschen, 1788, Cr. 147 a, We.			
2908	14	III	300,--
24 Mariengroschen, 1797, Cr. 154, We. 2906	14	II-III	240,--
1798	85	III	255,--
1799	55	II	450,--
1805	36	III/IV	270,--
XXIV Mariengroschen, 1789, Cr. 153, We. 2910	87	III	200,--
VIII Gute Groschen, 1783, We. 2915	41	I	470,--
1784	99	III	210,--
VIII Gute Groschen, 1791, Cr. 145, We. 2915	14	II	290,--
1797	41	I-II	200,--
	47	I	525,--
1798	14	II	250,--
2 1/2 Pfennig, Kupfer, 1792, Cr. 115, We.			
2931	41	I	200,--
	92	I-II	260,--
BRAUNSCHWEIG, Stadt			
Dukat, 1652, Fr. 596 (Jahrgang unediert)	70	II-III	9200,--
Freimaurer-Dukat, o. J. (Kratzer)	06	II-III	1100,--
(leicht gewellt)	23	II/I-II	775,--

Taler zu 24 Groschen, 1565, Dav. 9101,			
De Mey 217	25	III-IV	2250,--
Reichstaler zu 24 Groschen, 1624, Dav.			
5127	25	II	1000,--
	51	II-III	900,--
(Henkelspur)	89	III	525,--
1625	75	III	800,--
1627	12	III/II	850,--
	54	III/II	1100,--
1629	01	III	675,--
2/3 Taler, 1675	67	II-III	465,--
2/3 Taler auf die Einnahme der Stadt durch			
Rudolf August, 1675, Jesse 271 ff.	21	III	375,--
	97	III	490,--
2/3 Taler, 1676, Jesse 282 var.	85	II-III	525,--
1/4 Taler zu 6 Mariengroschen, 1629, Jesse			
185 (leichte Henkelspur)	22	III	900,--
Kleiner Groschen, 1499, Schulten 525	88	IV	310,--
Christophsgroschen, 1502, Schulten 520,			
Jesse 6	88	IV	410,--
Mariengroschen, 1533, Schulten 522, Jesse			
8 ff.	88	III	290,--
Annagroschen zu 10 Pfennig, 1538, Schulten			
521	26	II	280,--
BREISACH, Stadt			
Schwerer Reichsguldiner, 1553, De Mey 227,			
Schulten 535	42	III	3300,--
Einseitiger Rappen, o. J., Berst. 57	93	III	200,--
Belagerung, 1633			
Doppelseitige Notklippe zu 48 Kreuzer, 1633,			
Berst. 85 (Henkel)	10	III	800,--
(Henkelspur)	10	IV	250,--
(Henkelspur)	19	III	360,--
	20	III-IV	500,--
	32	III	500,--
	42	III	440,--
	42	III	620,--

wie vor	45	III	365,--
(leichter Schrötlingsfehler)	68	III	460,--
(Henkelspur)	86	III	410,--
	97	III	430,--
	100	II-III	625,--
Notklippe zu 24 Kreuzer, 1633, Berst. 87	42	III	600,--
(gestopftes Loch)	50	IV	275,--

BREMEN, Bistum

Heinrich II. von Schwarzburg, 1463-1496

Goldgulden, o. J., Fr. 494, Schulten 550

(Randfehler)	82	III	3600,--
Groten, o. J., Schulten 553	20	III-IV	205,--

Johann III. von Rode, 1497-1511

4-facher Groten, 1499, Schulten 564

(kleiner Randausbruch)	56	III	300,--

4-facher Groten, 1499, Schulten 566 (Rand-

fehler)	19	III-IV	300,--
	88	III	540,--

Christoph von Braunschweig, 1511-1514

4 Grote, 1512, Schulten 576	04	III	260,--
	19	III	240,--
	43	II-III	340,--
	95	III	270,--

Georg von Braunschweig, 1558-1566

Taler, 1562, Dav. 8982, De Mey 240, We. 502	47	III	3100,--

Heinrich III. von Sachsen-Lauenburg,

1567-1585

Taler, 1584, Dav. 8985, De Mey 241

(Zinnabschlag)	73	III	305,--

Johann Friedrich von Holstein-Gottorp,

1596-1634

4 Groschen, o. J., Jungk 315	88	III	2250,--

1/16 Taler = Doppelschilling, 1614, Jungk

323	43	III	310,--
1615	43	III	260,--
1616 (schwache Prägung)	19	II-III	230,--
1617 (RR)	22	III-IV	230,--

1/16 Taler, 1617, Jungk 348 ff.	19	III	200,--
	54	III	210,--
Friedrich III. von Dänemark, 1634-1646			
Taler, 1641, Dav. 5078, Jungk 363 ff.			
(Zinnabschlag)	132	II-III	250,--
2 Schilling, lübsch, 1643	07	III-IV	2550,--

BREMEN UND VERDEN

Karl XI., 1660-1697

Taler, 1673, Dav. 6282, Ahl. 11, 12			
(Henkelspur)	98	III	3050,--
1674	47	III	6000,--
2/3 Taler (nach zinnaischem Fuß), 1674,			
Ahl. 18 ff.	71	II-III	900,--
1775	31	III	600,--
(Henkelspur)	98	III	350,--
1/3 Taler/Lübsk Mark, 1675, Ahl. 24	47	III	800,--

Karl XII., 1697-1718

2/3 Taler, 1698, Ahl. 82	97	III/IV	500,--
1/6 Reichstaler, 1697	07	III-IV	350,--
	31	III	750,--
	35	IV	365,--
	70	III	650,--

BREMEN, Stadt

8 Dukaten = Goldabschlag vom Taler-Stempel,			
1743, Jungk 511 Anm.	02	II	41000,--
	70	II	61000,--
Doppeldukat, 1659, Fr. 486	70	II	28000,--
Dukat, 1710, Fr. 490, Jungk 428	27	I-II	16000,--
Goldabschlag von 1 Groten, 1840, Jungk 1186			
Anm.	70	I-II	2200,--
Goldabschlag vom Silber-Schwaren-Stempel,			
1708, Jungk 1165-70 Anm.	19	I-II	1900,--
Reichstaler, 1641, Dav. 5100	47	III	1900,--
1642	26	II	3300,--
Reichstaler, 1650, Dav. 5102, Jungk 484 f.			
(Randfehler)	51	III	1400,--

Taler, 1657, Dav. 5104, Jungk 489	37	IV	1000,--
Taler, 1660, Dav. 5107	28	II	2800,--
	41	II-III	2525,--
	95	II	3125,--
Taler, 1723, Dav. 2045, Jungk 507	31	II/I	5500,--
	48	II-III	2600,--
	47	III	1850,--
	70	I-II	5300,--
Reichstaler, 1743, Dav. 2049, Jungk 511			
(2 Löcher im Rand)	23	II/I-II	1950,--
	28	II-III	2000,--
	31	I	5500,--
	47	III	1350,--
	70	I-II	5000,--
	84	II	2350,--
	89	II	3100,--
Taler, 1744, Dav. 2051, Jungk 514 (leichter			
Schrötlingsfehler)	27	III	2100,--
1/2 Reichstaler (= 2/3 Stück), 1748, Cr. 23,			
Jungk 328 (Schrötlingsfehler)	32	III	550,--
	39	II	750,--
(Kratzer)	48	III	480,--
	73	IV	260,--
	73	III	550,--
	84	II-III	600,--
1/2 Taler zu 48 Grote (= 2/3 Stück), 1753,			
Cr. 24, Jungk 530	28	II-III	700,--
(Randfehler)	33	III	560,--
	73	I-II	1320,--
	80	III	625,--
	87	II	800,--
1/16 Taler (= Düttchen), 1617, Jungk 770-778			
(teilweise schwache Prägung)	19	II-III	215,--
36 Grote (= 1/2 Taler), 1840, Cr. 21, J. 21	35	I	310,--
	94	II	330,--
1859	80	II-III	240,--
36 Grote, 1859, Cr. 22, J. 25 (leichter			
Kratzer)	23	PP	330,--

Wie vor	33	II	210,--
1864	00	II/I	240,--
(leichter Randfehler)	04	I-II	205,--
	07	I	280,--
	16	I-II	300,--
	18	I	225,--
	19	I	260,--
(leichte Kratzer)	25	II	242,--
	35	II-III	220,--
	41	I-II	350,--
	44	II	200,--
	51	I-II	235,--
	51	I-II	280,--
	62	PP	450,--
	62	II/I	380,--
	67	II	225,--
	73	I-II	245,--
	81	II/I	245,--
	84	PP	550,--
	94	I	360,--
	97	I	250,--
24 Grote = doppeltes Kopfstück, 1658	47	III	350,--
	97	III	200,--
24 Grote = doppeltes Kopfstück, 1656, Jungk			
564-566	41	III	240,--
24 Grote, 1749, Cr. 20, Jungk 609	33	III	210,--
12 Grote, 1859, Cr. 19 a, J. 24	41	I	210,--
1860	44	I	210,--
6 Grote (1/12 Taler), 1764, J. 7, Jungk			
709-720	33	II	230,--
1/2 Groten, Kupfer, 1841, Cr. 7, J. 16,			
Jungk 1189	67	I-II	220,--
	80	III	210,--

BRESLAU, Bistum

Kaspar von Logau, 1562-1574

Ausbeute-Dukat der Grube "Zuckmantel", 1567,

Fr. 541	55	II	4000,--

wie vor, 1571 (leicht gewellt)	47	III	2025,--
Martin Gerstmann, 1574-1585			
Ausbeute-Dukat der Gruben von "Zuckermantel",			
1576, Fr. 543 (Randfehler)	73	I-II	2900,--
1577	04	II-III	2800,--
Andreas von Jerin, 1585-1595			
Dukat, Ausbeute der Gruben von "Zuckmantel",			
1592, Fr. 544 (Randfehler)	73	II	2400,--
	89	III	2600,--
o. J.	27	II	3000,--
Karl Ferdinand von Polen, 1625-1655			
Doppeltaler-Klippe, 1631, Dav. 5111	27	III	16750,--
Friedrich von Hessen, 1671-1682			
2 Dukaten, 1682, Fr. 578	47	II	12000,--
Dukat, 1680, Fr. 579	61	I	6100,--
XV Kreuzer, 1679, FuS. 2697 ff.	30	III	235,--
1680	47	III/II	300,--
	79	III/II	315,--
Franz Ludwig von Pfalz-Neuburg, 1683-1732			
Doppeldukat auf die Geburt des Erzherzogs			
Leopold, 1716, FuS. 2757 (leichter Kratzer)	51	II	2700,--
Dukat, 1686, Fr. 583, FuS. 2730	27	II-III	5500,--
	47	II	8100,--
1/8 Taler auf seinen Tod, 1732, FuS. 2771			
var. (leichte Schrötlingsfehler)	16	III	450,--
XV Kreuzer, 1693, FuS. 2733	83	II-III/III	225,--
XV Kreuzer, 1694, FuS. 2734 f.	47	II	410,--
Philipp von Sinzendorf, 1732-1749			
1/2 Taler, 1733, FuS. 2773	05	III/II	1150,--
	72	II-III/II	1200,--
Philipp Gotthard von Schaffgotsch, 1747-1795			
Dukat, 1770, Fr. 589, Cr. 3, FuS. 2778	27	II	2700,--
Taler, 1753, Dav. 2053, Cr. 2 (leichter			
Kratzer)	05	II/I-II	1700,--
	37	II	2600,--
	45	II	2000,--
	51	II-III	1800,--
	74	II/I	3100,--

1/2 Taler, 1754, Cr. 1, FuS. 2780 ff.

(leichter Kratzer)   05   II/I-II   1150,--

Joseph von Hohenlohe-Waldenburg, 1795-1817

Dukat, 1796, Fr. 590, Cr. 6, FuS. 2787   27   III   2200,--

1/2 Taler, 1796, Cr. 5, FuS. 2788

(Schrötlingsriß)   23   I-II   1550,--

BRESLAU, Stadt

Doppeldukat, 1612, Fr. 523, FuS. 3456   01   II-III   6200,--

Breiter Doppeldukat auf die Huldigung

Ferdinand II., 1617, Fr. 526, FuS. 3466

(gewellt)   71   III   2400,--

Dicke 2 Dukaten-Klippe auf die Huldigung

für Ferdinand II., 1617, Fr. 527, FuS. 3467

(Fassungsspuren, gewellt, Einhiebe)   36   III   3100,--

Doppeldukat, 1620, Fr. 529, FuS. 3469   61   II-III   8750,--

Doppeldukat, 1630, Fr. 534, FuS. 3489

(leicht gewellt)   60   II-III   3300,--

Dukat, 1528, Fr. 506, Schulten 615   27   II   2700,--

Dukat, 1531, Fr. 509, Schulten 617 (Kratzer) 06 III   1350,--

                                            47   III/II   1850,--

                                            79   II   2250,--

                                            98   II   3000,--

1533 (leichte Henkelspur)   84   IV   1080,--

1552   27   I   3500,--

Dukat, 1572, Fr. 511, FuS. 3436   27   II   2900,--

Dukat auf das Schießen "Schützen-Kleinodie",

1614, Fr. 517, FuS. 3465   47   I   4100,--

(leicht gewellt)   70   II   3500,--

Dukat auf die Krönung von Ferdinand II.

zum böhmischen König, 1617, Fr. 528, FuS.

3467, 3468 (leichter Schrötlingsfehler)   27   II   1850,--

Dukat, 1630, Fr. 535, FuS. 3490   60   IV   1200,--

Dukat, o. J.   89   II/I   1500,--

Dukat auf die Wasser- und Hungersnot, o. J.,

FuS. 4237   89   II/I   900,--

Taler, 1544, Dav. 8993, Schulten 620   25   III   1000,--

                                            26   III   2250,--

wie vor	70	III	1550,--
Schulprämien-Taler (Kittel), o. J., FuS.			
3525	04	III	825,--
(leicht poliert)	41	II-III	575,--
Schulpreis-Taler (Kittel), o. J., FuS. 3528			
(leichte Randfehler, Kratzer)	137	II	600,--
1/2 Taler, 1545, Schulten 621	47	III	2750,--
24 Kipper-Kreuzer, 1622, FuS. 3481-3484	68	III	360,--
Einseitige Kupfer-Klippe zu 7 1/2 Heller,			
1645, FuS. 3491	61	II-III	1200,--

BRETZENHEIM, Fürstentum
Karl August, 1769-1803

Konventionstaler, 1790, Dav. 2055, Cr. 4	19	III/II-III	3000,--
(leichte Schrötlingsfehler)	26	I-II	2600,--
(leicht justiert)	71	I	3500,--
1/2 Taler (= Gulden), 1790, Cr. 3	19	II	3300,--
	28	II	2550,--
	51	II	4000,--
	71	I	3250,--
20 Kreuzer, 1790, Cr. 2, Haas 543	51	III-IV/III	1050,--
(leichte Schrötlingsfehler)	71	I	1650,--
10 Kreuzer, 1790, Cr. 1, Haas 544	60	IV	360,--
(Schrötlingsfehler)	71	I	1725,--
	86	III-IV	625,--

BRIXEN
Karl von Österreich, 1613-1624

Doppeltaler, 1618, Dav. 3458	60	V/IV	3500,--

BUCHHEIM, Grafschaft
Johann Christian, 1619-1657

1/4 Schautaler, 1649	71	III	1500,--
1/8 Schautaler, 1650	71	III	750,--

BURGMILCHING
Heinrich Hermann, 1591-1649

Taler, 1608, Dav. 6659	71	III	10250,--

CILLI/Österreich
Ulrich, 1436-1456

Einseitiger Pfennig, o. J. (gelocht)	72	III	600,--

COESFELD/Westfalen
Kupfer-XII Pfennig, 1617, Weing. vgl. 144 a

(Gegenstempel "C")	20	III	380,--
6 Pfennig, 1617, Weing. 153 a (Gegenstempel "C")	20	III-IV	250,--
III Pfennig, 1617, Weing. 164	20	II-III	465,--

COLMAR/Els., Stadt

Doppelbatzen, 1666, EuL. 88	20	II-III	500,--

CORVEY, Abtei
Kaspar I. von Hörsell, 1547-1555

Mariengroschen, 1551, Schulten 657	38	III	310,--

Reinhard II. von Buchholz, 1555-1585

Taler zu 24 Groschen, 1558, Dav. 9166, De Mey 252, Schulten 661 (schwache Prägung)	72	II	17750,--

Arnold IV. von Waldois, 1638-1661

Taler, 1656, Dav. 5194, Weing. 116	20	III	5000,--
IV Pfennig, Kupfer, 1648, Weing. 720	42	III	200,--
I Pfennig, Kupfer, 1641, Weing. 725	49	III	265,--

Christoph von Bellinghausen, 1678-1696

Breiter Taler, 1683, Dav. 5197, Weing. 136	34	III	2550,--
16 Gute Groschen (= 1 Gulden), 1682, Weing. 155 b, c	15	III-IV	790,--

Florenz van der Velde, 1696-1714

Taler, 1709, Dav. 2194, Weing. 172 (leichter Kratzer)	61	I-II	3600,--
Sogen. "Jubeltaler", 1713, Dav. 2195, Weing. 173	61	II	6000,--

Maximilian von Horrich, 1714-1721

Taler, 1721, Dav. 2197, Weing. 181	85	III	1600,--

Karl von Blittersdorf, 1722-1737

Taler, 1723, Dav. 2199, Weing. 185 (gestopftes Loch, Henkelspur)	86	III	260,--

Kaspar II. von Böselager, 1737-1758

24 Mariengroschen (= 1 Gulden), o. J.,

Cr. 2, Weing. 194   26   II-III   2250,--

Philipp von Spiegel, 1758-1776

Taler, 1758, Dav. 2201, Cr. 12, Weing. 198 31   III   1600,--

1/6 Taler, 1765, Cr. 10, Weing. 199   31   III   300,--

DANZIG

Sigismund I. der Alte von Polen, 1506-1546

Denar, 1546, Schulten 678   54   I-II   225,--

Sigismund II. August, 1548-1572

Dukat, 1550, Fr. 2, Schulten 679   70   I   6860,--

1551   61   II-III   4200,--

Dukat, 1555, Fr. 2, Schulten 679   61   II-III   4200,--

Ausgaben während der Belagerung durch

Stephan Bathory, 1576-1586

Kremnitzer Dukat, 1555   68   III   2370,--

1577   44   II-III   3100,--

Dukat, 1580, Fr. 3, Mbg. 8170 ff. (leichter

Knick)   43   II-III   1800,--

1553   15   II-III   1400,--

                                            70   I   4810,--

Dukat, 1586, Fr. 3   39   II   1450,--

                                            41   II-III   1200,--

                                            44   III   1400,--

                                            47   III   1550,--

                                            48   II-III   1400,--

                                            73   II   1775,--

                                            79   III   1250,--

                                            98   II-III   1700,--

Taler, 1577, Dav. 8452, Mbg. 8110 var.   07   III-IV   1500,--

                                            89   IV   1100,--

Not-Taler, 1577, Dav. 8453 (leichter

Schrötlingsfehler)   19   II-III   2400,--

                                            31   III   2300,--

Not-Groschen, 1577   19   II-III   575,--

                                            85   III   750,--

                                            87   II-III   800,--

Denar, 1581	56	III	310,--
Sigismund III. von Polen, 1587-1632			
8 Dukaten, Fr. vgl. 6	70	II	32770,--
Donatio zu 5 Dukaten, 1614, Fr. 6, Mbg.			
2274	04	II-III	7200,--
	70	II	17920,--
Dukat, 1586, Fr. 10	48	II-III	2350,--
1590	44	II	2050,--
	89	II/III	1200,--
1593	31	.II/III	1650,--
	79	III	1250,--
1595	44	III	900,--
(leicht gewellt)	47	III	1150,--
Dukat, 1610, Fr. 10	01	II	1450,--
1611	73	II-III	1700,--
	79	III	1150,--
1612 (gewellt)	51	III-IV	575,--
Dukat, 1614, Fr.10	00	III	1550,--
	61	II	2200,--
Dukat, 1629, Fr. 10	70	I	3685,--
Ort (= 1/4 Taler), 1612	01	II	290,--
1615	41	II	280,--
Ort (1/4 Taler), 1616	81	III	200,--
1617	41	II	270,--
Denar, 1598, Mbg. 8110	07	II	225,--
	43	II	205,--
Wladislaus IV., 1632-1648			
Zweifacher Dukatabschlag vom 4-Dukat-Stempel,			
1641, Fr. 13	70	II	10240,--
Dukat, 1628, Fr. 15, Mbg. 8396 ff. (leichter			
Knick)	70	I	2765,--
1648 (leicht gewellt)	85	III	975,--
Donativ zu 10 Dukaten, 1644, Fr. 16 (leichte			
Henkelspur, leichter Kratzer)	60	III	11000,--
Doppeldukat, Abschlag vom 3-Dukat-Stempel,			
1642, Fr. vgl. 21 (leicht gewellt)	00	II-III	4200,--
	27	II	8000,--
1 1/2-facher Dukat, 1647, Fr. vgl. 21	70	II	10240,--

Taler, 1639, Dav. 4356, Mbg. 8373 (Schröt-			
lingsfehler)	41	II	1250,--
1640 (Henkelspur)	31	III/IV	260,--
(Henkelspur)	56	IV	340,--
1641	22	III-IV	460,--
1642	79	III	700,--
1648 (Randfehler)	60	IV/III	410,--
Johann Kasimir von Polen, 1649-1668			
5 Dukaten, 1656, Fr. 28	70	II	26625,--
4 Dukaten, o. J., Fr. 29	27	II-III	12500,--
4-facher Dukat, Goldabschlag vom 3-Dukaten-			
Stempel, o. J., Fr. vgl. 30	70	I-II	16385,--
3-facher Dukat, o. J., Fr. 30	01	I-II	8900,--
6-facher Dukat auf den Frieden von Oliva,			
1660, Mbg. 8706 (Henkelspur)	70	II	14335,--
Breiter Dukat, 1649, Fr. 24, Mbg. 8442	00	II-III	1350,--
	44	II	2200,--
1656	01	II	1275,--
1658	01	II	1500,--
	56	III	1450,--
1660	02	II-III	1700,--
	44	II	1900,--
(leichter Stempelfehler)	70	I-II	2560,--
(leicht gewellt)	71	III	1800,--
1661 (gestopftes Loch)	66	III/IV	450,--
1662 (leicht schwache Prägung)	01	I-II	1500,--
	70	II	2765,--
1666	55	II	2100,--
	70	II	2255,--
Taler, 1649, Dav. 4358 (Schrötlingsfehler)	29	III-IV	295,--
(Kratzer)	54	III-IV	255,--
	55	III	550,--
	81	IV/III	475,--
(Randfehler)	84	III-IV	410,--
Taler, 1650, Dav. 4360, Mbg. 8482	56	III-IV	825,--
(leichte Randfehler)	85	III	550,--
Michael Korybut, 1669-1673			
Dukat, 1670, Fr. 32 (leicht schwache Prägung)	70	I	3995,--

Dukat, 1673, Fr. 32	01	II	1800,--
	70	II	3070,--
Schilling, 1670, Mbg. 8564	43	III	260,--
Johann III. Sobieski, 1674-1696			
3 Dukaten, o. J., Fr. 39	70	I-II	18430,--
Doppeldukat, o. J., Fr. 35, Mbg. 8570	70	I-II	9215,--
Dukat, 1683, Fr. 36	01	I-II	2150,--
	70	II	3175,--
August II. von Sachsen, 1697-1733			
Dukat, 1698, Fr. 41, Mbg. 8584	70	II	4710,--
August III. von Sachsen, 1733-1763			
Dukat, 1734, Fr. 42, Cr. 8, Mbg. 8654	70	I-II	8190,--
(leicht gewellt, leichte Kratzer)	102	II/I-II	3650,--
30 Gröscher (= 1 Gulden), 1762, Cr. 5	07	II-III	430,--
	19	III/II	290,--
	37	III/II	200,--
	99	III	220,--
1763	25	II-III	725,--
	95	II	400,--
Ort zu 18 Gröscher (= Tympf), 1759, Cr. 4	98	I-II	380,--
1760	41	II	220,--
	75	II-III	245,--
VI Gröscher, 1760, Cr. 3	85	III	250,--
Feinsilber-Klippe vom Stempel der 6-Gröscher,			
1761, Cr. vgl. 3	07	III	900,--
Stanislaus August, 1764-1772			
VI Gröscher, 1765, Cr. 11, Mbg. 8666	75	II-III	270,--
Kupfer-Armenzeichen der Dreikönigsbank, 1771,			
Mbg. 8798	56	III	210,--
Friedrich Wilhelm III.von Preußen, 1797-1840			
Kupfer-Schilling, A, 1801, Cr. 15, J. 151,			
Mbg. 8668	41	II	200,--
Französische Besetzung unter Marschall			
Lefebre, 1807-1814			
Probe-Silberabschlag der Kupfer-Groschen,			
1809, Cr. zu 17, J. zu 153 Anm.	56	II	425,--
Silberabschlag vom Groschen, 1812, J. 153			
Anm.	60	III	495,--

DEUTSCHER ORDEN

Heinrich Reuss von Plauen, 1467-1469

Schilling, o. J., Dud. 57	55	III	325,--

Friedrich, Herzog von Sachsen, 1498-1510

Schilling, o. J., Schulten 697	75	III	600,--

Albrecht von Brandenburg, 1511-1525

Kreuz-Groschen, 1515, Schulten 706	21	II	205,--
"Tüppelgroschen" (Notmünze), 1520, Schulten			
708, Mbg. 1078	21	III	320,--
	66	III	340,--

Heinrich von Bobenhausen, 1572-1590

Taler, 1575, Dav. 9902, De Mey 1085, Dud.			
179	26	II-III	10250,--

Maximilian, Erzherzog von Österreich,
1590-1618

Dukat, o. J., Fr. 3035, Dud. 2323	44	II-III	2000,--
1/2 Taler, 1612, Dud. 213	02	II-III	650,--
	16	IV/III	270,--
	34	IV	290,--
	70	III-IV	430,--

Breiter 3-facher Taler, 1614, Dav. 5854,			
Dud. 199 Anm. (Einhiebe)	40	III	4950,--
	48	III-IV	2550,--
(Randfehler, Flecken)	64	III	3525,--
Breiter Doppeltaler, 1614, Dav. 5854, Dud.			
199	01	II-III	1800,--
	02	II-III	1300,--
	10	IV/III	1200,--
(poliert)	16	IV/III	875,--
(leicht poliert)	19	III	1500,--
	21	III	1450,--
(Zainende)	31	III	1300,--
	32	III/II	1625,--
	32	III/II	1650,--
	34	II-III	1400,--
(leichter Schrötlingsfehler, gereinigt)	37	III	800,--
	39	III	1200,--
	39	III	1250,--

wie vor (Kratzer)	39	III	1175,--
(leicht poliert)	23	III	900,--
	44	III	1250,--
	45	II	1700,--
	45	III	1100,--
	46	I-II	2700,--
	48	III	1350,--
	68	II-III	1925,--
	70	III	1200,--
	73	III	1450,--
(leichter Kratzer)	86	II	1525,--
Taler, o. J., Dav. 9904, De Mey 1090, Dud. 183 (leichte Schrötlingsrisse)	89	II	4600,--
Taler, o. J., Dav. 9905, De Mey 1091, Dud. 184 f. (Randfehler)	75	II-III	1700,--
Taler, 1596, Dav. 9906, De Mey 1092, Dud. 185 (leichter Schrötlingsfehler)	45	II	9300,--
Taler, 1603, Dav. 5848, Dud. 187	00	III	330,--
(leicht poliert)	01	III	430,--
(Henkelspur)	04	III	390,--
	07	II-III	775,--
	16	II/I-II	775,--
	17	III	330,--
(Henkelspur)	21	III	265,--
	27	III	480,--
	34	III-IV	400,--
	45	III	500,--
	46	I	2800,--
	49	III	385,--
	49	III-IV	315,--
	51	II	900,--
	64	III/II	875,--
(leichter Randfehler)	64	III	375,--
	83	II	1150,--
	85	II-III	630,--
	102	III/II	800,--
Taler, 1610, Dav. 5849, Dud. 189	78	III	850,--
Taler, 1611, Dav. 5850 A, Dud. 190	93	III	280,--

wie vor	86	III	360,--
Taler, 1613, Dav. 5853, Dud. 195	02	II-III	950,--
	02	III	425,--
	34	III-IV	220,--
(Variante)	102	III/II-III	1000,--
Taler, 1613, Dav. 5853 v., Dud. 195 v.			
(alter Henkel)	05	III/IV	250,--
	68	III	500,--
1/2 Taler, 1614, Dud. 200	32	III/II	550,--
(Randfehler, Kratzer)	102	III	450,--
	102	III/IV	220,--
1/4 Taler, 1612, Dud. 194 ff.	04	II-III	285,--
(leichter Randfehler)	04	II-III	250,--
	47	III	310,--
1/4 Taler, o. J., Dud. 229	21	III/II	260,--
	21	III/II	260,--
	51	II-III	440,--
1/4 Taler, o. J., Dud. 229 (leicht de-			
zentriert)	83	III	280,--
1/4 Taler, o. J., Dud. 229 Anm.	26	III	300,--
	102	III	430,--
1/4 Taler, o. J., Dud. 230	99	III	240,--
Karl von Österreich, 1619-1624			
Taler, 1623, Dav. 5855, Dud. 241	10	IV/III	400,--
(leichter Schrötlingsfehler)	19	II-III	1450,--
	21	III	1650,--
	47	I-II	3600,--
Taler, 1624, Dav. 5856, Dud. 242	00	III	1250,--
	04	II-III	2200,--
(poliert)	10	III	700,--
(Rand angelocht)	68	III	1175,--
(leichter Stempelfehler)	71	II-III	2600,--
(leicht poliert, leichter Stempelfehler)	73	III	1350,--
Johann Eustach von Westernach, 1625-1627			
Reichstaler, 1625, Dav. 5857, Dud. 247			
(Randschaden)	10	III/II	1295,--
	70	III	1700,--

Johann Kaspar II. von Ampringen, 1664-1684

Taler, 1673, Dav. 5861, Dud. 265	10	II	2850,--
	70	III	1700,--
1/2 Taler, 1680, Dud. 267	26	III	1350,--
1/4 Taler auf seinen Tod, 1684, Dud. 269	102	III	2250,--
Batzen, 1670, Dud. 260	85	III	260,--
Sterbegroschen, 1684, Dud. 270 Anm.	73	II	310,--

Ludwig Anton von Pfalz-Neuburg, 1685-1694

1/12 Taler (Doppelgroschen), 1688, Dud.

273 ff. (leicht fleckig)	16	III	210,--
1689 (leicht gedrückt)	16	III	310,--

Clemens August von Bayern, 1732-1761

Gulden = 1/2 Taler auf seinen 50. Geburts-

tag, 1750, Cr. 13, Dud. 295	05	III/II	1900,--
	.27	II	2100,--

Karl Alexander von Lothringen, 1761-1780

1/6 Taler auf seinen Tod, 1780, Dud. 307	30	II	205,--

DIEPHOLZ, Grafschaft

Friedrich I., 1493-1529

Heller, o. J.	42	IV	200,--

DIETRICHSTEIN, Herrschaft

Sigismund Ludwig von Weichselstätt, 1631-1664

Taler, 1644, Dav. 8 (Schrötlingsfehler)	34	III	1800,--
Taler, 1640, Dav. 9/3373	02	II	1700,--
(leichter Schrötlingsfehler)	18	III/II	1600,--
1641	70	I-II	3400,--

DIETRICHSTEIN-NIKOLSBURG, Fürstentum

Ferdinand Joseph, 1655-1698

Taler, 1695, Dav. 13/3376, Holzm. 33, Don.

3289	34	II-III	1700,--
	45	II	1700,--

DONAUTWÖRTH, Stadt

Taler, 1543, Dav. 9170, De Mey 257, Schulten

756	65	IV/III	450,--

wie vor	56	III-IV/III	600,--
1544	19	III	1400,--
	20	III	900,--
	45	III	1100,--
1545	71	II	2000,--
	73	III-IV	675,--
1546	85	III-IV	775,--
1548 (Fundexemplar)	19	III	950,--
	44	III	1100,--
	45	III/II	1200,--
154? (Feilspur)	87	III	800,--

DORTMUND, Stadt

Breitgroschen, o. J., Bergh. 112	68	III	3800,--
Goldgulden, o. J., Fr. 898 var., Bergh. 108	01	II	7800,--
8-eckige Doppeltalerklippe, 1717, Dav.			
2205, Bergh. 234	01	III	14000,--
Taler, 1635, Dav. 5212, Bergh. 45	41	III	4450,--
1/13 Taler (4 Stüber), 1660, Bergh. 223	20	III-IV	220,--
1/16 Taler (= 1/2 Blamüser), 1633, vgl.			
Bergh. 170 (Variante)	85	III	1225,--
1/16 Reichstaler (= Düttchen = 1/2 Blamüser),			
1650, Bergh. 194 ff.	20	II-III	1700,--
Groschen, o. J., Meyer 48	89	III	1600,--
1/2 Reinoldialbus, o. J., Bergh. 121	20	III-IV	575,--
3 Pfennig, o. J., Bergh. 230	20	III	450,--
Schilling (Stüber), 1633, Bergh. 175	20	III	200,--

DÜLMEN, Stadt

VI Pfennig, Kupfer, 1622, Weing. 189	55	III	455,--

EGER, Stadt

Schwarzpfennig, o. J., Schulten 3932	60	III	210,--

EGGENBERG, Fürsten

Johann Ulrich, 1568-1634

Doppeltaler, 1629, Dav. 3381, Meyer 14	61	II	7250,--

```
Taler, 1629, Dav. 19, Meyer 12 (Broschie-
rungsspur)                                  07   II        850,--
Taler, 1630, Meyer 18                       72   II       2650,--
Johann Christian und Johann Seyfried,
1649-1710
Taler, 1653, Dav. 3392, Meyer 75-89
(Henkelspur)                                75   III       400,--
Taler, 1658, Dav. 36/3395 (leichte Henkel-
spur)                                       31   III       400,--
                                            34   II-III   1000,--
                                            55   II-III   1350,--
                                            86   II-III   1450,--
(Schrötlingsfehler)                         98   II-III    625,--
1/2 Reichstaler, 1658, Meyer 78-88
(Fassungsspuren)                            24   III       250,--
                                            55   II-III    900,--
                                            98   III       400,--


EICHSTÄTT, Bistum
Martin von Schaumburg, 1560-1590
Guldentaler zu 60 Kreuzer, 1570, Dav. 10021,
De Mey 264, Cahn 34                         44   III     10600,--
Johann Konrad von Gemmingen, 1595-1612
Taler, 1606, Dav. 5229, Cahn 44 (leichte
Schrötlingsfehler)                          31   III      8000,--
Johann Christoph von Westerstetten,
1612-1636
Dukat, 1634, Fr. 935, Cahn 53               76   II      15000,--
Goldgulden, 1633, Fr. 936, Cahn 50          76   II      17000,--
Johann Eucharius Schenk von Castell,
1685-1697
Taler, 1694, Dav. 5235, Cahn 112 a (altver-
goldet, leicht poliert)                     98   III       450,--
                                            31   III/II   2600,--
Reichstaler, 1694, Dav. 5236, Cahn 113 a
(Henkelspur, poliert)                       05   III       520,--
                                            65   III/IV    550,--
(Randfehler)                                65   IV/III    575,--
```

wie vor (leichter Randfehler)	70	I-II	2675,--
(leicht poliert)	73	III	625,--
(Henkelspur, leicht poliert)	102	III	395,--
1/2 Taler, 1694, Cahn 115 a	16	II/I-II	1575,--
	26	III	900,--
	63	II-III	675,--
	73	III	800,--
Johann Anton II. von Freyberg, 1736-1757			
Dukat, 1738, Fr. 942, Cr. 12, Cahn 121	00	II	2400,--
	76	II	2100,--
(leichter Kratzer)	102	II/I-II	2500,--
Dukat, 1738, Fr. 943, Cr. 13, Cahn 122	00	II/I-II	2500,--
	76	II	1900,--
(Kratzer)	89	II	1050,--
Taler, 1755, Dav. 2207, Cr. 11, Cahn 124	63	II-III	925,--
	72	I	3000,--
1/2 Reichstaler (Gulden), 1755, Cr. 10, Cahn 125	38	II	2050,--
20 Kreuzer = 1/6 Taler, 1755, Cr. 8, Cahn 127	27	I	975,--
	41	I	675,--
Sedisvakanz, 1757			
Taler, 1757, Dav. 2208, Cr. 15, Cahn 133, Zep. 78	16	I	3000,--
	27	II	1050,--
	48	II-III	1150,--
Raimund Anton von Strasoldo, 1757-1781			
Reichstaler, 1764, Dav. 2209, Cr. 24, Cahn 134	05	III	450,--
	05	IV	220,--
	39	III	410,--
	48	III	350,--
(leichte Flecken)	65	I	2400,--
	102	IV	300,--
1/2 Reichstaler, 1764, Cr. 23, Cahn 135	05	III	850,--
Sedisvakanz, 1781			
Taler, 1781, Dav. 2210, Cr. 25, Cahn 145	05	III/II	1450,--
	12	II-III	1450,--

wie vor	34	III	1200,--
	38	III-IV	410,--
(Schrötlingsfehler)	48	II-III	1150,--
	65	III/II	1050,--
	86	II	1250,--
	93	II-III	825,--
Johann Anton III. von Zehmen, 1781-1790			
Taler, 1783, Dav. 2211, Cr. 27, Cahn 146	00	III	400,--
(justiert)	04	II	550,--
(justiert)	05	III/II	500,--
(justiert)	05	III	385,--
	17	II-III	400,--
	27	I-II	1175,--
	35	III	560,--
	38	III	600,--
(Kratzer)	40	II-III	1025,--
	48	III	500,--
(Henkelspur)	48	II-III	360,--
(leichter Randfehler)	65	I-II	1225,--
	65	II/III	700,--
(leicht justiert)	77	II/I	1150,--
(kleines Randloch)	81	IV/III	275,--
	89	III	440,--
1/2 Taler, 1783, Cr. 26, Cahn 147	05	I-II	600,--
(justiert)	05	III	240,--
(leicht fleckig)	16	II/I-II	500,--
	19	II-III	290,--
(leicht justiert)	23	III	295,--
(leicht justiert)	36	III	300,--
	41	II	335,--
	45	II/I	390,--
(leicht justiert)	47	II	320,--
	70	III	240,--
(leichter Kratzer)	83	II	330,--
	86	II-III	340,--
	87	II	550,--
	93	III	250,--

Sedisvakanz, 1790
Breiter Doppeltaler, 1790, Dav. 2212, Cr.

28, Cahn 148	19	III	2000,--
	26	II	2200,--
	38	II-III	2300,--
(poliert)	48	II-III	1450,--
	48	III	1925,--
(leichte Henkelspur, poliert)	65	III	1200,--
	70	I	4250,--
	91	III	2350,--
	102	III	2175,--

Josef Konrad IV. von Stubenberg, 1790-1802
Kontributionstaler, 1796, Dav. 2213, Cr. 30,

Cahn 149 (leichter Randfehler)	04	II	525,--
	05	II	725,--
(Randfehler)	05	III	450,--
	25	II	650,--
	29	III	465,--
	41	I-II/I	925,--
	46	II-III	675,--
(leichter Randfehler)	65	III/II	450,--
	86	I-II	875,--
	86	II-III	525,--

1/2 Kontributionstaler, 1796, Cr. 29, Cahn

150	16	II	310,--
	17	III/II	250,--
	18	II/I	500,--
(leicht justiert)	23	III/II	305,--
	27	II	350,--
	32	II/I	455,--
	32	I-II	475,--
(leichter Stempelfehler, leicht justiert)	36	I-II	325,--
	45	I-II	480,--
	51	I-II	450,--
	63	III-IV	290,--
	70	II	340,--
	77	III/II	320,--

EINBECK, Stadt

Reichstaler, 1624, Dav. 5241	04	II-III	3800,--
	47	II/III	5250,--
	47	III	3200,--
	98	III	2700,--
1625	26	II-III	7250,--
1628 (Schrötlingsfehler)	28	II-III	4700,--
XII Mariengroschen, 1671, Buck 127 (leicht korrodiert)	85	III	2250,--
VI Mariengroschen, 1669, Buck 119 a ff.	70	III	525,--
1671	19	III	380,--
Fürstengroschen, 1566 (Fundexemplar)	75	III	305,--
Groschen, 1670, Buck 68 k ff.	85	III	300,--

ELBING, Stadt

Gustav II. Adolf von Schweden, 1626-1632

(Solidus)-Schilling, 1629, Ahl. 43 ff.	56	III-IV	210,--

Wladislaus IV., 1633-1648

Taler, 1635, Dav. 4362 (Henkelspur)	51	IV	1450,--

Johann Kasimir, 1649-1668

Taler, 1651, Dav. 4364, Mbg. 9463	61	II	5600,--

Karl X. Gustav von Schweden, 1654-1660

Ort, 1657, Ahl. 72	19	III-IV	200,--
6 Gröscher, 1658, Ahl. 79	79	III	375,--

EMDEN, Stadt

2/3 Taler, 1688, Kny. 9649	07	III	325,--
(leichter Schrötlingsfehler)	49	III-IV	375,--
2/3 Taler nach zinnaischem Fuß, 1691, Kny. 6287 ff.	19	III	260,--
	97	III	270,--

ERBACH, Grafschaft

Georg IV., 1569-1605

Einseitiger Schüsselpfennig, o. J., Joseph 10	68	III	430,--

Ludwig III., Johann Kasimir und Georg
Albrecht I., 1623-1627

Reichstaler, 1623, Dav. 6666	38	II-III	850,--
	43	III	775,--
	51	III	625,--
1624 (leicht justiert)	19	III	450,--
	19	III/III-IV	370,--
	26	II	1100,--
	41	II	775,--
	70	II-III	825,--
(leichter Schrötlingsfehler)	77	III/II	750,--

ERFURT, Stadt

Goldgulden, 1620, Fr. 958 (leicht gewellt)	89	I	4300,--
Reichstaler, 1617, Dav. 5258	07	II-III	1100,--
	44	III	500,--
Reichstaler, 1617, Dav. 5259	97	III	600,--
Reichstaler, 1617, Dav. 5262	33	II-III	550,--
	67	III	675,--
	89	III	800,--
Kipper-Taler zu 24 Groschen, 1622, Leitzm. 513	39	III	1350,--
1/4 Taler, 1621, Leitzm. 499	41	II-III	2850,--

ERFURT, unter schwedischer Besetzung
Gustav II. Adolf von Schweden, 1631-1634

Dukat, 1634, Fr. 963, Leitzm. 783, Ahl. 9-12	38	III	1550,--
	48	III	1900,--
	47	III	1300,--
	89	II/III	2300,--
Dukat, 1634, Fr. 961, Ahl. 11	48	III-IV	675,--
	73	III-IV	875,--
Doppelter Sterbetaler auf den Tod König Gustav Adolf, 1633, Dav. 274	89	III/II	4300,--
Purim-Taler auf die Feier des Sieges bei Breitenfeld, 1632, Dav. 4546 var., Ahl. 20	51	II	1650,--
	65	II/I-II	1500,--

Purim-Taler auf die Feier des Sieges bei
Breitenfeld, 2. Jahrestag, 1632, Dav. 4546,

Ahl. 20	47	II	1600,--
	65	III	750,--
	98	III	1100,--

1/2 Reichstaler auf seinen Tod, 1633, Dav.

vgl. 5272, Leitzm. vgl. 786	19	II-III	1000,--

1/4 Taler auf seinen Tod, 1633, Leitzm.

vgl. 781	26	III	1800,--

Taler auf den Sieg von Breitenfeld, 1631,

Dav. 4545, Ahl. 17	67	II-III	1250,--

Christina von Schweden, 1632-1654

Doppeldukat, 1646, Fr. 10, Ahl. 32	19	III	15000,--
(gestopftes Loch)	61	III	1900,--

Dukat, 1648, Fr. 11, Ahl. 35-39 (leicht

gewellt)	06	III	2050,--
	55	III	2050,--
Taler, 1645, Dav. 4570, Ahl. 42	26	III	4100,--

ESSEN, Abtei
Franziska Christina von Pfalz-Sulzbach,
1726-1776

Dukat, 1754, Fr. 965, Cr. 1	61	I-II	7600,--

ESSLINGEN, Stadt
1/2 Taler auf die Huldigung von Josef I.,

1705, Binder 3	19	II	1200,--

Gulden auf das 200-jährige Reformations-

jubiläum, 1717, Binder 4	19	II	1075,--
	23	II	1350,--
	44	II	1300,--

ESZTERHAZY
Nikolaus Joseph, 1762-1790

Taler, 1770, Cr. 2	70	I	4400,--

1/2 Taler = Gulden, 1770, Cr. 1, Schulten

1530	25	III	450,--
	71	III-IV	600,--

FRÄNKISCHER KREIS

Taler, 1624, Dav. 6668	78	III	8500,--
2/3 Taler nach Leipziger Fuß, 1693, Heller			
269-71	12	II	440,--
	12	III	280,--
(Schrötlingsfehler)	17	III	200,--
	41	II	110,--
(leichte Randfehler)	47	II/III	325,--
(stark gereinigt)	65	III	200,--
	77	III	335,--
	81	III	375,--
(Kratzer)	86	III	290,--
	89	II/III	330,--
1/2 Gulden = 1/3 Taler, 1693, Heller 272	78	III-IV	550,--
XV Kreuzer, 1726	08	II-III	210,--
(Stempelfehler)	16	II/I-II	380,--
	30	II	225,--
	41	I	405,--
	81	I	430,--
	87	I	485,--
(Kratzer)	91	II	215,--
	98	II	245,--
Batzen, 1625, Heller 131, Helmschr. 215	26	III	210,--
	65	III	305,--
1/2 Batzen, 1624, Heller 128	55	III	240,--
Schilling, 1624, Helmschr. 220	55	III	325,--

FRANKENTHAL

Einseitige Not-Klippe zu 2 Gulden, 1623	27	II	3100,--

FRANKFURT/MAIN, Reichsmünzstätte
unter Konrad von Weinsberg, 1431-1452

Goldgulden, o. J., Fr. 982, JuF. 108	89	II/III	1425,--
Goldgulden, o. J., Fr. 984, JuF. 111 n	06	III-IV	1950,--
Goldgulden, o. J., Fr. 985, JuF. 114 b	89	III	1325,--

unter Weinsberger Erben unter Vormundschaft,
1452-1460

Goldgulden, o. J., Fr. 985, JuF. 117 b	89	II	1250,--

Goldgulden, o. J., Fr. 982, JuF. 100-103	06	III	1300,--
	06	III	1300,--
	06	II-III	1450,--
	12	III	900,--
	19	III	800,--
	44	III	1000,--
(Henkelspur)	44	III	430,--
	51	III	875,--
	73	III	1000,--
	89	III	1425,--
Goldgulden, o. J., Fr. 982, JuF. 104	19	III	800,--
	38	III	675,--
(Kratzer)	44	III	800,--
	66	III	800,--

unter Philipp der Ältere von Weinsberg,
1460-1503

Goldgulden, o. J., Fr. 985, Schulten 850	06	III-IV	550,--
	06	III	1050,--
	38	III-IV	480,--
	41	II-III	875,--
	55	III-IV	650,--
	73	III	800,--
	73	III-IV	700,--
	89	III	900,--
Goldgulden, 1493, Fr. 986, Schulten 850	31	II	2050,--
Goldgulden, o. J.,Fr. 985, JuF. 112	22	III-IV	700,--

unter Eberhard IV. von Eppstein-Königstein,
1504-1535

Goldgulden, 1505, Fr. 987, Schulten 852			
(leichter Schrötlingsfehler)	06	II-III	2800,--
	73	III	2025,--
1506 (Doppelschlag)	06	III	1450,--
Goldgulden, 1511, Fr. 987, Schulten 853			
(Randfehler)	06	III	2500,--

unter Ludwig II. von Stolberg-Königstein,
1535-1574

Taler, 1546, Dav. 9864, De Mey 482, Schulten			
2427	93	III	900,--

Reichstaler, 1567, Dav. 9870, De Mey 489

(Randfehler)   26   III   2400,--

FRANKFURT/MAIN, Stadt

Dukat, Krönung Leopold I. zum römischen

König, 1658, Fr. 1009, JuF. 499   89   II   2650,--

Doppeldukat auf die Wahl Karl VI. zum Kai-

ser, 1711, Fr. 1014, JuF. 633, 634   28   III   3800,--

                                                47   III   6650,--

                                                70   II   10500,--

                                                70   II-III   5000,--

Doppeldukat auf die Wahl Karl VII., 1742,

Fr. 1016, JuF. 736-740   31   III   3000,--

Dukat auf die Huldigung Karl VII. zum

deutschen Kaiser, 1742, Fr. 1019, JuF.

749   02   II   6000,--

Dukat auf die Krönung Kaiser Franz I.,

1745, Fr. 1020, JuF. 776 ff. (leichte

Stempelfehler)   72   I   3100,--

                                                89   II   2050,--

Doppeldukat auf die Krönung Franz I., 1745,

Fr. 1022, JuF. 796   89   II   2100,--

1 1/4 Dukat auf die Krönung Franz I.,

1745, Fr. 1022, JuF. 796 (leichter Kratzer)   47   II   2000,--

Dukat auf die Kaiserwahl Franz I., 1745,

Fr. 1021, JuF. 767   71   I-II   3100,--

3/4 Dukat auf die Krönung Franz I., 1745,

Fr. 1023, JuF. 797 (Henkelspur)   55   III   550,--

(leicht gewellt)   89   II   950,--

Doppeldukat auf die Kaiserwahl Joseph II.,

1764, Fr. 1024, JuF. 841   89   I   8000,--

Doppeldukat auf die Krönung Joseph II.,

1764, Fr. 1026, JuF. 856 a   89   II   1800,--

Dukat auf die Wahl Joseph II. zum römischen

Kaiser, 1764, Fr. 1025, JuF. 842   55   II   2250,--

Dukat auf die Krönung Joseph II., 1764,

Fr. 1027, JuF. 857 a   89   II   1800,--

Doppeldukat auf die Kaiserkrönung Leopold			
II., Fr. 1030, JuF. 935	89	I	3050,--
Dukat auf die Wahl zum Kaiser von Franz II.,			
1792, Fr. 1033, JuF. 943	89	II	3200,--
Goldgulden, o. J., Fr. 981, JuF. 97	61	II	15000,--
Goldgulden, o. J., JuF. 115-119	41	II-III	1025,--
	41	III	925,--
(RRRR)	47	III	3300,--
Goldgulden, 1495, Fr. 987, Schulten 851	06	II-III	1800,--
1498	06	II-III	1800,--
1501	89	III	2450,--
1503 (leichter Riß)	61	II-III	1700,--
Goldgulden, 1618, Fr. 998, JuF. 333			
(Randfehler)	06	III	1600,--
(Rand beschnitten)	06	III	1450,--
	19	III	1450,--
Goldgulden, 1619, Fr. 998, JuF. 335	06	III	2000,--
	19	II-III	1375,--
	51	III	1000,--
	73	II	1600,--
	77	II-III	2000,--
	87	III	1200,--
Goldgulden, 1621, Dav. 1006, JuF. 367 a	06	III	2500,--
10 Dukaten, Abschlag vom Doppelgulden,			
1848, J. 45 Anm., JuF. 1126 Anm.	89	PP	24000,--
Dukat, 1634, Fr. 970	00	III	650,--
	70	II	2200,--
(leicht gewellt)	89	III/II	750,--
1637 (leichter Randfehler)	49	III	725,--
1638	31	III/II	1100,--
1639	21	III	550,--
	44	III	900,--
1640 (leicht justiert, gewellt)	23	III	825,--
	41	II-III	1050,--
	47	II	1150,--
1643	53	III	830,--
"Engel"-Dukat, 1645, Fr. 970 v., JuF. 445 ff.	27	II	2000,--
Dukat, 1646, Fr. 270 v., JuF. 449	06	II	1600,--

wie vor (leicht gewellt)	47	II	1100,--
(Randfehler)	53	II-III	750,--
(Randfehler)	98	II	775,--
Dukat, 1652, Fr. 970 v., JuF. 451 ff.	25	II-III	1200,--
Dukat, 1651, Fr. 970 v.	00	II-III	1150,--
1654 (Zainende)	44	II	625,--
1656	04	III	1200,--
Dukat, 1662, Fr. 976, Cr. 93, JuF. 818			
(minimal justiert)	70	I	7750,--
Kontributions-Dukat, 1796, Fr. 977, Cr. 94,			
JuF. 964	00	III	1350,--
	06	III	1850,--
	17	III	750,--
	25	II	1700,--
(Randfehler)	28	II	1500,--
(Randfehler)	28	II	1950,--
	47	II/I	2100,--
	55	II-III	1575,--
(Randfehler, Risse)	63	III	880,--
	72	I-II	2100,--
	89	II/I	1700,--
	89	III	1500,--
Dukat, 300-Jahrfeier der Reformation,			
1817, Fr. 978, JuF. 1016	31	I	800,--
	42	II	500,--
(leicht gewellt)	81	III	475,--
(leichte Henkelspur)	89	II/I	400,--
Dukat, 1853, Fr. 979, Cr. 95, JuF. 1229	77	I-II	2950,--
	70	II	3300,--
(leichter Randfehler)	91	I-II	2800,--
(leicht justiert)	102	II/I	1500,--
1856 (leichter Kratzer)	44	I-II	4000,--
	47	I	3800,--
	70	I-II	3300,--
	89	I/II	3550,--
Probe-Goldabschlag von 1 Kreuzer = 1/4			
Dukat, 1774, JuF. 882 Anm.	31	I	1350,--
	73	I-II	800,--

Silberabschlag vom Doppeldukaten auf die			
Wahl Kaiser Matthias, o. J., JuF. 314			
(2 bekannte Exemplare)	89	III	650,--
Silberabschlag vom Doppeldukat auf die			
Krönung Matthias II., 1612, JuF. 324	89	III	365,--
Silberabschlag vom Doppeldukat auf die			
Kaiserkrönung Matthias, 1612, JuF. 325	89	III	470,--
Silberklippe auf das Komet, 1618, JuF.			
334	70	II-III	500,--
	89	III/II	700,--
	89	III	600,--
Silberabschlag vom Doppeldukat auf die			
Krönung Ferdinand II., 1619, JuF. 346			
(leicht gewellt)	89	III	360,--
Silberabschlag vom Dukat auf die Krönung			
Ferdinand II., 1619, JuF. 352	70	II-III	360,--
Silberklippe auf die Krönung Ferdinand II.,			
o. J., JuF. 348	89	III	650,--
Silberabschlag vom 1/2 Dukat auf die Krönung,			
o. J., JuF. 1881	89	II	360,--
Abschlag vom Doppeldukat auf das Ende der			
Pest, o. J., JuF. 416	89	II	2900,--
Silberabschlag vom Doppeldukat auf die			
Kriegsleiden, 1636, JuF. 420	89	I/II	3000,--
Silberabschlag vom Doppeldukat auf die			
Kriegsleiden, 1637, JuF. 426	89	II	2100,--
Silberabschlag vom 10-fachen Dukat auf			
die Krönung Kaiser Leopold I., 1658, JuF.			
491	89	III	875,--
Silberabschlag vom 5-fachen Dukat auf die			
Krönung Leopold I., 1658, JuF. 509	89	III	800,--
Silberabschlag vom 5-fachen Dukat auf die			
Krönung Leopold I., 3. Typ, 1658, JuF. 508	89	I/II	1200,--
Silberabschlag vom 5-fachen Dukat auf die			
Krönung Leopold I., 1658, JuF. 494 (Henkel-			
spur)	98	III	390,--
	89	III	600,--

Silberabschlag vom 3-fachen Dukaten auf die			
Krönung Kaiser Leopold I., 1658, JuF. 495	89	II	525,--
Silberabschlag vom 3-fachen Dukat auf die			
Krönung Kaiser Leopold I., 2. Typ, 1658,			
JuF. 498	89	III	260,--
Silberabschlag vom Doppeldukaten auf die			
Krönung Leopold I., 1658, JuF. 497	89	III	370,--
Silberabschlag vom Dukat auf die Krönung			
Leopold I., 1658, JuF. 499	89	III	260,--
Silberabschlag von 3 Dukaten auf die Krönung			
Leopold I., 4. Typ, o. J., JuF. 1890	89	II	750,--
Silberabschlag vom Dukaten auf die Krönung			
Leopold I., 4. Typ, 1658, Fr. zu 1009, JuF.			
502	89	III	210,--
Silberabschlag vom 1/2 Dukaten auf die			
Krönung Leopold I., 4. Typ, o. J., JuF. 1894	89	I	310,--
Silberabschlag vom 1/4 Dukat auf die Krönung			
Leopold I., 4. Typ, o. J., JuF. 2508	89	II	260,--
Silberabschlag vom Dukat auf die Krönung			
Leopold I., o. J., JuF. 514	89	III	410,--
Silberabschlag vom Doppeldukat auf die			
Wahl Karl VI., 1711, JuF. 636 (Variante)	89	II	825,--
Silberabschlag vom 5-Dukaten-Stempel auf			
die Krönung Karl VI., 1711, JuF. 675	47	III	525,--
	89	II	725,--
Silberabschlag vom Doppeldukat auf die			
Krönung Karl VI., 1711, JuF. 680	41	II	290,--
Silberabschlag vom Doppeldukat auf die			
Krönung Karl VI., 1711, JuF. 683	89	II	320,--
Silberabschlag vom Reformations-Doppeldukat,			
1717, JuF. 698	06	III	330,--
	31	II	300,--
	41	I-II	335,--
	47	I	420,--
Silberabschlag vom Dukaten auf die Kaiser-			
wahl Karl VII., 1742, JuF. 732	89	II	600,--
Silberabschlag vom Doppeldukat auf die Wahl			
Karl VII., 1742, JuF. 737	89	II	360,--

Silberabschlag vom Dukat auf die Wahl Karl VII., 1742, JuF. 747	89	II/I	200,--
Silberabschlag vom Dukat auf die Wahl Karl VII., o. J., JuF. 1922	89	II/I	240,--
Silberabschlag vom Dukat auf die Krönung Karl VII., 1742, JuF. 749	89	II	240,--
Silberabschlag vom Dukaten auf die Krönung Karl VII., o. J., JuF. 764	31	II/I	700,--
Silberabschlag vom 5-fachen Dukaten auf die Wahl von Franz I., 1745, JuF. 772 f.	89	II	500,--
Silberabschlag vom Doppeldukaten auf die Wahl Franz I., 1745, JuF. 774 f.	89	II/I	600,--
Silberabschlag vom Dukaten auf die Wahl Franz I., 1745, JuF. 776-779	31	I	400,--
	39	I	280,--
Silberabschlag vom Doppeldukaten auf die Krönung Franz I., 1745, JuF. 794 f.	89	II/I	450,--
	89	II	355,--
	89	III	240,--
Silberabschlag vom Dukat auf die Krönung Franz I., 1745, JuF. 798 var.	89	II	200,--
Silberabschlag vom Dukaten auf die Wahl Joseph II., 1764, JuF. 842 (justiert)	41	II	220,--
Silberabschlag vom Doppeldukaten auf die Wahl Leopold II., 1790, JuF. 925	47	II	220,--
Silberabschlag vom Dukaten auf die Wahl Leopold II., 1790, JuF. 926	41	I	250,--
Silberner Jeton auf die Krönung Leopold II., 1790, JuF. 934	97	II	450,--
Silberabschlag vom Doppeldukaten auf die Befreiung durch preuß.-Hess. Heer, 1792, JuF. 955	89	II	650,--
Turnosegroschen, o. J., Schulten 862	89	III	310,--
	47	III	320,--
Turnose, o. J., Schulten 864	47	III	360,--
Turnose, o. J., Schulten 871	47	III	310,--
Turnose (2. Typ), 1606, JuF. 273	89	III	280,--
Turnose (4. Typ), 1606, JuF. 274	89	III	280,--

Turnose (5. Typ), 1606, JuF. 275	71	I	900,--
Turnose, 1666, JuF. 547 ff.	89	III/II	500,--
Turnose, 1680, JuF. 568-609	89	III	320,--
1689	89	II	400,--
1710	89	III	500,--
Englisch (Sterling), o. J., Schulten 875			
(Randfehler)	47	III	250,--
	89	III	410,--
	98	III	360,--
Doppeltaler, 1860, Dav. 651, Cr. 91	04	II-III	250,--
	12	III/II	210,--
	22	II-III	205,--
(leichter Randfehler)	30	II	240,--
	35	II	250,--
	48	I-II	500,--
(Randfehler)	53	I-II	260,--
	62	PP	625,--
	66	III/II	290,--
	70	I	625,--
	81	II	250,--
	81	III/II	220,--
	89	II/I	330,--
	89	II	200,--
	93	II	250,--
1861	04	II/III	200,--
(leichter Kratzer)	05	III/II	275,--
	06	III	210,--
	08	I-II	335,--
	20	II	210,--
	23	II/I-II	320,--
(Kratzer)	28	II	225,--
	29	II	275,--
	30	II-III	220,--
	31	I	285,--
	32	II	240,--
	32	II-III	215,--
(leichter Kratzer)	36	II	250,--
	39	II	345,--

wie vor	40 II	280,--
	47 II/I	310,--
(Kratzer)	49 I-II	260,--
(Randfehler)	49 II	230,--
(leichter Randfehler)	51 II	320,--
	52 II	250,--
	54 II-III	280,--
	60 III	250,--
	62 II	290,--
(leichter Randfehler, Kratzer)	65 II/I-II	240,--
(leichter Randfehler)	65 III	205,--
	68 II-III	225,--
	70 II	300,--
	74 I-II	270,--
	79 II-III	300,--
	83 II-III	235,--
	89 II/I	240,--
(leichter Randfehler, Kratzer)	90 II	270,--
	93 II	230,--
	94 I-II/I	400,--
	99 II-III	200,--
1862	01 II	365,--
	31 II/I	280,--
	41 I-II/I	390,--
	47 II	270,--
(leichter Randfehler)	47 II	200,--
	48 II-III	245,--
	62 I-II	330,--
	67 I-II	310,--
	79 III	275,--
	84 II-III	270,--
	86 II	250,--
1866	09 I-II	360,--
	15 II	280,--
	18 II/I	370,--
	20 II-III	200,--
	32 II	200,--
	35 II	250,--

wie vor (leichte Kratzer)	36	II	235,--
	38	II	235,--
	47	I	430,--
	47	II/I	285,--
(leichter Kratzer, Randfehler)	48	II	230,--
(leichter Kratzer)	51	I	450,--
	74	I-II	270,--
	79	I-II	385,--
	89	II/I	285,--
1867 (aus 1866)	67	III	200,--
Doppeltaler, 1841, Dav. 641, Cr. 90	22	III	280,--
	23	III	280,--
	30	II	435,--
	30	II	570,--
	31	II	600,--
	39	II-III	380,--
	41	II/I-I$_\lambda$	750,--
	43	II	525,--
	47	I	1200,--
	47	II	625,--
	82	I-II	800,--
(Schrötlingsfehler)	62	II/I	750,--
	67	II	750,--
	74	II-III	380,--
	89	II	675,--
1842	30	II	625,--
	41	I-II	925,--
	43	II-III	420,--
	69	II	480,--
	89	II/III	320,--
(Randfehler)	95	III	270,--
1843	00	II-III/III	420,--
	57	II	340,--
(leichter Randfehler, Kratzer)	65	II	360,--
	66	III	280,--
	68	III	260,--
1844	08	II-III	400,--
(leichte Randfehler)	31	II	480,--

wie vor	39	I	1400,--
	41	II	650,--
	43	I-II	825,--
	49	III	285,--
	78	II-III	325,--
	79	II-III	444,--
	89	II	675,--
1846 (fleckig)	06	III	270,--
(Fundexemplar)	79	III	215,--
1847	27	I-II	1300,--
	56	II	600,--
	47	III	330,--
	89	II	675,--
1854	06	III-IV	210,--
	51	II-III	400,--
	82	II	650,--
	89	III	360,--
1855	30	II	725,--
	33	III	305,--
	37	III/II	675,--
(Randfehler)	73	II	600,--
	89	III	360,--
Doppeltaler, 1840, Dav. 640, Cr. 89	30	I-II	975,--
(leichter Randfehler)	86	III	315,--
(leichter Randfehler)	89	III	410,--
	94	III/II	460,--
	95	II	600,--
	100	II	625,--
1841 (Kratzer)	01	III	245,--
	06	II-III	600,--
	20	II-III	650,--
	22	III	365,--
	22	III	380,--
	25	II	650,--
	31	III/II	550,--
	32	III	325,--
(korrodiert)	33	III	305,--
(leichter Randfehler)	37	II-III	525,--

wie vor	39	II	625,--
	39	III	450,--
	43	III	340,--
	47	II	725,--
	51	II-III	700,--
	51	II-III	650,--
	68	II-III	925,--
	69	III	310,--
	74	III/II	470,--
	74	III	340,--
	79	III	405,--
(leichter Kratzer)	82	III/II	900,--
	87	II-III	600,--
	89	III	450,--
	89	III	360,--
(leichte Kratzer)	90	III	280,--
(Randfehler)	93	II-III	340,--
	94	II/I	1200,--
	99	III	360,--
1843	04	II-III	500,--
	31	III/II	525,--
	33	II-III	410,--
(leichter Randfehler)	33	II	520,--
(Kratzer)	51	II-III	490,--
	51	I-II	1500,--
	62	II	750,--
	67	II-III	650,--
	80	II-III	700,--
	89	III	360,--
1844	30	I	1300,--
(leichte Kratzer)	65	II	700,--
(leichte Kratzer)	89	II(PP)	975,--
Gedenkdoppeltaler, 1840, Dav. 639, Cr. 88	02	I-II	5000,--
	67	II	4900,--
(Kratzer)	68	III	3050,--
	89	III/II	3800,--
Taler, Fürstentag im Römer, 1863, Dav. 654 var., Cr. 81 var. (Unikum)	100	II	1000,--

Taler, Fürstentag im Römer, Dav. 654, Cr. 81	01	II-III	275,--
	03	I-II	450,--
	04	II/I	370,--
	04	I-II	350,--
	05	II	385,--
(Randfehler)	06	I-II	335,--
	07	I	440,--
	07	II	300,--
(Randfehler)	17	II/I	420,--
	22	II-III	300,--
(leichter Kratzer)	23	II	340,--
	23	III	300,--
(leichter Randfehler)	25	II	250,--
	27	II	370,--
	28	I	455,--
(leichte Kratzer)	28	I	400,--
	30	I-II	310,--
	31	I/PP	575,--
	31	III	280,--
(korrodiert)	33	II	255,--
	36	II	360,--
	37	II-III	250,--
	37	II	320,--
	37	I-II	380,--
	39	II	350,--
	39	II	350,--
(Randfehler, Kratzer)	40	II	235,--
	41	I-II	475,--
	47	I	410,--
	49	II	360,--
	49	II-III	285,--
	51	II	370,--
	51	II-III	330,--
	53	I	480,--
	54	I-II	410,--
	54	II	355,--
	55	II	325,--
	55	II	320,--

wie vor	60	II/III	405,--
	62	I-II	440,--
	65	II/I	330,--
	67	I	575,--
	67	II	375,--
	68	II	360,--
	69	I-II	500,--
	74	II/I	400,--
	74	II/I	350,--
(gereinigt)	77	II	240,--
	80	II	400,--
	81	I-II	400,--
	82	II/III	310,--
	83	II	290,--
	84	I-II	380,--
(leichter Kratzer)	89	I	430,--
(leichter Randfehler, leichter Kratzer)	90	III	240,--
	86	II/I-II	415,--
	94	I-II/I	500,--
	95	I-II	360,--
	97	III	220,--
Taler, Deutsches Schützenfest, 1862, Dav.			
653, Cr. 80	05	III/II	200,--
	28	I-II	205,--
	31	I	230,--
	31	I	230,--
	41	I	410,--
	47	I	230,--
	49	I	330,--
	57	I-II	215,--
(leichter Randfehler)	62	I	290,--
	70	II	210,--
	81	I	265,--
	85	I	290,--
	94	I-II	215,--
	94	II/I	250,--
Taler, 1862	31	II/I	225,--
	47	I/II	260,--

wie vor	49	II	200,--
1863	28	I-II	625,--
	74	I	1350,--
	74	III/II	200,--
	89	III/II	280,--
	94	II/I	775,--
1864	44	II	230,--
	74	I-II	360,--
Taler, 1861, Dav. 652 v., Cr. 78	30	III	425,--
	41	III-IV	320,--
(leichter Randfehler)	44	II	1825,--
	73	I	3850,--
	89	III	525,--
Taler, 1859, Dav. 650, Cr. 79	04	II	205,--
	04	II	200,--
	23	I-II	320,--
	27	I-II	310,--
	30	II	215,--
(leichter Kratzer)	36	I-II	270,--
	40	II	280,--
	41	I/I-II	285,--
(leichter Randfehler)	60	I-II	205,--
	60	II/I-II	255,--
	57	I-II	235,--
	62	I-II	350,--
	62	II-III	260,--
	65	III/II	200,--
	67	I	330,--
	68	II	290,--
	70	I-II	310,--
	80	II/I	230,--
	82	II/I	275,--
	89	I	280,--
	94	I-II/I	305,--
	99	II-III	205,--
Taler, 1859, Dav. 649, Cr. 78	27	I	230,--
	30	I-II	215,--
	31	II/I	200,--

wie vor	81	II/I	230,--
1860 (leichter Randfehler)	18	II-III	205,--
	27	I-II	210,--
	32	II/I	200,--
	41	I-II	200,--
	47	I	280,--
	62	I	380,--
	62	II/I	220,--
	62	I-II	205,--
	62	II	200,--
	67	I-II	205,--
	68	I-II	280,--
	94	I-II	230,--
Taler, 1857, Dav. 648, Cr. 77	27	II-III	1100,--
	41	II-III	1500,--
	51	II-III	1500,--
	89	III/II	1200,--
1858 (Randfehler)	03	II-III	450,--
	04	II-III	500,--
(Randfehler)	06	III	310,--
	08	I-II	775,--
	28	II	750,--
	30	III/II	300,--
	31	III	240,--
	39	III	215,--
	41	I-II	800,--
	45	III	220,--
	47	III	330,--
	49	III	205,--
	51	I-II	800,--
	62	II	650,--
	66	III	270,--
	67	I-II	975,--
	68	II-III	370,--
	68	III	225,--
	75	III	250,--
	81	III	235,--
	89	III	270,--

wie vor	97	III	350,--
Vereinstaler, 1857, Dav. 648, Cr. 77	67	II	3300,--
	89	III	925,--
(Kratzer)	99	III	600,--
Kontributionstaler (aus dem Silber der			
Kirchengefäße), 1796, Dav. 2229, Cr. 76	00	II-III	725,--
	16	III	550,--
	17	II	470,--
(leichter Schrötlingsfehler)	18	II	600,--
	19	III	550,--
	28	I-II	875,--
(leicht justiert)	30	I	850,--
	31	I	1525,--
	31	I	1425,--
	31	II/I	1200,--
	35	I-II	1100,--
(Schrötlingsfehler)	41	I-II	850,--
	46	II-III	800,--
	47	II/I	1000,--
(leichte Schrötlingsfehler)	47	II	875,--
	49	II-III	725,--
(Randfehler)	51	II-III	575,--
(leichter Randfehler)	70	I	1200,--
(Schrötlingsfehler)	71	II-III	450,--
	79	I-II	850,--
	81	II/I	750,--
	89	II	900,--
Reichstaler, 1793, Dav. 2228, Cr. 75	04	II-III	950,--
(Schrötlingsfehler)	25	I-II	480,--
	30	I-II	925,--
	31	II	1050,--
	41	I	3150,--
	60	IV	270,--
	89	III/II	1200,--
(porös, Schrötlingsfehler)	99	III	275,--
1796	41	I	3250,--
Konventionstaler, 1776, Dav. 2227, Cr. 74,			
JuF. 890 (Henkelspur)	20	III	500,--

wie vor (leichter Schrötlingsfehler)	23	I-II	1100,--
	23	III/IV	490,--
	39	III	470,--
	47	III	525,--
(Kratzer)	48	III	400,--
	89	III/II	1000,--
	97	III/IV	330,--
	99	II	900,--
Taler, 1772, Dav. 2226, Cr. 73, JuF. 877	00	III	425,--
	01	III	430,--
(Randfehler)	06	II-III	600,--
(leichter Schrötlingsfehler)	22	II	675,--
(Schrötlingsfehler)	28	II	525,--
	31	I	1450,--
	31	I	1250,--
(leichter Schrötlingsfehler)	31	II/I	925,--
(Schrötlingsfehler)	31	II	925,--
(justiert)	37	II-III	600,--
	39	II/I	1250,--
	41	II	775,--
	47	I	1900,--
	47	I	1600,--
	49	II-III	600,--
	51	III	440,--
(leichter Schrötlingsfehler)	51	II-III	575,--
	54	II-III	700,--
	68	II-III	750,--
(leichter Schrötlingsfehler)	71	II-III	520,--
	73	II-III	650,--
	75	II-III	600,--
	79	III	370,--
	89	II/I	1350,--
	89	I	2050,--
	93	III	300,--
	93	II-III	450,--
	97	II	850,--
	99	II-III	550,--
(leichter Schrötlingsfehler)	100	III	375,--

wie vor	101	III	450,--
Konventionstaler, 1772, Dav. 2226, Cr. 73,			
JuF. 877 b Anm. (Randfehler)	04	II-III	675,--
(Schrötlingsfehler)	31	I	1025,--
	39	III	500,--
	44	III	500,--
	73	I-II	1400,--
(Schrötlingsfehler)	65	III	500,--
	89	II	1550,--
Konventionstaler, 1767, Dav. 2225, Cr. 72 c,			
JuF. 866 ff. (leichter Kratzer, leicht			
justiert)	28	II-III	1600,--
Konventionstaler, 1764, Dav. 2223, Cr. 72 b,			
JuF. 831	04	III	525,--
	17	III-IV	220,--
(leicht justiert)	31	II	1400,--
	31	III	775,--
(leicht justiert, Randfehler)	36	III	410,--
(Kratzer, justiert)	40	II-III	420,--
	47	III/II	750,--
	77	II/I	1550,--
	79	III	425,--
(leicht justiert)	100	III	320,--
1765	41	II	1600,--
Konventionstaler, 1764, Dav. 2220 var.,			
Cr. 72 a, JuF. 831 c	27	III	1850,--
Konventionstaler, 1762, Dav. 2219, Cr. 72,			
JuF. 819, 825	31	I	3600,--
(Schrötlingsfehler, leicht justiert)	31	III	900,--
(Schrötlingsfehler)	47	I	2400,--
	70	I	4900,--
(Schrötlingsfehler)	81	I	2750,--
	89	III	1100,--
1763	30	II-III	1475,--
	41	II	2025,--
	53	III-IV	520,--
	70	I-II	3600,--

Reichstaler auf das Stückschießen zur Feier
des Geburtstages von Erzherzog Leopold,

1716, Dav. 2217, JuF. 690, 691	28	I	6900,--
Taler, 1710, Dav. 2215	37	II-III	6700,--
1716	89	I-II	16000,--
Reichstaler, 1696, Dav. 5300, JuF. 585,			
592 (leicht poliert, leichte Henkelspur)	23	III	5600,--
Taler, 1647, Dav. 5296, JuF. 453 (leicht			
dezentriert)	71	III	1000,--
Reichstaler, 1638, Dav. 5294, JuF. 428 ff.			
(leicht poliert)	89	III	385,--
1639	31	III/II	1000,--
(leicht justiert)	41	II	1050,--
(leicht justiert)	89	II/III	1025,--
(leicht justiert)	89	II/III	900,--
	99	III	390,--
Taler, 1626, Dav. 5293 (leichte Schrötlings-			
fehler)	85	III	460,--
(Randfehler)	89	III	575,--
1627	26	II	1250,--
(Stempelfehler)	47	III/II	1100,--
1632	89	III	875,--
1634 (Schrötlingsfehler)	89	III	480,--
1635	31	III/II	950,--
1636 (Schrötlingsfehler)	22	III	900,--
1637	47	III	800,--
Taler, 1624, Dav. 5291, JuF. 386, 392 c	31	III	625,--
	31	III	400,--
(leichtes Zainende)	48	II-III	400,--
(leicht justiert)	89	II	1075,--
Reichstaler, 1623, Dav. 5290, JuF. 382	04	III	525,--
	11	III	350,--
	20	III	440,--
(Einhieb, Randfehler)	20	III-IV	250,--
	23	IV	390,--
	25	II-III	475,--
(leicht justiert)	31	III	875,--
(Stempelfehler)	31	III	320,--

wie vor (leichter Stempelfehler)	33	II-III	450,--
(Randfehler)	49	III	450,--
	62	III/II	480,--
(Zainende)	62	III	210,--
Taler, 1621, Dav. 5289	20	III-IV	220,--
(Zainende)	37	III	260,--
	41	II	800,--
	47	III	410,--
(leichte Kratzer)	48	III	350,--
	62	IV/III	260,--
(Zainende)	74	III	260,--
1622	04	III	600,--
	15	III	440,--
(Randfehler)	22	III	355,--
(Zainende)	31	III	400,--
	47	IV/III	200,--
	89	III	400,--
(Schrötlingsfehler)	89	III	440,--
(Sammlerzeichen)	89	III	280,--
Taler, 1621, Dav. 5289 (Zainende)	89	III	360,--
Taler, 1620, Dav. 5287, JuF. 359 (Zainende)	30	III/II	390,--
	41	II	800,--
	87	III	575,--
(Randfehler)	89	III	360,--
	99	II-III	575,--
Taler, o. J., Dav. 5288, JuF. 360 (Randfehler)	01	III	1675,--
1/2 Reichstaler, 1791, Cr. 68, JuF. 938	28	I	1650,--
	31	I	950,--
	47	I/II	850,--
	67	II	625,--
	85	I-II	700,--
1/2 Taler, 1764, Cr. 66 a, JuF. 832 d (justiert)	41	I-II	2150,--
1/2 Reichstaler, 1764, Cr. 66 var., JuF. 832 a, b	19	II-III	800,--
	20	II-III	625,--
	28	II-III	750,--
	31	II/I	1200,--

1/2 Taler, 1762, Cr. 66, JuF. 820 (leicht			
justiert)	31	II	1075,--
(Schrötlingsfehler)	35	III	205,--
(Randfehler)	89	III	280,--
1/2 Taler - Gymnasialprämie, o. J., JuF.			
1631	89	III	320,--
1/2 Taler auf das 200-jährige Reformations-			
jubiläum, 1717, JuF. 696, 697	89	II	1400,--
	89	II	1600,--
1/2 Taler, Schulprämie, Allegorie auf die			
Kindererziehung, 1652, JuF. 472 (leichte			
Henkelspur)	31	III	725,--
	47	II	2800,--
1/2 Taler auf den Westfälischen Frieden,			
1650, JuF. 466 (mit Öse)	37	III	675,--
1/3 Taler, Gymnasialprämie, o. J., JuF. 1632			
Anm.	44	II	285,--
1/4 Reichstaler (= 30 Kreuzer), 1762, Cr.			
62, JuF. 821	22	III-IV	365,--
	89	III	410,--
	99	III	290,--
1/4 Taler, 1622, JuF. 369, 376 (gestopftes			
Loch, RRRR)	89	III	1625,--
1/4 Taler auf die 100-Jahrfeier der Reforma-			
tion, 1617, JuF. 332 (leichte Henkelspur)	53	III-IV	305,--
(Schrötlingsriß)	89	III	430,--
1/6 Taler, Gymnasialprämie, o. J., JuF. 1640	89	I	420,--
1/6 Taler, Gymnasialprämie, o. J., JuF. 1635			
(Zainende)	89	I	320,--
1/6 Taler, Gymnasialprämie, o. J., JuF. 1628	41	II	225,--
1/6 Taler, 100-Jahrfeier der Reformation,			
1617, JuF. 332	89	II	625,--
1/8 Taler, Gymnasialprämie, o. J., JuF. 1644	89	I	500,--
1/8 Taler, Gymnasialprämie, o. J., JuF. 1628,			
1629	89	II	320,--
Doppelgulden, 1845, Dav. 642	47	II/III	345,--
	56	I-II	550,--
	67	I-II	825,--

wie vor	89	II	525,--
1846	04	I-II	550,--
	05	III/II	310,--
	35	II-III	360,--
	47	II	400,--
(leichter Randfehler)	51	II	410,--
	62	I	800,--
	62	I-II	550,--
1847 (Brandstelle)	20	I-II	500,--
(Randfehler)	20	I-II	405,--
(leichte Randfehler)	31	II	500,--
	41	I/I-II	1000,--
	45	II/I	475,--
	47	II/III	380,--
	77	III	285,--
1848	44	I-II	575,--
	47	II/III	350,--
	57	II-III	305,--
	62	II/I	675,--
	80	II-III	380,--
	89	II	450,--
1849	56	II-III	480,--
1851	89	I/II	1250,--
	97	III	270,--
1853	71	III	280,--
(gereinigt)	84	II	330,--
	89	I/II	725,--
1854	89	II	750,--
1856	27	I	1200,--
	27	I	1050,--
(aus 1846)	41	I/I-II	925,--
	80	II	400,--

Doppelgulden, 1848, Dav. 643, Cr. 83, JuF.

1126	01	III	275,--
	22	II	375,--
	25	II	345,--
	31	PP	650,--
	31	II/I	360,--

wie vor	31	II	340,--
	36	II	410,--
	37	III/II	330,--
	38	III	215,--
	39	I	600,--
	39	II/I	380,--
	39	II	285,--
	41	I	625,--
	47	I	525,--
	48	I-II	500,--
	49	II-III	375,--
	52	I	500,--
	53	II	340,--
	66	II	290,--
	67	I-II	550,--
	68	III	275,--
	69	II	340,--
	70	I-II	470,--
	77	III/II	305,--
	84	II	330,--
	89	II/I	460,--
	89	II/I	410,--
	93	II-III	280,--
(Randfehler)	99	II-III	280,--
(leichter Randfehler)	100	II-III	390,--
Doppelgulden, 1848, Dav. 644, Cr. 84, JuF.			
1139, 1140	04	II	240,--
	18	I-II	270,--
	23	I-II	450,--
	25	I-II	350,--
(Randfehler)	28	I-II	250,--
	28	I-II	265,--
	30	III/II	205,--
	30	I	460,--
	31	I	300,--
	32	II-III	205,--
	36	III	210,--
	37	III/II	250,--

wie vor	39	II	260,--
(leichter Randfehler)	40	II	225,--
	41	I-II	340,--
(leicht berieben)	44	I	390,--
	47	II	210,--
(leichte Kratzer)	48	II	225,--
	49	I-II	300,--
	54	I-II	335,--
	57	II	255,--
	62	III/II	220,--
	67	II(PP)	225,--
	70	I	500,--
	73	I-II	330,--
	73	II	200,--
	74	II/I	240,--
	81	II	210,--
	84	II/I	300,--
	89	I	320,--
	89	I/II	210,--
(leichter Kratzer)	90	II	240,--
	93	I	400,--
	94	I-II	315,--
(leichte Kratzer)	97	I	240,--
	100	II	200,--
Doppelgulden, 1849, Dav. 646, Cr. 86, JuF.			
1206	01	III	215,--
	04	PPlb.	500,--
	04	II	385,--
	06	II	355,--
	06	II	330,--
(leichte Kratzer)	16	II/III	305,--
(leichter Randfehler)	20	I-II	400,--
	21	II	290,--
	22	III/II	375,--
(Randfehler, Fleck)	23	I	370,--
	27	I	625,--
	30	II	425,--
	31	I	410,--

wie vor	35	II	330,--
	36	III	365,--
	39	II	380,--
	41	I-II	460,--
	44	II	460,--
	47	II	440,--
	51	I	825,--
	53	II	380,--
	67	I-II	425,--
	68	II-III	320,--
	70	I-II	500,--
(gereinigt)	77	II	315,--
	84	II	420,--
	86	I-II	480,--
	89	II/I	410,--
	89	III/II	240,--
	93	II-III	300,--
	93	II-III	250,--
	94	I-II	425,--
	97	III	300,--
(Randfehler)	99	II	280,--
Doppelgulden, 1855, Dav. 647, Cr. 87, JuF.			
1252	04	II	300,--
	16	II	350,--
	18	II/I	365,--
	21	I-II	360,--
(leicht justiert)	22	I	450,--
(leichter Randfehler)	23	I	400,--
	30	II/I	375,--
	31	I	410,--
	31	II	290,--
	36	II/III	360,--
	36	III/II	280,--
	39	II	315,--
	41	I	600,--
	44	I	625,--
	47	I	430,--
	47	II/I	360,--

wie vor	51	I-II	420,--
	53	II	315,--
	56	I-II	450,--
	61	I-II	525,--
	61	II	400,--
	65	II	350,--
(Brandschaden)	67	I-II	390,--
	68	II	370,--
	70	I	575,--
	70	II-III	310,--
	74	II	380,--
	80	I	350,--
	84	I	500,--
	84	III	210,--
	86	I	465,--
	89	I	320,--
	89	III	225,--
	93	II	300,--
	97	II	300,--
	97	III	240,--
	100	II	310,--
Gulden, 1863, Cr. 70 b var., J. 38	41	I/I-II	675,--
	62	II/I	600,--
	89	II	350,--
	93	II	430,--
	94	I	700,--
	94	I-II	625,--
Gulden, 1859, Cr. 70 b, J. 33	41	I-II	575,--
	51	I	650,--
	89	II/I	360,--
1861	18	I	430,--
(leichter Kratzer)	19	I	320,--
(leichter Kratzer)	23	I-II	360,--
	30	II	245,--
	31	II	480,--
	41	I	390,--
	44	II	625,--
	47	I	420,--

wie vor	53	II	220,--
	62	I	600,--
	62	I-II	370,--
	67	II	270,--
	70	I	490,--
	74	I-II	400,--
	74	I-II	400,--
	85	II	265,--
	86	II-III	180,--
	94	I-II	300,--
	97	II	265,--
	99	II	215,--
Gulden, 1842, Cr. 70 a, J. 27	60	III	200,--
1844	47	II	300,--
	67	I-II	440,--
1845	41	I	900,--
	89	III/II	200,--
	97	III	220,--
1846	34	II	220,--
	41	I-II	360,--
	44	II	270,--
	74	II	300,--
	89	II	285,--
1847	41	I-II	460,--
	89	II	320,--
1849	41	I-II	420,--
1850	89	III	240,--
1851	89	I	435,--
(leichte Randfehler)	97	I	350,--
1852 (leichter Kratzer)	89	I/II	280,--
1855	41	I-II	420,--
	89	I	320,--
Gulden, 1838, Cr. 70, J. 22	18	I	480,--
	20	I-II	235,--
	44	I	600,--
	53	II	405,--
	86	I	525,--
	89	III	200,--

wie vor, 1840 (leichter Kratzer)	60	III/II	265,--
	67	II-III	225,--
	89	III	215,--
	94	II	300,--
1841	89	II	320,--
Gulden zu 60 Kreuzer, 1695, JuF. 587	30	III	365,--
	89	III	575,--
Gulden zu 60 Kreuzer, 1690, JuF. 573 ff.			
(Schrötlingsfehler)	25	III	250,--
(leicht justiert)	89	III	400,--
1691 (leicht justiert)	89	III	400,--
1693 (leichter Stempelfehler)	04	III	345,--
(leichter Stempelfehler)	31	III/II	550,--
	89	II	675,--
	97	III	305,--
Gulden zu 60 Kreuzer, 1672, JuF. 562 ff.	01	III	350,--
	04	III	455,--
	31	II	420,--
	31	III	410,--
	41	I-II	725,--
(leichter Schrötlingsfehler)	51	II-III	400,--
	73	III	225,--
	97	IV	200,--
1673	31	II	575,--
(leichter Kratzer)	89	III	320,--
1674	44	III	350,--
	47	III	360,--
	89	II	675,--
1675 (leicht justiert)	31	III	420,--
	44	II-III	430,--
(leicht justiert)	89	III	360,--
1/2 Gulden, 1862, Cr. 64 b, J. 37, JuF.			
1297	67	II-III	550,--
	59	III/II	525,--
1/2 Gulden, 1842, Cr. 64 a, J. 26	89	II	380,--
1843	89	III	225,--
1844	20	II	230,--
	41	I-II	460,--

wie vor	47	I	490,--
	60	III	360,--
	77	II/I	370,--
1846	89	I	340,--
1847	26	I	360,--
1/2 Gulden, 1838, Cr. 64, J. 21	89	II	280,--
1841 (leichter Kratzer)	89	II/I	330,--
40 Kreuzer - Prämie der Zeichenakademie,			
o. J., JuF. 1649	89	II	240,--
20 Kreuzer, 1790, Cr. 60, JuF. 923	31	II	625,--
	41	I	550,--
20 Kreuzer, 1781, Cr. 58, JuF. 903, 907	77	I-II	600,--
1784	98	III	205,--
	100	I-II	850,--
20 Kreuzer - Gymnasialprämie, o. J., JuF.			
1645	89	I	200,--
20 Kreuzer, 1776, Cr. 56, JuF. 891	11	I-II	410,--
(leicht justiert)	19	I-II	550,--
	30	I-II	825,--
	31	II/I	875,--
	41	I	900,--
	89	II	490,--
	89	III/II	320,--
20 Kreuzer, 1767, Cr. 52 a	85	II-III	340,--
	89	II	410,--
1768 (leicht justiert)	89	II	350,--
20 Kreuzer, 1765, JuF. 860	41	III	200,--
20 Konventionskreuzer, 1764, Cr. 52, JuF.			
833, 834	89	III/II	280,--
	89	III/II	500,--
20 Kreuzer, 1763, JuF. 826 h	89	III	360,--
20 Kreuzer - Gymnasialprämie, o. J., JuF.			
1641, 1643	89	I	400,--
	89	I	200,--
12 Kreuzer, 1611	92	III	700,--
10 Kreuzer, 1788, Cr. 46, JuF. 916 b, c	03	I	375,--
	41	I	410,--
(justiert)	41	I-II	285,--

wie vor	75	II	350,--
10 Kreuzer, 1788, Cr. 46, JuF. 916 a	31	II	420,--
	47	II	525,--
	70	I-II	430,--
10 Kreuzer, 1778, JuF. 897	31	II	600,--
	47	III/II	220,--
	55	II	365,--
10 Konventionskreuzer, 1776, Cr. 44, JuF. 892	31	II	550,--
10 Kreuzer, 1765, JuF. 861	89	III	205,--
VI Kreuzer, 1620, JuF. 364	20	II	625,--
5 Kreuzer, 1778, Cr. 34, JuF. 898 ff.	77	II/I	320,--
	89	II	230,--
1785	89	II	200,--
VI Albus, 1693, JuF. 576	47	III	270,--
	89	III	200,--
Schüsselpfennig, o. J., JuF. 241	01	III	240,--
Schüsselpfennig, o. J., JuF. 277	01	II	335,--
I Heller - Probe in Feinsilber, 1774, Cr. zu 2, JuF. 884	77	II	305,--
Kupfer-Heller, 1814, J. 9 a, JuF. 1008 a	89	III	410,--
Kupfer-Heller, 1814, J. 9 b, JuF. 1008 b	89	II	900,--
Silberabschlag vom Kupfer-Heller, 1816, JuF. 1011 ff. (leicht justiert)	89	II/I	200,--
1867	47	I	320,--
Juden-Heller, 1703, Cr. T 1, J. 1, JuF. 1990	89	III	210,--

FREIBURG/Breisgau, Stadt

Goldabschlag vom Taler-Stempel, 1739, Berst. vgl. 211 (leicht gewellt)	42	II	21000,--
Dukat, 1717, Fr. 1038, Berst. 140 (Doppelschlag)	42	III	9000,--
Guldentaler zu 60 Kreuzer, 1570, Dav. 10023, De Mey 289 (Fälschung?)	67	III	2900,--
1571 (leichte Henkelspur)	67	II-III	2950,--
(zeitgenössische Fälschung, leichte Henkelspur)	99	II-III	675,--
Guldentaler zu 60 Kreuzer, 1574, Dav. 10024	42	III	5800,--

Taler, 1620, Dav. 5302, Berst. 192	31	III	7000,--
Taler auf den Frieden von Baden, o. J.,			
Dav. 2234, Berst. 215	42	III	9500,--
Taler auf den Frieden von Baden, o. J.,			
Dav. 2234 var., Berst. 215 var. (unediert?,			
Henkelspur)	42	III	2600,--
Taler, 1726, Dav. 2237, Berst. 203, 204	42	III	6500,--
Taler, 1738, Dav. 2244, Berst. 209	42	III	9500,--
Reichstaler = "Patronatstaler", 1739,			
Dav. 2245, Berst. 210, 211	41	II	5100,--
(Feilspur)	42	II	4100,--
1/2 Guldentaler zu 30 Kreuzer, 1565, Berst.			
161 b, 163	62	IV/III	1800,--
Dicken (= 1/4 Guldener), 1503, Schulten			
896	42	II	15750,--
	86	II-III	9100,--
20 Kreuzer, 1716, Berst. 262	42	III	3600,--
Zwölfer (1/2 Dicken), 1620, Berst. 238	42	II-III	3400,--
10 Kreuzer, 1565, Berst. 226	42	III	6000,--
10 Kreuzer, 1620, Berst. 240	42	II	4500,--
X Kreuzer, 1735, Berst. 285	42	III	400,--
	67	III-IV	350,--
V Kreuzer, 1734 (kleine Schrift)	42	II	380,--
(große Schrift)	42	III	480,--
Grossus, 1403	67	II-III	7700,--
Groschen, o. J., Schulten 903	67	III-IV	410,--
2 Kreuzer, 1712	42	I-II	240,--
2 Kreuzer, 1716, Berst. 258 ff.	42	II	220,--
1717	42	II	220,--
2 Kreuzer, 1720, Berst. 268 ff.	42	II	220,--
2 Kreuzer, 1729, Berst. 277	42	II	220,--
Kreuzer, 1624, Berst. 243, 44	55	III	280,--
Kreuzer, 1710, Berst. 251	42	II	200,--
Kreuzer, 1712, Berst. 255, 260	68	I	310,--
	99	I-II	205,--
1 Kreuzer, 1716	42	II	210,--
Kreuzer, 1728, Berst. 275	42	II	200,--
1 Kreuzer, 1731, Berst. 279	42	II	260,--

Plappart (= 6 Rappen), o. J., Schulten 905	100	III	525,--
Doppelvierer (= 4 Rappen), o. J., Schulten			
906	42	II-III	250,--
	75	III	200,--
Vierer (= 2 Rappen), o. J., Schulten 907	42	III	260,--
Rappen, o. J., Berst. 127	42	III	270,--
Einseitiger Rappen, o. J., Schulten 908	42	III	200,--
	42	III	310,--
Rappen, o. J.	42	III	320,--
Einseitiger Rappen, o. J., Schulten 910	42	III	240,--
	42	III	200,--
	42	II	300,--
Kleinerer Stäbler, o. J.	42	III	260,--
Breiter einseitiger Stäbler (= 1/2 Rappen),			
o. J., Schulten 911	42	III	330,--

FREISING, Bistum

Johann Franz Egker von Kapfing, 1695-1727

Taler, Augsburg, 1709, Dav. 2247, Sellier			
90 (Henkelspur, leicht poliert)	25	III	500,--
(leicht poliert)	48	II-III	650,--
	65	II	2325,--
	72	I	3500,--

Sedisvakanz, 1763

Schautaler, 1763, Sellier 55 (Henkelspur)	27	III	500,--
	65	III/II	1600,--

Clemens Wenzel von Sachsen, 1763-1768

Dukat, 1765, Fr. 1040, Cr. 1	76	II	7100,--
Dukat, 1766, Fr. 1040, Cr. 1	76	II-III	6300,--

Sedisvakanz, 1788

Schautaler, 1788, Sellier 61 (leichter			
Randfehler, Kratzer)	65	I-II	600,--

Joseph Konrad von Schroffenberg, 1790-1803

Taler, 1790, Dav. 2248, Cr. 2, Sellier 95	54	I	3500,--
Konventionstaler, Regensburg, o. J., Dav.			
2249, Cr. 2, Sellier 490	41	II	1150,--
	44	II	1650,--
	48	III	775,--

wie vor	65	I-II	1675,--
	70	I	3600,--
	77	III/II	1000,--

FRIEDBERG, Burggrafschaft in der Wetterau

Hans Eitel Diede I. zu Fürstenstein,
1671-1685

Gulden zu 60 Kreuzer, 1674, Lej. 58, 59-99	03	III	265,--
	51	III	385,--
	71	III-IV	400,--
	75	III	405,--
(poliert)	91	III	260,--
1675	26	II	550,--
Gulden zu 60 Kreuzer, 1674?, Lej. 58 ff.			
(Schrötlingsfehler)	05	IV/III	250,--
1677? (Schrötlingsfehler)	86	III	240,--

Philipp Adolph Rau von und zu Holzhausen,
1685-1692

VI Kreuzer, 1688, Lej. 72 ff. (Schrötlings-			
fehler)	16	III	210,--
	98	III	220,--
	100	III	260,--

Hans Eitel Diede II. zu Fürstenstein,
1745-1748

Reichstaler, 1747, Dav. 2250, Lej. 77			
(leicht schwache Prägung)	41	II	2200,--
(justiert)	99	II	2600,--
2/3 Taler, 1747, Lej. 76	55	III	460,--
	71	I-II	1150,--
	97	III/II	700,--

Franz Heinrich von Dalberg, 1755-1776

Konventionstaler, 1766, Dav. 2251, Cr. 3,			
Lej. 80	16	I	5200,--
	28	I	3400,--
	70	I	3800,--
	71	I-II	3700,--
	89	III/II	2400,--
1/2 Taler = Gulden, 1766, Cr. 2, Lej. 79	04	III	350,--

wie vor	20	III	310,--
	28	II	440,--
	31	II/I	725,--
	39	III	205,--
(justiert)	44	II	510,--
	47	III	400,--
	55	III	450,--
(leicht justiert)	65	III/II	300,--
	71	I-II	1025,--
(leichte Henkelspur)	98	II-III	275,--
20 Kreuzer, 1766, Cr. 1, Lej. 78	41	II-III	220,--
	55	III	290,--

Johann Maria Rudolf Graf Waldbott-Bassenheim,
1777-1805
Konventionstaler, 1804, Dav. 655, Cr. 1, Lej.

81	27	I-II	2150,--
(leicht justiert)	27	II	1775,--
(leicht justiert)	28	I-II	2100,--
(justiert)	44	II	2000,--
	45	I/II	2700,--
(leicht justiert)	51	I-II	2750,--
(leicht justiert)	51	III	2050,--
	62	I	3700,--
(leicht justiert)	71	II	2150,--
	74	II	2400,--
(leicht justiert)	98	I-II	2400,--

FRIEDLAND

Witten, o. J., Jesse 372	80	III	410,--

FÜRSTENBERG
Joseph Wilhelm Ernst, 1704-1762
Ausbeute-Dukat der Grube "Eule", 1751, Fr.

1041, Cr. 3, Berst. 300-302	70	I-II	12500,--

Ausbeute-Taler "St. Josephs Cobold und Silber-
Zeche". 1729, Dav. 2267, Cr. 1 (leicht

justiert)	47	II	3600,--

Konventionstaler, Ausbeute der St. Sophia-
Zeche, 1762, Dav. 2268, Cr. 2

	36	III	4450,--
	51	II-III	2250,--
	74	II-III	3000,--
	76	II-III	2350,--

Silber-Klippe, Ausbeute der Grube "Gnade
Gottes", 1705, Berst. 303 (leichte Henkel-
spur)   26   III   1450,--

Joseph Wenzel, 1762-1783
3-facher Ausbeute-Taler der Grube "St. Wenzeslaus", 1767, Dav. 277/2269, Cr. 9, Berst.
306   51   III   9000,--
(leichte Henkelspur)   89   III   7100,--

Ausbeute-Taler der Grube "St. Wenzeslaus",
1767, Dav. 2270, Cr. 8, Berst. 305   26   II   3000,--
                                               61   II   3100,--

1/24 Taler (Groschen), 1772, Cr. 7, Berst.
307   41   II-III   200,--
                                               55   III-IV   250,--

Joseph Maria Benedikt, 1783-1796
Ausbeute-Taler der Grube "Friedrich Christian
Gabs im Schwarzwald", 1790, Dav. 2271, Cr.
11, Berst. 312 (Henkelspur)   07   III   810,--
(leichte Kratzer)   23   III   2150,--
(leicht justiert)   25   II   2050,--
                                               26   II   2100,--
                                               41   II   2125,--
(justiert)   44   II   1950,--

Karl Joachim, 1796-1804
Konventionstaler, 1804, Dav. 656, Cr. 18,
Berst. 315   44   I   11250,--
                                               51   I-II   9900,--
                                               70   I   11000,--

20 Kreuzer, 1804, Cr. 17, Berst. 316   35   III-IV   335,--
                                               55   II-III   1025,--
                                               55   III   500,--
                                               98   III   500,--

10 Kreuzer, 1804, Cr. 16, Berst. 317   26   III-IV   220,--

wie vor (leicht berieben)	44	I	975,--
	55	III	550,--
	67	III	475,--
(leicht justiert)	86	I	1150,--
	98	II-III	500,--
	100	III	280,--
VI Kreuzer, 1804, Cr. 15, Berst. 318	55	III	345,--
	62	II	350,--
	86	I-II	625,--
III Kreuzer, 1804, Cr. 14, Berst. 319	55	III	315,--

FUGGER - Antonius-Hauptlinie
Anton I., 1530-1560

Goldgulden, o. J., Fr. 1043, Schulten 922	02	III	5300,--
(leichter Doppelschlag)	06	III	3800,--

FUGGER-BABENHAUSEN-WELLENBURG
Georg IV., (1577-1643), 1598-1643

Taler, 1622, Dav. 6671 (Henkelspur)	47	III	1100,--
(stark justiert)	89	III	3750,--
1/2 Batzen, 1624, Kull. 87	71	III	200,--

Maximilian II., 1598-1629
Taler, Augsburg, 1621, Dav. 6672, Kull. 97 ff.

(leichter Randfehler)	36	III/II	1650,--
Taler, 1621, Dav. 6673, Kull. 97 ff.	18	I-II	2850,--
(Zainende)	19	II-III	925,--
	34	II	2100,--
	89	I	4000,--
1623 (Schrötlingsfehler)	17	III	1000,--
Taler, 1624, Dav. 6674, Kull. 102	18	II	3500,--

Sigmund Joseph und Johann Rudolf, 1668-1683

15 Kreuzer, 1677, Kull. 131, 132	89	III	200,--

FUGGER - Zweiglinie Glött
Franz Ernst, 1648-1711
Taler (v. P. H. Müller), 1694, Dav. 6675,

Ahl. 182 (Rand kleiner Stempelfehler)	47	I-II	2900,--
(Rand kleiner Stempelfehler)	48	III	2000,--

wie vor (Rand kleiner Stempelfehler)	70	II-III	2650,--
(Rand kleiner Stempelfehler)	70	I	3600,--
	71	III	2300,--

FUGGER-NORDENDORF
Marquard, (1611-1655), 1601-1624
Taler auf das Begräbnis seiner Schwester
Maria und ihrer 2 Söhne, 1646, Kull. 162

(leichte Henkelspur)	98	II	1025,--

1/2 Taler auf das Begräbnis seiner Schwester
Maria und ihrer Söhne, 1646, Kull. 163

(leichte Henkelspur)	98	II-III	1025,--

FUGGER, Linie zu Zinnenberg und Nordendorf
gemeinsam
Kajetan zu Zinnenberg, 1720-1791 und
Karl Alexander zu Nordendorf, 1706-1784
gemeinsam

Taler, 1781, Dav. 2252, Cr. 1, Kull. 146	01	II-III	1800,--
	32	I-II	3975,--

FULDA, Abtei-Bistum
Bernhard Gustav von Baden-Durlach, 1671-1677
Taler auf seine Wahl, 1672, Dav. 5316, Berst.

185 (Schrötlingsfehler)	68	II	3050,--
Placidus v. Droste, 1678-1700			
Taler, 1687, Dav. 5318	85	III	5100,--
Konstantin von Buttlar, 1714-1726			
1/2 Kopfstück (= Schilling), 1724	41	I-II	335,--
Adolph von Dalberg, 1726-1737			
Karolin = 10 Gulden, 1734, Fr. 1062	39	III	2400,--
	68	III	3300,--
Karolin = 10 Gulden, 1735, Fr. 1062	89	III	3250,--
Taler, 1729, Dav. 2258 (leichter Randfehler)	01	III	1800,--
	26	II	3600,--
20 Kreuzer, 1736	26	II-III	225,--
Amandus von Buseck, 1737-1756			
Dukat, 1738, Fr. 1065	00	II	5500,--

wie vor	70	II	9000,--
Silberabschlag vom Dukaten, Jahrtausend-			
feier der Abtei, 1744, Fr. vgl. 1066	102	II	500,--
Groschen auf die Tausendjahrfeier der Abtei,			
1744	55	II-III	360,--
Adalbert II. von Walderdorff, 1757-1759			
1/6 Taler, 1757, Cr. 1	86	II-III	450,--
1/6 Taler, Kriegsgeld, 1757, Cr. 8	44	I-II	300,--
1758	100	III	210,--
1/6 Taler, Kriegsgeld, 1757, Cr. 8 var.	44	I	360,--
	44	I-II	280,--
XII Kreuzer, 1759	26	II	1250,--
Heinrich VIII. von Bibra, 1759-1788			
Dukat, 1779, Fr. 1070, Cr. 51 (gewellt)	61	II-III	3000,--
1/6 Sterbetaler (20 Kreuzer), 1788, Cr. 46	28	II/I-II	370,--
	48	III	200,--
	86	II	280,--
1/12 Taler auf seinen Tod, 1788, Cr. 38	04	II-III	200,--
20 Kreuzer, 1763, Cr. 40	55	III	460,--
Sedisvakanz, 1788			
Reichstaler, Nürnberg, 1788, Dav. 2263, Cr.			
52	00	II	1125,--
(leichter Randfehler)	48	III	800,--
Adalbert III. von Harstall, 1788-1812			
Kontributionstaler, 1796, Dav. 2264, Cr. 55	00	II-III	425,--
	03	II	640,--
(leichter Stempelfehler)	04	II	675,--
	21	III	525,--
	23	III	675,--
	25	III	525,--
(Randfehler)	26	II	900,--
	27	II	825,--
	46	II	1050,--
	47	III/II	800,--
	51	III	470,--
	51	III/II-III	500,--
	61	I-II	2000,--
	70	I	1500,--

wie vor	71	II	1000,--
	83	II-III	675,--
	93	I	1375,--
	86	II	775,--
	94	II-III/II	850,--
	99	II	750,--
Reichstaler, Kontribution auf die französi-			
sche Armee, 1795, Dav. 2265 A, Cr. 56	00	II-III	500,--
(leichter Schrötlingsfehler)	04	I-II	650,--
(Randfehler, leicht justiert)	23	III	440,--
	27	II	800,--
	35	III-IV	310,--
	46	II	850,--
(justiert)	81	III	410,--
Kontributions-Taler, 1795, Dav. 2265,			
Cr. 56	05	IV	300,--
Taler, 1795, Dav. 2266, Cr. 57 (leicht			
justiert)	85	II-III	700,--
1/2 Kontributionstaler, 1796, Cr. 53	46	II	1100,--
1/2 Taler, Kontribution, 1796, Cr. 54	05	III/II	230,--
	19	II	430,--
	39	III	275,--
(Schrötlingsfehler)	41	II	225,--
	46	II	300,--
	47	II	375,--
(leichter Randfehler)	47	III/II	245,--
	49	II-III	305,--
	65	III/II	260,--
	66	III/II	335,--
	68	III	280,--
	74	I-II	575,--
	98	I-II	550,--
(Schrötlingsfehler)	99	II	270,--
	99	III	270,--
(leichte Kratzer)	102	II	260,--

GARSTEN/Oberösterreich, Benediktinerabtei
Roman Rauscher, 1642-1683
Taler, Wien (M. Mittermayer) zum 50-jährigen
Priesterjubiläum, 1679, Dav. 3460   00   III   320,--
(leichter Schrötlingsfehler)   45   II   3200,--

GOSLAR, Stadt
Dukat, o. J., Fr. 1076   95   IV   3650,--
Taler, 1545, Dav. 9198, De Mey 297, Schulten
976   47   III   3100,--
Taler, 1596, Dav. 9200, De Mey 299   15   III-IV   550,--
                                           55   IV   975,--
Taler, 1610, Dav. 5322 (Henkelspur)   98   III   2250,--
Taler zu 24 Groschen, 1622, Dav. 5324   73   III   1600,--
Taler zu 24 Groschen, 1622, Dav. 5324 var. 47   III   1900,--
Taler zu 24 Groschen, 1628, Dav. 5325 var.
(poliert)   31   III   1200,--
Taler zu 24 Groschen, 1629, Dav. 5326
(Fundexemplar)   87   III   1500,--
Breiter Taler zu 24 Groschen, 1659, Dav.
5329 (Broschierungsspur)   31   III   1400,--
Taler, 1705, Dav. 2272   41   II-III   3000,--
                                           67   III   1700,--
                                          100   III   1700,--
Taler, 1705, Dav. 2272 A, Cappe 509   19   I-II   3400,--
(Henkelspur)   55   III-IV   625,--
Taler, 1717, Dav. 2273   62   I-II   5600,--
2/3 Taler, 1723, Cappe 551 (Schrötlings-
fehler)   41   I-II   2150,--
1/2 Reichstaler, 1717, Cappe 540   07   III-IV   1550,--
1/4 Taler zu 6 Groschen, 1659, Cappe 485   98   I-II   2725,--
1/12 Taler, 1724, Cappe 553 (Schrötlings-
fehler)   41   III   250,--
1/12 Taler, 1713   67   II-III   380,--
XXIV Mariengroschen (= 2/3 Taler), 1675,
Cappe vgl. 497   34   I-II   1000,--
1676   31   III   800,--

XVI Gute Groschen (= 2/3 Taler), 1675, Kny.

1089	01	III	640,--
(Schrötlingsfehler)	31	III	460,--
(Henkelspur)	86	IV	300,--
Mariengroschen - gotische Schrift, 1507,			
Schulten 983	41	III	240,--
1508	41	II-III	260,--
	94	II-III	240,--
1516	41	III	240,--
1522	41	III	240,--
Mariengroschen - lateinische Schrift, 1529,			
Schulten 984	41	II-III	260,--
Mariengroschen - lateinische Schrift, 1545,			
Schulten 984	92	III	250,--

GOTHA, Stadt
Notklippe zu 3 Groschen, 1567, Mers. 2935   68   III-IV   800,--

GRAZ, Stadt
1/6 Taler-Klippe, Graz, auf die Burgfriedbereitung durch Bürgermeister Georg Paumann,

1673 (Henkelspur)	50	IV	300,--

Silber-Groschenklippe, Graz, auf die Burgfriedbereitung unter Bürgermeister Georg

Paumann, 1673	50	I-II	600,--
	71	I	750,--

GURK, Bistum/Österreich
Franz Xaver von Salm-Reifferscheid, 1782-1822
Taler, Wien (Iganz Donner), 1801, Dav. 40,

Cr. 2	00	II	850,--
(leicht justiert)	05	III	450,--
	06	III	410,--
(leichter Randfehler, Kratzer)	23	III	390,--
	25	II-III	700,--
	27	I	1600,--
	34	II	700,--
(leichter Randfehler, Kratzer)	36	III/II	700,--

wie vor	41	III	350,--
(leichter Kratzer)	51	II	1300,--
	70	I	1600,--
(Randfehler)	73	II	700,--
	86	III-IV	310,--
20 Kreuzer, 1806, Cr. 1	55	I-II	430,--

GUTENBURG bei St. Blasien
Kupfergulden des Eisenbergwerkes, 1694,

Kirchh. 73 (Randfehler)	42	III	850,--

Kupfer-XV Kreuzer des Eisenbergwerkes,

1694, Kirchh. 74	42	II	700,--
	42	III	410,--

Kupfer-III Kreuzer des Eisenbergwerkes, 1694,

Kirchh. 75	42	II-III	750,--

HABSBURGISCHE ERBLANDE
Albrecht II., 1330-1358
Goldgulden nach Florentiner Typ, Judenburg/

Steiermark, o. J., Fr. 1	10	III	1900,--
	42	II-III	2200,--
	51	III	1300,--
	89	II	2100,--
	97	IV	1100,--

Erzherzog Sigismund von Tirol, 1439-1490
Goldgulden, Hall, o. J., Fr. 5, Schulten

4420	02	III	2400,--
Goldgulden, o. J., Fr. 5	10	III	3000,--
Goldgulden, o. J., Fr. 5	80	II-III	2150,--

1/2 Guldiner (= Pfundner), 1484, Schulten

4425	10	III	4300,--
	26	III	4400,--
	47	III/II	5600,--
	64	III/IV	3100,--
(Henkelspur, entgoldet)	98	III-IV	1400,--
6 Kreuzer, Hall, o. J., Schulten 4429	26	III	245,--
	47	III	270,--
	64	III	220,--

Friedrich III., 1452-1493

Achter (Breiter Groschen), Wiener Neustadt,

o. J.   10   IV   525,--

Maximilian I., 1490-1519

3-facher Schautaler - Abschlag vom Doppel-

taler, Hall, 1509 (leichter Kratzer)   10   II   26000,--

2 1/2-facher Schautaler - Abschlag vom

Doppelschautaler, Hall, 1509, Schulten

4458 (leicht poliert)   10   III   9200,--

Doppel-(Schau-)Guldiner, Hall, 1505,

Schulten 4438 (leicht poliert)   27   III   17500,--

Doppel-Schauguldiner, 1509, Schulten 4454,

Egg 13   02   III   5900,--

(leicht poliert)   10   III   7750,--

(vergoldet)   71   III-IV   8000,--

Doppel-Schautaler (Ulrich Ursentaler), 1509,

Schulten 4456, Egg 14   10   III   8000,--

                                             50   II   9300,--

1 3/4-facher Schauguldiner, 1505, Egg vgl.

2 (Henkelspur, leicht poliert)   64   III   3500,--

Schaumünze zu 1 1/2 Guldiner, o. J.   10   II   25500,--

Guldiner, Hall, zur Erinnerung an die Hoch-

zeit mit Maria von Burgund, 1479, Schulten

4474, Voglh. 3   10   III/II   29250,--

                                             50   II   11500,--

(Schau-)Guldiner, Hall, 1479, Schulten

4776, Voglh. 6   10   III/II   22000,--

(leicht poliert)   10   II   9000,--

                                             44   II-III   12500,--

(Schau-)Guldiner, Hall, auf seine Vermählung,

1479, Schulten 4478, Voglh. 4   10   III   38000,--

Königsguldiner, Hall, o. J., Schulten 4441,

Voglh. 10   46   II-III   7860,--

Königsguldiner, Hall, o. J., Schulten 4443,

Voglh. 9   10   III   8100,--

Breiter Schauguldiner (Ben. Burkhart), Hall,

1505, Schulten 4446, Voglh. 13 (leichte

Kratzer)   25   II   15500,--

"Kaisertaler", Hall, o. J., Schulten 4461,

Voglh. 11   10   III   21000,--

Schau-Guldiner, o. J., Schulten 4470 var.   10   III   8250,--

(Schau-)Guldiner, Hall, o. J., Schulten 4465

(schwache Prägung)   10   III   17000,--

Leichter Schautaler, 1505, Sch.-R. 9

(Henkelspur)   10   III   5000,--

Schauguldiner, Hall, 1516, Schulten 4471,

Voglh. 15 (leicht poliert)   10   III   1750,--

(altvergoldet)   52   III   2250,--

Taler, St. Veit, 1518, Schulten 3963,

Dav. 8007, Voglh. 24 (Henkelspur)   02   III   3600,--

(leichte Einrisse)   10   III   7700,--

                                               44   II-III   10000,--

(leichter Einriß)   72   III   8250,--

1/2 (Schau-)Guldiner auf seinen Tod, St.

Veit, 1519, Schulten 3972 (leichte Henkel-

spur)   02   III-IV   3000,--

Sechser, Hall, o. J., Schulten 4435   16   III   340,--

                                               36   IV/III   230,--

Batzen, St. Veit, 1515, Schulten 3980 var.   55   III-IV   250,--

Batzen, St. Veit, (Leopolder), 1516, Schulten

3982   26   II   410,--

1517   10   III   210,--

                                               65   III   340,--

                                               85   III-IV   225,--

Ferdinand I., 1521-1564

Dukat, Klagenfurt, 1542, Fr. 26, Schulten

4021   02   III   2800,--

(Henkelspur)   25   III   700,--

1551   02   III-IV   1300,--

1553   02   III   2500,--

Dukat, Klagenfurt, 1562, Fr. 26   02   III   1700,--

Dukat, Kremnitz, 1539, Fr. 26   80   III/II   950,--

1540 (leicht gewellt)   102   II/I-II   975,--

1551   48   II-III   800,--

                                               73   III   1000,--

1555   51   III   900,--

wie vor, 1562	51	III	900,--
1564	38	II-III	800,--
Dukat, Linz, 1544, Fr. 28, Schulten 4168	10	III	4000,--
Dukat, Nagybanya, 1563, Fr. 26	44	III	950,--
Dukat, Prag, auf seine Beisetzung, 1565,			
Fr. 28, Markl 2086	70	II	10000,--
Dukat, Wien, 1544, Schulten 4115 (Bug)	71	II-III	3500,--
Goldgulden, Kremnitz, K-B, 1539, Fr. 26,			
Markl 1281, 82	86	II	660,--
1543	40	II	750,--
1560 (Kratzer, leichter Randfehler)	34	III	700,--
1 1/2 Schautaler auf die Annäherung der			
Türken, 1529, Schulten 3823 (leicht poliert)	27	II	4100,--
Breiter 1 1/2-facher Schautaler, Kremnitz,			
1541, Voglh. 33 (leichte Kratzer)	31	III/II	2000,--
(leichter Schrötlingsfehler)	47	II	5000,--
(leicht poliert)	71	III	3000,--
Breiter 1 1/2-facher Schautaler, Kremnitz,			
1541, Markl 2040 (Henkelspur, poliert)	44	III	1200,--
Breiter 1 1/4 Schautaler, Kremnitz, 1541,			
Voglh. 33 (leichte Henkelspur, poliert)	64	III	1550,--
(leichter Kratzer)	72	II-III	2100,--
Einseitige 1 1/2 Gulden-Klippe, Hermannstadt,			
1542, Resch 11 A	48	III	1150,--
Schautaler, 1532, Mad. 2029 (leichte			
Henkelspur)	10	III	2800,--
Taler, Augsburg für Tirol, o. J., Dav. 8030,			
Schulten 4518 v., Voglh. 39 I	25	II-III	1375,--
(Stempelfehler)	73	II	3400,--
	98	I	3800,--
Taler, Augsburg für Tirol, Walzenprägung,			
o. J., Schulten 4518, Voglh. 39 II	02	III	1600,--
	32	III	600,--
	86	III	775,--
	98	I	3700,--
(altvergoldet)	98	II	2000,--
Zwittertaler, 1522, Mad. 3580	10	III	11750,--

Taler, Hall, "Drei-Kaiser-Taler", o. J.,			
Dav. 8053, Schulten 4539 (Henkelspur)	10	III	2500,--
Schautaler, Hall, "Vier-Kaiser-Taler", o. J.,			
Dav. 8054, Schulten 4542, Voglh. 46 (alter			
Guß)	38	II	2500,--
Guldiner auf die Tiroler Huldigung, Hall,			
1528, Schulten 4514, Voglh. 31	12	III	21000,--
Taler, Hall, o. J., Dav. 8026, Markl 1611,			
Voglh. 48 I var.	27	II	1300,--
Taler, Hall, o. J., Dav. 8026, Schulten			
4517, Voglh. 48 I	04	II-III	700,--
(Fundexemplar)	06	III-IV	270,--
	10	III	350,--
(leicht korrodiert)	24	III	480,--
(leicht korrodiert)	25	III	280,--
	27	II	1050,--
	32	III	440,--
	47	III	750,--
	48	III	600,--
	50	III	1000,--
	51	III	450,--
	64	III	600,--
(Henkelspur)	71	III	525,--
	72	III-IV	525,--
	73	III	310,--
	79	III	585,--
	85	III	425,--
	86	III-IV	305,--
	97	III	385,--
	97	III	335,--
	98	II-III	625,--
	98	III	410,--
	98	III	430,--
	98	III	500,--
	99	III	400,--
	100	III	700,--
Zeitgenössischer "orientalischer Beischlag			
eines Haller Talers", o. J., Dav. vgl. 8026	16	IV	925,--

Taler, Joachimsthal, o. J., Dav. 8037, 38,			
Schulten 3832-35, Voglh. 32 III v.	98	III	430,--
Taler, Joachimsthal, o. J., Schulten 3851,			
Voglh. 40	86	III	880,--
Taler, Joachimsthal, o. J., Schulten 3855,			
Voglh. 40/7 (leicht korrodiert)	25	III	350,--
	79	II-III	725,--
Taler, Joachimsthal, o. J., Dav. 8039,			
Schulten 3854, Voglh. 40 (Henkelspur)	05	III	450,--
	25	III	450,--
Taler, Joachimsthal, o. J., Dav. 8039,			
Schulten 3861, Voglh. 40	34	II	1200,--
	98	II-III	390,--
Taler, Joachimsthal, o. J., Dav. 8040			
(Henkelspur?)	98	III	470,--
Taler, Joachimsthal, 1529, Voglh. 49 V/IV			
(rauher Schrötling)	86	II-III	1150,--
Taler, Joachimsthal, 1529, Schulten 3827,			
Voglh. 49/V	97	III	700,--
1530	26	III	1350,--
	51	III	1100,--
Taler, Joachimsthal - ohne Münzzeichen,			
1549, Dav. 8046, Schulten 3865, Voglh. 49 VII	32	III	500,--
(leichter Schrötlingsriß)	44	III	575,--
1550	32	III	500,--
	39	III	500,--
1551	86	III-IV/III	425,--
1552	27	III	575,--
	86	II-III	750,--
1556	10	III	500,--
	86	III	550,--
1557	45	III	525,--
Taler, Joachimsthal, 1560, Dav. 8047,			
Schulten 3908, Voglh. 49/VIII	10	IV	260,--
Schautaler, Klagenfurt, 1532, Schulten 4023,			
Voglh. 36 II	02	III	2700,--
(poliert, Randriß)	34	III-IV	3700,--

Taler, Klagenfurt, o. J., Schulten 4026,

Voglh. 41 (Zainende)	47	III	1450,--
	89	III	900,--
	98	III	900,--

Taler, Kremnitz, 1554, Dav. 8032, Voglh.

50 II	10	III	700,--
(leichte Henkelspur)	74	III	440,--

Taler, Kremnitz, 1556, Dav. 8032 var.,

Voglh. 50 III	47	III/II	1200,--
	86	III	1000,--

Taler, Kuttenberg, 1554, Dav. 8049, Schulten

3867	86	III	500,--

Taler, Kuttenberg, 1557, Schulten 3868 v.	50	IV/III	640,--

Taler, Kuttenberg, 1558, Schulten 3868, Voglh.

52/III	98	II-III	410,--

Taler, Kuttenberg, 1559, Dav. 8050, Markl

978 (Sammlerzeichen)	72	III-IV	260,--

Taler, Kuttenberg, 1559, Schulten 3909,

Voglh. 52 IV	25	III	550,--
1561 (leichtes Sammlerzeichen)	66	III	480,--

Taler, Linz, o. J., Schulten 4169, Voglh.

43 (leicht oxydiert)	31	III	1550,--
	98	III	1400,--

Taler, Linz, 1542, Dav. 8016, Schulten 4174,

Voglh. 53 II	85	III	2600,--
1543 (Schrötlingsfehler)	25	III	1100,--
1545 (korrodiert)	73	III-IV	550,--

Taler, Prag, 1557, Schulten 3871, Voglh.

55 II (Henkelspur, poliert)	48	III	500,--
Taler, Prag, 1557, Dav. 8035, Voglh. 55/III	25	III-IV	450,--
Taler, Prag, 1561, Dav. 8036, Schulten 3910	50	II/III	1350,--

Taler, St. Veit, 1522, Schulten 4005, Voglh.

30	60	III/IV	5700,--
Taler, Wien, o. J., Schulten 4123, Voglh. 44/I	10	III	700,--
(leichte Schrötlingsrisse)	23	III/IV	330,--
	31	III	650,--
	47	III/II	1200,--
	86	II-III	600,--

wie vor	86	III	550,--
Taler, Wien, o. J., Dav. 8010, Schulten			
4138-43, Voglh. 44/II	10	III	400,--
	48	III	450,--
	50	III-IV	285,--
	50	V/IV	225,--
(Doppelschlag)	98	III	350,--
Taler zu 72 Kreuzer, Hall, 1556, Dav. 8027,			
Schulten 4519, Voglh. 48/II	02	II-III	1100,--
(leichte Kratzer)	06	III	450,--
	97	III/IV	280,--
1557 (Stempelriß)	44	III	575,--
	51	III	800,--
(leichter Schrötlingsfehler, Randfehler)	87	II	725,--
1558 (leichte Henkelspur)	31	III	525,--
	55	II-III	800,--
(Fassungsspur, poliert)	44	III	250,--
	56	III	460,--
	66	III	420,--
	69	III	650,--
Taler zu 72 Kreuzer, Hall, o. J., Schulten			
4531, Voglh. 48/III v. (leicht schwache			
Prägung)	04	III	600,--
	34	III-IV	650,--
	51	III-IV/III	550,--
(Randfehler)	67	II-III	700,--
	85	II	650,--
	86	III	800,--
	98	III-IV	360,--
(Kratzer)	98	III-IV	245,--
Tiroler Reichstaler zu 72 Kreuzer, Hall,			
1558, Dav. 8028, Schulten 4535, Voglh. 48 III			
(Kratzer)	71	III	500,--
Taler zu 72 Kreuzer, Klagenfurt, 1557, Dav.			
8022, Schulten 4036, Voglh. 51 I	50	III	850,--
1558	45	III/II	1175,--
Taler zu 72 Kreuzer, Klagenfurt, 1558,			
Schulten 4042, Voglh. 51 II	02	III	1300,--

wie vor	10	II	2000,--
(leichter Schrötlingsfehler)	65	IV/III	400,--
Guldentaler zu 72 Kreuzer, Klagenfurt, 1559,			
Schulten 4042, Voglh. 51/II	02	II	2100,--
(Fundexemplar)	06	IV	315,--
Guldentaler zu 72 Kreuzer, Klagenfurt,			
1559, Schulten 4047, Voglh. 51/II	02	III	1050,--
Guldentaler zu 60 Kreuzer, Hall, 1560,			
Markl 1721 ff., Voglh. 57 I	67	III	750,--
	85	II	1700,--
Guldentaler zu 60 Kreuzer, Hall, 1561,			
Markl 1727, Voglh. 57 (leichte Henkelspur)	04	III	500,--
1562	48	III	725,--
	64	III/IV	630,--
(leichte Henkelspur)	64	IV/III	440,--
(Randfehler)	75	III	400,--
1563 (Fundexemplar)	06	IV	240,--
	99	III	600,--
1564	20	III-IV	475,--
Guldentaler zu 60 Kreuzer, Joachimsthal,			
1564, Voglh. 58	87	III	480,--
Guldentaler zu 60 Kreuzer, Klagenfurt,			
1561, Voglh. 59 (leichte Henkelspur)	74	IV/III	700,--
1562	85	III	950,--
1563 (leicht schwache Prägung)	27	II-III	1300,--
	50	III	1600,--
1564	75	III	1200,--
Guldentaler zu 60 Kreuzer, Kuttenberg,			
1561, Voglh. 60 I	73	III	460,--
Guldentaler zu 60 Kreuzer, Kuttenberg,			
1563, Markl 1199, Voglh. 60 II (Einhieb)	10	III	390,--
	54	III	750,--
	70	III	750,--
Guldentaler zu 60 Kreuzer, Wien, 1563,			
Voglh. 63 (Wertzahl gelöscht)	02	III-IV	750,--
1/2 Dreikaisertaler, Hall, o. J., Markl			
1952, Dav. vgl. 8053 (Henkelspur, vergoldet)	50	III	1850,--

1/2 Taler, Hall, o. J., Schulten 4523			
(leichter Schrötlingsfehler)	02	III	750,--
	47	II/III	1300,--
	60	III/IV	975,--
(Feilspur)	64	III/IV	500,--
(Fassungsspur)	73	III-IV	380,--
1/2 Taler, Joachimsthal, o. J., Schulten 3837			
(Kratzer, Randfehler)	25	III	775,--
1/2 Taler, Joachimsthal, o. J., Schulten 3872			
var. (korrodiert)	48	III-IV	250,--
1/2 Taler, Joachimsthal, o. J., Schulten 3877	98	II-III	480,--
1/2 Taler, Klagenfurt, o. J., Schulten 4029			
(Randausbruch)	70	III	925,--
1/2 Taler, Linz, o. J., Schulten 4176-80	83	III-IV/III	1300,--
1/2 Taler, Prag, 1559, Schulten 3913			
(Henkelspur)	44	III	600,--
1/2 Schwerer Reichsguldiner zu 36 Kreuzer,			
Hall, 1556, Schulten 4524	10	III	625,--
1/2 Guldentaler zu 36 Kreuzer, Klagenfurt,			
1560, Schulten 4043	02	II-III	2800,--
1/2 Guldentaler zu 30 Kreuzer, Hall, 1561,			
Mark. 1747	27	III	1100,--
1563 (Schrötlingsfehler)	25	III	575,--
1/4 Taler, Hall, o. J., Schulten 4526	99	III	1025,--
1/4 Taler, Kuttenberg, 1556, Schulten 3900	62	IV/III	420,--
Pfundner, Graz, 1527, Schulten 4400	49	III	500,--
	50	III	1450,--
Pfundner, Graz, 1534, Schulten 4412 (Schlag-			
spur)	50	III	485,--
Pfundner zu 12 Kreuzer, Hall, o. J., Schulten			
4505	16	IV/III	550,--
(Einriß)	71	III	480,--
12 Kreuzer (1/6 Taler), Hall, 1557, Schulten			
4527	36	IV/III	700,--
(Randfehler)	64	III/IV	560,--
(Bug)	71	III-IV	300,--
(leichter Randfehler)	102	III/II	850,--
Pfundner, Linz, 1530, Schulten 4164	10	IV	810,--

Pfundner für Niederösterreich, Wien, 1524,			
Schulten 4096	71	III-IV	400,--
(Randfehler)	98	III	420,--
1526	08	III	635,--
(Randfehler)	10	III	400,--
	26	III	450,--
	70	III	800,--
	86	III	700,--
Pfundner, Wien, 1531, Markl 487 (Kratzer)	98	III	2000,--
Zehner, Hall, 1560, Markl 1758/59	26	II-III	420,--
1561	71	III	330,--
10 Kreuzer, Prag, 1561	99	III	340,--
Wien - Prägungen der belagerten Stadt			
im Jahre 1529			
6 Kreuzer-Klippe, Wien auf die Belagerung			
durch die Türken, 1529, Schulten 4214	31	III	440,--
	32	III/II	275,--
(Henkelspur)	50	III	450,--
Maximilian II., 1564-1576			
Dukat, Kremnitz - K-B, 1567, Fr. 30	44	III	600,--
1571	44	III	600,--
	80	II	900,--
1575	89	III	650,--
Dukat, Kremnitz, 1577, Fr. 31 (leichter			
Schrötlingsriß)	44	III	700,--
1578	25	II	825,--
Breiter 1 1/2-facher Zwitter-Schautaler,			
1565, Voglh. 77	79	III	1400,--
Guldentaler zu 60 Kreuzer, Joachimsthal,			
1568, Voglh. 73/I (Kratzer)	22	III	650,--
	47	III	1650,--
(Wertzahl getilgt)	86	III	625,--
1570	34	III	1400,--
	65	III	1075,--
(Wertzahl fast ausgekratzt)	82	III	575,--
	86	III	800,--
1571 (aus 1570)	97	III	465,--

Guldentaler zu 60 Kreuzer, Joachimsthal,			
1566, Voglh. 73	02	III	750,--
Guldentaler zu 60 Kreuzer, Joachimsthal,			
1565, Voglh. 73	25	III-IV	320,--
Guldentaler zu 60 Kreuzer, Kuttenberg,			
1565, Voglh. 74	32	III	1100,--
1566 (Wertzahl gelöscht)	10	III	340,--
(Randfehler)	102	IV/III	360,--
(Wertzahl gelöscht, Henkelspur)	66	III	500,--
1570	100	III	480,--
Guldentaler zu 60 Kreuzer, Prag, 1564	85	III	1350,--
Guldentaler zu 60 Kreuzer, Prag, 1566,			
Voglh. 75/II var.	86	III	900,--
1567	27	III	1250,--
	34	III	1400,--
1568	39	III	750,--
Guldentaler zu 60 Kreuzer, Wien, 1571,			
Voglh. 76/II (Sammlerzeichen)	44	III-IV	600,--
	45	III/II-III	1100,--
Schaumünze (L. Richter), auf den Krieg			
in Ungarn, 1563, Markl 2124 (vergoldet)	10	III	750,--
(Henkelspur, poliert)	44	III	300,--
(Henkelspur)	50	IV	215,--
Reichstaler, Joachimsthal, 1573, Dav. 8057,			
Voglh. 65 I	04	III	650,--
	98	III	900,--
Taler, Joachimsthal, 1575, Dav. 8057, Voglh.			
65 II (Fundstück)	96	III	400,--
1576	86	III	675,--
Reichstaler, Kremnitz, 1573, Dav. 8058,			
Voglh. 67 I	02	II-III	950,--
	50	III	1150,--
1574	02	III	625,--
(leichter Randfehler)	47	III	800,--
(leicht schwache Prägung)	72	I	1850,--
Taler, Kremnitz, 1577, Dav. 8059, Voglh.			
67 II	70	III-IV	600,--
Taler, Kuttenberg, 1576, Dav. 8056, Voglh. 68	00	III	675,--

wie vor	66	III-IV	460,--
(leicht rauh)	86	III	575,--
1577	33	III-IV	325,--
(Kratzer)	70	III	460,--
Taler, Kuttenberg, 1575, Dav. 8056, Voglh.			
68 I	97	III	430,--
1/2 Guldentaler, Kuttenberg, 1565 (leichter			
Schrötlingsriß)	27	III	525,--
1/2 Taler, Kremnitz, 1574 (Schrötlings-			
fehler, Randfehler)	25	III	650,--
1/2 Taler, Kremnitz - posthum, 1576	01	III	1000,--
1/2 Taler, Kuttenberg, 1573 (leichte			
Schrötlingsfehler)	72	III-IV	850,--
1/4 Taler, Kremnitz, 1577	32	III	480,--
10 Kreuzer, Kuttenberg, 1567	04	III	325,--
Erzherzog Karl II., 1564-1590			
Dukat, Graz, 1577 (leichte Knickspur,			
Unikum)	72	II	13000,--
Dukat, Klagenfurt, 1567, Fr. 22	02	II-III	2900,--
1568	02	II	3100,--
1569	72	II	2700,--
1569? (Fassungsspur)	82	IV	400,--
1570 (gewellt)	72	II-III	1450,--
1573	02	II-III	3500,--
	02	II	3250,--
	72	II-III	1650,--
1575 (leicht gewellt)	72	II-III	1550,--
1576	72	II	1650,--
1577	72	II	2000,--
1578	72	I	2500,--
	72	I	2900,--
	73	III	700,--
	80	II-III	1550,--
1579	02	II	2600,--
	72	I	2100,--
1580	72	I	2100,--
1581	72	I-II	1850,--
1583	02	II	2500,--

wie vor	72	I	2300,--
(leicht gewellt)	72	II	1800,--
1584	02	II-III	1800,--
	02	II	2800,--
	72	II	1750,--
1585	72	I	2500,--
1590	72	II-III	1600,--
Dukat, Klagenfurt, 1586, Fr. 32 var.			
(leichte Knickspur)	72	I-II	1750,--
(leicht geknickt)	83	III	775,--
1587 (Schrötlingsriß)	02	III	1200,--
	02	III	1400,--
	72	II-III	1400,--
1589	72	I	2200,--
	72	I-II	2000,--
1590	02	I-II	3200,--
(leichter Kratzer)	25	III	800,--
(leicht gewellt, Kratzer)	72	II	950,--
Taler, Graz, o. J., Dav. 8121 var. (leichte Henkelspur)	50	IV/III	1150,--
Taler, Graz, o. J., Dav. 8121	50	III	2000,--
Taler, Graz, 1575, Dav. 8122 (Randfehler)	47	II/III	2800,--
Taler, Graz, 1577, Dav. 8123, Voglh. 78/IV	98	*III	1600,--
1578	98	III-IV	1200,--
Taler, Graz, 1577, Dav. 8123, Voglh. 78 IV var.	48	III	1900,--
Taler, Graz, 1582, Dav. 8125, Voglh. 78 VI (aus 1581)	32	III	3700,--
1583 (aus 1581)	50	IV/III-IV	1650,--
Taler-Klippe, 1586, Dav. 8127	50	II	15000,--
Taler, Graz, 1589, Dav. 8127 var., Voglh. 78/VIII var.	10	III	2050,--
	26	III	2000,--
	50	III	2150,--
Taler, Klagenfurt, 1583, Dav. 8130, Voglh. 80 I	02	III	2600,--
1584	02	II-III	2700,--
(Kratzer)	02	II	3000,--

Taler, Klagenfurt, 1578, Dav. 8130, Voglh.

80/I var.	10	II	3600,--
1580	73	III-IV	1450,--
Taler, Klagenfurt, 1582, Dav. 8130 var.	50	III	2150,--
Taler, Klagenfurt, 1590, Dav. 8131, Voglh.			
80/II	02	III	2300,--
Guldentaler zu 60 Kreuzer, Klagenfurt,			
1566, Voglh. 82	02	III	2600,--
1568	02	III	2900,--
1572	50	III	2150,--
1/2 Taler, Klagenfurt, 1579	02	II-III	3250,--
1584	02	II	3200,--
Groschen, Klagenfurt, 1594 (posthum)	34	III	220,--

Erzherzog Ferdinand II. von Tirol und Vorder-
österreich, 1564-1595

Goldabschlag zu 8 Dukaten des Dreikaiser-			
Talers, 1590, Fr. 44 (leicht poliert)	05	III	29000,--
Goldabschlag vom Dreikaiser-Taler zu 5			
Dukaten, o. J., Fr. 60	05	III	30500,--
Dicker 3-facher Reichstaler, Hall, o. J.,			
Dav. A 8096	02	II-III	6500,--
Doppeltaler, Ensisheim, o. J., Dav. 8090	42	III	10500,--
Breiter Doppeltaler, Ensisheim, o. J., Dav.			
8093	70	II-III	3900,--
(Schrötlingsfehler)	87	II-III	3150,--
2 Taler (breit), Ensisheim, o. J., Dav.			
8093	10	II	4500,--
	10	II	4100,--
	27	II-III	3900,--
	85	II-III	2600,--
Breiter Doppeltaler, Ensisheim, o. J., Dav.			
8093 var.	46	I-II	4600,--
Dicker Doppeltaler, Hall, o. J., Dav. 8096,			
Voglh. vgl. 87/4 (leichter Kratzer)	10	III	2300,--
	44	III-IV	1300,--
	50	III	5450,--
Dicker Doppeltaler, Hall, o. J., Dav. 8096,			
Voglh. 87 (Einhieb)	25	III	2100,--

Doppelreichstaler, Hall, o. J., Dav. 8109	52	II	6850,--
Doppelreichstaler, Hall, o. J., Dav. 8112	10	III	4400,--
	36	II	5050,--
	46	II	6000,--
Doppelreichstaler, Hall, o. J., Dav. 8114			
(leichter Schrötlingsfehler)	46	II	4500,--
Doppeltaler, Hall, o. J., Dav. 8116, Enz.			
49 (Schrötlingsfehler)	10	III	2300,--
	36	III	2700,--
	46	II	7750,--
	50	III	2600,--
Dicker Doppelreichstaler, o. J., Enz. 34, 36	10	III	5400,--
	71	IV	3400,--
Doppeltaler, Hall, o. J., Dav. 8118, Enz.			
43, 44	46	II-III	4250,--
Dicker Doppelreichstaler, Hall, o. J., Dav.			
8119, Enz. 47 (leicht gedrückt)	64	III	4125,--
Dicker Doppelreichstaler, Hall, o. J.,			
Dav. 8120, Enz. 51	02	II	5000,--
	46	II	6250,--
Taler, Ensisheim, o. J., Dav. 8088, Voglh.			
84/II	01	III	300,--
	10	II	525,--
	96	III	425,--
Taler, Ensisheim, o. J., Dav. 8088, Voglh.			
84 III (justiert)	21	III	225,--
	51	III-IV	250,--
(leicht dezentriert)	75	II	375,--
	86	III	225,--
	97	III	260,--
(Randfehler)	98	II-III	350,--
	102	IV/III	200,--
Taler, Ensisheim, o. J., Dav. 8089, Voglh.			
84/4 (leicht gebogen)	09	II	525,--
	32	III	425,--
Taler, Ensisheim, o. J., Dav. 8089 var.,			
Voglh. 84	10	III	300,--
	10	III	310,--

wie vor	38	III	390,--
	86	III	260,--
Reichstaler, Ensisheim, o. J., Dav. 8091,			
Voglh. 84/I	21	III	270,--
	23	III/IV	300,--
	45	II	420,--
	45	II-III	300,--
	51	II-III	450,--
	66	III/II	410,--
	71	III	350,--
	79	III	305,--
	86	III	340,--
(Schrötlingsfehler)	87	II	400,--
	89	III	375,--
Taler, Ensisheim, o. J., Dav. 8091, Voglh.			
84 I var.	00	III	300,--
(Kratzer)	10	III	240,--
	31	III	290,--
	39	III	320,--
	47	I	1200,--
	73	II-III	525,--
Taler, Ensisheim, o. J., Dav. 8092, Voglh.			
84/V	73	III	260,--
Taler, Ensisheim, o. J., Dav. 8089, Voglh.			
84/VI (leichter Kratzer)	04	III	280,--
Taler, Ensisheim, o. J., Dav. 8089 var.,			
Voglh. 84/VII	19	III	330,--
	19	III	260,--
	86	III	240,--
Taler, Ensisheim, o. J., Dav. 8092, Voglh.			
84/7 var.	19	III	350,--
Taler, Ensisheim, o. J., Dav. 8088, Enz.			
33 var. (Zainende)	97	III	330,--
Taler, Hall, o. J., Dav. 8095 var., Voglh.			
87/1	07	III	300,--
	07	III	300,--
(leicht oxydiert)	96	III	380,--
(Fundstück)	96	III	300,--

Taler, Hall, o. J., Dav. 8100, Voglh.

87/2	25	II-III	300,--
	66	III	235,--
(korrodiert)	71	III	220,--
	71	III-IV	230,--
(rissig)	71	III-IV	200,--
	79	III	275,--
(Schrötlingsfehler)	82	III/IV	215,--
	86	II-III	250,--
	86	II-III	280,--

Taler, Hall, o. J., Dav. 8095, Voglh. 87/III

(oxydiert, gewellt)	09	II	320,--
	25	II-III	210,--
	30	II-III	350,--
	32	III	295,--
	66	III	240,--
	66	III	220,--
(Stempelfehler)	71	III-IV	210,--
(leicht rissig)	71	III	400,--
	71	III-IV	300,--
	102	III	320,--

Taler, Tirol, o. J., Dav. 8097, Voglh. 87/4 v.

	02	II	560,--
	31	III/II	330,--
	34	III-IV	210,--
	38	III	280,--
	60	IV/III	270,--
	70	III	230,--
	71	III	360,--
	86	II	330,--
	86	II	410,--
	86	II-III	220,--
	86	III	215,--
(Zainende)	86	II-III	220,--
	86	III	215,--
	99	III	225,--

Taler, Hall, o. J., Dav. 8097, Voglh. 87/4

	02	II	525,--
	10	III	200,--
	15	III	210,--

wie vor (leichte Kratzer, Randfehler)	24	II-III	445,--
	32	III	375,--
	33	II-III	360,--
	44	III	230,--
	48	III	250,--
	48	II-III	300,--
	48	II-III	385,--
	49	III	225,--
	49	III	245,--
	50	III-IV	225,--
	50	III	385,--
	51	II-III	340,--
(Randfehler, Kratzer)	63	II	235,--
	63	III	335,--
(leichte Schrötlingsfehler)	64	III	260,--
(Randfehler)	64	III	290,--
	66	III	250,--
(rissig)	71	III	220,--
	71	III	300,--
(rissig)	71	III/II	300,--
(leichtes Zainende)	75	III	210,--
	85	III	290,--
	96	I-II	500,--
Taler, Hall, o. J., Dav. 8097, Voglh. 87/5	21	II	390,--
(leicht justiert)	27	III	205,--
(Schrötlingsfehler)	36	III	320,--
(Randfehler)	51	II	675,--
	51	III	220,--
	66	III	250,--
	70	III	230,--
(rissig)	71	III-IV	200,--
	71	III-IV	230,--
(Zainende)	71	II-III	300,--
(leichte Kratzer)	96	II-III	230,--
Taler, Hall, o. J., Voglh. 87/VI (Fassungsspur)	24	III	2300,--
Taler, Hall, o. J., Dav. 8094, Voglh. 87/7	18	II/I	360,--
(leichte Schrötlingsfehler)	36	III	370,--

wie vor	48	II-III	200,--
(leicht rissig)	71	III	220,--
Taler, Hall, o. J., Dav. 8095, Voglh. 87/VII			
var.	71	III	320,--
	71	III	350,--
	86	III	235,--
	98	I-II	550,--
Taler, Hall, o. J., Voglh. 87/VIII (korro-			
diert)	71	III-IV	340,--
Taler, Hall, o. J., Voglh. 87/13	04	II-III	900,--
Taler, Hall, o. J., Dav. 8099	48	II	550,--
Taler, Hall, o. J., Dav. 8095, Voglh. 87/15			
(Randfehler, Kratzer)	96	II-III	315,--
Taler, Hall, o. J., Dav. 8099, Voglh. 87/16	05	III	250,--
	19	III	405,--
	34	III	360,--
	71	III-IV	330,--
(Stempelfehler)	71	III-IV	220,--
	71	III	320,--
(Schrötlingsfehler)	98	I-II	500,--
Taler, Hall, o. J., Dav. 8099, Voglh. 87/18	04	II-III	900,--
	22	III	550,--
	71	III-IV	220,--
Taler, Hall, o. J., Dav. 8101, Voglh. 87/19			
(Stempelfehler)	51	II-III	410,--
(leichter Kratzer)	86	II	430,--
Taler, Hall, o. J., Dav. 8099 (leichter			
Randfehler)	64	III	220,--
Reichstaler, Hall, o. J., Dav. 8099, Voglh.			
87/21	20	III-IV	275,--
	34	III	350,--
	51	III	260,--
	66	III	260,--
	71	III	360,--
Taler, Hall, o. J., Dav. 8100 (leichter			
Schrötlingsfehler)	16	III`	475,--
	82	III	320,--

Reichstaler, Hall, o. J., Dav. 8101 var.,			
Voglh. 87/24 (leichtes Zainende)	22	III	250,--
(leichter Schrötlingsriß)	27	I-II	340,--
	71	III	320,--
Taler, Hall, o. J., Dav. 8102, Voglh. 87/25	27	III	310,--
	45	II-III	330,--
(Stempelriß)	71	III-IV	350,--
	71	IV	260,--
	71	III	350,--
	71	III	320,--
	79	III	405,--
Taler, "mit der Feldbinde", Hall, o. J.,			
Voglh. 87/26 (leichter Kratzer)	46	I	6000,--
Taler, Hall, o. J.	71	III-IV	230,--
Taler, Hall, o. J., Enz. 391-395 (leichter			
Kratzer)	10	III	250,--
Taler, Hall, o. J., Enz. 486	50	III	300,--
Reichstaler, posthume Prägung, Hall, o. J.,			
Dav. 8030	47	II	2500,--
Dreikaiser-Taler, Hall, 1590, Dav. 8105,			
Voglh. 86 (Henkelspur)	10	IV	1000,--
Taler, Balkanfälschung des 16. Jahrhunderts,			
o. J.	60	III	800,--
	60	IV/III	575,--
Guldentaler zu 60 Kreuzer, Hall, o. J.,			
Voglh. 90 I	71	III	900,--
	98	III	460,--
Guldentaler zu 60 Kreuzer, Hall, 1566, Voglh.			
90 III (Randfehler)	86	III	350,--
1568 (Doppelschlag)	73	III-IV	250,--
(Wertzahl getilgt)	86	III-IV	320,--
1570 (Zainende)	71	III	600,--
(Wertzahl gelöscht)	71	III	460,--
1572	67	II-III	525,--
	72	IV	320,--
	85	III	700,--
Guldentaler zu 60 Kreuzer, Hall, 1566, Voglh.			
90/IV	?	III	550,--

wie vor	71	IV	360,--
1568	48	III-IV	300,--
1569	71	IV	260,--
Guldentaler zu 60 Kreuzer, Hall, 1574,			
Voglh. 90 VI (Wertzahl entfernt)	44	III	310,--
(Zainende)	86	III	200,--
Guldentaler zu 60 Kreuzer, Hall, 1574	47	III/II	875,--
1/2 Reichstaler, Hall, o. J., Enz. 535 ff.	71	III	860,--
1/2 Taler, Hall, o. J., Enz. 541 (Feilspur)	67	II	975,--
1/2 Guldentaler zu 30 Kreuzer, Tirol, 1566,			
Enz. 65 ff. (Schrötlingsfehler)	71	III	280,--
1/4 Taler, Ensisheim, o. J., Enz. 45 ff.	05	III/II	825,--
	10	III	950,--
(justiert)	10	II	700,--
	27	II	1100,--
	32	III/II	525,--
	55	III-IV	330,--
(leicht justiert)	98	I-II	625,--
1/4 Taler, Hall, o. J., Enz. 550 ff.			
(Stempelfehler)	16	III/IV	500,--
	19	II	725,--
(Sammlerzeichen)	82	III	440,--
Zehner, Hall, 1568, Enz. 92	47	III/II	800,--
Zehner, Hall, 1571 (leichter Schrötlings-			
fehler)	19	II-III	600,--
	67	III	725,--
1572	86	III	575,--
Rudolf III., 1576-1612			
10 Dukaten, Prag, 1601, Fr. 52 (aus 1594,			
leichte Kratzer)	44	III	10500,--
5 Dukaten, Prag, 1604, Fr. 53 (aus 1603)	73	II	13250,--
Dukat, Kremnitz, 1580, Fr. 34 (leichter			
Kratzer)	36	II	675,--
1582 (leichter Bug)	80	III/II	800,--
1584	45	III/II	775,--
1587	25	III	500,--
1592 (leicht gewellt)	23	III	450,--

wie vor, 1593	47	III	600,--
1596	25	I-II	850,--
1599	72	II	1050,--
1602	51	II-III/III	900,--
Dukat, Nagybanya, 1582, Fr. 34	48	II-III	1350,--
Dukat, Nagybanya, 1600, Fr. 34 var. (leichter			
Riß, gewellt)	60	III	700,--
(leicht gewellt)	86	II-III	675,--
Dukat, Prag, 1592, Fr. 57	25	I-II	950,--
1593	48	II-III	1050,--
	51	II-III	1450,--
Dukat, Prag, 1582, Fr. 59	25	II	975,--
1583 (starker Schrötlingsfehler)	53	III	350,--
1585 (Zainende)	44	III	550,--
Dukat, Prag, 1585, Fr. 59 var. (leicht ge-			
wellt)	16	III/IV	500,--
1586	66	II/I	1800,--
1587 (Knickspur, gewellt)	16	III/IV	400,--
(gewellt)	23	III	700,--
(Zainende)	53	III	520,--
1588 (leicht gewellt)	03	III	525,--
1589	86	III/II-III	1050,--
Dukat, Wien, 1592, Fr. 59 var. (Randfehler)	25	II	700,--
1593 (leichter Randfehler, Kratzer)	48	III	650,--
1604 (2 bekannte Exemplare)	47	III	2000,--
3-facher Reichstaler, Hall, 1604, Dav. 3003,			
Enz. 51 ff.	44	II-III	6300,--
	45	II	7600,--
(leichte Randfehler)	50	III	6000,--
	79	III	3250,--
(leichter Randfehler, Kratzer)	102	III	5300,--
Breiter Doppeltaler, Hall, 1604, Dav. 3004,			
Enz. 54 ff. (Henkelspur)	04	IV/III	850,--
(Randfehler)	06	III	1450,--
(Henkelspur)	23	III	1475,--
	46	II	5500,--
	67	II-III	2350,--
	60	III/IV	1600,--

wie vor (leichter Randfehler, Kratzer)	82	II/I-II	2900,--
Breiter Doppel-Reichstaler, Hall, 1604,			
Dav. 3004 var., Enz. 50	06	II	2050,--
(leichte Kratzer)	46	II	4500,--
	48	II	2600,--
(Fundexemplar)	73	III	1425,--
Doppelter Taler, Hall, 1604, Dav. 3004, Enz.			
52	10	III	2050,--
	46	II	5000,--
	70	II-III	2100,--
Taler, Budweis, 1592, Dav. 8081, Voglh. 93			
III (leicht korrodiert)	83	III-IV	240,--
Taler, Budweis, 1603, Dav. 3030, Voglh. 93 IV			
(Randfehler)	46	I	3100,--
1605	79	III-IV	250,--
1607	85	III	310,--
Taler, Ensisheim, o. J., Dav. 3032, Voglh.			
95 I	01	III-IV	360,--
	10	II	775,--
(justiert)	10	III	650,--
	27	III	410,--
	48	II-III	425,--
	85	II	480,--
Taler, Ensisheim, o. J., Dav. 3032, Voglh.			
95 I (Kratzer)	98	III	260,--
Taler, Ensisheim, 1603, Dav. 3033, Voglh.			
95 II (poliert)	10	III	450,--
	23	IV	285,--
	86	III	340,--
	97	III	250,--
Taler, Ensisheim, 1605, Dav. 3034, Voglh.			
95 III (Kratzer)	10	III/II	460,--
(Kratzer)	51	III-IV	285,--
Taler, Ensisheim, 1605 (leichter Kratzer)	98	II	700,--
Taler, Ensisheim, 1606, Dav. 3034, Voglh.			
95 IV	10	IV/III	300,--
	10	III	525,--
Taler, Ensisheim, 1606, Dav. 3035, Voglh. 95 V	23	III/IV	320,--

wie vor (Kratzer)	34	II-III	750,--
	66	III	420,--
(leichter Kratzer)	86	III	380,--
Taler, Ensisheim, 1607, Dav. 3036, Voglh.			
95 VI	10	III	480,--
	22	III	400,--
	31	III	285,--
Taler, Ensisheim, 1608, Dav. 3033, Voglh.			
95/VII	45	III	320,--
(leichter Schrötlingsfehler)	70	III	310,--
	86	II-III	525,--
	89	III	500,--
Taler, Ensisheim, 1609, Fr. 3035, Voglh.			
95/VIII	10	II	1550,--
	17	IV/III	260,--
Taler, Ensisheim, 1609, Dav. 3035, Voglh.			
95/IX (Zainende)	00	II	725,--
	46	I	1850,--
Taler, Ensisheim, 1610, Dav. 3034, Voglh.			
95 X	38	II-III	1100,--
Taler, Ensisheim, 1611, Dav. 3035, Voglh.			
95 XI	46	II	700,--
	73	III	470,--
Taler, Ensisheim, 1612, Dav. 3035, Voglh.			
95 XII	00	II-III	550,--
Taler, Hall, 1602, Dav. 3005, Voglh. 96 I			
(leichte Kratzer)	46	II-III	2400,--
Taler, Hall, 1603, Dav. 3005, Voglh. 96/II	45	II-III	525,--
	50	III	570,--
	70	II-III	975,--
(leicht justiert)	73	I-II	2050,--
	99	III	550,--
(leichter Schrötlingsfehler)	102	III/II	675,--
Taler, Hall, 1603, Dav. 3005 var., Voglh.			
96/II var. (Stempelfehler)	100	II-III	4200,--
Taler, Hall, 1603, Dav. 3005 var., Voglh.			
96/II var. (Kratzer)	06	III-IV	200,--
	46	I	2100,--

wie vor	46	I	2000,--
(Kratzer)	51	III	310,--
	66	III	310,--
	82	III/IV	385,--
Taler, Hall, 1604, Dav. 3005, Voglh. 96 III	02	II-III	725,--
	02	III	260,--
	46	II	1300,--
Taler, Hall, 1605, Dav. 3005, Voglh. 96 IV			
(leichter Kratzer)	23	III/IV	300,--
	46	II	1800,--
	86	III	350,--
Taler, Hall, 1605, Dav. 3005, Voglh. 96 V	19	III	450,--
	46	II-III	1050,--
(leichter Kratzer)	64	III	550,--
	64	III/II	750,--
	102	IV	250,--
	102	III	430,--
Taler, Hall, 1605, Dav. 3005, Voglh. 96/VI	25	II-III	450,--
	83	III	500,--
Taler, Hall, 1605, Dav. 3005, Voglh. 96/VI	23	III	450,--
(Schrötlingsfehler)	31	III	360,--
	36	III/IV	395,--
Taler, Hall, 1606, Dav. 3005, Voglh. 96/VII	48	III	700,--
Taler, Hall, "Alchimistentaler", 1607, Dav.			
3005 var., Voglh. 96 IX (leichter Kratzer)	10	IV/III	575,--
	46	II	2600,--
	70	III	700,--
Taler, Hall, 1607, Dav. 3006	85	II-III	500,--
Taler, Hall, 1607, Dav. 3006, Voglh. 96 X	10	III	430,--
	45	III	380,--
	82	III	450,--
(Randfehler)	102	IV	200,--
1610	97	III	410,--
Taler, Hall, 1609, Dav. 3006, Voglh. 96 XII			
(leichter Kratzer)	100	III	280,--
Taler, Hall, 1610, Dav. 3006 var., Voglh.			
96/XII var. (aus 1609)	46	II-III	950,--
Taler, Hall, 1610, Dav. 3007, Voglh. 96 XIII	86	III	330,--

Taler, 1610, Dav. 3007, Voglh. 96/XIII	46	II-III	600,--
	85	II-III	500,--
Taler, Hall, 1610, Dav. 3007 var., Voglh.			
96/XIII v.	46	II	700,--
Taler, Hall, 1610, Dav. 3008, Voglh. 96/XIV	46	II	1350,--
	55	III	270,--
(Henkelspur)	86	III	260,--
Taler, 1611, Dav. 3009, Voglh. 96/XV var.	46	II	1050,--
	52	III	475,--
	54	II-III	550,--
(leichte Schrötlingsfehler)	73	III	550,--
Taler, Hall, 1611, Dav. 3009, Voglh. 96 XV			
(leichter Schrötlingsfehler)	00	II	525,--
	86	III-IV	270,--
1612	10	III	440,--
	46	II	1100,--
	64	III/IV	270,--
Taler, Hall, 1612, Dav. 3010, Voglh. 96/XV			
var. (leichter Schrötlingsfehler)	46	II	1250,--
Taler, Hall, 1612, Dav. 3005, Voglh. 96/XV v.	46	II	1050,--
	99	II-III	750,--
Taler, Joachimsthal, 1585, Dav. 8076, Voglh.			
98 I	47	III	625,--
Taler, Joachimsthal, 1609, Dav. 3022, Voglh.			
98/III (Schrötlingsfehler)	98	III	210,--
Taler, Kaschau, o. J., Dav. 8065 (leicht			
schwache Prägung)	50	III	1700,--
Taler, Kremnitz, 1583, Dav. 8066, Voglh.			
100 III	00	II	500,--
	25	II	410,--
	50	III	300,--
	54	III/II	420,--
	71	III-IV	500,--
1584 (Randrisse)	60	III	340,--
1585	23	IV	290,--
	25	II-III	360,--
	66	III	400,--
1587	25	II-III	280,--

wie vor	46	II/I	1100,--
1588 (leichter Randfehler)	10	III	295,--
	27	III	340,--
(leichter Kratzer)	51	II-III	380,--
	70	II-III	330,--
	87	III	300,--
1589	25	III	230,--
1590	45	III/II	525,--
	50	II-III	570,--
	67	III	450,--
1591	17	III-IV	210,--
(leicht korrodiert)	48	II-III	300,--
(Henkelspur)	50	III	300,--
	86	II	560,--
1593	57	III	205,--
	86	III	265,--
1596	02	II-III	340,--
(poliert)	10	III	250,--
	45	II	405,--
1598	99	II-III	300,--
1600	50	III	515,--
Taler, Kremnitz, 1599, Dav. 3013, Voglh.			
100/IV	55	III	410,--
Taler, Kremnitz, 1600, Dav. 3013, Voglh.			
100/IV	87	III	315,--
1601	101	III-IV	260,--
1602 (aus 1601)	50	IV	200,--
	97	III/II	400,--
Taler, Kuttenberg, 1578, Dav. 8079, Voglh.			
101/I	25	II-III	280,--
(Schrötlingsfehler)	71	III-IV	300,--
1580	36	III	340,--
1581	48	III	200,--
1583	32	III	485,--
1587 (leichter Kratzer)	86	III	320,--
1588	32	III	490,--
	45	III	405,--
1589	85	III	325,--

wie vor, 1591	21	III-IV	200,--
1592	86	II-III	380,--
	86	III	300,--
Taler, Kuttenberg, 1594, Dav. 8079, Voglh.			
101 I	44	III	330,--
(leicht schwache Prägung)	86	II	380,--
	46	II	675,--
1596 (justiert)	79	III	500,--
1597	22	III	350,--
	97	III	300,--
Taler, Kuttenberg, 1600, Dav. 3023, Voglh.			
101 I	52	III-IV	400,--
1601	97	III	200,--
1602	70	III-IV	205,--
Taler, Kuttenberg, 1603, Dav. 3028, Voglh.			
101/III	98	III	350,--
1604	86	III	340,--
	86	II-III	400,--
1605	39	III-IV	400,--
1606	45	III	475,--
1608	45	III	375,--
Taler, Nagybanya, q583, Dav. 8067, Voglh.			
102 I (leichte Henkelspur, Sammlerzeichen)	50	III	640,--
1585 (Zainende)	50	III-IV	640,--
(gelocht)	97	III	400,--
Taler, Nagybanya, 1585, Dav. 8067 A, Voglh.			
102 II (Randfehler)	23	II	1300,--
	25	II-III	1050,--
	46	II/I	3300,--
(Randfehler, Stempelfehler)	65	II	1050,--
Taler, Nagybanya, 1598, Dav. 8078, Voglh.			
102/III	67	II-III	1000,--
(Henkelspur)	70	III	500,--
(kleines Sammlerzeichen)	99	II-III	750,--
Taler, Nagybanya, 1598, Dav. 8068, Voglh.			
102/IV	10	II	2100,--
	46	II	1450,--

Taler, Nagybanya, 1598, Dav. 8068 var.			
(leichte Randfehler)	50	II	1150,--
Taler, Nagybanya, 1598, Dav. 8069, Voglh.			
102 V	32	III	700,--
	32	III/II	800,--
	70	III	775,--
	85	II	925,--
1599	23	III	600,--
	50	III	925,--
Reichstaler, Nagybanya, 1600, Dav. 8070,			
Voglh. 102 VI	50	III	1075,--
	70	I-II	1900,--
Taler, Nagybanya, 1603, Dav. 3014, Voglh.			
102 VII	00	II	700,--
	87	II	1000,--
	98	II	850,--
Reichstaler, Nagybanya, 1604, Dav. 3015,			
Voglh. 102 VIII (Zainende)	48	I-II	450,--
(Zainende)	73	II	360,--
1607 (aus 1605)	00	II	775,--
Taler, Prag, 1588, Dav. 8075, Voglh. 104 II			
(leichter Schrötlingsriß)	50	III	785,--
(Fundstück)	96	III-IV	480,--
1590	46	I-II	3900,--
1594 (leichtes Zainende)	44	III	430,--
(leichte Schrötlingsrisse)	44	III	1050,--
Taler, Prag, 1608, Dav. 3019, Voglh. 104/IV			
(leicht poliert)	87	III	525,--
Taler, Wien, 1591, Dav. 8064, Voglh. 106 III			
(leichter Schrötlingsfehler)	44	III-IV	800,--
1592	46	II	3000,--
1/2 Taler, Hall, 1603, Enz. 45 (leichte			
Henkelspur)	64	III/IV	320,--
1/2 Taler, KB, 1591	71	III	270,--
1/4 Taler, Hall, 1605, Enz. 81, 83	02	II	600,--
	10	III	460,--
(leicht angebohrt)	39	II	575,--
	85	II	850,--

1/4 Taler, Joachimsthal, 1594	47	III	675,--
1/4 Taler, KB, 1585	45	III-IV	375,--
1589 (leichter Schrötlingsriß)	50	II	440,--
1/4 Taler, Kuttenberg, 1580	70	III-IV	310,--
1589	98	III	210,--
6 Kreuzer, Hall, 1602, Enz. 147	64	III	1800,--
6 Kreuzer, Hall, 1604, Enz. 150 ff.	67	II-III	1675,--
6 Kreuzer, Wien, Probe, o. J.	44	III	775,--
Groschen, Ensisheim, o. J., EuL. 141	20	III-IV	350,--
Breiter Groschen, Kremnitz, 1594, Mont.			
633	67	III	200,--
Kreuzer, Hall, 1608	67	III	900,--
Erzherzog Maximilian, 1612-1618			
Dukat, Hall, o. J., Fr. 77, Enz. 1 (geknit-			
tert)	36	IV	3800,--
Dukat, Hall, o. J., Fr. 74, Enz. 2	02	II	16000,--
Doppeltaler, Ensisheim, 1614, Dav. 3325	47	II	6800,--
1617	10	II	6200,--
Taler, Ensisheim, 1614, Dav. 3326, Voglh.			
121/I	33	III	525,--
	51	III	725,--
	69	III	565,--
	99	III-IV	265,--
Taler, Ensisheim, 1615, Dav. 3326, Voglh.			
121/III	50	III	640,--
Taler, Ensisheim, 1617, Dav. 3327, Voglh.			
121/III	10	III	360,--
1618	04	II-III	775,--
	10	III	400,--
Taler, Hall, 1613, Dav. 3316, Voglh. 122 III			
(Kratzer)	24	III	480,--
	46	I	3900,--
Taler, Hall, 1613, Dav. 3317, Voglh. 122 IV	46	II	1500,--
(Brandspuren)	71	III-IV	380,--
Taler, 1613, Dav. 3317, Voglh. 122/IV var.	46	II	1100,--
Taler, Hall, 1613, Dav. 3318, Voglh. 122 V	46	II	1250,--
Taler, Hall, 1613, Dav. 3318, Voglh. 122/V			
var.	24	I	2700,--

wie vor	46	II	1450,--
(leicht justiert)	86	II-III	500,--
	100	III	850,--
Taler, 1614, Dav. 3319, Voglh. 122/VI	32	III	675,--
Taler, Hall, 1614, Dav. 3320, Voglh. 122 VII			
(leichter Kratzer)	51	II-III	625,--
(leichter Randfehler)	67	II-III	850,--
	70	III	600,--
Taler, Hall, 1615, Dav. 3321, Voglh. 122/VIII	17	III	390,--
	34	III	400,--
	47	I	1400,--
	64	III	430,--
(leichte Schrötlingsfehler)	64	III	370,--
	86	III	450,--
(poliert)	97	III	345,--
	102	III	675,--
Taler, Hall, 1616, Dav. 3322, Voglh. 122 IX	10	III	310,--
	29	III	350,--
	50	II-III	840,--
	66	III/II	750,--
	67	III	575,--
Taler, Hall, 1616, Dav. 3322, Voglh. 122 X			
(leicht oxydiert)	83	III/III-IV	360,--
Taler, Hall, 1616, Dav. 3322, Voglh. 122 X	97	III	295,--
Taler, Hall, 1617, Dav. 3323 C, Voglh. 122 XI			
(Kratzer, Randfehler)	25	III	240,--
	38	III	280,--
	102	III	600,--
Taler, Hall, 1617, Dav. 3323, Voglh. 122 XI			
var.	05	III/IV	440,--
(Henkelspur)	86	III	200,--
	102	II/III	850,--
Taler, Hall, 1618, Dav. 3323, Voglh. 122 XII	49	III	375,--
Taler, Hall, 1618, Dav. 3324 C, Voglh. 122			
XIII	00	II	575,--
	07	III	400,--
	10	III	330,--
(leichter Randfehler)	10	III	300,--

wie vor	44	III	330,--
	64	III/II	525,--
(poliert)	03	II	120,--
	73	II-III	550,--
	73	III	290,--
(leichter Randfehler)	100	III	260,--
Taler, Hall, 1618, Dav. 3324 A, Voglh.			
122 XIV	12	III	265,--
(leichte Henkelspur)	16	III/IV	210,--
	19	II-III/III	500,--
	20	III	300,--
	21	II	350,--
	21	III	245,--
	21	III	285,--
	21	II	675,--
	25	II-III	310,--
	51	III	280,--
	64	III	410,--
	70	III	400,--
(leichter Schrötlingsfehler)	79	III	300,--
	89	II	1100,--
Taler, Hall, 1618, Dav. 3324, Voglh. 122			
XV	01	III-IV	255,--
	60	III	480,--
Kreuzer, 161., Enz. vgl. 110	64	IV/III	950,--
Matthias II., 1612-1619			
Schaumünze zu 10 Dukaten auf das Gedächtnis			
der Armen, Prag, o. J., Fr. 76 var.	61	II-III	39000,--
2 Dukaten , Kremnitz, 1618, Fr. 36	51	III	2950,--
Dukat, Kremnitz, 1609, Fr. 37	00	III	725,--
1612	32	III	600,--
Dukat, Kremnitz, 1619, Fr. 37 (leicht			
gewellt)	05	III	900,--
Dukat, Nagybanya, 1619, Fr. 37	00	II	1650,--
	47	III/II	1600,--
Dukat, Prag, 1615	84	III	950,--
Dukat für Böhmen, 1611, Fr. 18	00	II	3000,--
	61	II	4500,--

Dukat, Wien, 1610, Fr. 64	72	I-II	3800,--
Dicker Doppeltaler, Prag, 1612, Dav. A 3058	19	III	4100,--
	47	III	6000,--
Dicker Doppeltaler, Prag, 1613, Dav. 3060			
(Schrötlingsriß)	61	III	4800,--
1614 (leichte Henkelspur)	98	IV/III	950,--
1616	32	III	3675,--
Dicktaler auf die ungarische Königskrönung,			
1608, Sch.-R. 2432 Anm.	10	II	4100,--
Taler, Kremnitz, 1609, Dav. 3051, Voglh.			
110 I	46	II	1600,--
1610	00	III	825,--
(leichter Randfehler)	05	II/III	1350,--
Taler, Kremnitz, 1611, Dav. 3053, Voglh.			
110 II (leichter Randfehler)	70	III	825,--
1612	02	III	900,--
	25	III	610,--
	46	II-III	1100,--
1613	46	II	3600,--
Taler, Kremnitz, 1614, Dav. 3054, Voglh.			
114 I	46	II	5900,--
Taler, Kremnitz, 1616, Dav. 3055, Voglh.			
114 II	65	III	1100,--
	85	II-III	1100,--
Taler, 1616, Dav. 3056 A, Voglh. 114/II-III			
(Henkelspur)	50	III	785,--
1617	46	II-III	850,--
Taler, Kremnitz, 1617, Dav. 3056, Voglh.			
114 III	10	III	650,--
(Henkelspur)	50	III	685,--
1618 (Kratzer, Druckstelle)	46	I	1150,--
1619	34	II	1500,--
	72	II-III	1050,--
1620 (posthum)	05	III	700,--
(posthum)	10	III	600,--
(posthum)	40	III	800,--
(posthum)	46	II/I	2300,--
(Henkelspur, posthum)	50	III	540,--

wie vor (posthum)	73	III	800,--
Taler, Kuttenberg, 1612, Dav. 3069, Voglh.			
115 I (leichter Randfehler)	86	II-III	850,--
Taler, Kuttenberg, 1613, Dav. 3071, Voglh.			
115 II (leichter Randfehler)	32	III/II	1225,--
	85	III-IV	450,--
1616	60	IV/III	750,--
1617 (leichter Randfehler)	04	II-III	825,--
(Überprägung)	41	II-III	1250,--
Taler, Kuttenberg, 1618, Dav. 3073, Voglh.			
115 III (leichter Randfehler)	10	IV	375,--
	102	IV	360,--
1619	10	IV	375,--
	48	III	775,--
Taler, Prag, 1612, Dav. 3058, Voglh. 116 I	25	III	1050,--
Taler, Prag, 1613, Dav. 3061, Voglh. 116 II	02	II-III	1400,--
1616	46	I	3000,--
	86	III	825,--
1618	66	III	700,--
	85	II	1425,--
	98	III	575,--
Dreikaiser-Taler, Prag, o.J., Dav. 3066, Voglh.			
20 II	50	III	5150,--
Taler, Wien, 1609, Dav. 3037, Voglh. 112/II	21	III	900,--
1610	02	II-III	1700,--
Taler, Wien, 1609, Dav. 3038?, Voglh. 112/I	10	IV/III	510,--
Taler, Wien, ohne Münzzeichen, 1609, Dav.			
3038, Voglh. 112/I	10	III	1600,--
	17	III	925,--
	39	III	575,--
	73	III	900,--
	98	III	1100,--
Taler, Wien, 1609 (unediert?)	71	III	1700,--
Taler, Wien, 1616, Dav. 3046, Voglh. 118 II	67	III	775,--
	73	III	900,--
Taler, Wien, ohne Münzzeichen, 1619, Dav.			
3049 var., Voglh. 118/III var. (Zainende)	66	III	600,--
1/4 Taler, Kremnitz, 1617 (Zainende)	26	III	950,--

wie vor, 1620 (posthum)	26	III	900,--
1/4 Taler, Prag, 1618, Don. 1914 ff.	71	III-IV	800,--
Erzherzog Ferdinand II., 1592-1618			
10 Dukaten, Klagenfurt, 1602 (unediert,			
wohl Unikum)	02	II-III	45000,--
Dukat, Graz, 1610, Fr. 83	26	III	3400,--
Taler, Graz, 1609, Dav. 3310, Voglh. 123 III	10	III	625,--
	50	III	1275,--
Taler, Graz, 1614, Dav. 3311, Voglh. 123/IV	00	III	450,--
(leichter Randfehler)	10	II	825,--
617	05	III	700,--
	10	III	570,--
(leichter Randfehler)	23	III/IV	525,--
Taler, Graz, 1617, Dav. 3312, Voglh. 123/VI	50	II	925,--
	71	III	500,--
(leichte Schrötlingsfehler)	75	III	300,--
Taler, Klagenfurt, 1611, Dav. 3314, Voglh.			
125	02	III	2300,--
1615 (Randfehler)	73	II-III	1175,--
1620	73	II-III	1275,--
Ferdinand II., 1619-1637			
10 Dukaten, Wien, 1625, Fr. 88 (leichter			
Schrötlingsfehler)	39	III	16000,--
10 Dukaten, Prag, 1629, Fr. 34	39	II-III	17000,--
10-facher Dukat, Prag, 1635, Fr. 37			
(Broschierungsspur)	72	III	8000,--
5-facher Dukat, Breslau, 1627, Fr. 103	72	II-III	11750,--
1628	70	II-III	9800,--
5 Dukaten, Prag, 1634, Fr. 38	47	II	10000,--
Doppeldukat, Prag, 1623, Fr. 39 (Einhiebe)	23	III/IV	1400.--
Doppeldukat, St. Veit an der Glan, 1632, Fr.			
106	61	II	14000,--
Dukat, Kremnitz, 1623, Fr. 43 (Randfehler,			
gewellt)	23	IV	370,--
1626	47	II	1400,--
(Knick, Randfehler)	60	III	825,--
1631	00	II	950,--

Silberabschlag vom Dukat auf seine Krönung,			
1619, Mont. 744	23	II/III	220,--
3-facher Taler, Prämie des Jesuitengym-			
nasiums Graz, o. J. (vergoldete Gravur)	50	III	2275,--
3-facher Taler, Prag, auf die Krönung			
zum böhmischen König, 1629 (Henkelspur)	30	III-IV	3350,--
2 1/2-fache Taler-Klippe, Graz, 1626,			
Dav. 3107 (aus 1625)	50	II	13500,--
Breiter 2 1/2-facher Taler, St. Veit,			
auf seine Vermählung mit Eleonora von			
Mantua, 1622, Horsky 1688 (Henkelspur)	05	IV/III	925,--
Breiter Doppeltaler, Graz, 1621, Dav.			
3101, Pichler 63, 64	10	III	2200,--
	45	III/II	2775,--
	46	II	3800,--
	78	III	3000,--
(leichte Schrötlingsfehler)	102	III	1500,--
Breiter Doppeltaler, Graz, 1626, Dav. 3107	02	II	3800,--
(aus 1625)	50	III	2275,--
1632 (aus 1626, Henkelspur)	10	III	900,--
(aus 1626, leichtes Zainende)	27	II-III	2650,--
(aus 1626)	46	I	6000,--
Breiter Doppeltaler, Graz, 1631, Dav. 3109	32	III	2150,--
	46	II	3900,--
	72	III	4000,--
2 Taler, Graz (posthume Prägung), 1640,			
Dav. vgl. 3109 (aus 1631)	34	IV-V	1000,--
Doppeltaler, St. Veit, auf seine Hochzeit			
mit Eleonora von Mantua, 1622, Horsky 1689	08	III	3850,--
	86	III-IV	1600,--
Dicker Doppeltaler, Wien, 1624, Dav. 3077	25	III	1600,--
(Henkelspur)	98	III	1700,--
Taler, Breslau, 1627, Dav. 3156, Voglh.			
126 V	47	III	2900,--
	51	III	1350,--
Taler, Breslau, 1630, Dav. 3158, Voglh. 126			
VI var.	54	II-III	1400,--

Taler, Breslau, 1632, Dav. 3161, Voglh. 126

VII var.	06	III	825,--
	10	II	875,--
	46	I	1300,--

Taler, Breslau, 1632, Dav. 3162. Voglh. 126/

VII	39	III	1600,--

Taler, Brünn, 1624, Dav. 3144, Voglh. 129	46	II-III	2600,--

Taler, Ensisheim, 1621, Dav. 3168, Voglh.

131 I	85	III	350,--

Taler, Ensisheim, 1621, Dav. 3169, Voglh.

131 I v.	71	III	240,--
	85	III	415,--
(Zainende)	89	II	650,--
	92	III-IV	310,--

Taler, Ensisheim, 1621, Dav. 3170, Voglh.

131 I var.	46	II-III	675,--

Taler, Ensisheim, 1621, Dav. 3170, Voglh.

131 II	10	III	500,--
1623	46	II	1700,--

Taler, Graz, 1620, Dav. 3098, Voglh. 134 I	21	III	455,--
(Randfehler)	65	III	400,--

Taler, Graz, 1620, Dav. 3099, Voglh. 134 I

var.(Randfehler)	19	III	400,--
(Zainende)	25	III-IV	200,--
(leichte Henkelspur)	35	III-IV	230,--
	73	III-IV	290,--
	73	III-IV	260,--
(justiert, Kratzer)	86	II-III	550,--
Taler, Graz, 1621, Dav. 3100, Voglh. 134 II	06	III-IV	300,--
(Henkelspur)	10	IV/III	300,--
(leichte Fehler)	23	III	420,--
	46	II	950,--

Taler, Graz, 1620/21, Dav. 3102 (Schrötlings-

fehler)	10	III	300,--

Taler, Graz, 1621, Dav. 3102, Voglh. 134 II

var.	86	III-IV	280,--
Taler, Graz, 1623, Dav. 3103, Voglh. 134/III	46	II/I	1400,--
(Feilspur)	50	II	655,--

Taler, Graz, 1623, Dav. 3104, Voglh. 134/IV			
(Kratzer)	10	III	370,--
1624	02	III-IV	300,--
	05	III/IV	400,--
(aus 1623)	46	II	725,--
	47	II	650,--
(aus 1623)	50	III	400,--
	70	II-III	600,--
(leichte Schrötlingsfehler)	70	III	400,--
	73	III	390,--
	82	III	390,--
	102	III	420,--
Taler, Graz, 1624, Dav. 3106, Voglh. 134/V	00	III	350,--
	10	III	330,--
	45	II-III	460,--
	46	I	4100,--
	50	III	570,--
	70	II-III	700,--
1625 (Randfehler)	10	III	340,--
	48	IV	700,--
	50	II	1125,--
	71	III	500,-
Reichstaler, Graz, 1626, Dav. 3108, Voglh.			
134/V	32	III	290,--
1627	50	IV	350,--
Taler, Graz, 1633, Dav. 3110, Voglh. 134/VIII	45	II-III	550,--
(leichter Randfehler)	86	II	650,--
(kleines Loch)	86	II	430,--
1636	45	III/II	395,--
	97	III	425,--
Taler, Graz, 1636, Dav. 3111, Voglh. 134 VIII			
(Zainende)	00	II	625,--
Reichstaler, Hall, 1621, Dav. A 3125, Voglh.			
136/I (Zainende)	02	III	1200,--
	46	I	4600,--
	50	II-III	2850,--
(Henkelspur)	71	III	650,--
Taler, Hall, 1623, Dav. 3125, Voglh. 136 II	46	II	3200,--

wie vor (Randfehler)	64	III	2000,--
Taler, Joachimsthal, 1624, Dav. 3141, Voglh.			
138 II	00	III/II	290,--
	46	I	2500,--
	50	III	525,--
	86	III	400,--
Taler, Klagenfurt, 1620, Dav. 3114, Voglh.			
139 I (leicht schwache Prägung)	02	II-III	975,--
	02	III	750,--
Taler, Klagenfurt, o. J., Dav. 3114, Voglh.			
139 I var.	02	III	2100,--
(Henkelspur)	02	III-IV	425,--
Taler, Klagenfurt, 1621, Dav. 3115, Voglh.			
139/II	02	III-IV	625,--
Taler, Klagenfurt oder St. Veit, 1621, Dav.			
vgl. 3115, Voglh. 139/II var. (schwache			
Prägung)	46	II	950,--
Taler, Klagenfurt, 1621, Dav. 3116, Voglh.			
139 I var. II	25	III	500,--
Taler, Klagenfurt, 1620, Dav. 3114, Voglh.			
vgl. 141	70	III	560,--
Taler, Klagenfurt, 1621, Dav. 3120, Voglh.			
139 II	89	III	625,--
Taler, Klagenfurt, 1621, Dav. 3120 var.,			
Voglh. 139/II var.	66	III/IV	310,--
Taler, Klagenfurt, 1621, Dav. 3121, Voglh.			
153 II	02	III-IV	425,--
Taler, Klagenfurt, 1621, Dav. 3121 var.,			
Voglh. 153 II var.	02	III	1000,--
Breiter Taler, Kremnitz, 1630, Dav. 3129,			
Voglh. 142	32	III	250,--
	46	I	1000,--
	50	IV/III	270,--
	86	II-III	400,--
	86	II	600,--
	86	III	360,--
1631	45	III/II	425,--
	50	II-III	570,--

wie vor	86	III	330,--
1632	02	III	250,--
	10	III	370,--
	41	II	450,--
	50	II	755,--
	102	III	420,--
1633 (Henkelspur, gereinigt)	20	III	205,--
(leichte Henkelspur)	45	II	295,--
	50	III	425,--
	70	II	490,--
1634 (leicht korrodiert)	23	III	330,--
	00	II-III	380,--
(Henkelspur)	66	III	255,--
1636	85	II	500,--
1637	02	II-III	350,--
	70	II	825,--
Reichstaler, Kuttenberg, 1623, Dav. 3143,			
Voglh. 143	50	IV/III	285,--
	66	III	420,--
1624	50	III	430,--
1626	54	II-III	575,--
1627	85	II	700,--
1630	50	II	850,--
(Randfehler)	86	III	320,--
Taler auf die Taufe, 1626	47	III	650,--
Taler, Nagybanya, 1631, Dav. 3130 A	50	III/IV	500,--
Taler, Nagybanya, 1630, Dav. 3130, Voglh.			
144 I	39	III	410,--
	70	III	625,--
Taler, Nagybanya, 1632, Dav. 3131, Voglh.			
144 I	46	II-III	850,--
Taler, Nagybanya, 1635, Dav. 3131 B	50	IV-V	215,--
Taler, Prag, 1623, Dav. 3136, Voglh. 149 I	51	III	450,--
	97	III	320,--
1624 (leichter Randfehler)	32	III	270,--
	44	III	360,--
	44	III	370,--
	46	I	1000,--

wie vor	70	III	340,--
	75	III	370,--
	86	III	385,--
	100	III/II-III	475,--
1625 (Schrötlingsfehler)	25	III	210,--
Taler, Prag, 1623, Dav. 3136, Voglh. 149 I	10	IV/III	275,--
1624 (Zainende)	75	III	350,--
1626	86	III	300,--
1628 (Randriß)	15	III	340,--
1631	21	III	325,--
(Schrötlingsfehler)	99	III	260,--
Taler, Prag, 1628, Voglh. 149 I	30	III	300,--
Taler, Prag, 1632, Dav. 3136 var., Voglh. 149 II	47	III/II	750,--
	50	III	600,--
1633	50	III	525,--
Taler, Prag, 1637, Dav. 3136, Voglh. 149/II (leichter Schrötlingsfehler)	04	II-III	400,--
	50	III	515,--
Taler, St. Pölten, 1625, Dav. 3094, Voglh. 152 V	46	II-III	2900,--
Taler, St. Veit, 1623, Dav. A 3123, Voglh. 153 IV (leicht schwache Prägung)	02	II-III	1400,--
Reichstaler, St. Veit, 1624, Dav. 3123, Voglh. 153 V	02	III	1300,--
	02	II-III	1400,--
	19	II	925,--
Taler, St. Veit, 1632, Dav. 3124, Voglh. 153 VI	02	II-III	2000,--
Reichstaler, Wien, 1620, Dav. 3074, Voglh. 154 I	25	III	350,--
	50	III	425,--
(leichter Randfehler)	67	III	360,--
	82	III/IV	240,--
Taler, Wien, 1620, Dav. 3074, Voglh. 154/I var.	25	III	290,--
	50	II	685,--
(leichter Schrötlingsfehler)	70	III	400,--

Taler, Wien, 1621, Dav. 3076, Voglh. 154/II	00	II-III	400,--
	50	III	350,--
	70	III	430,--
Taler, Wien, 1623, Dav. 3078, Voglh. 154 II	10	III-IV	300,--
	46	II-III/I	600,--
	50	III	450,--
	73	III	300,--
1624 (Sammlerzeichen)	02	III-IV	350,--
(Randfehler)	50	II-III	285,--
Taler, Wien, 1624, Dav. 3081	62	III-IV	230,--
Taler, Wien, 1624, Dav. 3083, Voglh. 154 IV	50	III	750,--
Taler, Wien, 1624, Dav. 3084	50	III-IV	550,--
Taler-Klippe, Wien, 1624, Dav. 3086, Voglh. vgl. 154/IV (Randfehler, Henkelspur)	98	III	4000,--
Taler, Wien, 1624, Dav. 3087, Voglh. 154/VIII	46	II-III/II	850,--
1625 (Stempelrisse)	10	III	210,--
Taler, Wien, 1625, Dav. 3088	42	III	330,--
Taler, Wien, 1625, Dav. 3088/91 (leichter Schrötlingsfehler)	50	II	575,--
Taler, Wien, 1624, Dav. 3091, Voglh. 154/IX (poliert)	39	III	250,--
1626 (leichte Einhiebe)	15	III	260,--
	50	III-IV	300,--
1628	75	III	465,--
	97	III	360,--
1630	36	III	300,--
1631	21	III	265,--
	45	III	330,--
1632	50	III-IV/III	450,--
1634	50	II-III	775,--
	97	III/II	400,--
Taler, Wien, 1631, Dav. 3091, Voglh. 154/X v.	33	III	305,--
	47	III	400,--
1/2 Taler, Graz, 1624, Pi. 81	34	III-IV	550,--
	50	III	775,--
	51	IV	310,--
	70	III	775,--
1/2 Taler, Joachimsthal, 1624, Don. 2293	70	III	410,--

wie vor	86	II-III	400,--
1625 (Jahrgang - R)	04	III-IV	250,--
1/2 Taler, Klagenfurt, 1621, Trau 231, 234 ff.			
(Henkelspur)	02	III-IV	290,--
	19	III	600,--
	48	III-IV	525,--
	86	III	600,--
o. J. (RR)	02	III	2400,--
1/2 Reichstaler, Kremnitz, 1633, Mont. 763	70	III	470,--
1/2 Taler, Prag, 1624, Don. 2201	21	III	300,--
1625	47	III	350,--
1/2 Reichstaler, St. Glan, 1621	04	IV/III	250,--
1/2 Taler, Wien, 1621, Horsky 1621	50	III	215,--
1/2 Taler, Wien, 1624	50	III	370,--
1625	50	II-III	485,--
1/2 Taler, Wien, 1625, Mont. 143 (leichte			
Bohrstelle)	35	III	270,--
	47	III	400,--
1/2 Schautaler auf die Huldigung in Wien -			
Abschlag vom Taler-Stempel, 1613, Voglh.			
vgl. 171 (Henkelspur)	50	III	800,--
1/4 Taler, Joachimsthal, 1627, Meyer 527	70	III	950,--
1/4 Taler, Kremnitz, 1633 (Schrötlingsfeh-			
ler)	97	III	270,--
1/4 Taler, Kuttenberg, 1624, Don. 2256, 63	70	III	390,--
1626 (R - leicht poliert)	04	III	500,--
1/4 Taler, Prag, 1624	85	III	360,--
Kippertaler zu 120 Kreuzer, Kuttenberg,			
1621, Voglh. 159 I	50	II	925,--
Kippertaler zu 150 Kreuzer, Joachimsthal,			
1622, Voglh. 157	20	III-IV	335,--
	50	II	400,--
1623	25	III	350,--
Kippertaler zu 150 Kreuzer, Kuttenberg,			
1622, Voglh. 159 II	10	III	315,--
	15	III	280,--
Kippertaler zu 150 Kreuzer, Prag, 1622,			
Voglh. 162 II	04	II-III	625,--

wie vor	10	II	700,--
Kippertaler zu 150 Kreuzer, Wien, 1622			
(leichte Henkelspur)	50	IV	245,--
Kippertaler zu 150 Kreuzer, spanische			
Münzstätte in Wien, 1622, Horsky 1615			
(Schrötlingsriß)	50	III-IV	345,--
1/2 Kippertaler zu 60 Kreuzer, Olmütz, 1621	101	III-IV	205,--
Kipper-1/2 Taler zu 75 Kreuzer, Joachimsthal,			
1622	50	III	450,--
Kipper- 1/2 Taler zu 75 Kreuzer, Kremnitz,			
1622, Weise 3872	10	III	250,--
Kipper-1/2 Taler zu 75 Kreuzer, Olmütz,			
Don. 2166 (Zainende)	47	III	330,--
Kipper-1/2 Taler zu 75 Kreuzer, Prag,			
1622, Don. 2132-33 v.	15	III	200,--
Kipper-48 Groschen, Graz, 1623	50	V	230,--
Kipper-37 Kreuzer (aus 24 geändert), Kutten-			
berg, 1622 (schwache Prägung)	71	III	240,--
Kipper-15 Kreuzer, Prag, 1622, Don. 2135	70	III	250,--
Erzherzog Leopold, Gubernator, 1619-1625			
Taler, Ensisheim, 1620, Dav. 3341	65	III	450,--
Reichstaler, Ensisheim, 1620, Dav. 3343,			
Voglh. 174 I (leichter Kratzer)	73	III	305,--
Taler, Ensisheim, 1620, Dav. 3344, Voglh.			
174 I var. (leichter Kratzer)	97	III	330,--
Taler, Ensisheim, 1621, Dav. 3345, Voglh.			
174 II	06	III	430,--
(Schrötlingsfehler)	06	III	270,--
	51	III	400,--
	71	III-IV	380,--
	86	II-III	485,--
1622	10	III	330,--
1623	45	II	425,--
Taler, Ensisheim, 1622, Dav. 3347, Voglh.			
174/II (Zainende)	34	III	450,--
	70	III	360,--

Taler, Ensisheim, 1621, Dav. 3346, Voglh.			
174/II v. (Randfehler)	06	III-IV/III	270,--
	71	II-III	440,--
Reichstaler, Ensisheim, 1623, Dav. 3345,			
Voglh. 174 III (Fundexemplar)	19	III	420,--
1624	10	III	330,--
	21	III/II	390,--
(leicht rauh)	51	II	500,--
	73	III	340,--
	79	III-IV	235,--
Taler, Ensisheim, 1623, Dav. 3348	42	II-III	300,--
Taler, Hall, 1620, Dav. 3328, Voglh. 175 I	10	III	240,--
	10	II	800,--
	19	III	280,--
	19	II	500,--
	25	II	420,--
	35	III	210,--
	45	II/I	550,--
(leichter Kratzer)	45	III/II	305,--
	54	II-III	400,--
	70	III	390,--
	71	III	420,--
	73	III	310,--
	79	III	250,--
	86	II	550,--
	86	III	305,--
1621	21	II-III	305,--
(justiert)	52	III	265,--
Taler, Hall, 1620, Dav. 3329, Voglh. 175 I			
var.	10	III	320,--
Taler, Hall, 1621, Dav. 3330, Voglh. 175 II	04	II-III	345,--
	10	III	300,--
(Randfehler)	51	III	235,--
	67	II-III	350,--
	73	II-III	500,--
	73	III	280,--
	97	III	205,--
1622	86	III	280,--

wie vor, 1623 (aus 1622)	19	II-III	550,--
(Variante)	34	III	360,--
	87	III	285,--
1624	10	IV	220,--
	11	III	240,--
	45	II	360,--
	46	II	700,--
	51	III	325,--
	71	III-IV	240,--
	86	II-III	490,--
	89	II	575,--
	98	II-III	480,--
Taler, Hall, 1621, Dav. vgl. 3330	32	III	270,--
	79	III-IV	220,--
Taler, Hall, 1621, Dav. 3330 var., Voglh.			
175/II var.	32	I	1125,--
	66	III	210,--
1622	45	III	320,--
1623	31	III	330,--
1/4 Taler, Hall, 1623, Enz. 140 ff. (leichter			
Randfehler)	64	III	1950,--
Erzherzog Leopold als Landesfürst, 1625-1632			
Breiter Doppeltaler auf seine Vermählung			
mit Claudia von Medici, o. J., Dav. 3331	02	II-III	1200,--
	02	II-III	1300,--
	02	III	1000,--
	10	III	1200,--
(leichter Schrötlingsfehler)	16	II	1300,--
	23	III	950,--
	31	III	1425,--
	36	III/IV	900,--
(leicht gewellt)	40	I-II	1875,--
	44	III	1100,--
	46	I	2700,--
	47	II	1750,--
	54	II-III	1475,--
	64	III/II	1450,--
(leichte Gravur)	66	III	800,--

wie vor (leicht poliert)	70	II-III	1000,--
(leichte Schrötlingsfehler)	70	II	1250,--
(seltene Variante)	71	II-III	4600,--
	71	II	2100,--
(Schrötlingsfehler, Kratzer)	82	III	1000,--
(leichtes Zainende)	86	II	1150,--
	95	I-II	1750,--
	97	III	850,--
Breiter Doppeltaler auf seine Vermählung			
mit Claudia von Medici, o. J., Dav. 3332	04	II-III	1350,--
	07	III	1350,--
	45	II-III	1700,--
(leichte Kratzer)	46	I	2700,--
	48	III	1100,--
(Kratzer, leicht poliert)	48	III	1000,--
(leichte Randfehler)	48	III	700,--
(Schrötlingsfehler)	73	II-III	850,--
(leichter Schrötlingsfehler)	86	II-III	1000,--
(Schrötlingsfehler)	100	III	850,--
Doppelter Reichstaler, Hall, o. J., Dav.			
3335, Enz. 251	46	II	3000,--
(Henkelspur)	67	III	950,--
Breiter Doppeltaler, Hall, 1626, Dav. 3336			
(Randfehler)	06	III	1600,--
	10	III/II	2500,--
(Randfehler)	10	III	1550,--
	34	I-II	3800,--
	46	II	3700,--
	51	III	1650,--
(leicht poliert)	60	III	2000,--
	61	II	3600,--
	70	II	3000,--
	102	II/III	2200,--
(Schrötlingsfehler)	102	III/II	1475,--
Taler, Ensisheim, 1627, Dav. 3351, Voglh.			
181 II	86	III	450,--
Taler, Ensisheim, 1627, Dav. 3352, Voglh.			
181/III	15	III-IV	225,--

Taler, Ensisheim, 1628, Dav. 3353, Voglh.

181 IV	61	III	525,--
	86	III	340,--
1629	15	III	325,--
1630 (Zainende)	00	II-III	440,--
	10	III	600,--
Taler, Ensisheim, 1631, Dav. 3355, Voglh.			
181/V	66	III/II	430,--
	71	IV	400,--
Taler-Klippe, Ensisheim, o. J., Dav. 3337			
Anm., Voglh. 182 V	86	III-IV	2600,--
Taler, Hall, 1626, Dav. 3337, Voglh. 183 I	10	III	260,--
	45	II-III	315,--
Taler, Hall, 1626, Dav. 3337 var., Voglh.			
vgl. 183 (leichter Randfehler)	86	II	440,--
1627 (leichte Henkelspur)	85	II-III	210,--
Taler, Hall, 1627, Dav. 3337, Voglh. 183 II			
(leichter Randfehler)	44	I	750,--
	71	III	440,--
	86	II-III	315,--
Taler, Hall, 1628, Dav. 3338, Voglh. 183 II			
var.	07	III	340,--
(aus 1626)	19	III	325,--
	25	II-III	300,--
	31	III	330,--
	47	II/III	410,--
	73	III	200,--
(leichte Henkelspur)	85	II-III	215,--
	85	III	240,--
Taler, Hall, 1630, Dav. 3338, Voglh. 183 II,			
III (aus 1627)	46	II	850,--
Reichstaler, Hall, 1630, Dav. 3338, Voglh.			
183/III	02	II-III	475,--
	10	III	310,--
	20	III-IV	245,--
(Schrötlingsfehler)	24	I	700,--
	48	II	375,--
	64	III	400,--

Taler, Hall, 1632, Dav. 3338, Voglh. 183/IV	02	II-III	280,--
	02	II-III	375,--
	04	III	300,--
	05	III/IV	240,--
	06	II	400,--
	09	III	335,--
	10	III	200,--
	10	III	310,--
	10	III	330,--
	11	III-IV	210,--
	15	III	215,--
	16	III	325,--
	21	III	250,--
	24	I	1350,--
	25	III	230,--
(stark gereinigt)	25	II	220,--
	29	II-III	290,--
	31	III	310,--
	31	II/III	395,--
(leichter Randfehler)	32	II	375,--
	32	II	395,--
	33	II-III	385,--
	34	III	200,--
	44	III	290,--
	45	III/II	300,--
	46	I	2000,--
	46	I	2800,--
	46	I-II	2000,--
	46	II	700,--
	47	III	310,--
	47	III	270,--
	50	III	350,--
	50	II-III	400,--
	51	II-III	430,--
	54	III	320,--
	55	II	410,--
	60	III/IV	200,--
	63	III	445,--

wie vor	64	III	380,--
	64	III	290,--
	67	II-III	455,--
	71	III	320,--
	71	II-III	520,--
	71	II-III	520,--
	75	III	310,--
	79	II-III	425,--
	80	II	350,--
	86	III	250,--
	86	II-III	290,--
	86	II	315,--
	89	II	410,--
	97	III	275,--
	97	III	280,--
(leichtes Zainende)	98	II	425,--
	98	III	210,--
(leichter Kratzer)	99	II-III	365,--
	102	III	280,--
Taler, Hall, 1632	71	III	400,--
	71	III	340,--
Taler, Hall, 1632, Dav. 3338 var., Voglh.			
183 VI	32	III/II	315,--
	32	II-III	350,--
	71	III-IV	320,--
(leicht rauh)	86	II	315,--
	86	II-III	440,--
	86	III	250,--
Reichstaler, Hall, 1632, Dav. 3338	89	II	525,--
Zwitter-Schraubtaler, Hall, 1632	44	III	2000,--
1/2 Taler, Hall, 1632	10	II	675,--
	34	I-II	1500,--
1/4 Taler, Hall, 1632, Enz. 301 ff.	19	I	1050,--
	21	III	330,--
	34	II-III	700,--
	51	III	450,--
	51	III-IV	260,--
(Kratzer)	64	III/II	430,--

wie vor	70	II-III	575,--
	102	III/II	410,--
Plappert, 1623, EuL. 279	10	IV	400,--
10 Kreuzer, Hall, 1627, Enz. 325	71	II-III	240,--
Erzherzog Ferdinand Karl, 1632-1662			
Neuzeitlicher Goldabschlag vom Tiroler			
Doppeldukat, 1963, Fr. vgl. 159	04	I	225,--
	55	I	255,--
Doppeltaler, Hall, o. J., Dav. 3363	06	III	1500,--
(leicht poliert)	19	II-III	1550,--
	30	V	450,--
	31	III	1600,--
	32	II	1625,--
	45	II	1875,--
	46	II	3800,--
	50	II	4000,--
(leichter Schrötlingsfehler)	64	III	1950,--
	71	III	2200,--
(Henkelspur)	73	III	1100,--
Doppeltaler, Tirol, o. J., Dav. 3363 A	45	II	1625,--
	46	II	5300,--
	71	II	4500,--
Breiter Doppeltaler, Hall, auf die Regierungs-			
übernahme, o. J., Dav. 3364, Egg 479	10	III	1950,--
(leichter Randfehler)	10	III	1750,--
	19	II	2350,--
	46	I	3650,--
(Schrötlingsfehler)	48	II-III	1400,--
	64	II/III	3100,--
Taler, Hall, 1646, Dav. 3365, Voglh. 185 I	00	II-III	500,--
	02	II-III	1600,--
	06	II-III	700,--
(leichter Kratzer)	07	II	1250,--
	08	III	600,--
	32	III	800,--
	46	I	3000,--
	48	III	650,--
Taler, Hall, 1652, Dav. 3366, Voglh. 185/II	46	II	1950,--

wie vor	71	II-III	1500,--
	99	III	1000,--
Taler, Hall, 1654, Dav. 3367, Voglh. 185 II	00	II	1250,--
	10	III	625,--
	10	III	400,--
	25	III	625,--
	34	III	650,--
	46	I	2100,--
	50	II-III	845,--
	67	II	950,--
	70	III	850,--
	71	III	750,--
	89	III/II	725,--
	102	III/II	850,--
Taler, Hall, 1662, Dav. 3368, Voglh. 185 III	46	II	7500,--
	46	II	7250,--
1/2 Reichstaler, Hall, 1654, Enz. 35	26	II-III	1150,--
	54	III	1000,--
	67	II-III	1125,--
	71	III-IV	450,--
1/4 Taler, 1654, Enz. IX 36	19	II-III	525,--
	26	II	1200,--
	69	II	675,--
	71	II	2000,--

Ferdinand III., 1637-1657

10 Dukaten, Breslau, 1657	02	I-II	60000,--
Breite 10 Dukaten, Graz, 1641, Fr. 128 var.			
(RRRR, geänderte Jahreszahl)	61	II-III	46000,--
10 Dukaten, Prag, 1640, Fr. 137	27	II	17500,--
10 Dukaten, Prag, 1642, Fr. 137 (gereinigt)	61	II	20000,--
10 Dukaten, Wien, 1643, Fr. 137	27	II	22500,--
10 Dukaten, Wien, 1655, Fr. 137 (Schrötlings-fehler)	02	II-III	21500,--
10 Dukaten, Wien, 1656, Fr. 137	02	II-III	19000,--
(eingeritzte Wertzahl)	73	II	15600,--
5 Dukaten, Wien - Goldabschlag vom 1/2-Taler-Stempel, 1647, Fr. 140 (leicht bearbeitet)	48	III	4300,--
Doppeldukat, Breslau, 1648, Fr. 143 var.	86	III	4100,--

Doppeldukat, Kremnitz, 1647, Fr. 47	00	III	1950,--
1648	25	II	3000,--
1650	47	II	3300,--
Doppeldukat, Prag, 1641, Fr. 143	70	II	3400,--
1652	61	II	4600,--
Doppeldukat, Wien, 1641, Fr. 148	70	II	5500,--
1647	39	III/II	3300,--
Doppeldukat, Wien, 1652, Fr. 148	61	II-III	5800,--
1656	71	III	5200,--
Dukat, Breslau, 1644, Fr. 144 (Henkelspur)	10	II	1325,--
Dukat, Glatz, 1629	47	I	6500,--
Dukat, Graz, 1638, Fr. 149	61	I-II	4750,--
Dukat, Kremnitz, 1640, Fr. 48 (Bug)	71	II-III	750,--
1641	00	III	950,--
1642	47	II	1450,--
1645	00	II-III	850,--
1650	60	III/IV	575,--
Dukat, Kremnitz, 1658, Fr. 49	25	I	1675,--
Dukaten-Klippe - Goldabschlag vom Groschen-Stempel, St. Veit, 1537, Fr. 147	02	II	10000,--
Dukat, Wien, 1642, Fr. 149	71	II	3600,--
1/2 Dukat, Breslau, 1649, Fr. 145	61	II	3600,--
Silberabschlag vom Dukat zur römischen Königskrönung von Franz von Dietrichstein, 1636, Meyer 62, Mont. 797	50	III	455,--
Breiter 3 1/2-facher Schautaler auf seine böhmische Krönung, 1629, Don. 2353	60	III/II	13700,--
Breiter 3-facher Taler, Graz, 1639, Pichler 11	34	III	8000,--
	46	II-III/II	8750,--
Dicker 3-facher Reichstaler, Kremnitz, 1641, Dav. 3196 (Randfehler)	50	III	6700,--
1644	32	II	9750,--
Doppeltaler, Glatz, 1629, Dav. 3361	47	III	3600,--
Dicker Doppeltaler, Graz, 1640, Dav. A 3186, Pichler 16	46	II	4300,--
Breiter Doppeltaler, Graz, 1639, Dav. A 3186, Pichler 11 (Henkelspur)	50	III	3500,--

wie vor, 1641 (aus 1639)	02	II	4400,--
(aus 1639)	45	II	3700,--
(aus 1639)	46	I	4100,--
(aus 1639)	50	II	5000,--
Dicker Doppeltaler, St. Veit, 1649, Dav.			
3193 (Sammlerzeichen)	02	II	10000,--
Taler, Breslau, 1642, Dav. 3219, Voglh.			
190 I	46	II	4600,--
Taler, Breslau, 1650, Dav. 3222	10	II	2600,--
Taler, Brünn, 1647, Dav. 3217, Voglh. 191/II	46	II-III	4300,--
Taler, Glatz, 1629, Dav. 3361, Voglh. 187/VII	10	II	4100,--
	46	II	3400,--
Taler, Graz, 1638, Dav. 3185, Voglh. 192/I	32	II-III	650,--
	46	II	775,--
(leichtes Zainende)	86	II	975,--
Taler, Graz, 1641, Dav. 3187, Voglh. 192 III	46	I-II	1450,-
Taler, Graz, 1644, Dav. 3189, Voglh. 192/IV	00	II	875,--
	25	II-III	500,--
	33	II-III	380,--
(leichter Stempelfehler)	45	II	385,--
	46	I	1400,--
	55	II-III	525,--
(leichtes Zainende, Schrötlingsfehler)	70	II	420,--
	71	III	430,--
(leichtes Zainende, Schrötlingsfehler)	73	III	355,--
(leichtes Zainende, Schrötlingsfehler)	86	II	460,--
1650	46	II-III	625,--
Zwitter-Taler, Graz, 1646, Dav. 3189 A,			
Voglh. 194	00	III	440,--
	32	III/II	825,--
	34	I-II	1900,--
	46	I	2300,--
	70	I	5600,--
	73	I	1500,--
	85	II	800,--
Taler, Graz, 1648, Dav. 3190, Voglh. 192/V	19	II	975,--
(leichte Kratzer)	46	I	2400,--
	50	III	515,--

wie vor (Randfehler)	71	I-II	750,--
1649 (Stempelfehler)	27	II-III	525,--
1651	00	II-III	480,--
	45	II	750,--
	46	II/I	2700,--
	50	II	1025,--
	72	II	700,--
	86	II	800,--
1654 (Schrötlingsfehler)	00	III	300,--
	46	II	900,--
	47	III	500,--
	97	III	330,--
Taler, Graz, 1657, Dav. 3191, Voglh. 192 VI	00	III	775,--
	46	II	1500,--
Schautaler-Klippe, Kremnitz, auf seine Krönung zum König von Ungarn, o. J., Voglh. 188	02	II	4750,--
(Henkelspur)	85	III-IV	1375,--
Taler, Kremnitz, 1643, Dav. 3198, Voglh. 197 (Sammlerzeichen, Henkelspur)	11	III	225,--
	50	III-IV	245,--
1644 (leichter Kratzer)	10	III	260,--
	50	III	370,--
1645	21	II	395,--
1647	50	III/II	445,--
1648	50	II	1025,--
1649 (leichter Doppelschlag)	00	II-III	250,--
(leichte Kratzer)	46	I	800,--
(leicht poliert)	50	III-IV	200,--
(Randfehler)	25	II	315,--
1650	32	III	265,--
	36	III	380,--
	50	III	370,--
	71	III-IV	220,--
1651 (leichter Randfehler)	16	II/I-II	600,--
	46	I	1000,--
	63	III	525,--
1652	00	III	215,--

wie vor	34	III	405,--
	63	III	525,--
	66	III	410,--
	99	II	455,--
1653 (leichter Doppelschlag)	00	III	310,--
	10	III	250,--
	32	II	400,--
	48	III	200,--
(leicht schwache Prägung)	61	II	550,--
	86	II-III	340,--
1654	10	II	410,--
	15	III	260,--
	20	II-III	350,--
(leicht fleckig)	34	III	210,--
	48	III	220,--
	70	III	280,--
1655	05	II/I-II	500,--
(leichter Randfehler)	23	III/IV	230,--
	32	III	230,--
	49	III	360,--
	50	III	450,--
(Randfehler)	67	III	335,--
	86	II-III	420,--
	86	III	310,--
1656	45	II-III	325,--
	50	II	745,--
1657	21	II-III	270,--
	31	II	360,--
	50	III	385,--
	70	I-II	1800,--
	85	II	500,--
1658	10	IV/III	200,--
(posthum)	45	III/II	320,--
(posthum)	48	III	340,--
(posthum)	66	III	500,--
1659 (posthum)	02	II-III	350,--

wie vor (posthum)	33	III	435,--
	86	III	450,--
1561 (posthum)	23	II	220,--
Taler, Kremnitz, 1646, Dav. 3198 var., Voglh.			
197 var. (Kratzer)	46	I	2700,--
Taler, Kuttenberg, 1638, Dav. 3212, Voglh.			
198 I	98	III	700,--
Taler, Prag, 1639, Dav. 3204, Voglh. 202 I	46	II/I	2500,--
Taler, St. Veit, 1638, Dav. 3192, Voglh. 205 I	00	III	975,--
	02	II	2100,--
	02	II-III	1200,--
(leichte Henkelspur, Kratzer)	23	III	410,--
	46	II/I	1150,--
	55	II	2550,--
	70	III	675,--
(Schrötlingsfehler)	89	III/II	875,--
Präsenttaler, St. Veit, 1645, Voglh. 214			
(gelocht)	50	III-IV	775,--
Taler, St. Veit, 1649, Dav. 3194, Voglh. 205			
II	02	II-III	1350,--
1650	02	III	875,--
	46	II/I	2500,--
1654	02	II	1800,--
	47	I-II	2350,--
	52	II-III	925,--
1657	02	II	2500,--
(Henkelspur)	04	III	400,--
	46	II/I	2200,--
Taler, Wien, 1639, Dav. 3174, Voglh. 206 I			
(leicht schwache Prägung)	50	III-IV	370,--
Taler, Wien, 1641, Dav. 3174, Voglh. 206 II	50	III	715,--
1642	46	II	1900,--
(Henkelspur)	50	III	345,--
1647	50	III	775,--
1648	50	III	775,--
Taler, Wien, 1651, Dav. 3181, Voglh. 206 V			
(leichter Kratzer)	10	III	300,--
	46	I	1400,--

wie vor (Schrötlingsfehler)	71	I	1600,--
(leichte Henkelspur)	83	III	330,--
(Schrötlingsfehler)	99	III	230,--
Taler, Wien, 1652, Dav. 3183, Voglh. 206 VI	50	II	1000,--
	54	III	500,--
	82	III/IV	270,--
1653	71	I	1800,--
	86	II-III	650,--
1654	04	III/II	600,--
	21	II-III	725,--
	46	I	1700,--
(leichter Schrötlingsfehler)	50	III	400,--
1655 (Zainende)	32	II	390,--
(Randfehler)	67	II-III	500,--
	45	III	400,--
	100	III	430,--
Taler, Wien, 1657, Dav. A 3184, Voglh. 206 VIII	00	II-III	525,--
(Randfehler, Feilspur)	25	II-III	470,--
(leichter Randausbruch)	44	II-III	460,--
	46	I	2500,--
Sartirischer Gedenktaler, Wien, 1658, Voglh. 215	26	II	3100,--
1/2 Taler, Kremnitz, 1654	10	III	250,--
1656	10	III	250,--
1657	86	III	260,--
1659 (posthum)	47	II	575,--
1/2 Taler, Prag, 1640	98	III	700,--
1/2 Taler, Prag, 1642	84	IV/III	460,--
1/2 Taler, Wien, 1656 (Randfehler)	02	III	310,--
(leicht poliert)	22	III	400,--
	70	III	420,--
1/2 Taler, Wien, 1653	44	I	1600,--
1/4 Taler, Kremnitz, 1656 (leicht poliert)	07	II-III	370,--
	98	III	210,--

Ferdinand IV., 1653-1654

Doppeldukat auf seine Krönung zum römischen König, 1653, Fr. vgl. 2312	27	I	7500,--

Leichter Taler auf seine Krönung zum römischen König, 1653, Voglh. 216 (leichte Henkelspur)	31	III	600,--
Schautaler auf seine Krönung zum römischen König, 1653, Voglh. 217	00	II	1625,--
1/2 Taler auf seine Krönung, 1653, Forst. 43 (Henkelspur)	10	I	250,--
	27	II	330,--
	27	III	200,--
	50	I	1000,--
	51	II-III	500,--
	70	II	675,--
	71	III	500,--
Schaumünze zu 2/3 Taler auf seine Krönung, 1653, Plato 126	48	I-II	1025,--
Schaumünze zu 1/3 Taler auf seine Krönung, 1653, Plato 127	27	II	500,--
Silberabschlag vom Dukat auf seine Krönung, 1653, Fr. vgl. 2312, Plator 128	19	II	290,--

Erzherzog Sigismund Franz, 1622-1665

Taler, Hall, 1665, Dav. 3370, Voglh. 186 II	02	II-III	2400,--
	10	III	1350,--
(Einhieb)	10	III	400,--
(Henkelspur, leicht poliert)	21	III	650,--
	36	III	1275,--
	46	I	3100,--
	46	II	1900,--
	50	III	1850,--
(leicht poliert)	64	III	950,--
	71	III	1400,--
(Randfehler)	71	III	750,--
	98	II-III	1500,--
(leichter Kratzer)	99	II-III	1750,--
	99	III	1225,--
XV Kreuzer, Hall, 1664, Enz. 6-8	64	III/II	370,--
	71	III	240,--
10 Kreuzer, 1663, Enz. 5	71	III-IV	350,--
1 Kreuzer, Hall, o. J., Enz. 18, 19	71	II-III	220,--

Leopold I., 1657-1705

10 Dukaten, Klausenburg, 1695, Fr. 170	34	I-II	20000,--
	70	II	30000,--
10 Dukaten, Kremnitz, 1666, Fr. 170	02	II	27000,--
5 Dukaten, Kremnitz - Abschlag vom 1/2-Taler-Stempel, 1670, Fr. 174	26	I	18000,--
5-facher Dukat, Nagybanya, 1703, Fr. 174			
(gelocht)	70	III	4600,--
(gestopftes Loch)	102	III/IV	4000,--
5 Dukaten, 1661, Fr. 174	05	III/II	16000,--
1663	61	II	12000,--
3 Dukaten, Nagybanya, 1703, Fr. 178 (leichte Henkelspur)	23	IV/V	2000,--
3 Dukaten auf die Belagerung und den Entsatz von Wien, 1683, Mont. vgl. 921	19	II	6000,--
2 Dukaten, St. Veit, 1659, Fr. 179	02	II	13500,--
Doppeldukat, St. Veit, 1681, Fr. 179	61	I-II	13000,--
Dukat, Kremnitz, 1663, Fr. 51	73	II	925,--
1672	00	II	800,--
1676 (leichter Kratzer)	51	II	1075,--
1677	52	I	1400,--
1678	44	II-III	700,--
1681	80	I	1500,--
1682	72	II-III	750,--
1685	73	II-III	950,--
1689 (leicht schwache Prägung)	02	II	800,--
1690	02	III	725,--
1691	31	II	775,--
	44	III	675,--
1692	34	II-III	800,--
	70	II-III	975,--
1694	72	I	1425,--
1698	02	III	800,--
1701	48	II-III	950,--
1703 (leichter Randfehler)	43	III	625,--
1704 (in Fassung)	29	III	290,--
Dukat, Wien, 1683, Fr. 181	26	II	4000,--
Dukat, Wien, 1686, Fr. 181	02	I-II	5500,--

1/6 Dukat, Breslau, 1674, Fr. 186 (leicht oxydiert)	83	II	575,--
	98	II	675,--
1/6 Dukat, Nagybanya, 1686, Fr. 60	61	II	800,--
	67	III	525,--
1690	34	I	1000,--
1698	44	I-II	925,--
1/12 Dukat, Breslau, 1694, Fr. 188	02	II	850,--
Goldabschlag vom Gröschl, Oppeln, 1688, Her. 2188	20	II	1000,--
Silberabschlag vom Doppeldukat auf seine ungarische Krönung, 1655	50	II	455,--
Silberabschlag vom 1/2 Dukat auf die ungarische Krönung, 1655	50	III	255,--
Silberabschlag vom 1/6 Dukat, Nagybanya, 1674, Fr. vgl. 60	50	III	440,--
Silberabschlag vom 1/2 Dukat auf seine 3. Vermählung mit Eleonora Magdalena von der Pfalz, o. J.	50	II	285,--
Silberabschlag vom 3-fachen Dukat auf die Türkenbelagerung und den Entsatz von Wien, 1683, Mont. 921 (Henkelspur)	50	II	285,--
Silberabschlag vom Dukaten auf den Frieden von Rijswyk, 1697, Julius 447	50	III	260,--
Breiter Doppeltaler, Graz, 1670, Dav. A 3232 (leichter Randfehler)	50	III/II	4250,--
1675	31	III/IV	2700,--
	32	II	2800,--
(leicht poliert)	34	II-III	2000,--
	46	II/I	4100,--
	50	II	4250,--
1678	02	II-III	3000,--
(Henkelspur, aus 1675)	34	III	1500,--
	45	II/I	3350,--
(Kratzer, Randfehler)	48	III	2000,--
	50	II	4500,--
(aus 1675)	98	III	1900,--
1682 (Randfehler, aus 1678)	34	III	2100,--

wie vor	50	III/II	2475,--
(leichter Randfehler)	65	III	2000,--
	71	II-III	2600,--
(aus 1675, Randfehler)	98	II	2150,--
2 Taler auf die Erbhuldigung, Hall, o. J.,			
Dav. 3247	07	III	1250,--
	17	IV/III	1050,--
	22	II-III	1300,--
	25	II-III	1450,--
	46	I	3800,--
	46	I	3800,--
	48	III	1300,--
(leichtes Zainende)	51	II	1450,--
	71	I-II	2500,--
	84	III	1300,--
(leichtes Zainende)	85	II	1500,--
	86	III	1300,--
	89	III	1375,--
(Zainende)	102	II/I-II	1300,--
Dicker Doppelreichstaler, Hall, o. J.,			
Dav. 3249	32	II-III	1300,--
(leichter Randfehler)	32	III/II	1100,--
	34	III	1400,--
	46	II	2100,--
	71	IV	1600,--
Doppelreichstaler, Hall, o. J., Dav. 3250	10	V/IV	500,--
Doppeltaler, Hall, o. J., Dav. 3251 (leicht			
gewellt)	09	II-III	1650,--
(Randfehler)	10	III	1450,--
(leichter Kratzer)	16	III	1200,--
	46	I	4900,--
	50	III	2000,--
	70	II	2000,--
	89	II/I	3100,--
Dicker Doppeltaler, Hall, o. J., Dav. 3252	05	II	1800,--
	06	III	1350,--
(leichter Randfehler, Kratzer)	23	III	1250,--
	41	II	1550,--

wie vor	45	II	1775,--
(leichter Schrötlingsfehler)	45	II	1175,--
	46	I	2900,--
	51	III	1000,--
	54	III/II	1550,--
	55	II-III	1600,--
(leichter Randfehler)	63	II-III	1675,--
	70	I-II	2200,--
	70	II	1600,--
(Henkelspur)	71	III/II	1500,--
(Randfehler)	85	III	1275,--
(leicht dezentriert)	86	II-III	1275,--
Taler, Breslau, 1686, Dav. 3296	10	IV/III	550,--
Taler, Brieg, 1695, Dav. 3304, Voglh. 219 I	32	II-III	1475,--
	46	II-III	1500,--
	50	III	1275,--
Breiter Taler, Graz, 1672, Dav. 3232, Voglh. 220 II (poliert)	86	II-III	480,--
1682 (aus 1678)	46	II/I	1700,--
1684 (leichter Kratzer)	45	II-III	650,--
(aus 1682, leichte Kratzer)	46	II/I	1100,--
(aus 1682)	50	III-IV	645,--
Taler, Graz, 1690, Dav. 3233, Voglh. 220 III	25	II-III	525,--
	46	II	1400,--
(Randfehler)	71	II-III	420,--
Taler, Graz, 1693, Dav. 3234, Voglh. 220/III var.	34	II-III	750,--
(poliert)	102	III	330,--
Taler, Graz, 1698, Dav. 3235, Voglh. 220 IV	00	II-III	525,--
	46	II	1000,--
(leichter Randfehler)	70	II-III	1200,--
	73	II	800,--
Taler, Hall, 1668, Dav. 3240, Voglh. 221 I	00	II	550,--
	05	II/III	950,--
	17	II-III	245,--
	34	III	300,--
	46	I	1250,--
	70	III	280,--

wie vor	71	II-III	650,--
	71	II-III	600,--
	86	III	290,--
Taler, Hall, 1680, Dav. 3241, Voglh. 221/II	46	I	1950,--
	71	III	550,--
1682	25	II	650,--
	71	III	500,--
1683	02	II-III	350,--
	25	III	330,--
	32	III	295,--
	34	II-III	450,--
	64	III	600,--
	71	III	390,--
	71	III	500,--
1686 (poliert)	23	III	240,--
Taler, Hall, 1686, Dav. 3241 var., Voglh. 221 II var.	46	II/I	1200,--
Taler, Hall, 1691, Dav. 3242 var., Voglh. 221 III/IV	46	II/I	950,--
	71	III	410,--
Taler, Hall, 1691, Dav. 3243, Voglh. 221 IV	46	I	1250,--
	46	I	1000,--
	71	III	460,--
1693	71	III/II-III	550,--
	71	III	520,--
Taler, Hall, 1694, Dav. 3244, Voglh. 221 V			
(Stempelfehler)	31	II/III	200,--
(Schrötlingsfehler)	31	III	215,--
	46	II/I	1400,--
	48	III	240,--
	71	III-IV	340,--
	71	II-III	500,--
	71	III	420,--
(leichte Randfehler, Kratzer)	102	III	210,--
Taler, Hall, 1694, Dav. 3245, Voglh. 221/VI	07	II	430,--
	26	I-II	450,--
	34	II	450,--
(Kratzer)	71	II-III	400,--

wie vor (Randfehler)	79	III	235,--
	86	II-III	320,--
1695	03	II	485,--
	17	III	215,--
	19	II-III	400,--
	32	III	255,--
	32	II	325,--
	44	II	330,--
	45	III/II	325,--
	46	I	675,--
	51	III	280,--
	52	III	210,--
	64	II/III	450,--
	71	III-IV	350,--
	71	III	340,--
(leichter Randfehler)	79	III	235,--
	79	III	260,--
	80	II	340,--
(leicht geglättet)	82	III	200,--
(leichte Henkelspur)	83	II-III	280,--
	86	II-III	365,--
	86	III	300,--
	95	III	250,--
(Schrötlingsfehler, Kratzer)	102	II	430,--
	102	III	260,--
1696	20	II	320,--
	71	III/II	400,--
	82	III	370,--
	86	II-III	330,--
	101	II	330,--
1698	10	III	250,--
(poliert)	17	II	260,--
	50	III	300,--
	64	III/II	410,--
	71	II-III	400,--
(leichter Schrötlingsfehler)	82	III/II	385,--
	86	II	520,--
	100	III	260,--

wie vor	100	III	265,--
	101	II-III	260,--
1699	02	III	280,--
	31	II	360,--
	45	III/II	425,--
	71	III	260,--
	82	III	260,--
	86	II	400,--
1700	05	III/II	500,--
	27	II-III	290,--
	70	I	1300,--
1701	05	III	350,--
Taler, Hall, 1700, Dav. 3245, Voglh. 221/VII	46	I	3700,--
Taler, Hall, 1701, Dav. 1003, Voglh. 221/VII	02	II-III	475,--
	02	II-III	370,--
	25	III	300,--
	27	II-III	295,--
	27	II	475,--
	32	III	295,--
	34	II-III	380,--
	35	III	245,--
	38	II	480,--
	45	II	375,--
	54	III	375,--
	55	II-III	280,--
	71	I-II	700,--
	71	III	400,--
	71	III	260,--
	73	II	750,--
(leichte Schrötlingsfehler)	85	III	240,--
(poliert)	86	III	210,--
(leichter Schrötlingsfehler)	102	III	280,--
1704	10	II	400,--
(Kratzer, Randfehler)	28	III	210,--
	31	III	255,--
	50	II	450,--
	51	II-III	460,--
(Fassungsspur)	64	III	260,--

wie vor	71	III	300,--
	71	III-IV	320,--
	86	II	410,--
Taler, Kremnitz, 1659, Dav. 3254, Voglh.			
225 I (Kratzer)	20	II-III	355,--
	36	III	450,--
	44	II-III	490,--
	46	I	2150,--
	50	III	575,--
	70	III	450,--
	70	III	420,--
	70	III	425,--
1660	00	III	315,--
(leichter Kratzer)	10	III	470,--
	46	II	1550,--
	50	III	515,--
	55	I	1350,--
	70	III	675,--
1661	10	III	480,--
	45	II	365,--
	70	II	600,--
Taler, Kremnitz, 1661, Dav. 3255, Voglh.			
225 II	46	II-III	1000,--
	48	III	650,--
Breiter Taler "Banderolentaler", Kremnitz,			
1662, Dav. 3256, Voglh. 226 II (leichter			
Kratzer)	32	II-III	825,--
	46	II	1900,--
(leichter Kratzer)	86	II-III	800,--
Breiter Taler "Banderolentaler", Kremnitz,			
1663, Dav. 3257, Voglh. 226 I (aus 1662)	46	II-III	1600,--
(Kratzer)	50	II/III	1350,--
Taler, Kremnitz, 1668, Dav. 3258, Voglh.			
225 II (gereinigt)	46	II	650,--
Breiter Taler, Kremnitz, 1681, Dav. 3259,			
Voglh. 225 I	46	II-III	1250,--
1682	36	III./IV	290,--
	46	II/I	775,--

Breiter Taler, Kremnitz, 1688, Dav. 3260,			
Voglh. 225 IV	45	III	475,--
	46	II/I	950,--
	82	III	390,--
1690	46	II-III	475,--
	50	I/II	1150,--
	86	III	340,--
Taler, Kremnitz, 1691, Dav. 3261, Voglh.			
225 V	10	II	370,--
(leicht justiert)	23	III	380,--
	30	III	270,--
	32	III/II	286,--
	34	III	250,--
	45	III/II	270,--
(kleines Sammlerzeichen)	71	II	450,--
Taler, Kremnitz, 1691, Dav. 3261, Voglh.			
225/V var. (Randfehler)	04	III	205,--
	46	I-II/I	1550,--
	55	III-IV	255,--
	72	I-II	500,--
Breiter Taler, Kremnitz, 1691, Dav. 3262,			
Voglh. 225/V (Zainende)	17	III	200,--
	20	III	270,--
1692	00	II-III	370,--
	06	III/II	270,--
(Kratzer)	11	III	225,--
(leicht justiert)	19	II	420,--
(leicht justiert)	23	III	335,--
(justiert)	44	III	250,--
(leichtes Zainende)	50	I-II	775,--
	54	II-III	355,--
	66	III	350,--
	67	III	250,--
	69	III	310,--
	85	III	340,--
(leichter Randfehler)	86	II	400,--
	86	II-III	340,--
	97	III	300,--

wie vor	101	III	225,--
	102	III/IV	210,--
1693	32	III	200,--
Taler, Kremnitz, 1692, Dav. 3263, Voglh.			
225/V	32	II/I	435,--
	46	II	425,--
1693	02	III	240,--
	50	II	570,--
	86	II-III	400,--
	86	II-III	340,--
Breiter Taler, Kremnitz, 1691, Dav. 3261,			
Voglh. 225/V	45	II	355;--
	46	I	1300,--
	50	I-II	1000,--
	62	III-IV	210,--
	82	III	315,--
Taler, Kremnitz, 1693, Dav. 3264, Voglh.			
225/VI	46	I	1800,--
	63	III-IV	265,--
(leicht justiert)	65	III	350,--
	86	I-II	575,--
(justiert)	95	II	270,--
(leichter Randfehler, Kratzer)	96	III	240,--
1694	46	II	950,--
1695	10	II	360,--
(leichter Schrötlingsfehler)	27	III	210,--
(leichtes Zainende)	27	III	250,--
	32	III/II	270,--
	45	III/II-III	325,--
	46	I	1350,--
(gereinigt)	49	II-III	310,--
	50	II-III	430,--
	54	II	465,--
(stark gereinigt)	65	III	310,--
	86	II	460,--
	99	III	385,--
	102	IV/III	200,--
1696	25	III	220,--

wie vor	46	I	1250,--
(Kratzer)	49	III	205,--
	51	II	430,--
(Schrötlingsfehler)	54	III-IV	200,--
	86	III	260,--
1697 (aus 1696)	46	II-III	400,--
	50	II	460,--
	67	II-III	425,--
(Kratzer)	71	III	320,--
1698	27	III	205,--
(justiert)	46	II-III	350,--
	50	II	515,--
	85	III	390,--
1699	46	I	2100,--
	50	II	600,--
	70	III	400,--
(leicht justiert)	71	II	550,--
	100	II	525,--
	102	III	320,--
Taler, Kremnitz, 1700, Dav. 3265, Voglh.			
225/VI	31	I	675,--
(aus 1699)	46	II/I	450,--
Reichstaler, Kremnitz, 1703, Dav. 1004,			
Voglh. 225/VII	45	I-II	975,--
	46	I	1950,--
Taler, Nagybanya, 1662, Dav. 3267, Voglh.			
228 I (Zainende)	48	III-IV	825,--
Taler, Nagybanya, 1665, Dav. 3269, Voglh.			
228 III (Fundexemplar)	48	IV	500,--
	50	III-IV	1650,--
Taler, Nagybanya, 1670, Dav. 3272, Voglh.			
228 V	00	II	2100,--
	46	I	3000,--
1671 (leichter Kratzer)	31	II	1550,--
Taler, Nagybanya, 1673, Dav. 3273, Voglh.			
228 VI	46	II	2400,--
Taler, Nagybanya, sogen. "Immaculata-Taler",			
1687, Dav. 3275, Voglh. 228 VII	46	II/I	5500,--

Taler, Nagybanya, 1702, Dav. 1005, Voglh.

228 VIII	46	II	2250,--
1703 (aus 1702)	46	II-III	1300,--

Taler, Prag, 1695, Dav. 3279, Voglh. 231 II

(leichter Randfehler)	25	III	300,--
	46	II-III	1650,--

Reichstaler, Prag, 1696, Dav. 3280, Voglh.

231 III	46	II	800,--
	66	III	500,--
	98	III	340,--

Breiter Taler, Prag, 1702, Dav. 1006, Voglh.

231 IV	46	II	875,--
	69	III	380,--
	87	II	1600,--

Taler, Prag, 1703, Dav. 1007, Voglh. 231 V	00	II-III	700,--
	46	II	1450,--
(leichter Schrötlingsfehler)	70	I	1450,--
	100	III	550,--
1704	32	II-III	575,--
	46	II/I	925,--
(leichte Henkelspur)	10	III	360,--
(Zainende)	47	II/III	525,--

Taler, St. Veit, 1660, Dav. 3236, Voglh.

233 I	02	II	4000,--
	26	II	4100,--
	46	I	4100,--

Taler, Wien, 1658, Dav. 3223, Voglh. 234 I	46	II-III	5250,--
Taler, Wien, 1659, Dav. 3224, Voglh. 234 II	46	II-III	4100,--
Taler, Wien, 1670, Dav. 3225, Voglh. 234 III	10	II	650,--
	46	II	700,--
Taler, Wien, 1671, Dav. 3226, Voglh. 234 III	00	II	475,--
	46	II-III	700,--
	50	III	745,--
	86	II-III	675,--
Taler, Wien, 1693, Dav. 3229, Voglh. 234/V	20	II-III	450,--
	29	II-III	400,--
(leichte Henkelspur)	31	III	275,--
	46	I	1650,--

wie vor	50	III	425,--
(leichte Randfehler, Kratzer)	102	II/III	400,--
1695	02	III	350,--
	10	II	400,--
	21	III	325,--
	25	II-III	340,--
	32	II-III	300,--
	46	II/I	1000,--
	50	II	600,--
(Zainende)	52	III	200,--
(leicht korrodiert)	60	III/IV	335,--
	70	III	310,--
	85	III	320,--
	86	II	405,--
	86	III	280,--
(Zainende)	86	II-III	260,--
	97	III	340,--
	98	III	250,--
Taler, Wien, 1696, Dav. 3230 var., Voglh.			
234/VI	46	II/I	1300,--
Taler, Wien, 1698, Dav. 3230, Voglh. 234 VII	22	II-III	415,--
Taler, Wien, 1700, Dav. 1001, Voglh. 234/VIII	46	II	1050,--
1702	46	II/I	600,--
(leichter Schrötlingsfehler)	70	III	360,--
	84	III	380,--
1703	32	II/I	575,--
(poröser Schrötling)	46	I	800,--
(leichte Schrötlingsfehler)	50	II	470,--
(leichter Schrötlingsfehler)	87	II	410,--
1704	02	II-III	550,--
(leichter Kratzer)	36	II/III	525,--
	44	II-III	380,--
	45	II	425,--
	46	I	1300,--
	73	III	360,--
(Schrötlingsfehler)	86	III	250,--
(Schrötlingsfehler)	98	II-III	400,--
1705	45	II	525,--

wie vor	46	II/I	850,--
	65	III/IV	290,--
	70	III	360,--
	73	II	700,--
Leichter Schautaler auf den Sieg über die			
Türken, 1664, Voglh. 237, Julius 153	00	II	1050,--
	50	I-II	2275,--
(Henkelspur, poliert)	100	II-III	290,--
Reichstaler, Wien, auf die Befreiung der			
Stadt von den Türken, 1683, Voglh. 239	26	II	1150,--
	39	III	700,--
(Zainende)	39	III	470,--
	50	III	850,--
Schautaler auf die Eroberung und Entsatz			
Wiens, 1683, Voglh. 241	100	III	1000,--
Breiter 1 1/2-facher Taler auf die Eroberung			
von Ofen, 1686, vgl. Voglh. 240	50	III	3700,--
Breiter Schautaler der Kammergrfn. der unga-			
rischen Bergstädte auf die Einnahme von Ofen,			
1686, Voglh. 240 (2 Ösen)	23	III	315,--
	50	II	2575,--
	85	III	2050,--
1/2 Schautaler auf den Sieg über die Türken			
bei St. Gotthard, Wien, 1664, Mont. 880	86	III	600,--
(Henkelspur)	100	III	280,--
1/2 Taler, Hall, o. J.	34	II	1300,--
1/2 Taler, Hall, o. J., Her. 798	50	II-III	1000,--
	71	II-III	1350,--
1/2 Taler, Kremnitz, 1696	05	II	280,--
1698	73	I-II	320,--
	89	II	360,--
1699	47	II	310,--
	50	II	345,--
	70	II-III	200,--
	79	III	200,--
1/2 Taler, Kremnitz, 1701	70	II	330,--
1702	50	II	370,--
1703	06	II-III	270,--

wie vor	62	II-III	200,--
	66	III	200,--
	70	II-III	250,--
	70	II-III	250,--
	73	II	360,--
1704 (leichter Kratzer)	73	II	320,--
1/2 Reichstaler, Prag, 1693, Her. 801	47	II	2000,--
1/2 Taler, Prag, 1695, Don. 2484	10	III	600,--
1/2 Taler, Wien, 1693, Her. 785 v. (Zainende)	50	II	545,--
1/4 Taler, Hall, o. J., Her. 862	47	II	875,--
	50	III	1000,--
	71	II	1450,--
	99	III	365,--
1/4 Taler, Hall, o. J., Her. 863	71	I-II	2900,--
1/4 Taler, Kremnitz, 1659, Her. 875	50	III	785,--
1/4 Taler, Kremnitz, 1693, Her. 884	50	III-IV	270,--
1/4 Taler, Kremnitz, 1694, Her. 886 ff.	70	III	200,--
1/4 Taler, Nagybanya, 1695, Her. 896	70	II	650,--
1/4 Reichstaler, St. Veit, 1704, Her. 861	50	III	1350,--
1/4 Taler, Wien, auf den Entsatz von den Türken (von Michael Hofmann), 1683, Mont. 921 (Henkelspur)	50	II	285,--
	86	I-II	230,--
XV Kreuzer, Brieg, 1677, FuS. 724 ff.	51	III	320,--
XV Kreuzer, Hall, 1690, Her. 981	71	II-III	620,--
Fünfzehner, Kremnitz, 1664, Her. 1033	86	I-II	205,--
XV Kreuzer, Kuttenberg, 1696, Her. 1001	87	III	310,--
Fünfzehner, Mainz, (Hohenloher Prägung), 1685, Her. 1108 ff.	50	II	230,--
XV Kreuzer, Nagybanya, 1684, Her. 1069 ff.	86	II-III	225,--
15 Kreuzer, Kärnten, St. Veit, 1663, Her. 1114 ff.	10	II	200,--
10 Kreuzer, Hall, 1667, Her. 906	50	III	950,--
	71	III	700,--
VI Kreuzer, Hall, 1694, Her. 1191	71	I-II	460,--
VI Kreuzer, Nagybanya, 1692 (unediert)	71	II	950,--
VI Kreuzer, Preßburg, 1676, Her. 1268 ff.	71	I-II	200,--
Groschen, Nagybanya, 1695, Her. 1613	71	I	210,--

Ungarischer Malkontenten-Aufstand, 1703-1707
Gulden, Kremnitz (= 1/2 Taler), 1704, Mont.

1059, Her. 11-14 ff.	50	III	315,--
	102	III	250,--
1705	01	III-IV	250,--
	10	II/IV	250,--
	25	III	200,--
	32	III	220,--
	50	III	285,--
	70	II	350,--
	73	II	300,--
	82	III	250,--
	85	III	260,--
1706	50	III	285,--
	89	III	230,--

Joseph I., 1705-1711
5-facher Dukat, Hermannstadt, Abschlag vom
Taler-Stempel, 1708, Fr. 205, Her. 11

(leichte Henkelspur)	44	III	7500,--
Dukat, Hermannstadt, 1711, Fr. 219, Her. 69	35	IV	525,--
Dukat, Kremnitz, 1709, Fr. 65	45	II-III	1525,--
Dukat, Wien, 1709, Fr. 209	42	II	5400,--

Silberabschlag vom Dukat auf seine Vermählung
mit Wilhelmine Amalie von Braunschweig,
gewidmet von Leopold Joseph von Lamberg,

1699, Julius 574	89	III	220,--

Breiter Doppeltaler, Hall, o. J., Dav. 1016,

Her. 117 (Schrötlingsfehler)	10	IV	875,--
	46	II/I	4500,--
(alter Zinnabschlag)	64	III	225,--
	71	II	2500,--
	85	II	2750,--
(Henkelspur, poliert)	102	III	1000,--
Taler, Wien, 1705, Dav. 1013, Voglh. 251 I	00	III	300,--
	44	II	550,--
	46	I	1900,--
1706	02	II	1950,--
	10	II	1100,--

wie vor	46	II-III	550,--
1707	25	II-III	550,--
	46	I	1100,--
Taler, Wien, 1710, Dav. 1014 var.	85	II	1025,--
Taler, Wien, 1708, Dav. 1014, Voglh. 251 II	46	II/I	2200,--
1709	32	II	600,--
	45	II	400,--
	46	I	1900,--
(Henkelspur)	50	III	255,--
1710 (poliert)	10	II	475,--
	46	II/I	1050,--
	46	II-III	1900,--
1711 (leicht poliert, Randfehler)	31	III	200,--
	46	II	1150,--
	46	I	3600,--
Taler, Graz, 1706, Dav. 1015, Voglh. 244	00	III	470,--
	22	III	600,--
	46	II/I	1400,--
(leicht dezentriert)	66	III	380,--
	71	II	1100,--
Taler, Hall, 1706, Dav. 1018, Voglh. 245 I			
(leichter Randfehler)	02	I-II	700,--
	27	II	600,--
	36	II	775,--
	40	II-III	625,--
	46	I	1350,--
	46	I	1600,--
	50	III	500,--
	64	II	600,--
	70	I	2100,--
(Randfehler)	71	III	360,--
	86	II-III	410,--
	98	II-III	450,--
(geglüht)	102	III	260,--
1707	04	II	650,--
(Schrötlingsfehler)	10	III	360,--
	10	II	480,--
(Lochversuch)	17	III	210,--

wie vor	23	III	500,--
	28	II	470,--
	32	II	475,--
	34	III	370,--
(leichter Randfehler)	40	III	400,--
	41	II	490,--
	44	II-III	430,--
	45	II/I	525,--
	46	I	2100,--
	48	II-III	450,--
	50	II	785,--
	51	II-III	340,--
	55	III	370,--
	64	III	500,--
	70	III	340,--
	71	II-III	450,--
	71	II-III	550,--
	71	III	450,--
	86	II-III	345,--
	86	II-III	355,--
	98	II	490,--
(Henkelspur)	99	II-III	280,--
Taler, Hall, 1710, Dav. 1018, Voglh. 245 I			
(leichter Kratzer)	10	III	300,--
	29	II-III	350,--
	45	II/I	525,--
	50	II-III	700,--
1711	02	II-III	525,--
(Randfehler)	03	III	300,--
(Schrötlingsfehler)	25	II-III	240,--
	32	II	500,--
	46	I	1650,--
	64	III	420,--
	71	III	320,--
	97	II/I	800,--
(leichte Henkelspur)	102	III	330,--
Taler, Hall, 1710, Dav. 1018, Voglh. 245 II	00	II	450,--
	04	II-III	850,--

wie vor	35	III	280,--
	41	II-III	440,--
	46	I	1200,--
(Kratzer)	61	II-III	480,--
(leichter Schrötlingsfehler)	79	II-III	420,--
	86	II-III	430,--
	86	II-III	340,--
1711	46	I-II	1000,--
	31	III	320,--
Taler, Preßburg, 1707, Dav. 1023, Voglh.			
250 II	46	II-III	3500,--
Taler, Preßburg, 1710, Dav. 1023, Voglh.			
250 II (aus 1707)	46	II	4600,--
1711	85	II-III	1850,--
Taler, Prag, 1707, Dav. 1024, Voglh. 249 I			
(leicht poliert)	46	II	1650,--
Taler, Prag, 1706, Dav. 1025, Voglh. 249 II			
(Henkelspur)	86	III	350,--
Taler, Prag, 1710, Dav. 1026, Voglh. 249 III			
(leichter Randfehler)	22	II	1050,--
(aus 1709)	46	II	2000,--
Taler, Breslau, 1710, Dav. 1031, Voglh.			
242/IV	46	II	2400,--
1/2 Reichstaler, Hall, o. J., Her. 159	26	I-II	1800,--
	50	III	800,--
	71	II-III	600,--
1/2 Taler, Kremnitz, 1709, Horsky 2498			
(leichter Randfehler)	70	II	290,--
1710 (aus 1700, leichte Fehler)	63	III	200,--
1711 (aus 1709)	73	II	500,--
1/4 Taler, Hall, o. J., Her. 171	26	II	1225,--
	50	III	650,--
(leichter Kratzer)	64	I	1050,--
	71	II-III	850,--
	82	III	600,--
	98	I-II	925,--
1/4 Taler, St. Veit, 1707	02	III	2600,--
1/4 Taler, St. Veit, 1707, Her. 172	50	III	2725,--

VI Kreuzer, Hall, 1707, Her. 174	71	III	300,--
Kreuzer, Hall, o. J., Her. 257	71	II-III	200,--

Karl VI., 1711-1740

Goldabschlag auf die Huldigung der Stände in Wien, 1712	47	II	1600,--
5 Dukaten, Breslau, 1729, Fr. 225	61	I-II	26000,--
Doppeldukat auf die Geburt seiner Tochter Maria Amalia Carolina, 1724, Fiala 1796	26	II-III	14250,--
Dukat, Breslau, 1717, Fr. 230	02	I-II	4000,--
Dukat, Graz, 1738, Fr. 230 (Einhieb)	34	II-III	1900,--
Dukat, Wien, o. J.	42	II	14000,--
Dukat, Hall, o. J.	42	II	13000,--
Dukat, Hall, 1723, Fr. 230 (leicht gewellt)	31	II	1650,--
1734	26	III	2350,--
Dukat, Hermannstadt (?), 1724, Fr. 230	98	II-III	1100,--
1725	31	III	950,--
1726	30	II	725,--
1732	48	II	1200,--
Dukat, Karlsburg, 1723, Fr. 230	102	III/IV	430,--
1732	25	II	925,--
Dukat, Karlsburg, 1729, Fr. 230	25	III	550,--
Dukat, Karlsburg, 1736, Fr. 230	71	II-III	1300,--
1739	47	II	1500,--
1740 (Sammlerzeichen, leicht poliert)	65	III	400,--
Dukat, Kremnitz, 1712, Fr. 66 (leichter Randfehler)	60	III	550,--
1714	47	III	525,--
1715	44	II-III	600,--
1720	71	III	600,--
1721	97	II	825,--
1723 (gewellt)	23	IV/V	280,--
(gewellt)	37	IV	330,--
	44	II	725,--
1726	31	II/I	650,--
	70	III	490,--
1727	55	III	460,--
1730	02	III	750,--
	47	III	400,--

wie vor, 1739	23	III	390,--
Dukat, Kremnitz - neuer Typ, 1734, Fr. 66	47	I	850,--
1735	38	II-III	575,--
1737	98	III	650,--
1738	31	I	725,--
	41	II	525,--
	47	II/I	600,--
(leicht gewellt)	61	III	350,--
	78	III	460,--
(gewellt)	82	III/IV	395,--
	102	III/IV	280,--
1740	61	III	480,--
Dukat, Nagybanya, 1735, Fr. 66	44	III	1000,--
Dukat, Prag, 1723, Don. 2793	49	III-IV	625,--
1728 (Unikum, unediert)	31	II	4200,--
1736	31	II	2800,--
Dukat, Prag, 1740, Don. 2793	26	II	1750,--
Dukat, Wien, 1717, Fr. 230 (unediert, Unikum?)	42	II	5500,--
Dukat, Wien, 1739, Fr. 230 (Unikum, unediert)	31	II/I	5100,--
1740	02	II-III	1000,--
1/2 Dukat, Wien, 1740, Fr. 231	61	II	2400,--
1/4 Dukat, Nagybanya, 1738, Fr. 68	02	II	825,--
1/4 Dukat, Prag, 1718, Fr. 232 var.	56	II	1600,--
(leichter Randausbruch)	96	II-III	550,--
Carlino, Neapel, 1716	71	II	450,--
Carlino, Neapel, auf die Geburt des Erzherzogs Leopold, 1716 (leicht justiert)	71	II	370,--
Silberabschlag vom Doppeldukat auf die Krönung in Preßburg, 1712, Julius 908	50	I	215,--
	50	II	200,--
	50	I-II	200,--
Silberabschlag vom Doppeldukat auf die Geburt des Erzherzogs Leopold, 1716	34	II-III	340,--
Silberabschlag vom Doppeldukat auf die böhmische Krönung in Prag, 1723, Don. 2652	50	III	315,--

Silberabschlag vom Doppeldukat auf die böhmische Krönung der Kaiserin Elisabeth Christine, 1723, Don. 2663	50	II	570,--
Bronzeabschlag vom Doppeldukat auf die Huldigung in Linz, 1732, Julius 1118	50	II	325,--
Silberabschlag von 100 Dukaten, Georgsmedaille, 1738 (Stempelfehler)	47	III	2600,--
Kupfer-Probe eines nicht ausgeprägten Dukaten, 1738, Her. 1203	50	II	330,--
Dicker Doppeltaler, St. Veit, 1713, Dav. 1045 (leicht vergoldet)	02	III	8000,--
(schwache Prägung)	50	III	8500,--
Doppeltaler, Hall, auf die Erbhuldigung, o. J., Dav. 1049 (leichte Henkelspur)	02	II-III	675,--
(Randfehler)	06	III-IV/III	825,--
(Randfehler, poliert)	17	III	650,--
(leichte Henkelspur)	23	III	1250,--
	25	III	1100,--
	27	II	2100,--
	40	II-III	1575,--
	45	II	1300,--
(leichte Kratzer)	46	I	2800,--
	48	II-III/II	1725,--
	48	III	975,--
	48	III	1100,--
	50	III	1200,--
	55	III	1500,--
	70	I	2200,--
	70	II	2500,--
(Schrötlingsfehler)	71	II-III	1800,--
	102	II	1650,--
(leichter Schrötlingsfehler)	102	II/III	1450,--
Taler, Wien, 1712, Dav. 1035, Voglh. 267/I	46	I	2500,--
1713	46	I	2300,--
1714 (leicht gewellt)	09	II-III	360,--
(leichte Kratzer)	46	I	1100,--
	50	III/II	570,--
1715	19	II/I-II	600,--

wie vor (leichter Randfehler)	23	II	625,--
	32	I-II	775,--
(aus 1714)	46	I	2700,--
	70	I	1750,--
	70	II	625,--
1716	02	II-III	700,--
	32	II	495,--
	46	I	1300,--
	50	III	450,--
	73	II/I	935,--
	86	II-III	435,--
1717	00	II	550,--
(aus 1716)	46	II-III	500,--
	70	I	3000,--
	86	II-III	480,--
1718	10	II	475,--
	46	I	1200,--
	50	III	525,--
(leichter Schrötlingsfehler)	86	II-III	380,--
Taler, Wien, 1719, Dav. 1036, Voglh. 267 II			
(Kratzer)	50	III	350,--
Taler, Wien, 1722, Dav. 1037, Voglh. 267 III			
(leichte Henkelspur)	102	III	250,--
1725 (aus 1724)	36	I-II	900,--
1730	50	III-IV	575,--
1735	45	III/II	350,--
(leichte Kratzer)	46	I	1100,--
	50	IV/III	215,--
Reichstaler, Wien, 1727, Dav. 1038, Voglh.			
267 IV	00	II-III/II	370,--
1738	50	III	600,--
1739	31	III/II	350,--
	50	III	485,--
Reichstaler, Graz, 1713, Dav. 1039, Voglh.			
258 I	00	III	290,--
	02	II-III	725,--
	32	III/II	405,--
	46	II-III	550,--

wie vor (Laubrand)	50	II	650,--
(Randschr.)	50	II	925,--
	71	I-II	950,--
	71	II	900,--
	73	II	750,--
	85	II-III	500,--
	86	II-III	400,--
	98	II	700,--
Taler, Graz, 1723, Dav. 1040, Voglh. 258 II	66	III	370,--
1728	50	III	385,--
Reichstaler, Graz, 1732, Dav. 1041, Voglh.			
258 III	00	II	475,--
	10	III	400,--
	50	II	715,--
Taler, Graz, 1735, Dav. 1042, Voglh. 258 III	50	III-IV	370,--
Taler, Graz, 1737, Dav. 1042, Voglh. 258 III			
(Sammlerzeichen)	50	II	400,--
1738	00	II	380,--
	27	II	460,--
	50	II-III/II	570,--
Taler, Graz, 1740, Dav. 1043, Voglh. 258 III	10	II	600,--
	46	I	1050,--
	50	II	600,--
	70	I	1100,--
Taler, St. Veit, 1714, Dav. 1048, Her. 331			
(schwache Prägung)	50	III-IV	3450,--
Taler, Hall, 1713, Dav. 1050, Voglh. 259 I	00	II-III	375,--
	05	II/III	800,--
	10	II	500,--
(leichter Kratzer)	27	III	200,--
	34	II	400,--
(leichte Kratzer)	40	II-III	355,--
	46	I	1100,--
	50	II-III	625,--
(leichte Kratzer)	63	III	255,--
	64	II/I-II	575,--
	70	I	1300,--
	70	II	450,--

wie vor	71	II-III	600,--
(starker Stempelriß)	71	II	500,--
	75	III	275,--
	80	III	400,--
	86	II-III	305,--
	97	III	310,--
1714	89	II	525,--
Taler, Hall, 1714, Dav. 1051, Voglh. 259 II	21	II-III	415,--
	25	III	205,--
	28	III	250,--
	32	III	325,--
	34	III	320,--
	46	I	650,--
	50	III	400,--
	70	II-III	360,--
	71	III-IV	250,--
1716	11	III/II	345,--
	22	III	355,--
	32	II	390,--
	32	II	390,--
	34	II	500,--
	36	I-II/II	675,--
	50	I-II	700,--
	51	III	260,--
	67	II	430,--
	70	II	480,--
	73	III	260,--
	86	II-III	305,--
	97	III/II	330,--
	100	III	280,--
1718 (leichter Randfehler)	24	III	400,--
	02	II	425,--
	32	III	345,--
	55	II	460,--
Taler, Hall, 1719, Dav. 1053, Voglh. 259/II var. (leicht poliert)	17	III	230,--
	34	III	350,--
	45	II	325,--

wie vor	46	I	1100,--
	50	II	525,--
	71	II-III	400,--
	86	II-III	300,--
	102	III	350,--
1721	10	II	380,--
(leichtes Zainende)	27	III	245,--
	34	II-III	400,--
(poliert)	35	II	370,--
	46	II/I	850,--
	50	I-II	900,--
	51	II/I-II	550,--
	71	III/II-III	300,--
	86	II	360,--
(leichte Kratzer)	102	I-II	550,--
1724	50	III	700,--
1734 (leichter Kratzer)	02	II	475,--
	25	II-III	360,--
	50	II-III	350,--
	51	II	430,--
	71	III	350,--
Taler, Hall, 1720	45	II	525,--
Taler, Hall, 1725	00	II	425,--
	25	II-III	340,--
	32	II/I	500,--
	50	II	500,--
	70	I	1000,--
	71	II-III	460,--
1727	10	II	470,--
	27	II	400,--
	34	II	310,--
	45	II	375,--
	50	II	425,--
	71	II-III	400,--
	86	III	220,--
1728	00	II	390,--
	18	II	410,--
	25	II	450,--

wie vor	27	III	200,--
	45	II	375,--
	46	II/I	1000,--
	50	II	400,--
	67	II	525,--
(Schrötlingsfehler)	71	II-III	200,--
	86	II	355,--
1729	50	II/I	700,--
	60	III	495,--
	66	III/II	390,--
(leichter Randfehler)	86	II	360,--
Taler, Hall, 1729, Dav. A 1054, Voglh.			
259 IV	18	II	410,--
	46	II/I	950,--
(leichter Kratzer)	64	I-II	770,--
	70	I-II	700,--
Taler, Hall, 1730	31	II/I	410,--
	50	I-II	925,--
1733	31	III/II	410,--
	32	II	420,--
	34	III	300,--
	46	II	700,--
	50	III/II	400,--
	50	II	775,--
	70	I-II	650,--
	71	II-III	450,--
	71	II	500,--
(Zainende)	73	II-III	260,--
	86	II	360,--
1736	04	II	525,--
	17	II	360,--
	25	II	625,--
	33	II-III	280,--
	45	III/II	255,--
	50	III	325,--
	50	II/III	375,--
(leichter Schrötlingsfehler)	51	II	400,--
	55	II	480,--

wie vor (Schrötlingsfehler)	64	II	310,--
(Schrötlingsfehler)	64	III/II	290,--
	79	II-III	285,--
	85	III	330,--
	86	III	270,--
	100	II	410,--
1737	02	II-III	650,--
(oxydiert)	07	III	300,--
	33	II-III	280,--
	45	II	420,--
	48	III	300,--
	48	III	330,--
	50	III	255,--
	52	II	410,--
	67	III	260,--
	70	I-II	600,--
(Schrötlingsfehler)	71	II-III	300,--
	79	II	575,--
	86	II-III	360,--
	86	II-III	360,--
1738	45	II	750,--
Taler, Hall, 1737/1, Dav. 1056, Voglh. 259/			
VI	25	III	280,--
	50	III	370,--
1737/2	50	II	640,--
1737/3	32	II	430,--
	41	II-III	285,--
	50	II-III	500,--
	71	II-III	500,--
1737/4	00	II-III	300,--
	26	II	450,--
	34	III	320,--
	50	II	740,--
	70	III	340,--
1737/5	32	II	395,--
	34	II	370,--
(Schrötlingsrisse)	50	II	570,--
	97	III/II	370,--

wie vor, 1737/? (Stempelfehler)	31	III	280,--
Taler, Kremnitz, 1715, Dav. 1058, Voglh. 260			
II	46	II-III	1600,--
Reichstaler, Kremnitz, 1723, Dav. 1089, Voglh.			
260 III	04	III	300,--
1724 (leichter Kratzer)	20	III	350,--
1727	66	III	275,--
1728	44	II-III	390,--
1729	32	III/II	295,--
(Kl.)	50	II	325,--
	86	II-III	285,--
1730	10	III	210,--
	50	II	285,--
Reichstaler, Kremnitz, 1733, Dav. 1060, Voglh.			
260/III	80	III	260,--
1734	25	II	410,--
	45	II	255,--
	50	III	285,--
	86	III-IV	220,--
1735 (leichter Randfehler)	10	III	210,--
	50	III	255,--
Taler, Kremnitz, 1736, Dav. 1062, Voglh. 260/			
IV	23	II/I	550,--
	85	III	300,--
1737	27	II-III	260,--
	50	III	255,--
	66	III	275,--
1738	02	II-III	350,--
	10	III	240,--
	25	II	360,--
	32	II/I	430,--
	33	III	235,--
	38	II-III	330,--
(justiert)	50	II	455,--
(leicht justiert)	51	II	440,--
	86	II	390,--
	89	II/I	650,--
1739	31	II/I	525,--

wie vor	41	I-II	575,--
	45	III/II	255,--
	50	III	225,--
	70	I-II	650,--
	70	II	525,--
	87	II	400,--
1740	39	III/II	260,--
	50	III	285,--
	86	II-III	390,--
Breiter Taler, Preßburg = C-H, 1712, Dav.			
1063, Voglh. 264 I	23	III/II	2000,--
(leicht poliert)	34	II	900,--
	44	II	2000,--
	46	II/I	2500,--
	85	II-III	1375,--
1715 (Schrötlingsfehler)	44	III-IV	550,--
	45	II	1925,--
(aus 1712)	46	I	1700,--
(aus 1712)	50	III	1775,--
(aus 1712)	71	II-III	1300,--
Taler, Preßburg, 1717, Dav. 1064, Voglh.			
264 II (aus 1716)	46	I	4200,--
1718 (aus 1717, leicht poliert)	46	II	1700,--
(aus 1717, leicht justiert)	50	III	1525,--
(aus 1717, starke Fehler)	65	IV	340,--
Taler, Prag, 1712, Dav. 1066, Voglh. 262 II	46	II	1600,--
	50	II	1275,--
Taler, Prag, 1712, Dav. 1067, Voglh. 262 III	46	II	850,--
Taler, Prag, 1713, Dav. 1069, Voglh. 262 V			
(Schrötlingsfehler)	50	III	700,--
1714	00	III	520,--
(aus 1713, leicht justiert)	46	II	750,--
	70	II-III	600,--
Reichstaler, Prag, 1716, Dav. 1070, Voglh.			
262 VI (justiert)	46	I	750,--
(Randfehler)	73	II	330,--
Taler, Prag, 1716, Dav. 1071, Voglh. 262 VII	46	II-III	750,--
	98	I-II	775,--

wie vor, 1717 (fleckig)	10	III	310,--
	45	II	400,--
Taler, Prag, 1717, Dav. 1072, Voglh. 262 VIII	46	I-II	2600,--
	50	III	850,--
Taler, Prag, Ausbeute der Grube St. Joachims-			
thal, 1717, Dav. 1074, Voglh. 263 I	46	II	3700,--
Taler, Prag, 1718, Dav. 1075, Voglh. 262 XI	50	III	600,--
Taler, Prag, 1718, Dav. 1076, Voglh. 262 X	46	II-III	425,--
St. Joachimsthaler Ausbeutetaler, Prag, 1718,			
Dav. 1077, Voglh. 263 II	46	II-III	3100,--
Taler, Prag, 1718, Dav. 1078	50	III	625,--
Taler, Prag, 1719, Dav. 1079, Voglh. 262 XIII	45	II	525,--
Taler, Prag, 1720, Dav. 1080, Voglh. 262 XIV	46	I-II	1850,--
(Schrötlingsfehler)	50	III/II	600,--
(Schrötlingsfehler)	73	II-III	625,--
Taler, Prag, 1720, Dav. 1081, Voglh. 262 XV	46	I	1700,--
	86	II-III	700,--
1722	46	II	850,--
1724	35	III	370,--
	50	III/II	740,--
Reichstaler, Prag, 1728, Dav. 1085, Voglh.			
262/XIX	00	III	410,--
Taler, Prag, 1728, Dav. 1086, Voglh. 262 XIX	33	II-III	295,--
	55	III	305,--
(leicht justiert)	73	II	625,--
1729	10	III	320,--
(Schrötlingsfehler)	50	III	230,--
1730	98	I	700,--
1731	04	III	335,--
	70	III	230,--
1736 (leichter Schrötlingsfehler)	12	II	460,--
1739 (leichte Henkelspur)	11	III	245,--
1740	45	III/II	475,--
Taler, Prag, 1736, Dav. 1087, Voglh. 262 XIX	32	II	405,--
	50	II	625,--
1737	10	III	400,--
1738	25	II-III	430,--
	50	II	600,--

wie vor	86	II	455,--
1740	50	III	370,--
Taler, Kuttenberg, 1712, Dav. 1088, Voglh.			
261 (leichtes Zainende)	46	II	5500,--
Taler, Breslau, 1713, Dav. 1089, Voglh.			
256 I	27	II-III	600,--
	47	III	525,--
(poliert)	50	III	285,--
Taler, Breslau, 1713, Dav. 1089 var.,			
Voglh. 256 I var.	46	II/I	950,--
Taler, Breslau, 1714, Dav. 1090, Voglh.			
256 II	21	II-III/II	975,--
(Henkelspur?)	27	III	450,--
	46	II/I	1150,--
(aus 1713)	50	II-III	685,--
Taler, Breslau, 1715, Dav. 1091, Voglh. 256			
III	46	I	1950,--
Taler, Breslau, 1716, Dav. 1092 A, Voglh.			
256/IV var.	46	II	1150,--
	50	II-III	625,--
	70	II-III	650,--
Taler, Breslau, 1716, Dav. 1092, Voglh.			
256 IV	00	III	420,--
1717	45	III/II	600,--
	46	II-III	850,--
(Henkelspur)	66	III/II	275,--
Taler, Breslau, 1717, Dav. 1093, Voglh.			
256 IV var.	43	II-III	765,--
	46	II	1150,--
Taler, Breslau, 1719, Dav. 1096, Voglh.			
256 V (Fundexemplar)	22	III	415,--
1721	68	III-IV	305,--
Taler, Breslau, 1723 (Schrötlingsfehler)	34	II	3200,--
Taler, Breslau, 1723, Dav. 1098, Voglh.			
256 VI (Henkelspur)	86	III	260,--
1725	66	III	410,--
1727 (leichter Kratzer)	73	II	900,--
1730	95	III	550,--

wie vor, 1732 (Henkelspur, leicht poliert)	71	III	230,--
(leichte Schrötlingsfehler)	72	II-III	350,--
Breiter Taler für Siebenbürgen, 1712, Dav.			
1100, Voglh. 265 I	46	I	8000,--
Taler, Siebenbürgen, 1713, Dav. 1101, Voglh.			
265 II	44	II	1700,--
1715	46	I	2700,--
Taler, Siebenbürgen, 1715, Dav. 1102, Voglh.			
265 III	46	I	2100,--
Taler, Augsburg, 1713, Dav. 1107, Voglh.			
255	46	II-III	1900,--
Taler, Augsburg, 1713, Dav. 1107 A, Voglh.			
255	34	III-IV	950,--
(leicht justiert)	36	III/IV	1350,--
1/2 Taler, Graz, 1714	32	III	445,--
	50	III	370,--
1728	50	III-IV	450,--
1/2 Taler, Graz, 1731, Pichler 50	50	II	715,--
1/2 Taler, Hall, o. J., Her. 483	50	II	850,--
	71	III	340,--
1/2 Taler, Hall, o. J., Her. 484	34	I-II	650,--
1/2 Taler, Hall, 1724, Her. 486 (Überprägung)	34	III	210,--
(Überprägung)	64	III	350,--
	70	III	240,--
	71	I-II	800,--
	73	III	310,--
	86	II	420,--
1733	71	II-III	300,--
1/2 Taler, Hall, 1733, Her. 487	23	III	225,--
	34	II-III	600,--
	50	II/III	485,--
	86	III	225,--
Breiter 1/2 Taler, Karlsburg, 1716, Her.			
560	25	II	600,--
Breiter 1/2 Taler, Karlsburg, 1716, Her.			
560	50	II-III	1050,--
Dicker 1/2 Taler, Karlsburg, 1721, Her.			
563	44	I-II	1525,--

wie vor	50	III	950,--
Breiter 1/2 Taler (Siebenbürgen), Karlsburg,			
1724, Her. 563-74	25	II-III	550,--
1725	06	III	225,--
1726	50	III/IV	315,--
1733	50	III	570,--
	51	II-III	1050,--
	98	III	440,--
1/2 Taler, Kremnitz, 1713	31	III	300,--
1714	02	II-III	300,--
1/2 Taler, Kremnitz, 1715, Her. 529-35	12	I	490,--
	50	II	285,--
1716	05	III	220,--
(Randfehler)	70	II	210,--
1717	50	II	370,--
	66	III	210,--
1718	02	II-III	375,--
1/2 Taler, Kremnitz, 1734, Her. 555	85	III	225,--
1740	50	III	250,--
	70	II-III	300,--
	70	III	220,--
1/2 Reichstaler, Kuttenberg, 1712, Her. 500-			
505	44	III	400,--
	50	III	370,--
1/2 Taler, Kuttenberg, 1713	50	III	285,--
1714	50	III	300,--
1/2 Taler, Kuttenberg, 1719, Her. 508	50	III/II	350,--
1/2 Taler, Kuttenberg, 1720, Her. 509	44	I-II	525,--
	50	III/II	350,--
1/2 Taler, Kuttenberg, 1722, Her. 511	50	III	270,--
1/2 Taler, Prag, 1714, Don. 2698, Her. 488			
(aus 1713)	71	II-III	1100,--
1/2 Taler, Prag, 1718, Her. 489 (Schrötlings-			
fehler)	50	III/II	640,--
	101	II-III	400,--
1/2 Taler, Prag = Notgulden, 1740	01	III	900,--
	50	II	850,--

1/4 Taler, Hall, o. J., Her. 583-585 (be-			
rieben)	34	I-II	450,--
	50	I-II	700,--
	71	II-III	625,--
1/4 Taler, Hall, 1725, Her. 586	34	II-III	210,--
	50	I-II	700,--
	70	II-III	400,--
	71	III-IV	320,--
1/4 Taler, Hall, 1734, Her. 587	34	II	250,--
	50	II	570,--
	71	II-III	250,--
1/4 Taler, Hall, 1740	12	II	225,--
	34	II	210,--
	40	II	205,--
	50	II	425,--
	70	II	230,--
	71	III	200,--
(aus 1741)	82	III	240,--
(aus 1741)	86	II	260,--
1/4 Taler, Kremnitz, 1740, Her. 588	51	II	235,--
1/4 Taler, Nagybanya, 1716 (aus 1715)	70	II	210,--
1726 (Sign. F)	50	III	285,--
	51	II	425,--
1/4 Taler, Nagybanya, 1725	12	II	225,--
1/4 Taler, Prag, 1729, Her. 589	50	III	850,--
1/4 Taler, Prag, 1731, Her. 593	50	III	850,--
1736 (Einhieb)	50	III	575,--
1/4 Taler, Prag, auf kleinem Schrötling,			
1739, Her. 594 (gebogen)	50	IV	215,--
1/12 Reichstaler, Hall, 1740, Her. 632	34	III	600,--
1/4 Taler, Graz, 1739, Her. 582	50	II	1150,--
XV Kreuzer, Breslau, 1736, Her. 649/652	70	II	350,--
XV Kreuzer, Graz, 1728	34	II	230,--
VI Kreuzer, Hall, 1719, Her. 660 ff.	34	I-II	210,--
1721	71	II	300,--
1723	34	I-II	200,--
1726	34	I-II	200,--
VI Kreuzer, Hall, 1729	34	I-II	230,--

Einseitige Kupfer-2 Pfennig-Probe, 1721,			
Her. 1203	50	III	215,--
X Soldi, Mailand, 1726, Her. 1135	50	II	315,--
Lira zu 20 Soldi, Mantua, 1732, Her. 1122-27	50	III	215,--
1734	50	III	215,--
1736	50	III	370,--
1/2 Patagon, Brügge, 1709, Delm. 362	47	III	2300,--
Maria Theresia, 1740-1780			
Dukaton in Gold, im Gewicht von 16 Dukaten,			
Antwerpen, 1751, Eyp. 527, Delm. 213 (leich-			
te Schlagspuren)	71	II	35000,--
5 Dukaten, Wien - Abschlag vom 1/2 Taler-			
Stempel, 1743, Eyp. 5	26	I	18000,--
V Dukaten, Wien, 1754, Fr. 252, Cr. 61,			
Eyp. 57	45	III-IV/III	1800,--
4 Dukaten, Karlsburg, 1755, Eyp. 345	26	II	20000,--
4 Dukaten, Karlsburg, 1779, Fr. 263, Eyp.			
381 (gelocht)	39	III	2100,--
Doppeldukat, Karlsburg, 1765, Fr. 255, Cr.			
34 var., Eyp. 349 a (aus 1766)	47	II	1825,--
Doppeldukat, Karlsburg, 1771, Fr. 264, Cr.			
34 a, Eyp. 382 (gewellt, leichter Kratzer)	23	III/IV	750,--
	55	III	1025,--
(starke Henkelspur, Kratzer)	87	III	365,--
1772	66	III	1175,--
1774	02	II	2100,--
1776	31	III/II	1750,--
1778 (leichter Kratzer)	102	III/II	1275,--
1780 (aus 1779)	19	II	1400,--
Doppeldukat, Kremnitz, 1764, Fr. 73, Cr. 36,			
Eyp. 250 (leichte Kratzer)	102	III	675,--
1765	02	II-III	675,--
	23	III	625,--
	23	III/II	900,--
	31	II/III	1600,--
	34	II	850,--
	35	II/III	925,--
	37	III	750,--

wie vor	44	II-III	875,--
	44	II	1000,--
	61	II	900,--
	70	II-III	1150,--
	70	II	1200,--
	71	II-III	1000,--
	65	IV/III	625,--
	102	III	700,--
Doppeldukat, Kremnitz, K-B, 1765, Fr. 73,			
Cr. 36, Eyp. 250 a	22	II	900,--
	27	I	1550,--
	28	II	1150,--
	61	II	1050,--
	102	II/III	1350,--
1 1/4 Dukaten, Regierungsantritt und			
Huldigung in Wien, 1740	12	I	1800,--
Dukat auf die Huldigung, o. J.	27	II	1550,--
Dukat auf die Anwesenheit des Kaiserpaares			
im neuen Münzhaus in Wien, o. J., Fr. 270,			
Eyp. 530 a (Tragspuren)	71	III	1600,--
Dukat auf die Anwesenheit des Kaiserpaares			
im neuen Münzhaus in Wien, o. J., Fr. 270,			
Eyp. 531 (Schlagspuren)	71	II	2600,--
Dukat, Karlsburg, 1742, FuS. 275, Eyp. 323 a			
(Bohrstelle)	35	III	460,--
	47	II	1150,--
	98	I-II	1800,--
Dukat, Karlsburg, 1745, Fr. 248, Cr. 32 a,			
Eyp. 324	101	IV	210,--
Dukat, Karlsburg, 1748, Fr. 256, Cr. 33,			
Eyp. 350-354	31	II	850,--
	38	III	550,--
1754	98	II	1300,--
1759	75	II-III	565,--
1761	18	III	625,--
1765	72	II-III/II	625,--
Dukat, Karlsburg, 1750, Fr. 256, Eyp. 353	55	III	525,--
1753	48	II-III	725,--

wie vor, 1759	36	I-II	1025,--
1761	48	II-III	900,--
1762	15	II	525,--
1 Dukat, Karlsburg, neuer Typ, 1763, Fr.			
256, Eyp. 353	71	II-III	650,--
	71	II-III	650,--
Dukat, Karlsburg, 1773, Fr. 265, Eyp. 383-85	44	III	950,--
1777	97	I-II	1550,--
1780 (leichter Bug)	71	II-III	950,--
Dukat, Kremnitz, 1741, Fr. 74, Eyp. 238, 39	02	III	425,--
1742 (leicht poliert)	23	IV	275,--
(leichter Kratzer)	25	III	340,--
	47	III/II	470,--
(leichter Knick)	67	II	650,--
	73	II-III	490,--
1743	34	I-II	550,--
	61	III	525,--
1745	37	III	380,--
	61	III-IV	220,--
	89	PP	1150,--
	98	III	410,--
Dukat, Kremnitz, 1746, Fr. 74, Cr. 34, Eyp.			
251 (leicht gewellt)	47	III	350,--
1747	70	III	370,--
	71	II-III	550,--
1748	18	III	340,--
	55	III	410,--
	61	II-III	360,--
1749	102	III	360,--
1750	55	II	550,--
1751	34	I-II	700,--
	47	I	725,--
	70	I-II	1300,--
(geknittert)	96	III	245,--
1753	61	III-IV	260,--
1755	86	II-III	600,--
1756	18	II	625,--
1758	31	I	625,--

wie vor	44	II	500,--
1759	82	III	380,--
1760	73	I-II	850,--
1763	55	III	450,--
(Randfehler)	73	II-III	200,--
1765	00	II	420,--
	25	II-III	525,--
	26	II-III	450,--
(leicht gewellt)	31	III	325,--
	44	I-II	700,--
	61	II-III	475,--
	70	III	410,--
(Kratzer)	71	II	500,--
Dukat, KB, 1765, Fr. 74, Eyp. 251 b, Her. 259 (Randfehler)	48	III	410,--
Dukat, Nagybanya, neuer Typ, 1764, Fr. 75, Eyp. 254 a	25	II-III	725,--
(Henkelspur)	82	IV/III	260,--
(leicht gewellt)	98	III	350,--
Dukat, Wien, 1744, Fr. 48, Cr. 53 (Jahrgang RRR)	31	III/II	2600,--
Dukat, Wien, 1746, Fr. 256, Cr. 54, Eyp. 61 (leichter Bug)	71	III	850,--
1755	05	III	1450,--
	71	III/II	1500,--
Dukat, Wien, 1761, Fr. 256, Eyp. 62	34	II	1800,--
Dukat, Wien, 1779, Fr. 265, Cr. 55, Eyp. 184, 281	23	III/IV	750,--
3/4 Dukat auf die Krönung in Budapest, 1741, Jul. 1692	44	II-III	430,--
1/2 Dukat, Karlsburg, 1774, Fr. 266, Cr. 31 a, Eyp. 386 (gewellt)	39	III	725,--
1/2 Dukat, Wien, 1748, Fr. 257, Cr. 52, Eyp. 70 (Lötspuren)	70	III	260,--
1/4 Dukat, Karlsburg, 1749, Fr. 261, Cr. 30, Eyp. 359	44	I	775,--
1/4 Dukat, Karlsburg, 1778, Fr. 267, Eyp. 388	02	II-III	700,--

wie vor, 1780	02	II	825,--
Doppelter Souverain d'or, Wien, für die			
österreichischen Niederlande, 1757, Fr. 272,			
Eyp. 410	48	II-III/II	2500,--
1761	44	II-III	2900,--
Double Souverain d'or, Antwerpen, 1749,			
Fr. 273, Cr. 16, Eyp. 406 (leichter			
Schrötlingsfehler)	05	III	2000,--
	79	II	3400,--
(leichte Randfehler, Kratzer)	82	III/II	2775,--
Doppel-Souverain d'or, Brügge, 1750, Fr.			
274, Eyp. 407 (leicht justiert)	42	II	2200,--
Doppel-Souverain d'or, Brüssel, 1758, Fr.			
275, Eyp. 409	47	III	2100,--
1761	44	II	1875,--
1762	34	III-IV	1500,--
1766	82	III	1850,--
Souverain d'or, Antwerpen, für die österrei-			
chischen Niederlande, 1750, Fr. 276, Cr. 15 a,			
Eyp. 511 a (leichte Henkelspur)	04	III	600,--
	34	III-IV	950,--
	36	III/IV	600,--
	39	III	700,--
	70	III	675,--
	98	III	850,--
	100	II-III	975,--
Souverain d'or, Antwerpen, für die öster-			
reichischen Niederlande, 1752, Fr. 276, Cr.			
15 b, Eyp. 413 (Fassungsspur)	82	IV/III	355,--
1753	34	III	1050,--
	71	III	600,--
1754	26	I-II	2300,--
1756	34	III	1050,--
	70	III	825,--
	71	III	800,--
	82	IV/III	750,--
Souverain d'or, Brüssel, 1765, Fr. 278,			
Delm. 217	45	III/II	1025,--

Silberabschlag vom Dukaten auf den Besuch der ungarischen Bergwerke, 1751, zu Fr. 271, Julius 1841	47	II	210,--
Silberabschlag vom Dukaten, Besuch von Josef II. und Leopold II. in den ungarischen Bergwerken, 1764, vgl. Fr. 80, Julius 2693	47	II	210,--
Auswurfmünze auf die Hochzeit Joseph II. mit Josepha von Bayern, 1765, Witt. 2250	70	II	400,--
Silberabschlag vom Doppeldukat auf die Vermählung der Erzherzogin Maria Amalie mit Ferdinand von Parma, 1769, Mont. 1999 ff.	86	I-II	220,--
Silberabschlag vom Doppeldukat auf das Zusammentreffen von Maria Antonia mit Karoline von Lothringen, 1770, Mont. 2010	89	II	500,--
Taler, Wien, 1741, Dav. 1109, Eyp. 12, Voglh. 281 I	00	II-III	580,--
	27	II	700,--
(fleckig, Kratzer)	48	I-II	725,--
(leichter Randfehler)	53	II	590,--
	84	II/I	1000,--
	86	III/II-III	500,--
1742	46	II/I	1150,--
	50	II-III	1000,--
Reichstaler, Wien, 1744, Dav. 1110, Eyp. 13, Voglh. 281 II	00	II-III	700,--
1745	46	I	3000,--
Taler, Wien, 1749, Dav. 1111, Cr. 47, Eyp. 72	50	III	370,--
1750	89	III/II	360,--
Taler, Wien, 1751, Cr. 47 a, Eyp. 72 a, Voglh. 281/III	45	II/I	460,--
Taler, Wien, 1753, Dav. 1112, Eyp. 73, Voglh. 281/IV	50	III-IV/III	245,--
1755	47	I	1100,--
	70	I-II	725,--
1756 (Jahrgang - R)	09	II-III	525,--
(leicht justiert)	50	III/II	315,--
	97	III/II	300,--

wie vor, 1757 (leichter Randfehler)	47	II/I	340,--
	50	II	625,--
	70	I-II	650,--
1758	70	I	875,--
1760	45	I-II	525,--
1761	32	II/I-II	575,--
	45	II-III	225,--
	66	III	320,--
(leicht justiert)	85	III	270,--
1763	32	I-II	575,--
	70	I-II	650,--
1764	70	I-II	550,--
	73	II	330,--
1765	10	III	230,--
(Randfehler)	25	I-II	575,--
	27	I-II	775,--
	32	I-II	500,--
	45	I-II	390,--
	45	I-II	405,--
	47	II	525,--
	63	I-II	575,--
	70	I	800,--
	73	II	330,--
1766	45	I	575,--
Taler, Wien, A, 1764, Dav. 1112, Eyp. 74,			
Voglh. 281/IV	50	III-IV	225,--
1765 (leicht justiert)	21	I-II	455,--
(leichter Schrötlingsfehler)	21	I-II	475,--
(Schrötlingsfehler)	21	II	395,--
(leicht justiert)	21	I-II	460,--
	31	II/I	725,--
(leicht justiert)	46	I	1050,--
	55	I-II	575,--
	55	II	425,--
(leichter Stempelriß)	71	III	220,--
	75	III/II	255,--
Taler, Wien, 1765, Dav. 1112, Eyp. 75 a var.,			
Voglh. 281/IV (leicht justiert)	04	I-II	415,--

wie vor (Randfehler)	04	I-II	250,--
	61	I-II	950,--
Ausbeutetaler der St.-Anna-Fundgruben in Niederösterreich, Wien, 1758, Eyp. 75, Voglh. 283 I	86	III	3100,--
	46	I	4000,--
Ausbeutetaler der St.-Anna-Fundgruben in Niederösterreich, Wien, 1765, Eyp. 75 a, Voglh. 283 II (leichte Kratzer)	36	II	3375,--
	46	II-III/II	2100,--
Taler, Wien - A, 1766, Dav. 1114, Eyp. 188	10	III/II	330,--
Taler, Wien, 1766, Dav. 1114, Eyp. 188	47	II/I	850,--
	50	II-III	450,--
Reichstaler, Wien, 1766, Dav. 1114, Eyp. 180 ff., Voglh. 281/V (justiert)	32	II	380,--
	44	I-II	750,--
1767	50	III-IV	245,--
	70	I-II	625,--
Taler, Wien, 1769, Dav. 1115, Eyp. 189, Voglh. 281/VI	00	III	350,--
	27	II	675,--
(leicht justiert)	41	II/I	750,--
	50	III	500,--
	70	II	390,--
1770 (Randfehler, justiert)	23	II	340,--
	50	II-III	455,--
	70	I	850,--
(leichter Randfehler)	75	II	445,--
	85	II-III	350,--
1771	02	III	350,--
	50	III/II	455,--
	70	I	925,--
1772 (leichte Fehler)	63	II	525,--
Taler, Wien, 1774, Eyp. 190, Voglh. 281 VII	50	II	1100,--
1777	100	II-III	280,--
1778	66	III	280,--
	72	I-II	800,--
Taler, Wien, 1780, Eyp. 190 a, Voglh. 281 VIII	25	II	280,--

wie vor	36	III/II	285,--
	50	II	370,--
(leichter Randfehler)	63	III	245,--
(leichter Kratzer)	63	III	205,--
	70	I-II	525,--
	75	III/II	200,--
Taler, Graz, 1765, Dav. 1119, Eyp. 77 a	50	III	3425,--
Taler, Hall, 1751, Dav. 1120, Eyp. 78, Voglh.			
274/I	27	II	500,--
Taler, Hall, 1749, Eyp. 78 a, Voglh. 274/I	00	II-III	600,--
	50	II	625,--
1764	46	II/I	1300,--
	50	II	850,--
Taler, Hall, 1752, Eyp. 79, Voglh. 274 I			
var.	71	III	430,--
1753	50	III	285,--
1755	50	III	350,--
1756	50	III	385,--
1759	46	II	1150,--
	66	III/II	420,--
(leichte Kratzer, Randfehler)	98	II-III	300,--
1760	64	II/I-II	600,--
1761	25	II-III	255,--
	32	III	275,--
	55	II-III	290,--
(leichte Kratzer)	64	III	360,--
1762	50	II	600,--
1763	50	II-III	470,--
	66	III	350,--
1764	50	III	400,--
Taler, Hall, 1753, Dav. 1121, Eyp. 79,			
Voglh. 274 I	45	II/I	390,--
1759	38	III	270,--
Taler, Hall, 1752, Dav. 1122, Eyp. 80, 81,			
Voglh. 274 II	50	III/II	770,--
1765	00	II	750,--
(leichter Kratzer)	10	III	250,--
	50	II	850,--

wie vor	85	I	875,--
(leicht justiert)	85	I-II	550,--
	86	II-III	240,--
Taler, Hall, 1755, Dav. 1122 A, Cr. 33	60	II	650,--
Taler, Hall, 1772, Dav. 1123, Eyp. 195,			
Voglh. 274/III	60	III	230,--
Taler, Hall, 1773, Dav. 1124, Eyp. 196,			
Voglh. 274/IV	00	II	1300,--
Reichstaler, Kremnitz, 1741, Eyp. 240, 241,			
Voglh. 276 I	02	II-III	500,--
	04	III	280,--
	39	III	255,--
	45	II/I	370,--
(leicht poliert)	46	I	550,--
	52	III/II	310,--
	72	II	490,--
(leichter Kratzer)	86	II-III	230,--
	87	II-III	385,--
	89	III/II	500,--
	100	II	300,--
1742	00	II-III	350,--
	19	II	450,--
	20	III	205,--
	25	III	275,--
	32	II	375,--
	32	II	285,--
	44	II	370,--
	45	II/I	370,--
(justiert)	50	II	370,--
(leichte Henkelspur)	85	III	220,--
	86	II-III/II	300,--
	86	II-III	270,--
(leichte Kratzer)	86	II-III	225,--
(leicht justiert)	86	II	315,--
Taler, Kremnitz, 1743, Eyp. 242, Voglh. 276			
II	32	II-III	325,--
(leichter Randfehler)	37	III	240,--

Taler, Kremnitz, 1744, Eyp. 242 a, Voglh.			
276 II (leicht justiert)	46	II	450,--
Reichstaler, Kremnitz, 1744, Eyp. 242 a,			
Voglh. 276 III	10	III	240,--
1745	31	III	360,--
Taler, Kremnitz, 1744, Eyp. 243, Voglh.			
276 III	46	II/I	475,--
	70	II-III	300,--
1745 (leicht justiert)	86	II	360,--
Taler, Kremnitz, 1747, Voglh. 276/IV,			
Eyp. 259 (justiert)	10	III	260,--
Taler, Kremnitz, 1749, Dav. 1130, Cr. 28,			
Voglh. 276 IV	32	III	225,--
Taler, Kremnitz, 1751, Dav. 1131, Cr. 28,			
Voglh. 276 IV	86	II-III/II	265,--
Madonnentaler, Kremnitz, 1754, Dav. 1132,			
Eyp. 261, Voglh. 276 V	70	I-II	750,--
1757	27	II-III	320,--
	45	II-III	200,--
1758	22	II	525,--
1759	50	III-IV	285,--
1760	46	II	1000,--
1761	45	II	335,--
	50	III	345,--
	70	I-II	750,--
	100	II-III	240,--
1762	00	III	300,--
1763	32	I-II	495,--
	45	II	310,--
(leicht justiert)	50	III/II	370,--
	86	I-II	550,--
	86	II-III	270,--
1765	32	III	310,--
	45	II-III	315,--
	82	III/II	420,--
(leicht justiert)	86	II	450,--
1769	96	III	260,--

Madonnentaler, Kremnitz, 1767, Eyp. 304,

Voglh. 276 II (gereinigt)	83	II	240,--
1769	45	II	275,--
1771	45	II	315,--
	61	II-III	320,--
1780	21	II	205,--

Taler, Kremnitz - B, 1776, Eyp. 304, Voglh.

276 VII	07	II	250,--
	86	II	250,--
	87	III	200,--
1777 (leicht justiert)	07	II	210,--
(leicht justiert)	67	II	250,--
1778	50	II/II-III	245,--
1780	31	II	310,--
	44	I-II	320,--
	47	II/I	280,--
	50	II	350,--
	73	I	750,--
	86	II	250,--
	86	II-III	210,--
	86	II	230,--

Reichstaler, Kremnitz, 1780 (84), Dav. 1134,

Voglh. 276 VIII	10	III	800,--
Taler, Prag, 1754, Eyp. 82 a, Voglh. 278 I	50	III	450,--
1755	10	IV/III	250,--
1757	00	II-III	500,--
	32	III/II	450,--
1759	51	III/II-III	320,--
(leichter Schrötlingsfehler)	72	II-III	320,--

Ausbeutetaler von Joachimsthal, Prag, 1758,

Voglh. 279, Eyp. 83	00	III/II	725,--
(leichter Randfehler, Kratzer)	36	III	550,--
	46	II/I	1550,--
	48	III-IV	240,--
	51	II-III	1075,--
(leichte Henkelspur)	79	III	575,--
	86	II-III	900,--
	97	III	575,--

Taler, Prag, 1780, Eyp. 199, Voglh. 278/IV	66	II	490,--
Reichstaler, Karlsburg, 1743, Eyp. 327, Voglh.			
280 II	46	II	3600,--
Taler, Karlsburg, 1780, Eyp. 391, Voglh. 275			
III	23	III	425,--
	66	III	205,--
Taler, Günzburg, 1764, Eyp. 76, Voglh. 271 I	60	II/I	1275,--
1765	32	III	250,--
	32	I-II	350,--
	38	II	550,--
	38	II-III	405,--
	44	II-III	285,--
	44	III	200,--
	46	II/I	850,--
	47	II/I	600,--
(leicht justiert)	51	II-III	240,--
	66	III	305,--
	73	III/II	310,--
	97	III	260,--
	97	III/II	290,--
	97	III/II	265,--
	97	III/II	270,--
Taler, Günzburg, 1765, Dav. 1147 A, Eyp.			
76 (leicht justiert)	70	I-II	525,--
Taler, Günzburg, 1766, Dav. 1148, Eyp. 397 a,			
Voglh. 272 II	17	II	200,--
	21	II-III	265,--
	35	I	480,--
	47	III/II	275,--
	86	II	280,--
Reichstaler, Günzburg, 1767, Eyp. 397 a,			
Voglh. 272 III	45	III/II	325,--
Reichstaler, Günzburg, 1771, Eyp. 191, Voglh.			
271 II	27	III	405,--
Taler, Günzburg, 1773, Eyp. 192, Voglh. 271			
III (leicht justiert)	04	III	215,--
1778 (Jahrgang RRRR, unediert?)	09	III-IV	2500,--
1780	04	II-III	250,--

wie vor	19	II-III	320,--
	55	II-III	320,--
Taler, Günzburg, 1780, Eyp. 194, Voglh.			
271 V	66	III	210,--
Taler, Günzburg, S. F., für den Levante-			
handel, 1780, Eyp. 193, Voglh. 271 IV	02	II	250,--
	21	II	305,--
	38	II	250,--
	51	III	250,--
	70	I	775,--
	70	I-II	440,--
(leicht oxydiert)	83	III/II	240,--
Münzbesuchs-Gulden, Wien, o. J., Eyp. 533			
(leichtes Sammlerzeichen)	50	III-IV	715,--
1/2 Taler, Graz, 1750, Eyp. 87	45	II-III	240,--
	50	III/II	370,--
1/2 Taler, Graz, 1751, Eyp. 87 a	50	III/II	325,--
1/2 Taler, Günzburg, 1764, Eyp. 86	50	III	570,--
1/2 Taler, Hall, 1761, Eyp. 88, 89	55	II	280,--
(leichter Knick)	64	II	340,--
1763	48	II-III	210,--
1764	64	III/II	290,--
1/2 Taler, Hall, 1765, Eyp. 89 a	64	III	250,--
1/2 Reichstaler, Hall, 1771, Cr. 31, Eyp.			
203	18	II	355,--
1772	32	II	625,--
	77	II	355,--
1774	02	III	475,--
1/2 Taler, Kremnitz, 1742, Cr. 25, Eyp.			
244	00	II	425,--
1744	27	II	290,--
1/2 Taler, Kremnitz, 1754, Cr. 26, Eyp. 264	02	II-III	350,--
1/2 Taler, Kremnitz, 1760, Cr. 26, Eyp. 264 a	02	III	200,--
1763	45	II	225,--
1/2 Taler, Prag, 1751, Cr. 17	47	II	925,--
1/2 Taler, Wien, 1774, Cr. 45, Eyp. 201	25	II	325,--
1/4 Taler, Hall, 1742, Cr. 27, Eyp. 17	ن4	II	300,--
	70	II	500,--

wie vor, 1745	70	II-III	310,--
1/4 Taler, Hall, 1745, Cr. 27, Eyp. 18	47	II	525,--
	83	I-II	290,--
1/12 Taler, Hall, 1741, Cr. 18, Eyp. 19	48	III	430,--
	50	III	525,--
30 Kreuzer, Graz, 1745, Cr. 12, Eyp. 21	02	II	650,--
	34	III	200,--
	86	II	200,--
30 Kreuzer, Hall, 1748, Cr. 29, Eyp. 95	70	III	235,--
30 Kreuzer, Hall, 1748, Eyp. 96	34	II	300,--
30 Kreuzer, Prag, 1765, Cr. 15, Eyp. 98			
(leichter Kratzer)	63	III	260,--
30 Kreuzer, Wien, 1765, Cr. 41 a, Eyp. 205			
(leicht oxydiert)	63	II	205,--
XVII Kreuzer, Karlsburg, 1764, Cr. 14 a,			
Eyp. 372	19	II	205,--
10 Kreuzer, Hall, 1763, Eyp. 120	82	I-II	375,--
VI Kreuzer, Graz, 1747, Eyp. 127	34	I-II	320,--
VI Kreuzer, Hall, 1743, Eyp. 29	71	I	340,--
Kupfer-1/2 Pfennig, Wien - Probe, 1759,			
Eyp. 178	55	III	290,--
10 Denare, Kremnitz, 1741, Cr. 15, Eyp. 249			
(justiert)	70	I-II	300,--
Scudo, Mailand, 1779, Dav. 1386, Cr. 36,			
Eyp. 489, Voglh. 285 II	41	III/I	925,--
Ducaton, Antwerpen, 1749, Eyp. 416, Voglh.			
284 I	46	II/I	2800,--
1750 (leicht justiert)	27	III	525,--
1751	22	II-III	625,--
	66	III	600,--
(leicht fleckig)	82	II	950,--
	89	II	1200,--
Ducaton, Antwerpen, 1753, Eyp. 416 a, Voglh.			
284 II	10	III	650,--
	39	III	725,--
	39	III	650,--
1754	22	II-III	1025,--
	47	II	1800,--

wie vor	61	III	650,--
Kronentaler, Brüssel, 1765, Eyp. 438, Voglh.			
287	63	III	225,--
1/4 Ducaton, Antwerpen, 1751, Eyp. 420,			
Delm. 381	34	I-II	750,--
Franz I., 1745-1765			
Dukat, Graz, 1754, Eyp. 613 (leicht justiert)	71	II	3200,--
1759 (Jahrgang RRR)	72	I-II	4200,--
Dukat, Karlsburg, 1750, Fr. 282, Eyp. 610 a	31	I	1300,--
	47	I	1600,--
Dukat, Karlsburg, 1751, Fr. 282, Eyp. 615	47	II/I	1450,--
1753	12	III	750,--
Dukat, Nagybanya, 1750, Fr. 282, Eyp. 616			
(gestopftes Loch)	05	IV	260,--
Dukat, Wien, 1756, Fr. 282, Cr. 102, Eyp.			
612	05	III/IV	550,--
Dukat, Posthumus - Wien, 1765/N, Fr. 283,			
Cr. 102 a, Eyp. 723 a	51	II	2450,--
1765/N	72	III	1250,--
1765/G	98	I-II	1825,--
1/4 Dukat, Nagybanya, 1762, Fr. 284, Cr.			
101, Eyp. 621	89	II	725,--
Taler, Wien, 1748, Dav. 1152, Eyp. 623,			
Voglh. 289	46	I	2100,--
Taler, Wien - Florenz, 1761, Dav. 1154,			
Eyp. 625, Voglh. 289	50	IV	345,--
Taler, Hall, 1749, Dav. 1155, Eyp. 626,			
Voglh. 289	46	II/I	1050,--
	50	II	875,--
	19	III/II-III	450,--
1751	50	III	370,--
1753	45	II/I	575,--
	50	III	400,--
1757	41	III/II	295,--
1760	00	II-III	360,--
	02	II-III	1100,--
	04	III/II	350,--
	45	II	360,--

wie vor	80	II	480,--
	82	III/IV	300,--
1762	04	III	275,--
	45	I-II	470,--
	50	III	415,--
	73	II-III	250,--
1763	32	II/I	625,--
	36	IV/III	260,--
1764	86	II-III	320,--
Taler, Hall, 1764, Dav. 1155, Eyp. 627	50	III	500,--
Taler, Kremnitz, 1746, Dav. 1156, Eyp. 629,			
Voglh. 283	10	III	230,--
1747	45	II/I	430,--
Taler, Kremnitz, 1763, Dav. 1157, Eyp. 630,			
Voglh. 289	86	II-III	320,--
Taler, Kremnitz, 1751, Dav. 1157, Eyp. 630,			
Voglh. 289	10	III	260,--
1753	70	I-II	800,--
1754	34	III-IV	280,--
	45	II/I	500,--
	70	III	250,--
1755	66	II/III	290,--
1757	70	I-II	650,--
	86	II	575,--
1759	32	II	495,--
	46	I	1300,--
	86	II-III	360,--
1761	21	II-III	575,--
1763	27	I-II	675,--
	32	II	455,--
	45	II/I	575,--
Taler, Prag, 1754, Dav. 1159, Eyp. 632, Voglh.			
289	10	III	350,--
(Randfehler)	25	III	280,--
	86	III	320,--
1757	45	III	290,--
1760	45	I-II	410,--
1761	32	I-II	525,--

wie vor, 1762	46	II/I	1800,--
Kronentaler, Antwerpen (Hand), 1757, Eyp.			
719, Delm. 383, Voglh. 290 (justiert)	44	III	220,--
Kronentaler, Brüssel (Kopf), 1762, Eyp.			
720, Delm. 340, Voglh. 290	87	III-IV	200,--
1763	04	III	255,--
1/2 Taler, Graz, 1749, Cr. 85, Eyp. 633/34	10	III	280,--
	32	II-III	385,--
1751	50	III	255,--
1/2 Taler, Hall, 1755, Cr. 96, Eyp. 635			
(leichtes Zainende)	92	III/II	290,--
1756	45	II/I	320,--
1758	09	III	260,--
1763	35	III	205,--
30 Kreuzer, Graz, 1748, Cr. 94, Eyp. 641 a			
(leicht justiert)	34	III	220,--
XVII Kreuzer, Hall, 1753, Cr. 91, Eyp. 652			
(leichter Kratzer)	83	I-II	245,--
XVII Kreuzer, Wien, 1753, Cr. 91 (unediert,			
fleckig)	09	III-IV	255,--
Joseph II., 1765-1790			
Doppeldukat, Karlsburg, E, 1768, Fr. 286,			
Cr. 124, Eyp. 802	55	II-III	1350,--
1769	23	II	1250,--
	23	III	800,--
1770	38	II-III	1275,--
1772 (leichte Druckstelle)	44	II-III	700,--
1776 (leichte Randfehler, Kratzer)	82	II	800,--
1777	86	II-III	875,--
Doppeldukat, Karlsburg, E, 1778, Fr. 286,			
Cr. 124, Eyp. 803	47	II	1625,--
1780	44	II-III	900,--
2 Dukaten, Karlsburg, E, 1782, Fr. 297,			
Cr. 136, Her. 11	19	II-III	1575,--
Doppeldukat, Wien, A, 1786, Fr. 295, Cr.			
136 a, Her. 5 ff.	25	II-III	725,--
	27	II	1100,--
(leicht schwache Prägung	61	II	725,--

wie vor	71	II-III	700,--
	82	II	875,--
	100	II	925,--
1787	45	II/I	1950,--
	72	II	825,--
(leichter Kratzer)	98	II-III	650,--
2 Dukaten, B, 1787, Fr. 296, Cr. 136 a	38	II-III	850,--
Doppeldukat, Karlsburg, E, 1783, Fr. 297,			
Cr. 136 a (Kratzer)	73	III	525,--
1787 (Randfehler)	19	III	490,--
(Fassungsspur)	45	III	600,--
	89	II	1600,--
Doppeldukat, Kremnitz, 1782, Fr. 77, Cr.			
48	02	II-III	1050,--
	61	III	660,--
1784	02	II-III	950,--
	72	III	750,--
	72	IV/III	550,--
1785 (leichter Randfehler)	32	III	725,--
"Königsdukat" auf seine Krönung zum römi-			
schen König, 1764, Eyp. 804, Her. 18	36	I-II	3050,--
Dukat, Wien,"Königsdukat", 1765, Fr. 287			
var., Eyp. 805, Her. 19	02	II-III	3700,--
Dukat, Wien, 1776, Fr. 287, Cr. 123, Eyp.			
807	86	II	1250,--
Dukat, Karlsburg, E, 1770, Fr. 287, Cr.			
123, Eyp. 813	55	III	375,--
1777	38	II-III	650,--
Dukat auf die Huldigung der Niederlande,			
1781, Julius 2759	27	II	1200,--
Dukat, Wien, A, 1782, Fr. 299, Cr. 135 a,			
Julius 21	102	III/II	490,--
1784 (Fassungsspur)	23	III	245,--
1786	47	II	390,--
	72	I-II	410,--
	98	I-II	320,--
1787	02	II	500,--
	05	III/IV	320,--

wie vor	12	II	675,--
	23	III	320,--
	25	II	420,--
	26	II	360,--
	30	II/I	425,--
	31	II	480,--
	34	III	280,--
(leichter Kratzer)	36	I-II	625,--
	38	II-III	420,--
	44	III	380,--
	66	II	470,--
	70	III	320,--
	71	III	340,--
	72	I-II	410,--
	82	III/II	325,--
	86	I-II	475,--
	89	II	410,--
Dukat, Kremnitz, B, 1787, Fr. 300, Cr. 135 a,			
Julius 21	34	I-II	500,--
1788	38	II-III	400,--
	98	II-III	320,--
Dukat, Karlsburg, E, 1788, Fr. 301, Cr.			
135 a, Julius 21 (Feilspur)	55	II-III	305,--
1790 (Kratzer)	23	III	280,--
	38	III	400,--
Dukat, Nagybanya, G, 1790, Fr. 303, Cr. 135 a,			
Julius 21	34	II-III	600,--
	89	III	460,--
Dukat, M, 1787, Fr. 304, Cr. 135 a, Julius			
21 (aus 1786)	98	III/II	1850,--
Dukat, Kremnitz für Ungarn, 1782, Fr. 78,			
Cr. 47, Julius 29	02	II-III	625,--
Souverain d'or, Wien, A, 1786, Fr. 306,			
Cr. 27, Julius 46	56	III	1200,--
(Randfehler)	73	II-III	900,--
(leichte Randfehler, Kratzer)	82	III/II	1125,--
Sovrano, M, 1786, Fr. 312, Julius 46	01	II-III	1300,--
	44	II-III	1000,--

wie vor	61	II-III	1150,--
(leichter Stempelfehler)	82	II	1275,--
1788 (leichter Kratzer)	44	II	1450,--
1789	38	III	1150,--
1/2 Souverain d'or, Wien, für die öster-			
reichischen Niederlande, 1786, Fr. 309,			
Cr. 26, Julius 45	82	III	550,--
	98	II	600,--
1787	44	II-III	525,--
	44	III	650,--
1788	02	III	700,--
1/2 Sovrano, M, 1790, Fr. 313, Julius 45			
(Randfehler)	23	III	750,--
Taler, Wien, A, 1766, Dav. 1161, Cr. 119,			
Eyp. 817, Voglh. 293 I	27	II	575,--
	31	II/I	800,--
	31	II/I	750,--
	32	II	430,--
(leicht justiert)	32	I-II	575,--
(leichter Randfehler)	32	I-II	525,--
	32	I-II	725,--
	38	II-III	875,--
	41	I-II/I	925,--
	44	I	1000,--
(leichter Randfehler)	45	I-II	500,--
(leichter Schrötlingsriß)	46	I	850,--
(Kratzer)	50	III	230,--
	66	III	410,--
	67	III	380,--
(Randfehler)	72	I-II	575,--
1767	45	I-II	700,--
(leicht justiert)	47	I	925,--
(leicht justiert)	48	II	600,--
1769 (leichter Randfehler)	50	III/II	600,--
1772 (seltener Jahrgang)	46	I	3100,--
Taler, Wien, A, 1775, Eyp. 819, Voglh.			
293 III	70	I	1675,--

Taler, Hall, F, 1765, Dav. 1164, Eyp. 821,			
Voglh. 292	50	II	1000,--
1767	46	I	2050,--
1771	00	II-III/II	425,--
	10	III/II	480,--
	22	II	755,--
(leichte Kratzer)	46	I	2000,--
(leicht poliert)	64	III	530,--
	89	II/I	950,--
	99	III	525,--
1776	02	II-III	650,--
	41	I	1700,--
(leichter Randfehler)	51	II-III/II	575,--
	67	III	575,--
1777	50	II	650,--
(leicht gedrückt)	82	III/II	420,--
	97	III	380,--
Taler, Günzburg, H, 1769, Dav. 1166, Eyp.			
820, Voglh. 292 (Kratzer)	97	II/I	390,--
Taler, Wien, A, 1782, Dav. 1167, Voglh.			
296	44	I-II	1850,--
(stark poliert)	46	II/I	800,--
1784 (starker Schrötlingsfehler)	50	II	1350,--
Madonnentaler, B, 1782, Dav. 1168, Voglh.			
295/I	21	I-II	310,--
	49	II-III	200,--
	55	III	230,--
	70	I-II	390,--
	85	II-III	220,--
	99	II-III	400,--
1783	02	II	475,--
(justiert)	07	II	230,--
	38	II	200,--
	65	I-II	240,--
(leicht justiert)	70	II	250,--
	89	II	200,--
	89	II	200,--
Taler, Wien, A, 1785, Dav. 1169, Voglh.295 II	10	II	370,--

Taler, Kremnitz, B, 1786, Dav. 1169, Voglh.

295 II	45	II	230,--
	50	III	230,--
(justiert)	50	II	330,--
	70	I-II	700,--
	70	III	300,--
	86	I-II	330,--
Kronentaler, Kremnitz, B, 1784, Dav. 1170,			
Cr. 25, Voglh. 298	02	II-III	350,--
(leicht justiert)	46	I	800,--
	50	III	200,--
Kronentaler, Mailand, M, 1789, Dav. 1284,			
Voglh. 298	27	II	310,--
	32	II-III	245,--
Kronentaler, Brüssel, 1787, Dav. 1284, Cr.			
25, Voglh. 298	46	II	750,--
1789	40	III	205,--
Kronentaler, Mailand, M, 1786, Dav. 1388,			
Voglh. 298	87	III-IV	200,--
(leichte Randfehler, justiert)	96	III/II	225,--
1787	54	III	305,--
1788	11	III	250,--
1789	86	II	270,--
Scudo, Mailand, (= 6 Lire), 1785, Dav.			
1387, Voglh. 297	46	I	1600,--
1/2 Taler, A, 1768, Cr. 118, Eyp. 823			
(Kratzer)	50	III/II	1070,--
1/2 Taler (= Gulden), A, 1781, Cr. 133,			
Julius 17 (leichte Kratzer)	50	II	845,--
	65	II	900,--
1/2 Taler, Kremnitz, B, 1782, Cr. 45, Julius			
25	02	II-III	200,--
1783	00	II	260,--
1/2 Taler (Gulden), Wien, A, für Ungarn,			
1786, Cr. 45, Julius 26	25	I-II	260,--
1/4 Kronentaler, Günzburg, H, für die			
österreichischen Niederlande, 1788, Julius			
42, Cr. 23	31	II/I	200,--

30 Kreuzer, Wien, A, 1768, Cr. 117, Eyp.

824	12	II	200,--
5 Kreuzer, Wien, A, 1790, Cr. 130, Julius 8	71	I-II	220,--
Groschen, Kremnitz, B, 1784, Julius 5			
(leicht justiert)	34	II	305,--
1/8 Kreuzer oder 1 Heller, Günzburg, H,			
für Vorderösterreich, 1785, Cr. 1, Julius			
32	71	II	200,--
2 Liards, Kupfer, 1789, Cr. 12, Julius 48	34	II	2150,--

Belgische Insurrektion

Lion d'Argent, Brüssel, 1790, Dav. 1285,			
Cr. 32, De Mey 110, Delm. 395 (leicht			
justiert)	34	I-II	2200,--
	46	I	2500,--
	61	I-II	2700,--
1 Florin, Brüssel, 1, Typ, 1790, Cr. 31,			
Julius 65 (leicht justiert)	34	I	1100,--
1 Florin, 2. Typ, 1790, Cr. 31 a, Julius			
67, De Mey 112 (justiert)	34	I	1600,--
(leicht justiert)	56	II	1000,--
X Sols, 1. Typ, Brüssel, 1790, Cr. 30,			
Julius 64, De Mey 113 (leicht justiert)	16	II	700,--
	34	II	850,--
(leicht justiert)	47	II/I	850,--
(justiert)	87	II	1000,--
X Sols, 2. Typ, Brüssel, 1790, Cr. 30 a,			
J. 66, De Mey 114	34	I-II	1500,--

Leopold II., 1790-1792

Dukat, A, 1790, Fr. 317, Cr. 145, Julius 82	47	II	2400,--
Dukat, E, 1791, Fr. 319, Cr. 145, Julius 82	71	II-III	1450,--
Königs-Dukat, Wien, für Ungarn, 1790, Fr.			
79, Cr. 52, Julius 73	02	II-III	1450,--
Dukat, Kremnitz, 1791, Fr. 79, Cr. 52 a,			
Julius 86 (Henkelspur)	36	III	375,--
	61	III	575,--
1792 (leichter Bug)	34	II	1000,--
	44	II	775,--
	98	I-II	1100,--

wie vor	102	III	650,--
Dukat auf die belgische Huldigung, 1791,			
Mont. vgl. 2232	39	II	1325,--
	100	I-II	3050,--
1/2 Sovrano, M, 1790, Fr. 330, Cr. 56,			
Julius 97 a	34	II-III	3000,--
Taler, Wien, A, "Königstaler", 1790, Dav.			
1171, Cr. 142, Voglh. 299	00	II	2700,--
	02	I-II	2800,--
	36	II/I-II	2700,--
	44	II-III	2100,--
	46	I	2200,--
	73	II	1525,--
	91	II	1850,--
	98	II/I-II	2200,--
"Kaisertaler", A, für die Erblande, 1790,			
Dav. 1173, Cr. 143, Voglh. 301	34	I-II	2600,--
	41	II/I	2025,--
	46	I	3100,--
	47	III/II	1850,--
(leichter Schrötlingsfehler)	48	II	1700,--
(leichte Schrötlingsfehler)	70	II-III	1650,--
1792	85	II	2250,--
Kronentaler, A, für die Niederlande, 1790,			
Dav. 1175, Cr. 40, Julius 95 (leicht			
justiert)	34	II	700,--
(Flecken)	50	III-IV	325,--
Kronentaler, Günzburg, H, für die Nieder-			
lande, 1791, Dav. 1175, Cr. 40, Voglh. 302	10	III	350,--
	27	I-II	525,--
1792	36	III/IV	240,--
	63	III	240,--
	86	II-III	200,--
Kronentaler, M, 1791, Dav. 1389, J. 95,			
Voglh. 302	02	II	600,--
1792	08	III	200,--
	10	III	210,--
	10	III	225,--

wie vor	25	II-III	370,--
	27	II-III	280,--
	32	III	345,--
	40	III	240,--
	45	III/II	230,--
(justiert)	62	III	210,--
(leicht justiert)	89	III/II	240,--
	102	III/II	380,--
1/2 Taler, Wien, A, 1792, Cr. 141, J. 80	50	III	1050,--
1/2 Taler, Wien für Ungarn, A, 1790, J. 84			
(Schrötlingsriß)	50	II	1215,--
1791	50	III	1275,--
1/2 Kronentaler, Mailand, 1791, J. 94, Her.			
49	87	III/II	310,--
1/4 Kronentaler, A, 1791, Cr. 38, J. 93			
(leicht justiert)	34	I-II	450,--
1/4 Kronentaler, H, 1791, Cr. 38, J. 93	27	II	275,--
10 Kreuzer, A, 1791, Cr. 139, J. 78	96	II-III	200,--
VI Sols, Günzburg für Luxemburg, H, 1790,			
Cr. 18, J. 76	50	III	400,--
III Sols, Günzburg für Luxemburg, H, 1790,			
Cr. 17, Julius 75	34	II	550,--
XIV Liards für österr. Belgien ("Plaquette"),			
Brüssel, 1791, Cr. 37, J. 92	29	I-II	380,--
	34	II-III	400,--
1 Liard, Kupfer, für österr. Belgien,			
Brüssel, 1791, Cr. 34, J. 89	34	I-II	240,--
Franz II., 1792-1804			
Jeton auf die ungarische Krönung zu Budapest,			
1792	44	II	450,--
1 1/4 Dukat auf die ungarische Krönung			
der Kaiserin, 1792 (leicht gewellt)	36	II/I-II	450,--
Dukat, Wien, A, 1792, Fr. 335, Cr. 163,			
J. 110	71	II	1000,--
(leichte Feilspur)	87	III	425,--
Dukat, E, 1792, Fr. 339, Cr. 163, J. 110	65	IV	230,--
Dukat, Kremnitz, 1792, Fr. 81, Cr. 55,			
J. 125	44	II	600,--

wie vor	61	II-III	475,--
1796	44	II-III	500,--
1797	45	II	575,--
	61	II-III	330,--
Souverain d'or, A, 1794, Fr. 347, Cr. 50, J. 136	82	II/I-II	2650,--
Souverain d'or, B, für die österreichischen Niederlande, 1796, Fr. 348, Cr. 50, J. 136	47	I	2700,--
(leicht justiert)	82	II	1700,--
Souverain d'or, H, 1793, Fr. 350, Cr. 49, J. 136 (Fassungsspuren)	01	III-IV	800,--
Sovrano, M, für die österreichischen Niederlande, 1796, Fr. 351, J. 136 a (leichter Kratzer)	44	II	2600,--
1800	86	III	1300,--
Sovrano, V, 1793, Fr. 352, Cr. 49, J. 136	27	I-II	2600,--
(Henkelspur)	35	II-III	700,--
(Henkelspur)	102	IV/V	350,--
1/2 Souverain d'or, A, 1793, Fr. 354, J. 135	02	II-III	1000,--
1/2 Souverain d'or, B, 1794, Fr. 355, Cr. 49, J. 135 (leicht justiert)	82	III/II	1100,--
Königstaler, A, 1792, Dav. 1176, Cr. 160, Voglh. 304	00	II	3200,--
	46	I	5500,--
Königstaler, A, 1802, Cr. 161, J. 109 (leicht justiert)	46	I	2700,--
Kronentaler, A, 1795, Dav. 1180, Cr. 48, Voglh. 307	50	II	350,--
Kronentaler, B, 1793, Dav. 1180, Cr. 48, Voglh. 307	27	I-II	310,--
	89	I	1300,--
1796	09	I-II	270,--
	70	I	650,--
Kronentaler, H, 1795, Dav. 1180, Cr. 48, Voglh. 307	70	I-II	410,--
1796	50	II-III	225,--
1797	09	II-III	205,--

Kronentaler, M, 1793, Dav. 1390, Cr. 59,

Voglh. 307/V	46	II	1250,--
(justiert)	50	II-III	225,--
1794	02	II	350,--
	71	III	300,--
1795	02	II-III	250,--
(leichter Randfehler)	25	II-III	225,--
1796	02	III	225,--
(Randfehler)	66	III	390,--
1800 (leichter Randfehler)	02	II	300,--
	41	II/I	255,--
Kronentaler, Brüssel, 1794, Dav. 1286,			
Cr. 48 a (leicht justiert)	05	III/IV	1000,--
	49	III	625,--
1/2 Madonnentaler, Wien, A, für Ungarn,			
1792, Cr. 53, J. 123	50	II-III	885,--
1794	50	II-III	850,--
1/2 Kronentaler, Prag, C, 1797, Cr. 47,			
J. 133 (leicht justiert)	21	II	225,--
1/2 Kronentaler, E, 1797, Cr. 47, J. 133	50	II-III	445,--
1/2 Kronentaler, H, 1792, Cr. 47, J. 133	50	III	475,--
24 Kreuzer, Wien, A, 1800, Cr. 158, J. 115	50	II	415,--
	69	II-III	240,--
(leichter Randfehler)	83	II	235,--
24 Kreuzer, Prag, C, 1800, Cr. 158, J. 115	70	II	380,--
10 Kreuzer, A, Überprägung auf 12 Kreuzer,			
1795, 1793, Cr. 155 var., J. 106 var.	34	I	700,--
Silbergroschen, A, 1798, Cr. 152, J. 105	34	III	240,--
Versilberte Kupferprobe der Mailänder			
30 Soldi, 1794, J. vgl. 137	102	IV	200,--
1 1/2 Lira, A, 1802, Cr. 165, J. 144	34	II-III	350,--
	70	II	290,--
Nottaler zu 72 Asses (Sols), Silber,			
während der französischen Belagerung,			
1795, Dav. 1592, Cr. 20, J. 151 (leicht			
justiert)	98	III	2050,--
XIV Liards oder Plaquette, Brüssel, 1593,			
Cr. 45, J. 131	85	II	255,--

Franz II., 1804-1806

4 Dukaten, Wien, A, 1806, Fr. 333, Cr. 170,			
J. 157 (leichter Randfehler)	48	II	3950,--
Dukat, D, 1806, Fr. 784, Cr. 169, J. 156	48	II-III	2400,--
	98	II	1500,--
Taler, A, 1805, Dav. 4, Cr. 168, Voglh. 306/			
II	46	I	3950,--
	50	I-II	2500,--
1806	12	III	290,--
	26	II	575,--
	50	III	525,--
1/2 Taler, A, 1806, Cr. 167, J. 154	34	III	800,--

Franz I., 1806-1835

3/4 Dukat auf die ungarische Krönung			
der Kaiserin Maria Luise, 1808, Julius 3063	44	II-III	480,--
1 1/4 ungarischer Krönungsdukat der Kaiserin			
Caroline Auguste, 1825, Mont. vgl. 2499	05	III/II	520,--
	47	II	775,--
	86	II	800,--
3/4 Dukat auf die Krönung der Kaiserin			
zur Königin von Ungarn, 1825, Julius 3151	44	II	450,--
Dukat, Wien, A, 1811, Fr. 335, Cr. 186 a,			
Julius 176 (leichter Bug)	34	II	340,--
1815 (leichter Kratzer)	23	I-II	450,--
	37	III/I	400,--
(leicht gewellt)	72	I-II	525,--
Dukat, E, 1815, Fr. 339, Cr. 186 a, J. 176	55	III	280,--
4-facher Dukat, A, 1813, Fr. 333, Cr. 187 a,			
J. 177	55	II-III	2800,--
1815 (Henkelspur, poliert)	44	III	1000,--
Dukat, Wien, A, 1820, Fr. 335, Cr. 186 b,			
J. 191 (justiert)	82	III/II	470,--
Dukat, E, 1823, Fr. 339, Cr. 186 b, J. 191	61	II	650,--
Dukat, G, 1821, Fr. 340, Cr. 186 b, J. 191			
(leicht gewellt)	82	III/II	450,--
4 Dukaten, A, 1828, Fr. 333, Cr. 187 b,			
J. 192	72	I	4750,--
1830	34	II	3600,--

wie vor, 1830	39	I/PP	4250,--
(Randfehler, Kratzer)	48	II-III	1750,--
Dukat, A, 1826, Fr. 335	86	II	400,--
Dukat, A, 1827, Fr. 335, Cr. 186 c, J. 199	61	III	270,--
1828	102	III/IV	240,--
1830	95	I	550,--
Dukat, Siebenbürgen, E, 1825, Fr. 339,			
J. 199	98	II-III	370,--
1827	89	I	650,--
1828	23	III	360,--
1830 (leichter Kratzer)	05	III	340,--
	38	II-III	525,--
(leicht gewellt)	61	III	250,--
	72	I-II	525,--
	82	III	475,--
Dukat, Kremnitz, 1834, Fr. 81, Cr. 59,			
J. 203	31	III	280,--
	53	III	365,--
1835	61	II	625,--
Dukat, A, 1831, Fr. 343, Cr. 186 d, J. 216	61	II-III	270,--
1832	61	II-III	350,--
1833	61	II-III	280,--
1834	23	I-II	400,--
	61	II-III	340,--
1835 (leichter Randfehler)	61	II	310,--
Dukat, B, 1833, Fr. 344, Cr. 186 d, J. 216	61	II	525,--
1834	30	II	200,--
	61	II-III	340,--
1835	61	II	420,--
Dukat, E, 1833, Fr. 345, Cr. 186 d, J. 216	61	II-III	325,--
	100	II-III	360,--
1834	61	III	270,--
1835 (leichte Druckstelle)	61	II-III	270,--
Sovrano, A, 1831, Fr. 361, Cr. 11, J. 230	19	III	950,--
Sovrano, M, 1829, Fr. 362, Cr. 11, J. 230	73	II	3350,--
1831	02	II	2700,--
	86	III/II-III	1500,--

1/2 Sovrano, M, 1835, Fr. 365, Cr. 10 a,			
J. 231	23	III	875,--
	61	II-III	620,--
Taler, A, 1815, Dav. 6, Cr. 185 a, J. 175,			
Voglh. 308/II	50	II	215,--
Taler, A, 1819, Dav. 7, Cr. 185 b, J. 190,			
Voglh. 308 III	19	I-II	280,--
Taler, Prag, C, 1824, Dav. 7, Cr. 185 b,			
J. 190, Voglh. 308/III (Randfehler)	86	II-III/II	200,--
Taler, E, 1820, Dav. 7, Cr. 185 b, J. 190	71	II	450,--
Taler, Nagybanya, G, 1821, Dav. 7, Cr. 185 b,			
J. 190	86	II-III	270,--
Taler, Mailand - M, 1819, Dav. 7, Cr. 185 b,			
J. 190	02	II-III	300,--
Taler, Wien, A, 1826, Dav. 9, Cr. 185 c,			
J. 198, Voglh. 208 IV	32	II	210,--
1828	50	II	425,--
1829	32	II/I	305,--
	32	II	225,--
	71	II	450,--
	101	II	225,--
1830	25	II-III	200,--
	45	II	200,--
	47	II	260,--
Taler, Kremnitz - B, 1825, Dav. 9, Cr. 185 c,			
J. 198	51	II-III	205,--
Taler, Prag, C, 1826, Dav. 9, Cr. 185 c,			
J. 198	95	II	225,--
Taler, E, 1830, Dav. 9, Cr. 185 c, J. 198	50	II-III	425,--
Königstaler, Wien, A, für Ungarn, 1830,			
Dav. 121, Cr. 58, J. 202, Voglh. 310			
(leichte Randfehler)	18	III/II	360,--
	21	II-III	475,--
	50	III-IV	370,--
Taler, Wien, A, 1831, Dav. 10, Cr. 185 d,			
J. 208, Voglh. 308	02	I	675,--
	32	III	215,--
(leicht justiert)	50	II-III	285,--

wie vor (leicht justiert)	71	II	450,--
	78	III	330,--
	91	I-II	575,--
Taler, Wien, A, 1832, Dav. 11, Cr. 185 d,			
J. 215	71	II	450,--
1833	51	II	380,--
1834	22	III/II	220,--
	45	II/I	395,--
1835	50	II/I-II	600,--
Scudo - A, 1822, Dav. 8, Cr. 8, J. 228	50	II-III	700,--
Scudo - M, 1824, Dav. 8, Cr. 8, J. 228	86	II-III	325,--
Scudo - V, 1822, Dav. 8, Cr. 8, J. 228	66	III	625,--
	97	III	200,--
1824	02	III	260,--
	50	III	280,--
1/2 Taler, Wien - A, 1815, Cr. 184 a, J.			
174 (schwache Prägung)	02	II-III	300,--
	17	III/II	205,--
	34	II-III	220,--
(leicht justiert)	44	I-II	260,--
	66	II-III	200,--
1/2 Taler, Wien, A, 1822, Cr. 184 b, J. 189	32	II/I	285,--
1/2 Taler, Prag - C, 1821, Cr. 184 b, J. 189	25	II	200,--
1/2 Taler, B, 1826, Cr. 184 c, J. 197	51	I-II	495,--
1/2 Taler für Ungarn, Wien, A, 1830, Cr. 57,			
J. 201	02	I-II	800,--
(leicht justiert)	50	II	545,--
(leichter Randfehler)	86	II-III	260,--
1/2 Scudo, M, 1824, Cr. 7, J. 227	02	II	425,--
20 Kreuzer für Ungarn, A, 1830, Cr. 56,			
J. 200 a, Her. 797	34	II	840,--
20 Kreuzer, A, 1831, Cr. 183 d var., J. 206	34	II	320,--
1/4 Lira, M, 1822, Cr. 4, J. 224	83	I	225,--
Andreas Hofer-20 Kreuzer, Hall, 1809, Cr.			
42, J. 169 a	98	I-II	230,--
Andreas Hofer-20 Kreuzer, Hall, 1809, Cr.			
42, J. 169 b	83	II	200,--
6 Kupfer-Groszy, Notgeld, 1813 (justiert)	36	IV/V	275,--

HAGENAU/Els., Stadt

Gulden zu 60 Kreuzer, 1669, De Mey 23.47	10	III	1700,--
Dicken, o. J., Schulten 1016	47	III	650,--
Leichter Kipper-Dicken, o. J.	10	III	220,--
Teston, o. J., EuL. 42, 44 v. ff.	10	III	500,--
12 Kreuzer, o. J., De Mey 40	10	III	480,--
	100	II-III	320,--
Groschen, o. J. (unediert)	10	III	210,--

HALBERSTADT, Bistum

Albrecht V. von Brandenburg, Administrator,
1513-1545
Taler, 1538, Dav. 9210, De Mey 309,

Schulten 1035	102	III/IV	440,--
1540	39	III	700,--
	48	II-III	950,--
	73	III-IV	470,--
	73	III-IV	320,--
1541	54	III	600,--
1542	97	III/IV	315,--

Christian, Bischof von Halberstadt,
1616-1626
Pfaffenfeind-Taler, 1622, Dav. 6320, We.

1381	07	II	1575,--
(starke Randfehler)	21	III	725,--
	31	III	1200,--
(gelocht)	32	III	485,--
	61	II-III	1600,--
	66	III	1100,--
	69	III-IV	450,--
	70	III	1700,--
	99	III	975,--
(Schrötlingsriß)	101	III	900,--

Pfaffenfeind-Taler, 1622, Dav. 6322, We.

1383 (leichte Henkelspur)	31	III	1275,--
(Zinnabschlag)	98	III	445,--

Taler auf seinen Tod, 1626, Dav. 2327, We.

1387	07	III	825,--

Domkapitel
Taler, 1629, Dav. 5347   55   II   1450,--

HALBERSTADT, Stadt
Dicker Doppeltaler, 1663, Dav. 5353
(leichte Randfehler)   72   III   8250,--
Taler, (Seelen, Magdeburg), 1691, Dav.
5356   70   II   1525,--

HALL in Schwaben
Dukat, 1705, Fr. 1082   27   II   11500,--
Dukat, 1777, Fr. 1088, Schulten 10   31   I   5100,--
(Randfehler)   93   II   2750,--
Silberabschlag vom Dukaten auf den Frieden
von Baden, 1714, vgl. Fr. 1084, Julius
1244   67   II   225,--
Silberabschlag vom Doppeldukat auf das
200-jährige Reformationsjubiläum, 1717,
Bi. 49, 50   12   II   400,--
                                          20   I-II   345,--
                                          44   II   270,--
                                          67   II   225,--
                                         100   II   350,--
(Kratzer)   102   II   230,--
Silberabschlag vom Dukaten auf den Wieder-
aufbau des Rathauses nach dem großen Brand
von 1728, 1735, Bi. 55   89   I   320,--
Silberabschlag vom Dukat auf den West-
fälischen Frieden, 1748, Julius 2241, Bi.
vgl. 73   67   II   250,--
Taler, 1545, Dav. 9213, De Mey 310, Schulten
1056   26   III   6100,--
(leichter Schrötlingsfehler)   27   III   4800,--
                                          47   III   4100,--
Reichstaler, Nürnberg, 1712, Dav. 2276,
Bi. 39, 40   25   II-III   2050,--
                                          41   I-II   2850,--
                                          65   III   1325,--

wie vor	75	II	3000,--
Reichstaler, Nürnberg, 1742, Dav. 2278,			
Bi. 58, 59 (Henkel)	33	II	925,--
	41	II	5800,--
	61	I-II	4700,--
(poliert)	65	III	875,--
	102	III	2700,--
Reichstaler, 1746, Dav. 2279, Bi. 64, 65	04	III	1225,--
(poliert)	23	III	775.--
	38	III	800,--
	44	I	3800,--
	47	III	1200,--
(leicht poliert)	48	II	950,--
	62	II/I	3050,--
(Löchlein)	65	III	675,--
(leicht poliert)	86	II	1350,--
	89	II/III	1600,--
(Henkelspur)	89	III	405,--
Taler-Klippe, 1746, Dav. 2279, Bi. 66	70	I	25000,--
Konventionstaler, Nürnberg, 1777, Dav.			
2280, Cr. 7	02	II	1680,--
	23	II/III	1300,--
	38	II	1750,--
	41	I	2800,--
(leichte Kratzer, Randfehler)	65	II/I	1800,--
(leichter Randfehler)	70	I-II	2250,--
	94	I	2225,--
1/2 Reichstaler, Nürnberg, 1746, Berst. 69,			
Bi. 68, 69 (gelocht)	23	III/II	340,--
	25	I-II	1250,--
	27	II-III	1225,--
	44	II-III	950,--
	48	II-III	800,--
(leichter Kratzer)	48	II	1250,--
(leicht poliert)	51	III	405,--
	73	I-II	1050,--
	75	II	1200,--
1/2 Taler-Klippe, 1746, Bi. 70	44	I	12100,--

1/2 Taler, 1777, Cr. 5, Bi. 84	67	I	975,--
(leichter Kratzer)	94	II/I	750,--
1/2 Reichstaler, Nürnberg, 1777, Cr. 5,			
Bi. 86	27	I-II	1250,--
	44	I-II	1250,--
	93	II-III	450,--
	93	I	775,--
1/4 Taler auf die 200-Jahrfeier der			
Reformation, 1717, Bi. 49	31	II	625,--
1/2 Kreuzer auf die Krönung von Karl VI.			
zu Frankfurt, 1712, JuF. 643	89	II	250,--
Händleinsheller, o. J.	99	III	255,--

HAMBURG, Stadt

Hamburg - Prägungen der Stadt

Portugalöser zu 10 Dukaten, o. J.	61	II	21500,--
Bank-Portugalöser auf die 4 Bankstädte,			
1677, Gaed. III, 1609	98	I-II	11000,--
Portugalöser zu 10 Dukaten, o. J., Gaed.			
III, 1614	28	II	8400,--
	70	II	19500,--
	98	I-II	13000,--
Bank-Portugalöser zu 10 Dukaten, 1691,			
Gaed. 1647	02	I-II	9500,--
Bank-Portugalöser zu 10 Dukaten, 1693,			
Gaed. III, 1654	46	I	18500,--
	70	II	28000,--
Bank-Portugalöser auf den Frieden von Huber-			
tusburg, 1763, Gaed. III, 1904	25	I-II	6300,--
	46	II/I	6000,--
Portugalöser zu 10 Dukaten auf das neue			
Jahrhundert, 1801, Gaed. 1986 (leichter			
Randfehler)	98	II	8500,--
Portugaleser zu 10 Dukaten auf die 300-Jahr-			
feier der bürgerlichen Verfassung, 1828,			
Gaed. 2043	98	II	2600,--
Portugaleser zu 10 Dukaten, Geburtstag von			
Friedrich von Schiller, 1859, Gaed. 2104	02	II	2600,--

Portugalöser (J. Lorenz), Diamantenhoch- zeit von Bürgermeister Johann Friedrich von Schröder, 1879, Gaed. 2192	02	PP(I)	4800,--
Portugalöser zu 10 Dukaten auf die Kirche St. Gertrud, 1885	98	II	4000,--
Portugalöser (J. Lorenz) auf die Grund- steinlegung des neuen Rathauses, 1886, Gaed. 2297	02	PP(I)	5200,--
5 Dukaten, o. J., Gaed. 11	02	I-II	7750,--
1/2 Bank-Portugalöser zu 5 Dukaten, o. J., Gaed. 1648 (leichte Fassungsspur)	12	II	3650,--
1/2 Portugalöser zu 5 Dukaten, o. J.	25	I-II	5000,--
	46	II	5100,--
1/2 Gold-Portugaleser zu 5 Dukaten, 1716	28	II	5100,--
1/2 Portugalöser zu 5 Dukaten auf das 100-jährige Jubelfest der Bürgerrache, 1719	02	II	6750,--
1/2 Portugalöser zu 5 Dukaten (P. H. Goedecke), auf die "3 Guten Regeln", o. J., Gaed. II, 23	98	II-III	6000,--
1/2 Portugalöser zu 5 Dukaten auf die Grundsteinlegung der Kleinen St. Michaels- kirche, 1754, Gaed. I, 83, 1 (leichter Randfehler)	98	I-II	7000,--
1/2 Portugalöser zu 5 Dukaten, o. J., Gaed. 1914	15	II-III	2600,--
1/2 Portugalöser zu 5 Dukaten auf die Wiedereröffnung des Handels mit Dänemark, 1836 (leichte Henkelspur, leichte Rand- fehler)	16	III	1150,--
1/2 Portugalöser auf die Stadthauserweite- rung, 1888	52	I-II	900,--
Goldabschlag zu 4 Dukaten von 8 Schilling, 1797, J. vgl. 36 Anm.	98	II	5000,--
1/4 Portugalöser zu 2 1/2 Dukaten, o. J., Fr. 1091, Schulten 1078	61	II	27000,--
1/4 Portugalöser, o. J.	61	II	20500,--

Doppeldukat zur Feier des Westfälischen Friedens, 1649, Fr. 1093	46	II-III	5400,--
2 Dukaten, 1669, Fr. 1095 (leichter Einhieb)	46	I	11500,--
Doppeldukat (2. Stempel), 1674, Fr. 1095	00	III	3500,--
	46	II	4750,--
Doppeldukat, 1810, Fr. 1101, Cr. 54, J. 88	46	I	7750,--
Dukat, 1497, Fr. 1084 var., Schulten 1079 (gewellt)	80	III-IV	1250,--
Dukat, 1497, Fr. 1094, Schulten 1080	25	III	900,--
	89	III	1525,--
	98	II-III	1700,--
1642	07	III	590,--
1652	47	III	900,--
1653	98	II-III	950,--
1655	01	III-IV	800,--
1656	47	III/II	1550,--
1662 (leicht gewellt)	80	III	1250,--
1663	72	I-II	2900,--
(schwache Prägung)	98	II	800,--
Dukat, 1668, Fr. 1096 (leicht gewellt)	46	III/II-III	2800,--
Dukat, 1807, Fr. 1100, Cr. 52, J. 86	88	II	2200,--
Dukat, 1807, Fr. 1100, GDM 5 var.	46	I/II	3500,--
Dukat, 1810, Fr. 1102, Cr. 53, J. 87	46	II/I	2900,--
Dukat, alter Stil, 1818, Fr. 1103, Cr. 55, J. 89	80	II	2400,--
1820	67	II-III	2200,--
1830 (leichte Kratzer)	46	I	2500,--
1831 (leichte Kratzer)	82	I-II	1400,--
1834	80	I-II	2250,--
Dukat, 1836, Fr. 1103, Cr. 56, J. 90	91	II	1225,--
1837	80	I-II	2300,--
1842 (leichte Kratzer)	46	I	1550,--
Dukat, 1844, Fr. 1103, Cr. 56, J. 91	94	I-II	1925,--
1850 (leichte Kratzer)	46	I	1400,--

Dukat, neuer Stil, 1852, Fr. 1104, Cr. 56,			
J. 92	46	II/I	1300,--
1853 (leichter Kratzer)	23	II	1000,--
	80	II	1750,--
Dukat, ohne Münzzeichen in der Muschel,			
1854, Fr. 1104, Cr. 56 a, J. 93 a (Kratzer,			
Henkelspur)	39	III	320,--
1856	94	I-II	1125,--
1861	67	I-II	1150,--
1862	61	II	1150,--
1863 (leichte Kratzer)	82	I	600,--
1864	44	II	1250,--
1865	46	I	1300,--
	60	III/II	725,--
1867 (geknickt)	37	III	250,--
	73	II	650,--
Dukat, 1869, Fr. 1104, Cr. 56 a, J. 93 b			
(leichter Kratzer)	23	I-II	625,--
	41	I-II	925,--
	48	II	1000,--
	61	II	1250,--
1870 (leichter Randfehler)	35	II	750,--
	46	I	1250,--
(leichter Randfehler)	80	II	900,--
	98	III	725,--
(leichte Randfehler, Kratzer)	102	II/I-II	675,--
1871	15	II	750,--
	25	I-II	750,--
	73	II	650,--
1872	35	II	750,--
	38	III	350,--
(leichte Feilspur)	56	II	625,--
	57	II-III	600,--
	82	II/III	625,--
Dukat auf die Eltern-und Kinderliebe,			
o. J.	47	II	500,--
Dukat auf die Eltern-und Kinderliebe, o. J.	47	I	1000,--

Goldabschlag vom Sechsling, 1807, J. 30 b

Anm. (poliert)	56	III	290,--
(Fassungsspuren)	57	II-III	250,--
(leicht poliert)	80	II	370,--

Goldabschlag vom Sechsling (= 1/3 Dukat),
1823, J. zu 44 (leichter Schrötlings-

fehler)	41	I-II	1000,--
(Randfehler)	73	II-III	485,--
Goldabschlag vom Dreiling, 1807, J. 29 b	02	II-III	1000,--

Hamburg - Prägungen mit Namen oder Kopf
des Kaisers

Goldgulden, o. J., Fr. 1106, Schulten

1081	15	III-IV	1400,--
	46	III	2600,--
	46	III	2100,--
(leichter Knick)	88	III-IV	1250,--
Goldgulden, 1600, Fr. 1111	46	II-III	6500,--
Goldgulden, 1637	46	II	16000,--
2 1/2 Dukaten, o. J., Fr. 1119	46	III/II	27250,--
Doppeldukat, o. J., Fr. 1115	46	I	7750,--
Dukat, 1692, Fr. 1115 a (gelocht, gewellt)	05	IV/III	400,--
(gewellt)	23	III/IV	1000,--
	46	I	3700,--
(Henkelspur)	68	III	900,--
(poliert)	73	III	1275,--
Dukat, 1694, Fr. 1120	35	III	2300,--
Dukat, 1707, Fr. 1124 (Henkelspur)	15	III	440,--
Doppeldukat, 1717, Fr. 1126 (Knick)	46	II-III	5000,--
Doppeldukat, 1726, Fr. 1126	01	II-III	3400,--
1734	46	I	4750,--
Doppeldukat, 1725, Fr. 1126, J. 61	46	II	9750,--
1727 (leichter Randfehler)	12	III/II	2400,--
Dukat, 1713, Fr. 1127	46	I	4750,--
Dukat, 1730, Fr. 1127	46	I	3500,--
Dukat, 1731, Fr. 1127, J. 60 b (Henkelspur)	15	II	625,--
Dukat, 1733, Fr. 1127, J. 62	66	II	2050,--
(leicht gewellt)	97	II	1550,--
1734	46	I	3300,--

wie vor (gewellt)	56	III	775,--
1735 (gewellt)	47	III	1000,--
1740 (leicht gewellt)	65	III	1725,--
1/4 Dukat, 1729, Fr. 1125, J. 59	35	II	1900,--
Doppeldukat, 1750, Fr. 1130, Cr. 42	46	I	8000,--
1757	98	I-II	3000,--
Doppeldukat, 1755, Fr. 1130	46	II-III	4250,--
1760	46	I	7000,--
Dukat, 1752, Fr. 1131, Cr. 41, J. 68 a	41	II	1925,--
1757	12	III	1000,--
	46	I	3300,--
1758	48	II	2150,--
Doppeldukat, 1668, Fr. 1132, Cr. 44, J. 77 a	46	I	6250,--
Dukat, 1766, Fr. 1133, Cr. 43, J. 76	46	II	2300,--
1769	85	II-III	1800,--
Doppeldukat, 1780, Fr. 1134, Cr. 46, J. 79	02	III	3600,--
1787	35	II-III	2250,--
(leicht schwache Prägung)	87	II-III	2300,--
Dukat, 1773, Fr. 1135, Cr. 45, J. 78	46	I	3100,--
1779	25	I-II	1900,--
	73	II	1700,--
1780	12	III/II	1225,--
	44	II	2300,--
	89	III	925,--
1782 (Stempelfehler)	60	IV	600,--
4 Dukaten (8 Schilling - Goldabschlag), 1797, Fr. 1138, Cr. 51, J. 36 Anm.	70	II	8900,--
Doppeldukat, 1794, Fr. 1139, Cr. 50, J. 85 (Feilspur)	15	III	950,--
1798	02	II-III	3100,--
1800	67	III	3600,--
1806	46	I	5500,--
Dukat, 1804, Fr. 1140, Cr. 49, J. 84	46	II	2200,--
1805	25	II	1540,--
Hohler Blaffert (2 Pfennig) nach dem Rezess von 1439, o. J.	56	III	265,--

Hohler Blaffert, o. J., Jesse 280	35	III	300,--
Viertelwitten nach dem Rezess von 1387,			
o. J., Jesse 381	15	III-IV	325,--
	80	III-IV	340,--
Dicker, breiter 4-facher Taler, o. J.	12	III	2350,--
Doppelschautaler auf die Geburt und Taufe			
Christi, o. J. (vergoldet)	55	III	750,--
Doppelschautaler, o. J.	32	II	850,--
	73	IV	250,--
Doppelter Hochzeitstaler, o. J.	31	III	1400,--
	66	III	975,--
Doppelter Hochzeitstaler, o. J.	84	III-IV	750,--
Doppeltaler auf die Ehe, o. J.	45	II-III	1300,--
Doppelter Hochzeitstaler, o. J.	56	III	1050,--
Doppelter Schautaler, o. J. (poliert)	07	III	460,--
Doppeltaler auf die Ehe, o. J.	31	III	825,--
	48	II-III	1750,--
Doppelter Hochzeitstaler, o. J.	31	III	1850,--
	41	II-III	1825,--
1 1/2-facher Tauftaler, o. J.	54	III	700,--
1 1/2-facher Hochzeitstaler, o. J.	39	III	775,--
1 1/2-facher Hochzeitstaler, o. J., Gaed.			
1597	41	II	2550,--
Hochzeitstaler, o. J., Gaed. 1526	47	III	1050,--
Schautaler, o. J., Gaed. 1527 (leichte			
Henkelspur)	46	II-III	1100,--
	35	III	675,--
Hochzeitstaler, o. J.	22	II-III	1025,--
Freundschaftstaler, o. J. (leichte Henkelspur)	31	III	675,--
1/2 Taler, o. J., Gaed. 1585	26	III	450,--
	51	III	800,--
1/4 Schautaler, o. J., Gaed. 1531	97	III	470,--
1/4 Christfest-Taler, o. J.	56	III	360,--
Silber-Bank-Portugaleser, 1653, Gaed. 1567			
(Kratzer)	46	I	5500,--
Silber-Bank-Portugaleser, 1665, Gaed. 1573	57	II	1225,--
Silber-Bank-Portugalöser, 1667	01	III	650,--

Silber-Gluckhennen-Portugalöser, o. J.			
(Randfehler)	56	III	300,--
(leichte Randfehler)	57	II-III	230,--
Silber-Bank-Portugalöser, 1732	15	II-III	725,--
Silber-Bank-Portugalöser auf den Frieden			
von Hubertusburg, 1763 (leichte Kratzer)	46	I	1500,--
Breiter Doppeltaler, o. J.	46	II-III	7000,--
Taler, o. J.	70	III	2050,--
Taler, 1553, De Mey 312, Schulten 1087	46	III	4600,--
Taler, 1553, Dav. 9216, Schulten 1087 Anm.	46	III	10500,--
Taler, 1553, Dav. 9217, De Mey 315, Schulten			
1087 (leichter Schrötlingsfehler)	05	III	850,--
	07	II-III	1100,--
	31	III	850,--
	36	IV	370,--
	37	IV	500,--
(leichter Kratzer)	44	III	850,--
	46	II	3300,--
(leichter Schrötlingsfehler)	47	III	800,--
	48	III-IV	575,--
	52	IV/III	875,--
(leichter Kratzer)	63	III	1450,--
(Schrötlingsfehler)	66	III	525,--
	67	III-IV	600,--
	73	III	800,--
(Kratzer, leicht poliert)	73	III	575,--
1566	35	III-IV	1000,--
Taler zu 32 Schilling, 1572, Dav. 9218, De			
Mey 316 (Fundexemplar)	15	III	2350,--
	33	III	925,--
(gelocht)	56	III	1025,--
Taler zu 32 Schilling, 1584, Dav. 9221,			
De Mey 319 (leichte Randfehler)	79	II-III	750,--
Taler zu 32 Schilling, 1586, Dav. 9223, De			
Mey 317 (Schrötlingsfehler)	33	III	650,--
1588 (Rand korrodiert)	00	III	625,--
	27	III	725,--
	62	IV/III	550,--

Zwitter-Taler zu 32 Schilling, 1588, Dav.

9224, De Mey 324	35	III	850,--
Reichstaler zu 32 Schilling, 1589, Dav. 9226,			
De Mey 326	35	III	850,--
(Fundexemplar)	80	III	1000,--
Zwitter-Reichstaler zu 32 Schilling, 606/606,			
Dav. 5359	33	III	800,--
607/607	56	III	900,--
Reichstaler zu 32 Schilling, 1610, Dav.			
5360	39	III	625,--
1611	01	III	575,--
	86	III	725,--
	88	III	925,--
Taler zu 32 Schilling, 1610, Dav. 5360 B	02	II	1300,--
	46	III	1000,--
Taler zu 32 Schilling, o. J., Dav. 5361	33	III	950,--
Taler zu 32 Schilling, 1619, Dav. 5363			
(Schrötlingsfehler)	15	III	410,--
	35	III	1250,--
Taler zu 32 Schilling, 1620, Dav. 5364	11	III-IV	400,--
	31	III	460,--
	35	III	500,--
	56	III-IV	500,--
(Kratzer)	80	IV	260,--
1621 (Fundstück)	04	III	450,--
	07	III-IV	300,--
(Fleck)	67	III	345,--
(leicht dezentriert)	73	III	300,--
	55	III	360,--
	88	III	360,--
(Fundstück)	96	III	385,--
Taler zu 32 Schilling, 1621, Dav. 5365	02	III	500,--
	93	II	1400,--
1623	47	III	525,--
(Zainende)	32	III	340,--
	68	III	380,--
	86	III	625,--
	98	III	400,--

wie vor	102	III/IV	400,--
1624 (Fundexemplar)	06	III-IV	315,--
1629 (leichter Randfehler)	15	III	600,--
1630 (Randfehler)	05	III	500,--
(leichter Randfehler)	35	III	625,--
	56	III	610,--
	88	III	455,--
1631	33	III	380,--
1636	04	II-III	600,--
(Sammlerzeichen)	91	III	360,--
16?	03	III	260,--
Taler zu 32 Schilling, 1636, Dav. 5365	07	III	800,--
	33	III	355,--
	33	II-III	525,--
	43	III	490,--
	88	III	500,--
Taler zu 32 Schilling, 1637, Dav. 5366			
(leicht schwache Prägung)	35	III	700,--
	33	III	370,--
1638	33	III	400,--
1640	56	III-IV	825,--
1644 (leichter Randfehler)	15	III-IV	1000,--
1645 (Henkelspur)	43	III	340,--
Reichstaler zu 32 Schilling, 1643, Dav. 5367	33	III	575,--
1645	35	III	1600,--
(Schrötlingsfehler)	33	II	575,--
1648	33	III	575,--
Breiter Taler zu 32 Schilling, 1673, Dav. 5368	35	III	1700,--
	46	III	1800,--
Taler, 1694, Dav. 5374	01	III	725,--
	06	III	420,--
	07	II-III	625,--
(Doppelschlag)	31	II/III	800,--
	35	III-IV	575,--
	46	II	2100,--
	47	III	700,--
	48	II-III	800,--

wie vor	48	III	550,--
(Henkelspur)	33	II-III	600,--
(Fundexemplar)	56	III	625,--
	68	III	875,--
	80	III	780,--
	80	III	650,--
	88	II	1025,--
Taler zum 200-jährigen Reformationsjubiläum,			
1717, Dav. 2281	46	I	6000,--
Taler zur 200-Jahrfeier der Augsburger			
Konfession, 1730, Dav. 2282, J. 52	07	II-III	625,--
	15	III	600,--
	23	III	480,--
(leichte Schrötlingsfehler)	31	II	750,--
	33	III	360,--
	35	II-III	775,--
	37	III/II	575,--
(Schrötlingsfehler)	41	II	725,--
	46	I	2800,--
	47	II	900,--
	54	II-III	675,--
	70	I	5600,--
	71	I-II	1100,--
(leichter Randfehler)	73	II	825,--
	80	II-III	925,--
(leichter Randfehler)	88	II-III	850,--
	100	III	525,--
	102	II/III	770,--
Taler, 1735, Dav. 2283, J. 53	04	III	500,--
	07	III	575,--
	15	III	600,--
(leichte Randfehler)	23	III	480,--
(leichte Randfehler)	23	III	480,--
	39	III	420,--
	43	III	430,--
	46	II	1500,--
	56	III	575,--
	70	I	1675,--

wie vor	80	III	650,--
	87	III	550,--
(Feilspur)	88	III	450,--
Reichstaler auf die 100-Jahrfeier des			
Westfälischen Friedens, 1748, Dav. 2284,			
J. 54	00	III	400,--
	03	II-III	650,--
	15	III	650,--
	33	III	400,--
	33	III	325,--
(leichter Randfehler)	35	II	1050,--
	46	II	1600,--
	56	III	850,--
	70	II	1100,--
	79	II	1150,--
	102	III/II	720,--
Speciestaler zu 48 Schilling, 1761, Dav.			
2285, Cr. 48, J. 58	56	II-III	700,--
	88	II-III	450,--
1763	35	III	525,--
	45	II	700,--
	33	III	275,--
	33	III-IV	225,--
	33	III	400,--
	97	III/II	650,--
1764	15	III	575,--
	35	III	525,--
	47	III	440,--
(Schrötlingsfehler)	33	III	330,--
	56	II-III	700,--
(Schrötlingsriß)	74	III/II	370,--
	78	III	340,--
	97	III/II	500,--
(leicht justiert)	102	III	385,--
2/3 Taler (= 2 Mark zu 32 Schilling), 1679			
(Randfehler, neu patin.)	07	III	775,--
	35	III	1050,--
	46	II-III	1900,--

wie vor, o. J.	43	III-IV	450,--
	80	III-IV	1550,--
2 Mark = 32 Schilling, 1694, Gaed. 627	80	III	1400,--
	98	II-III	725,--
32 Schilling (2 Mark), 1726, J. 9 (Zainende)	56	III	240,--
	80	III	280,--
(porös)	101	III	225,--
1727	04	III	225,--
	35	III	300,--
	56	III	340,--
32 Schilling, 1731, J. 13 a	20	III	225,--
	35	II-III	430,--
	56	III	400,--
	80	III	335,--
	97	II/I	250,--
1733	35	III-IV	220,--
32 Schilling, 1751, Cr. 30, J. 21	100	II	270,--
32 Schilling = 2 Mark, 1752, Cr. 30, J. 22 a	03	III/II	200,--
1755	15	III	325,--
	56	III	325,--
(leichter Randfehler)	80	III	310,--
	102	III	240,--
1757	17	III/II	220,--
	35	II	300,--
	41	II	240,--
1758	35	II	275,--
	35	III	200,--
	88	III	215,--
1759	15	III	325,--
	56	III	340,--
	85	II-III	260,--
32 Schilling, 1751, Cr. 30, J. 22 b	32	III	225,--
1761 (aus 1759)	56	III	525,--
32 Schilling, 1762, Cr. 30, J. 23	35	III	260,--
	88	III	250,--
32 Schilling, 1788, Cr. 33, J. 33	15	III	400,--
	35	III	425,--
1789	80	III	200,--

32 Schilling, 1795, J. 37, Cr. 35	01	II	270,--
	48	II	240,--
1796	47	II	210,--
32 Schilling, 1808, Dav. 657, Cr. 39, J. 38	20	II-III	200,--
	41	I-II	310,--
	45	I	205,--
	51	I-II	490,--
	54	II	210,--
	56	III	200,--
	68	II	350,--
	94	I-II	360,--
32 Schilling (2 Mark), 1809, Cr. 39 a, J.			
39 a	07	II-III	200,--
	45	I-II	200,--
	51	I-II	200,--
	62	II	200,--
	67	I-II	230,--
32 Schilling "Franzosendoppelmark", 1809,			
Cr. 39 a, J. 39 b	09	I-II	215,--
	65	III	200,--
1 Mark (16 Schilling) im wend. Münzver., 1506,			
Schulten 1090	15	IV	1100,--
	39	III	1050,--
	68	III-IV	1650,--
	70	III	1900,--
	88	IV	525,--
Mark, 1506, Schulten 1090	46	III	4750,--
1/2 Taler, 1553, Schulten 1088	43	III	900,--
1/2 Taler zu 16 Schilling, o. J.	46	III	1750,--
1/2 Taler zu 16 Schilling (Jacob Schmidt),			
1582	88	III	1250,--
1/2 Taler zu 16 Schilling, 1586	07	IV	600,--
1589 (korrodiert)	48	IV	270,--
1/2 Taler zu 16 Schilling, 1621	01	III-IV	335,--
	07	III	800,--
	47	IV/III	280,--
	88	III	1025,--

1/2 Taler zu 16 Schilling, 1621, Gaed.			
II, 558 ff.	02	II-III	1500,--
	19	III	395,--
1623	35	III	575,--
1/2 Taler zu 16 Schilling, Stadtgeld, 1672,			
Gaed. 685	46	I	12500,--
1/2 Reichstaler, 200-Jahrfeier der Reforma-			
tion, 1717, Gaed. III, 1751	46	I	4250,--
16 Schilling, 1726, J. 8	88	III	205,--
	96	II	255,--
1727	43	III	280,--
1 Mark (16 Schilling), 1731, J. 12	97	II/I	205,--
16 Schilling, 1762, J. 26 a	15	III-IV	300,--
	29	III-IV	295,--
	56	III-IV	300,--
	80	III-IV	230,--
16 Schilling, 1764, Cr. 25, J. 26 b	15	III-IV	310,--
Prämien-1/2 Taler der St. Johannis-Schule,			
1639, Gaed. 1556 (leichter Doppelschlag)	71	II-III	450,--
Prämien-1/2 Taler der St. Johannis-Schule,			
o. J., Gaed. 1558	71	I-II	780,--
1/4 Taler zu 8 Schilling, 1589, Gaed. 594-597			
(korrodiertes Fundexemplar)	35	III	660,--
1/4 Taler zu 8 Schilling, o. J., Gaed. 600,			
601	07	III	1150,--
(Randausbruch)	56	III	750,--
1/4 Taler zu 8 Schilling, 1622 (Schrötlings-			
fehler)	20	III	400,--
	56	III	525,--
1/4 Taler, o. J., Gaed. II, 612	46	II	1900,--
1/2 Mark = 8 Schilling, Stadtgeld, 1672,			
Gaed. 708	46	II	1250,--
8 Schilling, 1738, J. 11	97	I	200,--
1/2 Mark = 8 Schilling, 1797, Cr. 21, J. 35	62	I-II	380,--
Prämien-1/4 Taler der St. Johannis-Schule,			
o. J., Gaed. 1559	71	I-II	600,--
1/8 Taler (4 Schilling), 1622, Gaed. II, 614-			
621	35	IV	300,--

wie vor (gewellt)	56	III-IV	300,--
	88	III-IV	315,--
1/8 Taler zu 6 Schilling, 1762, Cr. 17, J.			
55 a	14	III	600,--
	88	II-III	775,--
4 Schilling, 1669, Gaed. 730 ff.	56	III	425,--
	88	III	235,--
Doppel-Schilling, o. J., Schulten 1097	44	III	270,--
Zwitter-Doppel-Schilling, 1595/1596	88	III	270,--
Schilling, nach dem Rezess von 1432/33, o. J.,			
Jesse 506, Gaed. 894 ff.	12	III	210,--
Schilling,nach dem Rezess von 1432/33, o. J.,			
Jesse 508	35	III	360,--
Schilling, o. J., Schulten 1103, Jesse 521	88	II-III	235,--
Feinsilber-Schilling, o. J., Gaed. 962 (leich-			
ter Randfehler)	15	III	600,--
Sechsling, 1593, Gaed. 1042-1052	88	IV	260,--
Dreiling, o. J., Schulten 1109, Jesse 529	80	III-IV	210,--
Zwitter-Dreiling, 1594, Gaed. 1181	88	III-IV	410,--
Pfennig, 1558, Schulten 1112, Jesse vgl.			
665	88	III-IV	425,--
Einseitiger Pfennig (NSP = Niedersächsischer			
Stadtpfennig), o. J., Gaed. 1408	88	III-IV	450,--
Kupfer-Scherf, 1589, Gaed. 1246, 47	88	III	420,--
HAMELN, Stadt			
Taler, 1544, Dav. 9229, De Mey 332, Schulten			
1115	47	III	6200,--
Taler, 1555, Dav. 9230, De Mey 333, Schulten			
1115 (Randfehler)	55	III-IV	2650,--
Taler, 1558, Dav. 9233, De Mey 335 a	47	III	4600,--
XII Mariengroschen, 1672	06	III	330,--
	19	III	320,--
VI Mariengroschen, 1669	86	III	260,--
Mariengroschen, 1550, Schulten 1122 (leichter			
Randriß)	55	III	210,--
VI Mariengroschen, 1669	01	III	245,--
	47	III	230,--

wie vor, 1672	51	III	270,--
Fürstengroschen, o. J., Schulten 1121			
(korrodiert)	75	III	305,--
Groschen, 1574	55	III	220,--

HAMMERSTEIN

Turnose, o. J.	66	II/III	1500,--

HANAU-LICHTENBERG

Philipp V., 1570-1599

Taler, 1596, Dav. 9242	10	III	31000,--

Johann Reinhard I., 1599-1625

Taler, 1624, Dav. 6696 (leicht poliert)	10	III	4600,--
Teston, 1609	10	III	375,--
Teston, 1609, De Mey 26	16	II	350,--
	20	II-III	360,--
	73	III	400,--
	89	III	340,--
	89	III	330,--
1610	20	II-III	380,--
	26	II	550,--
	44	II-III	430,--
	47	II/I	725,--
1613	47	II	725,--
Teston, o. J.	10	III	240,--
	10	III	240,--
	10	III	250,--
	10	III	300,--
	47	II	380,--
	52	III-IV	215,--
	100	III-IV	285,--
Kipper-Teston, o. J., EuL. 55	37	III	250,--
	67	II-III	340,--
Teston, o. J.	41	II-III	600,--
Kipper-12 Kreuzer, 1620, EuL. 69	31	III	270,--
XII Kreuzer, 1625, De Mey 30	20	III	255,--
Silber-Klippe vom Groschen-Stempel, Wörth			
a. d. Sauer, 1602, EuL. vgl. 110	35	IV	2400,--

wie vor	93	II-III	660,--
Taler, 1622, Dav. 6688 (Schrötlingsfehler)	41	III	350,--
(Broschierungsspur)	51	III	400,--
	86	III	360,--
1624	71	III	320,--
Philipp Moritz, 1612-1638			
Dicken, 1622 (Zainende)	31	III/II	400,--
Friedrich Kasimir von Hanau-Lichtenberg,			
1642-1685			
Gulden zu 60 Kreuzer, 1675, EuL. 144	31	III	400,--
	89	III	405,--
Philipp Reinhard, 1685-1712			
60 Kreuzer, 1694, EuL. 205 (Zainende)	47	III	550,--
HANNOVER, Stadt			
Taler, 1624, Dav. 5388	79	III	2800,--
Taler, 1670, Dav. 5399 (Randfehler)	47	III/II	4900,--
"Schützen-Taler", (ohne Kurswert), 1872,			
Dav. 986, J. 100 IV	19	I-II	200,--
	23	II	230,--
(Randfehler)	28	PPb	360,--
	32	II/I	200,--
	41	I-II	250,--
(Kratzer)	49	I-II	210,--
	62	I-II	220,--
	73	I-II	330,--
	74	I-II	240,--
	67	PPb	235,--
	67	I-II	210,--
	94	I-II	290,--
XII Mariengroschen, 1669, Kny. 5149	01	II	400,--
1670	67	II-III	225,--
XII Mariengroschen, 1671, Kni. 5122, Kny.			
5141	26	II-III	270,--
	70	III	280,--
VI Mariengroschen, 1774, Kny. 5152	87	III	1225,--
Mariengroschen, 1538, Schulten 1132	55	II-III	200,--

Friedrich Kasimir, 1641-1685

Gulden zu 60 Kreuzer, o. J.	100	III	775,--
	100	II	800,--
Gulden zu 60 Kreuzer, o. J., De Mey 56			
(leichtes Zainende)	55	III	365,--
Gulden zu 60 Kreuzer, o. J.	67	III-IV	255,--
(leichte Kratzer)	86	III-IV	320,--
	100	III	575,--
Gulden zu 60 Kreuzer, 1672, De Mey 67			
(Einhieb)	04	III	300,--
(korrodiert)	73	III-IV	250,--
1673	15	II-III	410,--
	100	III	400,--
Gulden zu 60 Kreuzer, 1674, EuL. 141	01	III-IV	280,--
(leichtes Zainende)	100	II-III	450,--
Gulden zu 60 Kreuzer, 1680, EuL. 143-146			
(aus 1676, Randfehler)	55	III	650,--
	100	III	850,--
	100	III	600,--

Philipp Reinhard, 1685-1712
1 1/2 Schautaler auf seine Vermählung mit
Charlotte Wilhelmine von Sachsen-Saalfeld,

o. J., EuL. 222	10	III	1950,--
Gulden zu 60 Kreuzer, 1693, EuL. 203 ff.	10	III	340,--
Gulden zu 60 Kreuzer, 1693	55	III	600,--
1695	97	III	550,--
VI Albus (= 3 Batzen), 1693, De Mey 76, EuL.			
211, 212	51	I-II	360,--

HANAU-MÜNZENBERG

Katharina Belgica, Vormund für Philipp
Moritz, 1612-1626

Taler, 1622, Dav. 6686 (Randfehler)	55	II-III	700,--
1623	11	III	400,--
	28	III	700,--
	47	III	480,--
(Henkelspur?)	52	III	420,--
	52	III-IV	420,--

HARZ

Doppelter Tauftaler, o. J., Kny. 7295	05	III	1250,--
	39	I	1600,--
	47	III/II	1450,--
μ	85	III	975,--
	87	II-III	1200,--
1 1/2 Tauftaler, o. J., Kny. vgl. 7295	89	II	800,--
Tauftaler, Zellerfeld, 1703, Kny. 7296	14	II	600,--
	75	III	525,--
1705	54	II-III	625,--
o. J.	09	III	335,--
Tauftaler, Zellerfeld, 1711, Kni. 3906	31	III	470,--
	67	II-III	410,--
	85	II-III	500,--
1715	68	II-III	725,--
1716	14	III	360,--
Tauftaler, Zellerfeld, 1721	86	III	330,--
Tauftaler, o. J.	33	III	375,--
	54	II	725,--
	67	III	390,--
(Schrötlingsfehler)	98	I-II	625,--
Tauftaler, 1723, Kni. 3900	21	II-III	550,--
	79	II-III	450,--
o. J.	19	II-III	500,--
	97	III	325,--
(leicht poliert)	99	III	250,--
Tauftaler, Zellerfeld, 1741, Dav. 2935, Kni. 3909	36	III/II	415,--
	38	III	350,--
	75	III	550,--
1742	60	III/IV	340,--
1751	16	III/IV	375,--
	57	III-IV	300,--
1753	16	III	525,--
	21	II	650,--
Breiter Tauftaler, o. J.	55	III	725,--

HATZFELD i. Hessen

Sebastian II., 1677-1708

Groschen, Niederstetten, o. J. (Randfehler)   98   III   290,--

HEILBRONN, Stadt

Silberabschlag vom Doppeldukat auf die

200-Jahrfeier des Gymnasiums, 1820, Bi. 11   85   II   370,--

Pfennig, o. J.   67   II-III   455,--

HERFORD/Westf., Abtei

Anna von Limburg, Äbtissin, 1520-1565

Mariengroschen, o. J., Schulten 1184   22   IV/III   500,--

Margaretha von Lippe, 1565-1578

Mariengroschen, Gemeinschaftsprägung

mit der Stadt Herford, o. J., Cappe 42   55   III   380,--

HERFORD, Stadt

Taler, 1552, Dav. 9263   41   II   2600,--

HESSEN, vor der Teilung, Landgrafschaft

Hermann der Gelehrte, 1376-1413

1/2 Groschen, o. J., Hoffm. vgl. 45   55   III   1025,--

Ludwig II., 1413-1458

Kronichter Groschen, o. J., Hoffm. 58   55   III   260,--

Kronichter Groschen, o. J. (Randfehler)   31   III   550,--

Ludwig III., 1458-1471

Horngroschen, 1467, Hoffm. 5868 (Randfehler) 31   III   675,--

Heinrich III. der Reiche zu Marburg, 1458-1483

Horngroschen, Marburg, 1468, Hoffm. 113   31   III   1550,--

Wilhelm I., 1483-1493

Schildiger Groschen, o. J., Schulten 1201

var.   31   III   450,--

1/2 Petersgroschen, Kassel, o. J., Schulten

1204   31   III   420,--

Hohlpfennig, o. J., Schulten 1206   10   III   330,--

                                              89   II   675,--

Wilhelm II., 1485-1509

1/4 Guldener, 1502, Schulten 1214   15   III/IV   475,--

wie vor	28	III	3300,--
(leichte Henkelspur)	31	III	2875,--
	55	III-IV	2600,--
Albus, o. J., Schulten 1216	31	III	600,--
Albus, 1502, Schulten 1217 var.	31	III	650,--
	39	III	475,--
	55	II	850,--
Albus, 1504, Schulten 1218	31	III	825,--
1505	55	III	700,--
Einseitiger Heller, o. J., Schulten 1222	67	II-III	315,--
Philipp I., unter Regentschaft seiner Mutter			
Anna, 1509-1518			
Albus, 1510, Schulten 1239	31	III	420,--
Philipp der Großmütige, allein, 1518-1567			
Taler, 1537, Dav. 9269, Schulten 1229, De			
Mey 365	31	III	9200,--
Spruchtaler, Kassel, 1552, Dav. 9271,			
Schulten 1230, De Mey 369 (Sammleranfertigung)	25	III-IV	400,--
	31	II/III	5200,--
	47	III	6700,--
	85	II-III	6600,--
Zwitter-Taler, Kassel, 1564, Dav. 9273 A,			
De Mey 373	31	III	4000,--
1/4 Taler, 1564, Hoffm. 405	73	III-IV	1200,--
Albus, 1514, Hoffm. 273	31	III	490,--
Albus = Spruchgroschen, 1564, Hoffm. 407	31	III	330,--
HESSEN-DARMSTADT, Großherzogtum			
Ludwig V. der Getreue, 1596-1626			
Taler, 1623, Dav. 6796 (leichter Stempelfehler)	04	III	950,--
(Randfehler, Schrötlingsfehler)	19	III	450,--
	73	III	625,--
1/4 Taler, 1619	100	III	3000,--
Ludwig VI., 1661-1678			
Gulden zu 60 Kreuzer, 1674 (Schrötlingsfehler)	41	III	430,--
(Schrötlingsfehler)	47	III	400,--
	55	III	625,--

Ernst Ludwig, 1678-1739
Karolin oder Ernst d'or zu 10 Gulden, 1733,

Fr. 1264	31	III	2100,--
(Schrötlingsfehler)	71	III	1400,--
	73	III	1100,--
(Schrötlingsfehler)	73	III-IV	800,--
	97	III	2100,--
	98	III	1650,--
1/2 Karolin, 1733, Fr. 1265 (Henkel)	39	III	850,--
Eisen-Probeschlag der Vorderseite vom Taler,			
1696	66	II	525,--
Itter-Ausbeutetaler, 1714, Dav. 2315, Hoffm.			
3577 f.	28	II-III	2700,--
	31	III	3100,--
(poliert)	48	III-IV	1100,--
	62	III/II	4000,--
(leichte Randfehler, Kratzer)	82	III	2500,--
	94	II-III	3250,--
(leichter Kratzer)	98	II-III	3750,--
Reichstaler auf die 200-Jahrfeier der			
Reformation, 1717, Dav. 2317, Hoffm. 3590	04	II-III	2000,--
(Kratzer)	51	III	1050,--
XII Kreuzer, 1705, Hoffm. 3547 ff. (Zainende)	31	I	260,--
Doppelgroschen auf die 200-Jahrfeier der			
Reformation, 1717, Hoffm. 3604	06	II	210,--
Ludwig VIII., 1739-1768			
Dukat, 1746, Fr. 1273, Cr. 51	61	I-II	5900,--
1755	01	I	5800,--
Dukat, o. J., Fr. 1278, Cr. 57	00	II-III	4100,--
Dukat "Jagd-Dukat", o. J., Fr. 1283	44	II	4000,--
Silberabschlag vom Dukat - Jagdprämie, o. J.,			
Fr. vgl. 1277 (leichte Feilspur)	52	III	200,--
Silberabschlag vom Dukat, o. J., Fr. vgl.			
1283	54	II	315,--
Taler, 1764, Dav. 2327, Cr. 40	19	III	2400,--
Kupfer-Probe vom Taler, 1765, Dav. vgl. 2329			
(Randfehler)	28	II-III	925,--
2/3 Rechnungstaler "Hirschgulden", o. J.	07	III-IV	675,--

30 Kreuzer, 1759, Cr. 27 (leicht justiert)	73	III	2150,--
V Kreuzer, 1765, Cr. 16	55	III-IV	205,--
4 Kreuzer, 1748, Hoffm. vgl. 3748	98	I-II	445,--
Ludwig IX., 1768-1790			
Reichstaler, 1772, Dav. 2335, Cr. 83	89	III	775,--
	89	IV/III	420,--
Taler, 1772, Dav. 2335 C	19	II	2400,--
Ludwig X., 1790-1830			
10 Gulden, 1826, Fr. 1285, Cr. 126, J. 60			
(leichte Randfehler)	27	I-II	7000,--
1827	44	II	5200,--
Konventionstaler, 1809, Dav. 698, Cr. 123,			
J. 12 a	00	II-III	1500,--
	41	I-II	2400,--
	46	II-III	1500,--
	68	III	775,--
	67	I-II	3900,--
Kupfer-Hohlabschlag vom Taler, 1809, J. zu			
12 a	19	II	360,--
Kronentaler, 1819, Dav. 699, Cr. 124, J. 27			
(Kratzer, Randfehler)	06	III	750,--
	41	II-III	1150,--
	68	II-III	1850,--
	67	II	2050,--
	97	III	1500,--
Kronentaler, 1825, Dav. 700, Cr. 125, J. 28			
(leichter Schrötlingsfehler)	04	II-III	600,--
	27	II	1300,--
	36	III/IV	385,--
	41	I	1650,--
	52	III	600,--
(leichter Randfehler)	68	II-III	950,--
(leichter Randfehler)	74	II/I	1775,--
	67	I-II	2000,--
	85	III-IV	275,--
20 Kreuzer, 1808, Cr. 122, J. 11 a	47	I	950,--
(justiert)	74	II	340,--
1809	47	II/III	480,--

wie vor	67	II	260,--
20 Kreuzer, 1808, Cr. 122	46	II	500,--
20 Kreuzer, 1809, J. 11 c	67	II	500,--
10 Kreuzer, 1808, Cr. 121, J. 9	20	II	205,--
	41	I-II	350,--
	47	I	775,--
	49	II-III	345,--
	67	I-II	370,--
5 Kreuzer, 1807, Cr. 118, J. 7 b	55	II-III	280,--
	94	I	550,--
5 Kreuzer, 1808, Cr. 119, J. 8 a	67	I-II	700,--

HESSEN-HANAU-MÜNZENBERG

Wilhelm VIII., 1736-1760

Dukat, 1737, Fr. 1148 (Fassungsspur, poliert)	27	III-IV	1000,--
Dukat, 1739, Hoffm. 4914 (gewellt)	47	II/III	5600,--
Kreuzer, 1738, Hoffm. 6320	72	II	850,--
Kreuzer, 1739, Hoffm. 2181	72	II	1050,--

Maria von Hessen-Kassel, Vormünderin für ihren Sohn Wilhelm, 1760-1764

1/2 Taler, 1763, Cr. 14	73	III	1050,--
	88	III	1450,--

Wilhelm IX. von Hessen-Kassel, 1760-1785

Dukat auf seine Vermählung mit Wilhelmine Caroline von Dänemark, 1764, Fr. 1149, Cr. 42	73	I-II	5450,--
Bieberer Ausbeutetaler, 1770, Dav. 2288, Cr. 40	36	IV/III	450,--
1771	27	II-III	875,--
	51	III-IV	380,--
	70	I	3000,--
	71	IV	210,--
?	93	III	400,--
Bieberer Ausbeutetaler, 1770, Dav. 2388	31	III	800,--
1771	31	III	1300,--
Bieberer Ausbeutetaler, 1774, Dav. 2289 var. (leicht schwache Prägung)	71	II	675,--
Bieberer Ausbeutetaler, 1778, Dav. 2289, Cr. 41 (leicht justiert)	31	III	550,--

wie vor	47	III	675,--
	56	III-IV/III	450,--
Probe-Konventionstaler, Ausbeute der Grube Biber, 1784, Dav. 2290, Cr. 41 a (stark gereinigt)	82	III	750,--
Taler, Ausbeute der Grube Biber, 1784, Dav. 2290, Cr. 41 a	70	I-II	2100,--
	89	III	925,--
1/2 Taler, 1765, Cr. 35, Hoffm. 2591	19	II-III	480,--
1/2 Bieberer Ausbeutetaler, 1770, Cr. 37	21	III-IV	210,--
20 Konventionskreuzer, 1766, Cr. 33	01	III	200,--

HESSEN-HOMBURG

Ludwig Wilhelm Friedrich, 1829-1839

Gulden, 1838, Cr. 2, J. 2	04	III	250,--
	41	I-II	1600,--
	67	II	825,--
	86	III-IV	330,--
	91	III	205,--
	97	III	235,--
	98	II-III	470,--
1/2 Gulden, 1838, Cr. 1, J. 1	49	II-III	380,--
	67	II-III	360,--
(leichter Randfehler)	98	I	525,--

Philipp August Friedrich, 1839-1846

Doppelter Gulden, 1846, Dav. 713, Cr. 8, J. 8	47	II	4600,--
Gulden, 1844, J. 7, Cr. 7	26	II-III	500,--
	67	II-III	460,--
	97	III	370,--
1/2 Gulden, 1843, Cr. 6, J. 6	18	III	380,--
1844	67	III	600,--
6 Kreuzer, 1840, Cr. 5, J. 5	67	III	205,--
1 Kreuzer, 1840, Cr. 3, J. 3	67	III-IV	290,--
	98	I	450,--

Ferdinand, 1848-1866

Taler, 1858, Dav. 714, Cr. 9, J. 9	31	III	250,--
	98	I-II	1000,--

wie vor, 1859	05	IV	200,--
	49	III	300,--
	66	III/II	290,--
1860	74	I	1850,--
1862	27	I-II	1000,--
	45	III	290,--
	84	III	215,--
1863	20	II	415,--
	30	I-II	900,--
	45	I-II	875,--
	55	II-III	430,--
	67	II	485,--
	94	I-II	750,--

HESSEN-KASSEL

Wilhelm IV. der Weise, 1567-1592

2 Albus, 1591, Hoffm. 566	31	III	300,--
Albus, 1592, Hoffm. 581 var.	31	III	310,--

Moritz der Gelehrte, 1592-1627

Taler, 1593, Dav. 9279, De Mey 379	31	III	4400,--
Taler, 1623, Dav. 6721	73	III	925,--
Taler, 1625, Dav. 6723	68	II	1450,--
Taler, 1625, Dav. 6723 (leichtes Zainende)	31	II	1500,--
1626 (Zainende)	28	III	900,--
(leichte Henkelspur)	33	III	575,--
Taler, 1624, Dav. 6723	94	II	1425,--
Taler auf seinen Tod, 1632, Dav. 6726			
(leichter Randfehler)	86	III	1000,--
	94	II-III	1350,--
Taler auf seinen Tod, 1632, Dav. 6727	31	II	2550,--
1/4 Reichstaler, 1623, Hoffm. 4577 var.	01	III-IV	900,--
1/8 Reichstaler auf seinen Tod, 1632			
(Henkelspur)	89	III	260,--
Albus, 1623, Hoffm. 712 (Randfehler)	100	II-III	200,--

Wilhelm V. der Beständige, 1627-1637

Goldgulden, 1631, Fr. 1193	31	III	2900,--
Breiter Doppeltaler, 1629, Dav. 314 (leicht			
poliert)	61	II	8250,--

Breiter doppelter Weidenbaumtaler, 1635, Dav. 318	18	II	7200,--
	98	II	7800,--
Taler auf den Regierungsantritt, 1627, Dav. 6729	31	II	4700,--
Reichstaler auf den Regierungsantritt, 1627, Dav. 6734	26	II-III	4100,--
	28	III	2500,--
	31	II	3600,--
Reichstaler, 1628, Dav. 6736 var.	26	II-III	1850,--
	28	II-III	1750,--
	31	III	1800,--
Taler, 1628, Dav. 6736 (Schrötlingsfehler)	25	II-III	1300,--
Reichstaler, 1630, Dav. 6741	06	III	1050,--
(leichter Schrötlingsfehler)	31	III	1050,--
Taler, 1631, Dav. 6745	61	III	950,--
Weidenbaum-Taler, 163., Fr. 6749	51	III	950,--
Weidenbaum-Taler, 1633, Fr. 6749 var.	73	III-IV	1400,--
	78	III	1100,--
Weidenbaum-Taler, 1635, Dav. 6752 var. (Randfehler)	102	III	900,--
Taler, Kassel, 1635, Dav. 6753 (Randfehler)	31	III	1000,--
1636 (Randfehler)	99	III	925,--
Taler, 1637, Dav. 6759	55	III	1275,--
Taler, 1637, Dav. 6761 (leichter Randfehler)	86	II-III	700,--
Weidenbaum-Taler, 1637, Dav. 6762	70	I-II	1650,--
Reichstaler, Kassel, 1637, Dav. 6763	31	III	1500,--
(Randfehler)	68	II-III	1350,--
(Randfehler)	78	II-III	1100,--
Weidenbaum-Taler auf seinen Tod, 1637, Dav. 6766 (leichte Henkelspur)	31	III	1150,--
1/4 Taler, 1628	31	III	2250,--
(Henkelspur)	98	III	900,--
1/8 Reichstaler, Kassel, 1628, Hoffm. 862	15	III	525,--
1/8 Taler, 1629, Hoffm. 6090 var.	31	III	600,--
1/8 Taler, Kassel, 1637, Hoffm. 1148	47	III	950,--
1/8 Taler, Kassel, 1637	31	III	550,--
1/48 Taler (8 Heller), 1634, Hoffm. 4633	31	III	460,--

Wilhelm VI., 1637-1663
Silberabschlag vom Dukaten auf seinen Tod,

1663 (leichter Randfehler)	47	III	600,--
Weidenbaum-Taler, 1637, Dav. 6772	31	III	1750,--
Taler, 1637, Dav. 6773	61	II-III	900,--
Taler, 1637, Dav. 6775	79	III	1150,--
Taler, 1655, Dav. 6783	31	III	5700,--
Taler, 1660, Dav. 6784	47	III	3800,--
1/4 Taler auf seinen Tod, 1663, Hoffm. 4706	31	III	1200,--

1/8 Reichstaler, Ausbeute, auf den Tod
seiner Mutter Amalie Elisabeth, 1651, Hoffm.

1184	31	III	2100,--

Hedwig Sophie, Vormünderin, 1663-1677

Taler, 1671, Dav. 6786 var.	31	III	3200,--

Wilhelm VII., 1663-1670

1/2 Taler auf seinen Tod, 1670, Hoffm. 6223	43	III-IV	3300,--

Karl, 1677-1730

Dukat, o. J., Fr. 1217, Hoffm. 1839	00	II	2500,--
	70	II	3200,--
1/4 Dukat, 1720, Fr. 1215	25	II-III	1150,--
1/4 Dukat, o. J., Fr. 1218, Hoffm. 4827 ff.	51	II	1050,--
(leichte Schrötlingsfehler)	62	II-III	550,--
Reichstaler, Kassel, 1693, Dav. 6793	31	II	7000,--

Taler auf den Tod seiner Gemahlin Maria

Amalia von Kurland, 1711, Dav. 2292 A	33	II	3400,--

1/4 Sterbetaler auf den Tod seiner Schwester

Elisabeth Henrietta, 1683, Henckel 1028	51	I-II	900,--
	67	III	525,--

1/4 Reichstaler auf das 50-jährige Regierungsjubiläum und das 2-jährige Jubiläum der

Universität Marburg, 1727, Hoffm. 1807	31	III	460,--
1/8 Reichstaler, Kassel, 1693, Hoffm. 1660	19	III	210,--
1/8 Taler, 1723, Hoffm. 1754	31	III	200,--
	55	III	310,--

1/8 Reichstaler (= 4 Albus), 1723, Hoffm.

1755 ff.	31	III	200,--
	67	II-III	220,--
1/32 Taler (= Albus), 1693, Hoffm. 1610	55	III	275,--

4 Albus (= 1/8 Taler), 1681, Hoffm. 1512-1514	31	III	260,--
Albus, 1693, Hoffm. 1610	51	II	310,--
Silberpfennig für Schmalkalden, 1684, Hoffm.			
4740	31	IV	230,--
Friedrich I., 1730-1751			
Dukat, Kassel, 1737, Fr. 1239	26	II	3900,--
Dukat, Kassel, 1746, Fr. 1238	30	II/I	5625,--
1/2 Dukat, Ausbeute Eddergold, 1731, Fr.			
1241	31	I/II	3200,--
	70	II	5900,--
1/2 Dukat, 1748, Fr. 1242	31	II	3550,--
(leichtes Zainende)	70	II	3000,--
1/4 Dukat - Goldabschlag vom IV-Heller-Stempel,			
1747, Hoffm. 2117	31	III	1250,--
Taler, 1733, Dav. 2294 (leichter Schrötlings-			
fehler)	26	II	4000,--
1/4 Taler (VIII Albus), 1737, Hoffm. 2008	41	I-II	410,--
1/8 Taler, 1738, Hoffm. 2037	41	II	300,--
1/32 Taler, 1736, Hoffm. 1996	98	I	575,--
8 Albus, 1737, Hoffm. 2008	19	III	310,--
8 Albus, 1740, Hoffm. 2053	31	III	310,--
Wilhelm VIII., 1751-1760			
Bieberer Ausbeutetaler, 1754, Dav. 2297,			
Cr. 14	31	II	3200,--
Friedrich II., 1760-1785			
Louis d'or, "Stern-Pistole", 1783, Fr. 1224,			
Cr. 86	30	II-III	3050,--
Konventionstaler, 1765, Dav. 2300, Cr. 81			
(leicht justiert)	31	I-II	2300,--
(leicht justiert)	94	II	2350,--
Taler, 1766, Dav. 2301, Cr. 82	25	III	350,--
	54	II-III	1000,--
	55	II	725,--
	75	III-IV	285,--
(leichter Kratzer)	86	II	700,--
Konventionstaler, 1766, Dav. 2301, Cr. 82,			
Hoffm. 2323 ff. (leicht justiert)	31	II/I	1600,--
(leichter Kratzer)	48	II-III	410,--

wie vor	51	III	380,--
Taler, 1766, Dav. 2302, Cr. 83, Hoffm. 2326			
(Kratzer)	06	III	260,--
(justiert)	23	III	350,--
	25	III	285,--
	28	II-III	450,--
(Kratzer, justiert)	31	III/II	470,--
	31	III	550,--
	47	III/II	410,--
(leicht justiert)	55	II	650,--
	55	III	315,--
	66	III	360,--
	67	III	290,--
	70	I	1900,--
	89	II	850,--
	91	III	320,--
	97	III	385,--
	100	III	315,--
Sterntaler (Landmünze), 1776, Dav. 2303,			
Cr. 84	22	III	230,--
	31	III	410,--
(leicht justiert)	51	II	500,--
	52	II	455,--
	74	II/I	575,--
1778 (leichte Schrötlingsfehler)	04	II-III	230,--
	21	II	490,--
(Kratzer)	29	II-III	210,--
	31	III	360,--
(leichte Henkelspur)	49	II-III	270,--
	55	III	355,--
	67	III	295,--
	85	III	380,--
	87	III	300,--
	89	III/II	435,--
2/3 Rechnungstaler, 1767, Cr. 76	01	II-III	300,--
	17	II	235,--
	55	III	325,--
1/2 Taler, Landmünze, 1776, Cr. 73	01	II-III	445,--

wie vor (leichte Randfehler, Kratzer)	09	II	225,--
	31	II/I	850,--
	32	III/II	255,--
	41	II-III	320,--
	55	III	300,--
	55	III	305,--
1/4 Konventionstaler (= 1/3 Rechnungs- taler), 1766, Cr. 70	31	I	650,--
	45	I-II	250,--
(leichter Randfehler)	99	I-II	300,--
1/4 Taler (1/3 Rechnungstaler), 1767, Cr. 71	31	II/I	500,--
	31	II/I	550,--
	99	II	235,--
1/4 Konventionstaler, 1771, Hoffm. 2415 v.	31	III/II	410,--
1/4 Reichstaler, Landmünze, 1766, Hoffm. 2333	51	II	275,--
1/4 Reichstaler, Landmünze, 1767, Cr. 68	41	I-II	335,--
1/4 Reichstaler, 1768, Cr. 68	68	I-II	270,--
1772	39	II	400,--
	66	II	300,--
1/6 Taler, 1769, Cr. 62	41	I-II	310,--
4 Albus (= 1/8 Taler), 1763, Cr. 56	98	III	290,--
Wilhelm IX. (I.), 1785-1821			
5 Taler, 1796, Fr. 1229, Cr. 110, Hoffm. 2699 (Kratzer)	00	III	1800,--
Ausbeute-Taler "Biberer Silber", 1785, Dav. 2304, Cr. 106, Hoffm. 2632 ff.	25	II-III	550,--
	31	III	600,--
	47	III	650,--
	55	II	1125,--
	94	II	1125,--
Ausbeute-Taler "Biberer Silber", 1787, Dav. 2305, Cr. 106 a	31	III	550,--
	45	II/I	1100,--
	47	III	625,--
	57	II-III	875,--
1789 (leicht justiert)	31	II/I	1700,--
	72	I-II	850,--

wie vor (leichter Schrötlingsfehler)	94	II	825,--
1791	27	I-II	1500,--
	41	II	875,--
	55	II-III	875,--
1794 (leichte Randfehler)	09	II-III	975,--
(Schrötlingsfehler)	28	II	775,--
	55	II	1050,--
1796	41	I-II	1275,--
Konventionstaler, Ausbeute der Grube			
Bieber, 1787, Dav. 2305 var. Cr. 106 var.	31	III/II	800,--
1791	26	II	725,--
(Schrötlingsfehler)	35	II-III	575,--
1796	25	III	400,--
(Schrötlingsfehler, Kratzer)	68	II-III	450,--
	89	III/II	800,--
Dick-Taler, Landmünze, 1789, Dav. 2307,			
Cr. 105	51	III	300,--
Taler-Probe, 1813, Dav. 689, Cr. 118 Anm.			
(justiert)	67	II	9800,--
Taler-Probe, 1813, Dav. 689 var., J. 61 I			
Anm. (leichter Schrötlingsfehler)	41	I	12100,--
Taler, Landmünze, 1819, Dav. 690, Cr. 118	12	I-II	3400,--
	36	IV/V	210,--
	35	III-IV	275,--
	41	II-III	1000,--
	67	III	1650,--
	81	III	420,--
1820	23	III	900,--
	68	II-III	525,--
(Randfehler)	74	IV	260,--
1/2 Taler, Landmünze, 1789, Cr. 101, Hoffm.			
2653 ff.	41	II-III	305,--
	55	III	225,--
1/2 Taler, 1819, Cr. 117, J. 11	67	II-III	205,--
1/6 Taler, 1801, Cr. 99	55	II-III	205,--
1/6 Taler, F, 1803, Cr. 116, J. 4 a	51	II-III	345,--
	97	II	250,--
1/6 Taler, F, 1805, Cr. 116 a, J. 4 b	41	II	290,--

wie vor, 1807	20	III	215,--
(leicht justiert)	51	II-III	210,--
Wilhelm II., allein, 1821-1831			
5 Taler = Pistole = Wilhelm d'or, 1828, Fr.			
1232, Cr. 129 a, J. 54	00	III	4000,--
Taler, 1822, Dav. 691, Cr. 128, J. 19	00	III-IV	300,--
(leichte Flecken)	67	III	650,--
1/3 Taler, Landmünze, 1823, Cr. 127, J. 18	98	I-II	400,--
1826	26	II	205,--
1/6 Taler "S.L.V.", 1827, Cr. 126 a, J. 17 b	62	I-II	390,--
1828	74	II/I	360,--
1829	41	I	480,--
	86	I-II	390,--
1830 (leichter Schrötlingsfehler)	41	I-II	310,--
6 Kreuzer, Billon für Oberhessen, Hanau,			
Fulda, 1828, Cr. 133, J. 28	44	II	320,--
Wilhelm II. und Friedrich Wilhelm, 1831-1847			
X Taler = Doppelpistole, 1841, Fr. 1233, Cr.			
148, J. 56	44	II-III	6100,--
V Taler = Pistole, 1834, Fr. 1234, Cr. 147,			
J. 55	94	II-III	2500,--
1840	27	II	2050,--
Doppelter Vereinstaler, 1840, Dav. 693,			
Cr. 146, J. 33 (leichter Kratzer)	48	II-III/III	2050,--
(Kratzer)	49	III	270,--
	62	III	460,--
1841	07	III-IV	250,--
	67	III	650,--
1842	04	III	425,--
	31	II/III	750,--
	43	I-II	2700,--
	73	I-II	2800,--
1843	37	III	450,--
Doppeltaler, 1844, Dav. 693 Anm., Cr. 146,			
J. 34	68	II-III	1400,--
(leichter Kratzer)	43	II	1550,--
	73	I-II	2800,--
Doppeltaler, 1847, Dav. 694, Cr. 146 a, J. 43	41	III	2050,--

wie vor	62	III	3500,--
Taler, 1832, Dav. 692, Cr. 145, J. 32	41	I	2000,--
1834	41	I	2100,--
1836	79	III	255,--
1837	24	II-III	240,--
	94	III/II-III	495,--
1839	94	II-III	575,--
1842	68	II-III	825,--
1/6 Taler, 1834, Cr. 144, J. 31	41	I	320,--
1836	01	II	200,--
1837	20	I-II	305,--
1838	41	I-II	260,--
	67	II	300,--
1842	41	I-II	230,--
1/6 Taler, 1847, Cr. 144 a, J. 180	04	II-III	250,--
6 Kreuzer für Oberhessen, Hanau und Fulda,			
1833, Cr. 152, J. 29	94	I	360,--
Friedrich Wilhelm I., 1847-1866			
Doppeltaler, 1854, Dav. 695, Cr. 160, J. 47 a	21	I	2400,--
(leichter Kratzer)	23	II/III	850,--
	31	III	350,--
	36	III/II	900,--
	41	II	1025,--
	68	I-II	2900,--
(leichter Kratzer)	70	II	950,--
1855	16	IV	270,--
	21	II-III	500,--
	32	III/II	675,--
	37	III/II	650,--
(leichter Randfehler)	52	III	320,--
	57	II-III	455,--
(leichter Randfehler, Kratzer)	82	I	900,--
Doppeltaler, 1854, Dav. 695, Cr. 160, J. 47 b	04	III	400,--
(leichter Randfehler)	04	III	350,--
	30	II	775,--
1855	00	III	375,--
	03	II-III	525,--
	04	III	400,--

wie vor (Randfehler)	06	II	550,--
	17	II	775,--
	51	II-III	560,--
(Randfehler)	68	III	360,--
(Randfehler)	74	III/II	320,--
	79	II-III	550,--
(Randfehler)	67	II-III	400,--
(leichter Randfehler, Kratzer)	83	III/II	500,--
Taler, 1851, Dav. 696, Cr. 158, J. 46	68	III	360,--
	97	III/II	625,--
1854	31	III	240,--
(Kratzer)	37	III/II	350,--
1855	31	III	200,--
	37	III/II	370,--
	41	II/I	1825,--
	67	II-III	335,--
Taler, 1858, Cr. 159, J. 48 a	37	II/I	900,--
	41	I-II/I	925,--
	55	II-III	300,--
	75	II	350,--
	97	II	275,--
1862	54	II-III	200,--
1864	41	II/I-II	600,--
1865 (Kratzer)	04	II	250,--
	31	II	415,--
Taler, 1859, Dav. 697, Cr. 159, J. 48 b	67	I-II	650,--
	97	II/I	410,--
1860	19	II-III	265,--
1861	68	II-III	360,--
1/6 Taler, 1856, Cr. 157, J. 45	62	II-III	250,--
(leichter Schrötlingsfehler)	94	I	385,--
2 1/2 Silbergroschen, 1853, Cr. 156, J. 44	98	I	200,--
1865	41	I-II	250,--

HESSEN-MARBURG

<u>Ludwig III.,</u> 1567-1604

Reichstaler, 1595, Dav. 9293	31	II	6200,--
Taler, 1597, Dav. 9296, De Mey 393	28	III	4150,--

Taler, Marburg, 1604, Dav. 6816, Hoffm.

516	31	III	4000,--
1/2 Groschen, 1596	55	III-IV	255,--

HILDESHEIM, Bistum

Ernst von Bayern, 1573-1602

Doppeltaler, 1611, Dav. 5401	89	III	27500,--
Doppelschilling, Moritzberg, 1608	86	III	250,--

Ferdinand von Bayern, 1612-1650

Taler, 1624, Dav. 5406	47	III	1600,--
(kleines Sammlerzeichen)	64	III	1600,--
	66	III/IV	1700,--
	72	II-III	1700,--
(Fundstück)	72	II	875,--

Sedisvakanz, 1688

Taler, 1688, Dav. 5407, Fiala 698	39	II	4200,--
	47	I-II	5000,--

Jobst Edmund von Brabeck, 1688-1702

Taler, 1690, Dav. 5408, Cappe 255	47	III/II	7700,--

Ausbeute-Taler der Grube St. Antonius

Eremita, 1698, Dav. 5412	30	II	3250,--
	44	II	4050,--
	61	II-III	2900,--
(Broschierungsspuren)	98	III	925,--
1699	01	III	2875,--
1/6 Taler (= 6 Mariengroschen), 1690	55	III-IV	350,--

Sedisvakanz, 1724

(Werner) Schautaler, 1724, Cappe 308, Zep.

143 (leichte Randfehler)	16	III	430,--
	27	II	1700,--
(Randfehler)	41	II-III	550,--
	62	III	725,--
(leichter Kratzer)	73	II-III	700,--
Taler, 1724, Dav. 2343, Cappe 310	86	III	1825,--

Sedisvakanz, 1761-1763

1/2 Pistole (= 2 1/2 Taler), 1763, Fr. 1303,

Cr. 10 (leichter Stempelriß)	44	I-II	4300,--

Schautaler, 1761, Cappe 311, Zep. 145

(leichte Randfehler)	24	II	1050,--
(Randfehler)	25	III	550,--
(Kratzer)	40	II	675,--
	86	II	675,--
2/3 Taler, (Gulden), 1761, Cr. 8, Cappe 313	26	I-II	1600,--

Friedrich Wilhelm von Westfalen-Fürstenberg,
1763-1789

Pistole = 5 Taler, 1765, Fr. 1305, Cr. 27

(Henkel)	39	III	2925,--
	61	II	5900,--
Dukat, 1778, Fr. 1306, Cr. 25	61	II	6750,--
Taler, 1766, Dav. 2344, Cr. 23	70	III	1250,--
Konventionstaler, 1766, Dav. 2345, Cr. 23	38	III-IV	1250,--
2/3 Taler (Gulden), (1/2 Konventionstaler), 1764, Cr. 22, Cappe 332 ff. (leicht justiert)	86	II	725,--
1/3 Taler, 1764, Cr. 20, Cappe 335	49	III-IV	205,--
1/6 Taler, 1764, Cr. 19 var., Cappe 325	85	II-III	220,--

HILDESHEIM, Stadt

Breite Schaumünze zu 4,5 Dukaten, 1528, Fr. 1292, Schulten 1269 var.	47	III	8000,--
Taler, 1626, Dav. 5420	87	III	1375,--
1628	41	III	1225,--
24 Mariengroschen, 1687	37	III-IV	280,--
24 Mariengroschen, Stadtgeld, 1690, Kny. 5570 ff., Kni. 4651 ff.	67	III-IV	315,--
	73	III	310,--
1692	32	II-III	385,--
1693	31	III	310,--
	70	II-III	365,--
	86	III	280,--
1694	33	III-IV	205,--
1700	01	III	500,--
10 Mariengroschen, o. J., De Mey 396, Schulten 1274 (leichte Henkelspur)	47	III	5100,--

Körtling - Nachahmung der Tiroler Kreuzer,
o. J., Schulten 1286   99   III-IV   210,--

HOHENLOHE, Gesamthaus
Hohenlohe-Neuenstein und Hohenlohe-Waldenburg, 1594-1622
Taler, 1609, Dav. 6819   71   III   1600,--
1610 (Randfehler)   23   IV/III   800,--
                                        44   II-III   1300,--
                                        71   III   1850,--
                                        97   III   1000,--
Kipper-24 Kreuzer, Neuenstein, 1621, Kraaz
761   16   IV/III   430,--
                                        38   II-III   315,--
(Schrötlingsriß)   44   II-III   250,--
(Schrötlingsfehler)   71   II   320,--
                                        71   II   430,--
Kipper-24 Kreuzer, Neuenstein, 1621   71   I-II   1250,--
                                        71   II   450,--
Kipper-24 Kreuzer, o. J., Kraaz 758-760 70   III   300,--
Kipper-Groschen, 1622   71   IV   250,--

HOHENLOHE-BARTENSTEIN
Karl Philipp Franz, 1729-1763
Dukat, 1745, Fr. 1317   31   II   6000,--

HOHENLOHE-INGELFINGEN
Philipp Heinrich, 1743-1781 und
Heinrich August, 1765-1796
10 Kreuzer (= 1/12 Taler), 1770, Cr. 2 34   II   240,--
Friedrich Ludwig, 1796-1806
Taler, 1796, Dav. 2356, Cr. 5, Albr. 207 70   III   1500,--

HOHENLOHE-KIRCHBERG
Karl August, 1737-1767
Taler auf den Tod seines Vaters Friedrich
Eberhard, 1737, Dav. 2357, Albr. 209   27   I-II   3900,--
                                        89   PP   4400,--

Taler, 1738, Dav. 2358, Albr. 210	70	I	4600,--

Christian Friedrich Karl, 1767-1806

Taler, 1781, Dav. 2359, Cr. 15, Albr. 212,

213	27	I	3800,--
	32	I-II	2650,--
	32	II	2300,--
(fleckig)	34	III	650,--
(leichter Schrötlingsfehler)	44	I	4050,--
	96	II	1500,--

1/2 Konventionstaler, Schwabach, 1781, Cr.

13, Albr. 214 ff. (Henkelspur, poliert)	51	II	380,--

HOHENLOHE-LANGENBURG

Ludwig, 1715-1765

Gemeinschaftlicher Dukat, 50-Jahrfeier

Langenburger Landesteilung, 1751, Fr. 1321,

Cr. 27, Albr. 200	27	I	4300,--
	38	III-IV	1100,--
(leicht gewellt)	97	III	1900,--

Gemeinschaftlicher Taler auf die 50-Jahrfeier

der Teilung von 1701, 1751, Dav. 2355,

Cr. 25, Albr. 199	01	II	2750,--
	41	I	3950,--
	48	III	1600,--
	71	II	2600,--

HOHENLOHE-NEUENSTEIN

Craft zu Öhringen und Philipp Ernst zu

Langenburg, 1610-1629

Taler, 1623, Dav. 6824, Albr. 106	71	III	3000,--

Wolfgang Julius, 1641-1698

Taler, 1697, Dav. 6831, Albr. 136 (Rand-

fehler, leicht justiert)	05	III	650,--
(justiert, leicht poliert)	16	III	700,--
	26	II	1800,--
(leichter Kratzer)	44	II	1650,--
(leichter Schrötlingsfehler)	47	III	1300,--
	61	I-II	2500,--

wie vor (leichter Schrötlingsfehler)	65	III/IV	350,--
	71	II-III	1800,--
	73	III	925,--
(Schrötlingsfehler)	78	II	1225,--
	78	III	805,--
	100	II-III	1150,--
Batzen, 1697, Albr. 139	71	II-III	260,--

HOHENLOHE-NEUENSTEIN-LANGENBURG

Philipp Ernst, 1610-1629

Taler, 1623, Dav. 6832	71	II	6200,--
Kipper-24 Kreuzer, 1622, Albr. 191 a	71	IV	650,--

HOHENLOHE-NEUENSTEIN-ÖHRINGEN

Kraft, 1610-1641

Taler, 1623, Dav. 6825	71	III	2100,--
1625 (leicht justiert)	71	III	3200,--
	87	III	2225,--
Taler, 1624, Dav. 6826, Albr. 116 var.	48	III	1700,--
	70	III	1300,--
	71	III	2700,--
Taler, 1632, Dav. 6827, Albr. 123	71	III	4200,--
Kreuzer, 1623, Albr. 113 v.	71	III	225,--

Johann Friedrich I. der Ältere, 1641-1702

Taler, 1696, Dav. 6828, Albr. 125 ff.	03	IV/III	240,--
(leichter Randfehler)	31	II/I	2950,--
(poliert, Henkelspur)	36	III	500,--
	42	III	800,--
(Schrötlingsriß)	44	I-II	2000,--
(leichter Schrötlingsriß)	70	II-III	1225,--
	71	II-III	2500,--
	73	II-III	1375,--
(leichte Henkelspur)	89	III	825,--
	98	II	1400,--
Taler, 1699, Dav. 6830 (Schrötlingsfehler)	31	IV	210,--
(Schrötlingsfehler)	71	III-IV	1000,--
(leicht poliert)	73	III	525,--
Breiter 1/2 Taler, 1699, Albr. 131	97	III	2800,--

wie vor (stark justiert)	71	II-III	1275,--
1/4 Taler, Dickabschlag vom Dukatenstempel,			
1699, Albr. 129	71	III	1600,--
1/8 Taler (Abschlag vom Dukaten), 1699,			
Albr. 130	20	II-III	455,--
	51	II-III	700,--
Johann Friedrich II., 1702-1765			
Taler, 200-Jahrfeier der Augsburger Konfes-			
sion, 1730, Dav. 2350, Cr. 40	31	PP	6300,--
	37	II	2400,--
	71	I-II	4000,--
Taler, 1760, Dav. 2351, Cr. 42	48	II-III	1950,--
	71	II	4000,--
1/2 Taler auf die Augsburger Konfession,			
1730, Cr. 36	71	II	2800,--
1/2 Taler, Nürnberg, 1760, Cr. 38	71	I-II	2400,--
1/4 Taler, Nürnberg, 1760, Cr. 34	71	I	2000,--
20 Kreuzer, 1760, Cr. 32	71	I-II	1500,--
Groschen auf die 200-Jahrfeier der Augsburger			
Konfession, 1730, Albr. 157	71	II	400,--
Groschen ?, 200-Jahrfeier Augsburg, 1730,			
Albr. 158	71	I-II	375,--
Ludwig Friedrich Karl, 1765-1805			
Taler, Nürnberg, 1770, Dav. 2352, Cr. 59,			
Albr. 168	07	III	1200,--
	26	II	1800,--
	37	I	3700,--
(leicht oxydiert)	63	III	900,--
	70	II	1750,--
	71	I	3600,--
	98	I-II	1900,--
Konventionstaler, 1785, Dav. 2353, Cr. 60,			
Albr. 172	71	II	3250,--
	81	I	4275,--
	94	II/I	2675,--
	96	II	1275,--
Konventionstaler, Stuttgart, 1797, Dav. 2354,			
Cr. 61, Albr. 181, 182	04	II-III	1100,--

wie vor	41	II/I	1650,--
	44	I	2900,--
	70	I	2700,--
	70	II-III	1200,--
	71	II	2000,--
	71	II	1900,--
(leichte Randfehler)	85	III	775,--
20 Kreuzer, Nürnberg, 1785, Cr. 57, Albr.			
173	38	II	500,--
	44	I-II	430,--
10 Kreuzer, Gemeinschaftsprägung Nürnberg,			
1770, Cr. 51, Albr. 202	44	II	240,--
	98	I-II	220,--
10 Kreuzer, Nürnberg, 1785, Cr. 51, Albr.			
174	01	II-III	215,--
	86	II	230,--
10 Kreuzer auf die Einweihung der "Teutsch.			
Schule", 1803, Cr. 53, Albr. 183	20	II-III	305,--
	41	II	360,--
	70	I-II	850,--
	71	II	320,--
Silberabschlag vom Dukaten zu 10 Kreuzer			
zum 81. Geburtstag, 1804, Cr. 55, Albr.			
186	34	II	370,--
	55	II	375,--
	71	III	420,--
(leichter Schrötlingsfehler)	98	II	350,--
2 1/2 Kreuzer, Nürnberg, 1774, Cr. 49,			
Albr. 170	71	I	230,--

HOHENLOHE-NEUENSTEIN-WEIKERSHEIM
Georg Friedrich, 1610-1645

Taler, 1624, Dav. 6822, Albr. 101	71	III	2900,--

HOHENLOHE-ÖHRINGEN
Johann Friedrich der Jüngere, 1708-1765
1/4 Konventionstaler, Nürnberg, 1760, Cr. 34,

Albr. 164	60	III/II	1100,--

HOHENLOHE-PFEDELBACH

Ludwig Gottfried, 1685-1728

Groschen auf die 200-Jahrfeier der Reforma-

tion, 1717, Albr. 231 ff.   71   I-II   450,--

Kreuzer auf die 200-Jahrfeier der Reformation,

1717, Albr. 233   35   III   215,--

HOHENLOHE-WALDENBURG-SCHILLINGSFÜRST

Ludwig Gustav, 1656-1697

Taler, Nürnberg, 1696, Dav. 6837, Albr.

266 (Zainende)   48   III   1700,--

1/12 Taler, 1689   55   III   275,--

1690   05   III   200,--

XV Kreuzer, kaiserl. Gepräge, 1685, Albr.

403, Her. 1108   98   III   250,--

Karl Albrecht I., 1750-1793

Dukat, 1776, Albr. 296 (leicht gewellt)   65   III   3250,--

Taler, 1757, Dav. 2360, Cr. 79, Albr. 291   04   II-III   1800,--

(leichter Kratzer)   98   I-II   1950,--

Taler, 1757, Dav. 2361, Cr. 79, Albr. 290

(Stempelfehler)   25   III   1200,--

1/2 Konventionstaler, Nürnberg, 1770, Cr.

77, Albr. 294   25   II   1100,--

                                              27   II   925,--

                                              38   II-III   1800,--

                                             100   II   800,--

V Kreuzer, Nürnberg, 1768, Cr. 75, Albr.

292 ff.   75   II   215,--

HOHENLOHE-WEIKERSHEIM

Karl Ludwig, 1708-1756

Dukat, Nürnberg, 1737, Fr. 1314, Albr. 141

(Fassungsspuren)   01   III   2250,--

                                              31   II/I   4800,--

Dicktaler vom 1/2 Taler-Stempel, 1742, Dav.

2349, Albr. 146 (leichter Randfehler)   26   II   12000,--

Schautaler auf sein Regierungsjubiläum,

1752, Albr. 148, 150   52   III   1450,--

```
wie vor                                         71      II         2350,--
                                                71      II         2450,--
1/2 Taler, 1742, Albr. 145                      71      II-III     2000,--


HOHENZOLLERN-HECHINGEN
Johann Georg, 1605-1623
Kipper-Sechsbätzner (1/4 Taler), 1622,
Bahrf. 11 a, Kraaz 773                          19      IV          825,--
(Randausbruch)                                  40      III         675,--
Kipper-Groschen, 1622, Bahrf. 17/18
(Randausbruch)                                  40      III         675,--
Kipper-Groschen, 1622, Bahrf. 19 d/16,
Kraaz 776                                       19      III         600,--
                                                66      III/IV      215,--
Silber-1/2 Batzen, 1622 (leichte Randfehler)    40      III         355,--
Joseph Wilhelm, 1750-1798
Konventionstaler, Stuttgart, 1783, Dav.
2362, Cr. 1                                     00      III         925,--
                                                28      II-III     1350,--
(leicht justiert)                               47      III        1375,--
Hermann Friedrich Otto, 1798-1810
Konventionstaler, Stuttgart, 1804, Dav.
715, Cr. 2, J. 1 a                              00      II-III     3300,--
                                                06      II-III     2500,--
                                                86      II-III     4400,--
Taler, Stuttgart, 1804, Dav. 715, Cr. 2,
J. 1 b                                          19      II         6300,--
Taler, 1804, Dav. 715, Cr. 2, J. 1 c            41      I          5400,--
(stark gereinigt)                               82      II/III     2700,--
Friedrich Wilhelm Constantin, 1838-1849
Doppeltaler, 1844, Dav. 716, Cr. 8, J. 7        06      III        2050,--
                                                43      II-III     3400,--
1845                                            97      III/II     3050,--
Doppelgulden, 1847, Dav. 717, Cr. 7, J. 6       04      II-III     1225,--
(leichter Randfehler)                           19      II-III     1750,--
                                                66      III        1025,--
                                                73      I-II       3200,--
Gulden, 1842, Cr. 6, J. 5                       44      II         1050,--
```

1/2 Gulden, 1843, Cr. 5, J. 4	98	II-III	210,--

HOHENZOLLERN-SIGMARINGEN

Karl, 1831-1848

Goldabschlag von 6 Kreuzer, 1840, J. 11	87	I	3800,--
Goldabschlag von 3 Kreuzer, 1841, J. 10 Anm. 23	87	I	3300,--
Doppeltaler, 1843, Dav. 718, Cr. 8, J. 15	06	III	1900,--
Doppeltaler, 1844, Dav. 719, Cr. 9, J. 16	06	III	1500,--
	43	III	1800,--
	68	II	3100,--
	95	III	1600,--
1847	06	II-III	2200,--
	27	II-III	2600,--
Doppelgulden, 1845, Dav. 720, Cr. 7, J. 14	100	II-III	1000,--
1846	68	II	2500,--
1848	41	I-II/I	3050,--
Gulden, 1838, Cr. 6, J. 13 a	32	II-III	305,--
Gulden, 1846, Cr. 6, J. 13 b	22	II	365,--
Gulden, 1845, Cr. 6, J. 13 c	86	II-III	270,--
1848	30	III/II	290,--
	30	I-II	1100,--
1/2 Gulden, 1844, Cr. 5, J. 12 a	08	III	305,--
6 Kreuzer, 1839, Cr. 4, J. 11 (leichter Randfehler)	90	I	225,--
1846	41	I	220,--

Karl Anton, 1848-1849

Doppelgulden, 1849, Dav. 721, Cr. 11 a, J. 18	51	PP	8050,--
	84	I	7200,--
Gulden, 1849, Cr. 10 a, J. 17	41	I	2275,--
	98	I	2300,--
	101	III	410,--

Friedrich Wilhelm IV. von Preußen, 1849-1861

Gulden, A, 1852, Cr. 5, J. 23	01	III	240,--
	04	I	390,--
	19	II	350,--
	19	II	310,--
	21	II	295,--

wie vor	23	III	200,--
	26	I-II	270,--
	27	I	420,--
	38	I	410,--
	38	II	320,--
	38	III	265,--
	44	I-II	390,--
	49	II-III	225,--
	55	II-III	215,--
	62	II/I	380,--
	70	II	350,--
	74	I-II	410,--
	74	I-II	450,--
	74	II-III	200,--
(leichter Kratzer)	90	III/II	250,--
	92	II/I-II	410,--
	92	II-III	250,--
	97	III	210,--
	99	II-III	215,--
1/2 Gulden, 1852, Cr. 4, J. 22	08	II	230,--
	31	II	200,--
	37	I-II	280,--
	41	I	550,--
	62	I-II	400,--
	74	I-II	320,--
	92	II/I-II	375,--
	94	I	575,--
	98	I-II	320,--
6 Kreuzer, 1852, Cr. 3, J. 21	41	I	480,--
	62	PP	440,--
	74	II/I	270,--
	75	PP1b	280,--
3 Kreuzer, 1852, Cr. 2, J. 20	67	I	405,--
Kupfer-Kreuzer, A, 1852, Cr. 1, J. 19	19	I	230,--

HOHNSTEIN, Grafschaft
Ernst V., 1508-1552

1/4 Taler, 1550, Schulten 1319	67	III-IV	675,--

Volkmar Wolfgang, Eberwein und Ernst VI.,
1554-1560

1/2 Taler, 1557, Schulten 1324	26	II	3300,--

Volkmar Wolfgang, allein, 1562-1580

Taler, 1564, Dav. 9313, De Mey 408	89	III/IV	800,--
1567	20	III-IV	365,--
	47	III	750,--
	70	III	400,--
1568	26	III	775,--
	48	III	600,--
	66	III	625,--
	96	III-IV	445,--
1569 (leichte Druckstelle)	15	III-IV	410,--
1570	44	III	630,--
1571	86	III	430,--
(alter Henkel)	102	IV	335,--
Taler, 1573, Dav. 9314, De Mey 408	01	III	600,--
	67	III	455,--
Taler, Ausbeute der Grube St. Andreasberg,			
1568, Dav. 9316, De Mey 408	73	III	625,--
1575	26	III	900,--
1576	01	III	675,--
1577	06	IV	310,--
(korrodiert)	73	III	200,--
1580 (Randfehler)	102	III/IV	460,--
1/4 Andreastaler, 1566 (leichte Henkelspur)	86	III	850,--
1/4 Andreastaler, 1575 (Henkelspur)	73	III-IV	550,--

Ernst VII., 1580-1593

Reichstaler, Ausbeute der Grube St. Andreas-			
berg, 1583, Dav. 9318, De Mey 409	97	III	600,--
1585	19	III	725,--
	23	IV	330,--
	51	III-IV	260,--
1590	47	III/II	975,--
1/2 Taler, 1581	67	II-III	1000,--

Friedrich Ulrich von Braunschweig, 1613-1634

Kipper-12 Kreuzer, 1620, Kny. 9853	27	II	230,--

HORN

Philipp von Montmorency, 1540-1568

Taler, o. J., Dav. 8679, Delm. 749 (Kratzer)	23	IV	625,--
	25	III	1250,--
	29	III	2050,--
(Henkelspur, Randfehler)	67	III	600,--

INGELHEIM, Reichskammermünzstätte

Goldgulden, o. J., Fr. 1326, Schulten 1370	27	III	4600,--

ISENBURG-BIRSTEIN

Wolfgang Ernst I., 1596-1628

1/4 Taler, 1618	55	III-IV	525,--

Karl zu Birstein, 1806-1815

1 Dukat auf 2 Dukaten-Schrötling, 1811, Fr. 1328, Cr. 5	73	I-II	11000,--
Silberabschlag vom Dukaten, 1811, vgl. Fr. 1328, J. 4 b	30	II	415,--
	31	II	600,--
	41	II	550,--
	55	III	270,--
Taler, 1811, Dav. 723, Cr. 3, J. 3 a	26	II	5100,--
	30	II/I	5325,--
	46	II/I	8000,--
	51	I-II	8000,--
	74	I	10000,--
(leichter Kratzer)	67	I	7600,--
12 Kreuzer, 1811, Cr. 2, J. 2	30	II/I	435,--
	41	I-II	625,--
	55	I-II	525,--
	67	III	450,--
6 Kreuzer, Frankfurt, 1811, Cr. 1, J. 1	01	II	525,--
	18	III-IV	210,--
	30	II/I	430,--
	55	II	425,--
	67	II	575,--
(gestopftes Loch)	81	III/II	200,--

ISENBURG-TÜBINGEN

Ernst Kasimir III., 1801-1848

Kupfer-Schnepfenheller, o. J., J. 7 (ver-
silbert)   55   II   300,--

ISNY

Silberabschlag vom Dukat auf die 200-Jahr-
feier der Übergabe der Confessio Augustana,
1730   67   III   400,--
1/2 Batzen, 1508, Schulten 1385   49   II-III   295,--

ITZEHOE

Hohlpfennig auf hamburgischem Schlag,
14./15. Jahrhundert, o. J., Jesse 260   80   III   1550,--

JEVER, Herrschaft

Maria, 1536-1575

"Jodocustaler", o. J., Dav. 9333, De Mey
416   43   IV   875,--
                                                56   III-IV   500,--
(Schrötlingsriß)   73   II   2275,--
(Schrötlingsriß)   73   IV   445,--
(Kratzer)   89   IV   230,--
                                                88   IV   400,--
"Heilandstaler", o. J., Dav. 9337, De Mey
418, Schulten 1412   73   III   4550,--

Karl Wilhelm von Anhalt-Zerbst, 1667-1718

Taler zu 40 Stuiver, 1678, Dav. 6859 (2 be-
kannte Exemplare)   89   III   8600,--
1/3 Reichstaler, 1672, Kny. 9766   25   III   1225,--
                                                41   III   925,--
(Henkelspur)   88   III   725,--

Friederike Auguste Sophie von Anhalt,
Administratorin, 1793-1807

Reichstaler, Harzgerode, 1798, Dav. 2363, Cr.
16, J. 15 (Schrötlingsfehler)   01   II   1125,--
                                                07   II-III   950,--
                                                08   II-III   1420,--

wie vor (Randfehler)	26	II-III ˙	900,--
	35	III	900,--
	38	III	1150,--
	43	IV-V	235,--
1/2 Reichstaler, 1798, Cr. 15, J. 14	07	II-III	725,--
	19	II	1200,--
	28	I-II	1750,--
	35	III	900,--
	35	III-IV	800,--
	54	II	850,--
	81	II	925,--
	98	II	1150,--

JÜLICH-BERG

Adolf IX., 1423-1437

Weißpfennig, o. J.	19	III	230,--

Wilhelm IV., 1475-1511

Goldgulden, Mülheim, sogen. "Postulatsgold-gulden", 1503, Fr. 1353, Schulten 1424	01	III-IV	2300,--
	47	III	1600,--
Doppelbausche, Mülheim, 1489, Schulten 1427	23	III/IV	460,--
	66	III	625,--
Bausche (8 Heller), Mülheim, 1482, Schulten 1428 (leicht gedrückt)	22	III	400,--
	22	IV/III	360,--
1503 ˙	04	III	290,--

Johann II., 1511-1539

Albus, 1512/11, Schulten 1515	75	IV	250,--
Einseitiger Heller, Wesel, o. J., Schulten 1526	67	II-III	245,--

Wilhelm V., 1539-1592

Taler, o. J., Dav. 8930, De Mey 433 var., Schulten 1528 var.	25	III-IV	550,--
	55	III	3250,--
	68	IV	550,--
Taler, o. J., Dav. 8931, De Mey 433, Schulten 1528	01	III	2600,--
(Henkelspur, Schrötlingsfehler)	22	IV	490,--

wie vor	86	III-IV	600,--
	98	III	1375,--
Taler, o. J., Dav. 8931, Schulten 1528,			
De Mey 433 (Schrötlingsriß)	21	III	1000,--
Taler - Beischlag unbekannter Herkunft,			
o. J.	45	III-IV	2500,--
Taler, 1567, Dav. 8933, De Mey 439	48	III-IV	825,--
(leichte Feilspur)	86	III-IV/III	950,--
1568 (starker Randfehler)	48	III-IV	400,--
Taler, Kleve, 1570, Dav. 8933 var.	70	III	1225,--
Taler, 1570, Dav. 8934, De Mey 442	73	II-III	1400,--
1/2 Taler, 1567	28	IV/III-IV	2250,--
	68	III-IV	3850,--
1/4 Taler, Rodenkirchen, 1588	26	III	6500,--
Possidierende Fürsten, 1609-1624			
Schilling, Huissen, o. J.	01	III-IV	400,--
	01	III-IV	625,--
	55	III	430,--
	89	III	250,--
4 Stüber, o. J.	92	III-IV	210,--
Notmünzen der Festung Jülich, 1610			
Einseitige Silberklippe, vergoldet, zu 1 Livre,			
1610, Noss 507	61	II-III	3900,--
Wolfgang Wilhelm von Pfalz-Neuburg, 1624-1653			
Leichter 10 Albus, Düsseldorf, 1640, Noss			
609, 11	23	III/IV	400,--
Leichter 5 Albus, 1630	23	IV/III	260,--
1631	100	III	220,--
Johann Wilhelm II. von Pfalz-Neuburg,			
1679-1716			
Dukat auf das Vikariat, Düsseldorf, 1711,			
Fr. 1372 (angelöteter Randring)	27	III	3900,--
Silberabschlag vom 1/4 Dukat, Düsseldorf,			
1710, vgl. Fr. 1881	44	III	400,--
Doppeltaler, 1682, Dav. 6869, Noss 738	26	II	29500,--
2/3 Taler nach Leipziger Fuß, Mülheim,			
1690	100	III	1150,--
2/3 Taler, Düsseldorf, 1691	01	III-IV	900,--

wie vor (starke Schrötlingsfehler)	05	IV	500,--
	27	III	900,--
	55	III	1425,--
(Schrötlingsfehler)	55	III-IV	800,--
1/6 Taler, Mülheim, 1690 (unediert)	55	III-IV	625,--
1/6 Taler, 1709, Noss 845, 46	55	III-IV	450,--
1/6 Taler, 1710, Noss 851 ff.	85	II-III	260,--
1/6 Taler, 1715	01	III	260,--
	23	II/III	230,--
1/6 Taler auf seinen Tod, 1716, Noss 880			
(leichter Randfehler)	23	II	700,--
Karl Philipp von Pfalz-Neuburg, 1716-1742			
Karolin, 1735	98	II-III	2150,--
1/2 Karolin, 1732 (leichter Schrötlings-			
fehler)	44	III	3050,--
Ausbeutegulden aus bergischen Gruben,			
1738, Noss 947	41	III	2275,--
	68	III	2900,--
	85	II-III	3700,--
1/6 Taler, Düsseldorf, 1717, Noss 881			
(leichte Randfehler)	23	II	400,--
	55	III	460,--
1/6 Taler, Düsseldorf, 1718, Noss 884	97	III	1025,--
VIII Albus (= 6 Stüber), 1738, Noss 948	55	III	220,--
Karl Theodor von der Pfalz, 1742-1799			
Doppeldukat, Düsseldorf, 1750, Cr. 20, Noss			
952	26	I-II	12000,--
Taler, Ausbeute der Grube Wildberg, 1758,			
Dav. 2535	31	III	910,--
	72	III	1600,--
	100	III	10000,--
Taler, Düsseldorf, 1771, Dav. 2368, Cr. 16 b	38	III	625,--
	83	III	600,--
Taler, Düsseldorf, 1772, Dav. 2369, Cr. 17			
(Schrötlingsfehler)	19	III	700,--
(leichte Schrötlingsfehler)	72	III	750,--
Taler, Düsseldorf, 1774, Dav. 2370, Cr. 17			
(Schrötlingsfehler)	17	II-III	950,--

wie vor (justiert, Schrötlingsfehler)	23	III	450,--
	23	III/IV	525,--
Taler, Düsseldorf, 1774, Cr. 17, Noss 981			
(Randfehler)	73	III	475,--
Ausbeute-Gulden, 1748, Cr. 12	73	III-IV	650,--
2/3 Taler, Ausbeute der Grube zu Wildberg,			
1755, Cr. 12 b, Haas 95	47	III	950,--
1/2 Taler = Wildberger Ausbeutegulden,			
1756, Cr. 13, Haas 96, 97	31	III	750,--
3 Stüber, Silber, Düsseldorf, 1792, Cr. 7	41	I	240,--

KAUFBEUREN, Stadt			
Dukat auf die 200-Jahrfeier der Augsburger			
Konfession, 1730, Fr. 1389	70	I-II	10000,--
Silberabschlag vom Dukat, Augsburg,			
auf die 200-Jahrfeier der Augsburger			
Konfession, 1730	31	III	230,--
Silberabschlag vom Dukat auf die 100-Jahr-			
feier des Westfälischen Friedens, 1748	20	II	320,--
Taler, 1540, De Mey 448, Schulten 1557	01	III-IV	525,--
(Henkelspur)	55	III-IV	365,--
1541 (leichte Henkelspur)	65	IV/III	600,--
Taler, 1541, De Mey 449, Schulten 1557	19	III	1600,--
1542	18	III-IV	1000,--
Taler, 1543, De Mey 450, 4, Schulten 1557	01	III-IV	1300,--
Taler, 1543, De Mey 455, Schulten 1557			
(poliert, Randfehler)	73	III	445,--
	98	III	875,--
1544	19	III	1750,--
	41	II-III	2050,--
	47	III	1000,--
(Randfehler)	86	III	650,--
1545	18	IV	1900,--
	73	III	800,--
1547	73	III-IV	925,--
Taler, 1547, De Mey 456 var., Schulten 1557	39	III	675,--
Guldiner, 1547, De Mey 457, Schulten 1558	44	III	13000,--

1/2 Taler, 1545, Schulten 1560 (leicht korrodiert)	41	III	2500,--
20 Kreuzer, 1552, Schulten 1563	77	IV	1300,--
(Fundexemplar)	99	III-IV	850,--

KEMPTEN, Abtei
Johann Eucharius von Wolffurth, 1616-1631

Taler, 1623, Dav. 5422 (kleines Sammlerzeichen)	27	III	8500,--
2 Kreuzer, 1626	86	II	225,--

Rupert von Bodman, 1678-1728

Doppeldukat, 1693, Fr. 1390	76	III	12000,--

Engelbert von Sirgenstein, 1747-1760

Reichstaler, 1748, Dav. 2372	70	I-II	3725,--

KEMPTEN, Stadt

Taler, 1541, De Mey 474, Schulten 1578	53	III-IV	1240,--
	96	III-IV/III	750,--
1543	65	IV	660,--
1545	02	III	1100,--
	34	IV	1000,--
(Henkelspur)	65	III	500,--
1546	38	IV	480,--
1547	65	IV	450,--
Guldiner, 1541, Dav. 9365, De Mey 475, Schulten 1578	10	III	1000,--
1547	63	III	975,--
1549	41	III	925,--
Schwerer Guldener zu 72 Kreuzer, 1552, De Mey 476, Schulten 1579 (kleines Sammlerzeichen)	77	III	2700,--
Taler, 1623, Dav. 5427	18	II/I	11250,--
	70	II-III	7500,--
1/4 Guldener, 1547, Schulten 1584	24	III-IV	625,--
	80	III	1300,--
1/4 Taler, 1622	38	III	2050,--
Batzen, o. J., Schulten 1588	49	III	265,--
	98	II	420,--

Batzen, o. J., Schulten 1590	68	II	675,--
Groschen, 1723	86	III	350,--

KHEVENHÜLLER

Johann Joseph von Metsch, 1742-1776

Taler, Wien, 1721, Cr. 2	02	II	2700,--
	19	I-II	3200,--
	45	II/I	2900,--
	70	I	3700,--

KLEVE, Mark, Herzogtum

Johann I., 1448-1481

Blanken (Turnosegroschen), o. J.

(Randfehler)	67	III-IV	1850,--
Groschen, Wesel, 1475	99	III-IV	390,--
1/2 Brasspfennig, Wesel, 1479	01	II	575,--

Johann II., 1481-1521

Schwanenstüber, Wesel, 1485, Schulten 1464	99	II-III	575,--
Stüber, Wesel, 1503, Schulten 1470	56	IV	225,--
1/2 Albus i. rhein. Münzverein, 1513,			
Schulten 1488	55	III	250,--
Muter (= 1/6 Stüber), Emmerich, o. J., Noss			
220	20	III	925,--
Einseitiger Heller i. rhein. Münzverein,			
o. J., Noss 243	85	III	215,--

Wilhelm V., 1539-1592

Taler, Kleve, 1568, Dav. 9108, De Mey 436	55	III	3500,--
	75	III	2750,--
1570	55	III	2700,--
3 Stüber, klevisch,= 2 Stüber, brabantisch,			
1583	68	III	460,--
	85	III	600,--
1587	55	III	410,--
	75	III	400,--

KÖLN, Erzbistum

Walram von Jülich, 1332-1349

Turnose, Deutz, o. J.	66	III	410,--

wie vor	66	III	400,--
	67	III	295,--
	97	III	460,--
	99	II-III	360,--
Turnose, o. J.	30	III/II	240,--
	35	III	300,--
Turnose, Bonn, o. J., Noss 67	44	III	440,--

Friedrich III. von Saarwerden, 1371-1414

Goldgulden, Deutz, o. J., Fr. 840 (leichter Kratzer)	22	II	1000,--
Goldgulden, Riehl, o. J., Fr. 840	61	III	750,--
	65	III	1200,--
	71	III	900,--
Goldgulden, Bonn, o. J., Fr. 841	68	III	1300,--
Goldgulden, Bonn, o. J., Fr. 842	55	II-III	1200,--
	68	III	1100,--
Goldgulden, Bonn, o. J., Fr. 842	26	III	825,--
Goldgulden, Deutz, o. J., Fr. 843	61	II	1150,--
Goldgulden, Bonn, o. J., Fr. 843	61	II-III	1200,--
Goldgulden, Bonn, o. J., Fr. 843	61	II-III	1100,--
	61	II-III	1025,--
Weißpfennig, Bonn, o. J.	65	III	330,--
	99	III	270,--
Weißpfennig, Deutz, o. J.	99	III	265,--
Weißpfennig, Riehl, o. J. (leichter Randausbruch)	65	III	310,--
Schilling, Riehl, o. J.	99	III	260,--

Dietrich II. von Mörs, 1414-1463

Goldgulden, Bonn, o. J., Fr. 844	47	III	600,--
	66	III/IV	650,--
	89	III	725,--
Goldgulden, Bonn, o. J., Fr. 844 (Henkelspur)	39	III	500,--
	51	III	775,--
Goldgulden, Riehl, o. J., Fr. 844	84	III-IV	550,--
Goldgulden, Riehl, o. J., Fr. 844	51	III	750,--
Goldgulden, Riehl, o. J., Fr. 840	55	III	1350,--
Goldgulden, Bonn, o. J., Fr. 846	45	III	1000,--
Goldgulden, Bonn, o. J., Fr. 846	28	III	875,--

wie vor (leicht gedrückt)	65	IV	400,--
	73	III-IV	600,--
Goldgulden, Wien, o. J., Fr. 846	21	III	800,--
	66	III	1700,--
	66	III-IV	650,--
	89	II	1450,--
Goldgulden, Riehl, o. J., Fr. 846	89	II	1500,--
Goldgulden, Bonn, o. J., Fr. 847, Noss 273,			
274	04	III-IV	675,--
	28	III	800,--
	38	III	1000,--
	44	III	800,--
	44	III	875,--
	47	II	1325,--
	51	III	775,--
	51	III	750,--
	66	III	1400,--
	66	III	1325,--
	68	II-III	1200,--
	89	II	1600,--
	91	III	750,--
	97	III	1025,--
	97	III	950,--
Goldgulden, Riehl, o. J., Fr. 848	38	III-IV	750,--
(Randfehler)	47	III	600,--
Goldgulden, Riehl, 1437, Fr. 849	48	III	1250,--
Goldgulden, Riehl, 1437, Fr. 849	97	III	2400,--
Weißpfennig, Riehl, o. J., Noss 293	22	III	225,--
Weißpfennig, Riehl, 1438, Noss 360	89	III	370,--
Weißpfennig, Riehl, 1444, Noss 379 (Riß)	66	III/IV	280,--
Ruprecht von der Pfalz, 1463-1480			
Goldgulden, Bonn, o. J., Fr. 850	30	II	925,--
	47	III	1900,--
Blanken, Deutz, o. J.	44	II-III	1800,--
	55	II-III	1750,--
	66	III	1600,--
(Druckstelle)	87	III	455,--
Blanken, Deutz, o. J. (kleines Loch)	49	III-IV	310,--

wie vor	99	III-IV	650,--
Hermann IV. von Hessen, 1480-1508			
Goldgulden, Bonn, o. J. (1480), Fr. 853,			
Schulten 1601	28	III	1100,--
	38	III	1000,--
	38	III	900,--
	39	III	1100,--
	47	III	825,--
	66	III	1300,--
	66	III	1150,--
	73	III	900,--
	97	III	1000,--
Goldgulden, Deutz, 1491, Fr. 854, Schulten			
1603	26	III	4800,--
1508	27	IV	875,--
	93	III-IV	1250,--
Blanken (Turnose), Deutz, 1482, Schulten			
1605	55	II-III	3100,--
	66	III	1700,--
Turnosegroschen, Deutz, 1489, Noss 481 var.			
(kleiner Fleck)	99	IV	350,--
Albus, Deutz, 1506, Schulten 1612	31	III	360,--
Philipp II. von Daun-Oberstein, 1508-1515			
Goldgulden, ohne Angabe der Münzst., 1513,			
Schulten 1621	26	III	2050,--
Albus, Deutz, 1514, Schulten 1622	68	III	225,--
Hermann V. von Wied, 1515-1547			
Goldgulden (ohne Angabe der Münzst.), 1515,			
Fr. 856, Schulten 1627	55	II-III	5200,--
	55	II-III	6000,--
1518	27	III	6600,--
Albus, Deutz, 1519, Schulten 1629	87	III	205,--
Adolph III. von Schauenburg, 1547-1556			
Taler, Deutz, 1555, Dav. 9115, De Mey 497,			
Schulten 1637	85	III	1450,--
1556 (leichte Schrötlingsrisse)	24	III-IV	700,--

Anton von Schauenburg, 1556-1558
Taler, 1557, Dav. 9119, De Mey 501, Schulten
1641 (Henkelspur)   99   III   650,--
Taler, 1557, Dav. 9120, De Mey 501 var.,
Schulten 1641   04   III   1100,--
                                               99   III   950,--
Johann Gebhard von Mansfeld, 1558-1562
Goldgulden, Deutz, 1558, Fr. 860, Schulten
1643 (Henkelspur)   01   III   2075,--
Taler, Deutz, 1558, De Mey 503, Schulten
1644   12   III   1100,--
                                               49   III   1100,--
                                               51   III   1250,--
(Korrosionsfleck)   89   III   870,--
1/2 Taler, Deutz, 1558, Schulten 1645   66   III/II 4250,--
Friedrich IV. von Wied, 1562-1567
Goldgulden, 1563, Fr. 861   55   II   15000,--
Taler, 1562, De Mey 504 var. (unedierter
Vs.-Stempel)   55   III   11000,--
Salentin von Isenburg, 1567-1577
Taler, Deutz, 1568, Dav. 9126, De Mey 505   47   III   750,--
                                               55   III   1100,--
                                               66   III   1050,--
                                               70   IV   310,--
Reichstaler, Deutz, 1568, Dav. 9128, De Mey
507 (leichte Kratzer)   05   III   900,--
(Zainende)   27   III   700,--
                                               45   III   1200,--
(Zainende)   70   III   440,--
(Randfehler)   73   III-IV   450,--
1570 (leichter Randriß)   31   III   1150,--
1571   27   III   1050,--
(Randfehler, korrodiert)   73   III-IV   310,--
                                               93   III   675,--
Taler, Deutz, 1569, Dav. 9129, De Mey 506
(Zainende, Fundexemplar)   27   III   1050,--
1/2 Taler, Deutz, 1568, Noss 70   66   III   2950,--
Rechenpfennig, Kupfer, 1577, Noss 92   97   III   450,--

Gebhard Truchsess von Waldburg, 1577-1583

1/2 rheinischer Münzvereinstaler, 1581	55	III	10500,--
4 Albus, Deutz, 1583, Noss 116 b (leichter Schrötlingsfehler)	85	III-IV	775,--

Ferdinand von Bayern, 1612-1650

Taler, geprägt für Westfalen, 1631, Dav.

5138, Noss 297 (Feilspur)	37	II-III	5500,--
	62	II-III	6200,--
4 Albus, F, Mainz, 1642, Noss 282 f.	01	III	310,--
Kupfer-3 Pfennig, o. J., Noss 296	42	V	375,--

Maximilian Heinrich von Bayern, 1650-1688

Dukat, Bonn, 1665, Fr. 872 (leichter Randfehler)	48	II	9000,--
1/2 Stüber, Dorsten für Westfalen, o. J.	22	III	250,--
	49	III	200,--
VIII Heller, Recklinghausen, 1662, Noss 543	42	III	200,--

Sedisvakanz, 1688

Taler, 1688 (sehr seltene Variante)	66	II	9000,--
Taler, 1688, Dav. 5153, Schulten 3346	97	III	2650,--

Joseph Klemens von Bayern, 1688-1723

Doppelter Souverain d'or, Bonn, aus westfälischem Gold, 1696, Fr. vgl. 873	70	II	59000,--
Taler, 1694, Dav. 5154	89	I-II	10000,--
2/3 Taler, Bonn, 1694, Noss 558 ff. (Randfehler)	87	III	300,--
	99	III-IV	220,--
2/3 Taler nach Leipziger Fuß, 1694	01	III-IV	355,--
	31	III	525,--
	66	III	280,--
	73	III	330,--
1/4 Taler auf die Einweihung der Hofkapelle, 1700	47	III	1625,--
1/6 Taler, 1715, Noss 638	47	III	220,--
	99	III	230,--
1/12 Taler, Bonn, 1707, Noss 619 (Schrötlingsfehler)	55	II	310,--

Klemens August I. von Bayern, 1723-1761

Dukat, 1744, Fr. 878, Cr. 32	26	III	4500,--

Dukat, 1750, Fr. 882, Cr. 34 a	72	II	5000,--
Ausbeutetaler, 1759, Dav. 2175, Cr. 30, Noss			
763	87	II	21500,--
20 Kreuzer, Landmünze, 1735, Cr. 17	28	I-II	650,--
	41	II	225,--
	87	II	550,--
	99	II	255,--
Sedisvakanz, 1761			
1 1/2-facher doppelter Schautaler, 1761,			
Cr. 40 v., Noss 389	12	III	1975,--
	41	II	3250,--
(3 Randfehler)	93	II	1850,--
Konventionstaler, Koblenz, 1761, Dav. 2176,			
Cr. 40	00	III	2650,--
1/4 Taler, 1761, Cr. 39	01	III-IV	490,--
Maximilian Friedrich von Königseck, 1761-1784			
Taler, Bonn, 1764, Dav. 2178, Cr. 61			
(leichter Randfehler)	12	III	1550,--
Konventionstaler, 1766, Dav. 2180, Cr. 62	70	I	5600,--
Taler, 1777, Dav. 2181, Noss 822	99	III	1525,--
Gulden (= 1/2 Taler), Bonn, 1764, Cr. 56	30	II	950,--
	99	II-III	775,--
1/2 Taler, 1765, Cr. 58	12	III-IV	1000,--
12 Stüber (= 1/8 Taler), Köln oder Bonn,			
1765, Noss 811	97	III	200,--
KÖLN, Stadt			
Goldgulden, o. J., Fr. 805, Schulten 1652	01	III-IV	850,--
(leichter Randfehler)	28	III	1100,--
(kleiner Gegenstempel)	55	III	1050,--
(Randfehler)	86	III	900,--
(knapper Rand)	99	III	775,--
Goldgulden, 1570, Fr. 811	66	III	2150,--
Dukat, 1634, Fr. 814	44	II-III	2100,--
1636 (leicht gewellt)	97	II	3550,--
Dukat, 1644, Fr. 815, Noss 372 ff.	00	III-IV	1000,--
	01	III-IV	1225,--
Dukat, 1668, Fr. 817	00	IV/III	1800,--

wie vor	44	III	2300,--
Huldigungs-Dukat, 1742, Fr. 827	66	II/I	15500,--
Dukat, 1750, Fr. 828	44	I-II	3650,--
	87	II	3350,--
Dukat, o. J., Fr. 828, Cr. 3	27	I-II	5000,--
Taler, 1568, Dav. 9155, De Mey 530 (holld.			
Gegenstempel)	44	III	825,--
	70	III	525,--
	73	III	400,--
(Randfehler)	73	III	320,--
(Randfehler)	100	III	490,--
1569	28	III	725,--
	47	III	1000,--
	55	III	675,--
	68	III	575,--
	70	I-II	3100,--
1570	04	III	600,--
	27	II-III	1000,--
1571	97	III	1100,--
Reichstaler, 1595, Dav. 9159, De Mey 535			
(Kratzer)	73	III	1200,--
Taler nach burgundischem Fuß, 1699, Dav.			
5173	87	IV/III	470,--
1700	12	III	900,--
	28	III	1200,--
	38	IV	425,--
(leicht poliert)	93	III	335,--
Taler nach burgundischem Fuß, 1701, Dav.			
2182, Noss 555 ff.	55	III-IV	380,--
	93	III	380,--
Taler auf die Huldigung der Stadt, 1717, Dav.			
2186, Noss 586	12	III	3600,--
	98	III	3800,--
Reichstaler, 1727, Dav. 2188	12	III/II	5400,--
(leichter Schrötlingsfehler)	69	III	2650,--
2/3 Taler nach Leipziger Fuß, 1693, Noss			
540 ff.	51	III	450,--
1694	12	III	400,--

wie vor (Schrötlingsfehler)	29	III	330,--
	75	III	425,--
	89	III	330,--
	93	III	250,--
1695	12	III	430,--
1/2 Taler, 1570, Noss 163	66	III	1575,--
1/8 Reichstaler, 1674	01	III	240,--
	55	III	300,--
Groschen, o. J.	66	III	525,--
8 Albus, 1637, Noss 387 ff.	22	III	200,--
Ratszeichen, 1716, Noss 581	01	III	305,--
Silbernes Ratszeichen, 1955 (mit Kupferstift)	97	I	200,--

KÖNIGSEGG, Grafschaft

Franz Hugo, 1736-1771

"Eintrachtstaler", gemeinschaftlicher Konventionstaler, 1759, Dav. 2374, Cr. 1

(leicht gedrückt)	16	II/I-II	5300,--
	18	I-II	6200,--
	61	I-II	5700,--

KONSTANZ, Bistum

Johann Georg von Hallwyl, 1601-1603

4 Heller, o. J.	67	III	205,--

Franz Konrad von Rodt, 1750-1775

Dukat, Augsburg, 1761, Fr. 889, Cr. 9	02	I	7000,--
	70	II	8800,--
	72	I-II	7250,--

Taler, Augsburg, 1761, Dav. 2190, Cr. 8, Berst. 414

	02	III-IV	400,--
	61	II-III	1250,--

1/2 Taler, Augsburg, 1761, Cr. 7, Berst. 415

	18	III/II	455,--
	34	IV	220,--
	35	III	425,--
(leicht justiert)	44	II-III	600,--
	48	III	410,--
(leicht justiert)	49	II-III	405,--

wie vor	55	III	410,--
(justiert)	61	III	430,--
	66	III	440,--
	70	III	210,--
	89	III	775,--
1/24 Taler (= 6 Kreuzer L.M.), 1772, Cr. 5,			
Berst. 417	09	III-IV	260,--

KONSTANZ, Stadt

Regimentsdoppeltaler, 1623, Dav. 5175, Berst.			
448, Nau 293	02	III	6600,--
Taler, 1537, Dav. 9160, De Mey 537/II,			
Schulten 1712 (leichte Schrötlingsfehler)	72	III-IV	2800,--
1539	02	III-IV	4300,--
	19	II-III/III	5600,--
1541	02	II-III	5900,--
	61	II-III	4000,--
Taler, 1623, Dav. 5177	48	IV	400,--
	51	III-IV	900,--
	70	III-IV	370,--
1624	02	III	340,--
	70	III-IV	360,--
1625	30	II/III	1350,--
	51	III	600,--
	61	III	425,--
	71	III	550,--
	91	III	400,--
	98	III	445,--
1626	51	III-IV	650,--
	73	III	600,--
Taler, 1628, Dav. 5178, Nau 219 (Schrötlings-			
fehler)	67	III	825,--
	75	II	2300,--
	86	III	2150,--
(Randfehler)	100	III	1050,--
Regimentstaler, 1629, Dav. 5179, Nau 294			
(Henkelspur?)	02	II	5200,--

Gulden-Klippe (1/2 Taler-Klippe), 1623, Nau			
179 (gelocht)	02	II-III	5500,--
1/2 Taler, o. J., Nau 147	02	III	9000,--
Dicken = Sechsbätzer = 1/2 Gulden, 1627,			
Nau 220 (unedierte Variante)	67	III-IV	775,--
1630 (justiert)	38	II	500,--
	49	II-III	675,--
	61	III	300,--
(justiert)	71	II	370,--
1633	38	III	450,--
(Zainende)	44	III	500,--
(Zainende)	71	II	380,--
1630	99	III	400,--
Dicken, 1688, Nau 258	00	III	1900,--
15 Kreuzer, o. J., Berst. 456, Nau 148, 149	38	III	450,--
	67	III	335,--
	67	III	355,--
	67	III	525,--
	86	III	700,--
15 Kreuzer, 1715, Berst. 460, Nau 280	00	III	750,--
	38	III	420,--
	67	III	430,--
10 Kreuzer, o. J., Berst. 462 ff.	31	II	210,--
	44	I-	320,--
	67	II-III	215,--
	71	II	320,--
	77	II	200,--
	100	I-II	280,--
Batzen, 1702 (unediert)	67	II	675,--
Groschen, o. J., Berst. 463	67	II	260,--
Groschen, 1639	67	III	260,--
Einseitiger Vierer (Kreuzer), o. J., Nau			
172 a	43	III-IV	205,--

KREMNITZ, Stadt

Schaumünze zu 10 Dukaten, o. J., Fr. 114

(Henkelspur)	05	IV/III	2800,--
	06	II	6750,--

wie vor	97	IV/III	2200,--
Schaumünze zu 10 Dukaten, o. J., Fr. 114	01	III	5000,--
Schaumünze zu 10 Dukaten, unsigniert, o. J., Fr. 114	23	III/IV	1550,--
5-facher Dukat, o. J., Fr. 116 (leichter Randfehler)	06	II	4750,--
(C.H. Roth)	31	I	5000,--
(C.H. Roth)	73	II	4200,--
5-facher Dukat, o. J., Fr. 116 (gelocht)	25	II	1650,--
Doppelter Golddukat - Goldabschlag vom 1/4 Taler-Stempel, o. J., Fr. 118 (Jer. Roth s.)	05	I	1700,--
(C.H. Roth)	65	III	1400,--
St. Georg-Taler, o. J.	23	IV/III	220,--
(K.J. Hoffmann)	34	III	900,--
(Randfehler, leichter Kratzer)	82	II/III	500,--
(H. Fuchs)	102	IV/III	220,--
	102	III	410,--

KURLAND, Herzogtum

Friedrich und Wilhelm Kettler, 1589-1616

Dreigröscher, 1597	71	II	200,--

Friedrich Kasimir Ketteler, 1682-1698

18 Gröscher = Tympf = Ort, 1694	06	III	800,--
	68	III	305,--
	71	III-IV	800,--
Sechsgröscher, 1694 (Zainende)	71	III	900,--
	85	III	575,--
	98	III-IV	350,--
Kupferschilling, 1696	85	III	205,--

Karl von Sachsen, 1759-1762

Grossus, 1762, Cr. 3	71	II	350,--
	71	II-III	310,--
(Zainende)	71	II	300,--

Ernst Johann Biron, 2. Reg., 1762-1769

Silberabschlag vom Doppeldukaten auf den Besuch Katharina II. in Kurland, 1764	06	II	335,--
	70	III	625,--

3 Grosze, Mitau, 1764, Cr. 15	98	II	305,--
Groschen, 1764	71	IV	210,--
Peter Biron, 1769-1795			
Dukat, 1780, Fr. 4, Cr. 25 (leicht gewellt)	47	II	1950,--
Albertustaler, 1780, Dav. 1624, Cr. 23	01	III	415,--
(Prüfspur)	06	III	360,--
	06	III	400,--
	15	III-IV	400,--
	31	III	625,--
	31	III	480,--
	31	III	625,--
	38	III	525,--
	68	III	480,--
	71	III	550,--
(leicht justiert)	71	I-II	1000,--
	85	II-III	650,--
	98	II-III	600,--
	98	III	430,--
	99	II-III	500,--
LANDAU			
2 Livres - 2 Sols, 1702 (7 Lilien)	19	III	2950,--
(Sechslinge)	98	III	3700,--
1 Livre - 1 Sol, 1702	00	III	1400,--
Einseitige 8-eckige Notklippe zu 2 Gulden			
8 Kreuzer, 1713, Dav. 2377	31	II	2500,--
	31	II	2800,--
	47	III	2600,--
	48	III	980,--
	68	III	2800,--
(gelocht)	85	III	1500,--
Einseitige 8-eckige Belagerungsklippe zu			
1 Gulden 4 Kreuzer, 1713	31	II	1800,--
	31	III	1550,--
	85	II	2100,--
	100	III-IV	1050,--

LEININGEN-DAGSBURG-HARTENBURG

Karl Friedrich Wilhelm, 1756-1806

VI Kreuzer, 1804, Cr. 5, Joseph 21	55	III-IV	285,--
VI Kreuzer, 1805, Cr. 5 a, Joseph 24	19	II-III	420,--
	41	II	650,--
	49	III	265,--
	98	II-III	280,--
VI Kreuzer, 1805, Cr. 5	41	II	625,--
	55	II-III	285,--
III Kreuzer, 1805, Cr. 3	41	II	500,--
III Kreuzer, 1805, Cr. 3 a, Joseph 25	19	II-III	405,--
	41	II	525,--
	49	II-III	400,--
	55	II-III	255,--
	74	I-II	450,--
	98	II	300,--
(leichter Randfehler)	99	II	275,--
Pfennig, 1805, Cr. 1, Joseph 27 (leichter			
Schrötlingsfehler)	25	II-III	255,--
	41	II	400,--
	67	II	320,--

LEININGEN-DAGSBURG-HEIDESHEIM

Johann Ludwig, 1593-1625

Kipper-12 Kreuzer, 1620	67	III	2050,--
1/2 Batzen, 1624, Joseph 19 b/a	19	IV	275,--

LEININGEN-WESTERBURG

Ludwig, 1597-1622

Goldgulden, 1617, Fr. 1402, Joseph 61-63	61	II-III	4200,--
	73	III	2350,--
1619	44	III	4250,--
Groschen, o. J.	89	III	420,--
	95	III	300,--
Groschen, o. J. (Randfehler)	19	III	480,--
	52	III	290,--

LEININGEN-WESTERBURG-SCHAUMBURG

Christoph, 1586-1635

2 Kreuzer, o. J.	55	III-IV	260,--

Reinhart VIII., 1612-1655

Einseitiger Pfennig, o. J., Joseph 72	55	III	550,--

Georg Wilhelm, 1632-1695

XV Kreuzer, Westerburg, 1690, Ahrens 479

(Randfehler)	16	III/IV	510,--
1691	16	III/IV	510,--
	16	IV	460,--
(leicht gedrückt)	16	III	515,--
	16	III/IV	480,--
(Schrötlingsfehler)	16	IV/V	360,--
	20	II-III	500,--
(Randfehler)	25	III	850,--
	45	III/II	650,--
	49	III-IV	260,--
	51	III-IV	500,--
(Schrötlingsfehler)	89	III	400,--
	99	III	360,--

Kreuzer, 1685, Joseph 94 (leicht schwache Prägung)	11	III	550,--
Kreuzer, 1686, Joseph vgl. 95, 94	86	III	875,--

LEIPZIG

Dukat, 300-Jahrfeier der Universität, 1709, Fr. 1403 (leicht gewellt)	16	III/IV	2050,--

LEITMERITZ, Bistum

Hugo Franz von Königsegg, 1716-1720

1/4 Taler auf seine Inthronisation, 1716, Don. 4517 (leichter Schrötlingsfehler)	102	I	2350,--
Groschen auf seine Inthronisation, 1716, Don. 4518 (Stempelfehler)	102	II/I-II	250,--

LEUCHTENBERG, Landgrafschaft

Johann VI., 1487-1531

12 Kreuzer, 1528, Schulten 1737	16	III/II	700,--

12 Kreuzer, 1528	16	III/IV	800,--
Georg III., 1531-1555			
Taler, 1541, De Mey 539, Schulten 1746			
(leicht gedrückt)	23	III	1450,--
Zwitter-Taler, 1541, De Mey 539/540, Schulten			
1746 var.	23	III/II	1350,--
	23	IV/V	525,--
Taler, 1543, De Mey 541, Schulten 1747	23	III/IV	1100,--
Taler, 1543, De Mey 542, Schulten 1747	23	IV/III	825,--
1544 (Schrötlingsfehler)	17	III	650,--
	23	III/II	1300,--
(Randfehler)	23	IV	500,--
	23	III/IV	950,--
	23	III	1350,--
	23	V	330,--
1545 (Kratzer)	23	IV/III	1300,--
1547	73	III	700,--
Taler, 1543, Schulten 1747, De Mey 543			
(leichte Schrötlingsfehler)	23	III/II	1600,--
	23	III	1200,--
Taler, 1546, Dav. 9371, Schulten 1748, De Mey			
544	23	III/IV	1300,--
1547 (leicht korrodiert)	04	III	825,--
	23	III	1275,--
	23	III/IV	725,--
	45	III	1175,--
Taler, 1547, Dav. 9370, De Mey 545, Schulten			
1747	07	III	1250,--
	21	III	900,--
(Randfehler)	23	III/IV	1100,--
(leichter Schrötlingsfehler)	23	III	1050,--
	23	III/IV	800,--
	23	IV/III	1000,--
	23	IV/III	875,--
(leichte Randfehler)	23	III/II	1550,--
(Schrötlingsfehler)	23	IV	400,--
	23	III/IV	600,--
(Randfehler)	23	IV	460,--

wie vor (leichte Randfehler)	23	III/II	1100,--
	23	III/II	1175,--
	23	IV/III	575,--
(Schrötlingsfehler, Kratzer)	23	III/IV	750,--
(gedrückt)	23	IV/III	525,--
(Randfehler, Kratzer)	23	III	875,--
(Randfehler, Kratzer)	23	III	825,--
	23	III	1200,--
	23	III/IV	1425,--
(leichte Randfehler)	23	III	875,--
(Schrötlingsfehler)	25	II-III	950,--
	45	III/II	1250,--
	78	III	900,--
1548 (Randfehler)	23	III	500,--
	23	IV/III	700,--
(Randfehler, fleckig)	23	III	700,--
(Schrötlingsfehler)	23	IV/III	425,--
	23	III/IV	1000,--
(leichte Schrötlingsfehler)	23	II	1800,--
(Schrötlingsriß)	72	II-III	800,--
1/2 Taler, 1547, Schulten 1751	23	IV/III	3550,--

LEUTKIRCH, Stadt
Silberabschlag vom Dukat auf die 100-Jahr-
feier des Westfälischen Friedens, 1748,

Fr. vgl. 1406, Nau 3	99	III	255,--

LIECHTENSTEIN
Joseph Johann Adam, 1721-1732

Taler, Wien, 1728, Dav. 1578	00	III	2400,--

Joseph Wenzel, 1748-1772

Dukat, Wien, 1758, Fr. 10, Cr. 3	27	II	2800,--
Taler, Wien, 1758, Cr. 2, FuS. 3179	19	I	3100,--
	70	I	3700,--
	100	II	1625,--
1/2 Taler, Wien, 1758, Cr. 1, FuS. 3180	18	I	1150,--
	45	II/I	775,--

Franz Joseph I., 1772-1781

Taler, Wien, 1778, Cr. 6, FuS. 3186	00	III	950,--
	01	II-III	950,--
(leichter Kratzer)	23	III/I-II	1500,--
	47	III	1100,--
1/2 Taler, Wien, 1778, Cr. 5, FuS. 3187	15	II-III	360,--
	41	I-II	950,--
	47	III	625,--
	100	II-III	825,--
20 Kreuzer, Wien, 1778, Cr. 4, FuS. 3188,			
Holzm. 56	18	I	230,--
	32	II/I	205,--
	41	I-II/I	225,--
	47	II	210,--
	52	I-II	220,--
	55	II-III	200,--
(leichte Kratzer)	60	I	270,--
	62	I-II	230,--
	85	II	250,--
(leichter Schrötlingsfehler)	87	I-II	200,--

LINDAU, Stadt

Silberabschlag vom 1/2 Dukat auf die Säkular-			
feier des Westfälischen Friedens, 1748,			
Nau 24	60	I-II	250,--
	89	I	340,--

LIPPE-DETMOLD

Simon VII., 1613-1627

Taler, 1623, Dav. 6893 (starker Schrötlings-			
fehler)	19	II-III	7400,--
12 Kreuzer, 1620, Kraaz 831	49	III-IV	1100,--

Simon Heinrich, 1666-1697

1/3 Taler, 1672, Grote 157	35	IV	310,--
(leichte Henkelspur)	49	III	300,--
(leichte Henkelspur)	55	III	305,--
(Henkelspur)	75	III	270,--
(Stempelfehler "162")	86	III	675,--

Friedrich Adolph, 1697-1718

Silberabschlag vom Spruch-Dukat auf seinen

43. Geburtstag, 1710, Grote 186	50	III	515,--
(Randfehler)	85	II-III	400,--

1/4 Taler-Klippe auf seinen 46. Geburtstag,

1713, Grote 189	28	I	1750,--
	55	III	1250,--
1/48 Taler, 1710, Grote 228 v.	99	III	650,--

Simon Heinrich Adolf, 1718-1734

8-eckige 1/2 Taler-Klippe auf seinen 33. Ge-

burtstag, 1727, Grote 248	26	III	4100,--
1/3 Taler, 1719, Grote 254	26	III	1350,--
1/6 Taler, 1720, Grote 255	19	III	280,--
	55	III	290,--
	86	III	290,--

Simon August, 1734-1782

2/3 Taler, 1765, Cr. 32 a, Grote 267

(Schrötlingsfehler)	29	III	525,--

1/3 Rechnungstaler, 1772, Cr. 30, Grote

269 (leichter Schrötlingsfehler)	04	III	355,--
	21	II	390,--
(Kratzer)	26	III	250,--
	51	II-III	450,--
(Schrötlingsfehler)	55	II	330,--
(Schrötlingsfehler)	91	III	320,--
1/6 Taler, 1765, Cr. 28	19	III	270,--
4 Mariengroschen, 1766, Cr. 26	55	III	205,--

Friedrich Wilhelm Leopold, 1789-1802

2/3 Rechnungstaler, Prämie, 1793, Cr. 68	19	II	725,--
	19	III	450,--

LIVLÄNDISCHER ORDEN

Walter von Plettenberg, 1494-1535

Ferding, Riga, 1530	98	III	320,--

Heinrich von Galen, 1551-1557

1/2 Mark, 1553 (schwache Prägung)	71	III	550,--
1/2 Mark, Riga, 1556	60	IV	215,--

Wilhelm von Fürstenberg, 1557-1559
Taler, 1557, Dav. 9380 (alter Guß)   60   IV   340,--

LOBKOWITZ, Fürstentum
Franz Josef Maximilian, 1784-1816
20 Kreuzer, Wien, 1794, Cr. 1, Holzm. 59   22   II   265,--

LÖWENBERG/Schlesien, Stadt
Schützentaler, 1615, Dav. 5429   04   III   2000,--
                                             23   III   1300,--
                                             47   III   2300,--
                                             41   III   1550,--
Reichstaler auf das Schützenfest, 1615,
Dav. 5430   55   II-III   1325,--

LÖWENSTEIN-WERTHEIM-ROCHEFORT, Grafschaft
Maximilian Karl, 1672-1718
Silberdukat auf den Geburtstag des Erzher-
zogs Leopold von Österreich, 1716, Fr.
vgl. 1424   100   II-III   280,--
Taler, 1697, Dav. 6914, Berst. 720   31   II   4250,--
                                             98   I-II   4100,--
Taler auf seine Ernennung zum Reichskammer-
gerichtsrat, 1711, Dav. 2398, Berst. 721   71   II   5600,--
"Fürstentaler", 1712, Dav. 2399, Berst. 723 71   III-IV   2600,--
Batzen, 1697, Berst. 724   67   III   200,--
Batzen, 1702   67   III   250,--
Dominik Marquard, 1718-1735
1/2 Kreuzer, 1732   67   II   270,--
Karl Thomas, 1735-1789
Silberabschlag vom Dukat, 1754, vgl. Fr.
1426   01   II-III   300,--
                                             67   II   285,--
                                             71   I-II   480,--
Taler, Nürnberg, 1754, Dav. 2401, Cr. 108   67   III-IV   625,--
Taler, 1767, Dav. 2405, Berst. 730   27   III-IV   420,--
Taler, 1769, Dav. 2407, Berst. 733 (Rand-
fehler)   04   II-III   650,--

wie vor	55	III	410,--
(Randfehler)	65	III/IV	360,--
	67	III-IV	270,--
	97	III	300,--
Taler, 1769, Dav. 2407 A, Berst. 733 var.	27	III-IV	340,--
	68	III	385,--
Taler, 1769, Dav. 2407 B, Berst. 733 var.			
(leichter Schrötlingsfehler)	21	III	320,--
	26	III	500,--
	51	III	650,--
(justiert)	65	III/IV	460,--
(leichter Schrötlingsfehler)	74	II-III	675,--
Taler, 1769, Dav. 2407 C, Bi. 84 (leicht justiert)	23	III/IV	650,--
Taler, 1769, Dav. 2408 B, Berst. 732 var.	85	II-III	1150,--
1/2 Taler, 1768, Cr. 104 (Randfehler)	74	III/II	800,--
1/2 Konventionstaler, 1769, Cr. 106, Berst. 303-304	25	III	600,--
	26	III	525,--
	55	III	425,--
	66	III/IV	220,--
	67	III	380,--
	71	III-IV	570,--
	100	III-IV	440,--
	100	III-IV	280,--
1/4 Taler, 1767, Berst. 744	67	IV	315,--
	100	III-IV	625,--
20 Kreuzer, Nürnberg, 1762, Cr. 99, Berst. 734	55	III-IV	240,--
20 Kreuzer, Wertheim, 1767, Cr. 99	100	I-II	750,--
20 Kreuzer, Wertheim, 1767, Cr. 100, Berst. 746	55	III-IV	245,--
	67	II-III	550,--
	71	IV	205,--
10 Kreuzer, 1767, Cr. 97, Berst. 753	67	II-III	455,--
(leicht justiert)	100	II	575,--
5 Kreuzer, 1767, Cr. 93	28	I-II	265,--
1769	100	III	270,--

Dominik Konstantin, 1789-1806
Gulden = 1/2 Taler auf seinen Regierungsantritt, 1789, Cr. 124, Berst. 769 (leichter
Schrötlingsfehler)   26   I-II   1100,--
1/3 Taler-Klippe auf seinen Regierungsantritt,
1789, Berst. 768   18   II-III   660,--
                                            44   III   800,--
                                            71   II-III   560,--
Groschen, 1801, Berst. 782, 5   92   II/I-II   200,--

LÖWENSTEIN-WERTHEIM-VIRNEBURG
Eucharius Kasimir, 1681-1698
Doppeltaler auf die Beilegung der Erbstreitig-
keiten, 1697, Dav. 6907, Berst. 662   01   III   9400,--
4 Kreuzer, 1697, Berst. 664   67   II-III   455,--
                                          100   III   550,--
Heinrich Friedrich, 1683-1721
Kreuzer, 1697, Berst. 667   67   III   250,--
1703   67   III   250,--
Johann Ludwig Vollrath, 1721-1790
Konventionstaler, Wertheim, 1769, Cr. 34 a,
Berst. 673   01   III   1775,--
                                           48   III   1600,--
Karl Ludwig, 1737-1779
Dukat, 1767, Fr. 1427, Berst. 685   44   I   14500,--
Taler, 1770, Dav. 2397, Cr. 70, Berst. 686
(Schrötlingsfehler)   85   III   1325,--
1/2 Taler, Wertheim, 1770, Cr. 68, Berst. 687 60 IV/III   1300,--

LOTHRINGEN
Karl II. der Kühne, 1390-1431
Turnosegroschen, o. J., Saurma 1844   99   III-IV   225,--
Turnosegroschen, o. J., Saurma 1845   20   III   305,--
                                           87   II-III   775,--
René I. von Anjou, 1431-1455
Groschen, St. Michel, o. J.   37   IV   200,--
Anton II. der Gute, 1508-1544
Teston, Nancy, 1529, Saurma 1860 ff.   31   II   2275,--

wie vor, 1544	68	II	1700,--
Plaque, Nancy, o. J.	10	III	205,--
Karl III., 1545-1608			
Taler, 1603, Dav. 6901	61	II-III	14000,--
Teston, Nancy, o. J., Saurma 1917	10	IV	330,--
Teston, o. J., Saurma 1873	10	IV	290,--
	31	III	430,--
Heinrich II., 1608-1624			
Goldgulden, o. J., Fr. 485 (Randfehler)	10	III	3000,--
Franz II. von Vaudemont, 1624-25-32			
Teston, Badenweiler, 1629	10	IV	220,--
	87	III-IV	230,--
Karl IV., 1626-34			
Teston, Nancy, 1630	66	III	220,--
Teston "à la collerette", 1626 (Prägefehler)	86	III	450,--
Leopold I., 1690-1729			
1/2 Ecu oder kleiner Taler, 1719	10	IV	900,--
	97	III	525,--
1720	47	III	625,--
Teston, Nancy, 1702 (Überprägung)	86	III-IV/III	340,--
Teston, 1710, Cahn 79/235	10	IV	400,--
Teston, 1711 (leicht justiert)	97	III/IV	200,--
1712	10	III	450,--
Teston, 1716	31	III	400,--
LÜBECK, Bistum			
Johann Friedrich von Holstein-Gottorp,			
1607-1634			
4 Schilling, lübsch, o. J.	87	III	275,--
August Friedrich von Holstein-Gottorp,			
1666-1705			
(Gulden), 2/3 Taler nach zinnaischem Fuß,			
1678, Lange 508	04	III	335,--
1688	04	III	250,--
	45	III	260,--
(leicht korrodiert)	54	III	240,--
	73	III	230,--
(Randfehler)	100	III	250,--

wie vor, 1689	69	III	250,--
Sedisvakanz, 1727			
Taler, 1727, Behrens 836, Zep. 156	27	III	2900,--
Friedrich August von Oldenburg und Schleswig-Holstein, 1750-1785			
Speciestaler, 1775, Dav. 2411, Cr. 1	88	III	5250,--
LÜBECK, Stadt			
Goldgulden, o. J., Fr. 1437	56	III	1875,--
Goldgulden, o. J., Fr. 1439	15	III	1750,--
(gewellt, Kratzer)	97	III	1200,--
Dukat, 1614	00	III	4700,--
Dukat, 1634 (Behrens Jahrgang unbekannt)	85	II	6000,--
Dukat, 1649, Fr. 1449, Behrens 614 ff.	44	III	3000,--
1656	00	III	2600,--
	44	II	3300,--
	47	II/III	3400,--
Dukat, 1791, Fr. 1457	30	I-II	3050,--
Dukat, 1797, Fr. 1457, Cr. 23	43	II-III	2150,--
Dukat, 1801, Fr. 1457, Cr. 23	94	II	2625,--
Mark, gemeinschaftlich mit den venedischen Ständen, 1549, Schulten 1798	15	II-III	2000,--
	35	III-IV	600,--
	47	III	575,--
(leichter Schrötlingsfehler)	51	III-IV	800,--
	66	III	975,--
	80	IV	500,--
	86	III	540,--
1/2 Mark des wendischen Münzvereins, 1549, Schulten 1800, Behrens 77	07	III	2250,--
Silberabschlag vom Dukaten (= 1/8 Taler) auf die Augsburger Konfession, 1730, J. vgl. 42, Behrens 638 c	26	II-III	200,--
Hochzeits-Doppeltaler, o. J., Behrens zu 727 (vergoldet)	56	III	975,--
Löser zu 2 Reichstaler, o. J., Behrens 732 b	47	II	3350,--
	51	III	2300,--

Taler, sogen. "3. Brömsentaler", 1537,			
Dav. 9398, De Mey 552, Schulten 1818, Behrens			
90 a (poliert)	05	III	4900,--
Taler, 1546, De Mey 557, Schulten 1822	39	III/IV	600,--
Taler, 1549, Schulten 1823, De Mey 559	29	III	525,--
	66	III	500,--
	71	III	600,--
Taler, 1549, Schulten 1823, Behrens 96, 98	25	II-III	475,--
(leichter Schrötlingsfehler)	86	II-III	775,--
1555	34	III	360,--
Taler, 1559, Schulten 1825, De Mey 560			
(Kratzer)	31	III	450,--
	48	III-IV	240,--
	51	III	380,--
	88	III	925,--
Reichstaler, 1559, De Mey 560, Schulten			
1825	04	III-IV	400,--
	47	III	360,--
	73	III	410,--
	73	III	470,--
Reichstaler zu 27 Schilling 6 Pfennig, 1568,			
De Mey 562, Behrens 101	05	III	400,--
	48	III	430,--
	93	III	480,--
Reichstaler zu 32 Schilling, 1573, Dav.			
9409, De Mey 563	43	III	475,--
	43	III-IV	440,--
	47	III	320,--
	89	III	750,--
1576 (starker Schrötlingsfehler)	07	III	240,--
	49	III-IV	320,--
(Henkelspur)	97	IV	240,--
1578 (Randfehler)	25	III	350,--
Taler zu 32 Schilling, 1579, Dav. 9411,			
De Mey 564	47	II/III	600,--
Reichstaler zu 32 Schilling, 1581, De Mey			
564	73	III	500,--
Taler zu 32 Schilling, 1588, Dav. 9411	08	III	410,--

wie vor	86	III	540,--
Taler zu 32 Schilling, 1592, Dav. 9413,			
De Mey 564	07	III	470,--
(Schrötlingsfehler)	87	III	400,--
Taler zu 32 Schilling, 1594, Dav. 9413, De			
Mey 564	75	III	775,--
	93	II-III	1000,--
Reichstaler zu 32 Schilling, 1596, Dav.			
9416, De Mey 566	75	IV/III	350,--
1597 (Henkelspur)	80	III-IV	300,--
Reichstaler zu 32 Schilling, 1608, Dav. 5445	39	III	600,--
	71	III	650,--
Breiter Taler, o. J., Dav. 331	77	I-II	4050,--
Taler zu 32 Schilling, 1610, Dav. 5446	88	II	2050,--
Reichstaler zu 32 Schilling, 1619, Dav. 5447	85	III	460,--
Taler, 1621, Dav. 5449 (Henkelspur, Kratzer)	80	III	290,--
1622	07	III-IV	325,--
	48	III	320,--
(starke Schrötingsfehler)	81	III	250,--
1625	47	III	700,--
Reichstaler zu 32 Schilling, 1630, Dav.			
5449 (Randfehler)	01	III	675,--
1631	54	II-III	700,--
Taler auf die 200-Jahrfeier der Augsburger			
Konfession, 1730, Dav. 2416, J. 33	00	II	2100,--
(leichter Schrötlingsfehler)	07	III	575,--
	19	I-II	1450,--
	68	II-III	1150,--
	70	II	1700,--
	85	II	1350,--
Reichstaler, 1731, Dav. 2417, J. 34	26	I	3900,--
	93	II	2000,--
Taler zu 48 Schilling, 1752, Dav. 2420,			
Cr. 18	01	II-III	260,--
(fleckig)	06	III	205,--
	07	III	270,--
	15	III	210,--
	15	III	210,--

wie vor	32	III	200,--
	35	III	200,--
	36	III	200,--
	47	III	200,--
	48	III	230,--
	66	III	250,--
	68	III	360,--
	73	III	250,--
	80	III	225,--
(Schrötlingsfehler)	80	III	210,--
	86	III	270,--
	89	II	300,--
	100	III	260,--
Taler, 1776, Dav. 2422, Cr. 19	28	I-II	1800,--
	30	II	1200,--
(Randfehler)	56	III-IV	350,--
	69	I-II	1300,--
	70	I	2500,--
	80	III	1250,--
(starke Randfehler)	80	III	340,--
	88	III	675,--
(leichter Schrötlingsfehler)	97	III	1600,--
1/2 schwerer Reichsguldiner, 1559, Schulten 1832	07	III	875,--
	66	III	925,--
	88	III	1200,--
1/2 Reichstaler zu 16 Schilling, 1577, Behrens 206, 7	88	II-III	1350,--
1/2 Reichstaler zu 16 Schilling, 1623, Behrens 225 ff.	88	III	1750,--
1625 (Schrötlingsfehler)	54	IV	250,--
1/4 Taler zu 8 Schilling, 1609	32	II-III	825,--
	88	III	1750,--
1/4 Taler = Silberabschlag vom Doppeldukat auf die 200-Jahrfeier der Reformation,1717	26	II	1250,--
1/8 Reichstaler zu 4 Schilling, 1622, Behrens 279 (Randfehler)	98	III	405,--

1/8 Taler auf die 200-Jahrfeier der Augsburger Konfession, 1730, J. zu 42	80	III	220,--
32 Schilling, 1672, Behrens 290	22	III	375,--
	45	III/II	550,--
(Henkelspur)	97	III/IV	290,--
32 Schilling - Doppelmark, 1738, Cr. 12, J. 13	80	II-III	220,--
32 Schilling, 1752, Cr. 12, J. 21	35	III	205,--
32 Schilling, 1758, Cr. 12	96	I-II	285,--
	97	II	205,--
32 Schilling, Courant, 1796, Cr. 16, J. 31	67	II	215,--
1797	26	II	200,--
	27	I-II	365,--
	31	II	230,--
(leicht justiert)	41	I	335,--
	70	II	210,--
	100	II	280,--
Dickabschlag vom Sechsling, 1597	15	III	1100,--
1/4 Witten, o. J., Jesse 312	07	III	240,--
	80	III	350,--
(Randfehler)	80	III	325,--
Einseitiger Pfennig, Silber, 1574	43	IV	600,--
Einseitiger Kipper-Pfennig, 1621, Kraaz 1082	07	III	225,--

LÜNEBURG, Stadt

Goldgulden, o. J., Fr. 1468, Schulten 1855	26	III	875,--
	41	III	1025,--
	44	III	1250,--
(Schrötlingsriß)	44	III	650,--
	97	III	1000,--
Goldgulden, o. J., Fr. 1468, Schulten 1856	55	III	1275,--
Goldgulden, o. J., Fr. 1476 (Zainende)	26	II-III	4800,--
Breiter Doppeltaler, o. J., Dav. 345	05	IV/III	2700,--
	73	III	3700,--
Taler, 1547, De Mey 569, Schulten 1876	05	IV/III	1125,--
	31	III	1900,--
	47	III	1600,--
1548	86	III	1275,--

wie vor (Schrötlingsfehler)	89	IV	460,--
Taler, 1561, Dav. 9419, De Mey 569			
(Überprägung)	04	III	2600,--
1562	00	III	1650,--
	26	II-III	2250,--
	97	III	1200,--
Taler zu 32 Schilling, 1583, Dav. 9424, De			
Mey 572 (Randfehler)	89	III	1550,--
Reichstaler zu 32 Schilling, 1622, Dav.			
5466	01	III	850,--
1624	61	II-III	1900,--
(schwache Prägung)	86	III-IV	450,--
1625 (leichter Randfehler)	70	III	1375,--
2/3 Taler nach Leipziger Fuß, 1702, Kni. 4925	05	IV/III	550,--
	07	III	450,--
	07	III	365,--
	17	III	330,--
	56	III-IV	500,--
	67	III	500,--
1/2 Taler, 1546, Schulten 1877 (Randfehler)	26	III	1850,--
Zwitter-1/2 Taler, 1581/89	07	III	5400,--
1/8 Taler, 1622	89	IV	550,--
1/16 Taler (= Doppelschilling), 1677, Kni.			
4959	35	III	200,--
1/4 Witten, o. J., Jesse 316	88	III	290,--
LÜTTICH, Bistum			
Louis de Bourbon, 1456-1482			
Double Patard oder Briquet, Hasselt, 1479			
(leicht schwache Prägung)	35	III	255,--
Johannes IX. von Horn, 1484-1505			
Heaumé, 1489	66	III/IV	275,--
	66	III	400,--
	66	III	360,--
	66	III/IV	265,--
Georg von Österreich, 1544-1557			
Taler, 1556, Dav. 8411, Delm. 440	10	III	2750,--
1557	89	III	2350,--

Robert van Berghes, 1557-1564

Taler, 1558, Dav. 8414, Delm. 446 (leichter

Randfehler)   45   II-III   2250,--

Gerard von Graesbeeck, 1564-1580

Reichstaler, Hasselt, 1567, Dav. 8415, Delm.

451   19   III   700,--

                                           21   III-IV   385,--

1568 (Fundexemplar)   00   III   350,--

(Fundexemplar)   70   II-III   750,--

1570   54   III   600,--

1571   38   III   1000,--

Real, 1579   86   III-IV   340,--

Ernst von Bayern, 1581-1612

Double teston de Bouillon, 16.., Delm. 456, 7   19   III-IV   430,--

1611 (Schrötlingsfehler)   31   III   2400,--

Doppelgroschen, 1583   19   III   415,--

Real = Ernestus, Hasselt, 1582 (Kratzer) 86   III   290,--

Real = Ernestus, Maeseyck, 1582   38   III   500,--

Ferdinand von Bayern, 1612-1650

Goldgulden, 1613, Delm. 347   48   III   2600,--

Rheinischer Goldgulden, o. J., Fr. 216,

Delm. 353 (Schrötlingsfehler, Randriß)   25   III-IV   3400,--

30 Patards, 1612, Delm. 461   31   IV/III   1150,--

Maximilian Heinrich von Bayern, 1650-1688

Dukaton, 1667, Delm. 473   17   IV/III   200,--

1668 (leichte Schrötlingsfehler)   31   III   420,--

1671   26   I   1300,--

                                           41   III   395,--

1674 (leicht justiert)   48   III   430,--

1675 (leicht justiert)   51   II-III   800,--

1681 (justiert)   64   III/IV   320,--

Patagon, 1662, Delm. 471   47   III   370,--

1663   00   III   500,--

                                           62   III   270,--

1666   39   III   360,--

1667 (Kratzer)   19   III-IV/III   200,--

1668   85   III-IV   270,--

1671   04   III   390,--

wie vor	17	III-IV	205,--
	45	I-II	575,--
	79	III	400,--
	87	II-III	410,--
1674	79	II-III	280,--
1677 (justiert)	86	III	270,--
1681	03	III	200,--
Sedisvakanz, 1694			
Patagon, 1694, Dav. 4301, Delm. 479	98	III-IV	775,--
Sedisvakanz, 1723-1724			
1/8 Taler (= 4 Groschen), 1724 (Zainende)	86	II-III	280,--
Sedisvakanz, 1763			
St. Lambert-Taler (Patagon), 1763, Dav. 1588, Cr. 14, Delm. 487 (Randfehler)	26	II	3400,--

MAGDEBURG, Erzbistum
Albrecht IV. von Brandenburg, 1513-1545

Taler, 1542, Dav. 9433, De Mey 586, Schulten 1911 (leichter Kratzer)	47	III	1050,--
Moritzgroschen, o. J., Schulten 1916	31	III	220,--

Joachim Friedrich von Brandenburg, 1566-1598

Taler, 1584, Dav. 9441, De Mey 592	07	III	1100,--
Taler, 1586, Dav. 9442, De Mey 593 (Fundexemplar)	07	III	440,--
Reichstaler, Halle, 1589, Dav. 9444, De Mey 525	87	III-IV	600,--
1590	54	III	575,--
1595	41	II-III	850,--
1596	62	III-IV	350,--

Christian Wilhelm von Brandenburg, 1608-1665

Taler, 1610, Dav. 5474	52	IV/III	700,--
1611	97	III	800,--
Taler, o. J., Dav. 5480	01	III	2050,--
Taler, 1623, Dav. 5483	61	II-III	1700,--
Taler, Halle, 1624, Dav. 5486	07	III	800,--
Taler, 1625, Dav. 5490	70	III	1000,--
(leichte Kratzer)	73	III	445,--
	98	III	700,--

1/2 Taler, 1623	92	III	825,--
1/2 Taler, 1624 (poliert, Henkelspur)	04	III	800,--
1625	97	III	550,--
Domkapitel, 1635-1638			
Taler, 1638, Dav. 5495	93	II-III	1100,--
	93	II-III	1000,--
Reichstaler, 1638, Dav. 5496	00	IV/III	575,--
August von Sachsen-Weißenfels, Administrator,			
1638-1680			
Taler auf die Inthronisation zu Halle, 1638,			
Dav. 5497	26	II	2400,--
Reichstaler auf die Inthronisation zu Halle,			
1638, Dav. 5498	55	II-III	1500,--
	66	III	1025,--
Einseitige Zinnabschläge der Vorder- und Rück-			
seite vom Schautaler 1675	70	I-II	260,--
(Gulden), 2/3 Taler nach zinnaischem Fuß, 1671	69	III	210,--
2/3 (Gulden) Taler, 1675	97	III	205,--
2/3 Taler nach zinnaischem Fuß, 1671	12	III	280,--
	31	III	260,--
	47	III	200,--
	73	III	335,--
	86	II-III	260,--
1672	48	II	280,--
1674	21	II-III	255,--
1/2 Taler auf den Tod seiner Gemahlin Anna			
Maria von Mecklenburg-Schw., 1669	67	II-III	950,--
1/3 Taler, 1668	22	III	205,--
1669	27	III	280,--
MAGDEBURG, Stadt			
1627, Fr., 1495,	101	III	1500,--
1630	47	III	2200,--
Taler auf das Interim in Augsburg (1549), O. J.,			
Dav. 9445, D Mey 597, Schulten 1926	04	III	1050,--
	97	III/IV	315,--
Taler zu 24 Groschen, 1571, De Mey 600, Dav.			
9446	73	II-III	1425,--

Reichstaler auf das hundertjährige Reformations-			
jubiläum, 1617, Dav. 5509	93	III	1400,--
Taler auf die Stadtgründung, o. J., Dav. 5514,			
(vergoldet, poliert, zwei Henkel)	10	III	225,--
Taler zu 24 Groschen, 1624, Dav. 5516	16	IV/V	285,--
	48	III-IV	550,--
(leichte Schrötlingsrisse)	61	II	925,--
	65	III/II	610,--
1625	61	II-III	1200,--
1626	15	II-III	650,--
1627 (Druckstelle)	04	II-III	405,--
	61	II-III	950,--
	65	III	500,--
1628 (Kratzer)	37	III-IV	360,--
	93	II	900,--
1629	65	III/I-II	575,--
	67	III-IV	450,--
	70	III	575,--
1630 (leichte Druckstellen)	65	I-II	975,--
Reichstaler auf den Wiederaufbau der Stadt,			
1638, Dav. 5518	97	III/II	1675,--
Reichstaler auf den Wiederaufbau nach der			
Zerstörung 1631, 1638, Dav. 5520	15	III	1250,--
(Sammlerzeichen)	65	III/IV	1025,--
Reichstaler, 1673, Dav. 5527 (Schrötlingsfeh-			
ler)	79	III	5250,--
2/3 Taler, 1674	73	III	225,--
	92	III	210,--
(Gulden) 2/3 Taler nach zinnaischem Fuß,			
1674 (teilweise schwache Prägung)	86	III	300,--
2/3 Taler, 1674 (Randfehler)	54	III	210,--
2/3 Taler, 1674	04	II-III	330,--
	65	III/II	360,--
1675	56	III	235,--
	38	III	300,--
	73	III	245,--
2/3 Taler, 1675	97	III	300,--
2/3 Taler, 1675	73	III	260,--
1676	93	III	240,--

1/2 Taler, 1627, v. Schr. 1119-1120 (Randfehler)	67	III	450,--
1/3 Reichstaler, 1672, v.Schr. 1606	97	III	200,--
16 Gute Groschen, 1682	31	III	310,--

MAINZ, Erzbistum

Gerlach von Nassau, 1354-1371

Goldgulden, o. J., Fr. 1537, Cappe 445	31	II	3800,--
	47	III	1850,--
Goldgulden Bingen, o. J., Fr. 1538, Cappe 450	55	II	2800,--
Pfennig auf fränkischem Schlag, Miltenberg, o. J., Cappe 504	89	III	300,--

Johann I. von Luxemburg-Ligny,1371-1373

Goldgulden, Höchst, o. J., Fr. 1542	98	III-IV	1425,--

Adolph I. von Nassau, 1373-1390

Goldgulden, Bingen, o. J., Fr. 1544, Cappe 478, Walther 78,79	12	II/III	1900,--
	20	III	850,--
Goldgulden, Bingen, o. J., Fr. 1544 v., Cappe 484 und Walther 80	61	III	1100,--
Goldgulden,Höchst , o. J., Fr. 1544, Walther 83	61	II-III	1550,--
Goldgulden, Höchst , o. J., Fr. 1544, Cappe vgl. 487	25	III	2400,--
Goldgulden, o. J., Fr. 1545, Cappe 492, Walther 82	97	III/II	1950,--
Goldgulden, Höchst , o.J., Fr. 1545, Walther 86	61	III	2100,--
Pfennig, Tauberbischofsheim, o. J., Cappe 502	52	IV	280,--
	89	III	1550,--
Pfennig, Miltenberg, o. J.	52	IV	200,--

Konrad II. von Weinsberg, 1390-1396

Goldgulden, Bingen, o. J., Frl. 1548, Cappe 518, Walther 93	61	II-III	1650,--
Goldgulden, Höchst, o. J.	61	III	2500,--
Goldgulden, Bingen,o. J., Fr. 1551, Cappe 516, Walther 90	31	II	4000,--

Pfennig, Neuenstadt a. d. Kocher, o. J., Cappe			
530	89	IV	390,--
Sedisvakanz, 1396-1397			
Goldgulden, Bingen, o. J., Fr. 1552, Cappe			
524, Walther 96	26	II-III	2100,--
Johann II. von Nassau, 1397-1419			
Goldgulden, Bingen, o. J., Fr. 1553, Walther			
97,98	61	II-III	2600,--
Goldgulden, Bingen, o. J., Fr. 1553	31	II	3300,--
	61	II	1800,--
Goldgulden, Höchst, o. J., Fr. 1553, Walther			
100	26	III	2000,--
	61	II	2100,--
Goldgulden, Bingen, o. J., Fr. 1554, Walther			
104 ff.	31	III	1100,--
	39	II	1775,--
	45	II	1100,--
	47	III/II	1600,--
	55	III	900,--
	60	IV/III	725,--
	68	III	1100,--
Goldgulden, Höchst, o. J., Fr. 1554	25	III	1000,--
	26	III	900,--
	39	III	1075,--
	51	III	900,--
	51	III	900,--
	51	III-IV	825,--
	51	III	1000,--
	51	III	900,--
	51	III	900,--
	51	III	900,--
	51	III	1350,--
	66	III	1250,--
	68	III	1050,--
	73	II-III	1150,--
	96	II-III	1000,--
Goldgulden, Bingen, o. J., Fr. 1555, Cappe 551,			
Walther 99	89	II	2500,--
Goldgulden, Höchst, o. J., Fr. 1555,	01	III	1650,--

wie vor	55	II	1950,--
Goldgulden, Bingen, o. J., Fr. 1556, Walther			
107	31	III	1800,--
	38	III	2400,--
	47	IV/III	1900,--
Schilling (Halbgroschen), Bingen, o. J.,			
(Randfehler)	46	III-IV	800,--
Dreiling, o. J., Walther 102 (Randfehler)	46	III-IV	775,--

Konrad III. von Dhaun, 1419-1434

Goldgulden, Bingen, o. J., Fr. 1559, Cappe			
592 (leicht poliert)	44	III	725,--
	51	III	900,--
	66	III	1625,--
Goldgulden, Höchst, o. J., Fr. 1559	31	III	1650,--
	68	III	1150,--
	73	III	1300,--
Goldgulden, Höchst, o. J., Fr. 1560, Cappe			
585, Walther 123	51	III	1125,--

Dietrich I. Schenk zu Erbach, 1434-1459

Goldgulden, Bingen, o. J., Fr. 1562 (leichter			
Einstich)	31	III	2000,--
Goldgulden, Höchst, o. J., Fr. 1562	51	III	1325,--
	56	III	2100,--
Weißpfennig, Bingen, 1444	87	III-IV	215,--

Adolph II. von Nassau, 1461-1475

Goldgulden, Mainz, o. J., Fr. 1566, Cappe 652,			
Walther 154	51	III	1350,--
	55	III	1650,--
	89	III	2000,--
Weißpfennig, Mainz, o. J., Walther 153, 155	12	III	220,--
	87	III	225,--

Dietrich II. von Isenburg zu Büdingen, 2. Reg.
1475-1482

Goldgulden, Mainz, o. J., Fr. 1565	31	III/II	4900,--

Berthold von Henneberg, 1484-1504

Goldgulden, Mainz, 1493, Fr. 1568, Schulten			
1941	31	III	4800,--

Jakob von Liebenstein, 1504-1508

Goldgulden, 1506, Fr. 1569, Schulten 1948			
(leichter Schrötlingsfehler)	31	III	2400,--

Uriel von Gemmingen, 1508-1514

Goldgulden, o. J., Fr. 1570, Schulten 1952	31	III	5000,--

Albrecht II. von Brandenburg, 1514-1545

Goldgulden,mit Titel Erzbischof, o. J., Fr. 1572, Schulten 1959, Walther 182 (leicht schwache Prägung)	26	II	2550,--
	31	III	2550,--

Daniel Brendel von Homburg, 1555-1582

Münzvereins-Goldgulden, 1572, Fr. 1573 v., (2. bekanntes Exemplar)	31	III	5100,--
Doppel-Bettlertaler, 1567, Dav. 9456, De Mey 606 (Henkelspur)	46	III	10000,--
"Bettlertaler", Mainz, 1567, Dav. 9457, De Mey 605	26	III	2300,--
	46	III	2700,--
	73	III	1600,--
Münzvereins-Taler, Mainz, 1572, Dav. 9460, De Mey 610 (Schrötlingsriß)	46	III	6750,--
1/2 Bettlertaler, Mainz, 1567	31	III/II	5500,--
	46	III	5000,--
1/4 Bettlertaler, 1567 (gestopftes Loch)	46	III-IV	1100,--

Wolfgang Kammeron von Dalberg, 1582-1601

"Bettlertaler", Mainz, 1590, Dav. 9466, De Mey 615	31	II	12000,--
"Bettlertaler", 1593, Dav. 9468, De Mey 617	46	III-IV	4400,--

Johann Adam von Bicken, 1601-1604

"Bettlertaler", Mainz, 1602, Dav. 5531	46	III	4300,--
(poliert)	46	III-IV	1400,--

Johann Schweikhardt von Kronberg, 1604-1626

Taler, 1619, Dav. 5539 (Henkelspur)	46	II-III/II	8000,--
1/2 Taler auf die Einweihung des Aschaffenburger Schloßes, 1614	46	III-IV	2600,--

Georg Friedrich von Greiffenklau zu Vollraths, 1626-1629

Goldgulden, 1628, Fr. 1577 (2. bek. Exemplar)	31	III	9500,--

Dukat, 1629, Fr. 1578, Walther 240	00	III	2100,--
	16	IV/V	450,--
Taler, 1627, Dav. 5541 (Henkelspur)	46	II-III	2400,--
Anselm Kasimir Wamboldt von Umstadt,			
1629-1647			
Dicker Doppeldukat, 1629, Fr. 1580 (Randfehler)	31	III	11000,--
Doppeldukat, 1639, Fr. 1588, Walther 248-259,			
260, 266	31	III	2400,--
	48	III	1700,--
Dukat, 1638, Fr. 1586 (aus 1637 gew.)	71	III-IV	1300,--
Dukat, 1645, Fr. 1591, Walther 283, 284	01	III	1600,--
(gewellt)	60	III	1250,--
Taler, Mainz, 1630, Dav. 5546 (Henkelspur)	46	III	1600,--
Taler, 1636, Dav. 5548 (Fundexemplar)	46	III-IV	675,--
1637	46	II-III	1500,--
	46	II-III	1650,--
	46	II	2400,--
o. J.	46	III-IV	950,--
	46	III/II	1550,--
	46	III-IV/II-III	1450,--
Taler, 1637, Dav. 5549 (leichter Stempelfeh-			
ler)	04	III	975,--
1638	46	III	1300,--
	46	III/II-III	950,--
	46	III-IV/III	725,--
(Randfehler)	46	III	1050,--
1639	46	III/II-III	1450,--
Taler, 1639, Dav. 5549 v.	39	III/II	1900,--
Taler, 1642, Dav. 5552	46	II-III/II	3600,--
1/2 Reichstaler, 1630, Walther 245	31	III	8500,--
1/2 Taler, 1642	46	II-III	3000,--
	46	III	2100,--
Johann Philipp von Schönborn, 1647-1673			
Dukat, Mainz, 1648, Fr. 1592, Walther 293 ff.	31	III	1450,--
Dukat, 1650, Fr. 1593, Walther 293 ff.	31	II/III	1450,--
	55	II-III	1650,--

wie vor, 1652	41	II	1675,--
	65	III/IV	1075,--
1653	19	II-III	1250,--
	28	II-III	1350,--
Dukat, 1655, Fr. 1593, Walther 306	21	III-IV	850,--
1657 (leichter Randfehler)	25	III	750,--
1658	51	II-III	1575,--
Dukat, 1654, Fr. 1593	97	III	975,--
1655 (Überprägung)	53	III	920,--
	60	III	1250,--
1657	86	II-III	1300,--
Dukat, 1667, Fr. 1593	38	III	2100,--
1671	02	II	2300,--
Taler, Mainz, 1658, Dav. 5558	46	II-III	3000,--
	66	III	2650,--
Sortengulden zu 60 Kreuzer, Mainz, 1671,			
Walther 325, 326, 329 (Fundexemplar)	46	III/II-III	460,--
1672	65	IV/III	275,--
	100	II-III	675,--
(Randfehler)	100	II-III	600,--
1/2 Sortengulden zu 30 Kreuzer, Mainz, 1671	46	II-III	1050,--
	66	III	410,--
	85	II	1700,--
1672	46	III/II-III	950,--
Lothar Friedrich von Metternich-Burscheid,			
1673-1675			
Dukat, 1673, Fr. 1594	31	III	11000,--
Dicker Doppeltaler, 1674, Dav. 5559, Walther			
345	46	II-III/II	20000,--
Sortengulden zu 60 Kreuzer, Mainz, 1673,			
Walther 341	04	III	380,--
	06	III	320,--
	06	III	425,--
	34	III	300,--
	41	II-III	445,--
	46	III	525,--
	46	III-IV/III	300,--
	46	III	340,--

wie vor (Fundexemplar)	46	III-IV	210,--
	46	III/II-III	300,--
	60	III	560,--
	97	III	400,--
1674 (Fundexemplar)	46	III	400,--
	53	II	460,--
(gereinigt)	89	III	340,--
1675	21	II-III/I-II	625,--
	25	I-II	490,--
(Fundexemplar)	46	III/II-III	270,--
(leichter Randfehler)	47	III	400,--
	51	II	500,--
	85	II	600,--
1/2 Sortengulden zu 30 Kreuzer, 1673	46	III-IV	500,--
1675 (schwache Prägung)	46	II	700,--
	100	II-III	625,--
(leichter Schrötlingsfehler)	100	II-III	490,--

Damian Hartard von der Leyen, 1675-1678

Dicker Doppeltaler, Mainz, 1676, Dav. 5561,			
Walther 356	46	II-III/II	14000,--
	47	III	11500,--
Taler, Mainz, 1676, Dav. 5762	46	II-III	5250,--
Sortengulden zu 60 Kreuzer, Mainz, 1675			
(leicht gedrückt)	05	III	400,--
	07	III	360,--
(Schrötlingsfehler)	07	III	260,--
(gereinigt)	89	III	340,--
(leichter Schrötlingsfehler)	100	III	360,--
Sortengulden zu 60 Kreuzer, Mainz, 1675	06	II-III	800,--
(Fundexemplar)	46	III	260,--
(Fundexemplar)	46	II-III	600,--
1676 (Fundexemplar)	46	III-IV/III	320,--
	65	III-IV	325,--
	75	III	380,--
Sortengulden zu 60 Kreuzer, Erfurt, 1675	06	III	360,--
Sortengulden zu 60 Kreuzer, Erfurt, 1675			
(Schrötlingsfehler)	06	II	1250,--
	06	III	360,--

1/2 Sortengulden zu 30 Kreuzer, Mainz,			
1675, Walther 354	44	III-IV	525,--
1/8 Taler auf seinen Tod, Mainz, 1678	46	III	380,--
1/12 Reichstaler, Erfurt, 1676 (Unediert? Rand-			
fehler)	46	III-IV/III	360,--

Karl Heinrich von Metternich-Winneburg,
1679

Taler, 1679, Dav. 5566	46	II-III/I	16000,--
1/2 Sortengulden zu 30 Kreuzer, 1679, Walther			
387	31	III	6600,--
1/8 Taler auf seinen Tod = Sterbegroschen,			
1679	46	II-III/I	775,--

Anselm Franz von Ingelheim, 1679-1695

Silberabschlag vom Dukaten, Augsburg, auf			
seine Ankunft zur Königskrönung Joseph I.,			
o. J.	89	III	255,--
Dicker Doppeltaler, Mainz, 1685, Dav. 5568,			
Walther 398 (aus 1684)	46	III	12600,--
Breiter doppelter Schautaler, Mainz, 1694,			
Dav. 5573, Walther 424	47	II	9000,--
Taler, Mainz, 1682, Dav. 5569, Walther 399,			
408, 409	46	III/II	4750,--
1684	46	II	6100,--
1685 (aus 1684)	46	II-III/II	4600,--
Taler, Aschaffenburg, 1692, Dav. 5571, Walther			
427 (leicht justiert)	46	III/II	4000,--
Taler, Aschaffenburg, 1695, Dav. 5572, Walther			
435, 438 (aus 1694)	46	III	4000,--
Sortengulden zu 60 Kreuzer, Mainz, 1680,			
Mmz. MF	46	III/II	250,--
(Stempelfehler)	81	III	310,--
Sortengulden zu 60 Kreuzer, A. D., Mainz,			
1690, Walther 400-417	46	III	270,--
	46	III	260,--
Sortengulden zu 60 Kreuzer, Aschaffenburg,			
1693, Walther 429, 439 (Fundexemplar)	46	II-III	875,--
	46	III	575,--
1695 (aus 1693)	46	II-III	625,--

1/2 Sortengulden zu 30 Kreuzer, Mainz, 1680,			
Walther 401	46	III/II	1200,--
15 Kreuzer, Erfurt, 1690, Walther 450, 451			
(Stempelfehler)	98	II	305,--
XV Kreuzer, Erfurt, 1690 (leichte Stempel-			
fehler)	16	III/II	245,--
(Randfehler)	16	III/II	205,--
(Schrötlingsriß)	44	II	300,--
(6 Albus) 12 Kreuzer, Mainz, 1692, Walther			
419, 420	46	I	390,--
II Albus (Batzen), Aschaffenburg, 1692,			
Walther 432	46	I	270,--
Lothar Franz von Schönborn, 1695-1729			
Dukat auf den Frieden von Rijswick, o. J.,			
Fr. 1599, Heller 301	45	III/II	4000,--
1/4 Taler auf seinen Tod, 1729, Walther 474	19	III/II-III	775,--
Doppelter Groschen auf seinen Tod (1/8 Taler?),			
1729, Heller 307	86	II/I	360,--
Franz Ludwig von der Pfalz, 1729-1732			
1/2 Reichstaler, 1732, Walther 492	31	I	4300,--
Sedisvakanz, 1732			
Taler, 1732, Walther 499	46	III	2200,--
1/2 Taler, 1732, Zep. 16, Walther 500	46	II	1250,--
1/4 Taler, 1732, Zep. 266	27	II-III	470,--
1/8 Schautaler, 1732, Zep. 17, Walther 502			
(Henkelspur)	68	III	230,--
Philipp Karl von Eltz-Kempenich, 1732-1743			
Breiter Doppeldukat, 1738, Fr. 1607, Walther			
503	31	I	9500,--
Sedisvakanz, 1743			
1/2 Schautaler, 1743, Walther 509	46	II-III/II	800,--
1/4 Schautaler, 1743, Zep. 20, Walther			
510	19	II	925,--
Johann Friedrich Karl von Ostein, 1743-1763			
Groschen auf seinen Tod, 1763, Cr. 18, Wal-			
ther 526	21	I-II	330,--
	86	II-III	240,--

Sedisvakanz, 1763

Taler, 1763, Cr. 33, Walther 589	46	II	2000,--
1/2 Taler, 1763, Cr. 32, Walther 590	46	II-III/II	650,--
1/4 Taler, 1763, Cr. 31, Walther 591	46	II-III	360,--

Emmerich Joseph von Breitbach-Bürresheim,
1763-1774

Dukat, 1771, Fr. 1613, Cr. 70	25	I-II	5000,--
	70	I	6900,--
Ausbeute-Dukat, Rheingold, 1772, Fr. 1614,			
Cr. 71	31	II	12000,--
Taler, Mainz, 1764, Dav. 2424, Cr. 66	46	III-IV	360,--
1765	04	III	360,--
	05	III	385,--
(Randfehler)	05	III	245,--
(korrodiert)	19	III	270,--
	31	III	460,--
	34	III-IV	270,--
	38	III	330,--
	46	II-III	550,--
	47	III/II	1000,--
	66	III	850,--
	66	III	550,--
	70	III	310,--
	89	III	625,--
Konventionstaler, 1766, Dav. 2425, Cr. 67	38	III	340,--
	39	II	900,--
	45	III	675,--
	53	III	395,--
Konventionstaler, 1767, Dav. 2426, Cr. 67	46	III/II-III	525,--
1768	89	III	360,--
Taler, 1768, Dav. 2427, Cr. 68 (teilvergoldet)	46	III	270,--
1769	04	III-IV	230,--
(Randfehler, leicht justiert)	05	III-IV	200,--
	21	III	530,--
(Randfehler, leicht justiert)	46	II-III	360,--
(leichter Randfehler)	51	II	1050,--
(Schrötlingsfehler)	86	III-IV	230,--
Taler, 1770, Dav. 2428, Cr. 69 (l. justiert)	00	III	650,--

wie vor	19	III	525,--
1771	46	III	460,--
1/2 Taler, 1766, Walther 602	46	III	310,--
1/2 Taler, 1769, Cr. 65,5	01	III-IV	250,--
	26	III	270,--
	46	III-IV	220,--
1/3 Taler auf seinen Tod, 1774, Walther			
626, Cr. 63	46	II-III	500,--
1/6 Taler auf seinen Tod, 1774, Cr. 60,			
Walther 627	46	II	440,--
1/12 Taler (Doppelgroschen), Mainz, auf seinen			
Tod, 1774, Cr. 54, Walther 628	49	II	255,--
	49	II-III	205,--
	97	III/II	305,--
30 Kreuzer, 1766, Cr. 62 a, Walther 306			
(leichter Schrötlingsriß)	46	III-IV	230,--
5 Kreuzer, Mainz, 1765, Cr. 52	45	II	200,--
Sedisvakanz, 1774			
Schautaler, 1774, Cr. 74, Walther 640	46	I	1300,--
1/2 Schautaler, 1774, Cr. 73	27	III	360,--
	46	II	700,--
Friedrich Karl Joseph von Erthal, 1774-1802			
Dukat (Joh. Lindenschmidt), 1795, Fr. 1615,			
Cr. 104, Walther 656 (leichter Kratzer)	00	II	2325,--
	25	II	1825,--
	26	II	2450,--
	27	I	2800,--
	28	II	2400,--
Dukat, 1795, Fr. 1616, Cr. 105, Walther			
655	27	II	3500,--
	71	II	2500,--
	97	I/PP	3100,--
1/4 Dukat - Goldabschlag vom Kreuzer-Stempel,			
1795	25	I	1300,--
Konventionstaler, 1794, Cr. 99, Dav. 2429			
(leichte Fehler)	16	III	480,--
	26	II	725,--
(Randfehler)	39	II	625,--

wie vor	41	I-II/I	1250,--
	46	III-IV	260,--
(leichter Randfehler)	70	I-II	1750,--
(Schrötlingsfehler)	102	III/IV	300,--
Kontributionstaler, geprägt aus Kirchensil-			
ber, 1794, Cr. 100, Dav. 2431	04	II-III	1025,--
	26	I-II	2200,--
	46	II	1600,--
	70	I	2700,--
Konventionstaler, Mainz, 1794, Cr. 101,			
Dav. 2432 A (leichte Fehler)	16	II	800,--
(Randfehler)	17	III	250,--
	41	II	700,--
	46	III-IV	230,--
	70	I-II	1550,--
Taler, Mainz, 1794, Cr. 101, Dav. 2432			
(Randfehler)	21	III	500,--
(Randfehler)	46	III	300,--
	70	II	1050,--
	86	II-III	525,--
Taler, 1794, Cr. 101, Dav. 2433	41	II	1200,--
	81	I-II	1450,--
	94	II	825,--
Zwitter-Taler, 1795, Dav. 2434, Cr. 102,			
Walther 661	12	II	3000,--
	47	II	4000,--
	98	II-III	2500,--
Taler, 1796, Dav. 2435, Cr. 103, Walther			
671	14	II	1400,--
	19	II	1000,--
(leichter Randfehler)	27	II	1100,--
(Schrötlingsfehler)	30	I-II	1600,--
	41	I-II	1850,--
	70	I	2700,--
	100	III	320,--
20 Kreuzer, 1794, Cr. 95, Walther 653	56	II	340,--
10 Kreuzer, Mainz, 1795, Cr. 94 a (leicht			
justiert)	100	II	285,--

5 Kreuzer, 1795, Cr. 91, Walther 666,7	55	II	280,--
5 Konventionskreuzer, 1795, Cr. 92	55	II	300,--

Ritterstift St. Alban

Goldgulden, 1780, Fr. 2376, Cr. 1 (Schröt-lingsfehler)	01	III	2250,--
Silberabschlag des Goldguldens, 1712, Walther 727 ff.	21	III	350,--

MAINZ, Stadt

Dukat, Mainz, 1632 (Schrötlingsrisse)	51	III	1700,--
Doppeltaler - Probe in Platin, Mainz, o. J., JuF. 1844 a (leichter Stempel-riß)	32	I	4150,--
1, 2, 5 Sols, Glockenmetall, 1793, Cr. 1-3	19	III	250,--
5 Sols, Glockenmetall, 1793, Cr. 3	29	II	210,--

MANSFELD, gemeinschaftlich

Günther IV., Ernst II., Hoyer VI., Gebhard VII. u. Albrecht VII., 1486-1625

Taler, 1521, Dav. 9471, Schulten 2013, De Mey 619 (Henkelspur)	47	III	850,--
1522	12	III	1500,--
	25	II-III	2075,--

Ernst II., Hoyer VI., Gebhard VII. u. Albrecht VII., 1526-1531

Taler, 1530, Dav. 9476, De Mey 625, Schulten 2019 (leichte Henkelspur)	12	III	500,--
1531	47	III	750,--

Hoyer VI., Gebhard VII., Albrecht VII. und Philipp II., 1531-1540

Taler, o. J.,Dav. 9479, De Mey 630, Schulten 2023	01	III	550,--
1532	47	III	480,--
	55	III	410,--
	61	II	1300,--
(leicht poliert)	67	III	415,--
1535	68	II-III	550,--
1538	71	II-III	400,--

wie vor, 1539   71   IV   220,--

1/2 Taler, o. J., Schulten 2024, 2. bekann-
tes Exemplar   47   II/III   1200,--

wie vor, 1539	71	IV	220,--
1/2 Taler, o. J., Schulten 2024, 2. bekann-			
tes Exemplar	47	II/III	1200,--
MANSFELD-Vd. Li. BORNSTEDT			
Bruno II. von Bornstedt, Wilhelm I. von Arnst,			
Johann Georg IV. von Artern, 1604-1607			
Reichstaler Eisleben, 1606, Dav. 6916	66	III	450,--
1607	49	III	350,--
Bruno, II., Wilhelm I., Johann Georg IV. und			
Vollrat VI., 1605-1615			
Taler, 1607, Dav. 6919	69	III	210,--
1608	67	II-III	430,--
1609	55	III-IV	260,--
1610	49	III-IV	200,--
	23	III/IV	210,--
	75	III	300,--
1612	40	III/IV	245,--
1613	10	III	440,--
1615	55	III-IV	260,--
Reichstaler, Eisleben, 1608, Dav. 6919	85	II	450,--
1610	97	III	210,--
Bruno II., 1604-1615			
Taler auf seinen Tod 1615, Dav. 6923, Tornau			
230 h	21	III	550,--
Wolfgang III. und Johann Georg II., 1631-1638			
Dukat 1638, Fr. 1511, Tornau 249b (leicht ge-			
wellt)	05	IV/III	975,--
Taler, Eisleben, 1635, Dav. 6927, Tornau 253b	01	III	380,--
Taler o. J., Dav. 6928, Tornau 257c	21	III	400,--
Karl Adam, 1638-1662			
Taler, 1656, Dav. 6930	89	III	280,--
1/2 Taler, 1655	67	II-III	360,--
	85	III	380,--
1657 (Schrötlingsfehler)	67	III-IV	210,--
1/4 Taler, 1655, Tornau 280a	98	III	230,--

Franz Maximilian und Heinrich Franz, 1644-
1692

Dukat, 1687, -Fr. 1514 (Fassungsspur)	60	III/IV	1350,--
(Henkelspur)	66	III	675,--
2/3 Taler, 1675, Tornau 293b	54	IV	210,--
2/3 Taler, 1675, Tornau 225ff	68	II-III	450,--
(Randfehler)	80	III	330,--
1679 (Randfehler)	67	II-III	200,--
1/3 Taler, nach zinnaischem Fuß, Eisleben,			
1671	47	III	210,--

MANSFELD-li. zu BORNSTEDT-FONDI

Heinrich II., Fürst von Fondi, 1717-1780

Spruchtaler, Prag, 1674, Dav. 2438, Cr. 6,			
J. 2	41	II	1225,--
(justiert)	75	II-III	700,--
1/2 Taler Konventionsspruchtaler, Prag, 1774,			
Cr. 5, J. 1 (leicht fleckig, leichter Krat-			
zer)	05	I-II	775,--
	60	III	475,--
	68	II-III	380,--

Franz Gundacar Fürst von Colloredo Mansfeld,
1780-1807

Spruch-Dukat, Wien, 1792, Fr. 1517, Cr. 2,			
Tornau 328 (Fassungsspur gewellt)	102	III	700,--

MANSFELD-Li. VORDERORT-EISLEBEN

Johann Georg I., Christoph II. und Johann
Ernst, 1558-1573

Taler, o. J., De Mey 640, Schulten 2034			
(Randfehler)	73	I-II	360,--
Taler zu 24 Groschen, 1572, Dav. 9489, De			
Mey 642 (leichter Schrötlingsfehler)	89	III	370,--

Johann Georg I., Peter Ernst I. und Christoph
II., 1558-1579

Taler, 1560, De Mey 635, Tornau 339p	89	III	360,--

Johann, Georg I., Johann Albrecht und Bruno
II., 1573-1576

Taler 1576, De Mey 644	25	III	285,--

Johann Georg I., Peter Ernst I. und Johann
Hoyer III., 1573-1579

Taler, 1578, De Mey 648	96	III	310,--

Jobst II., 1579-1619

Spruchtaler, 1603, Dav. 6932, Tornau 821ff	71	III	300,--
1/2 Reichstaler auf seinen Tod, 1619, Tornau 434	47	III	750,--

Johann Georg II., 1619-1647

Taler auf seinen Tod, 1647, Dav. 6938, Tornau 476a	47	I-II	1600,--

Johann Georg III., 1663-1710

1/3 Taler, 1670	68	II-III	350,--
	85	II	350,--
Sterbegroschen, 1710, Tornau 519a (leichter Randfehler)	75	III	260,--

MANSFELD-Vd.Li.-FRIEDEBURG

Peter Ernst I., Christoph II. und Johann
Hoyer III., 1558-1573

Taler 1569, De Mey 655, Tornau 529	87	III	300,--
Taler zu 24 Groschen, 1572, De Mey 658, Tornau 542b	71	IV	300,--
1/4 Taler, o. J., Schulten 2039, Tornau 536c	47	III	320,--

Peter Ernst I., Johann Albrecht, Johann
Hoyer III., Bruno II. und Hoyer Christoph
1579-1585

Taler, 1580, De Mey 659 (leichter Randfehler)	75	II-III	300,--

Peter Ernst I., Johann Albrecht, Bruno II.,
Hoyer Christoph I. und Johann Georg IV,
1585-1586

Taler, 1585, De Mey 661 (leicht oxydiert)	63	III	325,--

Peter Ernst I., Bruno II., Gebhard VIII. und
Johann Georg IV., 1587-1601

Taler 1588, De Mey 663	47	III	320,--
Taler, 1587, Dav. 9508	06	III	290,--
	67	II-III	325,--

Taler, 1589, De Mey 663	39	III	220,--
	56	III	310,--
1591	45	III	280,--
1593	04	III	270,--
	25	III	250,--
	39	III	260,--
	45	II-III	340,--
	45	III/II	370,--
Taler, 1595, De Mey 663	45	II-III	370,--
	55	III	315,--
1597	93	III	380,--
	97	III	260,--
	47	III	410,--
1599	45	III	320,--
1/2 Reichstaler, 1596	67	II	625,--

Peter Ernst I., Bruno II., Wilhelm V. und
Johann Georg IV., 1601-1604

Taler, 1603, Dav. 6947	97	III	310,--

MANSFELD-Vd.Li. zu ARTERN
Volrat VI., Jobst II. und Wolfgang III.,
1615-1617

Taler, 1616, Dav. 6950, Tornau 685b	47	III	650,--
Taler, 1616, Dav. 6951	67	III	250,--
	87	III	500,--

Volrat IV., Jobst II., Wolfgang III. und
Bruno III., 1616-1619

Taler, 1617, Dav. 6953, Tornau 703	60	III	240,--

Volrat IV. und Jobst II., 1619-1620

Taler 1620, Dav. 6958, Tornau 723a	33	III	240,--

Volrat VI., Wolfgang III. und Johann Georg II.
1620-1627
Goldgulden, Eisleben, 1626, Fr. 1526,

Tornau 730	27	II	2600,--
Taler, 1620, Dav. 6960, Tornau 736	38	III	200,--
Taler, 1622, Dav. 6962	17	II-III	350,--
1623	94	II	600,--
1624	47	III	320,--

wie vor	70	III	255,--
	85	III	250,--
Taler, 1626, Dav. 6962	31	III	325,--
	71	III-IV	250,--
1/2 Taler, 1626, Tornau 782 ff.	98	III	320,--
1/4 Taler, 1624, Tornau 792	01	III-IV	240,--
Philipp Ernst, 1585-1631			
Spruchtaler, 1624, Dav. 6967, Tornau 832 ff.	04	III	350,--
	47	III	450,--
1625 (leichte Henkelspur)	04	III	220,--
Spruchtaler, 1620, Dav. 6969	69	III	280,--
Philipp Ernst, Wolfgang III. und Johann			
Georg II., 1620-1630			
Taler, 1629, Dav. 6970	97	III	315,--
MANSFELD-HINTERORT Li. zu SCHRAPLAU			
Gebhard VII., Albrecht VII., Philipp II. und			
Johann Georg I., 1540-1546			
Taler, 1540, De Mey 665, Schulten 240	47	III/II	480,--
Gebhard VII., Philipp II. und Johann Georg I.,			
1542-1546			
Taler, 1546, De Mey 666, Schulten 2043	04	III	575,--
Gebhard VII. und Johann Georg I., 1546-1547			
Taler, 1545, De Mey 665, Schulten 2045	47	III	1600,--
1/2 Taler, 1546, Schulten 2046	06	III	450,--
(leichte Henkelspur)	21	III	365,--
1/4 Taler, 1546, Schulten 2047, Tornau 903 a	47	III	400,--
Gebhard VII., Johann Georg I. und Peter			
Ernst I., 1547-1558			
Taler, 1547, De Mey 668, Schulten 2050			
(Fundstück)	12	III	480,--
	47	III/II	800,--
	71	II	550,--
(leichte Schrötlingsfehler)	85	III	300,--
1551	71	II	550,--
1552 (Randfehler)	21	III	300,--
Taler, 1554, Dav. 9517, De Mey 670, Schulten			
2051	47	III	480,--

wie vor (Henkelspur)	71	III	300,--
Taler, 1555, Tornau 926 b (rauher Schrötling)	51	III	300,--
Taler, 1556, De Mey 671, Schulten 2051	47	III	400,--
	49	III	320,--
1558 (gereinigt)	06	III	225,--
1/2 Taler, 1547, Schulten 2052	55	III	475,--
	67	II-III	650,--
	79	III	625,--
1549	47	III/IV	240,--
1/2 Taler, 1554, Schulten 2053	47	III	400,--
1/2 Taler, 1555, Schulten 2054, Tornau 933a,v.	47	III	400,--
1/4 Taler, 1554, Schulten 2055, Tornau 935 a	47	III	650,--

Christoph II., Johann Albrecht und Bruno II.,
1558-1573

Taler, 1566, De Mey 673 (Randfehler)	51	III	410,--
Taler zu 24 Groschen, 1572, De Mey 675	47	III	400,--
1573	67	III	305,--

Christoph II. allein, 1558-1591

Taler zu 24 Groschen, 1582, De Mey 676	41	II-III	500,--
Taler zu 24 Groschen, 1585, De Mey 676 v.	87	III	300,--
1589	47	III	400,--
1/4 Taler, 1583, Tornau 980 (Randfehler)	73	III	400,--

Heinrich II. und Gotthelf Wilhelm, 1591-1594

Reichstaler, 1592, De Mey 678	03	II-III	400,--
1593	56	III	315,--
1594	87	II	625,--

Heinrich II., 1594-1602

Spruchtaler, 1595, Dav. 9529, De Mey 679	52	III-IV/III	255,--
	79	III	355,--
1599	51	III	300,--

MANSFELD-Eigentl. HINTERORT Li.
Albrecht VII., Philipp II. und Johann Georg I.,
1540-1546

Taler, 1542, Schulten 2062, De Mey 681	20	III	225,--
	47	III	480,--
Taler, 1542, Dav. 9531, Tornau 1019	55	III	340,--
1/2 Taler, 1543, Schulten 2063	22	IV	285,--

Albrecht VII. allein, 1546-1554

Einseitige Talerklippe, 1547, De Mey 684,

Schulten 2064   47   III   4000,--

Taler, 1547, Dav. 9532, De Mey 682, Schulten

2065   47   III   480,--

Spruchtaler, 1553, De Mey 683, Schulten 2066   47   III   360,--

Albrecht VII., Johann Georg I., Peter Ernst

und Christoph II., 1558-1560

Taler, 1559, Schulten 2073   73   III   210,--

1560 (Schrötlingsfehler)   69   III   250,--

Taler, 1559, Schulten 2074, Tornau 1059

(Riß)   97   IV/III   260,--

Volrat V., Johann I. und Karl I., 1560-1566

Taler, 1561, De Mey 688 (Kratzer)   04   III   340,--

1563   25   III   285,--

                                                48   II-III   350,--

1/2 Spruchtaler, o. J., Tornau 1068   85   III-IV   430,--

Heinrich II., 1595-1602

Taler, 1595, Tornau 997   45   III/II   370,--

1/2 Spruchtaler, 1596, Tornau 1002 a   73   III   480,--

Ernst VI., Friedrich Christoph und David,

1602-1603

Taler, 1602, Dav. 6996 (Überprägung)   85   III   550,--

David, 1603-1628

Spruchtaler, 1605, Dav. 6974 A   67   III   265,--

Spruchtaler, 1606, Dav. 6977   47   III   320,--

1607 (Henkelspur)   60   III   270,--

1608 (leicht oxydiert)   96   III   315,--

1609   05   III   310,--

                                                45   III   325,--

                                                54   II-III   455,--

Spruchtaler, 1622, Dav. 6982   67   II-III   450,--

Breiter Spruchtaler, 1624, Dav. 6989   85   III   360,--

1/4 Spruchtaler, 1613, Tornau 1160   82   III   255,--

Ernst VI. und Friedrich Christoph, 1603-1611

Taler, 1608 , Dav. 7000   68   III   405,--

Friedrich Christoph, 1610-1631

Taler, 1610, Dav. 7002, Tornau 1263 b	07	III	270,--
(leichter Schrötlingsfehler)	54	III	365,--
Taler, 1629, Dav. 7011, Tornau 1303			
(Doppelschlag)	23	III-IV	250,--
Sterbetaler, 1631, Tornau 1344	83	III	750,--
1/2 Taler, 1622, Tornau 1307 c	98	III	415,--

Friedrich Christoph und David, 1620-1628

1/2 Taler, Eisleben, 1625, Tornau 1356 b	73	III	320,--

Christian Friedrich, 1632-1665

Dukat, 1644, Fr. 1535	51	III	1800,--
Taler, 1645, Dav. 7019	73	III	460,--
1648	85	III	350,--
Taler, 1648, Dav. 7019 A, Tornau 1407	01	III	415,--
Taler, 1649, Dav. 7019 A	93	II-III	380,--
Taler, 1651, Dav. 7019 B	62	III/II	300,--
Taler, 1661, Dav. 7021	55	III	575,--
1663	00	II	1100,--
1/2 Reichstaler, 1646	73	III	280,--
1651	47	III	350,--
(leichte Feilspur)	48	I-II	500,--
1/2 Taler, 1661, Tornau 1435	01	III	300,--

MANSFELD-EISLEBEN, Stadt

Breiter 1 1/2-facher Schautaler auf die			
Konvention des evangelischen Fürsten, 1661,			
Tornau 1470 (leichte Kratzer)	85	II-III	900,--
Breiter 3/4 Schautaler, 1661 (leicht ge-			
drückt)	05	III/II	500,--
	32	II	480,--
	38	III	355,--
	49	III	370,--
	51	III	470,--
(Randfehler)	56	III	350,--
	75	III	405,--
	85	II	750,--
	89	II/III	550,--
	92	III	420,--

Breiter 1/2 Schautaler (= Abschlag vom Taler-
Stempel), 1661, Tornau 1474   67   III   575,--
(leichte Kratzer)   73   III   430,--

MARSBERG, Stadt
Kupferpfennig, 1638, Weing. 449   42   III   275,--
                                              99   III   395,--

MECKLENBURG, Herzogtum
Magnus II. und Balthasar, 1477-1503
Doppelschilling, Güstrow (1/2 Ort), o. J.,
Schulten 2084   01   III   310,--
                                              02   III   310,--
                                              02   II-III   390,--
                                              55   III   380,--
                                              67   III   270,--
                                              85   III   300,--
(leichte Randfehler)   97   II/III   300,--

MECKLENBURG-GÜSTROW
Albrecht VII., 1503-1547
Salvatortaler, 1542, Dav. 9542, De Mey 695,
Schulten 2107   02   III   3300,--
Taler, Gadebusch, 1543, De Mey 696, Dav.
9544, Schulten 2108   02   IV   330,--
                                              02   IV   460,--
(Schrötlingsfehler)   20   III   1525,--
                                              26   II-III   2900,--
Mark (1/2 Taler), Gadebusch, 1542, Schulten
2109   02   IV   440,--
(Henkelspur)   02   IV   440,--
1/4 Taler, Güstrow, 1527, Schulten 2112   02   III   130C.--
Doppelschilling, Güstrow, 1523, Schulten 2114
(mit Gegenstempel Stierkopf)   02   III   650,--
1524 (mit Gegenstempel Stierkopf)   02   III-IV   320,--
Doppelschilling, Güstrow, 1527, Schulten 2117 02   II-III 1050,--
Schilling, Güstrow, 1528, Schulten 2119   02   II-III   700,--

Johann Albrecht I., 1547-1555
Taler, Gadebusch, 1549, De Mey 698, Schulten

2133	02	III	2600,--
	07	III	1450,--
(leicht schwache Prägung)	89	III	625,--

Taler, Gadebusch, 1549, Schulten 2134, De

Mey 697	02	III	675,--
	02	III	775,--
	02	IV	425,--
	26	II-III	1700,--
	29	III-IV	210,--
(Randfehler)	48	III	575,--
	51	III-IV	675,--
	56	III-IV	500,--
(leichter Randfehler)	62	III-IV	450,--
	63	III	850,--
	70	III	875,--
	85	III	1325,--
	93	III-IV	550,--
Schilling, Gadebusch, 1552, Schulten 2139	02	III-IV	230,--

Ulrich III., 1556-1603
Taler, 1556, De Mey 702, Schulten 2142

(Henkelspur, poliert)	02	III	230,--
(leichte Schrötlingsrisse)	07	III	1500,--
	15	IV	500,--
	47	III	750,--

Taler zu 27 Schilling 6 Pfennig, 1568, Dav.

9592	02	III	1850,--
Taler zu 32 Schilling, 1574, De Mey 706	02	III-IV	600,--
	89	III-IV/III	500,--
Taler, 1574, Dav. 9554 (Schrötlingsfehler)	48	III	625,--
Spruchtaler, 1584, Dav. 9556, De Mey 710	02	III-IV	500,--

Zwitter-Spruchtaler, 1577, De Mey 709 (leichte

Henkelspur)	02	III	800,--
Spruchtaler, 1577, De Mey 708	02	III	1400,--
1/2 Taler zu 16 Schilling, 1574	02	III	1700,--
1576	02	III-IV	1150,--

Karl I., 1603-1610

Taler, 1609, Dav. 7050 (Sammlerzeichen)	02	III	2000,--
Doppelschilling, 1603 (leichter Randriß)	02	III-IV	280,--
1608	02	II	210,--
1609	02	II-III	230,--

Johann Albrecht II., 1610-1628, 1632-1636

Taler, 1621, Dav. 7054	02	III	2500,--
Taler, 1622, Dav. 7057 (leichte Henkelspur)	02	III	1400,--
Taler, 1623, Dav. 7058	02	III-IV	750,--
1624	02	III	1450,--
Taler (mit Titel von Ratzeburg), 1633, Dav.			
7060 (gestopftes Loch)	02	III-IV	370,--
(gestopftes Loch)	80	III-IV	600,--
1/2 Taler, 1623	02	III	2300,--
1/4 Taler (= Reichsort), 1622	02	III-IV	850,--
1/2 Reichsort (= 1/8 Taler), 1622 (gebogen)	15	IV	360,--
1/8 Reichstaler = 1/2 Reichsort, 1622	02	IV	230,--
Kipper-4 Schilling, o. J.	02	III	200,--
Doppelschilling mit Gegenstempel Soest			
(Schlüssel), 1618 (Gegenseite Stralsund)	02	III	200,--

Gustav Adolph, 1636-1695

Taler, 1680, Dav. 7067	02	III	3000,--
2/3 Taler (Gulden), 1679	02	II-III	2100,--
2/3 Taler, Rostock, 1688	02	III-IV	250,--
2/3 Taler, Rostock, 1689	02	III-IV	520,--
	98	II	370,--
1/6 Taler, Rostock, 1689	02	III-IV	350,--
	20	III	225,--
Schilling, 1671	02	I	210,--
Witten, Kupfer (= Kupfer 3 Pfennig), 1675			
(Gegenstempel)	02	III-IV	280,--

MECKLENBURG-SCHWERIN

Heinrich V., 1503-1552

Taler, 1540, De Mey 700, Schulten 2097	02	III	850,--
	02	V	210,--
	31	III	725,--
(Schabstellen)	75	III	600,--

Taler, 1540, Dav. 9539, De Mey 700, Schulten

2097	02	III-IV	600,--
	26	II	3600,--
(Randfehler)	56	III-IV	450,--
1/2 Taler, 1540, Schulten 2098	28	II	2150,--
Doppelschilling, 1524, Schulten 2102	02	III	270,--
1525	02	III	350,--
	02	III	220,--

Johann Albrecht I. von Güstrow, 1552-1576

Taler zu 27 Schilling 6 Pfennig, lübische

Währung, 1568, De Mey 699	01	III	5000,--
	02	III	3600,--

Adolph Friedrich, 1592-1658

Dukat, Wismar, 1639, Fr. 1634	02	III	4100,--
Doppelter Reichstaler, 1613, Dav. 357			
(leichte Henkelspur)	02	III	2500,--
Taler, 1614, Dav. 7026	02	IV	310,--
1615	25	II-III	1250,--
Taler, 1622, Dav. 7027	02	III	1250,--
Taler, Wismar, 1637, Dav. 7033	89	III	800,--
1642	02	III	2650,--
1647	02	III	2600,--
(leichter Schrötlingsfehler)	86	III-IV	455,--
1/2 Reichsort, 1621	02	III	270,--
	15	III	310,--
	75	III	305,--

Johann Georg zu Mirow, 1629-1675

Breiter Sterbetaler, 1675 (leichte Henkelspur)	02	III	2400,--

Christian Ludwig I., 1658-1692

Taler, 1670, Dav. 7036	48	III	1100,--
Taler, 1670, Dav. 7037	02	III-IV	1200,--
2/3 Taler, 1671	02	II-III	1400,--
2/3 Taler, 1675 (Schrötlingsfehler)	02	III	210,--
	35	III	230,--
	75	III	300,--
1676	39	III	200,--
	52	III	200,--
	73	III	250,--

2/3 Taler nach zinnaischem Fuß, 1678	04	III	330,--
	35	III-IV	200,--
	40	II-III	300,--
	51	III	275,--
(leicht schwache Prägung)	97	III	205,--
	98	II	275,--
1688	02	III	230,--
2/3 Taler, Ratzeburg, 1678	02	III-IV	300,--
	56	III-IV	450,--
Friedrich Wilhelm, 1692-1713			
Dukat, 1701, Fr. 1644	02	II-III	5000,--
1/4 Dukat, o. J., Fr. 1648	02	II-III	1250,--
	55	II-III	1400,--
Silberabschlag des Dukaten, 1704	02	II	470,--
Taler, Schwerin, 1705, Dav. 2439	02	II-III	3800,--
Taler, Schwerin, 1708, Dav. 2441	02	II	7900,--
Christian Ludwig II., 1747-1756			
1/4 Dukat, 1756, Fr. 1651, Cr. 19	55	II	2500,--
Abschlag der doppelten Pistole, Schwerin, 1752 (Randfehler)	02	II	260,--
Silberabschlag der Doppelpistole, Schwerin, auf den Geburtstag der Prinzessin Friederike Luise, 1752	02	II	380,--
2/3 Taler (Gulden), 1754, Cr. 16	02	II-III	600,--
	48	III	315,--
	56	II-III	775,--
	70	III	600,--
(Schrötlingsfehler)	87	II	630,--
8 Gute Groschen (16 Schilling), Schwerin, 1753, Cr. 14	02	II-III	220,--
	35	II-III	280,--
Friedrich II., 1756-1785			
2 Taler, 1769, Fr. 1652, Cr. 55, J. 71	02	II	3300,--
1778 (leichte Henkelspur)	02	III	675,--
	51	III	750,--
	55	III	1350,--
	86	III	1250,--
1782	02	I-II	3000,--

Gulden zu 32 Schilling, 1763, Cr. 53, J. 9	02	III	210,--
	35	III-IV	270,--
1764	01	II	405,--
	02	II-III	310,--
	35	III	350,--
	41	II	255,--
12 Schilling, 1774, Cr. 47	02	II	240,--
2 Schilling, 1757, Cr. 37	02	III	230,--
2 Schilling, 1763, Cr. 41, J. 4	02	I-II	250,--
Friedrich Franz I., 1785-1837			
5 Taler, 1828, Fr. 1655, Cr. 92, J. 77			
(leichter Randfehler)	73	II	4150,--
	99	III	1400,--
1/2 Pistole = 2 1/2 Taler, Schwerin, 1831,			
Fr. 1657, Cr. 90, J. 79	97	I	3850,--
1833 (leichte Kratzer)	82	II/I-II	4750,--
1835 (leichter Randfehler)	02	II-III	2300,--
	102	III	3900,--
2 Taler, 1792, Fr. 1653, Cr. 72, J. 72	02	I	3800,--
	70	I-II	3200,--
2 Taler, 1797, Fr. 1653, Cr. 72 a, J. 73	02	III	1200,--
	67	II	3600,--
	97	II	1450,--
2/3 Taler, 1791, Cr. 70, J. 20	02	II	325,--
1801	02	II	340,--
	94	I-II	500,--
1808	46	II-III	200,--
1810	02	I	340,--
Vaterlandsgulden, 1813, Cr. 71, J. 21	02	III	350,--
	07	III	285,--
	20	III	205,--
	27	I-II	675,--
(Schrötlingsfehler)	41	I	380,--
	62	III	260,--
(leicht justiert)	65	III	250,--
	94	I-II	425,--
	94	I-II	400,--
	95	II	215,--

2/3 Taler, 1825, J. 25	02	III	280,--
2/3 Taler, 1825, Cr. 86, J. 26 a	57	II-III	380,--
(leichter Randfehler)	62	II	525,--
1826	02	III	260,--
	73	II-III	320,--
Gulden, 1828, Cr. 87, J. 31	02	III	360,--
	07	III	210,--
	15	III	250,--
(stark gereinigt)	36	III	200,--
	67	III	225,--
	92	III/II	320,--
1/3 Taler, 1790, Cr. 68, J. 19	02	I-II	875,--
	48	III	700,--
1/4 Taler, 1792, J. 17	02	II	350,--
8 Schilling (= 1/6 Taler), 1827, Cr. 84, J. 30	34	II-III	300,--
	67	I-II	650,--
4 Schilling (= 1/12 Taler), 1809, Cr. 63, J. 16 (justiert)	20	I	1200,--
	41	II-III	390,--
4 Schilling (= 1/12 Taler), 1826, Cr. 82, J. 29	67	II	230,--
4 Schilling, 1829, J. 35	41	I	210,--
1831	41	I	205,--
Paul Friedrich, 1837-1842			
5 Taler, 1840, Fr. 1661, Cr. 99, J. 82	82	II	5300,--
2 1/2 Taler, Schwerin, 1840, Fr. 1662, Cr. 98, J. 81	02	II-III	2300,--
	27	I-II	3300,--
	44	II	2300,--
	70	II	2600,--
	82	III/II	1700,--
	94	II	1900,--
Gulden (VIII Stück), 1840, Cr. 97, J. 45	20	II-III	205,--
	26	I-II	410,--
	35	I	280,--
	41	I	600,--
	45	II/I	200,--
(leichter Kratzer)	51	I	370,--

wie vor (Kratzer)	56	II	270,--
	74	I-II	225,--
	75	III/II	200,--
	68	I	460,--
8 Schilling auf seinen Tod, 1842, J. 47	02	I	350,--
	37	II	205,--
	41	I	410,--
4 Schilling (= 1/12 Taler), 1838, Cr. 96,			
J. 44	86	II	205,--
1839	41	I	225,--

Friedrich Franz II., 1842-1883

Taler, sogen. "Angsttaler", 1848, Dav.			
727, Cr. 111, J. 55, Thun 214	36	II/III	230,--
	41	II	320,--
	43	II-III	240,--
	57	II	250,--
	62	II/I	300,--
	68	II	280,--
(leichter Kratzer)	90	II	300,--
Taler, sogen. "Angsttaler", 1848, Dav. 725,			
Cr. 111, J. 55, Thun 214	04	II-III	245,--
	30	II	275,--
	30	I-II	500,--
Taler, 1864, Dav. 728, Cr. 112, J. 58, Thun			
215	27	I-II	330,--
	37	III/II	290,--
	41	I	575,--
(Kratzer)	68	II	225,--
	74	PP	950,--
	67	I-II	450,--
Taler, 25-jähriges Regierungsjubiläum,			
1867, Dav. 729, Cr. 113, J. 59, Thun 216	39	I-II	305,--
	41	I	625,--
	51	II	370,--
	57	I-II	400,--
	68	II-III	245,--
	74	PP	1075,--
	67	I-II	525,--

wie vor	83	II	240,--
	89	II	240,--
	98	I-II	330,--
	94	I-II/I	550,--
	94	I-II/I	500,--
Taler, 25-jähriges Regierungsjubiläum, 1867,			
Dav. 729, Cr. 113, J. 59, Thun 216	00	II	360,--
	03	II/I	420,--
	20	I-II	360,--
	22	II	325,--
	33	II-III	220,--
	36	II	350,--
	37	III/II	350,--
2/3 Taler (Gulden), 1845, Cr. 110, J. 51			
(leichter Kratzer)	02	II	1250,--
	07	I	2050,--
	41	I-II	1500,--
	51	II/I-II	1750,--
	62	III/II	750,--
	80	PPb	2050,--
1/6 Taler, 1848, Cr. 109	20	I-II	205,--
	36	II/I	200,--
	41	I	320,--
	92	II/I	280,--
1/48 Taler, A, (= Schilling), 1866, Cr. 107 a	41	PP	250,--
MECKLENBURG-STRELITZ			
Adolph Friedrich II., 1701-1708			
2/3 Taler nach Leipziger Fuß, 1704	02	III	2500,--
1/3 Taler, Mirow, 1703	02	III-IV	425,--
Adolph Friedrich III., 1708-1752			
Dukat auf die 200-Jahrfeier der Reformation,			
1717, Fr. 1663	02	II	360,--
Pistole zu 5 Taler, 1747, Fr. 1666	02	III/II	3300,--
Pistole zu 5 Taler, 1749, Fr. 1666	02	III-IV	225,--
Pistole zu 5 Taler, 1748, Fr. 1667	02	II	4600,--
1 Guldentaler, 1746, Fr. 1669	02	II-III	1400,--
	02	II	2400,--

Goldabschlag vom 1/48 Taler-Stempel, 1745	02	II-III	950,--
Silberabschlag vom Dukat, 200-Jahrfeier der Reformation, 1717	70	II	600,--
Reichstaler auf die 200-Jahrfeier der Reformation, 1717, Dav. 2444 (leichter Schrötlingsfehler)	02	II	4400,--
Taler auf die 200-Jahrfeier der Reformation, 1717, Dav. 2445	02	II	4600,--
Reichstaler, 1717, Dav. 2446	02	II-III	3900,--
1/12 Taler, 1748	01	II	430,--

Adolph Friedrich IV., 1752-1794

8 Gute Groschen (= 16 Schilling), 1755, Cr. 29	02	II-III	700,--
1/3 Taler (= 16 Schilling), 1773, Cr. 33, J. 107	02	II-III	725,--
1/6 Taler, 1764, Cr. 23, J. 106 b	02	II-III	210,--
	75	I	200,--
	92	II/I	280,--

Georg, 1816-1860

4 Schilling (= 1/12 Taler), 1846, Cr. 44, J. 115, GDM 64	92	I	200,--

Friedrich Wilhelm, 1860-1904

Taler, 1870, Dav. 732, Cr. 50, J. 120, Thun 217	07	II	215,--
	17	II	235,--
(leichter Kratzer)	23	I-II	215,--
	24	II	275,--
	27	I	420,--
	37	III	200,--
	39	II/I	315,--
	39	II	205,--
	41	I-II	305,--
	62	II	230,--
	68	II	215,--
	84	II(PP)	300,--
	89	II/I	335,--

wie vor	92	III/II	200,--
	94	I	850,--

MEMMINGEN, Stadt
Dukat, 200-Jahre Augsburger Konfession,

1730, Nau 27 (leichter Stempelfehler)	31	II	4400,--
	65	II/III	4000,--
	70	II	7100,--

Silberabschlag vom Dukat auf die 200-Jahr-
feier der Augsburger Konfession, 1730, Nau

26	31	II	335,--
	70	I-II	600,--
	91	II	310,--

Silberabschlag vom Dukat auf die 200-Jahr-
feier der Augsburger Konfession, 1730,

Nau 27	44	II	290,--
	65	II/I	340,--

Silberabschlag vom 1/2 Dukat auf die 200-Jahr-
feier der Augsburger Konfession, 1730, Nau

28	31	I	205,--
	62	I	220,--
	75	I	285,--
	91	II	310,--

Silberabschlag vom Dukat auf die 100-Jahr-
feier des Westfälischen Friedens, 1748,

Nau 30	26	II	575,--
	31	I	315,--
	41	II	290,--
	44	II	350,--
	55	I	420,--
	71	II-III	290,--

Regimentstaler, 1623, Nau 17 (leichte Stempel-fehler)	72	III	5250,--
Taler, o. J., Dav. 2447, Nau 23 (Schrötlings-fehler)	70	I-II	18000,--

METZ, Bistum

Dietrich von Boppard, 1365-1384

Turnosegroschen, o. J., Saurma 1881	12	II	550,--
	39	III	370,--
1/3 Gros, o. J. (Randfehler)	55	III	265,--

Karl II. von Lothringen, 1598-1607

Teston, Straßburg, 1603	55	III	280,--

METZ, Stadt

Goldgulden-mit lateinischer Schrift, o. J.,

Fr. 497, Schulten 2186	05	V	525,--
(kleiner Riß)	39	III	400,--
Goldgulden, o. J., Fr. 497	47	III	875,--
	100	III	3400,--
Reichstaler, 1629, Dav. 5580 (Kratzer)	48	IV	570,--
	63	III	525,--
(Schrötlingsfehler)	66	III	360,--
1631 (Randfehler)	48	III-IV	575,--
(leichter Schrötlingsfehler)	100	III	440,--
Taler, 1638, Dav. 5581	55	IV	260,--
Taler, 1638, Dav. 5583	04	III-IV	400,--
1640	04	III-IV	400,--
1/2 Taler, 1638	61	III	5600,--
Turnose o. J.,	10	II	1700,--
VII Gros oder Franc Messin, 1612 (Jahrgang RR)	08	III-IV	205,--
Groschen o. J., Schulten 2187	10	II	470,--

MINDEN, Stadt

Belagerungsklippe zu 8 Groschen 1634 (mit

Gegenstempel)	01	III-IV	450,--
(ohne Gegenstempel)	12	III	490,--
(mit Gegenstempel)	31	III	440,--
	67	III-IV	360,--
	60	III	450,--
	70	III	310,--
(mit Gegenstempel)	99	III-IV	315,--

Einseitige breite Notklippe zu 4 Groschen,
o.J.   48   III   1200,--

MOERS, Grafschaft

Friedrich III., 1417-1448
Weißpfennig, Falkenberg, o. J., Men. 30   66   III/IV   700,--

MONTFORT, Grafschaft

Ulrich IV., 1564-1574
Groschen, 1568   76   II   410,--
Groschen, 1570   76   III-IV   260,--
Hugo IV. und Johann VII., 1611-1621
Taler, 1620, Dav. 7077   02   II-III   1250,--
                                                 44   II-III   2200,--
(starker Stempelriß)   76   II   1450,--
Taler, 1620, Dav. 7078   76   IV   1150,--
Reichstaler, 1621, Dav. 7079   36   II   2550,--
                                                 76   III   1300,--
Hugo IV., 1621-1662
Taler, 1622, Dav. 7080 (Henkelspur?)   19   III-IV   1800,--
                                                 76   II-III   4300,--
Taler, 1623, Dav. 7082   76   IV   1800,--
Kipper-12 Kreuzer, o. J., (um 1621)   76   IV   1800,--
1 Kreuzer, 1623, Ebn. 58   75   III   800,--
Einseitiger Cu-Heller, 1624, Ebn. 63   19   III   1050,--
Johann VIII., 1662-1686
2/3 Taler, 1675 (Schrötlingsfehler)   73   III   575,--
                                                 76   III/II   1400,--
60 Kreuzer (= Gulden), 1678 (Schrötlingsfeh-
ler)   02   III   275,--
                                                 73   III   450,--
(Fleck)   76   II-III   630,--
1679 (kleines Sammlerzeichen)   01   III   500,--
                                                 76   II   780,--
                                                 76   III   1000,--
(Randfehler, fleckig)   76   II   820,--
                                                 77   III   750,--
(leichter Schrötlingsfehler)   87   II   1400,--

XV Kreuzer, 1674, Ebn. 96	76	IV	2100,--
XV Kreuzer, 1675, Ebn. 103 var. (Stempelfehler)	76	IV	800,--
XV Kreuzer, 1676, Ebn. 105 a (Randausbruch)	06	I-II	360,--
	16	II	450,--
(Schrötlingsfehler)	73	II	380,--
	76	II	380,--
	76	II	380,--
(Randfehler)	98	I-II	460,--
XV Kreuzer, 1676, (leichte Henkelspur)	16	II	625,--
XV Kreuzer, 1678, Ebn. 111 (Randfehler, leichter Kratzer)	16	II	410,--
	44	II	360,--
XV Kreuzer, 1679, Ebn. 121	16	III/II	365,--
	44	II	410,--
	76	II	310,--
XV Kreuzer, 1679, Ebn. 122,	01	III	325,--
Kupfer-Kreuzer, 1680, Ebn. 124	76	III	600,--
Anton der Ältere, Administrator, 1686-1693			
Gulden zu 60 Kreuzer, 1690	26	III	875,--
	34	III	900,--
(Zainende)	44	II-III	650,--
(leichtes Sammlerzeichen)	70	III	625,--
(fleckig)	76	III	600,--
1691 (leichter Schrötlingsriß)	76	II	580,--
1/2 Gulden zu 30 Kreuzer, 1691 (leichte Stempelfehler)	76	II-III	975,--
XV Kreuzer, 1692	16	II	370,--
	16	III/II	300,--
	41	I-II	435,--
	44	II	350,--
	98	I-II	400,--
Anton III. der Jüngere, 1693-1733			
Taler, 1695, Dav. 7087 (aus 1694)	76	II	5900,--
"Antireformationstaler" 1730, Dav. 2452	70	I-II	8000,--
(Broschierungsspur, Stempelfehler)	76	II	1350,--
1/2 Reichstaler, 1730, Ebn. 252	76	II	3100,--
30 Kreuzer, 1732, Ebn. 266	76	II	2600,--

Batzen, 1714	76	II	260,--
Batzen, 1728 (selten!)	76	II-III	950,--
1732	76	II	320,--
2 Kreuzer, 1728, Ebn. 241	76	III	380,--
1 Kreuzer, 1696, Ebn. 153 var.	76	IV	220,--
1 Kreuzer, 1732, Ebn. 272	76	II-III	220,--
Einseitiger 1/2 Kreuzer, 1729, Ebn. 244	76	II-III	200,--
Ernst, 1734-1758			
Karolin, 1735, Fr. 457, Cr. 38	76	III	4600,--
1/2 Karolin, 1735, Fr. 458, Cr. 36, Ebn. 285	76	III	3100,--
1/4 Karolin, 1736, Fr. 461, Cr. 34, Eb.293			
(leichter Kratzer)	76	II	6600,--
Taler, 1738, Ebn. 304 (poliert)	76	III	3100,--
1/2 Taler, erhabene Prägung, 1730, Ebn. 294			
(gereinigt)	44	II	5000,--
	76	II	6500,--
1/2 Taler, flache Prägung (unsigniert), 1746,			
Cr. 28 (aus 1736, leichter Randfehler)	76	III	7500,--
1/6 Taler, 1758, Cr. 22	26	III	925,--
30 Kreuzer, 1734, Cr. 24	68	III-IV	800,--
(leichter Kratzer)	76	II	1700,--
3 Kreuzer, 1744, Ebn. 326	76	I	450,--
3 Kreuzer, 1749, Cr. 16	77	III/II	240,--
Rentkreuzer, 1737, Cr. 7	76	II-III	460,--
Rentkreuzer, 1739, Ebn. 308 var.	76	III	440,--
1 Kreuzer, 1754, Cr. 9 (Jahrgang unediert)	76	IV	500,--
Franz Xaver, 1758-1780			
Konventionstaler, 1759, Dav. 2459, Cr. 60,			
Ebn. 352	01	III	1600,--
(Schrötlingsfehler)	19	II-III	1600,--
	76	II-III	2600,--
Taler, 1759, Ebn. 351	76	III	1250,--
Taler, 1761, Ebn. 354 (Henkelspur)	76	IV/III	900,--
1/6 Taler, 1758 (seltener Typ)	76	II	3400,--
6 Kreuzer, 1759, Cr. 47, Ebn. 353	76	II	320,--
	77	II-III	275,--

MÜHLHAUSEN/Els., Stadt

Taler, 1623, Dav. 5587 EuL.5 (justiert)	41	II	4650,--
Taler-Abschlag aus dem 18. Jahrhundert, 1623,			
Dav. 5588, EuL. 6 (justiert)	01	II-III	3200,--

MÜHLHAUSEN/Thür., Stadt

Taler, 1767, Cr. 7, J. 7 (leichter Randfehler)	47	III	1650,--
	89	II	2600,--
2/3 Taler, 1737, Cr. 6	25	III	380,--
2/3 Taler = 1/2 Taler, 1767, Cr. 6a, J. 6	54	II-III	825,--
	70	II-III	500,--

MÜNSTER, Bistum

Johann III. von Pfalz-Simmern, 1457-1466

Schilling, o. J.,	52	III-IV	400,--

Franz von Waldeck, 1532-1553

Taler, 154?, Schulten 2307 (schwache Prägung)	86	III-IV	1075,--

Johann IV. von Hoya, 1566-1574

Taler, 1569, Dav. 9581 (Schrötlingsfeler)	89	III	6100,--
Taler, 1570, De Mey 731 (leichte Henkelspur)	96	III	2600,--

Frrdinand von Bayern, 1612-1650

Dukat, 1638, Fr. 1690, Witt. 1208 (leicht gewellt)	72	III	6750,--
Dukat, 1641, Fr. 1690, Schulze 40	48	III	4600,--
1647 (leicht gewellt)	00	III	7000,--
Reichstaler, 1634, Dav. 5591	64	III	1550,--
1638 (starker Randfehler)	39	III	700,--
1639	47	III	1675,--

Christoph Bernhard von Galen, 1650-1678

Goldabschlag zu 6 Dukaten vom Talerstempel auf die Einnahme der Stadt, 1661, Fr. 1694a	04	II	8500,--
(leichte Henkelspur)	28	II-III	3700,--
(leichter Randfehler)	39	II	7200,--
(leicht gewellt)	65	III	4900,--
	68	II	7100,--
Doppeltaler, auf die Rückeroberung der Stadt, 1661, Schulze 105 (leichte Randfehler)	97	II	5000,--

Reichstaler, 1652, Dav. 5599, Schulze 83	70	I	4250,--
Taler, Coesfeld "Kreuztaler", 1659, Dav. 5601,			
Schulze 102	68	III-IV	1350,--
Breiter Taler auf die Rückeroberung der			
Stadt, 1661, Dav. 5603, Schulze 106f	85	III	600,--
	86	III	550,--
	97	III/IV	400,--
	100	III	365,--
Breiter Taler, auf die Rückeroberung der			
Stadt, 1661, Dav. 5603	00	II	950,--
(Henkelspur)	05	III/IV	450,--
(Henkelspur, Randfehler)	06	III	500,--
	07	II-III	575,--
	12	II	725,--
(leichte Henkelspur)	21	III	310,--
	21	III	460,--
	28	III	450,--
	31	I/II	1100,--
	39	III	650,--
(Randfehler)	39	III	500,--
(leicht poliert)	39	III	470,--
	41	II	700,--
	51	III	650,--
	55	III	750,--
	56	III	490,--
	66	III/IV	470,--
	69	III-IV	330,--
	70	II	975,--
	70	III	490,--
(Randfehler)	67	III-IV	395,--
Taler auf die Einnahme der Stadt, 1661,			
Dav. 5603 A	01	II	1200,--
	04	II-III	625,--
	17	III-IV	410,--
	48	II	900,--
	85	III	725,--
Breiter Taler, auf die Rückeroberung der			
Stadt, 1661, Dav. 5603A (Randfehler)	01	III-IV	975,--

```
Taler auf die Einnahme der Stadt, 1661,
Dav. 5604                                      19    II         1700,--
                                               48    II-III     1400,--
Taler, auf seinen Tod, 1678, Schulze 123       97    III/II     1150,--
"Blamüser" = 1/8 Taler, 1678, Schulze 117      69    III         480,--
                                               86    II-III      340,--


Sedisvakanz, 1683
Taler, 1683, Dav. 5607, Schulze 125 (leichter
Randfehler)                                    70    I-II       4700,--
Friedrich Christian von Plettenberg, 1688-
1706
Doppeltaler, 1702, Dav. 2473, Schulze 162      39    I         26250,--
Taler, 1694, Dav. 5613 var.                    93    IV         2600,--
Taler, auf seinen Tod, 1706, Dav. 2464,
Schulze 165a                                   41    II         1525,--
Zwitter-Taler auf seinen Tod, 1706, Schulze
165b (leichter Schrötlingsfehler)              05    III         800,--
(leichter Randfehler)                          70    II         1275,--
XXIV Mariengroschen, 1692                       17    III/II      260,--
                                               21    III         225,--
1693                                           05    III/IV      230,--
                                               19    III         205,--
                                               73    III         220,--
XXIV Mariengroschen, 1694, Schulze 143         97    III         300,--
XXIV Mariengroschen = Gulden, 1694,            31    II          500,--
                                               41    II          440,--
1695                                           54    III         285,--
Sedisvakanz, 1706
Taler, 1706, Schulze 166                       39    III/IV      260,--
                                               70    I          2600,--
Franz Arnold von Metternich, 1706-1718
Taler, 1711, Dav. 2466 (leichter Schrötlings-
fehler)                                        70    I          4250,--
Taler, 1712, Dav. 2467, Schulze 184a (Rand-
fehler, Henkelspur)                            19    III        3400,--
VI Mariengroschen (= 1/4 Gulden), 1711         20    III         230,--
1715                                           31    I/II        280,--
```

Sedisvakanz, 1719
1 1/2-facher Taler, 1719, Schulze 213 (po-
liert)   05   III   400,--
                                          68   II-III   1000,--
Sedisvakanz, 1761
Taler, Augsburg, Dav. 2470, Cr. 24, Schulze
251   15   III   1050,--
                                          26   I-II   2150,--
                                          39   III   850,--
(leicht justiert)   48   II   1225,--
                                          97   III   430,--
                                          98   II   1800,--
1/3 Taler, 1761, Cr. 23, Schulze 254   19   II   750,--
                                          27   II   1000,--
1/6 Taler, 1761, Schulze 255   20   II-III   440,--
                                          69   II-III   290,--
Maximilian Friedrich von Königsegg-Rothen-
fels, 1762-1784
Schautaler, auf die Grundsteinlegung des
Schlosses, 1767   27   II   625,--
                                          55   III   600,--
1/2 Taler = 2/3 Taler, 1764, Cr. 38, Schulze
260   85   II   1550,--
                                          95   II   1050,--
1/3 Reichstaler = 1/4 Konventionstaler, 1764,
Cr. 34   41   II   290,--
                                          69   II   240,--
1765   07   III   250,--
                                          20   II   300,--
                                          20   II-III   205,--
                                          39   III   200,--
Sedisvakanz, 1801-1820
2/3 Rechnungstaler (1/2 Konventionstaler),
1801, Cr.42 (leicht justiert)   47   I   2800,--
1/3 Taler (1/4 Konventionstaler), 1801, Cr.41,
Schulze 271 (schwacher Stempel)   52   II   360,--
                                          99   II-III   675,--
1/24 Taler (=Groschen), 1801, Schulze 272 41   I-II   205,--

wie vor	70	II	300,--
Domkapitel			
Bursarienzeichen, Kupfer-3 Schilling, 1608,			
Weing. 5	20	III	200,--
Bursarienzeichen zu 3 Schilling mit Gegen-			
stempel "GDVV", 1633, Weing. 6	86	II	240,--
	99	III	290,--
Bursarienzeichen 12 Pfennige, Kupfer mit			
Gegenstempel "GDV" über Wappen, 1633,			
Weing. 11	99	II	410,--
	99	III-IV	215,--
Bursarienzeichen zu VI Pfennige mit Gegen -			
stempel Engelbert von Brabeck, 1608, Weing.15	99	III	465,--
Bursarienzeichen zu VI Pfennige mit Gegen-			
stempel "Droste-Vischering", 1633, Weing. 16	99	II-III	345,--
VI Pfennig-Probeabschlag auf II Pfennig-			
Schrötling, 1762	99	III	225,--

MÜNSTER, Stadt			
Doppeltaler, Wiedertäufer, 1534, Schulten 2330	12	III	2500,--
	23	III	2400,--
	32	II	1775,--
	45	II	1625,--
1 1/2 Taler, Wiedertäufertaler, 1534, Schul-			
ten 2331 (Henkelspur)	39	III	450,--
Wiedertäufertaler, spätere Prägung von Kett-			
ler, 1534, Dav. 9583 Anm., Schulten 2332	04	II	800,--
Taler, 1534, Dav. 9584, Schulten 2333	04	III	1200,--
(müder Stempel)	34	II-III	600,--
Taler, 1534, Dav. 9584, Schulten, 2333 (Hen-			
kelspur, Schrötlingsriß)	17	III	390,--
Wiedertäufer-Schautaler auf die Wiedererobe-			
rung der Stadt, 1534, Schulten 2335	36	II	2700,--
Einseitige Notklippe zu 1 Taler, 1660	12	III	950,--
	48	III	675,--
(Bleiabschlag)	73	III	250,--
	85	III	950,--

wie vor	86	III	650,--
Doppelschautaler auf den Westfälischen Frieden			
(Kettler), 1648	100	II	2000,--
1 1/2 Schautaler auf den Westfälischen Frie-			
den, 1648 (leichter Randfehler)	32	I-II	1675,--
1 1/4-facher Schautaler auf den Westfälischen			
Frieden, 1648	100	II-III	1600,--
Schwerer Schautaler auf den Westfälischen			
Frieden (=1 1/4-facher breiter Schautaler),			
1648 (Henkelspur)	30	III	625,--
	39	III	1200,--
Breiter 1 1/4-facher Schautaler auf den West-			
fälischen Frieden (Kettler) 1648 (leicht po-			
liert, Henkelspur)	19	III	370,--
	25	II	1025,--
	41	III/II	850,--
	45	II-III	550,--
	55	II-III	900,--
Schautaler, auf den Westfälischen Frieden			
(Kettler), 1648 (Zainende)	69	III	320,--
Schautaler auf den Westfälischen Frieden, 1648	12	III	550,--
	51	II-III	750,--
	99	III-IV	525,--
1/2 Taler auf den Westfälischen Frieden,			
1648	73	III	1725,--
III Schilling, 1602, Weing. 215 var. (mit			
Gegenstempel)	49	II-III	800,--
Cu-12 Pfennige, 1602, Weing. 216 (mit Gegen-			
stempel)	06	III	420,--
(mit Gegenstempel)	49	III-IV	345,--
(mit Gegenstempel)	99	III-IV	295,--
VI Pfennige o. J.	99	III	975,--
VI Pfennige, Kupfer, 1560, Weing. 208	99	III-IV	400,--
III Pfennige, 1560, Weing. 210	99	III-IV	200,--

MURBACH und LÜDERS, Abtei

Johann Rudolf Stör von Störenberg, 1542-1570

Taler, 1544, Schulten 2374 (gelocht)	10	IV	800,--

wie vor, 1545	72	III	4250,--
	87	III	3000,--
1553	73	III	2350,--
	97	III	1850,--
Johann Ulrich von Raittenau, 1570-1587			
Guldentaler zu 60 Kreuzer, 1570, Dav. 1029	10	III	3000,--
1580	89	III	3500,--
Leopold von Österreich, 1601-1615			
Taler, anonym (sog. Krückentaler), o. J.			
Dav. 5617	10	III	2200,--
	18	III	1800,--
	44	III/II	2000,--
Dicken = 1 /4 Taler, o. J.,	98	III	2700,--
Doppelbatzen, 1624, EuL. 79/80	10	III	300,--
	10	III	300,--
NASSAU, Gemeinschaftsprägung			
Johann Franz, Heinrich, Wilhelm Moritz,			
Heinrich Kasimir und Franz Alexander, 1679			
- 1691			
Doppelalbus, 1684	98	III	395,--
Friedrich August von Nassau-Usingen und			
Friedrich Wilhelm von Nassau-Weilburg, 1808-			
1816			
Dukat, 1809, Fr. 1705, Cr. 8, J. 64	12	II/I	3300,--
	27	II	4800,--
	30	II/I	3600,--
	61	II	4000,--
20 Kreuzer, 1809, Cr. 7, GDM 3	22	III-IV	220,--
	41	III	380,--
	49	III	410,--
	12	III/IV	230,--
20 Kreuzer, Ehrenbreitstein, 1809, Cr. 7,			
J. 11, GDM 4	79	III-IV	315,--
20 Kreuzer, Ehrenbreitstein, 1809, Cr. 7,			
J. 12, GDM 5 (Var.)	49	III	625,--
"10-er" 1809, Cr. 6, J. 9a, GDM 6	12	III	775,--
	67	III-IV	525,--

"5-er", 1808, Cr. 5, J. 8, GDM 8	67	III-IV	450,--
	86	II-III	1350,--
III Kreuzer, 1811, Cr. 4	67	II-III	210,--

NASSAU-DIEZ

Heinrich Kasimir, 1664-1696

2/3 Taler, Diez, sog. "Erbstatthalter-Guld-			
den", 1692	44	I-II	4100,--

NASSAU-DILLENBURG-SIEGEN

Johann Moritz, 1654-1679

1/6 Taler, Siegen, 1671	31	III/II	550,--

Heinrich, 1662-1701

Dukat oder Goldgulden, Dillenburg, 1688,			
Fr. 1702, Isenb. 219	12	III/II	25500,--
XV Kreuzer = 1/4 Gulden, 1686	20	III	465,--
XV Kreuzer (= 1/4 Gulden), 1686	102	III	390,--
XV Kreuzer (1/4 Gulden), 1687 (Schrötlings-			
fehler)	16	II	245,--
1688	67	III	700,--
	102	III	390,--
1689	70	III	500,--
	98	II-III	625,--
(Schrötlingsfehler)	102	IV	220,--
1691	55	III	800,--
II Albus, 1684, Isenb. 182	41	II-III	280,--

NASSAU-IDSTEIN

Georg August, 1668-1721

1/6 Taler, 1692, Isenb. 94 (rauher Schrötling)	19	III	900,--

NASSAU-ORANIEN

Friedrich Heinrich, 1625-1647

Teston (= 1/4 Taler) o. J.,	68	III	270,--
	68	III	360,--

Gesamthaus Oranien, 1766-1791

Doppeldukat auf die 200-Jahrfeier der Be-			
freiung der Niederlande, 1772	41	I-II	3000,--

NASSAU-WEILBURG

Karl August, 1719-1753

Dukat, 1750, Fr. 1703, Cr. 27, Isenb. 126	12	II/I	18000,--
Taler, Weilburg, Ausbeute der Grube "Mehl-			
bach", 1752, Dav. 2471, Cr. 25	47	I-II	7500,--
XII Kreuzer, Landmünze, 1749, Cr. 22	19	II-III	370,--
1750	68	II	550,--
	88	III	205,--

Friedrich Wilhelm, 1788-1816

Kronentaler, 1809, Isenb. 80	30	I	1600,--
Konventionstaler, Ehrenbreitstein, 1811,			
Dav. 735, Cr. 33, GDM 32 (leichter Randfeh-			
ler)	30	I-II	1750,--
	31	III	775,--
	39	III	900,--
	46	II-III	2150,--
(justiert und Schrötlingsfehler)	2	II-III	800,--
(leichter Schrötlingsfehler)	67	III	650,--
(leicht rauh)	94	I	3500,--
1812 (justiert)	62	II-III	1250,--
Taler, 1811, Dav. 735, Cr. 33, J. 26	41	I-II	3750,--
	94	I-II	3750,--
1/2 Taler, 1809, Cr. 32, J. 22a, GDM 35			
(Randfehler)	46	II	3400,--
	98	III	1600,--
20 Kreuzer ("Stück"), 1809, Cr. 31a, J. 21,			
GDM 36 (Randfehler)	20	III-IV	235,--
	41	II-III	1425,--
	67	III-IV	490,--

NEUSS, Stadt

Quirins-Taler, 1556, De Mey 740, Schulten			
2394	25	III	2550,--
	54	II-III	3500,--
	55	II-III	3200,--
	99	III	2425,--
1557	12	III	2675,--
(Fundexemplar)	41	III	2000,--

Reichstaler, 1569, De Mey 742	27	III	2800,--
	27	III	4200,--
1570	26	III	4500,--
	44	III	3300,--
	48	III-IV	1600,--
	55	II-III	2700,--
	70	I-II	6000,--
(Fundstück)	70	III	1500,--
	85	III	2500,--
1572 (aus 1570)	65	III	2200,--
(Umschr.-Var.)	85	III	5500,--
8 Heller, 1562	49	IV-V	270,--

NÖRDLINGEN, Reichsmünzstätte

Konrad von Weinsberg-Erben

Goldgulden, o. J., Fr. 1707	21	III-IV	405,--
Goldgulden, o. J., Fr. 1708	38	III	1100,--
	60	IV	700,--

Philipp der Ältere von Weinsberg, 1469-1503

Goldgulden, o. J., Fr. 1708, Schulten 2405	28	III	1000,--
	44	III-IV	675,--
	55	III	875,--
	41	II-III	925,--
	73	III	850,--
Goldgulden, Titel Friedrich III., o. J., Fr. 1708, Schulten 2405	86	III	825,--
Goldgulden, o. J., Fr. 1708, Schulten 2405	19	III	750,--
	19	III	775,--
(kleiner Riß)	27	III	625,--
Goldgulden, o. J., Fr. 1708, Schulten 2405	19	III	725,--
	19	III	725,--
	89	III	875,--
Goldgulden, 1493, Fr. 1708, Schulten 2405	27	II	2650,--
Goldgulden, 1497, Fr. 1709, Schulten 2406	55	III	1600,--

Eberhard von Eppstein-Königstein, 1503-1535

Schilling, 1507, Schulten 2413	86	III	460,--
Batzen, 1516, Schulten 2416	22	III	245,--
1519 (schwache Prägung)	32	II	205,--

Batzen, 1531, Schulten 2423	26	II-III	300,--
1/2 Batzen, 1527, Schulten 2424	71	II	225,--

Ludwig II. von Stolberg-Königstein, 1535-1574

Guldiner, 1546, De Mey 483, Schulten 2427	85	II	1950,--
	86	III	925,--

Nördlingen, Stadt

Klippe auf den Westfälischen Frieden, 1650 (gestopftes Loch)	100	III	1500,--
Klippe auf den Westfälischen Frieden, 1650	26	II	480,--
	100	II	430,--

NORTHEIM, Stadt

VI Mariengroschen, 1670, Kni. 4975, Kny. 5443	06	II	525,--
Mariengroschen, 1553, Schulten 2437	55	III	250,--
Fürstengroschen, 156., Kny. 9486	26	III	225,--
Reichsgroschen, 1615	26	II	340,--

NOSTIZ-RIENECK

Anton Johann, 1683-1736

Dukat, Nürnberg, 1719, Fr. 1711	27	II	5100,--
Taler, Nürnberg, 1719, Dav. 52/1191, Schön 5422	16	III/IV	1300,--
	48	II-III	2800,--

NÜRNBERG

Goldgulden, o. J., Fr. 17a, Saurma 1122	39	III	1900,--
	47	II	6100,--
Goldgulden, o. J., Fr. 17	60	IV	2550,--
Lorenz-Goldgulden, o. J., Fr. 1715, Ke. 2	27	III	1500,--
(Randfehler)	78	III	2000,--
Lorenz-Goldgulden, o. J., Fr. 1715, Ke. 3 (gewellt)	51	III-IV	1475,--
Lorenz-Goldgulden, o. J., Fr. 1715, Ke. 4	51	III	1850,--
	91	III	1200,--
Goldgulden, o. J., Fr. 1715, vgl. Ke. 5	27	III	1500,--
Goldgulden, 1506, Schulten 2451, Ke. 6 (Schrötlingsriß)	44	III	1350,--

wie vor	73	III	1050,--
1507	44	III	1200,--
	91	II-III	1850,--
1508	20	II-III	2950,--
	73	III	1200,--
1509	02	III	1900,--
	12	III	1875,--
1514	38	III	2300,--
Lorenz-Goldgulden, 1510, Schulten 2425, Ke. 7	27	III	1500,--
	38	III	2050,--
(Druckstelle)	39	III	1600,--
	72	II-III	2000,--
1511	91	III	1600,--
Lorenz-Goldgulden, o. J., Schulten 2453,			
Ke. 8v.	91	III	2500,--
Lorenz-Goldgulden, 1518, Schulten 2455, Ke.10	12	II	2250,--
	61	II	3900,--
	91	II-III	3050,--
Goldgulden, 1523, Schulten 2456, Ke. 11 (ge-			
wellt)	60	IV	875,--
1525 (Schrötlingsriß)	60	III	1300,--
	91	III	2150,--
Goldgulden, 1531, Schulten 2457, Ke. 12	27	II	3200,--
1532	38	III	2000,--
	91	II	2650,--
Goldgulden, auf den erwarteten Einzug des			
Kaisers Rudolf II. anläßlich des kurfürst-			
lichen Kollegialtages, 1580, Ke. 16	72	III	12500,--
Lorenz-Goldgulden, 1604, Ke. 17 (Henkelspur)	91	II-III	950,--
Goldgulden, 1611, Fr. 1715, Ke. 18	91	II-III	1600,--
Lorenz-Goldgulden, 1613, Fr. 1715, Ke. 19	01	II-III	1700,--
(Einriß)	69	II-III	750,--
(Randfehler)	73	III	1025,--
Goldgulden auf den Einzug des Kaisers Matth.			
II., 1612, Fr. 1740, Ke. 20	48	III	6500,--
	91	II-III	5300,--
Lorenz-Goldgulden, 1614, Ke.21 (Randfehler)	23	III/II	2250,--
1616	51	II-III	1850,--

Goldgulden, 1617, Fr. 1716, Ke. 22	44	II-III	1550,--
	72	II-III	2300,--
(Schrötlingsriß)	91	III-IV	450,--
Laurentius-Goldgulden, 1618, Ke. 24	91	II	2100,--
Lorenz-Goldgulden, 1619, Fr. 1716, Ke. 25	51	III	3250,--
	91	II-III	3150,--
Lorenz-Goldgulden, 1620	86	II	1550,--
Lorenz-Goldgulden, 1620, Fr. 1715, Ke. 26			
(Zainende)	51	III	1550,--
	91	III	1600,--
Losungsgoldgulden, Monogramm LO, 1604, Ke.348	47	III	7600,--
	91	II	3900,--
Losungs- und Umgeldgoldgulden, 1621, Ke. 353a			
(Schrötlingsloch)	60	IV	2550,--
	82	IV/III	2000,--
(gelocht)	82	IV	900,--
(leichte Henkelspur)	91	III	1850,--
6 Dukaten auf den Frieden von Riejswijk, Abschlag vom Talerstempel, 1698, Fr. 1747, Ke. 185 Anm.	27	I-II	23000,--
5 Dukaten, Abschlag vom Talerstempel auf den Frieden von Rijswijk, 1698, Fr. 1747a, Ke. 185 Anm. (leicht gewellt)	65	II/I-II	14700,--
	78	II-III	10600,--
4 Dukaten, 1631, Ke. 168 Anm.	39	I	40500,--
4 Dukaten (Georg Friedrich Nürnberger),1703, Fr. 1771, Ke. 38A	91	II-III	4600,--
3-facher Lämmleinsdukat, 1703, Fr. 1772, Ke. 42 (leichte Fehler)	65	I	5800,--
	70	II	5800,--
	91	II	4300,--
Doppeldukat auf den Frieden 1649, Fr. 1767, Ke. 44 (poliert)	44	II-III	2500,--
	70	II	4400,--
Doppeldukat auf den Westfälischen Frieden 1640, Fr. 1727, Ke. 45	78	II-III	3600,--

wie vor,	91	I-II	3850,--
Doppeldukat auf das neue Jahrhundert			
(Lammdukat), 1700, Fr. 1774, Ke. 46 (leich-			
te Feilspur)	19	II-III	1300,--
(leicht gewellt)	25	II	2050,--
	25	I-II	2300,--
	38	I-II	2300,--
	38	II-III	2150,--
(leicht gewellt)	38	III	800,--
	48	II-III	1900,--
	70	II	2100,--
	91	II	1700,--
Doppeltaufdukat, o. J.,	73	II	1375,--
Lammdukat, 1632, Fr. 1756, Ke. 50	44	III	850,--
	60	IV	775,--
	91	III	600,--
	91	III	650,--
Dukat, 1633, Fr. 1766, Ke. 51 (gewellt)	91	III	1200,--
Friedensdukat, 1635, Fr. 1721, Ke. 53	38	III	1050,--
	39	II	2000,--
Friedenswunschdukat, 1636, Fr. 1723, Ke. 54	27	II	1300,--
	38	III	1200,--
Dukat, 1637, Fr. 1722, Ke. 55 (gewellt)	38	III-IV	460,--
	91	III	1200,--
	91	II	1200,--
Dukat, 1640, Fr. 1722, Ke. 56	00	II-III	1650,--
	01	I	1850,--
(leicht gewellt)	36	I-II	2600,--
	44	II	2850,--
	73	II-III	1050,--
	78	II	2050,--
Dukat, 1640, Fr. 1720, Ke. 57	05	I-II	2600,--
	44	II-III	1100,--
	65	II	1900,--
Dukat, 1646, Fr. 1722, Ke. 58	01	I	2050,--
	61	I	2800,--
	73	II	2100,--
1647	38	II-III	2250,--
	91	I-II	2400,--

Dukat, 1648, Fr. 1722, Ke. 59 (Schrötlings-			
fehler, gewellt)	91	I-II	1450,--
Lämmleinsdukat, 1649, Fr. 1768, Ke. 60 (Bug)	71	III	1850,--
Dukat auf den Westfälischen Frieden, 1650,			
Fr. 1729, Ke. 42	38	II-III	2050,--
(Henkelspur)	60	III/IV	625,--
	102	II	2800,--
Lammdukat- auf das neue Jahrhundert, 1700,			
Fr. 1776, Ke. 46a (leicht gewellt)	05	III/II	650,--
(leichter Kratzer)	23	II/III	725,--
	38	II	825,--
	47	II	800,--
	65	III/II	750,--
	86	II-III	650,--
	91	II-III	575,--
(leicht gewellt)	102	II	800,--
Dukat, 1700, Fr. 1776, Ke. 64b (leicht ge-			
wellt)	05	I	725,--
Dukatenklippe, 1700, Fr. 1777, Ke. 65a	95	II	900,--
Dukatklippe, 1700, Fr. 1777, Ke. 65b	72	II	1300,--
	91	I-II	825,--
Dukatenklippe, 1700, Fr. 1777, Ke. 65c			
(Randfehler)	25	III-IV	290,--
(leichter Bug)	71	I-II	1300,--
(gewellt)	91	III	550,--
Huldigungsdukat auf Karl VI., 1712, Fr. 1749,			
Ke. 67	91	III	3200,--
Dukat, Huldigung von Franz I., 1745, Fr. 1751,			
Cr. 85, Ke. 70	72	I	6250,--
Dukat (Joh.Leonh.Öxlein), 1766, Fr. 1752,			
Cr. 86, Ke. 71	18	I-II	3800,--
(leicht gewellt)	65	II/I	3500,--
	70	I-II	4000,--
	72	I-II	4600,--
	91	II-III	2900,--
Dukat, 1790, Fr. 1753, Cr. 85, Ke. 72 (leich-			
ter Kratzer)	65	I-II	7500,--
	72	I	7900,--
	91	I-II	6100,--

Dukat auf den Frieden von Pressburg, 1806,			
Fr. 1782, Cr. 89, Ke. 74 (leichter Kratzer)	65	I-II	6000,--
	91	II	4900,--
Dukat (Dockler), 200-Jahr-Feier der Augsburger			
Konfession, 1730	38	II-III	775,--
Neujahrsdukat, o. J.	72	I-II	2400,--
1/2 Lammdukat, 1692, Ke. 75	38	II	500,--
	91	II	600,--
	101	II	450,--
1/2 Dukatenklippe, 1700, Fr. 1757, Ke. 77	38	II	650,--
	91	II-III	450,--
1/2 Dukat, 1700, Fr. 1778, Ke. 76c	91	I-II	600,--
1/2 Dukat, 1773, Fr. 1735, Ke. 78	26	II	900,--
	91	III-IV	460,--
1/4 Dukat, 1700, Fr. 1758, Ke. 79 (Imziering			
mit Schleife)	25	III	360,--
(leicht gewellt)	31	III	255,--
	39	II	430,--
	48	II	600,--
	49	II	350,--
	65	III	400,--
(leicht gewellt)	69	I-II	240,--
	73	II	500,--
	89	I	470,--
1/4 Lammdukatenklippe, o. J., Fr. 1750,			
Ke. 80a	05	II	390,--
	25	II	240,--
	44	II	460,--
	47	II	360,--
	48	II	475,--
	89	II	410,--
	91	II-III	340,--
1/8 Lammdukat, o. J., Fr. 1760, Ke. 81b	91	I-II	330,--
1/8 Dukatenklippe, o. J., Fr. 1761, Ke. 82	91	I-II	360,--
	98	I	400,--
1/8 Dukatenklippe, o. J. (Randfehler, ge-			
knittert)	40	II	200,--

1/8 Dukat = Goldabschlag vom Pfennig-Stempel,			
1772, vgl. Ke. 336	38	I	825,--
1/16 Dukat, o. J., Fr. 1762, Ke. 83a	38	II	360,--
1/16 Dukat, o. J., Fr. 1762, Ke. 83b	91	II-III	240,--
1/16 Lammdukatenklippe, o. J., Fr. 1763, Ke.84	38	I-II	360,--
	38	III	280,--
	91	II	340,--
1/32 Dukat, o. J., Fr. 1764, Ke. 85	18	II	240,--
	28	II	205,--
	38	II	250,--
	48	II	370,--
	52	II	250,--
	66	II	295,--
8 Stück Goldmarkprägung des Goldschmiede-			
meisters Josef Wild in Nürnberg	69	I-II	3800,--
20 Goldmark von Josef Wild, o. J.	91	II	440,--
10 Goldmark von Josef Wild, o. J.	91	I-II	340,--
Silberabschlag vom Dukat, 1712, vgl. Ke. 67	31	I	625,--
	50	II	315,--
Silberabschlag der Doppeldukatenklippe auf			
die 200-Jahr-Feier der Reformation, 1717,			
vgl. Ke. 48	31	III	575,--
Silberabschlag vom Dukat, 1717	94	II	210,--
Silberabschlag vom Dukat auf den Wiederauf-			
bau der Kirche durch C.W. Tucher, 1719	50	III-IV	270,--
(Kratzer)	71	II	400,--
	85	I-II	335,--
Silberabschlag vom Dukaten auf das Tucher'sche			
Schloß in Behringsdorf, 1720	44	II	460,--
	50	I	355,--
	71	I-II	500,--
Silberabschlag vom 1/2 Lutherdukaten, 1730	98	II	200,--
Schilling, o. J., Ke. 90	91	III	450,--
1/2 Schilling, o. J., Ke. 91	78	III-IV	200,--
Dicker Doppeltaler, o. J., Dav. 2472, Ke.154a	91	II-III	10000,--
Doppeltaler, o. J., Dav. 2473, Ke. 155			
(leicht poliert)	65	III/II	17500,--
Doppeltaler, o. J., Dav. 2478, Ke. 156	72	I	15500,--

Guldentaler (Reichsguldiner zu 60 Kreuzer),			
1563, Dav. 1030, Ke. 121	65	IV/III	1075,--
Reichsguldiner zu 60 Kreuzer, 1565, Dav. 1032,			
De Mey 753, Ke. 122 (leicht korrodiert)	65	III	500,--
1572	19	III	775,--
	86	III	1000,--
1573	40	II-III	1475,--
(leicht gedrückt)	65	III	800,--
(leichter Schrötlingsriß)	70	III	1050,--
1574	78	III	650,--
1575 (Schrötlingsriß)	35	III	900,--
Guldentaler zu 60 Kreuzer (Reichsguldiner),			
1577, Dav.1034, Ke. 123	91	III-IV	975,--
Guldentaler zu 60 Kreuzer, 1605, De Mey 764,			
Ke. 127 (leicht korrodiert)	65	III/II	800,--
1611 (leichter Schrötlingsfehler)	41	II-III	775,--
(leichter Schrötlingsfehler)	78	II-III	900,--
1612 (Wertzeichen entfernt)	65	III	350,--
	70	III	510,--
Reichsguldiner zu 60 Kreuzer, 1600,			
De Mey 764, Ke. 127 (Henkelspur)	15	III	700,--
1611 (Jahreszahl eingeritzt)	23	III	685,--
Guldentaler (offiziell eingepunzter LO, nach-			
her entfernt), 1605, vgl. Ke. 127, 349	38	III	950,--
	70	III	1000,--
Guldentaler zu 60 Kreuzer, 1613, Ke. 128	97	III	450,--
1614	36	II	950,--
1619	38	II	1500,--
Guldentaler zu 60 Kreuzer (Reichsguldiner),			
1620, Ke. 129	16	III	575,--
Guldentaler zu 60 Kreuzer, 1624, Ke. 130			
(leichter Stempelfehler)	65	III/II	3000,--
	86	II-III	3600,--
Reichsguldiner, 1625, Ke. 131a (poliert,			
Randfehler)	91	III	460,--
Guldentaler zu 60 Kreuzer (Reichsguldiner),			
1629, Ke. 131b	36	III	4950,--

Sebaldus-Guldentaler zu 60 Kreuzer (Reichs-guldiner), 1631, Ke. 132a	16	III/IV	1100,--
1632 (Zainende)	52	II	1300,--
1633	68	III	1775,--
Sebaldus-Guldentaler zu 60 Kreuzer (Reichs-guldiner), 1635, Ke. 132b	38	III	1600,--
Sebaldus-Guldentaler zu 60 Kreuzer, 1660, Ke. 136	91	III	2400,--
Taler, 1617, Ke. 160 (Randfehler, Henkelspur)	91	III	310,--
Taler, 1622, Dav. 5636, Ke. 162a (Schrötlings-fehler, Randfehler)	65	III/IV	260,--
1623 (leichte Henkelspur)	23	III	400,--
(leichter Randfehler)	96	III	335,--
1624 (leichte Randfehler)	83	III	310,--
1625 (Schraubtaler, 2 Einlagen)	57	III	455,--
1626	35	II-III	360,--
	68	III	350,--
	70	III	330,--
(Schrötlingsfehler)	81	III	225,--
	91	III	240,--
(leichter Schrötlingsfehler)	94	II	525,--
1627 (leichter Schrötlingsfehler)	05	III/II	495,--
1628 (Kratzer)	38	III	200,--
(aus 1627)	71	II-III	500,--
Taler, 1623, Dav. 5636, Ke. 162b	65	III	370,--
	73	III	245,--
1625	86	II-III	360,--
1626	73	III	270,--
	89	I	1150,--
	91	III	200,--
1627	60	III	580,--
(leichte Kratzer, gedrückt)	65	II	375,--
	73	III	260,--
Taler, 1623, Dav. 5636, Ke. 162b	54	III	325,--
1624	17	III	290,--
1625 (leichtes Zainende)	25	II-III	330,--
	51	II-III	390,--

wie vor, 1626	00	II	410,--
1627	31	III	320,--
	38	II	525,--
Taler, 1623, Ke. 163a (Randfehler)	38	III	280,--
1624	01	II-III	675,--
	91	III	280,--
Reichstaler, 1624, Ke. 163b	71	III	550,--
(poliert)	73	III	270,--
Taler, 1626, Dav. 5639	91	III	1000,--
Reichstaler, 1628, Ke. 167 (leichte Fehler)	63	III	540,--
	89	III	725,--
	91	III	320,--
Taler, o. J., Dav. 5642, Ke. 167 (leichtes			
Zainende)	18	II-III	725,--
	36	III	700,--
Reichstaler, 1629, Dav. 5644, Ke. 168b (Rand-			
fehler)	05	III	550,--
	17	IV/III	220,--
	23	III	1000,--
	91	II-III	900,--
Taler, 1629, Dav. 5645, Ke. 169 (broschiert)	75	III	1075,--
Taler, 1630, Ke. 170	91	II-III	2900,--
Reichstaler, 1629, Ke. 171	38	III	320,--
(Schrötlingsfehler)	39	III	500,--
	91	III	350,--
1630	41	II	600,--
1634 (starker Fehler)	33	III	320,--
Taler, 1637, Ke. 171A (Randbearbeitet)	38	III	230,--
Reichstaler, (Jahreszahl im Abschnitt), 1630,			
Ke. 167 (leichtes Zainende)	18	II	630,--
Reichstaler, 1635, Dav. 5654, Ke. 173b	91	III	310,--
1636 (leicht oxydiert)	40	III/II-III	675,--
(gedrückt)	65	III	725,--
	73	III	625,--
Reichstaler, 1637, Dav. 5655, Ke. 174 (aus			
1636, Zainenden)	12	III	380,--
Taler 1638, Dav. 5656, Ke. 175	91	II-III	1250,--

Taler, 1638, Dav. 5657, Ke. 176 (Randfehler,			
leicht justiert)	65	III	2700,--
Zwitter-Schraubtaler, 1638, Ke. 176/71	60	III/II	1475,--
Reichstaler, 1661, Dav. 5659, Ke. 178	63	II	3600,--
1677 (leichter Schrötlingsfehler)	05	III	2200,--
Taler, 1680, Dav. 5661, Ke. 178a (Zainende)	44	III	600,--
(Schrötlingsfehler)	48	III	600,--
(Schrötlingsfehler)	51	II-III	625,--
(Henkelspur)	65	III/II	495,--
	71	III	900,--
	74	I-II	1600,--
	81	II	1050,--
	85	II	1000,--
	94	I	2525,--
	95	II	700,--
Taler, 1680, Dav. 5661, Ke. 178a (leicht			
justiert)	05	II	1300,--
	38	III	650,--
Reichstaler "Rathaustaler", o. J., Dav. 5663,			
Ke. 179 (Henkelspur)	05	IV	1100,--
	30	II	5800,--
	91	II	4000,--
Reichstaler "Rathaustaler", o. J., Dav. 5664,			
Ke. 180	91	I-II	6050,--
Reichstaler, 1693, Dav. 5665, Ke. 181 (Rand-			
fehler)	38	III	575,--
	47	II	2350,--
	70	II	1625,--
	73	III	975,--
	91	III	400,--
	98	I-II	1850,--
Taler, 1694, Dav. 5666, Ke. 182 (leicht po-			
liert)	05	III/IV	350,--
	17	III	400,--
	22	II	1225,--
	36	III	625,--
(leichte Randfehler)	40	III	675,--
	51	I-II	2650,--
(leichte Randfehler)	65	II	1325,--

wie vor (leichte Kratzer)	65	III/II	775,--
	71	II	1500,--
(Schrötlingsfehler)	86	II-III	400,--
Reichstaler auf die Präliminarien des Friedens zu Rijswijk, 1696, Dav. 5668, Ke. 184			
(Henkelspur, Kratzer)	05	III	275,--
(Randfehler)	38	III	650,--
(stark gereinigt)	65	III	700,--
	70	III	875,--
(leichte Henkelspur)	71	IV	525,--
(poliert, Henkelspur)	100	III	370,--
Taler auf den Frieden von Rijswijk, 1698, Dav. 5669, Ke. 185	31	I	5000,--
	45	I	6100,--
(Zainende)	65	I-II	3875,--
	91	II	1950,--
Taler, 1706, Dav. 2474, Ke. 186	72	I	10500,--
Taler, 1711, Dav. 2475, Ke. 187 (leichter Kratzer)	05	III	1250,--
(Schrötlingsfehler)	28	II	2100,--
	38	II	2750,--
(leichter Kratzer)	48	II-III	1750,--
(Henkelspur)	65	III	780,--
(leichter Kratzer)	91	II-III	1000,--
Taler, 1721, Dav. 2476, Ke. 188	27	I-II	3350,--
(leichte Kratzer)	36	II/I-II	2300,--
	38	II	2550,--
(leichter Randfehler)	65	II/I-II	2150,--
	91	II	1600,--
Taler auf das Artillerie-Stückschießen, 1733, Dav. 2480, Ke. 189 (Zinnabschlag)	73	II	500,--
(leichter Randfehler)	91	I-II	10000,--
Reichstaler, 1736, Dav. 2481, Ke. 190 (leichte Kratzer)	16	II/I-II	1900,--
	19	I-II	2450,--
	31	II	2800,--
	91	III	800,--
Taler, 1742, Dav. 2482, Ke. 191	25	II	2800,--

wie vor	26	I-II	5000,--
	27	I-II	3000,--
(leichte Kratzer)	36	II	3300,--
	48	IV	500,--
(Henkelspur)	48	IV	420,--
	64	III/II	3000,--
(leichter Randfehler)	65	I-II	4900,--
(leichter Kratzer)	70	II	2900,--
	72	I-II	4500,--
	74	I	7400,--
(leichter Kratzer)	86	II	2150,--
	86	III	1550,--
	91	II-III	1850,--
	95	III/II	2300,--
	98	III-III	2750,--
Taler, 1745, Dav. 2483, Cr. 71, Ke. 192	05	II	2300,--
	47	II/III	1000,--
	61	I-II	3300,--
	70	II	1600,--
(leichter Randfehler)	84	II/I-II	2300,--
	91	I-II	1450,--
	94	I-II	2325,--
(leichter Kratzer)	102	II/I-II	1900,--
Taler, 1754, Dav. 2484, Cr. 72, Ke. 277	00	III	220,--
	04	III	675,--
(leichter Kratzer)	23	II	650,--
	31	III	410,--
	31	III	420,--
(leichter Kratzer)	36	III	320,--
(leichter Schrötlingsfehler)	38	III	330,--
	45	II	1300,--
	48	II-III	400,--
(leichte Henkelspur)	54	III	265,--
	68	II-III	850,--
(Henkelspur)	74	II	380,--
(leicht poliert)	82	III	410,--
	91	III	480,--
	100	III	340,--

Taler, 1757, Dav. 2485, Cr. 73, Ke. 278

(leicht justiert)	65	II	625,--
	65	III/IV	270,--
(justiert)	74	I-II	625,--
1758, (leichte Kratzer)	65	I	1450,--
	71	III-IV	320,--
(leichte Kratzer)	85	III	265,--
1759 (leicht oxydiert)	63	III	280,--
	67	III	245,--
	85	III-IV	260,--

Taler, 1757, Dav. 2485, Cr. 73, Ke. 278

(leichte Kratzer)	05	III	250,--
(leichter Kratzer)	16	II/I	800,--
	31	III	240,--
(leicht korrodiert)	33	III	220,--
	35	III	250,--
	36	III/IV	205,--
	38	III	200,--
	41	I-II	1025,--
	44	II	625,--
	45	III	200,--
	47	III	250,--
(leichter Kratzer)	48	III	220,--
1758,	41	I-II	1025,--
1759	04	III	250,--
	32	III	250,--
(leichter Kratzer)	36	III	220,--
	51	I-II	1100,--
	47	III	240,--

Taler, im kaiserlichen Auftrag geprägte
Reichsmünze, 1760, Dav. 2486, Cr. 74,

	65	IV/III	225,--
1762	48	III	250,--

"Friedenswunsch"-Taler, 1761, Dav, 2487,
Cr. 75, Ke. 279

	02	II-III	600,--
	03	III	215,--
	03	III	240,--
	04	III	265,--
	56	III	200,--

wie vor (leichter Randfehler)	65	I	1000,--
(leichter Randfehler)	83	III	255,--
	86	II-III	200,--
	93	II-III	270,--
	94	II	340,--
Taler auf den Frieden von Hubertusburg, 1763,			
Dav. 2488, Cr. 76, Ke. 280	04	III	250,--
	45	III/II	230,--
	48	II-III	210,--
	53	III	260,--
(leicht korrodiert)	87	II-III	250,--
	97	III/II	230,--
Taler, auf den Frieden von Hubertusburg, 1765,			
Dav. 2490, Cr. 78, Ke. 281	47	III/II	230,--
	51	III	315,--
(leichter Schrötlingsfehler)	65	III/II	350,--
	68	III	260,--
(leichter Randfehler)	85	II-III	325,--
	93	III	215,--
	95	III	260,--
Taler, 1765, Dav. 2491, Cr. 77a	70	III	2450,--
Taler, 1765, Dav. 2493, Cr. 80, Ke. 282	65	I	1975,--
	74	II/I	2000,--
	81	II	1300,--
Taler, 1765, Dav. 2492, Cr. 79, Ke. 283			
(schwache Prägung)	04	II	525,--
	56	III	530,--
Taler, 1765, Dav. 2494, Cr. 81	86	III-IV	220,--
	91	III	220,--
(poliert)	100	III	220,--
1768	86	III-IV	205,--
	91	II-III	360,--
	91	III	240,--
	98	II-III	350,--
	98	II-III	345,--
	100	II-III	340,--
Taler, 1765, Dav. 2494, Cr. 81	06	III	450,--
	16	III/IV	220,--

wie vor	18	II/I	775,--
	31	III	200,--
	51	III	340,--
	60	III	260,--
	66	III	255,--
	69	II-III	260,--
	73	III	300,--
	78	II-III	390,--
	81	III	230,--
1768	00	III	310,--
(Randfehler, leichte Kratzer)	05	III	205,--
	16	III/IV	220,--
	20	II	425,--
	27	II-III	360,--
	31	III	220,--
(leichter Kratzer)	36	III	240,--
	43	III	230,--
	51	III/II-III	445,--
(Randfehler)	51	III-IV	230,--
	55	III	270,--
	55	III	270,--
(leichte Kratzer)	60	III	270,--
(leichte Kratzer)	60	III	310,--
(leicht oxydiert)	63	III/II-III	380,--
	65	II/III	470,--
	65	III	300,--
	70	I-II	1300,--
(leichte Kratzer)	73	II	675,--
	81	II	400,--
1680 (leichte Kratzer)	36	II	500,--
	38	II-III	675,--
	38	III-IV	280,--
Taler, 1765, Cr. 81, Ke. 284	32	III/II	495,--
1768	24	III	360,--
Taler, 1779, Dav. 2495, Cr. 81a, Ke. 285d			
(leichte Kratzer)	70	I-II	1100,--
	78	II-III	925,--
	81	II-III	405,--

wie vor	100	III	350,--
Taler, 1779, Dav. 2495, Cr. 81a, Ke. 285d	02	II	950,--
(leicht justiert)	05	II	800,--
	07	III	390,--
	26	II	750,--
(Schrötlingsfehler)	32	II-III	250,--
Konventionstaler, 1766, Dav. 2497, Cr. 82a,			
Ke. 286	47	II/III	800,--
(leichter Schrötlingsfehler)	70	II-III	450,--
	91	II	400,--
(leicht fleckig)	100	II	410,--
1767 (seltener Jahrgang)	70	I	1550,--
Taler, 1767, Dav. 2498, Cr. 82a	85	II-III	370,--
1768 (Randfehler)	82	III	300,--
	91	II-III	280,--
Konventionstaler, 1767, Dav. 2498, Cr. 82a,			
Ke. 288	70	I-II	1050,--
	70	II-III	470,--
1768	28	III	330,--
	38	III	400,--
	52	III/IV	225,--
	65	II	625,--
	78	III	320,--
Zwitter-Taler, 1768, Dav. 2498/96, Ke. 288/287	36	I	5600,--
Taler, 1795, Dav, 2499, Cr. 83, Ke. 290			
(Überprägung, leichter Kratzer)	05	I-II	2100,--
(leichter Schrötlingsriß)	19	II	2300,--
(leichter Schrötlingsfehler)	70	I	4700,--
	74	I-II	4850,--
(Randfehler)	91	III	1600,--
Kippergulden zu LX Kreuzer, 1622, Ke. 197a	70	II-III	600,--
	91	III	400,--
1/2 Taler, o. J.,Schulten 2462, Ke. 116	26	III	5800,--
1/2 Guldentaler zu 30 Kreuzer (1/2 Reichs-			
guldiner)1566, Ke. 138 (leichter Randfehler)	20	III-IV	600,--
1574	91	III-IV	1000,--
1/2 Guldentaler zu 30 Kreuzer (1/2 Reichs-			
guldiner), 1609, Ke. 142 (Henkelspur)	32	II-III	610,--

1/2 Guldentaler zu 30 Kreuzer (1/2 Reichsgul-			
diner) 1614, Ke. 143 (Henkelspur)	91	II	320,--
1619	73	III	820,--
1/2 Taler, 1621	38	II-III	3400,--
1/2 Guldentaler zu 30 Kreuzer (1/2 Reichs-			
guldiner), 1631, Ke. 144	91	II	1000,--
1/2 Sebaldus-Guldentaler zu 30 Kreuzer, 1631,			
Ke. 146	19	III	1575,--
1634 (leichte Henkelspur)	05	III/IV	880,--
1/2 Dicker Taler auf den Tod Gustaf II. Adolf			
von Schweden, 1632	47	III	1500,--
1/2 Sebaldus-Guldentaler (1/2 Reichsguldiner),			
1642, Ke. 148 (Randfehler, 2. bekanntes			
Exemplar)	91	III	1100,--
1/2 Sebaldus-Guldentaler (1/2 Reichsguldiner),			
1658, Ke. 149	55	III	1600,--
	91	II-III	1050,--
1/2 Taler, 1621, Ke. 195 (Schrötlingsfehler,			
Randfehler)	91	III	1250,--
1/2 Taler, 1622, vgl. Ke. 196 (Fundexemplar)	39	III	1250,--
1/2 Taler, 1631, Ke. 199b (Druckstelle)	38	III	1200,--
	65	III/IV	1025,--
1/2 Taler, 1633, Ke. 199c (leichter Schröt-			
lingsfehler)	36	III	1600,--
(Henkelspur)	71	IV	500,--
1/2 Talerklippe, auf den Friedensvollzug,			
1650, vgl. Ke. 40 (leichte Henkelspur)	26	II-III	1200,--
	38	II	1375,--
	86	II	1150,--
1/2 Reichstaler, auf den Friedensvollzug,			
1650 (leichter Randfehler)	16	III-II	800,--
1/2 Taler, 1662, Ke. 201	19	III	1200,--
(Henkel)	71	III-IV	470,--
(Henkelspur)	91	III	280,--
1/2 Taler, 1680, Ke. 201A	38	II-III	3800,--
(Henkelspur)	91	III	350,--
1/2 Reichstaler, 1693, Ke. 202	38	I	2550,--

wie vor	91	II-III	1000,--
1/2 Taler auf das 2. Reformationsjubiläum,			
1717 (leichter Kratzer)	16	II	500,--
1/2 Reichstaler auf das Stückschießen, 1733,			
vgl. Ke. 189	91	I-II	6000,--
1/2 Reichstaler, 1760, Ke. 291	17	III	260,--
	49	II	500,--
	78	III	235,--
	91	III	290,--
	92	II/I	460,--
1/2 Taler, 1766, Ke. 292	16	II/I-II	450,--
	19	III	280,--
	27	I	725,--
	36	I	625,--
(leichter Schrötlingsfehler)	36	I-II	415,--
	36	II/I	420,--
	37	I	575,--
	38	II	350,--
	38	III	220,--
	41	I-II	440,--
	45	II	300,--
	45	II	400,--
	51	II-III	360,--
(leicht oxydiert)	63	II-III	260,--
	67	II-III	295,--
	70	I	700,--
	85	II	325,--
	91	II	290,--
(leicht oxydiert)	96	III	280,--
	100	III	310,--
1/3 Taler-Silberklippe auf den Westfälischen			
Frieden (= Abschlag der 3fachen Dukatenklippe)			
1648, vgl. Ke. 39 (Henkelspur)	71	IV	450,--
(poliert)	91	II	235,--
(Henkelspur, leicht poliert)	102	III	340,--
1/4 Taler auf den Tod von König Gustaf Adolf			
II. v. Schweden, 1632	75	II-III	1000,--

1/4 Talerklippe auf den Friedensvollzug 1650,			
Ke. 40 Anm.	26	II	950,--
	27	II-III	460,--
	91	I-II	460,--
1/4 Taler zu 30 Kreuzer, 1765, Cr. 67, Ke.293	12	II	230,--
	12	II	225,--
	38	II	250,--
	72	II	250,--
1/6 Reichstaler, 1623, Ke. 209	73	III	1100,--
	91	III	400,--
1/8 Talerklippe auf den Friedensvollzug,1650,			
vgl. Ke. 61	73	I-II	340,--
	100	II	475,--
1/8 Taler, 1693, Ke. 215 (starke Henkelspur)	62	III	200,--
Steckenreiterklippe auf den Friedensvollzug,			
1650, Ke. 40 Anm.	38	II-III	260,--
	100	II	390,--
20 Konventionskreuzer, 1761, Ke. 14	70	II	400,--
VII Kreuzer, 1704, Ke. 20	19	II	310,--
	91	II	320,--
VII Kreuzer, 1732, Ke. 221	20	II	300,--
	45	I	390,--
1736	91	II	280,--
Zehner (knacken), 1528, Schulten 2466, Ke.113			
(Kratzer)	91	III	1500,--
10 Kreuzer, 1766, Cr. 55, Ke. 303 (Rand-			
fehler)	91	II	210,--
Reichsgroschen (1/21 Taler), 1552, Schulten			
2468, Ke. 118 (leicht beschnitten)	91	II-III	1500,--
II Kreuzer, Silber, 1622, Ke. 235a (mit Nürn-			
berger Gegenständen)	51	III	500,--
(mit Nürnberger Gegenständen)	86	II	575,--
1 Kreuzer, 1806, Ke. 332	38	II	230,--
Klippe vom Dreier (1/84 Gulden), 1614,			
Ke. 256	85	II	1200,--
1 1/2 Pfennige, 1659, Ke. 256	91	I-II	350,--

Silberabschlag vom Stempel des Losungs-Ungeld-
Goldgulden, 1621, zu Ke. 353a   91   III   500,--
Losungs- und Ungeldgulden, 1621, Ke. 354 (leichte
Kratzer)   16   III   1100,--
(Fundexemplar, Schrötlingsfehler)   73   III-IV   500,--
                                              91   III   800,--
Losungs- oder Bürger-Gulden zu 80 Kreuzer,
Kupfer, 1744, Ke. 356   19   II-III   1300,--
                                              31   II   2400,--
                                              91   III   800,--
                                              91   III   800,--
Pflegamtstaler, 1580, Mad. 5543   89   III   8000,--
(Emailspuren)   98   III   3600,--
Nürnbergisches silbernes Loosungs-, Zoll-
und Ungeld-Amtszeichen, 1713   44   II   400,--
(leicht dezentriert)   82   II   240,--

NÜRNBERG-unter schwedischer Besetzung
Dukat, 1632, Fr. 1788   71   III-IV   1650,--
Taler, 1632, Dav. 4550   79   I   3600,--
1/4 Taler auf seinen Tod, 1632 (gestopftes
Loch)   73   III   300,--
1 Kreuzer, Kupfer, 1632,   74   IV   210,--

OBERSTEINBACH/MITTELFRANKEN
Erhard von Lentersheim, 1678-17..
Silberabschlag vom Dukat, 1717, vgl. Fr.1792,
Wilm. 1178   31   I   650,--
                                              44   II   300,--
                                              50   I   350,--
                                              60   I-II   400,--

ÖTTINGEN
Karl Wolfgang, Ludwig XV. und Martin,
1534-1546
Taler, 1540, Dav. 9617, De Mey 765, Schulten
2617   23   III   750,--
                                              45   III   750,--

wie vor (Randfehler)	71	III	1125,--
	73	III	625,--
1541	86	III	650,--
1542 (Henkelspur)	29	III	525,--
	83	III	600,--
(korrodiert)	87	III	485,--
1543	67	III	950,--
	71	III	1425,--
(leicht poliert)	73	III	460,--
(leichter Randfehler)	89	III	700,--
1544	17	IV	320,--
Taler, 1545, De Mey 766, Schulten 2617	73	II-III	850,--
	93	III	750,--
Taler, 1544, De Mey 766, Schulten 2617	29	III	750,--
(leicht gedrückt)	26	III	700,--
1545	48	III	600,--
	56	III	625,--
1546	04	III	900,--
(leichter Stempelfehler)	05	III	800,--
	10	II	1450,--
	21	III	600,--
	31	III	675,--
	36	III/IV	550,--
	44	II-III	850,--
	54	III	775,--
	70	II-IV	600,--
	71	II-III	1200,--
1/2 Taler, 1543, Schulten 2620 (leichter Randfehler)	71	III	3125,--
12 Kreuzer (Zehner), 1534, Schulten 2622	71	III-IV	875,--
Ludwig Eberhard, 1622-1634			
Reichstaler, 1623, Dav. 7136, Mad. 1825 (leichter Randfehler)	24	III	825,--
(leichte Schrötlingsfehler)	55	II-III	900,--
	71	III	825,--
1624	27	I-II	2350,--
	93	II-III	725,--

```
Taler, 1624, Dav. 7136 f. (Schrötlingsfehler)   51      II          825,--

(Zainende)                                      86      II         1800,--

Taler, 1624, Dav. 7137                          27      III        6700,--

Batzen, 1625 (Brandspur)                        71      III         525,--

Albert Ernst I., 1634-1683
Taler auf die Erhebung in den Fürstenstand,
1675, Dav. 7138 (gelocht)                       71      II         2350,--

Gulden zu 70 Kreuzer, 1674, (Schrötlings-
fehler)                                         01      III         550,--

Gulden zu 60 Kreuzer, 1674                      27      II         2000,--

                                                44      II-III      330,--

(Henkelspur)                                    71      III         460,--

                                               102      III         500,--

Gulden zu 60 Kreuzer, 1674                      55      III         420,--

                                                73      II-III      290,--

1675                                            18      III         395,--

                                                45      II          325,--

(Randfehler)                                    70      II-III      380,--

1676                                            05      III/IV      290,--

                                                15      III         335,--

                                                32      III/II      300,--

                                                45      II          300,--

                                                45      III/II      275,--

                                                54      III         280,--

                                                55      III         395,--

                                                75      III         300,--

                                                85      III-IV      270,--

Hunds-Gulden zu 60 Kreuzer, 1675 (poliert,
Schrötlingsfehler)                              16      III/IV      825,--

                                                51      II-III     1600,--

Hunds-Gulden zu 60 Kreuzer, 1675 (leichter
Randfehler)                                     19      II-III     1700,--


ÖTTINGEN-WALLERSTEIN

Wolfgang IV., 1670-1708
Taler zu 90 Kreuzer (Augsburg), 1694, Dav.7143  59      I          8570,--

                                                71      II         5500,--
```

Ignaz, 1670-1723

"Blumentaler" (Augsburg), 1694, Dav. 7142

(leichter Kratzer)	27	I-II	6150,--
	36	IV/III	2450,--
(leicht justiert)	48	II	4800,--

Wolfgang, IV., Ignaz und Anton Karl,
1692-1708

Batzen, Augsburg, 1694	71	III	370,--

Johann Aloys I. zu Spielberg, 1737-1780

Taler, 1759, Dav. 2501, Cr. 11	31	I	6600,--
(Zainende)	70	I-II	4100,--
	71	III-IV	2150,--
2/3 Taler = "Sebastiansgulden", 1759, Cr. 9	70	II	4050,--
Kreuzer, 1759, Cr. 2	71	II	400,--

OLDENBURG

Anton Günther, 1603-1667

Taler zu 48 Grote (Doppelmark), 1660, Dav.

7113	47	I-II	6100,--
	79	I	7500,--
Gulden zu 28 Stüber, o. J., Märzd. 75,76			
(leichter Randfehler)	21	III	220,--
	21	II-III	235,--
	52	II-III	285,--
	79	III-IV	200,--
	88	III	250,--
	89	III	260,--
Mark zu 24 Grote (leichter 1/2 Taler), 1659	20	IV	320,--
	33	III	875,--
1/4 Oldenburger Marck zu 8 Groten = 6 jeversch			
Stüber, o. J.	07	III	370,--
	35	III	625,--
1/36 Taler = 2 Groten, 1666	07	III-IV	320,--
Adler-Schilling, o. J.	52	III	225,--
	88	II-III	200,--
Stüber, o. J., Saurma 3353	88	III-IV	205,--
1/2 Stüber, o. J.	88	III-IV	200,--

Friedrich V. von Dänemark, 1746-1766

II Mariengroschen, 1762, Cr. 13, Märzd. 230	01	III	300,--
1 1/2 Grote, 1761, Cr. 6, J. 2	86	IV	205,--

Friedrich August von Schleswig-Holstein-Gott-
horp, 1773-1785

Pistole = 5 Taler, 1776, Fr. 1808, J. 23 (Schmuckfassung aufgelötet)	01	III-IV	2400,--

Peter Friedrich Wilhelm, 1785-1823

1/3 Taler (=24 Grote), 1816, Cr. 41, J. 34, GDM 1	41	I-II	1400,--
	62	I-II	2300,--
	67	III	600,--
	98	III-IV	300,--
12 Grote (=1/6 Taler), 1816, Cr. 39, J. 33, GDM 2	67	II-III	310,--
6 Grote (= 1/12 Taler), 1816, Cr. 37, J. 32, GDM 3	41	I-II	490,--
	49	III	275,--
	62	II-III	200,--
	67	II-III	215,--
1818	80	III	280,--
4 Grote, 1792, Cr. 34, J. 27	11	II	250,--
2 Grote, 1792, Cr. 32, J. 26	62	I	360,--
2 Grote, 1815, Cr. 33, J. 30, GDM 5 (Schröt-lingsfehler)	41	I-II	270,--

OLMÜTZ, Bistum

Leopold Wilhelm von Österreich, 1637-1662

XV Kreuzer, 1662	10	III	310,--

Karl Josef von Österreich, 1663-1664

XV Kreuzer, 1664 (aus 1663)	10	III	700,--

Karl III. von Lothringen, 1695-1711

5 Dukaten-Goldabschlag vom Talerstempel, 1707, Fr. 45 (Henkelspur)	31	III	4400,--
Taler, 1701, Dav. 1295	00	II-III	750,--
	98	III	460,--
Reichstaler, Kremsier, 1702, Dav. 1206	25	III	400,--
	38	III	360,--

wie vor	67	III	400,--
(leichter Schrötlingsfehler)	98	III	370,--
Breiter Taler, 1703, Dav. 1207	38	III	350,--
(leichter Schrötlingsfehler)	102	III	350,--
Breiter Reichstaler, Kremsier, 1704, Dav.1208	04	II-III	380,--
	05	III	420,--
	11	III	235,--
(leichter Schrötlingsfehler)	19	II-III	305,--
(gewellt)	22	III	260,--
	38	III	300,--
	45	II	410,--
(leichte Henkelspur)	45	II	350,--
	78	III	260,--
	93	II	360,--
Taler, 1705, Dav. 1209	20	II-III	450,--
(leichte Schrötlingsfehler)	21	II	360,--
	31	III/II	430,--
	32	II	350,--
	41	I-II	445,--
(leichte Henkelspur)	65	III	270,--
	86	III	350,--
	93	II	330,--
(leichte Henkelspur)	95	III	210,--
Taler, 1706, Dav. 1211	83	II	390,--
1707	54	II	625,--
	55	II	725,--
Taler, 1706, Dav. 1211 (leichter Randfehler, Sammlerzeichen)	16	III	2230,--
	32	II-III	275,--
	38	III	340,--
	48	II	550,--
1707	05	III/IV	250,--
	11	III/II	300,--
	18	II/I	460,--
	52	III/II	335,--
Breiter Taler, 1710, Dav. 1212 (1709)	04	II	850,--
1/2 Taler, 1705	34	III	480,--

Wolfgang von Schattenbach, 1711-1738

1/4 Dukat, o. J., (Knick)	12	III/II	625,--
(leichter Knick)	98	II-III	550,--
1/4 Dukat, o. J., Fr. 75	44	II	680,--
Taler, Kremsier, 1714, Dav. 1215	38	II-III	350,--
(aus 1713)	102	III	375,--
Reichstaler, Kremsier, 1716, Dav. 1216	32	III/II	305,--
(leichter Schrötlingsfehler)	38	III	200,--
	62	II-III	400,--
(leichte Henkelspur)	65	III	200,--
Taler, 1719, Dav. 1218 var. (leichte Henkel-			
spur)	39	II-III	210,--
	45	II	375,--
	97	III	240,--
Taler, 1720, Dav. 1218	29	II-III	295,--
1722 (Schraubtaler ohne Einlage)	31	III	240,--
	36	III	370,--
(leichte Henkelspur)	39	III	200,--
	70	I	1200,--
	98	II-III	310,--
1724	32	II	305,--
	38	III	270,--
	39	III	500,--
1725	31	II/III	575,--
	86	III	240,--
Taler, 1721, Dav. 1218	04	II	470,--
Breiter Reichstaler, 1726, Dav. 1219 (Stem-			
pelfehler)	16	III	210,--
1727	00	II-III	230,--
	16	III/II	250,--
Taler, 1728, Dav. 1220 (leichter Schrötlings-			
fehler)	38	III	230,--
	51	II-III	410,--
(Kratzer)	56	II-III	220,--
Taler, 1730, Dav. 1223	09	III	300,--
(leichter Schrötlingsfehler)	38	III	245,--
1734 (leichter Schrötingsfehler)	102	III/IV	220,--
1735 (leichter Schrötlingsfehler)	51	III	380,--

Taler, 1737, Dav. 1226 (leichter Schrötlings-			
fehler)	38	III	200,--
	39	III	315,--
Jakob Ernst von Liechtenstein-Castellcorno,			
1738-1745			
Taler 1740, Dav. 1227	38	III	550,--
(leichter Schrötlingsfehler)	102	III	710,--
Taler, 1742, Dav. 1229(Zainende)	45	II	625,--
Taler, 1742, Dav. 1230	75	III	600,--
1745	02	III	475,--
Maximilian Graf von Hamilton, 1761-1776			
Abschlag des Doppeldukaten auf die Inthro-			
nisation 1762	87	III	200,--
Rudolph Johann von Österreich, 1819-1831			
Taler auf die Inthronisation, 1820, Dav. 41,			
Cr. 12	00	I	1700,--
	16	I	1800,--
	26	I	2000,--
1/2 Taler (Gulden), 1820, Cr. 11	16	I-II	675,--
	32	I-II	425,--
	98	II	405,--
20 Kreuzer, 1820, Cr. 10	16	I-II	250,--
	34	II	210,--
ORTENBURG,Grafschaft			
Hans Widmann zu Patermion,			
1/2 Taler, 1631	04	III	2800,--
Christoph Widmann, 1640-1660			
Taler, 1656	61	II-III	2400,--
OSNABRÜCK,Bistum			
Franz Wilhelm von Wartenberg, 1625-1661			
Taler, auf den Tod Gustaf II. Adolf von			
Schweden, 1633, Dav. 4555 (poröser Schröt-			
ling)	54	III	1400,--
III Schilling, Kupfer, Osnabrück, 1633,			
Weing. 290	55	III	355,--

Ernst August I. von Braunschweig-Lüneburg,
1662-1698

24 Mariengroschen, 1675, We. 1887	94	II-III	470,--
1676	73	III	240,--
	88	III	350,--
XIV Mariengroschen, 1676, We. 1888	86	III	280,--
XII Mariengroschen, 1670, We. 1890	19	II	355,--
	86	II	400,--
1672	73	II-III	245,--
Matier zu 4 Pfennig, 1663, We. 1906 A	67	III	230,--

Sedisvakanz, 1698

Reichstaler, 1698, Dav. 5674, Zep. 233	02	II	1550,--
	47	II	1950,--
	70	II	1600,--

Sedisvakanz, 1715-1716
Reichstaler, 1715, Dav. 2504, Zep. 234, Kenn.

341	39	III	500,--
	44	II-III	1075,--
	49	III	750,--
	68	III	1150,--

Ernst August II., Herzog von York, 1716-1728

24 Mariengroschen, 1721, We. 2491	12	III	300,--

Sedisvakanz, 1728

Schautaler, 1728, Kenn. 381, Zep. 235	05	III/IV	350,--
(leichter Kratzer)	51	II	650,--
	70	II-III	500,--

Sedisvakanz, 1761-1764
Schautaler, 1761, Kenn. 384, Zep. 154

(leichter Randfehler)	16	I-II	600,--
	32	III/II	400,--
	52	III	360,--
	70	II	575,--

OSNABRÜCK, Stadt
Kupfer VII Pfennig, 1623, Kenn. 448 a

(Randfehler)	73	I-II	205,--

IX Pfennig, Kupfer, 1625, Weing. 315, Kenn.

449	45	II-III	275,--

8 Pfennig, Kupfer, 1594, Weing. 295, Kenn.

432 c   99   IV   265,--

IV Pfennig, 1690, Weing. 326, Kenn. 465

(Zainende, Gegenstempel Rad)   39   III   300,--

unter schwedischer Besetzung

Taler auf den Tod von Gustaf Adolf II.,

1633, Dav. 4556, Ahlstr. 4 d   98   III   1275,--

OSTFRIESLAND, Grafschaft

Edzard I., 1491-1528

Goldgulden, Emden, o. J., Schulten 2544   55   III-IV   2850,--

Doppelter Krummsteert (= Turnose = 8 Witten),

1504, Schulten 2553   56   III   2325,--

Enno II., 1528-1540

Dicker Pfennig (1/4 Taler), o. J., Schulten

2568   49   III-IV   950,--

(Emder) Schaaf, o. J., Schulten 2570

(Lochpunze)   71   IV   320,--

Edzard II., Christoph und Johann, 1540-1566

Taler zu 30 Stüber, 1564, De Mey 774   01   III   725,--

                                                 70   III   1150,--

(Schrötlingsfehler)   75   II-III   800,--

(Schrötlingsfehler, Randfehler)   86   IV/III   280,--

                                                 85   III   1400,--

                                                 88   III   1100,--

Taler zu 30 Stüber, 1564, De Mey 774   16   IV   380,--

                                                 45   II-III   1500,--

                                                 68   III   1500,--

                                                 71   II   1600,--

                                                 71   III   1200,--

                                                 73   II-III   800,--

                                                 73   III   975,--

                                                 79   II-III   1375,--

Taler, o. J., De Mey 776, Schulten 2581   05   IV/V   700,--

                                                 35   III-IV   1350,--

                                                 71   III   2000.--

1/4 Taler (Dicker Pfennig), o. J., Schulten

2583   73   III-IV   1325,--

wie vor, 1562	71	III-IV	1500,--
Edzard II. und Johann II., 1566-1591			
Taler, 1569, De Mey 778 (Fundexemplar)	27	III-IV	500,--
1571	31	III	1225,--
Taler, 1581, De Mey 779	71	III-IV	1500,--
1585 (Schrötlingsfehler)	86	IV	1000,--
	85	III-IV	1400,--
1591	98	III-IV	1224,--
1/2 Taler, 1568	55	III	4350,--
1/2 Taler, 1592 (unediert, leichte Randrisse)	27	II-III	2900,--
1/8 Taler, 1579 (Schrötlingsfehler, Knick)	04	III	245,--
Edzard II. allein, 1591-1599			
Taler, 1596, De Mey 780 (leichte Henkelspur)	19	III	625,--
Enno III., 1599-1625			
Taler, 1614, Dav. 7122	71	III	2300,--
1/10 Taler (= 5 Stüber), o. J., Saurma 3328	55	III	275,--
Arendschilling (= 6 Stüber), o. J.	71	III	310,--
Arendschilling (= 6 Stüber), o. J., Saurma			
3327 (Randfehler)	71	II	350,--
	85	II	320,--
5 Stüber, 1612	71	III-IV	750,--
5 Stüber, o. J.	71	II-III	250,--
Enno IV. Ludwig, 1648-1660			
Sterbetaler für seine Mutter Juliane von			
Hessen-Da., 1659, Dav. 7127	47	II	4600,--
Georg Christian, 1660-1665			
1/3 Taler, o. J.	44	III	810,--
Christian Eberhard, Maj., 1690-1708			
1/3 Taler, o. J.	07	III	395,--
1/4 Sterbetaler auf den Tod seiner Gemahlin			
Eberhardine Sophie von Öttingen, 1700	71	II-III	1500,--
(oxydiert, gestopftes Loch)	96	III	225,--
3 Stüber, 1697, Kny. 6561	04	III	230,--
Georg Albrecht, 1708-1734			
Dukat, 1731, Dav. 926, Kny. 6590	61	II	8700,--
Kupferabschlag vom 1/4 Taler auf den Tod			
seiner Gemahlin Christiane Ludowike von Nassau,			
1723	20	II	825,--

Karl Edzard, 1734-1744

1/6 Taler, 1737, Kny. 6631	31	III	600,--

Georg IV. von Hannover, 1820-1838

2 Stüber, 1823, J. 15	66	II	300,--

PAAR

Johann Wenzel, 1769-1792

Taler, Wien, 1771, Dav. 55, Cr. 2

(leichter Randfehler)	73	II-III	775,--

PADERBORN, Bistum

Theodor von Fürstenberg, 1585-1618

3 Kreuzer, 1611, Weing. 105 b	95	II	335,--

Groschen (1/24 Taler), 1596, Weing. 94, 95 ff.

(RVDO*2*D*G)	22	III-IV	435,--

Ferdinand von Bayern, 1618-1650

Kipper-12 Kreuzer, o. J., Weing. 118

(Doppelschlag, Grünspan)	42	IV	270,--

Kipper-1 1/2 Schilling, o. J., Weing. 119

(Randfehler)	42	IV	300,--
	99	IV	320,--

Theodor Adolph von der Recke, 1650-1661

Doppelschilling, 1654, Weing. 132 g

(gelocht, Gegenstempel P)	42	IV	500,--

Ferdinand II. von Fürstenberg, 1661-1683

Taler, 1676, Dav. 5704	68	II-III	9000,--

Sedisvakanz, 1683

Taler, 1683, Dav. 5706, Weing. 251	42	III	2350,--

Hermann Werner von Wolf-Metternich, 1683-1704

Taler, 1685, Dav. 5710, Weing. 165

(leicht poliert)	42	III	1500,--

Franz Arnold von Metternich, 1704-1718

Taler, 1709, Dav. 2509	26	III	2000,--
1710	73	III	1575,--

1 Mariengroschen, 1713, Weing. 191 f.

(Gegenstempel "Ff.")	99	III	255,--

Sedisvakanz, 1719

Schautaler, 1719, Weing. 253, Zep. 241	05	III/IV	300,--

wie vor (leichter Randfehler)	42	II	750,--
	66	III/II	440,--
Taler, 1719, Weing. 254	42	II-III	2300,--
(Stempelriß)	42	II-III	1800,--
	70	I	3900,--
(leichter Randfehler)	98	I-II	2500,--
Klemens August von Bayern, 1719-1761			
Taler, 1723, Dav. 2513, Weing. 197	42	II-III	3800,--
Sedisvakanz, 1761-1763			
Schautaler, 1761, Weing. 255, Zep. 243	04	I-II	1100,--
	16	III	600,--
	69	II	440,--
Wilhelm Anton von Asseburg, 1763-1782			
5 Taler = 1 Pistole, 1767, Fr. 1826, Cr. 39,			
Weing. 205	27	II	7000,--
1 Konventionstaler, 1765, Dav. 2514, Cr.			
35, Weing. 210	42	III	1750,--
(leicht justiert)	47	II	3400,--
	99	III/II-III	1950,--
Taler, 1767, Dav. 2516, Cr. 37, Weing. 212	39	II	2050,--
(leicht justiert)	47	III	2600,--
2/3 Taler, 1764, Cr. 30, Weing. 213	21	II	675,--
	42	III/II	360,--
	73	III-IV	380,--
2/3 Taler = 24 Mariengroschen, 1765, Cr. 32	04	III-IV	205,--
	17	IV/III	260,--
	41	II-III	750,--
	42	III	360,--
	85	II	775,--
	97	II	700,--
Friedrich Wilhelm von Westphalen, 1782-1789			
1/2 Konventionstaler, 1786, Cr. 46, Weing.			
249	18	II	1025,--
	42	II-III	850,--
	73	II	1350,--
16 Gute Groschen (1/2 Taler), 1785, Cr. 44,			
Weing. 248	42	III	750,--
1/12 Taler, 1783, Cr. 42, Weing. 250 var.	42	III	220,--

Domkapitel

Kupfer-III Schilling, 1627, Weing. 675	42	III-IV	650,--
Kupfer-12 Pfennig, o. J.	42	V/III	750,--
Kupfer-7 Pfennig, 1627, Weing. 677 a	42	III	650,--
Kupfer-III Pfennig, 1617, Weing. 685	42	III	240,--
	49	III-IV	300,--

PADERBORN, Stadt

Kupfer VII Pfennig, 1605, Weing. 693	42	III-IV	750,--
Kupfer-VI Pfennig, 1605, Weing. 694	42	III-IV	220,--

PAPPENHEIM, Grafschaft

Christian Ernst, 1685-1721

Silberabschlag vom Dukaten auf die Grenz-beschreitung, 1717	89	I	800,--

PASSAU, Bistum

Ernst von Bayern, 1517-1540

Batzen, 1528, Schulten 2642, Ke. 59 (Jahrgang RRR)	65	III/IV	575,--

Sebastian von Pötting, 1673-1689

1/4 Dukat, 1674, Fr. 1928, Ke. 83	76	II-III	4200,--

Johann Philipp von Lamberg, 1689-1712

1/2 Dukat, 1709, Fr. 1932, Ke. 101	76	II-III	3100,--
	97	II	2750,--
(leicht gewellt)	102	III/II	2300,--
Taler, 1694, Dav. 5716, Ke. 102	27	III-IV	960,--
	65	III/II	2050,--
Taler, Regensburg, 1697, Dav. 5717, Ke. 104	38	II	2300,--
(Randfehler)	65	II/I-II	2050,--
Taler, Augsburg, 1701, Ke. 105 (leichtes Zainende)	48	II	1450,--
(leicht justiert)	48	II-III	1150,--
	70	I-II	2700,--
Taler, 1703, Dav. 2518, Ke. 106	48	I-II	2500,--
	65	II/I-II	2500,--
Reichstaler, Regensburg, 1712, Dav. 2520, Ke. 108 (leichte Fehler)	24	II	2300,--

2 Kreuzer, 1694, Ke. 111	86	III	410,--
Raimund Ferdinand von Rabatta, 1713-1722			
1/2 Dukat, 1716, Fr. 1934, Ke. 114 (gewellt)	76	II-III	2600,--
Taler, 1714, Dav. 2521, Ke. 117 (leicht			
bearbeitet)	00	III	700,--
1/4 Reichstaler, 1717, Ke. 118	65	III/II	1100,--
	98	I-II	1500,--
Joseph Dominikus von Lamberg, 1723-1761			
Dukat, 1747, Fr. 1935, Cr. 3, Ke. 121	76	II	6500,--
Reichstaler, Regensburg, 1723, Dav. 2522,			
Cr. 1, Ke. 122 b	00	III/II	1450,--
Sedisvakanz, 1761			
Schautaler (Oexlein), 1761, Zep. 247, Ke.			
67 (leichter Randfehler, Kratzer)	05	I	1150,--
	44	II	1950,--
(leichter Randfehler)	45	II/III	950,--
Leopold Ernst Josef von Firmian, 1763-1783			
Koventionstaler, 1779, Dav. 2525, Cr. 8,			
Ke. 126	28	III	1100,--
(leicht justiert)	33	III	900,--
(justiert)	34	II-III	1150,--
(justiert)	48	II-III	875,--
(leicht justiert)	65	I-II	1750,--
	77	II	2000,--
(leicht justiert)	86	III	315,--
1/4 Huldigungs-Schautaler, 1764, Ke. 68	38	II-III	360,--
1/8 Huldigungs-Schautaler, 1764, Ke. 68	44	III	200,--
	97	II	310,--
Josef Franz Anton von Auersperg, 1783-1795			
Taler, 1792, Dav. 2526, Cr. 10, Ke. 128	00	II-III	1525,--
(leichte Feilspur)	01	III	900,--
(leicht justiert)	27	II-III	1050,--
(leicht justiert)	48	II	1300,--
PETTAU/Steiermark			
Burgfriedbereitungsklippe der Stadt, 1673,			
Probszt 196	50	III	300,--
Burgfriedbereitungsmünze, 1713, Probszt 199	50	III	300,--

wie vor	51	III	250,--
Burgfriedbereitungsklippe, 1730, Probszt 200	50	II-III	230,--

PFALZ-BIRKENFELD-ZWEIBRÜCKEN, Fürstentum
Christian IV., 1735-1775

Taler, Zweibrücken, 1759, Dav. 2550, Cr. 29 a	17	III	420,--
	19	III	525,--
	86	III	500,--
1760	10	III	600,--
	47	III	950,--
(Henkelspur)	89	III	250,--
	100	III	635,--
1763 (leichter Randfehler)	04	III	425,--
(leichter Schrötlingsfehler)	38	III-IV	310,--
	51	III	625,--
Taler, 1760, Dav. 2551, Cr. 30	19	III	2000,--
	98	III	3300,--
Taler, Zweibrücken, 1765, Dav. 2552, Cr. 31	81	III/II	355,--
1/6 Taler, Kriegsgeld, 1757, Cr. 19	44	II-III	240,--
20 Kreuzer, 1765, Cr. 21 b	19	II	330,--
12 Kreuzer, 1747, Haas 550 a	51	III	2250,--
12 Kreuzer, Zweibrücken, 1759, Cr. 17	16	III	330,--
	53	III	205,--
10 Konventionskreuzer, 1767, Cr. 15	36	II/I-II	650,--
5 Kreuzer, 1765, Cr. 13	20	III	305,--
	70	III	600,--

PFALZ-LAUTERN
Johann Kasimir, 1576-1592

Taler, 1578, Dav. 9641, De Mey 802 (Henkelspur, vergoldet)	10	II	2000,--
(leichte Henkelspur)	31	III	2350,--

PFALZ-NEUBURG, Herzogtum
Otto Heinrich und Philipp, 1504-1544

12 Kreuzer, Neuburg, 1527, Schulten 2755 (Schrötlingsfehler)	23	III/IV	205,--
1528 (leicht gedrückt, Schrötlingsfehler)	23	III	335,--

wie vor (Randfehler)	67	III	215,--
1529	22	III	225,--
(leicht gedrückt, fleckig)	23	III	235,--
(leicht gedrückt, Schrötlingsfehler)	23	III	275,--
Wolfgang Wilhelm, 1614-1653			
Taler, 1622, Dav. 7158 (starke Schrötlings-fehler)	23	III	2500,--
Taler, 1623, Dav. 7160 (korrodiert, gep., Randfehler)	23	III	450,--
Taler, 1623, Dav. 7161	23	II	2000,--
Taler, 1623, Dav. 7162 A (Stempelfehler)	10	III	850,--
(Stempelfehler)	10	III	525,--
(Stempelfehler)	19	III	825,--
(Stempelfehler)	23	III	800,--
(starke Stempelfehler)	23	III	700,--
(Stempelfehler)	44	III	830,--
(Stempelfehler)	65	III/IV	750,--
(Stempelfehler)	86	III	875,--
(Stempelfehler)	89	II/III	1825,--
(Schrötlingsfehler)	100	III	550,--
Taler, 1623, Dav. 7162 (leicht justiert)	23	III	1500,--
(Randfehler, Zainende)	51	III	875,--
Taler, Kallmünz, o. J., Dav. 7164	19	III	1025,--
Reichstaler, Kallmünz/Opf., 1624, Dav. 7166 (leicht justiert)	23	III	800,--
(leicht justiert)	25	II-III	1175,--
Taler, Kallmünz/Opf., 1626, Dav. 7168 (leicht poliert)	23	III	1300,--
	86	II-III	2100,--
Reichstaler, Kallmünz/Opf., 1632, Dav. 7175 (Henkelspur, leicht poliert)	23	III	1000,--
	25	II-III	2000,--
1/2 Taler, Gundelfingen, 1623 (Henkelspur, leicht poliert)	23	III	725,--
1/2 Taler, Kallmünz, 1624	23	III	4000,--
Kipper-24 Kreuzer, o. J. (Henkelspur, gewellt)	23	III	1000,--
Philipp Wilhelm, 1653-1690			
Gulden zu 60 Kreuzer, Neuburg, 1674	10	III	480,--

wie vor (leicht justiert)	23	III/IV	600,--
Gulden zu 60 Kreuzer, 1674 (leicht justiert)	16	III	460,--
	19	III	550,--
	19	II	1300,--
(stark justiert)	23	III/IV	300,--
(justiert)	23	III	340,--
	26	III	625,--
(justiert)	70	II-III	800,--
	86	III	650,--
(fleckig)	102	III/IV	300,--
1675 (Randfehler, justiert)	23	III	480,--
	51	III	725,--

PFALZ-SIMMERN-SPONHEIM

Johann II., 1509-1557

Taler, 1556, De Mey 805, Schulten 2689	19	III	5600,--

Richard, 1569-1598

Dukat, 1576, Fr. 1916 (leichte Henkelspur)	100	III	2700,--
1578	100	II-III	2725,--
(gedrückt)	102	III	1650,--
1579 (leicht gewellt)	47	III/II	2500,--
(leichter Randfehler)	73	II-III	2850,--

Ludwig Heinrich Moritz, 1658-1674

Albus, 1663	10	III	490,--
Albus, 1663	12	II	600,--

PFALZ-VELDENZ

Georg Gustav, 1592-1634

1/4 Taler, o. J.	10	III	550,--
	41	III	725,--
	86	III	925,--
(Zainende)	100	III	675,--
24 Kreuzer, Rothau-Els., o. J. (starke Henkelspur)	19	III	430,--

Leopold Ludwig, 1634-1694

Gulden zu 60 Kreuzer, 1673 (Randfehler)	10	IV	1100,--
1674 (leichte Kratzer)	86	III-IV	2150,--
1 Kreuzer, Weinburg, 1674	19	III	625,--

PFALZ-ZWEIBRÜCKEN-VELDENZ

<u>Johann I. der Ältere,</u> 1569-1604

Taler, o. J., Dav. 9656	10	III	8250,--

<u>Johann II.,</u> 1604-1635

Goldgulden, 1617	25	III	2700,--
	86	II-III	3675,--
	89	III	2600,--
1618	95	IV	1225,--
	98	III-IV	1800,--
Taler, 1623, Dav. 7187	19	III	800,--
	25	II-III	1325,--
1/4 Taler zu 6 Batzen, Heidelberg, o. J.,			
Noss II 375 ff.	55	III	700,--
1/4 Taler zu 6 Batzen, o. J., Noss II 377	51	II-III	650,--
	60	IV/III	340,--
	86	II-III	675,--
Kipper-12 Kreuzer, Zweibrücken, 1620, Noss II			
382	86	II	750,--
2 Kreuzer, Saarbrücken, o. J., Noss II 390	19	III	280,--

PFALZ-Alte Kurlinie

<u>Ruprecht I.,</u> 1353-1390

Goldgulden, Bacherach, o. J., Fr. 1828, Noss			
14	18	III	1050,--
	89	II	1250,--
Goldgulden, Heidelberg, o. J., Fr. 1828	66	III/II	2100,--
Goldgulden, o. J., Fr. 1829 var.	10	III	1400,--
	47	III	1725,--
	51	III	1675,--
Goldgulden, o. J., Fr. 1829 var., Noss 70 ff.	47	II	3100,--
Pfennig auf Straßburger Schlag, einseitig,			
o. J.	19	III	450,--
	86	III	240,--

<u>Ruprecht II. der Ernste,</u> 1390-1398

Goldgulden, o. J., Fr. 1830, Noss 101 v.	61	II-III	9000,--
	61	III	9000,--
Anonymer Goldgulden, o. J., Fr. 1831 var.	61	II	3600,--

Ruprecht III., 1398-1410

Goldgulden, Bacherach, o. J., Fr. 1832,

Noss 44 (Henkelausbruch)	110	III	350,--
	61	II-III	4250,--

Ludwig III. der Bärtige, 1410-1436

Goldgulden, Bacherach, o. J., Fr. 1834,

Noss 70	47	III	1450,--
Goldgulden, Oppenheim, o. J., Fr. 1835	38	III	1150,--
Goldgulden, Bacherach, o. J., Fr. 1835	51	III	3150,--
Goldgulden, Bacherach, o. J., Fr. 1836, Noss I, 74	55	III	1300,--
Goldgulden, Bacherach, o. J., Fr. 1837, (Randfehler)	25	III	810,--
Goldgulden, Bacherach, o. J., Fr. 1837	47	III	1475,--
	60	IV	825,--
	89	III/II	1475,--

Ludwig IV. der Sanftmütige, 1436-1449

Goldgulden, Bacherach, o. J., Fr. 1838

(Randfehler)	23	IV/III	600,--

Goldgulden, Bacherach, o. J., Fr. 1838,

Noss I, 123	03	III	800,--
	25	III	1150,--
	48	III	1600,--

Friedrich I. der Siegreiche, 1449-1476

Goldgulden, Heidelberg, o. J., Fr. 1839,

Noss I, 185, 186	27	III	1700,--
	55	III-IV	1050,--
	66	III	1900,--

Philipp I. der Aufrichtige, 1476-1508

Goldgulden, 1492, Fr. 1843, Schulten 2656	26	III	5700,--
Goldgulden, o. J., Fr. 1846, Noss 195	51	II-III	4200,--
1/2 Albus, 1495, Schulten 2664, Noss 199	19	III-IV	235,--

Ludwig V. der Friedfertige, 1508-1544

1/4 Guldengroschen, 1525, Schulten 2676,

Noss 207	98	II-III	3050,--

PFALZ-Kurlinie SIMMERN

Friedrich III. der Fromme von Simmern,

1559-1576

Taler, Heidelberg, 1567, Dav. 9631, De Mey

793	32	II	2500,--
	34	III	2100,--
	72	II	4200,--
(leicht poliert)	73	III	2025,--
(Druckstelle)	99	III	1800,--
1/2 Taler, 1568, Noss 234 (kleines Sammler-			
zeichen)	34	III	2400,--
	47	III	5100,--
(Randfehler)	55	II	5000,--
1/2 Batzen, Heidelberg, 1568, Noss 236	16	III	270,--
	86	III	240,--
	99	II-III	260,--
Halbbatzen, 1570, Saurma 2453, Noss I 236	98	II	260,--

Friedrich IV. der Aufrichtige, 1592-1610

Mannheimer Gulden zu XXVI Albus, 1608, Haas

4 a, Noss I 256 ff.	10	III	1600,--
	19	I-II	2600,--
	51	II-III	2800,--
(Schrötlingsfehler)	99	III	925,--
1/2 Gulden zu 13 Albus, Mannheim, 1608,			
Haas 6	55	II-III	2500,--
1/4 Gulden zu 6 1/2 Albus, 1608, Haas 7 a,			
Noss I 259	45	III-IV	240,--
	99	III-IV	295,--
Münzvereins-Albus zu 8 Pfennige, 1610, Haas			
12	99	III	380,--

Friedrich V. der Winterkönig, 1610-1622

4 Dukaten, 1612, Fr. 1856 (leicht gewellt)	102	I-II	50000,--
Kipper-24 Kreuzer, Heidelberg, 1621, Noss			
27 b var.	55	II-III	600,--
Kipper-12 Kreuzer, Heidelberg, 1621	70	III	550,--
	19	II-III	525,--
1622	19	III	470,--

Karl Ludwig, 1648-1680
Taler, Heidelberg, 1659, Dav. 7153 (Rand-

fehler, vergoldet)	28	II	1550,--
1662	19	II-III	4100,--

Taler, Heidelberg, 1661, Dav. 7154 (leichtes

Zainende)	55	III	6900,--

Gulden zu 60 Kreuzer, Heidelberg, 1660,

Noss I, 301	17	III	700,--
Gulden zu 60 Kreuzer, Heidelberg, 1661	08	IV	255,--
	10	IV	310,--
	51	III	625,--
	86	III-IV	360,--
(schwache Prägung)	99	III	315,--
1662	86	III-IV	405,--
1665	08	III	650,--
(Zainende)	51	III	405,--
1/2 Gulden, Heidelberg, 1658	99	II-III	600,--
	99	II-III	625,--
1/2 Gulden zu 30 Kreuzer, Heidelberg, 1666	99	III	775,--
15 Kreuzer = 1/4 Gulden, 1659, Noss I, 317	19	III	975,--
1660	20	III-IV	425,--
	86	III	775,--
15 Kreuzer = 1/4 Gulden, Heidelberg, 1661	19	III	460,--
	86	III	340,--
1668 (Henkelspur)	19	IV	220,--
(leichte Henkelspur)	99	III	290,--

OBERPFALZ, im Besitz der Kurlinie
Philipp I. der Aufrichtige, 1476-1508
Batzen, Neumarkt für die Oberpfalz, o. J.,

Schulten 2659, Noss II 494 (Zainende)	23	IV	270,--

Ludwig V., 1508-1544

Groschen (Gröschl), 1511, Schulten 2681	100	III	295,--

Friedrich II. der Weise, 1508-1544
Taler, Neumarkt, 1547, De Mey 788, Schulten

2731	07	III	900,--
(leichter Kratzer)	19	III	1200,--
	25	III	950,--

wie vor (leichte Henkelspur)	49	III	750,--
	86	III	1000,--
1548	26	II	2500,--
Taler, Neumarkt, 1548, De Mey 788, Schulten			
2731 (Sammlerzeichen)	51	III	550,--
(Rückseite korrodiert)	66	III	495,--
(Kratzer)	85	III	625,--
	99	III-IV/III	875,--
Batzen, Titel als Reichsstatthalter, 1523,			
Schulten 2737, Noss 503	19	III-IV	380,--
Batzen, Neumarkt, 1533 (leicht gebogen)	15	III	240,--
Batzen, Nabburg, 1535, Schulten 2739	38	III	480,--
Maximilian I. von Bayern, 1623-1648			
1/2 Batzen, Heidelberg, mit Gegenstempel			
Löwe, 1626	86	III	700,--

PFALZ, Kurlinie NEUBURG

Johann Wilhelm, 1690-1716

1/4 Dukat auf die Wiedereinsetzung in die			
5. Kurstelle, 1710, Fr. 1881	82	III/II	1175,--
Taler, Heidelberg, 1708, Dav. 2527, Noss			
332 (leicht justiert)	55	II-III	7500,--
Taler auf das Vikariat, 1711, Noss 333	98	III	3600,--
VI Albus, Heidelberg, 1700, Noss 334	85	III	370,--
1701 (leicht dezentriert)	73	III	300,--

Karl Philipp, 1716-1742

Dukat, Wiegengeschenk der Stadt Mannheim bei			
der Geburt des Prinzen Karl Philipp August,			
1725, Fr. 1882	26	II	5250,--
	47	II/III	5300,--
Karolin, 1733, Fr. 1890	47	III	2175,--
Karolin, 1733, Fr. 1890, Haas 17 a (Rand-			
fehler)	73	II-III	1900,--
	75	III	1500,--
1/2 Karolin, 1733, Fr. 1891	51	II-III	1800,--
	60	III	1800,--
1736	27	II	2400,--
1/2 Karolin, 1736, Fr. 1891, Haas 18 var.	27	II	2800,--

wie vor	47	II/III	2150,--
1/4 Karolin, Mannheim, 1736, Fr. 1892	82	III/II	700,--
1/4 Karolin, 1736, Fr. 1892	47	III/II	1275,--
	55	III	825,--
Silberabschlag vom Doppeldukat, Mannheim, auf seinen Tod, 1742, Haas 53, 54 (leicht gewellt)	86	III	310,--
1 1/2-facher Vikariatstaler, 1740, Dav. 2529	26	II	8000,--
	72	II	8500,--
Reichstaler, Mannheim, auf das Vikariat, 1740, Hahn 270, Haas 27	10	IV/III	2050,--
2/3 Taler, Mannheim, 1737, Haas 28, Noss I 357 (Zinnabschlag)	99	III/II	450,--
1/2 Reichstaler, Mannheim, auf das Vikariat, 1740, Haas 30, Noss I 364	51	I	3700,--
1/4 Reichstaler, Mannheim, auf das Vikariat, 1740, Hahn 270, Haas 30, 31	47	III/II	2100,--
1/6 Taler, 1720	16	III	450,--
20 Kreuzer, Heidelberg, 1727, Noss 344 (leicht schwache Prägung)	19	I-II	270,--
20 Kreuzer, 1727, Noss 344	44	II	230,--

PFALZ, Kurlinie SULZBACH
Karl Theodor, 1743-1799

Dukat, Ausbeute aus Rheingold, 1763, Fr. 1901, Cr. 63	71	II	4400,--
	102	III/II	2600,--
1764	19	II	3450,--
	30	II	3400,--
	72	II	4500,--
Dukat aus Rheingold, 1764, Fr. 1901, Cr. 63	27	II	3600,--
	48	II	4600,--
(leichter Kratzer)	86	II/II-III	3050,--
Dukat aus Rheingold, 1767, Fr. 1901, Cr. 63	01	II-III	2900,--
	26	II	3400,--
(leichter Randfehler)	38	II-III	3000,--
(leichter Bug)	71	II-III	3000,--

wie vor	78	III	2450,--
	99	II	3600,--
Lotterie-Dukat, o. J., Fr. 1903, Cr. 64,			
Haas 233	72	II	6750,--
Dukat der Stadt Mannheim zu seinem			
50-jährigen Regierungsjubiläum, 1792, Fr.			
1906, Cr. 67	00	II	3300,--
Silberabschlag des Dukaten, auf seine Ver-			
mählung mit Elisabeth Augusta von Pfalz-			
Sulzbach, gewidmet vom Rat der Stadt Mann-			
heim, 1742, Haas zu 198	19	II-III	220,--
(leichte Henkelspur)	23	III/IV	210,--
	70	III	410,--
	86	III	235,--
Silberabschlag vom Doppeldukaten, 1746,			
Haas 206 (Schrötlingsfehler)	51	III	370,--
	86	III	300,--
Silberabschlag vom Dukat, auf die Huldigung			
der Stadt Neckargemünd, 1750, Haas 210	55	II-III	280,--
	89	II	360,--
Silberabschlag des Dukaten, Huldigung der			
Stadt Weinheim, 1750, Haas 209	51	III	305,--
Silberabschlag des Dukaten, Huldigung			
der Stadt Wiesloch, 1750, Haas 211	86	II	340,--
Silberabschlag vom Dukat auf die Huldigung			
zu Sulzbach, 1783	41	I-II	265,--
Ausbeute-Taler, Mannheim, Grube Wildberg,			
1751, Dav. 2533	86	II-III	1600,--
1753	38	III-IV	650,--
	41	III/II	1650,--
Konventionstaler, Mannheim, 1761, Dav.			
2536, Cr. 55, Haas 73	86	I	4950,--
(leichter Schrötlingsfehler)	100	II-III	2000,--
Taler, Mannheim, 1764, Dav. 2537, Cr. 56	04	III	575,--
Konventionstaler, Mannheim, 1764, Dav. 2537			
var.	12	III	625,--
	86	III	775,--
Taler, Mannheim, 1764, Dav. 2538, Cr. 56	19	II-III	500,--

wie vor	98 III	405,--
Taler, Mannheim, 1764, Dav. 2539 A, Cr. 56,		
Haas 75	17 III	380,--
	51 III	575,--
Taler, Mannheim, 1765, Dav. 2540, Cr. 56	04 II-III	600,--
	19 III	350,--
	23 III	490,--
(Randfehler)	38 III	250,--
	48 III	290,--
	53 III	380,--
	86 II-III	625,--
	99 II-III	500,--
Taler, Mannheim, 1765, Dav. 2561, Cr. 56,		
Haas 76	16 III/IV	400,--
	72 III	575,--
Taler, Mannheim, 1766, Dav. 2542, Cr. 57,		
Haas 77	51 II	1900,--
(Randfehler)	86 III	825,--
Taler, Mannheim, 1768, Dav. 2543, Cr. 58	03 III	460,--
1769	41 II-III	825,--
	98 III-IV	480,--
1770 (Schrötlingsfehler)	48 III	390,--
1771 (leichter Kratzer)	86 III	320,--
1772 (Schrötlingsfehler)	100 III/II-III	470,--
Taler, Mannheim, 1771, Dav. 2543 var.,		
Cr. 58, Haas 84 var.	47 III	525,--
1772	51 III/II	360,--
Taler, Mannheim, 1775, Dav. 2544, Cr. 59	100 III	500,--
1777	85 II-III	450,--
(leichter Randfehler, Kratzer)	102 III/II	500,--
Taler, Mannheim, 1775, Dav. 2544, Cr. 59	04 III	205,--
(Schrötlingsfehler)	38 III	290,--
1776	17 III	350,--
1777	19 III	335,--
	26 II	1150,--
(leicht justiert)	70 I-II	1600,--
1/2 Konventionstaler, Mannheim, 1762, Cr. 49 a,		
Haas 98, Noss 421	86 III-IV	310,--

1/2 Taler, 1765, Cr. 49 a	55	III	460,--
	56	III-IV/III	300,--
	70	III	600,--
1/4 Taler, Mannheim, 1765, Cr. 43, Haas 106,			
Noss 439	86	III-IV	410,--
VII Kreuzer, Mannheim, 1747, Cr. 36	86	II	230,--
1748	19	I-II	470,--
6 Kreuzer, Mannheim, 1782, Haas 338	19	II-III	230,--
5 Kreuzer, 1765, Cr. 29, Haas 136, Noss 447	62	I	500,--
4 Kreuzer, Landmünze, Mannheim, 1746, Cr.			
27	102	III	250,--
1748	51	III	200,--
III Kreuzer, Mannheim, 1743, Cr. 25, Noss I			
450	98	II-III	550,--
Einseitiger 1/2 Silberkreuzer, Mannheim,			
1764, Cr. 9 a	19	II	400,--

RHEIN-PFALZ

Karl Theodor, 1777-1799

Karolin (= 5 Taler, Pistole), Mannheim,			
1748, Fr. 1895, Cr. 68	55	III-IV	6300,--
Huldigungsdukat der Stadt Mannheim auf			
seine 1. Vermählung mit Elisabeth Augusta			
von der Pfalz, 1742, Fr. 1902, Cr. 60,			
Haas 189	51	II-III	4050,--
Rheingold-Dukat, Mannheim, 1778, Fr. 1901,			
Cr. 63, Haas 275, Hahn 395 (leichte			
Henkelspur)	51	IV	1000,--
	76	I-II	27000,--
(Fassungsspur)	60	IV/V	1200,--
Taler, Mannheim, 1779, Dav. 1957, Haas 277,			
Noss 399	39	III	600,--
Taler, Mannheim, 1781, Dav. 1959, Hahn 393	72	III	725,--
1784 (leichter Randfehler)	72	II	725,--
1785	83	II	725,--
	100	II	1075,--
1786 (Henkelspur)	94	III	340,--

Konventionstaler, Mannheim, für die Rheinpfalz,
1778, Dav. 1959, Cr. 59 a, Hahn 393 (Jahrgang

RR)	72	III-IV	1600,--
1782,	41	I-II	1600,--
1783	51	II	775,--
1795 (Schrötlingsfehler)	49	II-III	350,--
Konventionstaler, 1778, Hahn 393	64	III	670,--
1779 (kleine Gravur)	08	II-III	400,--
1783	19	III	470,--
Taler, Mannheim, 1784, Haas 283, Hahn 393	100	III/II-III	675,--
1793	48	III-IV	290,--
Vikariatstaler, 1790, Dav. 1972, Hahn 399	00	II-III	1200,--

Konventionstaler, auf das Vikariat, Mannheim

für die Rheinpfalz, 1792, Haas 292, Hahn 403	26	II	1350,--
	44	I	2100,--
	47	II	1850,--

1/2 Taler Mannheim für die Rheinpfalz, 1794,

Has 301 (seltener Jahrgang)	67	II-III	1250,--

1/2 Konventionstaler, Mannheim (AS), 1788,

Cr. 51a	72	II	1000,--
	72	II-III	975,--

1/2 Taler, Mannheim für die Rheinpfalz, 1782,

Cr. 51a, Haas 298, Hahn 392	102	III	420,--

1/2 Vikariatstaler, Mannheim, für die Rheinpfalz, 1792, Hahn 402, Haas 306 (Schrötlings-

fehler)	06	III	700,--
(Schrötlingsfehler)	86	III	470,--

10 Kreuzer, Mannheim, auf das Vikariat, 1790,

Hahn 396 (Schrötlingsfehler)	05	I-II	950,--
(Schrötlingsfehler)	55	I-II	750,--

5 Kreuzer, Mannheim für die Rheinpfalz, 1789,

Cr. 29a, Hahn 389, Haas 342	94	II-III	380,--

POMMERN-BISTUM CAMMIN

Ulrich, Bischof von Cammin, 1618-1622
1/2 Taler auf seinen Tod, 1622, (starker

Randausbruch)	28	III	2250,--

1/8 Taler (=1/2 Ort) auf die Beisetzung im Rü-			
genwalde von Hedwig von Braunschweig-Wolf,			
Witwe Ulrichs, Bischof von Cammin, 1654	28	III	550,--

POMMERN-BARTH

Philipp II., 1606-1618

Goldgulden, 1616, Fr. 1951 (schwache Rand-			
prägung)	28	II-III	3300,--
1617	26	III	4500,--
1618 (Kratzer, schwache Randprägung)	28	III-IV	2250,--
	28	III-IV	2200,--
Taler, o. J., Dav. 7211 (Schrötlingsfehler)	28	III	2500,--
(Randfehler)	48	II-III	4600,--
Taler, o. J., Dav. 7213	89	I-II	5750,--
Taler, o. J., Dav. 7215, Mad. 1418	28	III	2550,--
Taler, 1617, Dav. 7221,	28	II-III	5300,--
1/2 Taler, o. J., (Fassungsspur, Kratzer)	28	III	2300,--
1/4 Taler (Ort) auf seinen Tod, 1618 (leichte			
Henkelspur)	28	III	2300,--

Franz I. zu Barth, 1618-1620

Taler auf den Tod der Witwe Barnims XI., Anna			
Maria von Brandenburg-Bayern, 1618, Dav. 7236			
Pogge 992 (Randfehler)	28	III	4250,--

Bogislaus, XIV., 1620-1635

Goldgulden, 1628, Fr. 1956	28	III	4100,--
Goldgulden, 1629, Fr. 1955, Pogge 1011 (Krat-			
zer)	28	III	5800,--
Dukat, 1635, Fr. 1958	28	II	3150,--
	28	II	3900,--
	79	II	4000,--
Dukat, 1633, Fr. 1959	28	II	3800,--
(leicht gewellt)	28	II-III	3500,--
Taler, 1628, Dav. 7246	28	III	1350,--
	73	III	2100,--
Taler, 1628, Dav. 7253 (starke Kratzer)	28	III	1850,--
Taler, 1731, Dav. 7257, Pogge 1067 (leichter			
Doppelschlag)	28	II	6800,--
Taler, mit Titel Bischof von Cammin, 1633,			
Dav. 7259 var., Pogge 1073	73	III	1050,--

Taler, mit Titel Bischof von Cammin, 1628,			
Dav. 7262, Pogge 1053	01	III-IV	825,--
(leichte Kratzer)	28	II-III	1550,--
Taler, mit Titel als Bischof von Cammin, 1628			
Dav. 7263	26	II-III	·2900,--
(leicht poliert)	28	III	1150,--
Taler mit Titel als Bischof von Cammin, 1629			
Dav. 7267, Pogge 1054 (Schrötlingsriß)	19	II-III	550,--
	28	II-III	2200,--
(Schrötlingsriß)	85	II	1575,--
Taler, mit Titel als Bischof von Cammin,			
1629, Dav. 7269 (Kratzer)	28	III	1350,--
	79	III	1850,--
Taler, mit Titel als Bischof von Cammin,			
1631, Dav. 7274	28	II	2100,--
Taler, mit Titel als Bischof von Cammin			
1632, Dav. 7277, Pogge 1069	48	III	600,--
Reichstaler, mit Titel als Bischof von			
Cammin, 1633, Dav. 7282	06	III	1150,--
	19	II	1275,--
(Henkelspur)	28	II	450,--
(leichter Schrötlingsfehler)	43	III	1050,--
	68	II	1125,--
	79	II	2125,--
1634,	85	II	1350,--
Taler, mit Titel als Bischof von Cammin,			
1634, Dav. 7283, Pogge 1079	68	III	1050,--
Taler, 1635, Dav. 7285	19	II	1700,--
1/2 Taler, 1633 (Randhiebe)	28	III	3300,--
1/4 Taler, 1635	79	III	4900,--
1/8 Taler (=1/2 Ort), 1636, vgl. Pogge 1037			
(Randfehler)	28	II	3450,--
Doppelschilling, 1620, vgl. Fr. 6	70	III	210,--
(Gegenstempel Anklam)	70	III	210,--

POMMERN-STETTIN

Johann Friedrich, 1569-1600

Ort = 1/4 Taler, Stettin, 1581, Pogge 868

(Kratzer, Randausbruch)   28   III   1050,--

POMERN-WOLGAST

Bogislaus X. der Große, 1474-1523

Goldgulden, Stettin, o. J., Fr. 1937,

Schulten 2765   28   III   12500,--

Schilling, Stettin, 1521, Schulten 2768

(Jahreszahl verkehrt geschnitten)   54   II-III   245,--

Georg I. von Wolgast und Barnim XI. von

Stettin, 1522-1531

Schilling, 1524, Schulten 2773   28   II   355,--

Witten (= 1/2 Schilling), Stettin, 1524,

Schulten 2754 (Flecken)   28   III   250,--

Philipp III. Julius zu Wolgast, 1592-1625

Goldgulden, 1611, Fr. 1939 var.   28   II-III   5600,--

Taler, 1610, Dav. 7194, Pogge 888 (starker

Kratzer)   28   III   900,--

Taler, 1620, Dav. 7197, (Randfehler)   28   II   1850,--

                                           28   III   2050,--

POMMERN-unter Schweden

Christine von Schweden, 1637-1654

Dukat, 1641, Fr. 1962, Ahlstr. 2   61   II   5500,--

Dukat, 1642, Fr. 1964, Ahlstr. 4   26   II   4400,--

Reichstaler, Stettin, 1641, Dav. 4571

(Öse)   89   III   1125,--

Breiter Doppeltaler, auf die Beisetzung

von Bogislaus XIV. von Pommern in Stettin,

1654, Dav. 372, Pogge 1103   28   III-IV   4850,--

Taler, 1641, Dav. 4571, Ahlstr. 12 (starke

Schrötlingsfehler)   42   III   1200,--

Reichstaler, 1642, Dav. 4573   73   III   1150,--

Karl X. Gustav von Schweden, 1654-1660

Taler, Stettin, 1657, Dav. 4575, Ahlstr. 35,

Pogge 1164   48   III   2600,--

Karl XI. von Schweden, 1660-1697

2/3 Taler, 1681,	15	III	425,--
1683	15	IV/III	200,--
	15	III	280,--
	15	III	300,--
	69	II-III	490,--
	86	II-III	250,--
1684 (aus 1683)	86	II-III	260,--
1686 (porös)	74	I-II	360,--
2/3 Taler, 1684, Ahlstr. 101	15	III	255,--
	15	III	310,--
2/3 Taler, 1686 (Randfehler)	15	II-III	400,--
	86	II-III	300,--
	88	II-III	460,--
(Zainende)	98	II	200,--
1687	15	III	375,--
	15	III-IV	210,--
(Schrötlingsfehler)	19	III	210,--
(Randfehler)	19	III	210,--
(rauher Schrötling)	86	II-III	290,--
1688 (Schrötlingsfehler)	15	III	250,--
2/3 Taler, 1687, Ahlstr. 109	86	II-III	280,--
2/3 Taler, 1689 (leicht porös)	74	I-II	420,--
2/3 Taler, 1689, Ahlstr. 91-119 (Zainende)	15	III-IV	240,--
	19	III	230,--
1690 (Randfehler, Schrötlingsfehler)	05	III/IV	290,--
	07	II-III	500,--
	15	III	280,--
	15	II-III	320,--
2/3 Taler, 1689	19	III	225,--
	19	III	225,--
	19	III	230,--
(Schrötlingsfehler)	86	II-III	260,--
1690	19	III	230,--
	19	III	230,--
	43	II-III	405,--
	45	II	275,--
	47	III	310,--

wie vor	85	II-III	260,--
	85	III	380,--
	99	II-III	340,--
1697	99	III-IV	265,--
1/3 Taler nach zinnaischem Fuß, Stettin,			
1674, Pogge 1212	55	III	260,--
	68	III	225,--
Karl XII. von Schweden, 1697-1718			
Dukat auf seinen Tod, 1718, Pogge 1266	89	II/I	3000,--
	98	I	4500,--
Silberabschlag vom Dukat auf seinen Tod,			
1718	98	II	350,--
Taler, Stettin, auf den Religionsfrieden in			
Schlesien und den Frieden von Altranstädt,			
1709, Dav. 1872	28	II-III	1950,--
2/3 Taler nach Leipziger Fuß, Stettin, 1706	79	III	475,--
2/3 Taler, Stettin, 1708, Ahlstr. 242			
(leichter Schrötlingsfehler)	15	II	450,--
Adolf Friedrich von Schweden, 1751-1771			
2/3 Taler nach Leipziger Fuß, Stralsund			
1763, Cr. 23, Ahlstr. 240 ff	07	III	370,--
	35	III	375,--
	56	III-IV	255,--
	98	III	220,--
8 Gute Groschen, Stralsund, 1760, Cr. 17,			
Ahlstr. 256	73	III	240,--
8 Gute Groschen, Stralsund, 1760, Cr. 19	41	II	310,--
QUEDLINBURG, Stift			
Dorothea Sophia von Sachsen-Altenburg,			
1617-1645			
Kipper-Zwölfer, 1621,	70	III	210,--
	75	III	215,--
Anna Sophia I. von Pfalz-Birkenfeld-Zwei-			
brücken, 1645-1680			
Breiter 2/3 Taler, 1675, (Kratzer)	99	III	575,--
Spruchgulden, 1676	47	III	410,--
	75	III	1000,--

Anna Dorothea von Sachsen-Weimar, 1684 - 1704
Taler, auf ihren Tod, Braunschweig, 1704,

Dav. 2604	22	II	3000,--
(Randfehler)	37	II	2500,--
1/4 Reichstaler, auf ihren Tod, Braunschweig,			
1704	47	II	1050,--
	98	I-II	1350,--
1/8 Reichstaler, auf ihren Tod, Braunschweig,			
1704,	67	II-III	360,--
	67	III	270,--

RADKERSBURG, St.,/Österreich
Burgfriedenbereitungsklippe unter Stadtrich-
ter Franz Drasch, 1722, Probszt 209

(gelocht)	15	III	300,--

RANTZAU, Schleswig
Detlef, 1663-1697

2/3 Taler, 1689 (leichter Kratzer)	07	III	2800,--
	16	V	1600,--
	86	II-III	4700,--

RATZEBURG,Bistum
August der Ältere von Braunschweif-Lüneburg-
Celle, 1610-1636

Reichstaler, 1617, We. 869	19	II-III	1700,--
(leichte Henkelspur)	25	III	1000,--
Taler, 1623, We. 869	26	II	1900,--
	97	III/II	1550,--
Taler, Clausthal, 1635, We. 882	08	II-III	600,--
	17	IV	350,--
(Schrötlingsfehler)	48	III	400,--
Taler, 1636, We. 882 (Schäden)	63	III/III-IV	280,--
Taler, 1634, We. 882	07	III	470,--
	37	I-II	1650,--
Taler, 1636, We. 884 (leicht gedrückt)	02	III	575,--
(leicht porös)	87	III	800,--
1/4 Sterbetaler, 1636, We. 894	68	III	390,--

Doppelschilling, 1618, We. 874	07	III	210,--
1620	15	II	375,--
	67	III	215,--
	80	III	400,--

RATZEBURG,Fürstentum

Christian Ludwig I. von Mecklenburg,
1658-1692
Doppelschilling, Landmünze, (1/24 Taler),

1672	02	II	640,--
	02	III	400,--
	07	III	550,--

RAVENSBURG/ Westfalen, Grafschaft
Unter den possidierenden Fürsten von Brandenburg, 1614-1623

12 Pfennig, Kupfer, 1621, Weing. 909	79	II	225,--
Kupfer-III Pfennige, 1620, Weing. 906	04	IV	310,--
Kupfer-II Pfennige, 1620, Weing. 907b	04	IV	725,--

Friedrich Wilhelm der Große Kurfürst von
Brandenburg-Preussen, 1640-1665
Kupfer-6 Pfennige (= 1/2 Mariengroschen),

1655,	04	IV	380,--

RAVENSBURG/Württemberg, Stadt
Silberabschlag vom Dukat auf die 200-Jahr-

feier der Reformation, o. J.	67	II	205,--
Regimentstaler, 1624, Forster 483	05	I	29500,--

Schilling (auch als 1/2 bezeichnet), o. J.

Schulten 2827,Nau 10	67	III	235,--

RECKHEIM
Wilhelm von Flodorp, 1556-1565

Adlerschilling, o. J.,	71	II	1350,--

Ernst von Lynden, 1603-1636

Kipper-4 Stüber, o. J.,	16	V/IV	680,--

REGENSBURG, Bistum

Johann III. von Pfalz-Simmern, 1507 - 1538

12 Kreuzer (= 1/5 Taler = Zehner = 4 Batzen

= 1/2 Ortstaler), 1527, Schulten 2838   46   III   410,--

1529   41   II-III   300,--

     46   III   250,--

1539   46   III-IV   250,--

     51   III   360,--

Batzen, 1523, Schulten 2840   46   III-IV   210,--

1/2 Batzen, 1525, Schulten 2841   46   III   210,--

Pankratius von Sinzenhofen, 1538 - 1547

Guldiner, Donaustauf, 1545, Dav. 9680,

De Mey 844, Schulten 2847   46   II-III   2200,--

     46   III   2500,--

1546   45   III   1700,--

(Kratzer)   46   III-IV   875,--

(gereinigt)   65   III   1050,--

1547   19   III   1150,--

     34   IV   420,--

     46   III-IV   900,--

     89   III   1675,--

David Kölderer aus Burgstall, 1567 - 1579

1/2 Batzen, 1573, Saurma 1036   70   III   200,--

Albert IV. von Törring-Stein, 1613 - 1649

Reichstaler, 1621, Dav. 5539 (späterer

Abschlag vom Original-Stempel)   46   II/II-III   4000,--

Klippe, auf die Errichtung seines Grabmals

und eines Altars des Heiligen Andreas, 1625

(gestopftes Loch, Öse)   46   III   240,--

Franz Wilhelm von Wartenberg, 1649 - 1661

Taler, 1661, Dav. 5741, Kenn. 256 (schwache

Prägung)   34   III   4700,--

     46   II-III/II   6750,--

Anton Ignaz von Fugger-Glött, 1769 - 1787

Konventionstaler, 1786, Dav. 2605, Cr. 3   05   IV/III   900,--

     19   II-III   2450,--

     27   III   575,--

(fleckig)   34   II   2300,--

wie vor	46	II/I	3150,--
	70	I	4700,--
	100	II	1300,--

Sedisvakanz, 1787

Taler, 1787, Dav. 2606, Cr. 9	00	II	1050,--
	04	II	1075,--
	05	I-II	1000,--
	06	I-II	1100,--
(Henkelspur, poliert)	17	III	295,--
	19	II-III	825,--
	41	I-II	1475,--
	46	I	1800,--
	61	I-II	1500,--
	64	I-II	1150,--
	7	II	700,--

REGENSBURG, Stadt

10 Dukaten, Abschlag vom Talerstempel, o. J., Beck. 212, X	72	I	61000,--
5 Dukaten-Goldabschlag vom 1/2 Talerstempel, o. J., vgl. Beck. 6248 (unediertes Unikum, leichte Kratzer, leichter Schrötlingsfehler)	16	II	21000,--
4 Dukaten, 1664, Fr. 2314, Beck. 302,IV	76	I	30000,--
4 Dukaten, Abschlag vom 1/2 Talerstempel, o.J., Beck. 309, IV. (nachgraviert)	76	II-III	11000,--
3 Dukaten, o. J., Beck 308,III (leichter Randfehler)	26	II-III	22500,--
3-facher Dukat (Oexlein) o. J., Cr. 83, Beck 317,III (Henkelspur)	89	III	2400,--
3 Dukaten, o. J., Beck. 321,III	01	III-IV	6000,--
(Henkelspur)	34	III	5500,--
(leichter Kratzer)	76	I	20000,--
Doppeldukat, o. J. Fr. 2315, Beck. 303,II	76	I	19000,--
Breiter-2-Dukaten, o. J.,	71	II	28000,--
Doppeldukat (Oexlein), o. J., Fr. 2331, Cr. 79, Beck.318,II	76	I	10500,--
Doppeldukat, o. J., Fr. 2344, Cr. 97, Beck. 322,II	19	II-III	5750,--

wie vor	76	I-II	9000,--
Dukat, 1641, Fr. 2311, Beck. 409 ff	76	III	4500,--
1644 (aus 1643)	34	II	3100,--
(aus 1643)	76	IV	2100,--
Dukat auf die Jahrhundertfeier der Reformation, 1642	76	II	2200,--
Dukat, 1651, Fr. 2311, Beck. 417	26	II	9500,--
Dukat auf die Krönung Ferdinand IV. zum Römischen König, 1653	19	II	5100,--
Dukat, 1712, Fr. 2321, Beck. 440	27	I-II	1 7500,--
(Einhieb)	48	III	2400,--
	76	I	7900,--
Dukat auf die 200-Jahrfeier der Reformation 1717 (gewellt)	76	II	1750,--
Dukat, 1737, Fr. 2323, Beck. 442 f.	76	II	7400,--
o. J.	76	II	7400,--
	78	II-III	1600,--
Dukat auf das 200-jährige Jubiläum Einführung der Reformation, 1742, Fr. 2303 (gereinigt)	48	II-III	1800,--
Dukat, o. J., Fr. 2327, Beck. 446	76	II-III	4000,--
(leichter Kratzer)	102	I-II	6300,--
Dukat, ohne Jahr, Fr. 2332 v., Cr. 75, Beck. 448	02	II	3350,--
(leicht gewellt)	19	II	2600,--
	25	II	3300,--
	76	II	2500,--
	89	I	2900,--
Dukat, o. J., Fr. 2332 f., Cr. 77, Beck. 451			
(leicht gewellt)	19	III	1750,--
	76	I	5300,--
Dukat, o. J., Fr. 2339, Cr. 93, Beck. 453	76	II	3600,--
Dukat, o. J., Fr. 2339, Beck. 454	76	II	5500,--
Dukat, o. J., Fr. 2346 h., Beck. 456	19	II	4525,--
Dukat o. J., Fr. 2346, Cr. 103, Beck. 457			
(Randfehler)	19	I-II	3250,--
(leichter Randfehler)	25	II	2700,--
(Feilspur)	71	III	1550,--

wie vor	76	I	4000,--
Goldabschlag vom 1/2 Batzen-Stempel =			
1/2 Dukat, 1716 (leicht gewellt)	76	II	5300,--
1/2 Dukat, o. J., Fr. 2325, Beck. 501	76	II	5400,--
1(2 Dukat, o. J., vgl. Fr. 2327, Beck. 505			
(wohl Unikat, Druckstellen)	76	III	3800,--
1/2 Dukat, o. J., Fr. 2333, Cr. 73, Beck.506	76	I	3200,--
1/2 Dukat o. J., Fr. 2333, Beck. 507	76	II-III	1850,--
1/2 Dukatenklippe, o. J., Fr. 2297,			
Beck.509,510	01	II	2000,--
	19	II-III	2300,--
(Ecken leicht bestoßen)	76	II	2500,--
	98	I-II	2200,--
1/2 Dukat, o. J., vgl. Fr. 2244, Cr. 89,			
Beck. 511 (Randfehler)	76	I	2800,--
(leicht gewellt)	82	III/II	1500,--
1/4 Dukat, o. J., Beck. 512,	19	II	1900,--
	76	I	2800,--
1/4 Dukat, o. J., Fr. 2334, Cr. 69, Beck.513	19	II	1825,--
	38	II	1550,--
	76	II	2100,--
1/4 Dukat, o. J., vgl. Fr. 2344, Beck. 518	51	II	2575,--
1/8 Dukaten-Klippe, o. J., Fr. 2301, Cr.63a			
Beck. 520	76	I	1650,--
1/8 Dukat, o. J., vgl. 2301, Cr. 63, Beck.521	76	I	1250,--
1/16 Dukat, o. J., Beck 523,	61	I-II	1000,--
(Lötspur)	67	II	430,--
	84	II/I	330,--
1/16 Dukaten-Klippe, o. J., Beck. 524			
(Lötspur)	76	I-II	575,--
1/32 Dukat, o. J., Fr. 2306, Beck. 526	19	II	335,--
	40	I	245,--
	76	I	440,--
1/32 Dukat, o. J., Beck. 527	27	II	330,--
	31	II	460,--
1/32 Dukat, o. J., Fr. 2306, Beck. 528	19	II	370,--
	44	I	370,--

1/32 Dukat, o.J., Fr. 2305, Beck. 529	72	II	550,--
	76	II	775,--
Silberabschlag vom Dukat, auf die Grund-steinlegung der Dreifaltigkeitskirche, 1627, vgl. Fr. 2290	26	II	330,--
Silberabschlag vom Dukat auf die 100-Jahr-feier der Einführung der Reformation, 1642,	31	III	240,--
Silberabschlag vom Dukat zur 200-Jahrfeier der Einführung der Reformation, 1742, vgl. Fr. 2303	19	I	320,--
2 1/2-facher Guldentaler, Dickabschlag, 1584, vgl. Beck. 4110	46	III-IV	8000,--
Dicker Doppel-Guldentaler, 1595, De Mey 855	46	I	24500,--
Dicker Doppeltaler, o. J., Dav. 2607, Beck. 6104 (leichte Henkelspur, leicht poliert)	19	II-III/II	6400,--
	46	II-III	10250,--
Doppeltaler, o. J., Dav. 2611, Beck. 6106	06	II	11000,--
	19	II/I-II	9500,--
Dicker Doppeltaler, o. J., Beck. 6110 (leichter Kratzer)	44	II	15750,--
Dicker Doppeltaler, o. J., Beck. 6115 (leicht poliert)	46	III	7750,--
Guldiner (= 60 Kreuzer) 1538, Schulten 2862, De Mey 850 (leichter Randfehler)	19	III	2000,--
	23	IV	1200,--
	46	II-III	3000,--
	46	III	1800,--
	46	III-IV	800,--
(leichter Schrötlingsfehler)	65	III/IV	900,--
1539 (korrodiert)	46	IV/III	1500,--
1547	100	III	1100,--
1548	05	III/IV	1850,--
(Henkelspur)	19	III	725,--
	46	III-II/III	1150,--
(leichte Schrötlingsfehler)	65	III	1375,--
	73	III	1100,--
Guldiner, 1538, Beck. 2102 var. (viele Fehler)	96	III	1125,--

Guldentaler zu 60 Kreuzer, 1572, De Mey 851,			
Beck. 4101,04	46	III	4100,--
1576 (aus 1572, Schrötlingsriß)	46	III	4100,--
Guldentaler zu 60 Kreuzer, 1574, Dav. 10044,			
De Mey 851	26	III	5600,--
(Henkelspur, poliert)	46	III	650,--
Guldentaler zu 60 Kreuzer, 1579, De Mey 852,			
Beck. 4107	46	III	3700,--
Guldentaler zu 60 Kreuzer, 1589, De Mey 854,	46	II-III	4100,--
1591	46	III	4100,--
1592	46	II-III	7250,--
1594 (aus 1591, Henkelspur, poliert)	46	III	825,--
Guldentaler zu 60 Kreuzer, auf das Stahl-			
schießen als Schützenpreis, 1586, De Mey 860,			
Beck. 4112 (Henkelspur)	46	III	725,--
	65	III	1875,--
(Henkelspur, Schrötlingsfehler)	89	III	400,--
Guldentaler, Gewinne anläßlich Glückshafen,			
zum Stahlschießen, 1586, De Mey 858 (leicht			
poliert)	19	III	2700,--
	70	I-II	5125,--
Klippe, im Talergewicht, auf den Reichstag			
1613,	19	II	2150,--
Guldentaler auf das Interregnum, 1619,			
Beck. 4126	46	I-II	9000,--
Reichsguldiner zu 60 Kreuzer, 1621, Beck.4128	19	II-III	2100,--
(Schrötlingsfehler)	46	I	3800,--
	70	III	2800,--
Guldentaler zu 60 Kreuzer, 1630, Beck. 4129	06	II-III	5600,--
(Henkelspur, poliert)	46	III	950,--
Taler, 1623, Dav. 5744, Beck. 6116 (leicht			
poliert)	46	II-III	2700,--
Taler, 1626, Dav. 5747 (kleines Sammler-			
zeichen)	19	III/II-III	1475,--
	46	II	3100,--
	65	III	1775,--
	98	II-III	2050,--
1628 (aus 1626)	46	III-IV	750,--

Taler, 1627, Dav. 5747, Beck. 6119 (Henkelspur)	46	III	675,--
Taler, 1632, geprägt während der erfolglosen Belagerung durch die schwedischen Truppen, Dav. 5749, Beck. 6122	46	II-III/II	5600,--
	70	II	6000,--
Reichstaler, auf die Eroberung der Stadt durch Bernhard von Sachsen-Weimar, 1633, Dav. 5750, Beck. 6123 (Henkelspur)	19	III	1150,--
(leichte Henkelspur)	36	III	1350,--
(Schrötlingsfehler, poliert)	55	III	1100,--
(leichter Randfehler)	65	III	1900,--
(Schrötlingsfehler)	73	III	1025,--
Taler, 1638, Dav. 5754, Beck. 6126	46	II-III	3600,--
Taler, 1641, Beck. 6128,29	65	III	1100,--
Taler, 1644, Beck. 6130,31 (aus 1643, gestopftes Loch, Henkelspur)	86	III	430,--
Taler, 1645, Beck. 6132-34	46	I	5000,--
1646 (leicht poliert)	46	III	925,--
(leichte Henkelspur)	65	III	650,--
(leicht poliert)	98	III	1200,--
Taler, 1649, Beck. 6136 (Randfehler)	05	III/IV	2100,--
	19	II	2050,--
	46	II-III	3900,--
	65	II	2400,--
Taler, Titel Ferdinand III., 1652, Dav. 5764	46	II	3900,--
1653 (aus 1652, Henkelspur)	46	II-III	1600,--
Taler, 1657, Beck. 6140,41 (aus 1656)	46	II-III	2700,--
Taler, 1661, Beck. 6145 (aus 1660, poliert)	46	III	875,--
Taler, 1664, Dav. 5770 (Jahrgang RRR)	65	III	4100,--
1667 (Henkelspur, Schrötlingsfehler, aus 1666)	46	III	900,--
(aus 1666)	65	III/II	3350,--
1672	46	II/II-III	5500,--
Tauftaler (Federer, vollgewichtiger Taler), o. J., (24,25 gr)	19	II	1625,--
Taler, 1680, Dav. 5772, Plato 130-132 (aus 1672)	46	III	3200,--

wie vor, 1681	46	III	2200,--
1694 (Henkelspur, poliert)	05	III	320,--
(aus 1691)	46	II-III/III	1600,--
Taler, 1694, Beck. 6159,60 (leichte Henkel-			
spur)	19	II-III	900,--
	46	I	2200,--
(Randfehler)	65	II/III	925,--
	86	II-III	1075,--
1696	46	II	2000,--
(Randfehler)	65	II/I-II	1750,--
	70	II	1850,--
(Schrötlingsfehler)	74	I	3600,--
Reichstaler, 1706, Beck. 6162, Plato 136	05	II	3000,--
(Randfehler)	36	I-II	2800,--
	46	I	5000,--
Taler, breit, medaillenähnlich, o. J.,			
Dav. 2612, Beck. 6163,64	72	I	7800,--
Taler, o. J., Beck. 6166 (Henkelspur)	46	II	1050,--
Reichstaler, 1714, Dav. 2609, Beck. 6167-69	32	III/II	2750,--
	46	I/II	4500,--
1716 (aus 1714, Schrötlingsfehler)	19	II-III	1800,--
	27	II	4250,--
(Henkelspur)	55	III	1500,--
Reichstaler, auf das Rathaus, 1737, Beck.6170,			
(leichter Kratzer)	19	II	4500,--
(leichter Kratzer)	44	II	5100,--
	46	II/I	5000,--
Reichstaler, o. J., Dav. 2613, Beck. 6172	19	II	2000,--
	44	II	3250,--
	46	II-III	1650,--
Reichstaler (Oexlein), o. J., Dav. 2614,			
Beck. 6173	19	II	3150,--
(leichte Henkelspur)	23	II/III	1650,--
(Bleiabschlag)	34	I	300,--
	41	II	3200,--
(leichte Kratzer)	46	I	5250,--
(leichte Henkelspur)	64	III	2350,--
(Randfehler)	70	I-II	4600,--

Ratssaal-Taler, auf die Tagung des Reichrats,			
1745, Beck. 6177	47	I	14500,--
Taler, auf die Huldigung für den Kaiser,			
o. J., Beck. 6180	46	II	6000,--
Taler, auf die Huldigung, o. J., Beck. 6183			
(leichte Randfehler)	70	II	2200,--
Reichstaler, o. J., Beck. 6184 (leichter			
Kratzer)	05	III	1100,--
	19	II-III/II	1800,--
	45	II-III	1675,--
	46	II	2300,--
	60	III/II	1800,--
(poliert)	65	II	575,--
	70	I-II	3000,--
	73	III	625,--
Taler (Oexlein), 1754, Dav. 2618, Cr. 45	71	II	1300,--
(Randfehler)	74	III	360,--
	82	III	450,--
(leichte Henkelspur)	93	III	300,--
(leichte Lötspur)	100	III	315,--
	100	II-III	400,--
(Henkelspur, poliert)	102	III	210,--
1756	67	III	410,--
	71	III	1000,--
(poliert)	78	III	210,--
	80	II	475,--
(poliert)	82	II	525,--
	86	III	330,--
	87	III	370,--
(leichter Randfehler)	100	II-III	400,--
1762 (aus 1756)	65	II/I-II	1600,--
Taler (Oexlein), 1754, Dav. 2618, Cr. 45	04	III	485,--
(leichte Kratzer)	05	I	775,--
	05	III/IV	525,--
	06	I-II/II	725,--
(Rostflecken)	06	II	550,--
(leichte Kratzer)	06	II	480,--
	07	III	320,--

wie vor	08	III	400,--
	10	III	360,--
(poliert)	17	III/II	230,--
(leichter Kratzer)	19	II	975,--
	27	III	370,--
	31	II	550,--
	34	II	1000,--
	36	III	450,--
	38	II-III	370,--
	38	II-III	410,--
(leichte Kratzer)	45	II-III	500,--
	46	I-II	2400,--
	56	II-III	1400,--
	52	II	625,--
	54	III	415,--
	55	III	500,--
(poliert)	55	III	286,--
1756	00	III	480,--
	19	II	925,--
	27	II	500,--
	27	II-III	450,--
(Sammlerzeichen, leichter Kratzer)	36	III	320,--
	38	II	625,--
(leichter Kratzer)	44	II-III	500,--
	46	III	300,--
	48	III	440,--
	51	II-III	525,--
(leicht poliert)	65	II	700,--
1762	05	I-II	1500,--
(aus 1756)	19	II	1075,--
	34	II	720,--
	36	I-II	1400,--
(aus 1756)	44	II	1200,--
(leichte Kratzer)	46	I	1600,--
Taler, 1759, Dav. 2619, Cr. 46, Beck. 4107			
(Randfehler)	19	II-III	875,--
	26	I	1450,--
	27	II	700,--

wie vor	32	II/I	1275,--
	41	I-II	1250,--
	44	I	2200,--
	46	I	4200,--
	46	II	1425,--
	54	II	925,--
(leicht poliert)	65	II	1200,--
	81	I-II	1625,--
	81	I	1150,--
	98	I-II	1325,--
Konventionstaler, 1759, Beck. 84, Cr. 46	06	II	775,--
	06	II	675,--
Schautaler der Bogenschützengesellschaft			
auf den Frieden von Hubertusburg, 1763,			
Dav. 2620, Cr. 47, Beck. 393	19	II	1825,--
	27	II-III	1075,--
	44	II	2200,--
Taler auf die Huldigung des Kaisers zu			
Regensburg, 1766, Dav. 2621, Cr. 48, Beck.7106	19	II	2500,--
	37	III/II	1600,--
	46	I	8750,--
	46	II-III/II	3400,--
	47	II/I	3000,--
	62	III/II	1700,--
(leicht poliert, kleines Loch)	65	II/I-II	2100,--
Konventionstaler auf die Huldigung des Kaisers			
zu Regensburg. 1766, Dav. 2622, Cr. 49,			
Beck. 88	19	I	3750,--
	19	II	1250,--
(leicht poliert)	24	II-III	525,--
	26	II-III	900,--
	27	II	825,--
	46	II-III	1000,--
	70	I-II	2200,--
Taler, 1773, Dav. 2623, Cr. 40, Beck. 91			
(Randfehler)	19	II-III/II	875,--
	32	II	875,--
	44	I	2500,--

wie vor	46	I/II	1800,--
	46	II-III/II	1050,--
	51	II-III	1250,--
(leicht poliert, Randfehler)	65	II	1300,--
Konventionstaler, 1773, Dav. 2623A, Cr. 50,			
Beck. 7110	27	III	550,--
Taler, 1774, Dav. 2624, Beck. 7111	46	I/II	2750,--
(leicht schwache Prägung)	65	II/I-II	1000,--
Konventionstaler, 1774, Dav. 2624, Cr. 50,			
Beck. 7112	46	III	330,--
Taler, 1774, Dav. 2624, Cr. 50, Beck. 7113			
(leicht justiert)	44	II	1050,--
(leicht justiert)	46	II-III	775,--
Taler, 1775, Dav. 2625, Cr. 50, Beck. 7115			
(leichte Bearbeitungsspur)	19	III	280,--
	31	III	575,--
(Kratzer)	38	III	330,--
	46	I	1450,--
	46	II/I	875,--
(leichter Schrötlingsfehler)	70	II-III	700,--
(leicht justiert)	70	II	800,--
Konventionstaler, 1775, Dav. 2626, Cr. 49,			
Beck. 7114	05	I	1850,--
	05	III	500,--
	19	II-III	850,--
	44	I-II	1300,--
	44	II-III	575,--
	46	I/II	1300,--
(leichter Doppelschlag)	46	II	850,--
	47	III/II	1025,--
(leichter Randfehler)	51	II-III	825,--
(leichter Kratzer)	5	I	1700,--
(leicht poliert)	65	III	330,--
	70	I	1700,--
Taler, 1780, Dav. 2627, Cr. 49, Beck. 7116	00	II	925,--
	00	II/I-II	1200,--
	17	III-IV	300,--
	19	II	1000,--

wie vor	19	II-III	625,--
(leichter Kratzer,schwache Prägung)	23	II	575,--
(leichte Henkelspur)	31	III	270,--
(gereinigt)	29	II-III	550,--
	33	III	550,--
	34	II-III	580,--
	46	I	1600,--
	46	I	1450,--
	60	I-II	1400,--
(leichter Randfehler)	65	I	1100,--
	70	I	1900,--
	81	I-II	1225,--
(leichte Fehler)	83	III	525,--
(leicht poliert)	85	II-III	400,--
	93	II-III	525,--
(Randfehler, leichte Kratzer)	102	I-II	800,--
Konventionstaler "Rathaustaler", 1783			
(aus 1745)	46	II	20500,--
Schautaler auf die 200-Jahrfeier der Bogen-			
schützengesellschaft, 1788, Dav. 2629, Cr.			
52, Beck. 401	19	II-III	1600,--
	44	I	3100,--
(leicht poliert)	46	III	1325,--
(leicht poliert)	65	II/I-II	1600,--
	71	III	1450,--
	73	II	1700,--
Konventionstaler, 1791, Dav. 2630, Cr. 53,			
Beck. 7118	32	II/I	1900,--
(justiert)	36	II	1250,--
(aus 1780, gelocht)	46	I	330,--
(leicht poliert)	65	I	1400,--
	70	I	2500,--
(Schrötlingsfehler)	73	II-III	700,--
	75	I-II	1400,--
Taler, 1791, Dav. 2631, Cr. 54, Beck. 7117	00	II	1550,--
	19	II	1900,--
	36	I	1400,--
	38	II	900,--

wie vor	46	I	3200,--
	46	II	1900,--
(leicht poliert)	70	I	2300,--
Taler auf die wiederhergestellte Steinerne			
Brücke von Westen, 1792, Dav. 2632, Cr. 55,			
Beck. 7119	00	II	3500,--
	19	II	2700,--
	27	II-III	1500,--
	31	PP	5000,--
(leichter Kratzer)	36	I	3400,--
(leicht poliert)	65	I	3150,--
	70	II	2700,--
	94	I-II	5300,--
	98	I	3600,--
(Schrötlingsfehler, leichter Kratzer)	102	I-II	2850,--
Taler, 1793, Dav. 2633, Cr. 56, Beck. 7120	19	II	1075,--
	27	II	850,--
(leichtes Zainende)	44	I-II	1050,--
(Randfehler)	46	II/I	1000,--
(leichter Kratzer, leicht poliert)	65	I-II	825,--
	77	III-IV	500,--
(leicht korrodiert)	83	II-III	560,--
	86	I-II	1000,--
	89	I	1850,--
	91	II-III	725,--
(leichter Randfehler)	98	II-III	650,--
(leichter Randfehler)	102	II/I-II	1000,--
(poliert)	102	III	350,--
Taler, 1802, Dav. 793, Cr. 47, Beck. 7121			
(Broschierungsspur)	19	III	2050,--
(leicht justiert)	44	II-III	5600,--
	46	I	12500,--
	51	I-II	10800,--
	62	III/II	8300,--
(leichter Randfehler)	65	III	5000,--
2/3 Reichstaler, 1649	46	II	4750,--
2/3 Taler, 1667, Beck. 4207 (aus 1666, Henkel-			
spur)	46	II	2300,--

1/2 Guldentaler zu 30 Kreuzer, 1574, Beck.			
4201	46	III	2600,--
1/2 Guldentaler zu 60 Kreuzer, 1575, Beck.			
4202	46	III	3900,--
1/2 Guldentaler zu 30 Kreuzer, 1589	46	III	2500,--
1595	46	III-IV	1850,--
1/2 Guldentaler, Abschlag vom Guldentaler,			
Gewinn im Glückshafen zu dem Stahlschießen,			
1586, Beck. 4113 Anm.	46	II/III	3400,--
Neujahrsklippe, 1610, vgl. Plato 246	70	II-III	650,--
1/2 Guldentaler zu 30 Kreuzer, o. J., Beck.			
4212	19	III	1550,--
(leichte Kratzer)	46	I	2600,--
1/2 Guldentaler zu 30 Kreuzer, 1630, Beck.			
4215	46	III	5750,--
1/2 Taler, 1629, Beck. 6214	46	III/II-III	1300,--
1/2 Taler, 1639, Beck. 6216	46	II-III	3100,--
1/2 Taler, 1643, Beck. 6218	46	II-III	2450,--
1/2 Taler, 1645, Beck. 6219 ff.	18	III/II	1400,--
(aus 1644)	46	III-IV	1750,--
1646 (aus 1645, gelocht)	46	III	525,--
1/2 Taler, 1647, Beck. 6223-25	46	II-III/II	2900,--
1/2 Taler, 1656, Beck. 6227	46	III	2900,--
1/2 Taler auf das Interregnum, 1658, Beck.			
6230 (Henkelspur, poliert)	46	II-III	1450,--
1/2 Taler, 1662, Beck. 6232-35	46	III	2350,--
1663 (aus 1662)	46	I/II	3900,--
1/2 Taler, 1666 (aus 1665)	46	I	4975,--
1667 (aus 1666)	46	I	3700,--
1694	38	III	3750,--
(aus 1680)	46	II	2500,--
1/2 Taler, 1696, Beck. 6243	26	II	2250,--
	46	III	1900,--
1/2 Taler, 1706, Beck. 6244	19	I-II	340,--
	46	I	2700,--
1/2 Taler, o. J., Beck. 6245	46	I	6250,--
	46	I/II	4400,--
1/2 Taler, 1716, Beck. 6246-47	19	I-II	2550,--

wie vor	46	II-III	3700,--
	71	III	3100,--
1737 (aus 1716, poliert)	46	III	825,--
1/2 Taler, o. J., Beck. 6248 (leichte			
Kratzer)	16	I	3600,--
	36	I	4500,--
	46	II	3100,--
1/2 Reichstaler, o. J., Beck. 6249	46	II-III	2600,--
1/2 Taler, o. J., Beck. 6250	46	II/I	1900,--
1/2 Taler, o. J., Cr. 30, Beck. 6251	19	II-III	825,--
	72	II	800,--
1/2 Taler (Oexlein), o. J., Beck. 6252	46	I/II	4600,--
	60	II/I-II	2300,--
1/2 Taler, 1754, Cr. 31, Beck. 7201	05	III/IV	450,--
(Schrötlingsfehler)	19	II-III	400,--
	39	III/II	460,--
	46	III	1100,--
	73	I-II	1050,--
1/2 Schautaler auf das Bogenschießen anläß-			
lich des Friedens von Hubertusburg, 1763,			
Cr. 33, Beck. 407 Anm.	34	II	700,--
1/2 Taler, 1774, Cr. 35, Plato 223, Beck.			
7202 (leichter Kratzer)	19	II	900,--
	33	III	325,--
	45	II/I	475,--
	46	II	1200,--
1/2 Taler, 1774, Cr. 35, Plato 223, Beck.			
2703, 07 (leichter Kratzer)	16	I	1300,--
	18	II	470,--
(leichter Randfehler)	19	II	800,--
	46	II/III	450,--
(Kratzer)	85	II-III	450,--
	91	II	700,--
1782 (aus 1774, poliert)	46	II-III	1050,--
1/2 Taler, 1775, Cr. 36, Beck. 7204, 06	19	II/I-II	1400,--
	26	II	625,--
	46	III	550,--
1782 (leichte Henkelspur)	01	II-III	405,--

wie vor	17	III/II	410,--
	19	II	800,--
	19	II-III	525,--
	31	I	1250,--
	34	III	420,--
	46	II-III/II	525,--
	54	II	675,--
	70	III	400,--
(poliert)	71	III	230,--
(leicht verkratzt)	73	II	360,--
(leichte Henkelspur)	81	III	200,--
(leichte Henkelspur)	86	III	210,--
1/2 Taler, 1781, Beck. 7205	46	II	1400,--
1/2 Taler, 1784, Cr. 38, Beck. 7208 (leicht			
justiert)	16	III/II	575,--
(leicht justiert)	19	III	470,--
(verkratzt)	23	III	250,--
	46	III	400,--
1/2 Schautaler, auf das Bogenschießen,			
1788, Cr. 40, Beck. 412 Anm.			
(leichter Kratzer)	102	I	1250,--
1/2 Taler, 1791, Cr. 42, Beck. 7209 (aus			
1782)	19	II	775,--
	19	II	825,--
	38	II	1100,--
	44	I	1500,--
(poliert)	46	III/II	625,--
	65	II	750,--
	70	III	525,--
(aus 1782)	70	II	750,--
(aus 1782)	71	I	2100,--
	72	II	800,--
	91	II	1100,--
	91	II-III	800,--
1/3 Taler, 1655, Plato 239 (aus 1654, Henkel-			
spur)	46	III	1150,--
1/4 Talerklippe, 1605, Plato 240	19	II	500,--
1615 (Henkelspur)	92	II	250,--

Medaillenklippe auf das Konfessionsjubiläum,			
o. J., Plato 320 (Henkelspur)	71	II-III	290,--
1/4 Taler, 1627, Beck. 6303, 04	46	II-III	2100,--
1628 (aus 1627, Henkelspur)	46	III	525,--
1/4 Taler, 1644, Plato 252 (Stempelriß)	46	III	2700,--
1/4 Taler, 1647, Plato 255, Beck. 6313			
(leichte Kratzer)	46	III/II	1400,--
1/4 Taler, 1652, Plato 258, Beck. 6314	46	II-III	2900,--
1/4 Taler, 1656, Plato 261, Beck. 6317	19	II	4050,--
(Henkelspur)	46	I	1850,--
1/4 Taler, 1657, Plato 262	46	II/I	3100,--
1/4 Taler, 1664, Beck. 6325 (aus 1663, ge-			
stopftes Loch)	46	III	525,--
1/4 Taler, 1667, Beck. 6328, 30 (aus 1666)	46	II-III	2900,--
1680 (aus 1672, Schrötlingsfehler)	46	III/II	2200,--
1/4 Taler, 1706, Beck. 6332	46	I	4100,--
1/4 Taler, o. J., Plato 279, Beck. 6336			
(leichte Kratzer)	46	I	3400,--
1/4 Taler, o. J., Plato 280, Beck. 6337	46	I	2800,--
1/4 Taler, o. J., Cr. 25, Plato 281, Beck.			
6338 (gereinigt)	06	III	330,--
	46	I	4100,--
1/4 Taler, 1754, Cr. 26, Plato 282, Beck.			
7301	19	II	825,--
	32	II	500,--
	46	I	1800,--
	71	II-III	1000,--
	97	II	800,--
	98	I-II	875,--
1/4 Konventionstaler auf das Freischießen,			
1788, Cr. 28	23	I-II	500,--
	41	II	550,--
1/6 Taler zu 10 Kreuzer, 1562, Plato 315,			
Beck. 4301	46	III-IV	1000,--
1/6 Guldentaler zu 10 Kreuzer, 1619, Beck.			
4306	46	I	2100,--
1/6 Taler, 1628, Beck. 6341, 42	38	III	1250,--
	91	II-III	2550,--

1/6 Taler, 1638, Beck. 6343	46	III	1600,--
1/6 Taler, 1652, Plato 301, Beck. 6351	46	I	2400,--
1/6 Taler, 1657 (justiert)	46	III	1800,--
1/6 Taler, 1659	46	III/II-III	1600,--
1663 (aus 1662)	19	II	1900,--
1664 (aus 1663, unediert?)	46	I	2800,--
1/6 Taler, 1667, Plato 311, Beck. 6361	46	II	2200,--
1/9 Taler, 1638, Plato 321, Beck. 6368	19	II	1450,--
	46	II-III	1300,--
1/9 Reichstaler, 1645, Beck. 6369-71	46	III	775,--
1/9 Taler, 1655	46	II	1900,--
1656 (aus 1655)	46	I	1800,--
1/9 Taler (= 10 Kreuzer), 1659, Beck. 6380-87	46	III/II	1500,--
1661 (aus 1660)	46	II/I	1550,--
1662 (aus 1661)	46	III	1400,--
1663 (aus 1662)	46	III	1000,--
1667 (aus 1666, Randfehler)	46	II-III	1000,--
20 Konventionskreuzer, 1774, Cr. 23	03	I	450,--
	41	I	340,--
20 Kreuzer (auch Vierundzwanziger genannt),			
1774, Beck. 7404	46	I	300,--
XV Kreuzer, o. J., Beck. 6363	46	I	3050,--
XV Konventionskreuzer (Oexlein), o. J.,			
Cr. 19, Beck. 6364	19	I	2000,--
	46	II	1600,--
10 Kreuzer, 1527, Beck. 1101-05, Schulten			
2864	20	III-IV	205,--
	27	III	210,--
	38	III	270,--
	46	III	210,--
	86	III	220,--
1528	19	III	350,--
	46	III-IV	290,--
	71	II	240,--
1529	18	III/II	235,--
	23	III/IV	210,--
	46	III-IV	200,--
1530	46	III	240,--

10 Kreuzer, 1532, Schulten 2864	46	III-IV	230,--
10 Kreuzer (Zwölfer), 1754, Cr. 15, Plato			
340, Beck. 7501	46	I	425,--
	98	II	205,--
10 Kreuzer (auch Zwölfer genannt), 1781,			
Beck. 7504	46	I	325,--
10 Kreuzer (auch Zwölfer genannt), 1781,			
Cr. 17, Beck. 7505 (leicht justiert)	49	I-II	220,--
(leicht justiert)	71	II	200,--
Neuer Batzen, o. J., Beck. 6401	46	III	220,--
1/2 Batzen, o. J., Beck. 6531	34	III/II	400,--
Einseitiger 1/2 Kreuzer, 1652, Beck. 6710	34	I	230,--

REGENSTEIN (REINSTEIN), Grafschaft

Ernst I., Botho und Kaspar Ulrich, 1551-1575

Fürstengroschen, 1566, Schulten 2893	75	III	200,--

Ernst I. und Botho, 1551-1581

Einseitiger Pfennig, 1565 (Randfehler)	55	III	220,--
Einseitiger Hohlpfennig, o. J., Kny. 6915	55	II	225,--

REUSS - ältere und jüngere Linie GREIZ-GERA
gemeinsam

Heinrich IV. und Heinrich II., 1604-1629

Taler, 1619, Dav. 7301	44	II	2100,--

REUSS - Linie BURGK

Taler, 1624, Dav. 7302	98	II	3200,--

REUSS - ältere Linie GREIZ, Grafschaft

Taler, 1624, Dav. 7305, Mad. 1855	18	III	1300,--
	71	II-III	2100,--

REUSS - ältere Linie OBERGREIZ

Heinrich I., 1629-1681

1/6 Taler, 1679	66	III	400,--
1/6 Taler, 1679	71	III-IV	200,--

Heinrich VI., 1681-1697
Breiter Taler auf seinen Tod, 1698, Dav.

7306, Mad. 1860 (leichter Randfehler)	19	II	1600,--
	47	II	3400,--

Heinrich XI., 1723-1800
Reichstaler, Saalfeld, 1769, Dav. 2634,

Cr. 32	12	III	470,--
(leicht justiert)	19	I-II	1400,--
	78	II-III	1050,--
(leicht justiert)	86	III	540,--
Taler, 1778, Dav. 2636, Cr. 34, J. 23	19	II	925,--
(leicht justiert)	51	I-II	1350,--
(leichter Schrötlingsfehler)	67	II-III	1075,--
	85	II	850,--
	86	II	850,--
Taler, 1790, Dav. 2637, Cr. 35, J. 30	48	IV	925,--
2/3 Taler, Ausbeute der Grube "Neue Zuver-			
sicht", 1754, Cr. 28 (leichter Schrötlings-			
fehler, leicht justiert)	19	II-III	2000,--
(justiert)	71	II	2250,--
(leicht justiert)	86	II-III	975,--
(leicht justiert, leichter Schrötlingsfehler)	86	II-III	800,--
1/2 Taler, 1786, Cr. 30, J. 29	47	II	800,--
(Randfehler)	86	II	270,--
1/6 Taler, 1757, Cr. 24 (starker Randfehler)	19	II-III	280,--

REUSS - ältere Linie UNTERGREIZ
Taler, 1764, Dav. 2638, Cr. 32, J. 6

(leichter Schrötlingsfehler)	04	III-IV	400,--
(justiert)	19	II	1100,--
	55	II-III	1350,--
	86	II	1700,--
1/8 Ausbeutetaler der Grube Kleinreinsdorf,			
1751, Cr. 24	27	II	380,--
	55	III	330,--
	67	III	330,--
	97	III/II	210,--
1/8 Ausbeute-Speciestaler, 1752, Cr. 24 a	94	II-III	260,--

REUSS - jüngere Linie GERA

Heinrich II. der Jüngere, Posthumus, 1595-1635

Reichstaler, Saalfeld, Gemeinschaftstaler

zusammen mit Heinrich IX. und Heinrich X.,

1620, Dav. 7308, Mad. 1853, (leicht ge-

drückt)	65	III/II	1325,--
Taler auf seinen Tod, 1635, Dav. 7312	45	III/II-III	2750,--

1/2 Gemeinschaftstaler zusammen mit Heinrich

IX. und Heinrich X., 1622	89	III	1750,--
1/8 Taler, Lobenstein, 1622	19	II-III	750,--
Kipper-12 Kreuzer, Lobenstein, 1621	19	II-III	410,--
(stark dezentriert)	95	II	270,--

Heinrich XXX., 1748-1802

1/2 Taler auf den Frieden von Hubertusburg,

1763, Cr. 11, J. 64, Mad. 5501 (stark

justiert)	51	III	850,--
1/12 Taler, 1763, Cr. 8, J. 62 b	19	II	320,--
1/12 Taler, 1763, Cr. 8, J. 62 a	19	I-II	285,--

REUSS - Linie GERA-LOBENSTEIN

Heinrich II. der Jüngere, Posthumus, 1595-1635

1/2 Taler auf seinen Tod, 1635	71	III	1225,--
Kipper-12 Kreuzer, 1621, Saurma 2321	67	III-IV	270,--
	91	II-III	360,--

REUSS - Linie EBERSDORF

Heinrich XXIV., 1747-1779

Konventionstaler, 1765, Dav. 2642, Cr. 17,

J. 90	15	III-IV	240,--
	17	III	420,--
(leichter Schrötlingsfehler)	19	II-III	525,--
	26	II-III	1150,--
(leichter Schrötlingsfehler)	55	III	400,--
	62	IV/III	320,--
	70	I	1300,--
(leicht justiert, Schrötlingsfehler)	82	III/IV	270,--
2/3 Taler, 1765, Cr. 15, J. 189	67	II	575,--
	70	III	355,--

1/3 Taler, Saalfeld, 1764, Cr. 13, J. 88

(leicht justiert)	41	II	335,--
	66	III/II	385,--
	70	III	340,--

Heinrich II., 1779-1822

Speciestaler, 1812, Dav. 804, Cr. 33, J. 98,

GDM 48	00	II	4400,--
	27	II	3200,--
	44	II	3600,--
(leichter Schrötlingsfehler)	51	I-II	5950,--
	55	II	3000,--
	70	II	4000,--
(leicht justiert)	74	I	8700,--

REUSS - jüngere Linie LOBENSTEIN

Heinrich II., 1739-1782

Doppelgroschen, Saalfeld, auf die Verlobung

seiner Tochter Leonore Maximiliane Christiane

mit Christian Karl von Stolberg-Gedern,

1759, Cr. 6, Fr. 1465	19	II-III	240,--
	67	II-III	235,--
	71	II	210,--
	91	II-III	320,--

REUSS - jüngere Linie SCHLEIZ

Heinrich I., 1666-1692

Gulden, 1678	01	III-IV	455,--
	15	III	220,--
(leicht justiert)	98	III	285,--
1/24 Taler, 1679	73	III	220,--

Doppelter Groschen auf den Tod seiner 2.

Gemahlin Maximiliane von Hardegg, 1678,

Plato 143	67	III	225,--

Heinrich XII., 1744-1784

Dukat, auf den Frieden von Hubertusburg,

1763, Fr. 2354, Cr. 17, J. 117 (leicht

justiert, leichte Randfehler)	16	I-II	2800,--
(Randfehler)	25	II	2100,--

wie vor (leichter Randfehler)	47	II	2500,--
	61	II	4000,--
	67	III	2600,--
Dukat, Saalfeld, 1764, Fr. 2355, Cr. 18, J. 120	28	I-II	4750,--
Konventionstaler auf den Frieden von Hubertus-burg, 1763, Dav. 2640, Cr. 15, J. 116 (leichte Henkelspur)	85	III	400,--
(leichter Randfehler)	86	II	800,--
Konventionstaler, Saalfeld, 1764, Dav. 2641, Cr. 16, J. 119	19	II-III	800,--
	26	III	575,--
	55	II-III	900,--
2/3 Taler auf den Frieden zu Hubertusburg, 1763, Cr. 13, J. 115 (leicht justiert)	87	II-III	625,--
2/3 Taler (Konventionsgulden), 1764, Cr. 14, J. 118	86	II	550,--

Wilhelm, 1581-1592

3 Dukaten auf die Verleihung des Goldenen Vlieses, o. J., FuS. 2494 (leichte Henkel-spur)	61	II	9300,--
1/3 Taler, 1763, Cr. 11, J. 114	67	III	200,--
1/6 Taler, 1763, Cr. 9, J. 113	67	II	200,--
	85	II	240,--

REVAL, Stadt

Erich XIV. von Schweden, 1560-1568

Ferding, o. J.	56	III-IV	250,--
1565	80	III	205,--

Johann III. von Schweden, 1569-1592

2 Schilling, 1569, Ahlstr. S. 42	56	IV	370,--

RHEINBUND

Karl von Dalberg, 1806-1810

Dukat, 1809, Fr. 2357, Cr. 8, J. 4	44	I-II	4200,--
	71	II-III	2900,--
Schautaler auf die Huldigung zu Frankfurt, 1807, JuF. 987	26	I	1275,--

wie vor	27	I	2100,--
	41	I	1725,--
	48	I-II	1200,--
Konventionstaler, 1808, Dav. 808, Cr. 4, J.			
3, Thun 128	21	III	850,--
	26	II-III	1800,--
	30	I	2375,--
(leicht justiert)	44	I	4400,--
(Randfehler, Riß)	46	II	1650,--
(Riß)	46	III	1300,--
(korrodiert)	46	III-IV	625,--
(leicht justiert)	74	II/I	3200,--
	89	III/II	1600,--
Taler für Regensburg, 1809, Dav. 809, Cr. 6,			
J. 6, Thun 274	19	II-III	2525,--
	21	III	700,--
(leicht justiert)	27	II	1850,--
	41	II	2200,--
(justiert)	44	II-III	1050,--
	46	I	4500,--
	46	III	950,--
(leicht justiert)	62	II	3800,--
(leichter Randfehler)	65	III/IV	975,--
	73	I-II	4350,--
(leichter Fleck, justiert)	67	III	700,--
(leicht justiert)	89	II	2025,--
Taler, Prägung für Regensburg, 1809, Dav.			
810, Cr. 7, J. 7, Thun 275 (Randfehler,			
fleckig)	05	III/II	900,--
	19	II	2400,--
(leicht justiert)	19	III	1300,--
	27	II	1950,--
(leichter Schrötlingsfehler)	30	I	2750,--
(leichter Schrötlingsriß)	31	II/I	2550,--
	34	III-IV	500,--
(leichter Schrötlingsfehler)	44	II	1825,--
(leichter Schrötlingsfehler)	62	III/II	2800,--
(leichter Schrötlingsfehler)	65	III	775,--

wie vor (justiert, leichter Kratzer)	70	II-III	1025,--
	72	II	1700,--
(leichte Randfehler)	85	II	1350,--
(Schrötlingsfehler)	89	III	625,--
(Randfehler)	91	III	625,--
1/2 Taler (Gulden), Prägung für Regensburg,			
1809, Cr. 5, J. 5, GDM 8 (leicht justiert)	16	III	450,--
	19	III	340,--
	38	II-III	625,--
(justiert)	41	II	445,--
(leicht justiert)	46	II/I	775,--
(leicht justiert)	46	III	210,--
	48	III	320,--
(leicht justiert)	74	II	460,--
(leicht justiert)	74	III/II	380,--
	86	III	300,--
	89	III	485,--
(leicht justiert)	98	I-II	400,--
Kreuzer, Frankfurt, 1809, Cr. 3, J. 2 a,			
GDM 3	67	II	200,--
Heller, Kupfer, Frankfurt, 1808, Cr. 1, J. 1,			
GDM 4	19	III	260,--
1810	67	II-III	245,--

RIETBERG, Grafschaft			
Johann III. von Ostfriesland, 1601-1625			
Groschen, 1616, Kny. 6735	20	II-III	210,--
Johann IV., 1640-1660			
Löwentaler holländischen Stils, 1660, Dav.			
7326, Kupfer, versilbert	48	III-IV	220,--
	66	III	380,--
	67	III-IV	315,--
	71	III	450,--
Maximilian Ulrich von Kaunitz, 1699-1746			
Kupfer III Pfennig, 1703, Weing. 919 a	20	III	340,--
II Pfennig, Kupfer, 1703, Weing. 921	55	III	255,--
1 Pfennig, Kupfer, 1703, Weing. 922	55	III	260,--

Wenzel Anton von Kaunitz, 1758-1794
2 Pfennig, Kupfer-Landmünze, 1766, Cr. 2,
Weing. 923   20   III   335,--

RIETBERG, Stadt
3 Pfennig, 1651, Weing. 929   99   III   1050,--

RIGA, Erzbistum
Domkapitel, 1479
Schilling, o. J.   06   III-IV   225,--

RIGA, Erzbistum und LIVLÄNDISCHER ORDEN
gemeinschaftlich
Jaspar von der Linde und Walter von Pletten-
dorf, 1509-1524
Ferding, 1516   98   III   280,--
Wilhelm von Brandenburg, Administrator,
1539-1563 und Heinrich von Galen, 1551-1557
1/2 Mark, 1554 (leicht schwache Prägung) 55   III   220,--

RIGA, Stadt
Riga unabhängig, 1562-1581
Taler zu 18 Ferdingen, 1574, Dav. 8459   37   III   3300,--
1/2 Mark zu 18 Schilling, 1565, Saurma 5825 67 III   260,--
Christina von Schweden, 1632-1654
Reichstaler, 1639, Dav. 4589, Ahlstr. 44 ff.
(leichte Kratzer)   61   II   3800,--
                                          98   II   4100,--

ROSENBERG/Schlesien, Fürstentum
Peter Wok, 1592-1611
Ausbeutedukat, Reichenstein, 1595, Dav.
84, FuS. 2514 (Henkelspur)   31   III   1550,--
Ausbeutedukat der Grube Reichenstein,
1594, Fr. 84 (leichter Knick)   44   II-III   2300,--
1595 (Randfehler)   48   III   1600,--
(Henkelspur)   55   III   2325,--

ROSTOCK, Stadt

Goldgulden, 1608, Fr. 2358	02	II-III	7750,--
Doppeldukat, 1639, Fr. 2363	02	II-III	5800,--
Dukat, 1633, Fr. 2362	02	III	2400,--
1634	79	III	2150,--
Dukat, 1636, Fr. 2364	36	III	1500,--
Dukat, 1762, Fr. 2370, Cr. 16 (leicht gewellt, Kratzer)	102	I-II	3000,--
Dukat, 1783, Fr. 2371, Cr. 17	02	II	4400,--
Dukat, 1796, Fr. 2372, Cr. 18, J. 85	02	II-III	2900,--
	44	I	5000,--
1/4 Dukat, 1696, Fr. 2369	02	I	3500,--
Breiter Doppeltaler auf die Geburt und Taufe des Prinzen Christian, 1624, Dav. 384	45	II/I	17000,--
Taler, 1579, Dav. 9688 (Unikum)	02	III-IV	3100,--
Taler, 1586, Dav. 9692, De Mey 871 (aus 1582)	02	IV	480,--
Reichstaler zu 32 Schilling, 1610, Dav. 5778	02	III	1900,--
	28	II-III	2500,--
Reichstaler zu 32 Schilling, 1612, Dav. 5780	26	III	3000,--
Taler auf die Taufe des Prinzen Hans Christoph, 1. Sohn des Herzogs Johann Albrecht II. von Mecklenburg-Güstrow, 1612, Dav. 5782	02	II	5500,--
Breiter Taler auf die Geburt und Taufe des Prinzen Karl Heinrich von Mecklenburg, 1616	02	III	4100,--
Breiter Taler auf die Geburt und Taufe des Prinzen Christian von Mecklenburg-Schwerin, 1624, Dav. 385 (leichte Henkelspur)	02	III	2200,--
Taler zu 32 Schilling, 1633, Dav. 5789	63	III/II-III	1575,--
Reichstaler zu 32 Schilling, 1630, Dav. 5791 (leichter Schrötlingsriß)	02	II-III	1650,--
Taler zu 32 Schilling, 1633, Dav. 5793 (Beischlag?)	02	IV	600,--
Taler zu 32 Schilling, 1633, Dav. 5794	02	III	1700,--
	35	III-IV	1000,--
Reichstaler zu 32 Schilling, 1637, Dav. 5795	02	III-IV	1000,--
	85	III	1300,--

wie vor	89	III	925,--
1639	02	III-IV	1000,--
	89	III	1625,--
Zwitter-Taler zu 32 Schilling, 1642, Dav.			
5797	02	III	2500,--
2/3 Taler, 1676	02	III-IV	520,--
1/2 Taler, 1600	26	II-III	2250,--
1/3 Reichstaler, 1672	02	III-IV	850,--
(Randfehler)	19	III	675,--
1/3 Taler, 1677	02	III-IV	350,--
Doppelschilling, 1607, Saurma 3615 ff.	06	II	255,--
1/4 Witten, o. J.	02	III	210,--
Silberabschlag vom Kupfer-I Pfennig, 1782	39	II	230,--
Silberabschlag vom Kupfer-Pfennig, 1793	35	III	210,--

ROTHENBURG ob der Tauber

Silberabschlag vom Doppeldukat auf die 200-Jahrfeier der Reformation, 1717	31	I	525,--
	32	II/I	345,--
	41	I-II	405,--
	44	I	260,--
(leichter Kratzer)	102	II	285,--
Silberabschlag vom Dukat zum 200-jährigen Jubiläum der Einführung der Reformation, 1744	41	II	290,--
Silberabschlag vom Dukat auf das 200-jährige Jubiläum der Einführung der Reformation, 1744	31	II	260,--
	71	I	225,--

ROTTWEIL/Württemberg

Kipper-3 Kreuzer, 1622	67	III	235,--

SACHSEN-WITTENBERG

Friedrich II. der Sanftmütige, 1428-1464

Goldgulden, o. J., Mers.295	26	III	4900,--

Friedrich II. und Wilhelm III., 1440-1456

Schildgroschen, Freiberg, o. J. (Ggst. Löwe)	80	III	225,--

Wilhelm III., 1445-1482

Judenkopfgroschen, o. J.	79	III	400,--

SACHSEN-Ernestinische Linie

Doppelter Guldengroschen, o. J., Schulten

3017	10	II	18500,--
1514	27	II	12800,--

Doppelter Guldengroschen, o. J., Dav. 9700,

Schulten 3018, Mers. 414 (Henkel, vergoldet)	10	II	3900,--
	97	II	9800,--
1512	10	III	6400,--
Guldengroschen, o. J., Schulten 3019	10	III	8700,--
	27	I-II	10800,--

1/4 Guldengroschen, 1507, Schulten 3029

(Henkelspur)	01	III	1425,--
	10	III	3900,--

Schreckenberger oder Reichsgroschen, Zwickau,

1522, Schulten 3033

	01	III	1550,--
(Henkelspur)	55	III-IV	1100,--

Friedrich III., Albrecht und Johann, 1486-1500

Goldgulden, 1499, Schulten 2950 (gestopftes

Loch)	34	III-IV	700,--

Friedrich III. der Weise, Johann der Beständige
und Albrecht, 1496-1500

Schreckenberger, Annaberg, (= 3 Zinsgroschen),

o. J.	01	III-IV	360,--
Schreckenberger, Leipzig, o. J., Mers. 335	10	II	200,--

"Bartgroschen", Zwickau, 1492, Schulten 2072,

Mers. 351	79	III	850,--

Friedrich III., Georg und Johann, 1500-1507

Dicktaler vom 1/2 Taler-Stempel, Annaberg,

1522, Dav. 9710, Schulten 2970	66	III	4400,--
(leicht poliert, Henkelspur)	102	III	2150,--

Friedrich III., Georg und Johann, 1500-1507

2. Klappmützentaler, Annaberg, o. J., Schul-

ten 2977, De Mey 880	27	II-III	2600,--
	79	II	3300,--

2. Klappmützentaler, Annaberg, o. J.,			
Schulten 2978, De Mey 881	86	III	1100,--
Friedrich III., Johann der Beständige und			
Georg, 1507-1525			
3. Klappmützentaler, o. J., De Mey 884,			
Schulten 3000 (Sammlerzeichen, Schrötlings-			
fehler)	05	III	790,--
	01	III	975,--
3. Klappmützentaler, o. J., De Mey 885,			
Schulten 3000	19	III	1900,--
(kleines Sammlerzeichen)	53	III	1000,--
(leicht poliert)	89	III	700,--
	92	III	975,--
3. Klappmützentaler, o. J., De Mey 886,			
Schulten 2996 (Henkelspur)	04	III	575,--
(Henkelspur)	04	IV	335,--
(kleines Sammlerzeichen)	05	III/IV	495,--
	21	III	725,--
	21	IV	475,--
	29	II-III	850,--
	29	III	675,--
(Kratzer)	31	III	975,--
(leichte Schrötlingsfehler)	31	III	625,--
(Kratzer)	39	III-IV	525,--
	47	III	950,--
	51	III	1050,--
(Henkelspur)	51	III-IV	525,--
(leichte Henkelspur)	55	III-IV	650,--
(leicht poliert)	66	III	825,--
(Fundexemplar)	75	III	1200,--
	85	III	800,--
(Henkelspur, leicht poliert)	97	III	525,--
	97	III	1100,--
(Henkelspur)	97	III	700,--
(leichter Kratzer)	98	III	650,--
Schreckenberger, Annaberg, o. J., Schulten			
3003	41	II	255,--

Johann der Beständige und Georg der Bärtige,
1525-1530
Taler, Annaberg, o. J., Dav.
9717, De Mey

898, Schulten 3040	04	II-III	1975,--
	10	III	850,--
	19	III	1500,--
	27	II-III	2200,--
	54	III	1100,--
	68	III	1400,--
(Kratzer)	96	III	775,--
(poliert, Henkelspur)	102	III/IV	300,--

Johann der Beständige, 1525-1532
Taler, Zwickau, o. J., De Mey 894, Schulten

3051 v.	19	III	3000,--
	86	III	2250,--

Johann Friedrich der Großmütige allein,
vor seiner Gefangennahme, 1532-1547
Doppeltaler, 1534, Dav. 9723, De Mey 909,
Schulten 3104 (leichte Henkelspur, leichter

Kratzer, private Randinschrift)	05	III	1250,--
	10	III	1850,--

Breiter Doppeltaler, Buchholz, auf die
Einlösung der Burggrafschaft Magdeburg,

1539, Dav. 9724, Schulten 3104	01	II	3600,--
(leichte Henkelspur)	45	III	1400,--
(Randfehler)	91	III	950,--

1 1/2 Taler, Buchholz, auf die Einlösung
der Burggrafschaft Magdeburg, 1539, De Mey

910, Schulten 3106 (leichte Henkelspur)	04	III	1350,--
(leichte Henkelspur)	10	III	1150,--
	89	III	1650,--

Johann Friedrich und Georg der Bärtige,
1534-1539

Taler, Annaberg, 1535, De Mey 903	21	III-IV	280,--

Taler, Annaberg, 1535, De Mey 904, Schulten

3060	87	III	385,--
1536 (kleines Sammlerzeichen)	04	III	360,--
(Einriß)	96	III-IV/III	270,--

wie vor, 1537	01	III	340,--
	62	IV/III	240,--
1538	07	III	385,--
(Kratzer)	51	III-IV	270,--
1539	44	III	625,--
(oxydiert)	96	III-IV	270,--
Taler, Annaberg, 1537, De Mey 904, Schulten			
3060	100	II-III	470,--
Taler, Freiberg, 1536, Dav. 9721, De Mey			
905, Schulten 3062 a	04	III	470,--
1538	66	III/II	800,--
Taler, Buchholz, 1534, Dav. 9722, De Mey			
908, Schulten 3061 (leichter Schrötlings-			
riß)	44	II	675,--
(leichter Randfehler)	65	IV/III	280,--
1536 (Schrötlingsriß)	19	III	305,--
1/2 Taler, Annaberg, 1534, Schulten 3064	25	III	425,--
Johann Friedrich, Heinrich der Fromme und			
Johann Ernst, 1539-1540			
Taler, Buchholz, 1540, De Mey 912, Schulten			
3100	01	III	575,--
	01	III	525,--
(leichter Randfehler)	04	III	365,--
	19	III	550,--
	66	III	480,--
1/2 Taler, Buchholz, 1540, Schulten 3101	73	III	445,--
Johann Friedrich der Großmütige und Heinrich			
der Fromme, 1539-1541			
Taler, Annaberg, 1539, Dav. 9728, De Mey 913,			
Schulten 3080 (Henkelspur, poliert)	05	IV	200,--
	35	III	320,--
	100	II	775,--
Taler, Annaberg, 1539, De Mey 913, Schulten			
3080 a	04	III	450,--
	41	III	365,--
(Henkelspur)	52	III	200,--
	55	III	550,--
	66	III	310,--

wie vor	97	III	330,--
1540	01	III	455,--
	19	III	300,--
	57	III-IV	215,--
	73	III	240,--
	89	III	280,--
1541 (Sammlerzeichen)	97	III/IV	220,--
Taler, Freiberg, 1539, Schulten 3082, 3,			
De Mey 914 (Henkelspur)	61	III	270,--
1540	10	IV/III	300,--
1541	73	III	240,--
1/2 Taler, Annaberg, 1539, Schulten 3084	01	III	375,--
(Randfehler)	19	III	360,--
(Schrötlingsfehler)	19	III	260,--
(Schrötlingsfehler)	73	III	465,--
Johann Friedrich, Moritz und Johann Ernst,			
1541-1542			
1/4 Taler, Buchholz, 1541, Schulten 3117	19	III	360,--
	19	III	250,--
Johann Friedrich und Moritz, 1541-1547			
Taler, Annaberg, 1542, De Mey 916, Schulten			
3120	97	III	200,--
1543	01	III	440,--
1544	01	III	400,--
(stark gereinigt)	82	III	310,--
	100	III	410,--
1545	03	III	400,--
1546 (Randfehler)	19	III	305,--
	25	III	200,--
Taler, Annaberg, 1542, De Mey 916, Schulten			
3121	45	III/II	725,--
Taler, Annaberg, 1545, De Mey 916, Schulten			
3122	26	II	550,--
	79	III	385,--
1546	04	III	600,--
(Kratzer)	06	III	205,--
	07	III-IV	225,--
	49	III	450,--

wie vor	54	III	355,--
	54	III-IV	260,--
	85	III	445,--
1547	30	III	305,--
Taler, Freiberg, 1543, Schulten 3129			
(leichter Schrötlingsriß)	21	II	650,--
Taler, Buchholz, 1543, De Mey 923 var.,			
Schulten 3127 var.	55	III	480,--
1544	21	III	385,--
Taler, Buchholz, 1546, De Mey 923, Schulten			
3127 v. (leichter Einriß)	66	III	405,--
	102	III	450,--
1/2 Taler, Annaberg, 1542, Schulten 3132	19	III	1400,--
1/2 Taler, Buchholz, 1547	26	III	1800,--
1/2 Taler, Freiberg, 1542	99	III	425,--
1/2 Taler, Buchholz, 1544, Schulten 3135	19	III	400,--
Johann Friedrich und Philipp I. von Hessen,			
1542-1547			
"Schmalkaldischer Bundestaler", Goslar,			
1544, De Mey 144, Schulten 1257	95	III	1250,--
1546	85	III-IV	550,--
Taler, Goslar, "Schmalkaldischer Bundestaler",			
1543, De Mey 144, Dav. 9740, Schulten 1257	47	III	1350,--
1544	01	III-IV	650,--
	10	V/IV	200,--
	31	III	1000,--
1545	25	III	1200,--
(leichter Randriß)	31	III	1200,--
	47	III	1275,--
	51	III	1250,--
1546	03	III-IV	525,--
(Sammlerzeichen)	17	III	500,--
	62	IV/III	460,--
Schmalkaldischer Bundes-Beutegroschen,			
1542, Schulten 1264 var. (Messing)	07	II-III	675,--

Söhne Johann Friedrichs des Großmütigen
während seiner Gefangenschaft, 1547-1552
Taler, Saalfeld, 1551, De Mey 927, Schulten

3163	62	III-IV	2400,--
Taler, Saalfeld, 1551, De Mey 923 var.	72	III	2000,--

Johann Friedrich der Großmütige nach seiner
Gefangenschaft, 1552-1554
Taler, Saalfeld, 1552, Dav. 9748, De Mey

930, Schulten 3172	19	III	2800,--
	54	III	4000,--
20 Kreuzer, 1552	92	II-III	6800,--

Doppelter Schreckenberger zu 7 Groschen,
Saalfeld, o. J., Schulten 3179 (Schrötlings-

risse)	01	III	1775,--
	19	II-III/III	1825,--
	62	III	950,--

Söhne Johann Friedrichs nach seinem Tod,
1554-1565
Taler, Saalfeld, o. J., Schulten 3183,

De Mey 932	01	II-III	725,--
	01	III	625,--
	12	III	460,--
	20	III	320,--
	36	III/IV	310,--
	54	III	525,--
	55	II	900,--
	60	III/II	625,--
Taler, Saalfeld, o. J., Dav. 9746, De Mey			
932, Schulten 3183	01	III	575,--
	04	III	600,--
1/2 Taler, Saalfeld, o. J., Schulten 3184			
(Henkelspur)	70	III	490,--
1/2 Taler, o. J., Schulten 3184	55	III-IV	255,--

SACHSEN-ALTENBURG
Johann Philipp, Friedrich VIII., Johann Wilhelm
und Friedrich Wilhelm II., 1603-1625

Reichstaler, Saalfeld, 1605, Dav. 7361	10	III	250,--

wie vor	31	III	240,--
1609	67	III	235,--
	79	III	310,--
1610	34	III	320,--
	77	III	405,--
Taler, 1617, Dav. 7365	67	II-III	450,--
Taler, 1618, Dav. 7367	17	III	225,--
	67	III	255,--
1623	34	III	300,--
	93	III	200,--
	95	III	255,--
	100	III	285,--
Taler, 1624, Dav. 7369, Mers. 73	47	III	230,--
Taler, Saalfeld, 1623, Dav. 7371	16	III/II	410,--
	30	III	200,--
	55	III-IV	280,--
	99	III	400,--
1624 (leichter Randfehler)	10	II	340,--
	44	III	270,--
(Randfehler)	47	II/III	290,--
	67	II-III	305,--
(Henkelspur)	85	III	210,--
	86	II-III	330,--
1625	01	III	365,--
	04	III	280,--
	26	III	360,--
	66	III	210,--
	67	II-III	310,--
	73	III	255,--
(leichter Einhieb)	85	II-III	320,--
	97	III	230,--
(Randfehler)	97	III	230,--
(Kratzer)	98	III	210,--
1/2 Taler, Saalfeld, 1619	70	III	825,--
1/2 Taler, Saalfeld, 1619, Mers. 4170			
(Randfehler)	67	II-III	335,--
1623 (Randfehler)	19	III	315,--
	70	III	400,--

wie vor	84	III	225,--
Breiter 1/2 Taler, 1624	55	II-III	320,--
(Einriß)	67	III	200,--
1625	70	III	470,--
	70	III	430,--
1/8 Taler, 1624, Mers. 4178	78	III	250,--
Kipper-24 Kreuzer, 1622	67	III	220,--
Schreckenberger, 1621, Mers. 4209	67	II-III	210,--
Johann Philipp, Johann Wilhelm und Friedrich Wilhelm II., 1625-1632			
Reichstaler, Saalfeld, 1626, Dav. 7376	04	III	355,--
	31	III	365,--
	66	III	330,--
1628	07	II	900,--
	55	II	525,--
1629	04	III	350,--
1632	04	III	350,--
1/2 Taler, Saalfeld, 1629, Mers. 4223			
(Randriß)	67	III	400,--
Johann Philipp und Friedrich Wilhelm II., 1632-1639			
Taler, 1634, Mers. 4225	68	III	600,--
(Kratzer, Zainende)	67	III	450,--
Taler, 1637, Dav. 7380 (Randfehler)	33	III	800,--
Johann Philipp, 1602-1639			
Taler auf seinen Tod, 1639, Dav. 7383, Mers. 4231	54	II	1450,--
(Broschierungsspur)	67	III	825,--
Dukat, Saalfeld, 1640, Mers. 4240	02	III	1900,--
Dukat, (Coburg), Saalfeld, 1641, Dav. 2598	27	II-III	1700,--
Friedrich Wilhelm II., 1639-1669			
Taler, 1640, Dav. 7388, Mers. 4241	67	III-IV	875,--
Taler, Saalfeld, 1642, Dav. 7398, Mers. 4246	51	III	975,--
1/4 Reichstaler auf seinen Tod, 1669, Mers. 4250	67	II-III	1250,--
Groschen, Saalfeld, auf seinen Tod, 1669, Mers. 4251	67	II-III	205,--

SACHSEN-COBURG

Albrecht III., 1680-1699

Taler, 1687, Dav. 7411 (Schrötlingsfehler)	31	II/III	4000,--
1/6 Taler nach Leipziger Fuß, Coburg, 1694,			
Mers. 3386	79	III	225,--
	100	III	215,--
Doppelgroschen (= 1/12 Taler), Hanau,			
1684	16	IV	280,--
(Randfehler)	67	II-III	800,--
Doppelgroschen auf den Tod seiner 1. Gemahlin			
Maria Elisabeth von Braunschweig-Wolfen-			
büttel, 1687, Kny. 564	19	III	255,--
Doppelgroschen = 1/12 Taler, Coburg, 1695	67	III	700,--

SACHSEN-COBURG-SAALFELD

Christian Ernst und Franz Josias, 1729-1745

Doppelgroschen (= 1/12 Taler), Saalfeld,			
1742	67	I-II	725,--
	98	I-II	320,--
Groschen = 1/24 Taler, 1737, Mers. 3650	67	II-III	210,--
Groschen (= 1/24 Taler), 1743, Mers. 3651	67	I	525,--

Christian Ernst, 1729-1745

Dukat, Saalfeld, auf seinen Tod, o. J., Fr.			
2679, Mers. 3657 (leichte Henkelspur)	23	III/IV	385,--
(leichte Randfehler)	36	II/I-II	1125,--
(leichte Henkelspur)	36	III	450,--
	39	II	1050,--
(leicht gewellt)	57	II-III	900,--
	63	III	775,--
(leichte Fehler)	65	III	650,--
(Feilspur)	97	I	700,--
Silberabschlag vom Doppeldukat, Tod seiner			
Gemahlin Christiane Friederike von Coss,			
1743	86	II	200,--
	100	II	205,--
Silberabschlag vom Doppeldukat auf seinen Tod,			
o. J., Mers. 3655	31	III	220,--

Silberabschlag des Dukaten auf seinen Tod,

Saalfeld, o. J., Mers. 3658	89	II	200,--

Franz Josias allein, 1745-1764

Saalegolddukat, 1755, Fr. 2680	44	II	5800,--

1/4 Dukat, Saalfeld, 1752, Fr. 2681, Mers.

3662	26	II	1500,--

Silberabschlag vom Dukat, Gedenkprägung
auf die Vermählung seiner Tochter Friederike
Karoline mit Alexander von Brandenburg-

Ansbach, 1754, Mers. 3660	65	III/II	240,--
	67	II-III	225,--
	87	III	210,--
Taler, 1764, Dav. 2750, Mers. 3665	19	II-III	800,--

1/4 Taler auf seinen Tod, Saalfeld,

1764, Cr. 18, Mers. 3667	67	II	1425,--
	68	I-II	625,--
(leicht justiert)	86	I-II	800,--
	86	III	410,--
(leicht justiert, Randfehler)	98	I-II	600,--
1/24 Taler, 1751, Cr. 11 a (Randfehler)	28	I	600,--

Ernst Friedrich, 1764-1800

Konventionstaler, 1764, Dav. 2751 A, Cr. 45	19	II-III	415,--
	31	III	400,--
	41	II	675,--
Taler, 1764, Dav. 2751, Cr. 45	26	I-II	1375,--

Konventionstaler, 1764, Dav. 2751 B, Cr.

45	36	IV	200,--
Taler, 1765, Dav. 2752, Cr. 45	25	III	300,--
	38	III-IV	220,--
	86	III-IV	230,--
	97	III/IV	250,--
	100	III	295,--
1/2 Taler, 1765, Cr. 43	100	III-IV	850,--

SACHSEN-EISENACH

Johann Georg II., 1686-1698

2/3 Taler nach zinnaischem Fuß, 1691	67	II-III	255,--
2/3 Taler, 1690, Mers. 4069 ff.	47	III	220,--

SACHSEN-EISENBERG

Christian, 1680-1707

Taler, 1692, Dav. 7423	26	III	3400,--
	74	II-III	5000,--
Taler, 1697, Dav. 7424	74	II-III	5000,--
2/3 Taler nach zinnaischem Fuß, Gotha,			
1682, Mers. 3517	26	III	1850,--
(Schrötlingsfehler)	67	III	925,--
Groschen, 1689, Mers. 3526	67	III	230,--
1/96 Taler (= Dreier), 1701, Mers. 3530	100	II-III	250,--

SACHSEN-Altes Haus GOTHA

Johann Friedrich II., 1554-1567

Einseitige Dukaten-Notklippe während der
Belagerung der Festung Grimmenstein, 1567,

Fr. 2620 (mit Einfassung)	27	III	4700,--
Taler, o. J., De Mey 935, Schulten 3189			
(3. bekanntes Exemplar?)	70	III	2300,--
Taler, 1558, Schulten 3189, De Mey 939	25	III	600,--
1561	45	III/II	1200,--
Taler, 1558, De Mey 938, Mers. 2928			
(Feilspur)	34	III	600,--

Einseitige Nottalerklippe während der Belagerung der Festung Grimmenstein, 1567,
De Mey 940 (mit späterer Punze "100.000 Mark

1923?")	100	III	1000,--
1/4 Taler, 1558, Schulten 3192, Mers. 2938	67	II-III	1300,--
	73	II-III	390,--

Notklippe zu 3 Groschen, geprägt während der
Belagerung Gothas, 1567, Mers. 2935

(Henkelspur)	49	III	875,--
Taler, 1566, Dav. 9754, De Mey 934 (korro-			
diert)	54	III	460,--

Johann Kasimir und Johann Ernst II., 1577-1633

Taler, 1578, De Mey 942, Grasser 76 var.	36	III/IV	300,--
1579 (Henkelspur)	97	III	205,--
Taler, 1577, De Mey 942, Grasser 76	67	III-IV	270,--
Reichstaler, 1580, De Mey 942, Grasser 81	44	III	480,--

wie vor	54	III	375,--
1584 (Henkelspur)	62	III-IV	215,--
1586	10	III	250,--
Taler, 1587, De Mey 944, Grasser 87	68	III-IV	275,--
	67	II-III	450,--
1591 (Schrötlingsfehler)	20	III	380,--
1597	07	III	360,--
	54	III	425,--
Spruchtaler, 1598, De Mey 946, Grasser 93	45	III/II	315,--
1599	39	III-IV	230,--
	54	III	365,--
Spruchtaler, Coburg, 1602, Grasser 102	04	III	360,--
1603	89	IV/III	240,--
Spruchtaler, Coburg, 1604, Grasser 107	35	III	270,--
1605	48	III	330,--
	70	III	550,--
1610	04	III	315,--
1611	31	III	500,--
Taler, Saalfeld, 1613, Grasser 113	19	III	370,--
(Schrötlingsfehler)	39	III	205,--
1615	35	III/IV	400,--
	67	II-III	435,--
	86	III	430,--
1616	67	III	305,--
1617	01	III	465,--
	10	III	310,--
	26	II	700,--
	54	III	285,--
	85	III	360,--
1618	21	III	275,--
	97	III/IV	210,--
Taler - "Spruch- oder Eintrachtstaler", 1624, Grasser 202 a	33	III	575,--
(Doppelschlag)	49	III-IV	225,--
	68	III	525,--
"Spruch- oder Eintrachtstaler", 1626, Grasser 202 c (Sammlerzeichen)	68	III	285,--
1627 (aus 1626)	54	III	550,--

wie vor	67	III	550,--
"Spruch- oder Eintrachtstaler", 1626, Grasser			
202 d	26	II-III	675,--
"Spruch- oder Eintrachtstaler", 1629, Grasser			
202 f	31	III	1075,--
	54	III	1750,--
	67	III	500,--
Spruchtaler, 1633, Grasser 206	10	III	1800,--
1/2 Taler, 1577, Grasser 77	67	II-III	1350,--
1/2 Taler, 1587, Grasser 89 (gehenkelt)	20	III-IV	215,--
1590 (Henkelspur)	35	III-IV	200,--
(leichte Henkelspur)	51	III	275,--
Dicker 1/2 Spruchtaler vom Ortstalerstempel,			
1602, Grasser 103	51	III	925,--
1/2 Spruchtaler, 1605, Grasser 108 (Henkel,			
private Randgravur)	27	III	825,--
1/4 Taler (Ortstaler), 1579, Grasser 83	67	III	800,--
1/4 Taler (= Ortstaler) zu 6 Groschen, Saal-			
feld, 1594, Grasser 91	67	II-III	1450,--
Kipper-Sechsbätzner (=24 Kreuzer), Körner			
(Volkenroda), 1622, Grasser 178	54	III	975,--
Johann Kasimir allein, 1572-1633			
Breiter Doppeltaler, Saalfeld, 1625, Grasser			
190	27	II	8750,--
Johann Ernst II. allein, 1633-1638			
Spruchdukat, Saalfeld, 1637, Grasser 254	01	III	3150,--
Spruchdukat, 1638, Grasser 255 (leichte			
Fehler)	16	II	1550,--
Spruchtaler, Coburg, 1638, Grasser 268	67	II-III	1200,--
1/2 Taler, Coburg, 1636, Grasser 270 (un-			
ediert?)	100	IV	1050,--
SACHSEN-Neues Haus GOTHA			
Ernst III. der Fromme, 1640-1675			
Taler, Gotha, auf den Westfälischen Frieden,			
1650, Dav. 7442, Mers. 3038	66	III/II	950,--
(Henkelspur)	67	III	400,--
	90	III	1825,--

Reichstaler,Gotha, "Katechismustaler", 1668,
Dav. 7445 (Randfehler)   04   II-III   700,--

                                      19   II-III   1050,--

                                      39   II   1375,--

                                      87   I-II   1375,--

Taler, Gotha, auf das Sterben, 1671, Dav.

7448   32   II   1700,--

                                      45   II   1450,--

                                      48   III   950,--

                                      67   III   800,--

Taler, Gotha, auf die Vermählung seines

Sohnes Bernhard mit Marie Hedwig von Hessen-

Detmold, 1671, Dav. 7451   70   III   900,--

Taler auf seinen Tod, 1675, Dav. 7455 41   II/I   1725,--

(leichte Schrötlingsfehler)   85   II   1800,--

1/4 Taler auf seinen Tod, 1675, Mers. 3052

(Henkelspur, poliert)   80   III   220,--

Friedrich I. und seine 6 Brüder, 1675-1680

2/3 Taler nach zinnaischem Fuß, Gotha,

1678, Grasser 354   04   III   250,--

1679   07   II-III   405,--

2/3 Taler, 1679   45   III   200,--

                                      55   III   285,--

                                      73   II   310,--

2/3 Taler, 1679   04   II-III   250,--

SACHSEN-GOTHA-ALTENBURG

Friedrich I. von Gotha, 1680-1691

Reichstaler, Gotha, "Familientaler", 1691,

Dav. 7470   51   II-III   1800,--

                                      67   III   1225,--

Taler, auf die Einweihung des Schlosses und

der Kirche in Friedrichswerth, 1689, Dav.

7474   26   III   2000,--

                                      86   II-III   1925,--

(Druckstelle)   89   II   1825,--

1/2 Reichstaler, Gotha, auf senen Tod, 1691 67   II-III   2400,--

Friedrich II., 1693-1732

Taler auf den Tod seines Bruders Johann Wilhelm, 1707, Dav. 2709, Mers. 3230 (leichter Schrötlingsfehler)	39	III	1300,--
Taler auf die 200-Jahrfeier der Reformation, 1717, Mers. 3163	27	II-III	1800,--
Taler auf das Reformationsjubiläum, 1717, Dav. 2712	04	III	1100,--
1/2 Taler auf das 200. Reformationsjubiläum, 1717, Mers. 3171 ff.	25	II-III	715,--
	27	II-III	550,--
	41	I-II	1525,--
	73	III	550,--
1/3 Taler, Gotha, 1693, Mers. 3204	67	III-IV	725,--
1/4 Taler, Saalfeld, auf die 200-Jahrfeier der Reformation, 1717, Mers. 3174 ff.	12	III	400,--
	25	II-III	495,--
	67	II-III	725,--
1/4 Taler auf die Errichtung des Denkmals für Ernst den Frommen, 1729, Mers. 3054	25	III	400,--
	98	II	480,--
Doppelgroschen auf das Jubiläum des Gymnasiums zu Gotha, 1724	67	II-III	315,--

Friedrich III., 1732-1772

Taler auf die 200-Jahrfeier des Religionsfriedens, 1755, Mers. 3236	67	II	3100,--
Konventionstaler, Gotha, 1764, Mers. 3241	26	II	550,--
	67	I	1650,--
	55	III-IV	225,--
Taler, Gotha, 1765, Mers. 3246	33	III	425,--
1/2 Taler, 1764, Mers. 3245	47	II/I	1050,--
1/2 Taler, 1764, Cr. 28	17	III	225,--
1/4 Taler, Gotha, auf die 200-Jahrfeier des Religionsfriedens, 1755, Cr. 26, Mers. 3238	28	I	1200,--
	55	II	390,--
	65	III/II	430,--
1/4 Taler, Gotha, 1765, Mers. 3250	25	II-III	350,--
1766	67	II-III	925,--

1/8 Taler, 200-Jahrfeier des Religionsfrie- dens, 1755, Mers. 3239	67	II	410,--
	68	II	245,--
	98	I-II	210,--
1/8 Taler, 1757, Mers. 3251	67	II-III	625,--
1/12 Taler, 1764, Mers. 3255	39	I	230,--
1/24 Taler, 1764, Cr. 19	39	I	230,--
1768	39	I	240,--
1/48 Taler, Gotha, 1770, Cr. 15, Mers. 3261	39	I	230,--
6 Pfennige, 1756, Cr. 14	98	I	210,--
4 Schaupfennige auf Prinz Friedrich (III.), 1738	50	II	370,--
2 Pfennige, 1752	19	I	230,--
Ernst II. Ludwig, 1772-1804			
Leichter Taler, 1774, Mers. 3276 var.	86	III	750,--
Taler, 1775, Mers. 3280	67	I-II	1700,--
1776	47	I-II	2500,--
1/2 Rechnungstaler, Gotha, 1774, Cr. 37	85	III	245,--
1/2 Taler Gotha, 1774, Cr. 38	31	II	600,--
1776	00	II	700,--
	67	I-II	2000,--
SACHSEN-HENNEBERG			
Wilhelm V., selbständig, 1495-1559			
Taler, Eisleben, o. J., De Mey 347, Schulten 1154	27	III	5250,--
Taler, 1557, De Mey 352, Schulten 1155 var. (leichter Schrötlingsriß)	48	IV	1800,--
1558	27	III	2000,--
Georg Ernst, 1559-1583			
Taler, 1564, De Mey 354	26	III	2900,--
	27	III	1500,--
(Randfehler)	73	II-III	1850,--
	73	III	1850,--
unter Hoheit von Kursachsen, Gotha, Altenburg und Weimar, 1584-1660			
Kipper-24 Kreuzer, Schleusingen, 1621	67	III	345,--
	73	I	525,--

Kipper-24 Kreuzer, 1622, Mers. 4331	97	II/III	340,--
Kipper-24 Kreuzer, S = Saalfeld, 1622,			
Mers. 4331	67	III	315,--

SACHSEN-HENNEBERG-ILMENAU

Anteil Gotha-Weimar, Gemeinschaftsprägung
nach der Teilung, 1691-1702

Taler, 1693, Dav. 7481 (Henkelspur)	54	III	625,--
Taler, 1694, Dav. 7484, Mers. 4351	41	III	875,--
Reichstaler, Ausbeute des Bergwerks zu			
Ilmenau, 1695, Dav. 7485 (Randfehler)	82	III	1350,--
Taler, Ausbeute des Bergwerks zu Ilmenau,			
1696, Dav. 7486	21	III	950,--
	27	II-III	1300,--
	68	II-III	1550,--
Taler, 1697, Dav. 7487, Mers. 4355	21	III-IV	625,--
(leichter Schrötlingsfehler)	27	II-III	950,--
Reichstaler, Ausbeute des Bergwerks zu Ilmenau,			
1698, Dav. 7488 (Randfehler)	51	II-III	1800,--
(leicht schwache Prägung)	70	I	2550,--
(leicht justiert)	73	III	1225,--
Ausbeutetaler, 1699, Dav. 7489, Mers. 4359			
(Henkelspur)	51	III	575,--
(leicht justiert)	74	III	1150,--
Ausbeutetaler, 1701, Mers. 4359	27	III	1050,--
2/3 Taler nach Leipziger Fuß, Ausbeute			
des Bergwerks zu Ilmenau, 1692, Mers. 4346	35	III	215,--
	51	III	340,--
(leicht poliert)	67	II-III	330,--
(Randfehler)	67	III-IV	235,--
Ausbeutegulden der Gruben zu Ilmenau, 1692	27	II-III	470,--
1693	31	III	405,--
	67	III	305,--
	89	III	330,--
1694 (Jahrgang RR)	67	III-IV	330,--
Doppelgroschen, Ausbeute Ilmenau, 1692, Mers.			
4361	19	II	390,--
	55	II-III	250,--

wie vor	101	II	280,--

SACHSEN-HILDBURGHAUSEN

Ernst IV., 1680-1715

Taler, Coburg, 1708, Dav. 2728, Mers. 3535 (Schrötlingsfehler)	73	III	1800,--

Ernst Friedrich III. Karl, 1745-1780

Taler, 1760, Dav. 2729, Cr. 50, Mers. 3556 (leichte Schrötlingsfehler)	25	I-II	1650,--
	47	III	1100,--
(Kratzer)	67	III	1200,--
2/3 Taler, 1759	67	IV-V	675,--
Groschen auf die Geburt des Erbprinzen Friedrichs, 1763, Cr. 34, Mers. 3560	41	II/I	250,--
3 Pfennige, Kupfer, Hanau, 1763, Cr. 5, Mers. 3578	67	II-III	430,--

Joseph Friedrich, Vormund für Friedrich IV., 1780-1784

Konventionstaler, Hildburghausen, o. J., Dav. 2733, Cr. 63, Mers. 3581 (leicht justiert)	27	II	700,--
	67	II	1900,--
	86	II-III	1800,--

SACHSEN-JENA

Bernhard II., 1662-1678

1/3 Taler, 1673, Mers. 4130	26	III	900,--

SACHSEN-LAUENBURG

Franz II., 1581-1619

Doppelter alchimistischer Taler, o. J., Mers. 4389 (Zinnabguß)	66	III	210,--
Taler, 1609, Dav. 7336 (Fundexemplar)	51	IV	550,--
Taler, 1611, Dav. 7339	26	III	3600,--

August II. von Ratzeburg, 1619-1656

Reichstaler, 1624, Dav. 7344, Mers. 4390	48	III	1500,--
1/6 Taler, 1622	99	III	525,--

Doppelschilling mit Gegenstempel "P" und Kopf,

o. J., Saurma 3566   67   III   305,--

Doppelschilling, 1620   55   III   550,--

Julius Franz, 1666-1689

2/3 Taler, 1678, Kny. 6810 v., Mers. 4395   31   III   360,--

2/3 Taler nach zinnaischem Fuß, 1678, Mers.

4395   67   III   350,--

1/24 Taler, o. J., Mers. 4399   67   III   280,--

Georg II. von Braunschweig-Lüneburg, 1727-1760

32 Schilling, Clausthal, 1738, We. 2653   97   III   875,--

16 Schilling, Clausthal, 1738, We. 2654   97   III   525,--

VIII Schilling, Clausthal, 1738, J. 9, We.

2655   07   III   235,--

                                              37   IV/III   240,--

SACHSEN-MEININGEN

Bernhard III., 1680-1706

Taler, Gotha, auf die Einweihung der Schloß-

kirche, 1692, Dav. 7500, Mers. 3405   04   II-III   2500,--

2/3 Taler nach zinnaischem Fuß, 1687, Mers.

3403   89   III   260,--

1689   07   III   420,--

(aus 1687)   89   II   550,--

                                              89   III   205,--

Ernst Ludwig I., 1706-1724

Abschlag vom 4-fachen Dukaten auf seinen Tod,

1724   87   I-II   675,--

Doppelgroschen (1/12 Taler) auf die 200-Jahr-

feier der Reformation, 1717   78   III   335,--

Charlotte Amalie von Hessen-Philippstal, Vor-

münderin, 1763-1775

5 Kreuzer, 1765, Mers. 3437   20   I-II   235,--

SACHSEN-SAALFELD

Johann Ernst VIII., 1680-1729

Reichstaler, Saalfeld, 1723, Grasser 428   19   II   2500,--

Taler auf seinen Tod, Saalfeld, 1729, Grasser

458   26   I-II   2500,--

wie vor	38	III	1050,--
1/2 Taler auf das Reformationsjubiläum,			
1717, Grasser 437	19	III	1250,--
(Henkelspur, poliert)	51	III-IV	525,--
	74	I-II	2200,--
	86	III	650,--
1/2 Taler, 1725, Grasser 438	55	II	3500,--
1/2 Reichstaler, Saalfeld, auf seinen Tod,			
1729, Grasser 459, Mers. 3632	07	II	675,--
	68	II-III	700,--
(leichte Henkelspur)	78	III	300,--
	86	II-III	575,--
1/4 Taler auf die 200-Jahrfeier der Reforma-			
tion, Saalfeld, 1717, Grasser 439, Mers.			
3615	98	II	900,--
1/8 Taler, 1722, Grasser 442, Mers. 3636	67	II	1400,--
1725	19	I-II/II	950,--
Doppelter Groschen, Saalfeld, auf seinen Tod,			
1729, Grasser 460	28	I-II	370,--
Groschen, Saalfeld, auf die 200-Jahrfeier			
der Reformation, 1717, Grasser 447, Mers.			
3618	67	II-III	245,--

SACHSEN - Altes Haus WEIMAR

Johann Wilhelm, 1554-1573

Reichstaler, Saalfeld, 1567, De Mey 948	68	III	850,--
	75	III-IV	355,--
Taler, Saalfeld, 1572, De Mey 951	70	II-III	900,--
1573	10	II	700,--
1/2 Taler, 1572, Mers. 3728	55	III	1100,--
Schreckenberger, Annaberg, 1570, Mers. 3732	34	III	200,--
	67	II-III	205,--

Friedrich Wilhelm I. und Johann III., 1573-1602

Dicker Doppelreichstaler, Saalfeld, 1580, Dav.			
9767, De Mey 955, Mers. 3739	61	II-III	4600,--
Taler, 1575, De Mey 952	25	II-III	300,--
	55	III	405,--

wie vor, 1576	19	II-III	360,--
	25	III	280,--
1577	87	II-III	335,--
1578	36	III/II	390,--
Taler, 1579, De Mey 954 (geputzt)	05	III/IV	230,--
1581	67	III-IV	205,--
Taler, 1582, De Mey 956, Mers. 3742	86	III	370,--
	99	III-IV	225,--
1584	99	III	300,--
Taler, Saalfeld, 1582, De Mey 956	01	III-IV	240,--
(Henkelspur)	10	IV	350,--
(poliert)	86	III	200,--
1583	33	III	245,--
1584 (Kratzer)	57	III	205,--
1585	75	III	280,--
Taler, 1586, De Mey 958, Mers. 3746			
(leicht korrodiert)	25	II-III	480,--
	86	III	380,--
Reichstaler, Saalfeld, 1592	34	III	260,--
	51	III	380,--
1593	49	III	300,--
1594	71	III	400,--
Taler, 1595, De Mey 963	04	III	405,--
	99	III-IV	200,--
1597	15	III	370,--
Taler, 1598, De Mey 965	51	II-III	625,--
1600	67	III	370,--
Taler, 1602, Mers. 3764	66	III	280,--
	102	III/IV	270,--
1/2 Taler, 1575	05	IV/III	200,--
	55	III	320,--
1576	06	III	270,--
1/2 Taler, 1578, Mers. 3751	72	III	420,--
1590	25	III	300,--
	55	III	355,--
	99	III-IV	200,--
1/2 Taler, 1586, Mers. 3747 (leichter			
Schrötlingsfehler)	67	III	305,--

1/2 Taler, 1585, Mers. 3741	47	III	500,--
1/2 Taler, Saalfeld, 1595, Mers. 3747			
("...MIS")	67	II-III	650,--
1596 ("...IMS")	55	III	500,--
1/4 Taler, 1582, Mers. 3766 (kleiner Riß)	44	II-III	410,--
1585	86	III	240,--
1/4 "Pest"-Taler, 1602, Mers. 3768	19	III	575,--
Friedrich Wilhelm I. allein in Altenburg,			
1573-1602			
Taler, Saalfeld, 1592, De Mey 969 (leicht			
oxydiert)	24	III-IV	285,--
(Randfehler)	67	III	355,--
Taler, Saalfeld, auf seinen Tod, 1602, Mers.			
3775 (leicht korrodiert)	25	III	500,--
	54	III	625,--
	54	III	625,--
	55	III-IV	525,--
1/2 Taler auf seinen Tod, 1602, Mers. 3778	67	III	1825,--
1/4 Taler auf seinen Tod, 1602, Mers. 3779	26	III	675,--
SACHSEN - Mittleres Haus WEIMAR			
Taler, 1604	54	III	450,--
Taler, Saalfeld, auf seinen Tod, 1605,			
Mers. 3784 (korrodiert)	15	III-IV	300,--
Johann Ernst und seine 7 Brüder, 1605-1619			
Goldgulden, 1613, Mers. 3798	45	III/II	555,--
	55	III-IV	850,--
1619	48	III-IV	675,--
(leicht poliert)	73	III	700,--
Goldgulden, Saalfeld, 1613 (Henkelspur)	10	III	320,--
Taler, 1607, Dav. 7523	67	III	205,--
1608	85	III	290,--
	102	III/IV	360,--
1609	85	III	280,--
1610	67	II-III	420,--
1611	45	III/II	335,--
	67	III	230,--
Taler, 1608, Dav. 7523	01	III	310,--

wie vor (poliert)	34	III	210,--
1609	39	III	220,--
Taler, 1613, Mers. 3796	19	III	315,--
	100	III	675,--
8-Brüder-Taler, Saalfeld, 1615, Dav. 7527			
(Henkelspur)	04	III	200,--
	10	III	250,--
	10	III	260,--
	38	III	255,--
	39	III	300,--
	65	III	345,--
	67	III	210,--
	86	III	280,--
1616	03	II-III	300,--
Taler, Saalfeld, 1616, Dav. 7529, Mers.			
3799 (leicht poliert)	19	III	390,--
	55	III-IV	270,--
	100	III	340,--
1618	04	III	400,--
	10	III	300,--
	99	III	235,--
1619	51	III	360,--
	54	III	525,--
	89	III	320,--
1/2 8-Brüder-Taler, 1608, Mers. 3797	36	III	210,--
	86	II-III	270,--
1609	28	III	205,--
1611	10	III	340,--
1/2 Taler, 1611, Mers. 3797 (leichter			
Schrötlingsfehler)	67	III	410,--
1/4 Taler, Saalfeld, 1608, Mers. 3800	44	II	310,--
	100	II-III	410,--
Johann Ernst und seine 6 Brüder, 1619-1622			
Taler auf den Tod ihres Bruders Friedrich VII.			
in der Schlacht bei Fleury, 1622, Dav. 7530,			
Mers. 3838	44	II-III	750,--
Kippergulden zu 60 Kreuzer, Weimar, 1622,			
Mers. 3817 (leichtes Zainende)	67	II	1425,--

Johann Ernst und seine 5 Brüder, 1622-1626
Pallastaler, Reinhardsbrunn, 1622, Dav.

7531, Mers. 3840	95	III-IV	335,--
Pallastaler, Weimar, 1623, Dav. 7532	04	III	525,--
	06	III	575,--
	31	III	675,--
	44	II-III	550,--
	60	IV/III	440,--
	67	II	1025,--
(leichter Randfehler)	75	III	400,--
	85	III	500,--
1/4 Pallastaler, 1622, Mers. 3841	27	III	750,--

Johann Ernst allein, 1605-1626

Groschen auf seinen Tod, 1626, Mers. 3856	54	III	245,--

Bernhard I. der Große als Herzog von Franken,
1633-1639
Fränkischer Batzen zu 4 Kreuzer, 1634,

Mers. 3868	41	II	380,--
Dreier auf seine Beisetzung, 1655, Mers.			
3866	54	II-III	255,--

SACHSEN - Neues Haus WEIMAR
Wilhelm IV.,1640-1662
1/2 Dukat, Weimar, 1654, Mers. 3876

(leichte Henkelspur)	47	III	625,--
Taler, Erweiterung der Schloßkirche zu			
Wilhelmsburg, 1658, Dav. 7547, Mers. 3880			
(leichte Schrötlingsfehler)	85	II-III	1525,--
1/2 Taler auf die Erweiterung der Kirche in			
Wilhelmsburg, 1658, Mers. 3881	51	II-III	1850,--
(Fassungsspuren)	68	III	525,--
1/2 Taler auf die Erbteilung von Henneberg			
und die Huldigung zu Ilmenau, 1641, Mers.			
4342	07	II-III	1500,--
1/2 Reichstaler, Weimar, auf seinen Tod,			
1662, Mers. 3888	67	III	375,--
1/4 Taler, 1654, Mers. 3878	67	II-III	650,--
	86	II	600,--

1/4 Taler auf den Tod seines Sohnes Friedrich,			
1556	86	II-III	1450,--
1/4 Taler auf seinen Tod, 1662	04	II-III	390,--
	19	III	335,--
	44	I-II	550,--
	67	II	675,--
	73	III	340,--
	86	III	430,--
Groschen auf die Beisetzung seines Bruders			
Bernhard, 1655, Mers. 3865	85	III	275,--
Johann Ernst I., 1662-1683			
Taler auf seinen Tod, 1683, Mers. 2911	55	III	1650,--
	86	III	1800,--
2/3 Taler, 1676, Mers. 3918 (leichter			
Kratzer)	86	II-III	250,--
2/3 Taler, 1674	97	III	250,--
2/3 Taler nach zinnaischem Fuß, Weimar, 1678,			
Mers. 3918 (Randfehler)	86	III	290,--
1/3 Taler auf den Tod seiner Mutter Eleonora			
Dorothea von Anhalt-Detmold, 1665 (Henkel-			
spur)	00	II	205,--
1/3 Taler, 1674 (Schrötlingsfehler)	67	III	575,--
1/4 Taler auf seinen Tod, 1683, Mers. 3924	67	II	1300,--
Wilhelm Ernst, 1683-1728			
Taler auf seinen Geburtstag, 1717, Mers. 3938	36	III/IV	1200,--
1/2 Taler auf seinen Geburtstag und Stiftung			
für Kirchen- und Schuldiener, 1717, Mers.			
3939	25	II-III	1000,--
	51	II-III	1100,--
1/4 Taler auf seinen Geburtstag und die Stif-			
tung für Kirchendiener, 1717, Mers. 3940	68	I-II	1200,--
1/4 Taler auf seinen Geburtstag und die Stif-			
tung für Kirchendiener, 1717, Mers. 3943	67	II	1700,--
1/4 Taler auf die 200-Jahrfeier der Reforma-			
tion, 1717, Mers. 3943	21	III	250,--
1/12 Taler, Gotha, 1684	89	III	500,--
Doppelgroschen auf die 200-Jahrfeier der Re-			
formation, 1717, Mers. 3949	79	III	240,--

SACHSEN-WEIMAR-EISENACH

Ernst August II. Konstantin, selbständig,

1755 - 1758

2/3 Taler nach kursächsischem Interimsfuß

Eisenach, auf seinen Regierungsantritt,

1756, Cr. 21, Mers. 3972,	72	II-III	800,--
	100	II	1500,--
1/3 Taler, 1756, Mers. 3974	70	IV	310,--
1/12 Taler, 1756	98	I	360,--

Anna Amalia von Braunschweig, Vormünderin

für Karl August, 1758- 1775

Taler, 1763, Cr. 50 (Stempelriß)	04	III	1200,--
2/3 Taler (= 1/2 Konventionstaler), 1763,			
Cr. 46a, Mers. 3989	05	IV/III	340,--
	100	III-IV/III	225,--
1764	26	I-II	1100,--
	67	II-III	600,--
	77	III	380,--
1/3 Koneventionstaler, 1764, Cr. 43, Mers.			
3991	72	II	320,--
	72	II-III	240,--
1/6 Taler, 1763, Cr. 42	68	III	200,--

Karl August, allein, 1775 - 1828

Konventionstaler, Eisenach, 1813, Dav. 842,			
Cr. 75, J. 515a (leichte Randfehler)	00	II-III	1200,--
(leichter Schrötlingsfehler)	04	II	1400,--
(leicht justiert)	17	II-III	1650,--
	30	I	2325,--
(leicht justiert)	55	II	1450,--
	67	I-II	2000,--
	89	II	1500,--
Taler, Saalfeld, 1813, Dav. 842, Cr. 75,			
GDM 1, Thun 381	46	II-III	1400,--
	51	II-III	1350,--
	51	II/I-II	2325,--
	94	II	1875,--
"Vaterlandstaler", 1815, Dav. 843, Cr. 76,			
GDM 2, (leichte Schrötlingsfehler)	01	I-II	3675,--

wie vor (leichter Randfehler)	25	II	2800,--
	46	II	3700,--
	62	II-III	3000,--
"Vaterlandstaler", 1815, Dav. 843A, Cr. 76			
J. 518a, GDM 2 (leichte Schrötlingsfehler)	19	II	1800,--
	30	I-II	3000,--
	51	I-II	3650,--
	62	II/I	3000,--
	67	II	2550,--
(leichter Einriß)	70	I	4000,--
(leichter Randfehler)	72	II	1500,--
2/3 Taler Eisenach, 1813, Cr, 74, J. 514,			
GDM 3 (leichter Randfehler)	31	I/II	500,--
	46	I/II	525,--
	68	II	480,--
	67	II	600,--
	85	II	360,--

SACHSEN-WEISSENFELS

August, 1656 - 1680

Reichstaler, Halle auf den Tod seiner ersten
Gemahlin Anna Maria von Mecklenburg-Schwerin,

1669, Dav. 7659, Mers. 2316	02	II-III	1200,--
	32	II	1075,--
	41	III/II-III	1300,--
	70	III	1025,--
	78	III	900,--
	98	II-III	1300,--
1/2 Taler auf den Tod seiner ersten Gemahlin			
Anna Maria von Mecklenburg, 1669, Mers. 2317	100	II-III	775,--

Johann Adolf I., 1680-1695

1/2 Taler auf den Tod seiner Gemahlin Johanna
Magdalena von Sachsen-Altenburg, 1686,

Mers. 2326	26	II	1200,--
	27	II	1400,--
Groschen auf den Tod seiner Gemahlin Johanna			
Magdalena von Altenburg, 1686, Mers, 2327	39	II/III	360,--

Christian, 1712 - 1736
Silberabschlag vom Dukaten auf die 200-Jahr-
feier der Augsburger Konfession, 1730,
Mers. 2365   89   I   200,--

SACHSEN-ZEITZ
Moritz, 1656 - 1681
Reichstaler auf den Bau den Schloßes Moritz-
burg zu Zeitz, 1667, Dav. 7666, Mers. 2387 31   II   4800,--

SACHSEN-Albertinische Linie
Albrecht der Beherzte, 1464 - 1500
Goldgulden, Leipzig, o. J. Schulten 3200   23   III/IV   1100,--
                                            25   III   1650,--
                                            37   III-IV   1250,--
(leichter Randfehler)   47   III   1600,--
                                            89   III   1925,--
                                            98   II-III   1700,--

Georg der Bärtige, allein, 1530 - 1539
Taler, 1527, Schulten 3211 (leicht poliert,
Henkelspur)   10   III   4925,--
Taler, Annaberg, 1530, De Mey 971, Schulten
3212 (Sammlerzeichen)   05   III/IV   700,--
                                            19   III   1500,--
(Henkelspur, leicht poliert)   47   III   625,--
1531   19   III   1300,--
1/2 Taler, Annaberg, 1530, Schulten 3219,   19   III   1100,--
Moritz, 1541 - 1553
Taler, Annaberg, 1547, De Mey 976, Schulten
3243   21   III   525,--
Taler, Freiburg, 1547, De Mey 977, vgl.
Schulten 3243, Mers. 614 var.   19   III   525,--
Taler, Annaberg, 1549, De Mey 980, Schulten
3245 (Randfehler)   04   III   385,--
                                            05   III/IV   300,--
                                            12   III   330,--
                                            15   III   385,--
                                            55   III   525,--

wie vor, 1550	66	III	355,--
	85	I-II	1175,--
	87	III	405,--
	102	III/IV	240,--
1551	01	III	365,--
	45	III/II	400,--
	86	III	350,--
1552	00	II-III	625,--
	25	I-II	700,--
Taler, Annaberg, 1552, De Mey 980a,			
Schulten 3245	01	III	445,--
(leicht gedrückt)	05	III	300,--
	07	II-III	650,--
(leichter Schrötlingsfehler)	73	II-III	490,--
1553	20	III	360,--
Taler, Freiberg, 1551, Schulten 3247,			
De Mey 981	95	IV/III	255,--
1552	19	III	410,--
1553	05	IV	270,--
Taler, Schneeberg - SBT oder T, 1553,			
De Mey 983 (Oxydationsflächen)	47	III	500,--
1/2 Taler, Annaberg, 1547, Schulten 3248	19	III	280,--
	70	III	800,--
1550	19	III	480,--
1552 (Henkelspur)	19	III	230,--
	52	III	240,--
(starker Schrötlingsfehler)	52	III	270,--
1553	43	III	390,--
1/2 Taler, Freiberg, 1548, Schulten 3250	89	III	525,--
1/4 Taler, Freiberg, 1552, Schulten 3254	19	II-III	215,--
August, 1553 - 1586			
Engel-Taler, Annaberg, 1553, De Mey 986,			
Schulten 3278	01	II	1250,--
	21	III	1000,--
(Randfehler)	45	III	775,--
	97	II-III	1200,--
Engel-Taler, 1554, De Mey 987, Schulten 3279,			
(Münzzeichen *)	19	III	650,--

wie vor (Münzzeichen *)	54	III	775,--
Taler, Schneeberg, 1554, De Mey 988, Schulten			
3281, Mers. 661 (leicht korrodiert)	21	III	625,--
Taler, Annaberg, 1554, De Mey 989, Schulten			
3282	19	III	450,--
1555	97	III	290,--
	98	II-III	500,--
1556 (leichter Randfehler)	25	III	230,--
	54	III-IV	305,--
	97	III	305,--
1558 (leicht korrodiert)	86	III	350,--
Taler, Freiburg, 1554, De Mey 990, Schulten			
3284	19	III	575,--
1555	49	III	395,--
1556 (korrodiert)	33	III-IV	205,--
Taler, Schneeberg, 1554, De Mey 991,			
Schulten 3285	19	III/II-III	1000,--
1560	04	III	700,--
1561	97	III	450,--
1567	19	III	550,--
	73	II-III	1300,--
Taler, 1556, De Mey 992, Schulten 3286,			
Mers. 652	97	III/IV	575,--
Taler, Dresden, 1558, De Mey 994, Schulten			
3284	36	III	420,--
(leicht korrodiert)	87	III	230,--
1559	96	III	260,--
1560	47	III	265,--
	100	II-III	305,--
1561 (leichter Einriß)	54	II	400,--
	73	II-III	370,--
(Fundexemplar)	97	III	200,--
1563	48	II-III	335,--
1564	34	II	280,--
	86	III	225,--
(leichte Randfehler)	88	III	245,--
	100	III	250,--
1565	53	III	345,--

wie vor	54	I-II	750,--
1566 (Oxydationsflächen)	31	I	750,--
	75	II	455,--
	97	III	210,--
	100	II-III	315,--
1569	35	III	260,--
	99	III	200,--
Taler, Dresden (mit oder ohne HB), 1558,			
De Mey 994, Schulten 3287	01	III-IV	385,--
1560	19	III	200,--
1561	19	II-III	430,--
	21	II	400,--
1562	20	III	205,--
	25	II-III	360,--
1563	30	III	215,--
1564	01	III	370,--
1566	03	III	300,--
Zwittertaler, 1557/56, Dav. 9796	66	III	750,--
Taler, Dresden, 1567, De Mey 1002	25	II-III	230,--
(Fundstück)	27	II-III	260,--
	41	II	310,--
	73	II-III	370,--
1569	57	II-III	295,--
1570	48	III	220,--
	70	III	210,--
1572	31	III	200,--
	47	III	250,--
	82	III	240,--
1573	66	III	260,--
	97	III	210,--
	100	III	330,--
1574	99	III	215,--
1574/81 (Schraubtaler ohne Einlage)	86	III	875,--
1575	51	III-IV	210,--
	86	III	270,--
1576	20	III	225,--
	70	I-II	1050,--
	100	II-III	270,--

wie vor, 1577	100	III	230,--
1578	87	III	225,--
	100	III	230,--
1579	20	III	230,--
	20	III	220,--
	100	III	250,--
1580	51	III	290,--
	66	III	260,--
1581	36	III/IV	220,--
1582	39	III	200,--
	68	III	280,--
	86	III	225,--
1583	55	II-III	425,--
	73	III	220,--
1584 (leicht korrodiert)	54	III	235,--
	55	III	280,--
	86	III	280,--
Taler, Dresden, 1571, De Mey 1002	01	III	370,--
1573	16	III	280,--
1574	06	III	200,--
(leicht justiert)	16	III/IV	220,--
1578	01	III	370,--
1582	16	III	240,--
1583	15	III	230,--
Taler, Dresden, auf die Einnahme von Gotha,			
1567, De Mey 995	43	III	360,--
	54	III	450,--
(Randfehler)	55	III	280,--
	62	III	270,--
	78	III	380,--
(Randriß)	79	I-II	545,--
	97	III	300,--
	97	III	330,--
Taler auf die Einnahme von Gotha, 1567,			
De Mey 995, var., Mers. 678 var.	20	III	385,--
(Henkelspur)	34	IV/III	280,--
Taler, auf die Einnahme von Gotha, 1567,			
De Mey 1000	19	III	500,--

wie vor (Henkelspur)	67	II-III	375,--
Sterbetaler, 1586, Dav. 9804, De Mey 1003,			
Mers. 700	31	II/III	975,--
(Randfehler)	31	III	625,--
	54	III	700,--
	97	III	525,--
1/2 Taler, Annaberg, 1554, Schulten 3289,	97	III	550,--
1/2 Taler, Freiberg, 1555, Schulten 3291			
(leichter Kratzer)	19	III	575,--
1/2 Taler, Annaberg, 1555, Schulten 3293,	21	III	405,--
1/2 Taler, Dresden, 1556, Schulten 3295 var.	21	III	1250,--
1/2 Taler, Dresden, 1559, Schulten 3296	66	III	400,--
1564,	97	III	200,--
1569	35	III-IV	230,--
1/2 Taler, Dresden, 1557	42	III/II	500,--
1580	01	III	300,--
1582	19	III	360,--
1583	19	III	360,--
1/2 Taler, Schneeberg, 1561, Schulten 3294	97	III/II	700,--
1/2 Taler, Schneeberg, 1566, (poliert, Henkelspur)	19	III	270,--
	45	III	375,--
	66	III	775,--
	85	III-IV	430,--
(Schrötlingsfehler)	100	III	600,--
1567	19	III	500,--
1/2 Taler auf seinen Tod, 1586, Mers. 702,			
(Henkelspur)	97	III	290,--
1/4 Taler, Freiburg, 1554, Schulten 3299			
(leichter Schrötlingsfehler)	68	III	280,--
1/4 Taler, Freiburg, 1554, Schulten 3299 var.,			
Mers. 705	19	III	410,--
1/4 Taler, Freiburg, 1554, Schulten 3300,	19	III	310,--
	19	III	230,--
1/4 Taler, Dresden, 1561, (Randfehler)	98	II-III	200,--
1/4 Taler, Dresden, 1560	44	III	230,--
1562 (RRR)	19	II-III	850,--
1/4 Taler auf seinen Tod, 1586, Mers, 703	19	III	370,--

wie vor	36	IV	230,--
(leichte Henkelspur)	45	III	265,--
Schießklippe, Marienberg, 1555,	55	III	5500,--
1/8 Taler, Dresden, 1557, Schulten 3304,			
Mers. 712	44	III	220,--
Christian I., 1586 - 1591			
Taler, Dresden, 1586, De Mey 1006	63	III	260,--
1587	47	III	280,--
	55	III	340,--
1588	51	III	310,--
	62	III-IV	230,--
	68	III	265,--
	97	III	250,--
	100	II-III	320,--
1589	68	III	270,--
Taler, Dresden, 1586, De Mey 1006	01	III	325,--
	39	III	220,--
1587	01	III-IV	250,--
	04	II-III	350,--
	20	III	260,--
	32	III/II	310,--
1588	07	III	270,--
	15	III	310,--
	20	III	280,--
1589 (leichtes Sammlerzeichen)	21	III	260,--
1591	01	III	300,--
	25	II-III	230,--
Sterbetaler, Dresden, 1591, De Mey 1011	04	III	725,--
(leichter Kratzer)	19	III	475,--
	54	III	1000,--
Sterbetaler, Dresden, 1591, De Mey 1019	45	II	1475,--
1/2 Taler Dresden, 1589, Mers. 743	55	III	355,--
	79	III	525,--
1590	79	III	320,--
1591	04	III	325,--
1/4 Taler, Dresden, 1588	43	III	230,--
1/4 Taler, Dresden, 1588, Mers. 763	98	III	210,--
1589	55	III	305,--

wie vor	79	II-III	415,--
1/4 Sterbetaler, 1591 (leicht poliert)	73	III	575,--
Christian II., Johann Georg I. und August,			
unter Vormundschaft, 1591 - 1601			
Dicker Doppeltaler, 1596, De Mey 1022	54	III	2100,--
1600	61	II-III	2100,--
	99	III	800,--
Dicker Doppeltaler, 1601, De Mey 1022	19	III	1850,--
Taler, Dresden, 1592, Dav. 9820A, De Mey 1021			
var.	41	III	285,--
	45	III/II	280,--
	51	III	320,--
	85	III	315,--
Taler, Dresden, 1596, Dav. 9820, De Mey 1021	97	III	200,--
1598	97	III	230,--
Taler, Dresden, 1592	31	II/III	265,--
	75	III	200,--
1593	57	III	205,--
1594	43	III	200,--
	54	III	235,--
1595	05	III/IV	200,--
	12	III	260,--
	66	III	250,--
	83	III	285,--
	86	III	250,--
1596	55	III	235,--
1597	31	III	220,--
	31	III	220,--
	45	III	200,--
	85	III	240,--
	87	III	270,--
	89	III	250,--
1598	15	III	200,--
	51	III	275,--
	68	III	230,--
1599	87	III	245,--
(Randfehler)	88	III	220,--
(leicht rauh)	96	III	220,--

wie vor, 1600	10	III	210,--
	55	III	280,--
	62	III	240,--
Taler, Dresden, 1593, Dav. 9820, De Mey 1021	04	II-III	250,--
1599	01	III	210,--
Taler, Dresden, 1601, Dav. 7557, De Mey 1021,			
Mers. 776	19	III	220,--
	31	III	220,--
	51	III/II-III	280,--
1/2 Taler, Dresden, 1592, Mers. 775	86	III	400,--
	98	III	210,--
1/2 Reichstaler, Dresden, 1596	26	III	305,--
Dicker 1/2 Taler - Abschlag vom 1/4 Taler-			
Stempel, 1601	54	III	1950,--
1/4 Taler, Dresden, (Ortstaler), 1600			
Mers. 781	32	II	265,--
Christian II., Johann Georg I. und August,			
1601 - 1611			
Dicker Doppel-Reichstaler, 1602, Dav. 7560.			
Mers. 799	39	III	2175,--
	100	III	3500,--
Dicker Doppeltaler, 1605, Dav. 7565			
(Einhiebe)	48	III-IV	850,--
1608	66	III/IV	1675,--
Taler, Dresden, 1601, Dav. 7561	04	III	230,--
1602	35	III	215,--
	51	III-IV	225,--
	66	III	250,--
1603	01	III-IV	250,--
	39	III	210,--
	100	III	270,--
1604	19	III	200,--
Taler, 1606, Dav. 7566	39	III	200,--
	54	II-III	340,--
	66	III	240,--
	69	III	200,--
	100	III	350,--
1607 (Schrötlingsfehler)	51	III	260,--

wie vor	85	III	250,--
	96	III	245,--
1608	31	III	210,--
	51	III	280,--
	51	III-IV	200,--
1609	35	III	205,--
	85	III	235,--
1610	45	III/II	310,--
	51	III-IV	230,--
	54	II-III	340,--
1611	43	III	235,--
	51	III-IV	215,--
	54	III	240,--
	68	III-IV	215,--
	97	III	230,--
Taler, 1606, Dav. 7566	04	III	285,--
	31	III	290,--
1608	04	III	250,--
	15	III	260,--
1610 (Henkelspur)	06	III/II	215,--
	19	III	230,--
	21	I-II	510,--
1611	01	III	255,--
	29	III	235,--
Reichstaler, Dresden auf den Tod Christians II., 1611, Dav. 7569, Mers. 816	04	III	700,--
	54	III	575,--
	66	III	1100,--
1/2 Taler, 1602	25	III	230,--
1605	70	III	310,--
1/2 Taler, 1605	79	III	220,--
1610	19	III	230,--
Dicker 1/2 Taler vom 1/4 Taler-Stempel, 1609 (leicht poliert)	19	III	850,--
1/2 Reichstaler, Dresden, 1605, Mers. 802	19	III	225,--
1/2 Taler, auf den Tod von Christian II., 1611, Mers. 817	19	III	405,--
	54	III	500,--

wie vor	62	III	290,--
1/4 Reichstaler, Dresden, (Ortstaler), 1607,			
Mers. 821	19	III	200,--
1608	20	II-III	215,--
Johann Georg I. und August, 1611 - 1615			
8 Dukaten, 1611 (leichte Fassungsspur)	21	II-III	11500,--
Dicker 4-facher Taler, 1614, Dav. 7570,			
Mers. 835	21	II-III	5900,--
Dicker Doppeltaler, 1615, Dav. 7572	19	III	1650,--
	100	III	3000,--
Doppeltaler auf das Vikariat Johann Georg I.,			
1612, Dav. 7578, Mers. 859 var.	26	III	2700,--
Taler, Dresden, 1612, Dav. 7573	21	III	250,--
	29	III	275,--
	31	II/III	470,--
(leicht poliert)	67	II-III	210,--
1613	48	III	200,--
(leichter Kratzer)	51	III	275,--
	54	III	255,--
1614	51	III	350,--
	66	III	285,--
	67	III	270,--
1615	68	III-III	380,--
	85	III	500,--
(leichter Schrötlingsriß)	87	III	225,--
	97	III	285,--
	100	III	315,--
1616	55	III	360,--
Taler, 1613, Dav. 7573, (leicht fleckig)	04	III	260,--
1614	01	III	325,--
	04	II	465,--
	19	III	250,--
	20	III	245,--
1615	01	II-III	400,--
Reichstaler, Dresden, auf das Vikariat 1612,			
Dav. 7579	10	III	550,--
	15	IV	500,--
	69	III	750,--

Dicktaler, Dresden, Abschlag vom 1/4 Taler- Stempel, 1614, Mers. 838	54	I-II	4900,--
Talerklippe, auf das Armbrustschießen bei der Taufe des 2. Prinzen August, 1614, Dav. 7583	00	II	1100,--
	10	IV/III	800,--
(Henkelspur)	17	III	460,--
(Henkel)	36	III/IV	400,--
(Henkelspur)	62	III/II	425,--
Talerklippe, auf die Ritterspiele bei der Taufe des Prinzen Christian, 3. Sohn von Johann Georg I., 1615, Dav. 7587, Mers, 2295			
(Henkelspur)	19	III	525,--
(Henkelspur)	25	IV	450,--
	31	II	1500,--
(leichte Henkelspur)	45	III	575,--
(leichte Henkelspur)	100	III	625,--
Taler, auf den Tod Augusts, Administrator von Naumburg, 1615, Dav. 7588, Mers. 1136	23	III	2300,--
1/2 Reichstaler auf das Vikariat, 1612, Mers. 863 (leichter Kratzer)	68	III	1000,--
	97	III	460,--
1/2 Reichstaler, Dresden, 1612, Mers. 833	71	III	420,--
1613 (Randfehler)	54	III	380,--
1614	73	II	600,--
Johann Georg I., 1615 - 1656			
10-facher Dukat, Goldabschlag vom Talerstempel auf die Augsburger Konfession, 1630, Fr. 2442	02	II	16250,--
6-facher Dukat (Goldabschlag vom Taler), Augs- burger Konfession, 1630	48	III	8250,--
5-facher Dukat, 100-Jahrfeier der Augsburger Konfession, 1630, Fr. 2443	02	II-III	8750,--
Doppeldukat, Dresden, 100-Jahrfeier der Augs- burger Konfession, 1630, Fr. 2444 (Fassungs- spur)	12	III	2450,--
	29	II-III	1950,--
	30	III/II	1550,--
	53	III	1700,--
(Randfehler, gewellt)	102	III	1250,--

Sophiendukat für die Kinder zur Taufe und
Weihnachten, geprägt von seiner Mutter Kur-
fürstin Sophia, 1616, Fr. 2411, GDM 192,

Mers. 771 (leicht gewellt)	01	II	485,--
	12	II/III	550,--
	20	III	295,--
	25	II-III	800,--
(Henkelspur)	30	II	205,--
(Henkelspur)	40	III	255,--
	44	III	450,--
	45	I	600,--
	45	II/I	600,--
	47	II	800,--
(Prägung 18. Jahrhundert)	47	II	700,--
(Henkelspur)	51	III	290,--
(Henkelspur)	51	III	290,--
(Prägung 19. Jahrhundert)	74	III/II	230,--
(Fassungsspur)	78	III-IV	225,--
Dukat, 1635, Fr. 2431 (leichter Randfegler)	47	II/III	1600,--
1637	99	II	2300,--
Dukat, auf das Reformationsjubiläum, 1617,			
Fr. 2436 (leicht gewellt)	55	III	1100,--
Dukat, auf das Vikariat, 1619, Fr. 2439,			
Mers. 908 (leicht gewellt)	51	III	1350,--
Dukat, Dresden, 100-Jahrfeier der Augsburger			
Konfession, 1630, Fr. 2445	95	IV/V	315,--
1/2 Dukatenklippe, für Weihnachtsgeschenke			
bestimmt, 1627	47	III	1100,--
Johann Georg I., 1615 - 156			
Dicker 4-facher Taler, 1618, Dav. 7590	21	III	4800,--
Breiter 3-facher Taler, Dresden, 1626, Dav. 387	48	III	4800,--
(poliert)	65	III	2500,--
Doppeltaler, 1617, Dav. 7590a,	100	III	1900,--
Doppeltaler, auf die 100-Jahrfeier der Refor-			
mation, 1617, Dav. 7594, Mers. 878 (Fassungs-			
spur)	02	III-IV	700,--
	19	III	3300,--

Dicker Doppeltaler, 1617, Dav. 7594 var.	19	III	3100,--
Dicker Doppel-Reichstaler, Dresden, 100-Jahr-feier der Augsburger Konfession, 1630,			
Mers. 1063	02	III	1600,--
	44	III	2100,--
	44	II-III	2350,--
(Henkelspur)	93	III	1050,--
Dicke doppelte Reichstalerklippe, Dresden, auf das Armbrustschießen bei der Vermählung der Prinzessin Marie Elisabeth mit Friedrich			
III. von Holstein-Gottorp, 1630, Dav, 7608	85	III	2225,--
Dicker Doppeltaler, Dresden, 1641, Dav. 7611			
(Randfehler, Jahrgang unediert?)	61	II-III	2600,--
1648 (Randfehler, Jahrgang unediert?)	19	III	1900,--
1655 (Jahrgang unediert?)	61	II	3400,--
Breiter 1 1/2-facher Taler, Dresden, 1628,			
Mers. 1048	30	III/II	4950,--
Taler, 1616, Dav. 7591,	68	II	600,--
	89	II	360,--
1617	31	III	240,--
	54	III	260,--
	74	II-III	335,--
	100	III	300,--
1618	54	III	270,--
(leichter Randfehler)	96	III	275,--
1619	97	III	280,--
1620	27	II	390,--
	36	III	480,--
Taler, Dresden, auf die 100-Jahrfeier der Reformation, 1617, Dav. 7595	02	II-III	575,--
	42	II	900,--
Taler, 100-Jahrfeier der Reformation, 1617, Dav. 7595 var. (Randfehler)	19	III	675,--
(Henkelspur, poliert)	19	III	265,--
(gereinigt)	45	II	465,--
Reichstaler, Dresden auf das Vikariat, 1619, Dav. 7597 (leichter Randfehler)	04	II-III	550,--
(Randfehler)	19	III	460,--

wie vor	21	II	1250,--
	51	III-IV	340,--
	66	III	600,--
(leichte Henkelspur)	89	III	800,--
	92	III/II	410,--
	97	III	350,--
Taler, 1623, Dav. 7601	84	III	245,--
1624	70	I-II	1075,--
	88	III	200,--
1625	62	III	280,--
1626	85	III	340,--
	97	III	270,--
1627	37	III	210,--
	40	III	230,--
1628	31	III	270,--
	51	II-III	340,--
	52	II	300,--
	86	II-III	270,--
1629	31	II	525,--
(leichte Henkelspur)	33	III	200,--
	51	II-III	300,--
	66	III	260,--
	68	II-III	450,--
	70	III	270,--
	85	III	225,--
1630	85	III	245,--
(Randfehler)	94	I-II	525,--
1631	47	III	240,--
	54	III	225,--
	70	I	1550,--
	70	II-III	290,--
	67	II-III	280,--
1633	69	III	205,--
1634	54	II-III	365,--
1635	66	III	380,--
	89	III	280,--
1636	70	I	1500,--
	100	II	405,--

wie vor, 1637	47	III	240,--
1638	34	III	215,--
Taler, 1623, Dav. 7601	19	III	260,--
	31	III	280,--
	01	III	260,--
1625	21	II-III	270,--
1626	04	III	210,--
(Fundexemplar)	19	II-III	250,--
1627	23	III	240,--
1628	21	III	230,--
1629	01	III	255,--
	21	III	230,--
(leicht gedrückt)	23	II	250,--
1630 (Randriß)	10	II	235,--
1635	20	III-IV	210,--
1637	05	II	385,--
Taler, 100-Jahrfeier der Augsburger Konfes-			
sion, 1630, Dav. 7606,	01	II-III	775,--
(leicht gedrückt)	05	III	415,--
	19	III	375,--
(leichter Schrötlingsfehler)	23	III	435,--
	45	III	385,--
	51	III	480,--
	54	II-III	600,--
(Fundexemplar)	56	III	325,--
	56	III	400,--
	67	III	405,--
	80	II-III	575,--
	97	III	370,--
Taler, auf die 100-Jahrfeier der Augsburger			
Konfession, 1630, Dav. 7606 var.	02	II-III	400,--
	10	III	420,--
	19	II	500,--
	31	III/II	625,--
	55	II	575,--
	66	III	625,--
(Henkelspur)	69	III	350,--

Reichstalerklippe, Dresden, auf das Armbrust-
schießen bei der Vermählung der Prinzessin
Marie Elisabeth mit Friedrich III. von Hol-
stein-Gottrop, 1630, Dav. 7609 (Henkel-

Spur)	07	III	575,--
	66	III	1375,--
(Henkelspur)	75	III	600,--
Breiter Taler, Dresden, 1645, Dav. 7612			
(Kratzer)	96	III	210,--
1647	97	III	260,--
1650	85	III	290,--
1651	87	III	275,--
1654 (altvergoldet)	87	II	210,--
Breiter Taler, Dresden, 1641, Dav. 7612			
(Randfehler)	31	III	200,--
1643	19	III	220,--
1644	68	III	270,--
(Feilspur)	85	III	250,--
1645	10	III	220,--
1646	19	II-III	360,--
1647	19	II-III	340,--
1651	66	III	255,--
1652	54	III	270,--
1653	07	II	360,--
	39	II-III	330,--
1654	01	II-III	365,--
	38	II-III	230,--
1656	33	III	240,--
Taler, auf seinen Tod, 1656, Dav. 7614,			
Mers. 1107	19	II	675,--
	31	II/III	700,--
	31	III	525,--
(Kratzer)	33	III	475,--
	43	III	560,--
	47	III	625,--
	75	III	445,--
Reichstaler, Dresden auf seinen Tod, 1656,			
Dav. 7614, Mers. 1107	03	III-IV	360,--

wie vor	04	II-III	700,--
1/2 Taler auf das Reformationsjubiläum, 1617,			
Mers. 882 (leichter Kratzer)	02	II-III	360,--
	04	III	400,--
(Henkelspur)	16	III	200,--
	48	III	280,--
1/2 Christfesttaler, 1617, Mers. 887	37	III	470,--
1/2 Reichstaler auf das Weihnachtsfest, 1617			
(Henkelspur, poliert)	97	III	350,--
1/2 Taler auf das Vikariat, 1619, Mers. 913	19	III	400,--
	68	III	405,--
	85	III	360,--
1/2 Reichstaler, Dresden, auf die 100-Jahr-			
feier der Augsburger Konfession, 1630,			
Mers. 1065	01	II-III	420,--
	02	III	360,--
	04	III	345,--
(leichte Henkelspur)	20	II	315,--
	84	III	240,--
1/2 Taler, Dresden, 1616	19	II-III	440,--
1622	55	III	300,--
1624	100	II	425,--
1/2 Taler, Dresden, 1627	01	II	365,--
	89	III/II	300,--
1628	51	III	205,--
1629	07	II-III	300,--
1630	98	III	270,--
1632	70	II	390,--
1/2 Taler, 1635,	70	III	1250,--
1/2 Taler, Dresden, 1640	97	III	260,--
1649	68	III	350,--
1/2 Taler, auf den Tod, 1656, Mers. 1108	35	II-III	525,--
1/4 Taler, 100-Jahrfeier der Reformation, 1617,			
Mers. 883 (gereinigt)	98	II-III	240,--
1/4 Reichstaler auf das Weihnachtsfest, 1617,			
Mers. 890	19	III	370,--
1/4 Christfesttaler, 1617, Mers. 895	19	II-III	675,--
1/4 Taler, auf das Vikariat, 1619, Mers. 914	19	III	280,--

wie vor	20	III	330,--
	100	II-III	575,--
1/4 Taler, 1625, Mers. 920	67	III	250,--
1/4 Taler, 1629	44	III	210,--
	70	III	210,--
1/4 Taler, 100-Jahrfeier der Augsburger Konfession, 1630, Mers. 1067	05	III	270,--
	19	II-III	315,--
	31	III	270,--
	49	III	275,--
	51	II-III	290,--
	86	III	230,--
	98	II	405,--
1/4 Taler, 1638, Mers. 1114	01	III	225,--
1/4 Taler, 1644,	89	II/III	310,--
1646	19	III	450,--
1647	55	III	240,--
1648	54	III	245,--
1649	41	II	275,--
1653	102	III/II	280,--
1/4 Taler, auf seinen Tod, 1656, Mers. 1109 (leichte Henkelspur)	65	III	280,--
1/8 Taler, auf die 100-Jahrfeier der Augsburger Konfession, 1630, Mers. 1068	44	II-III	280,--
	54	II-III	235,--
(Schrötlingsfehler)	98	I	250,--
1/8 Taler, 1642	19	III	230,--
1645	54	II-III	200,--
1646	27	II	320,--
Doppel-Kipper-Taler zu 40 Groschen, 1621, Mers. 936 ff	102	IV	240,--
Doppel-Kipper-Taler zu 40 Groschen, Zwickau, 1622,	100	III-IV	375,--
Doppel-Kipper-Taler zu 60 Groschen, Chemnitz, 1622, Mers. 929 (Henkelspur)	49	III-IV	220,--
Doppelkipper zu 60 Groschen, Dresden, 1622,	04	III	325,--
Doppel-Kipper-Taler, zu 60 Groschen, Dresden, 1622,	89	III	360 --

Doppel-Kipper-Taler zu 60 Kreuzer, Naumburg,			
1622, Mers. 950	24	IV	240,--
Doppel-Kipper-Taler zu 60 Groschen, Pirna,			
1622, Mers. 929 v. (Randfehler)	19	III	440,--
	94	II	300,--
Doppel-Kipper-Taler zu 60 Groschen, Taucha,			
1621, (Unikum)	100	III	2250,--
Kippertaler zu 20 Groschen, Annaberg, 1621,			
Mers. 925	01	III-IV	325,--
Kippertaler zu 20 Groschen, Dresden, 1621,			
Mers. 934 ff.	04	III	275,--
	97	III	230,--
Kippertaler zu 30 Groschen, Dresden, 1623,			
Mers. 939	94	II	360,--
Kippertaler zu 30 Groschen, Zwickau, 1622,			
(Henkelspur)	100	III	315,--
Doppel-Kipper-Taler zu 40 Groschen, Dresden,			
1620, Mers. 936	94	II	410,--
1621	97	III	410,--
Doppel-Kipper-Taler zu 40 Groschen, Dresden,			
1621, Mers. 933 ff. (Stempelfehler, gedrückt)	05	I-II	460,--
	51	III-IV	200,--
1622	89	II/III	250,--
	97	III	330,--
Johann Georg II., 1656 - 1680			
Dukat, Dresden auf das Vikariat, 1657,			
Mers. 1148	25	II-III	1450,--
3-facher Taler auf das Vikariat, 1657,	21	II	6500,--
Breiter Doppeltaler auf das Vikariat, 1657,			
Mers. 1149	51	II	4200,--
	71	II-III	4200,--
	95	II	3200,--
Breiter Doppeltaler, auf die Grundsteinlegung			
der Schloßkapelle in Moritzburg, 1661, Dav.401,			
Mers. 2651	19	II	2400,--
Breiter Reichstaler, Dresden, "Beichttaler",			
1663	54	II-III	4500,--
(leichte Henkelspur)	54	II-III	2750,--

wie vor	70	I-II	5000,--
1 1/2-facher "Beichttaler", 1663, Mers. 1173			
(leichte Henkelspur)	54	III	5100,--
Taler, Dresden, auf den Tod seiner Mutter			
Sibylla von Brandenburg, 1659, Dav. 7615,			
Mers. 1140	04	II-III	700,--
	19	III	850,--
	51	III	625,--
	54	II	1050,--
	62	III	675,--
	66	III	700,--
(leicht schwache Prägung)	97	III	400,--
Erbländischer Taler, Dresden, 1658, Dav. 7617	19	III	455,--
	54	II-III	600,--
1659	15	III	550,--
	79	I-II	1550,--
1660	55	II	625,--
	62	III-IV	300,--
1661	19	II-III	550,--
	97	II	490,--
1662	02	III	340,--
	04	III	390,--
	10	III	200,--
	85	II	575,--
1663	00	II-III	360,--
	62	III-IV	270,--
	97	III	210,--
1664	03	III/II	380,--
1665	100	II-III	675,--
1666	01	III	450,--
Taler, Dresden, 1664, Mers. 1176,	97	III	500,--
Dicktaler, Abschlag vom 1/4 Taler-Stempel,			
Dresden, 1660, Mers. 1166	79	III	2500,--
1664	97	III	825,--
Taler, Dresden, (Wechseltaler nach burgun-			
dischem Fuß), 1670, Dav. 7621	04	II-III	575,--
	66	III/IV	280,--
1671	100	III	575,--

Taler, Dresden, für die Oberlausitz, sog.

Wechseltaler nach dem burgundischen Fuß, 1671,

Dav. 7624, Mers. 2742	04	II-III	725,--
	43	III	350,--
Taler nach burgundischem Fuß, Dresden, "Wech-			
seltaler", 1670, Dav. 7625, (leichter Schröt-			
lingsfehler)	07	III	450,--
	15	III	410,--
(Henkelspur)	27	III	290,--
	100	III	600,--
Vikariatstaler, 1657, Mers. 1151,	31	III	525,--
(Henkelspur)	51	III-IV	275,--
(Henkelspur)	66	III	340,--
(Henkelspur)	74	III	350,--
(Henkelspur)	84	III	300,--
	86	II-III	410,--
Taler auf das Vikariat, 1657, Dav. 7630	19	III	575,--
(leichter Einriß)	25	III	400,--
	29	III	350,--
(Kratzer)	33	III	385,--
	34	II-III	650,--
	39	III	390,--
	41	II-III	475,--
(Henkelspur)	84	III/II	330,--
1658	21	III	375,--
	43	III	415,--
	51	III	460,--
(Kratzer)	61	II	950,--
Taler auf das Vikariat, 1657, Dav. 7630,	01	III	380,--
	03	II-III	380,--
	04	II-III	525,--
1658	10	III	550,--
Dicktaler auf das Vikariar, Abschlag vom			
1/4 Taler-Stempel, 1657, Mers. 1152	54	II	1950,--
	79	III	2200,--

Reichstaler-Klippe, Dresden, auf das Stahl-
schießen bei der Vermählung seiner Tochter
Erdmuthe, Sophie mit Christian Ernst von
Brandenburg-Bayreuth, 1662, Dav. 7631,

Mers. 1220 (leichte Henkelspur)	01	III	800,--
(leichter Schrötlingsfehler)	19	II	1000,--
	29	III	875,--
	44	II	1650,--
(leichte Henkelspur)	54	II-III	1100,--
(Henkelspur)	66	III	725,--
	68	II	1610,--

Reichstaler-Klippe, Dresden, auf das Büchsen-
schießen zur Einsegnung seines Enkels Johann

Georg IV., 1669, Dav. 7632	55	II	1300,--
	66	III/II	1400,--
(leicht poliert)	75	III	700,--

Breiter Taler auf die Verleihung des Hosen-

bandordens, 1671, Dav. 7633, Mers. 1182	39	II	935,--
	54	II-III	875,--
(Henkelspur)	97	III	320,--

Breiter Taler, 1678, auf die Wiederholung des

Ordensfestes, Dav. 7633 (leichte Henkelspur)	03	III	280,--
(leichte Henkelspur)	15	III	315,--
(Broschierungsspur)	15	III	280,--
	19	II	700,--
	21	II	900,--
	31	II	1250,--
	51	II-III	675,--
	54	II-III	800,--
	55	II	625,--
(Henkel)	57	II-III	325,--
	89	II/III	1100,--
(leichte Henkelspur)	102	III/II	550,--

Talerklippe, auf das Schießen bei der Eröff-

nung des neuen Schießhauses, 1678, Dav. 7635	04	II-III	1400,--
	31	II	2300,--
	97	II	1125,--
(leicht poliert, Henkelspur)	100	II-III	625,--

Talerklippe auf das Schießen bei der Eröffnung des neuen Schießhauses, 1678, Dav. 7636,	04	II-III	1300,--
	66	III	800,--
	97	III	850,--
Talerklippe, Dresden, auf das Schießen auf den Frieden von Nymwegen, 1679, Dav. 7637			
(alter Henkel)	35	III	525,--
(Henkelspur, vergoldet)	66	III	450,--
	89	II	1350,--
Taler, nach zinnaischem Fuß, Dresden, auf seinen Tod, 1680, Dav. 7638, Mers. 1191	19	II	1150,--
	19	II	1175,--
	54	II	1500,--
	54	II	1150,--
(leichter Randfehler)	65	III	875,--
2/3 Taler zu 60 Kreuzer, Leipzig, für die Markgrafschaft Meissen, 1669, Mers. 2770			
(Schrötlingsgriß)	12	III	500,--
(leicht schwache Prägung)	51	III	410,--
	85	III	550,--
2/3 Taler, Dresden, nach zinnaischem Fuß, 1677, Mers. 1184	01	III	240,--
	66	III	200,--
	94	I-II	550,--
Taler, auf das Vikariat, 1655,	21	II	475,--
	85	II-III	440,--
1/2 Taler, 1658, Mers. 1165	73	II	430,--
1659	94	II	550,--
Dicker 1/2 Taler (Abschlag vom 1/8 Taler-Stempel) 1660, Mers. 1167	70	II-III	2150,--
1661	21	III	1100,--
1/2 Wechseltaler nach burgundischem Fuß, Dresden, für Oberlausitz, 1670, Mers. 2740	73	III	675,--
1/3 Taler nach brandenburgischem Fuß, Bautzen, für die Oberlausitz, 1666,	56	III	500,--
	70	III	250,--
	97	III/II	500,--
	100	I-II	900,--

1/3 Taler nach zinnaischem Fuß, Dresden, 1674,

Mers. 1199	01	II	240,--

1/4 Taler, Dresden, auf das Vikariat, 1657,

Mers. 1156	01	III	215,--
	21	I-II	445,--
	47	II	550,--
	68	III	325,--
	70	II	400,--
	98	I-II	440,--
1/4 Taler, Dresden, 1658, Mers. 1192	89	II/III	355,--
1660	73	I-II	305,--
1664	68	III	205,--
1667	102	III	210.--

1/4 Taler, nach burgundischem Fuß, 1671,

Mers. 2741	70	III	850,--

1/8 (1/2 Ort-) Taler, auf das Vikariat, 1657,

Mers. 1157	21	II	325,--
	54	II	315,--
	68	III	310,--
	98	I	350,--

15 Kreuzer, Bautzen, für Oberlausitz, 1666,			
Mers. 2736	97	III	525,--
6 Pfennige, Dresden, (1/48 Taler), 1665,	68	III	200,--

Johann Georg III., 1680 - 1691

4 Dukaten, 1685, Fr. 2458 (Punze Wertzahl 4),	26	II	16500,--
Doppeltaler, auf seinen Tod, 1691, Dav. 7644			
(leicht justiert)	48	II-III	3700,--
Taler, 1681, Mers. 938 (Sammlerzeichen)	10	III	380,--
	68	III	775,--
1682	03	III	625,--
1683	15	III	625,--
	19	III	625,--
Taler, 1688, Dav. 7640,	19	III	285,--
(leichter Schrötlingsfehler)	70	I-II	1750,--
	86	III	400,--

Taler, nach zinnaischem Fuß, Dresden, auf den			
Tod seiner Mutter Magdalena Sibylla von Brand-			
denburg-Bayreuth, 1687, Dav. 7641, Mers. 1212	04	II-III	1700,--

Taler, 1690, Dav. 7642	00	III	450,--
(Henkelspur)	51	III-IV	340,--
	79	III	825,--
1691	16	III/IV	500,--
	19	II-III	775,--
	54	II	1400,--
	100	II-III	875,--
Taler, auf seinen Tod, 1691, Dav. 7643	19	III	600,--
	27	II-III	625,--
	43	III-IV	420,--
	54	II-III	825,--
	70	I-II	1850,--
(leicht justiert)	75	II-III	600,--
	97	III	395,--
	98	III	400,--
Taler, Dresden, auf seinen Tod, 1691, Dav. 7645,			
Mers. 1270	19	II-III	825,--
	55	III	1175,--
2/3 Taler, Dresden, 1682	32	II	260,--
	41	II	205,--
1683	01	III	200,--
1685	41	I-III	390,--
1686	97	II	250,--
1688 (Seltener Jahrgang)	32	II	335,--
1690 (leicht justiert)	55	II-III	205,--
	89	II	240,--
1691 (leicht justiert)	85	II-III	200,--
	87	II-III	220,--
2/3 Taler nach Leipziger Fuß, Dresden, auf			
seinen Tod, 1691, Mers. 1272	03	III/II	300,--
(leicht justiert)	04	III	250,--
	26	II-III	280,--
1/3 Taler, auf den Tod seiner Mutter Magdalena			
Sibylla von Brandenburg-Bayreuth, 1687			
Mers. 1214	38	III	400,--
1/6 Taler, 1686	26	II-III	360,--
	94	II/I	200,--

1/6 Taler nach Leipziger Fuß, auf seinen Tod,			
1691, Mers. 1274	26	II-III	270,--
Johann Georg IV., 1691 - 1694			
Talerklippe, Schießen beim Empfang des Hosen-			
bandordens, 1693, Dav. 7649, Mers. 1311	04	II-III	900,--
(Kratzer)	06	II-III	850,--
Talerklippe, auf das Schießen beim Empfang des			
Hosenbandordens, 1693, Mers. 1311 (Henkelspur)	07	III	800,--
	21	III	600,--
(leicht poliert, leichter Randfehler)	23	III	550,--
(leicht poliert, starker Randfehler)	23	III	310,--
	27	II	725,--
	44	II-III	750,--
	55	III	600,--
	67	III	575,--
	73	III	750,--
(Henkelspur)	75	III	400,--
(leicht poliert)	87	II	850,--
(Henkelspur)	89	III	320,--
	97	III/II	850,--
(Henkelspur)	97	III	450,--
(Henkelspur)	100	III	475,--
(Henkelspur, leicht poliert)	100	III	485,--
Taler nach Leipziger Fuß, Dresden, aus seinen			
Tod, 1694, Dav. 7650, Mers. 1332 (justiert,			
Randfehler)	23	III	400,--
(Randfehler)	66	III	500,--
(justiert)	75	III	600,--
(Randfehler)	89	III	260,--
Taler, auf seinen Tod, 1694, Dav. 7651,			
Mers. 1331 (Schrötlingsfehler)	27	II	600,--
2/3 Taler, Dresden, 1692, Mers. 1308	55	III	200,--
	97	III	205,--
2/3 Taler, nach Leipziger Fuß, Dresden, 1692			
(Schrötlingsfehler)	43	II-III	200,--
1693	54	III	230,--
2/3 Taler nach Leipziger Fuß, 1693	12	III/II	310,--
1694 (leichtes Zainende)	85	II	325,--

2/3 Taler, Leipzig, 1693, Mers. 1320	15	III	250,--
2/3 Taler , 1693,	19	II	380,--
2/3 Taler, nach Leipziger Fuß, auf seinen Tod,			
Dresden, 1694, Mers. 1333	39	III	240,--
	51	III	240,--
(leicht justiert)	85	II	300,--
1/3 Taler, 1692, Mers. 1339, (leicht justiert)	05	III/II	310,--
(leicht justiert)	86	II-III	260,--
	99	II	245,--
1/3 Taler, 1693	49	III	250,--

Friedrich August I., der Starke, 1694 - 1733

Doppeldukat, Dresden, 1696, Fr. 2480,			
Mers. 1371 (leichter Kratzer, Randfehler)	16	I -II	3650,--
Doppeldukat, Dresden, auf seine Abreise nach			
Ungarn ins Feld, 1696, Fr. 2481, Mers. 1373	25	II-III	3300,--
Doppeldukat, auf die Krönung zum polnischen			
König, 1697, Fr. 2521, Mers. 1398	47	II	3700,--
	61	II	3400,--
	98	II-III	2900,--
Doppeldukat, Dresden, 1704, Fr. 2482			
(Broschierungsspuren, geknittert)	88	III-IV	1800,--
1711(Henkelspur, gewellt)	05	V	1350,--
Dukat, Dresden, auf seine Krönung zum polni-			
schen König, 1697, Fr. 2522, Mers. 1381	21	II	1400,--
Dukat auf seine Krönung in Polen, 1697,			
Fr. 2526, Mers. 1400	25	II-III	1700,--
	89	III/II	1250,--
Dukat, Dresden, 1699, Fr. 2484	100	II	5000,--
Dukat, Leipzig, 1702, Fr. 2506, Mers. 1436	97	II/I	2450,--
Vikariatsdukat, 1711, Fr. 2517, Mers. 1487	17	II	1500,--
(Fassungsspur)	23	III	575,--
	47	III	1700,--
(leichte Henkelspur)	75	III	800,--
	98	III	900,--
Dukat, Dresden, auf das Vikariat, 1711, Fr.			
2518, Mers. 1485	25	I-II	2700,--

Dukat, auf die Vermählung seines Sohnes mit			
Maria Josepha von Österreich, 1719, Fr. 2536			
(Kratzer)	98	III	975,--
Cosel-Dukat, o. J., Mers. 1588	01	II	2500,--
(poliert, leicht gewellt)	65	III	475,--
Cosel-Dukat, o. J., Mers. 1586	21	III	875,--
1/4 Dukat, Dresden, 1696	47	III	1000,--
Silberabschlag vom Dukaten auf die Verleihung			
des Elefantenordens, 1702, Mers. 1432	31	III	240,--
Silberabschlag des Dukaten auf das Vikariat,			
1711, Mers. 1486	98	I	255,--
Silberabschlag vom Doppeldukaten, Spottjeton			
aus der Zeit der Gräfin Kosel, o. J.,	31	II	460,--
	54	II	650,--
	73	III	310,--
Silberabschlag vom Cosel-Dukat, o. J.,			
Mers. 1586	102	III	260,--
Silberabschlag vom Cosel-Dukat, o. J.,			
Mers. 1588 (leichte Kratzer)	100	II	260,--
Reichstaler, Dresden, 1695, Dav. 7652,			
Mers. 1378	19	II-III	675,--
1696	19	II-III	675,--
	27	III	550,--
	73	III	750,--
1697	39	III	825,--
	41	III	400,--
	51	III	480,--
	66	III	525,--
	100	II-III	975,--
Taler auf die Geburt Kurprinz Friedrich August			
II., 1696, Dav. 7653, Mers. 1664 (leichter			
Randfehler)	47	I	4000,--
	70	II	3300,--
Talerklippe auf das Büchsenschießen im Karne-			
val, 1697, Dav. 7654, Mers. 1382	54	II	1900,--
(Henkelspur)	84	III/II	775,--
	89	III	1150,--

Reichstaler, Dresden, für Polen, 1701,			
Dav. 2647, Mers. 1429	97	III	400,--
1702	17	III	575,--
	48	II	975,--
(Henkelspur)	86	III-IV	210,--
1703 (Schrötlingsriß, Kratzer)	03	II-III	220,--
1704 (Schrötlingsfehler)	19	III	600,--
Talerklippe, auf das Schießen zu Ehren des			
polnischen Magnaten, 1699, Mers. 1425	04	II-III	1000,--
	07	III	775,--
	54	III	950,--
Breiter Taler, auf die Restauration des polni-			
schen Weissen Adlerordens, o. J., Mers. 1447	89	I-II	6000,--
Taler, 1706, Dav. 2649 (Randfehler)	03	III/II	700,--
Taler, Dresden, 1718, Dav. 2653	85	III	675,--
1721 (leichter Randfehler)	19	III	500,--
1723	47	III	1025,--
1730	21	III	475,--
1732	41	II	825,--
1733	16	III	675,--
Breiter Reichstaler, Dresden, 1715, Dav. 2653	43	II-III	585,--
1716	19	II-III	575,--
1718 (Schrötlingsfehler, Randfehler)	06	III	325,--
1724	10	III	430,--
1732	27	II-III	550,--
Taler, auf das Vikariat, 1711, Mers. 1490	00	II-III	800,--
(Henkelspur)	03	III	220,--
	03	II-III	350,--
(leichter Schrötlingsfehler)	04	III	525,--
	26	II	775,--
	31	II/III	725,--
	51	II-III	625,--
	54	II	925,--
	54	II-III	650,--
	55	III	525,--
(Henkelspur)	66	III	330,--
	70	I-II	1550,--
(Henkelspur)	100	III	260,--

Talerklippe, auf das neue Schießhaus zu Dresden, 1717, Mers. 1512	47	I-II	3800,--
Sterbetaler, Tod Anna Sophia, seiner Großmutter, 1717, Dav. 2658, Mers. 1293	07	III	1400,--
(leichte Henkelspur)	43	III	900,--
Taler, auf die Hochzeit des Erbprinzen mit Erzherzogin Maria Josepha von Österreich, 1719, Dav. 2660, Mers. 1527	04	II-III	950,--
	50	I	2500,--
	55	II-III	1225,--
Taler, auf den Tod seiner Gemahlin Christiane Eberhardine von Brandenburg-Bayreuth, 1727, Dav. 2661, Mers. 1658 (Randfehler, schwache Prägung)	62	III	700,--
Gulden nach Leipziger Fuß, Dresden, 1694, Mers. 1363 ff.	97	III	300,--
1695 (leicht fleckig)	05	III	200,--
	36	III	215,--
1697	21	II	240,--
	41	II-III	210,--
Gulden, Leipzig, 1697, Mers. 1387	01	III	235,--
Gulden, Dresden, = 2/3 Taler nach Leipziger Fuß, 1699,	55	II-III	250,--
2/3 Taler, Leipzig, 1702,	68	III	650,--
2/3 Taler, 1705, Mers. 1450 (aus 1704)	21	II-III	250,--
2/3 Taler, Dresden, "Cosel-Gulden", 1706, Mers. 1451	54	II-III	350,--
	81	III-IV/III	215,--
	93	II-III	400,--
1707	30	III	220,--
	55	III	360,--
	75	II-III	405,--
	79	II	625,--
	97	III/II	305,--
2/3 Taler, Leipzig, 1709, Mers. 1475 (leichte Randfehler)	68	III	2750,--
1/2 (2/3 Taler) Dresden, 1708, Mers. 1460	25	III	390,--
	70	III	1025,--

2/3 Taler, Dresden, nach Leipziger Fuß, 1718	06	III	225,--
1724	07	III	325,--
	73	III	265,--
1730 /seltener Jahrgang)	19	III	360,--
1731	01	III-IV	200,--
2/3 Taler nach Leipziger Fuß, auf den Tod			
seiner Mutter Anna Sophia, 1717, Mers. 1294	07	II-III	575,--
	12	II	900,--
	54	III	725,--
	68	III	650,--
2/3 Taler nach Leipziger Fuß, Dresden, auf			
den Tod seiner Gemahlin, Christiane Eberhar-			
dine von Brandenburg-Bayreuth, 1725, Mers.1659	26	II	360,--
	41	II	430,--
1/2 Taler, Dresden, auf das Vikariat, 1711,			
Mers. 1491	01	III	335,--
	03	III	200,--
	93	II	335,--
Halbtaler, auf das Vikariat, 1711, Mers. 1495	26	II	950,--
1/2 Taler, auf die Vermählung des Kurprinzen			
mit Maria Josepha von Österreich, 1719,			
Mers. 1528	50	I	1650,--
"Schmetterling"-1/2 Probetaler zu 16 Groschen,			
o. J., Mers. 1575	26	II	4500,--
1/3 Taler, Dresden, sog. 1/2 Coselgulden,			
1706,	62	III	240,--
1707	21	II-III	300,--
	26	III	360,--
	52	III	210,--
1/3 Taler, auf das Vikariar, 1711, Mers.1492	99	III	250,--
1/3 Taler, auf den Tod seiner Großmutter			
Anna Sophia, 1717, Mers. 1295	07	II-III	390,--
	19	III	470,--
	35	II-III	370,--
1/3 Taler, auf die Vermählung des Kronprinzen			
mit Erbprinzessin Maria Josepha von Öster-			
reich, 1719, Mers. 1529 (justiert)	50	II	670,--
1/4 Taler, Dresden, 1696	66	III	900,--

1/6 Taler, Dresden, sog. Coselsechstel, 1706,	26	III	225,--
1707	54	III	330,--
1/6 Taler, auf das Vikariat, 1711, Mers.1493	98	II	250,--
1/6 Taler, auf den Tod seiner Mutter Anna			
Sophia, 1717, Mers. 1296	07	III	250,--
	54	III	350,--
1/6 Taler, auf die Vermählung des Kurprinzen			
mit Erzherzogin Maria Josepha von Österreich,			
1719, Mers. 1530	50	III	270,--
1/6 Taler, auf den Gemahlin Christiane Eber-			
hardine von Brandenburg-Bayreuth, 1727,			
Mers. 1661	86	III	350,--
"Schmetterlings"-Groschen, o. J., Mers. 1578			
(leichter Randfehler)	20	II-III	550,--
(leichte Randfehler)	40	III	310,--
Prägungen für Polen als August II.,			
Taler-für Polen, 1702, Mers. 1434 (Henkel-			
spur)	68	I-II	2200,--
Friedrich, August II., 1733 - 1763			
5 Taler, 1754, Fr. 2553	98	II-III	3100,--
1756 (leichter Randfehler)	98	I-II	3000,--
Okkupations-August d'Or, 1755, Fr. 2553,			
Mers. 1742 (Randfehler, poliert)	73	III	1275,--
1756 (leicht justiert)	00	II	2600,--
(leicht justiert)	25	II	3400,--
1758	45	III	1400,--
(Schabstelle)	66	III/II	1800,--
Dukat, auf die Vermählung seiner Tochter			
Marie Amalia mit Karl von Neapel und Sizi-			
lien, 1738, Mers. 1825, Cr. 63	73	II-III	1450,--
Dukat, Vikariat, 1741, Fr. 2556, Cr. 65	07	II	2250,--
	16	III/II	1600,--
(gestopftes Loch)	35	III	310,--
Dukat, auf die Vermählung des Kronprinzen			
Friedrich Christian mit Maria Antonia von			
Bayern, Tochter Kaiser Karls VII., 1747,			
Fr. 2559, Cr. 67, Mers. 1881	25	II	2000,--

Dicker Doppeltaler, auf den Tod seines Vaters,			
1733, Dav. 2663, Cr. 51	48	III	2450,--
Schautaler, Ausbeute der Grube Freiberg, auf			
die Huldigung der Stadt Freiberg, 1733,			
Mers. 1672,	31	III	600,--
	54	II	1025,--
Reichstaler, Dresden, 1736, Dav. 2665, Cr. 45			
(geschwärzt)	06	II-III	450,--
	89	III	875,--
1737 (Sammlerzeichen)	05	III	440,--
1740	04	III	600,--
1747	20	III	360,--
1751	66	II	900,--
1754	19	II	800,--
Taler, auf das Vikariat, 1740, Dav. 2668,			
Cr. 47	19	III	675,--
	26	II	1350,--
	44	II-III	1175,--
	54	II	2200,--
1745	70	I	4700,--
Reichstaler, Dresden, auf das Vikariat, 1741,			
Dav. 2669, Cr. 48, Mers. 1697 (poliert)	17	III	210,--
	19	II	850,--
	19	II	900,--
	26	I-II	1500,--
	31	II/III	490,--
(Henkelspur)	39	III	275,--
(gereinigt)	62	III	300,--
(Henkelspur)	97	III	240,--
Taler, Dresden, 1755, Dav. 2671, (Jahrgang			
RR)	70	I	5100,--
Ausbeute-Taler Dresden, 1762, Dav. 2672,			
Vr. 49 (poliert)	20	III	1250,--
Taler, 1757, Dav. 2673, Cr. 45b, Mers. 1739	19	II	1850,--
Ausbeute-Taler, Dresden, unter preußischer			
Besetzung, 1757, Dav. 2674, Cr. 45b	21	II	2750,--
	27	I	3300,--
	68	III	1800,--

wie vor	70	II-III	2800,--
	86	II-III/II	2000,--
Konventionstaler, (erster) Dresden, 1763,			
Dav. 2676, Cr. 50, Mers. 1750	15	II	450,--
	31	III	220,--
	56	III	270,--
(leichter Randfehler)	75	III	250,--
(rauher Schrötling)	92	I-II	575,--
	97	III	315,--
	97	III	280,--
Taler, Leipzig, 1763, Dav. 2676A, Cr. 50,			
Mers. 1752	19	I-II	975,--
2/3 Taler, Dresden, 1737, Cr. 33	73	I-II	400,--
1739	19	II-III	285,--
1740	19	III	330,--
1747	00	III	220,--
2/3 Taler, 1755, Cr. 33 var.,	19	II	390,--
1756	01	II	550,--
2/3 Taler, auf die Vermählung seiner Schwe-			
ster Maria Amalie mit Karl von Sizilien, 1738,			
Cr. 37, Mers. 1826	26	II-III	360,--
	34	II	420,--
	86	III	330,--
Vikariats-2/3 Taler, (= 1/2 Taler) 1741,	01	III	265,--
	17	III	205,--
	19	II	305,--
(gereinigt)	33	II-III	245,--
	54	II	455,--
	55	II-III	330,--
	77	II-III	300,--
(leichter Randfehler, Kratzer)	82	III/II	280,--
	85	II-III	280,--
	86	II-III	320,--
	86	II-III	270,--
1742	19	II	315,--
	47	II	700,--
	97	III	230,--

2/3 Taler, auf die Vermählung seiner Tochter			
Maria Josepha mit Louis, Dauphin de France,			
1747, Cr. 39, Mers. 1835	19	II	425,--
	26	I-II	575,--
	47	III	370,--
	54	II	575,--
	86	III	290,--
	97	II	350,--
2/3 Taler, auf die Vermählung des Kurprin-			
zen Friedrich Christian mit Maria Antonia			
von Bayern, 1747, Cr. 41, Mers. 1882 (leicht			
poliert)	68	III	230,--
	68	III	300,--
	77	II	385,--
(leichte Kratzer)	97	III	200,--
	98	II-III	260,--
2/3 Taler, Dresden, 1761,	19	I-II	4000,--
1/3 Taler, 1739, Cr. 28, (Jahrgang RRR)	19	III	390,--
1754	20	III	255,--
1/6 Taler, Dresden, 1742, Cr. 24, Mers. 1757	68	III	260,--
Groschen, auf das Vikariat, 1740, Cr. 8,	41	I	250,--
Prägungen für Polen als August III.			
Taler, Leipzig, 1754, Cr. 16 (2 einseitige			
Zinnabschläge)	73	II	450,--
Taler, Dresden, 1754, Cr. 16, Mers. 1730	19	III	925,--
1755	04	III	600,--
	19	II-III	900,--
(Lötspur)	62	III/II	370,--
Taler, Dresden, 1755, Mers. 1730,	01	III-IV	550,--
	85	III	625,--
18 Groscher, Leipzig, 1754, Mers. 1779,	57	I-II	205,--
8 Groschen, 1753, Cr. 12a, vgl. Mers. 1777	19	II	525,--
Friedrich Christian, 1763			
Dukat,1763, Fr. 2560, Cr. 79, Mers. 1887			
(leichter Kratzer)	00	II	2300,--
Taler, Leipzig, 1763, Cr. 78, Mers. 1892	45	II/I	380,--
(leichter Schrötlingsfehler)	85	III	260,--
Taler, Leipzig, 1763, Cr. 78, Mers. 1896	01	III	280,--

wie vor	15	III	275,--
	30	III	230,--
(leichter Randfehler)	62	II	220,--
	62	III/II	210,--
	85	III	225,--
Taler, Dresden, 1763, Cr. 78, Mers. 1888	55	III/II	270,--
	67	II-III	270,--
	75	III	215,--
	85	III	225,--
	89	II/III	410,--
Taler, Dresden, 1763, Cr. 78, Mers. 1888	04	III	205,--
	10	III	475,--
	49	III	205,--
	52	III	210,--
1/2 Konventionstaler = 2/3 Rechnungstaler,			
Dresden, 1763, Cr. 77, Mers. 1889	55	II	300,--
1/2 Taler, Leipzig, 1763, Cr. 77, Mers. 1891	45	II/I	265,--
Xaver, Administrator für Friedrich August III.			
1763 - 1768			
Taler, 1764, Dav. 2678, Cr. 85,	04	III	200,--
	10	III	260,--
	31	III/II	250,--
	35	II-III	300,--
(leichter Kratzer)	85	II-III	310,--
	86	III	250,--
1765	19	II-III	825,--
	69	III	220,--
	97	III	260,--
1766 (leicht justiert)	19	I	1200,--
	31	III/II	260,--
	85	III	280,--
1767	15	III	200,--
	44	III	200,--
(leichter Kratzer)	49	II	280,--
	51	III	295,--
	54	III	315,--
	80	II	575,--
1768	01	II-III	315,--

wie vor	16	III	300,--
	21	III/II-II	270,--
(leicht oxydiert)	63	III-IV/III	235,--
Prämientaler, der Freiberger Bergakademie,			
1765, Dav. 2679, Cr. 86, Mers. 2599	27	I	5700,--
	44	II-III	3100,--
	55	III-IV	1400,--
1/2 Konventionstaler = 2/3 Rechnungstaler,			
Dresden, 1766, Cr. 84, Mers. 1900 ff	71	II	550,--
1768	41	II	390,--
	94	I-II	600,--
Friedrich August III., 1763 - 1827			
10 Taler, Dresden, 1778, Fr. 2566, Cr. 152	01	I-II	4300,--
10 Taler, Gold, Dresden, (doppelter August			
d'Or), 1784, Fr. 2565, Cr. 154	16	III/II	2650,--
10 Taler = Doppel-August d'Or, 1811, Fr. 2576,			
Cr. 198, J. 153 (Schrötlingsriß)	92	II-III	2300,--
1812 (leichte Henkelspur)	19	III	1100,--
10 Taler, Dresden, 1817, Fr. 2576, Cr. 198,			
Mers. 2065	61	I	7750,--
10 Taler, 1827, Fr. 2580, Cr. 20,	94	II	7025.--
5 Taler, Gold, Dresden, 1779, Fr. 2569, Cr.148	73	II-III	3050,--
August d'Or zu 5 Taler, 1802, Fr. 2572,			
Cr. 150	61	II	4750,--
August d'Or = 5 Taler Gold, 1806, Fr. 2577,			
Cr. 195, J. 152	70	I	10500,--
5 Taler = August d'Or, 1817, Fr. 2577,			
Cr. 195, J. 155	39	I	4850,--
(leicht justiert)	102	III/IV	1250,--
Dukat, Dresden, 1766, Fr. 2562, Cr. 142,			
(leichter Knick)	07	II-III	1500,--
1768, (leichter Randfehler)	44	II	1000,--
	55	III	1250,--
1770	01	I-II	3100,--
1773	01	II	1500,--
Dukat, Dresden, 1781, Fr. 2563, Cr. 142,	19	II/I-II	1875,--
1786 (leichter Kratzer, Randfehler)	16	II/I-II	1600,--
	41	II/I	2150,--

Dukat, Dresden, 1802, Fr. 2564, Cr. 145,	19	I-II	2250,--
	44	I-II	3500,--
1803	94	I-II	4100,--
1804	12	I	2550,--
Dukat, auf das Vikariat, 1792, Fr. 2575,			
Cr. 146	26	II-III	2250,--
	44	I-II	2525,--
Dukat, 1816, Fr. 2578, Cr. 192,	94	I-II	3025,--
Dukat, 1824, Fr. 2582, Cr. 194	27	I-II	3000,--
Dukat, 1825, Fr. 2582, Cr, 194	27	II	2800,--
1826	73	II	2750,--
	94	II	3800,--
Goldabschlag vom 1/24 Taler-Stempel, 1816,			
vgl. Mers. 2112, GDM 42 Anm.	97	I-II	2400,--
Goldabschlag vom 8-Pfennig-Stempel = 1/2 Dukat,			
1808, vgl. Mers. 2114, GDM 45 Anm. (leichter			
Randfehler)	51	II-III	1250,--
1/4 Dukat-Abschlag des Pfennigs, 1765, Cr.141			
Mers. 1922	55	II-III	480,--
Doppelter Konventions-Ausbeutetaler der			
Grube "Beschert Glücke" bei Freiberg, 1786,			
Mers. 2518 (leichter Kratzer)	19	II	1950,--
	48	II	2800,--
	51	II	3000,--
	55	III	2400,--
Taler, Dresden, 1764, Dav. 2680, Cr. 124,	39	II/III	230,--
	75	II-III	220,--
Taler, Leipzig, 1764, Cr. 124, Mers. 1917	61	II-III	700,--
	89	III/II	330,--
Taler, 1765, Dav. 2682, Cr. 126	44	II	240,--
	66	III	300,--
1766	19	II	425,--
1767	62	III/II	205,--
Ausbeute-Taler, Dresden 1768, Dav. 2683,			
Cr. 127	15	III	260,--
	21	III	265,--
	30	III/II	420,--
	47	III/II	320,--

wie vor	100	II-III	350,--
Prämien-Konventionstaler, der Freiberger			
Bergakademie, 1765, Dav. 2686, Cr. 129,	41	I	6400,--
Taler, Dresden, 1771, Dav. 2690, Cr. 131	19	II	360,--
	73	I-II	400,--
1775	93	II	200,--
1776	20	II-III	200,--
	28	II	260,--
1777	31	II/I	350,--
	41	II	245,--
	87	II	200,--
1778	47	II	240,--
	70	I	525,--
1779	44	II	300,--
Ausbeute-Taler, 1771, Dav. 2691, Cr. 132	51	II-III	360,--
	52	II	445,--
	67	III	265,--
	74	II	450,--
1774	39	III	220,--
	47	III	285,--
	68	II-III	310,--
1777	70	I	975,--
	74	II/I	525,--
Ausbeute-Taler, Dresden, 1769, Dav. 2691,			
Cr. 132 (leicht korrodiert, seltener Jahr-			
gang)	19	I-II	1600,--
1773	03	III/II	250,--
1774	01	III	380,--
1777	36	III/II	325,--
1779	28	II	305,--
Prämientaler, zur Belohnung des Fleisses,			
1780, Dav. 2693, Cr. 133, Mers. 1954	13	III	3000,--
	30	I-II	4650,--
Taler, Dresden, 1783, Dav. 2695, Cr. 131			
(justiert)	94	I-II/I	350,--
1784	86	I-II	425,--
1786	68	I-II	380,--
	85	I-II	410,--

wie vor, 1787	94	I-II/I	300,--
1788	68	II	260,--
1789	19	III/II	220,--
(leicht justiert)	62	I-II	340,--
1790	86	I-II	410,--
Ausbeute-Taler, Dresden, 1780, Dav. 2696,			
Cr. 132	54	II-III	280,--
1781	54	III	250,--
	62	I	750,--
	100	II-**III**	285,--
1782	74	II-III	310,--
1783	54	II-III	270,--
	85	III	280,--
	97	III	260,--
1785	26	II-III	360,--
	62	III/II	410,--
1786	82	III	200,--
1788	48	III	210,--
	52	II	305,--
1789	31	II	360,--
	41	II	400,--
(Randfehler)	62	II	300,--
	70	I-II	825,--
1790	47	III/II	360,--
Taler, Dresden, auf das Vikariat, 1790,			
Dav. 2697, Cr. 134, Mers. 1963	39	III	305,--
	39	III	260,--
	43	II-III	320,--
	47	I	1050,--
(Henkelspur)	54	I-II	750,--
(randfehler)	62	III/II	270,--
(leichte Feilspur)	66	II	400,--
(leicht fleckig)	93	I	400,--
Taler, Dresden, auf das Vikariat, 1790,			
Dav. 2697, Cr. 134, Mers. 1963 (leicht			
justiert)	04	II	365,--
(Randfehler)	17	III/II	270,--
	19	I	775,--

wie vor	21	I-II	575,--
	21	II	400,--
	25	II-III	270,--
	31	III/II	310,--
	38	II	320,--
	38	II-III	320,--
Taler, auf das Vikariat, 1792, Dav. 2700,			
Cr. 137, Mers. 1972	17	II	410,--
	19	I-II	410,--
	25	II-III	340,--
	35	III	305,--
	62	II	360,--
	94	II	410,--
	97	III	330,--
Taler, 1793, Dav. 2701, Cr. 135,	41	II	235,--
1794	01	II-III	200,--
(leicht justiert)	04	II	200,--
	47	II	405,--
	70	I	370,--
	94	II	210,--
(Sammlerpunze)	97	I	205,--
1795	02	II-III	250,--
1796	04	II	200,--
	39	III/II	300,--
	70	I-II	330,--
	73	II	250,--
	77	II	235,--
1797 (leicht justiert)	82	I-II	525,--
	88	II	360,--
1799	68	II	260,--
	68	II	215,--
(Schrötlingsfehler)	94	II/I	210,--
Ausbeute-Taler, 1793, Dav. 2702, Cr. 136,			
Mers. 1981, (leichter Randfehler)	74	I	975,--
Konventionstaler, Dresden, Ausbeute, 1795,			
Dav. 2703, Cr. 136,	81	II	350,--
1796 (Schrötlingsfehler)	86	II-III	350,--
1799	77	II	405,-

Taler, Dresden, 1801, Dav. 850, Cr. 135	41	I-II	380,--
	44	I	700,--
1802	39	II-III	215,--
1803	48	III	200,--
1804	44	I-II	410,--
	70	I-II	470,--
1805	41	I-II/I1	410,--
	66	II/I	260,--
1806	68	II	250,--
	81	II/I	300,--
	90	II/III	305,--
	97	II	200,--
Taler, Dresden, 1800, Dav. 850, Cr. 135	19	II/I-II	350,--
1802	30	II	230,--
1804 (leicht justiert)	19	I-II	330,--
(leichtes Zainende)	19	II	230,--
(leicht justiert)	25	II	250,--
(leichtes Zainende)	28	II-III	225,--
1805	19	I-II	500,--
	19	II-III	210,--
Ausbeutetaler, 1800, Dav. 851, Cr.136	45	III	265,--
1802 (leicht justiert)	69	II-III	750,--
	95	III	225,--
	97	III	325,--
1804	68	II	1900,--
1805	41	II	1500,--
1806 (Schrötlingsfehler)	48	III	240,--
Taler, 1807, Dav. 854, Cr. 180 (Stempelfehler)	85	I-II	550,--
1808	41	II	255,--
	62	I-II	380,--
1809	41	II	240,--
1810 (justiert)	19	II-III	215,--
	41	II	255,--
	46	II-III	200,--
(leicht justiert)	85	I-II	320,--
1811 (leichter Schrötlingsfehler)	19	II	255,--
	101	I-II	265,--
1812	19	I-II	425,--

wie vor,	19	II-III	210,--
(justiert)	94	II/I	490,--
	94	II	205,--
1813	19	II	255,--
	19	II	280,--
(leicht justiert)	19	I-II	310,--
	30	III/II	240,--
	35	II	210,--
	41	II	255,--
	62	I-II	280,--
	101	I-II	250,--
Taler, 1807, Dav. 854, Cr. 180, J. 12	00	II	400,--
(leicht justiert)	19	I-II	425,--
1808	10	I-II	250,--
1812	00	II/I-II	400,--
1813 (leichter Kratzer, Randfehler)	05	I-II	350,--
Ausbeutetaler, 1809, Dav. 855, Cr. 181, J.13	46	II-III/II	1500,--
	101	III/II	600,--
1812 (leicht justiert)	68	II	1000,--
(leicht justiert)	74	II/I	1450,--
Ausbeutetaler, 1811, Dav. 856, Cr. 161a,			
(Henkelspur)	62	II-III	450,--
(justiert)	68	II	725,--
Ausbeute-Konventionstaler, 1811, Dav. 856 var.,			
(leicht justiert)	86	III/II	1150,--
Taler, 1813, Dav. 854, Cr. 180, J. 22			
(leicht justiert)	19	II	260,--
	62	II	330,--
1815 (leicht justiert)	19	II	305,--
	19	II	280,--
	30	II-III	230,--
	41	II	275,--
(justiert)	62	I-II	370,--
(justiert)	84	I	625,--
1816	05	II/III	220,--
	19	II-III	250,--
	30	III/II	220,--
	37	I-II	650,--

wie vor,	48	II	300,--
(leicht justiert)	51	II	260,--
	94	II/I	450,--
Taler, 1813, GDM 12 Anm., Mers. 2045	97	I	1000,--
Taler, 1816, Dav. 854v., Cr. 180a	17	II	420,--
	19	II-III	420,--
(Schrötlingsfehler, Kratzer)	27	I-II	380,--
	41	II	250,--
	55	II	270,--
(leichter Kratzer)	82	II	475,--
	97	II/I	495,--
Ausbeutetaler, 1813, Dav. 856, Cr. 181a,	45	II-III	725,--
1815	54	I-II/I	2950,--
1816 (gereinigt)	36	II	250,--
Prämientaler der Bergakademie zu Freiberg,			
1815, Dav. 990, Cr. 182, J. 25, Thun 296	19	III	3100,--
	74	PP	12000,--
"Schlafrock"-Taler, 1816, Dav. 856A, Cr. 183,			
Thun 297 (leicht justiert)	30	I	5850,--
(leichter Randfehler)	44	I-II	5800,--
(leicht justiert)	62	I-II	6900,--
(leicht justiert)	70	II	4500,--
Taler, 1817, Dav. 857, Cr. 184, Thun 298			
(leicht justiert)	19	II	350,--
	30	II	225,--
	68	II-III	260,--
1818 (leicht justiert)	01	II	350,--
1819 (leicht justiert)	19	II	315,--
1820	44	II	305,--
1821 (Randfehler, justiert)	06	II-III	210,--
(leicht justiert)	19	II-III	295,--
(leicht rauh)	19	II	285,--
	37	II-III	200,--
(Randfehler)	37	II	270,--
(justiert)	41	I-II	345,--
Speziestaler, Ausbeute, 1818, Dav. 858,			
Cr. 185, Thun 299,	20	III-IV	235,--
(leicht justiert)	36	III	400,--

wie vor	62	III	350,--
	94	III	400,--
1819 (leicht justiert)	17	II/I	900,--
	41	II	800,--
(justiert)	68	III	850,--
(leicht justiert)	74	II/I	1550,--
(justiert)	101	II	600,--
1820	30	II/I	1300,--
	31	III	320,--
	41	II	650,--
	45	III	205,--
Taler, 1822, Dav. 859, Cr. 186 (justiert)	04	II	250,--
	66	III	200,--
(leicht justiert)	75	II-III	270,--
1823	04	II	350,--
	19	III/II	260,--
	30	II/I	500,--
(Randfehler)	37	II-III	250,--
(leichter Randfehler, leichter Kratzer)	83	III	225,--
Ausbeutetaler, 1822, Dav. 860, Cr. 187,			
Tun 301	19	III	460,--
	41	II-III	600,--
	69	III	325,--
1823	45	III/II	420,--
(leicht justiert)	56	II	505,--
	62	II-III	900,--
Ausbeutetaler, 1824, Dav. 862A, Cr. 189a,			
Thun 302	19	III	1150,--
	19	III	1100,--
	27	II	3000,--
	41	I-II	3200,--
	45	II-III	2200,--
	62	III	1700,--
	68	III	675,--
	70	II-III	1800,--
(leichter Schrötlingsfehler, justiert)	75	II	1750,--
(leicht justiert)	94	I-II	3200,--
(Schrötlingsfehler)	97	II	2550,--

Taler, 1824, Dav. 861, Cr. 188	37	II-III	230,--
1825	01	II-III	245,--
(leichte Randfehler)	09	II-III	245,--
	15	II	290,--
	74	II	230,--
1826	25	II-III	220,--
	45	II	220,--
	62	II	225,--
	75	II-III	215,--
	94	II	280,--
	97	II	250,--
1827	30	II/I	300,--
	37	II/I	850,--
	41	I	875,--
	68	II	335,--
Ausbeutetaler, 1824, Dav. 862, Cr. 189	97	II	550,--
	97	II	650,--
1825	86	II-III	455,--
	86	II-III	500,--
1826	68	II-III	700,--
Ausbeutetaler, 1824, Dav. 862, Cr. 189, J. 42			
(Kratzer, leicht justiert)	19	II	495,--
(leicht justiert)	62	II/I	700,--
1825	25	III	240,--
	31	II	550,--
	45	II-III	450,--
1826	30	III/II	400,--
1827	04	II	380,--
	10	III	265,--
	19	I-II	1050,--
	44	II	850,--
Sterbetaler, 1827, Dav. 863, Cr. 190,			
(Randfehler)	04	III	280,--
	19	II	370,--
(Randfehler)	19	II	305,--
(gereinigt)	25	II-III	300,--
	30	I	600,--
(leichte Kratzer)	31	III	200,--

wie vor	32	III/II	300,--
	41	I-II	725,--
	62	II/I	525,--
	62	II	450,--
	62	II	310,--
	65	III	440,--
	68	III	235,--
	81	II/I	460,--
	94	I-II	750,--
	97	II	330,--
Sterbe-Ausbeutetaler, 1827, Dav. 864, Cr. 190a,			
J. 45	19	I	1725,--
	31	III	410,--
	41	I-II	1100,--
	62	II	1050,--
	68	III	625,--
	74	II	775,--
	74	III/II	460,--
(stark gereinigt)	82	III	400,--
	91	III	250,--
	97	II	550,--
1/2 Konventionstaler = 2/3 Rechnungstaler,			
1764, Cr. 116, Mers. 1916	100	III/II-III	215,--
1/2 Konventionstaler = 2/3 Rechnungstaler,			
1767, Cr. 117, Mers. 1924	25	II	250,--
2/3 Taler Dresden, 1790, Cr. 118, (RRR)	84	II/I	400,--
2/3 Taler auf das Vikariat, 1790, Cr. 120,			
Mers. 1964	21	I	365,--
	48	II-III	200,--
	68	III	210,--
2/3 Taler, 1801, Cr. 121, Mers. 1982	94	II/I-II	200,--
1/2 Konventionstaler = 2/3 Rechnungstaler			
Dresden auf das Vikariat, 1792, Cr. 122,			
Mers. 1973	05	II	250,--
	32	II/I	280,--
	47	II	200,--
	85	I-II	310,--
(leicht justiert)	100	II	300,--

2/3 Rechnungstaler, 1807, Cr. 177, GDM 32	62	I-II	220,--
1808	85	II	220,--
1809	02	II	270,--
1810	94	I-II/I	380,--
2/3 Rechnungstaler, Dresden, 1815, Cr. 177,			
GDM 32 (Stempelsprung)	97	I	600,--
1817	19	II-III	280,--
	41	I-II	400,--
	97	I	400,--
2/3 Taler, 1817, Mers. 2069	82	II/I	1500,--
2/3 Taler, 1822, Cr. 178a, GDM 33	41	II	950,--
	87	II	875,--
1/3 Taler, Dresden, 1781, Cr. 111, Mers. 2002	66	II	400,--
1/3 Taler, Dresden, (=1/4 Konventionstaler),			
1791, Cr. 113, Mers. 2004	62	I-II	260,--
	97	II/I	230,--
1800	41	I-II	220,--
1/3 Taler auf das Vikariat, 1792, Cr. 117,			
Mers. 1974	44	I-II	260,--
	47	I	410,--
1/3 Taler, Dresden, 1817, Cr. 175, GDM 35	97	I	725,--
1/3 Taler, Dresden, 1818, Cr. 176, GDM 36			
(Schrötlingsfehler)	62	I-II	220,--
	81	II	240,--
1/6 Taler, 1825, Cr. 173, GDM 38	41	I-II	270,--
Feinsilber-Probe 8 Pfennig, 1808, Cr. 164			
Mers. 2113	98	I-II	280,--
Silberabschlag des Kupferpfennigs, 1772,			
Mers. 1953	36	I	320,--
Friedrich August I. - Großherzogtum Warschau,			
1807 - 1814			
Dukat, 1812, Fr. 59, Cr. 88, Mers. 2112			
(leicht justiert)	00	II-III	1800,--
	47	III	2700,--
	70	III	1500,--
(Randfehler)	98	II	1950,--
Taler, 1811, Dav. 247, Cr. 87, J. 207	19	II-III	550,--
	31	IV/III	200,--

wie vor, 1812, (rauher Schrötling)	31	II/I	800,--
	35	IV	200,--
	74	III	200,--
	86	III	360,--
	89	III	410,--
	97	III	225,--
1814,	19	II-III	315,--
	39	II/I	2550,--
	62	II	320,--
	85	III	400,--
1/3 Talara (= 2 Zloty), 1811, Cr. 86, J. 206			
(leicht justiert)	34	II	300,--
	73	II	305,--
	74	II-III	200,--
1812, (leicht justiert)	51	II	260,--

SALM-DHAUN, Grafschaft

Adolf Heinrich, 1561 - 1606

Groschen, o. J.,	95	III	280,--
Groschen, Meddersheim, o. J.,	68	III	275,--

Juliane von Nassau, als Vormünderin für
Söhne Wolfgang Dieter und Johann Konrad,
1606 - 1617

Groschen, 1607	95	III	300,--

Wolfgang Friedrich und Johann Konrad, nach der
Vormundschaft, 1618 - 1637

1/4 Taler, (= Dicken), 1618, (Stempelfehler)	85	III	4200,--

SALM-GRUMBACH

Johann und Adolf, unter Kuratel, 1585 - 1625

Groschen, o.J., Saurma 2104	68	III	210,--
	68	III	215,--
	95	III	225,--

SALM-KYRBURG, Grafschaft

Johann Philipp, Otto Ludwig, Johann Kasimir
und Otto II., 1623 - 1634

2 Kreuzer, 1632 (Randfehler)	19	III	210,--

SALZBURG, Erzbistum

Leonhard von Keutschach, 1495 - 1519

Dukat, 1516, Schulten 4234, (Randfehler)	98	III	1525,--
Goldgulden, 1500, Fr. 475, Schulten 4235	34	IV	1750,--
1509	48	III	360,--
Guldiner "Rübentaler", 1504, Schulten 4237			
(Henkelspur, Nachprägung)	27	III	350,--
(Nachprägung)	60	II	490,--
(alter Guß)	60	III	210,--
1/4 Guldiner-Klippe, 1513, Schulten 4272	34	II	3200,--
1/4 Guldiner-Klippe, 1513, Schulten 4249	14	III	1050,--
(Henkel, leicht poliert)	05	III	1350,--
1/4 Taler-Klippe, 1513, Schulten 4252	27	III	2400,--
"Rübener" = Batzen, 1500, Schulten 4255	26	II-III	270,--

Matthäus Lang von Wellenburg, 1519 - 1540

2 Dukatenklippe auf die Niederwerfung des Salzburger Bürgeraufstandes im lateinischen Krieg, 1523, Fr. 491, Schulten 4279	102	III/II	15750,--
Dukat, 1532, Schulten 4280	48	I-II	4600,--
1540	61	II-III	3600,--
Doppelter Schauguldiner, auf die Einweihung der neuen Radianakapelle, 1521, Schulten 4285	10	III	7600,--
Doppeltaler, auf die Einweihung der Radiana-kapelle in Wellenburg, 1538, Dav. 8163	32	III/II	10250,--
Guldiner, 1522, Dav. 8161, Schulten 4292	10	III	10500,--
	27	II-III	11250,--
1/2 Guldiner, 1539, Schulten 4301	27	II-III	14750,--
1/4 Guldiner, 1522, Schulten 4309	27	IV-V	850,--

Ernst von Bayern, 1540 - 1554

Dukat, 1546, Fr. 499, Schulten 4327 (leicht gewellt)	75	III	3500,--
Guldiner, 1550, Dav. 8168, Schulten 4330,	25	III	1175,--
	26	II	1800,--
	36	III/IV	1550,--
	102	III	1600,--
1551 (leichte Kratzer)	09	III	1875,--
	27	II	2300,--
	89	III	1100,--

wie vor	92	III	1350,--
	98	III	1150,--
1553	27	II	2500,--
1554	73	III	1250,--
1/2 Guldiner, 1546, Schulten 4331 (Schrötlings-			
Fehler)	102	III	2800,--
1551	27	III	2700,--
	98	II-III	2600,--
Michael von Küenburg, 1554 - 1560			
Dukat, 1555, Fr. 509, Schulten 4345, (leicht			
gewellt)	82	IV	1675,--
Taler, 1555, Dav. 8170, Schulten 4346	34	II-III	1600,--
(Henkelspur)	34	III/IV	430,--
	44	III	775,--
	98	III	750,--
1557	39	III	525,--
	71	III	1000,--
1559	04	III-IV	600,--
	27	II-III	1050,--
	68	III	850,--
	71	III	900,--
(leicht schwache Prägung)	98	III	400,--
1/2 Taler, 1555, Schulten 4348,	26	III	1800,--
Johann Jakob Khuen von Belasi, 1560 - 1586			
6-facher Dukat, 1565, Fr. 518, Pr. 450	26	II	36000,--
3-facher Dukat, 1565, Fr. 526, Pr. 463	02	II	25000,--
Doppelter Dukat, 1561, Fr. 512,	02	III	3100,--
Doppeldukat, 1571, Fr. 531, Pr. 479 ff.	27	II	2800,--
1573	61	III	2600,--
Dukat, 1565, Fr. 514, Pr. 497	48	II-III	3800,--
Dukat, 1574, Fr. 532, Pe. 503	73	I-II	3700,--
1575 (leichte Henkelspur)	48	II-III	1800,--
Taler, o. J., Dav. 8174,	02	III	600,--
	05	III/IV	450,--
	27	III	700,--
	98	II-III	550,--
Taler, o. J., Dav. 8174A	19	III/II-III	600,--
	98	II	900,--

Taler, 1561, Dav. 8174	65	III	600,--
1562	27	III	550,--
(leichter Doppelschlag)	98	III	600,--
1567	27	II	1050,--
Guldentaler zu 60 Kreuzer, 1568, Pr. 573	27	III	1200,--
	61	II-III	2000,--
Guldentaler zu 60 Kreuzer, 1571, Pr. 575 ff.	27	III-IV	500,--
1574	27	II-III	1975,--
1576	04	III	900,--
Guldentaler zu 60 Kreuzer, 1575, Pr. 581	26	II	1800,--
Guldentaler zu 60 Kreuzer, 1576, Pr. 582 ff.			
(leichte Henkelspur)	31	III	600,--
1580	26	II-III	1700,--
1/2 Taler, 1567, Pr. 546 ff.	27	III	1000,--
1/2 Taler, o. J., Pr. 559	26	II-III	2100,--
1/2 Guldentaler, 1576, Pr. 597 f.	27	III	1500,--
1/2 Guldentaler, 1576,	70	IV	1200,--
1/4 Taler, 1565	27	III	850,--
Einseitiger Pfennig, 1561, Pr. 655	27	III	400,--
Georg von Khüenburg, 1586 - 1587			
1/4 Talerklippe, o. J., Pr. 699	27	II	4500,--
Rechenpfennig-Dickklippe, 1586	27	II	1850,--
Wolf Dietrich von Raitenau, 1587 - 1612			
Doppeldukat, 1589, Fr. 581, Pr. 760 f.	05	III/II	3050,--
1592	61	II	4300,--
Doppeldukat, 1604, Fr. 555, Pr. 767			
(Henkelspur)	70	III	1850,--
1605	00	II-III	2150,--
	25	II	2950,--
Doppeltalerklippe, O.J., Dav. 8183, Pr. 815			
(alter Henkel)	15	III	700,--
	85	III-IV	1500,--
Taler, o. J., Dav. 8184, Pr. 826	00	III	300,--
(Henkelspur)	04	III	275,--
	27	III	475,--
	45	III	425,--
	47	III	320,--
	51	II-III	550,--

wie vor	51	III	370,--
	65	III	525,--
	71	II	700,--
(Randfehler)	83	III	475,--
Talerklippe, o. J., Dav. 8184, Pr. 823 ff.	02	II-III	1100,--
(Henkelspur)	27	III	800,--
	85	III	1050,--
Taler, o. J., Dav. 8187 (Randfehler)	04	III	250,--
(kleines Sammlerzeichen)	05	III	360,--
(leichter Schrötlingsfehler)	16	III	360,--
	27	III	300,--
	32	III	470,--
	34	III	300,--
(Schriftvariante)	34	III	550,--
	36	III	355,--
	55	III	450,--
(Kratzer)	60	III/IV	300,--
	60	IV/III	200,--
	82	III	370,--
	96	III-IV	275,--
	102	III	330,--
	102	III/IV	260,--
1/2 Taler, o. J., Pr. 828	47	III	600,--
1/2 Talerklippe, o. J., Pr. 830	05	III	1400,--
1/2 Taler, o. J., Pr. 833 ff.	27	II-III	875,--
1/2 Talerklippe, o. J.,	27	II-III	875,--
(Randfehler)	70	III	500,--
	97	III	430,--
	102	III	800,--
1/4 Talerklippe, o. J., Pr. 834			
(leichte Henkelspur)	27	III	460,--
1/4 Talerklippe, o. J., Pr. 836	19	II-III	625,--
	27	II	750,--
	44	III	575,--
1/4 Talerklippe, o. J., Pr. 838 (leichter			
Schrötlingsfehler)	27	II-III	1300,--
1/8 Talerklippe, 1609, Pr. 847 (Henkelspur)	27	III	775,--
Dickklippe = Rechenpfennig, o.J.,	34	II	450,--

wie vor	71	III	370,--
1603	27	II	675,--
	34	II	600,--
	63	III	445,--
Rechenpfennig - Klippe, o. J., Pr. 908			
(leicht oxydiert)	24	III	700,--
	86	III	310,--
4-fache Turmtalerklippe, 1593, Pr. 796	70	II-III	16500,--
Doppelte Turmtalerklippe, auf die Türken-			
kriege, 1593, Dav. 8198, Pr. 798 ff.	27	III	1550,--
(leicht poliert)	34	III	1400,--
	45	III	2300,--
	71	II	4000,--
	85	III	2000,--
(Kratzer)	102	III	1650,--
Turmtalerklippe, Flache Prägung, 1593,			
Dav. 8200, Pr. 805	02	II-III	950,--
	12	II/III	1200,--
(Henkelspur)	25	III	425,--
	25	III	800,--
	27	II	1550,--
	34	III	1100,--
	47	III	1350,--
	61	II	2200,--
(Henkelspur)	97	III	575,--
1/2 Turmtalerklippe, o. J., Pr. 810	05	III	550,--
	20	II-III	525,--
	25	III	410,--
	26	II	800,--
(leichter Doppelschlag)	27	II	1150,--
	34	III	450,--
(leichte Henkelspur)	48	III	410,--
(Henkel)	51	III	210,--
(gestopfte Löcher)	71	III-IV	350,--
(Henkelspur)	74	IV	225,--
Turmtaler, erhabene Prägung, 1594, Dav. 8206,			
Pr. 802	27	III	3550,--

Markus, Sittikus von Hohenems, 1612 - 1619

4 Dukaten, 1615, Fr. 597, Pr. 910	102	II/I-II	27000,--
Taler, 1615, Dav. 3492 (Schrötlingsfehler)	36	III	1200,--
1616	04	III	1000,--
(leichte Kratzer)	05	III/IV	550,--
	27	II-III	1525,--
1619	27	III	1300,--
Talerklippe, 1616, Dav. 3492 (leicht poliert)	05	III	2250,--
1619	26	II-III	2700,--
1/2 Talerklippe, 1612, Pr. 983 (leichte Schrötlingsfehler)	05	III	1150,--
1/4 Talerklippe, 1614 (Henkelspur)	12	III	270,--
1615 (gestopftes Loch)	48	II-III	700,--
1616	27	II-III	1000,--
1/8 Taler, 1616, (poliert)	27	II-III	560,--
Dick-Klippe, (Rechenpfennig), 1615	27	I-II	800,--
(poliert)	34	II	400,--
1618	27	II	700,--
Paris von Lodron, 1619 - 1653			
Doppeldukat, 1639, Fr. 645 (leichter Randfehler)	18	III/II	6200,--
	61	II	14500,--
2 Dukatenklippe, 1642, Fr. 646, Pr. 1090	97	III	4550,--
Dukat, 1651, Fr. 647, (Randfehler, leicht poliert)	65	III	975,--
1653	27	II	3800,--
Dukat, 1633, Fr. 637,	76	II-III	1500,--
1635 (müder Stempel)	34	I-II	2200,--
1636	76	III/II	1500,--
1/2 Dukat, 1651, Fr. 649	76	II/I	1700,--
10 Dukaten, auf die Domweihe, 1628, Fr. 621, Pr. 1045	76	III	15500,--
6 Dukaten auf die Domweihe, 1628, Fr. 625, Pr. 1047	70	II	13800,--
5 Dukaten auf die Domweihe, 1628, Fr. 626, Pr. 1048 a (leichter Knick)	19	III	9375,--
	48	III	9800,--

4 Dukaten auf die Domweihe, 1628, Fr. 628,			
Pr. 1050 (leichter Schrötlingsfehler)	61	II	6000,--
	70	II	10700,--
("IV" eingraviert)	76	II	7300,--
Neuprägung der 4 Dukaten auf die Domweihe,			
von 1628, 1968	27	I	720,--
3-facher Dicktaler auf die Domweihe, 1628,			
Pr. 1163	27	II-III	18000,--
Taler, 1620, Dav. 3497,	05	III/IV	275,--
	21	III-IV	260,--
	32	III	200,--
	44	III	240,--
	44	III	205,--
	65	III	325,--
1621 (leichte Henkelspur)	31	III	240,--
	89	III	300,--
1622	01	III-IV	240,--
1623	00	II	300,--
(geglüht)	05	III	275,--
	40	III	385,--
	47	III	420,--
	67	III	220,--
	71	II-II	450,--
Taler, auf die Domweihe, 1628, Dav. 3499,			
Pr. 1166	00	II	650,--
	04	II-III	480,--
(Henkelspur)	25	II-III	200,--
	27	I-II	850,--
	31	II	750,--
	34	I-II	950,--
	34	III	450,--
	41	II	525,--
	47	I	1200,--
	51	III	575,--
(leichte Henkelspur)	67	III	290,--
	70	III	550,--
	71	II	850,--
	99	II-III	600,--

Taler, 1624, Dav. 3504 v. (leichter

Schrötlingsfehler)	05	III	330,--
	31	II/III	310,--
(Schrötlingsfehler)	48	II-III	300,--
(leicht dezentriert)	63	III	310,--
	65	III	250,--
	70	III	300,--
Taler, 1623, Dav. 3504,	41	II-III	310,--
	54	III	250,--
	70	III	300,--
1624	70	III	250,--
	71	III	250,--
	89	III	270,--
	97	II	310,--
1625	44	III	270,--
	47	III	240,--
	80	III	250,--
1626	97	II	310,--
1627	60	III/IV	275,--
1630 (leicht poliert)	63	III	255,--
	67	II	425,--
1632 (leichter Schrötlingsfehler)	98	II-III	240,--
1633 (Randfehler, oxydiert)	96	II	200,--
1635 (leichter Kratzer)	63	III	250,--
1637	45	II	400,--
1638	68	III	215,--
	86	III	220,--
1642	51	II-III	330,--
(leicht korrodiert)	63	III	225,--
1643 (leicht oxydiert)	86	III	280,--
(Randfehler, oxydiert)	96	II-III	225,--
1644	41	II	355,--
	60	III	270,--
1646	45	III	250,--
1650	97	I	650,--
Taler, 1624, Dav. 3504 (Randfehler, Schröt-			
lingsfehler)	05	III	220,--
	05	III/IV	200,--

wie vor	32	II	380,--
	34	III	280,--
1625	05	III/IV	220,--
	16	II	300,--
	15	II-III	350,--
1627	16	III	240,--
1630	17	II-III	260,--
1637	15	I-II	550,--
1638	00	II	275,--
	27	III	210,--
	32	II-III	320,--
1642	24	II-III	320,--
1643	33	II-III	280,--
1644 (Stempelfehler)	05	III/II	330,--
(leichte Randfehler)	09	III	240,--
	34	III	280,--
1648	27	III	200,--
1649	02	III-IV	240,--
	28	III	200,--
	34	II	400,--
1652	32	III	220,--
Talerklippe, 1625, Dav. 3504	27	II-III	1600,--
1629 (starke Henkelspur)	34	II-III	1000,--
1/2 Kippertaler zu 60 Kreuzer, 1621,	27	II	800,--
1/2 Talerklippe, 1638, Pr. 1247	27	II-III	1500,--
1/2 Taler auf die Domweihe, 1628, Pr. 1167	02	II-III	600,--
	27	I-II	525,--
	27	II	340,--
	34	II	500,--
(leichter Kratzer)	44	III	300,--
	65	II	500,--
	67	III	225,--
	70	II	410,--
(leichte Kratzer)	82	I	350,--
	82	II	340,--
1/4 Talerklippe, 1620, Pr. 1250 (Henkelspur)	34	III	320,--
1/4 Taler, 1626, Pr. 1258	27	III-IV	340,--
1/4 Taler-Probe, 1642, Pr.1276	44	III	470,--

1/4 Taler, 1642, Pr. 1276	27	III	300,--
1/4 Talerklippe, 1639, Pr. 1275 (Henkelspur)	02	III	325,--
1640	26	II-III	725,--
	97	III	270,--
1642 (leicht poliert)	02	III	275,--
	27	III	425,--
(leichte Kratzer)	102	III	350,--
1651	34	III	460,--
1652	27	III	300,--
1/6 Talerklippe, 1648, Pr. 1283	70	III	200,--
1651	27	II	380,--
1/9 Talerklippe, 1644, Pr. 1312	20	II-III	250,--
	27	II	320,--
	34	II	450,--
	71	III	350,--
	102	III	320,--
Guidobald von Thun-Hohenstein, 1654 - 1668			
5 Dukaten, auf die Aufstellung der Salvator-			
säule am Dom, 1655, Fr. 662, Pr. 1433	02	I	20000,--
	76	II	8800,--
Dukat, 1664, Fr. 665, Pr. 1450 (leicht			
gewellt)	00	II-III	2150,--
(leicht gewellt)	75	III	1125,--
1/2 Dukat, 1659, Fr. 667, Pr. 1457	56	II	800,--
	70	II-III	1500,--
1663 (gestopftes Loch)	96	III	430,--
1665 (aus 1663)	76	I	1550,--
1666	27	II	1250,--
1/4 Dukat, 1655, Fr. 668,	31	II	500,--
	47	I	775,--
(leichte Henkelspur)	48	II	410,--
	70	II	525,--
(Stempelfehler)	76	II	370,--
	77	III/II	395,--
1660	97	III	300,--
	71	II	450,--
1662	25	III	360,--
	63	II-III	445,--

wie vor	102	III	400,--
Taler, 1654, Dav. 3505	27	II-III	340,--
	45	II	395,--
1657	00	II	250,--
	34	II	460,--
	97	III	240,--
1660	32	II	360,--
	34	III-IV	250,--
1661 (leichter Schrötlingsfehler)	04	I-II	505,--
(Stempelfehler, leichter Kratzer)	05	II	460,--
	33	II-III	300,--
1662 (Randfehler, leichter Kratzer)	05	II/I-II	470,--
1663 (leichte Kratzer)	82	I	600,--
	89	III	280,--
1664	97	III	270,--
1667	45	III	250,--
1/4 Taler, 1656	27	II-III	380,--
1663	55	III	320,--
1/4 Talerklippe, 1658 (leichter Schrötlings-			
fehler)	27	II	525,--
	47	II	825,--
	102	III/IV	540,--
1/6 Talerklippe, 1656	27	II-III	360,--
1658	27	II	430,--
1661	19	III	340,--
	48	II-III	300,--
1/9 Talerklippe, 1656, Pr. 1505	27	III	210,--
1660	34	III	260,--
	97	III/II	210,--
1666 (Schrötlingsfehler)	02	II-III	450,--
	27	II-III	270,--
10 Kreuzer Kupfer, 1656, Pr. 2668	27	II	260,--
Max Gandolph von Küenburg, 1668 - 1687			
4 Dukaten auf die 1100-Jahrfeier des Erzstif-			
tes, 1682, Dav. 676, Pr. 1581 (Randfehler)	60	II	8100,--
Doppeldukat auf die 1100-Jahrfeier des Erz-			
stiftes, 1682, Fr. 679, Pr. 1584 (leicht ge-			
wellt)	76	II	5000,--

3 Dukaten, 1673, Fr. 700, Pr. 1605	61	II	19000,--
2 Dukaten, 1673, Fr. 702, Pr. 1608 v. (leichte			
Henkelspur)	60	III	4600,--
Dukat, 1675, Fr. 704, Pr. 1610	76	II	1700,--
1686	102	II/I-II	2800,--
1/2 Dukat, 1668, Fr. 706, Pr. 1634 (leichte			
Henkelspur)	44	III	575,--
	76	I	1500,--
	102	II	925,--
1/4 Dukat, 1668, Fr. 708, Pr. 1641	76	I	780,--
1671	27	II-III	700,--
Neuprägung der Doppeltalerklippe, o. J.,			
vgl. Dav. 3507	65	I	205,--
Taler, 1668, Dav. 3508	97	III	210,--
(leichte Flecken)	102	III	200,--
1670	00	II	280,--
(Schrötlingsfehler, leichter Kratzer)	05	III	210,--
	16	IV /III	210,--
	32	III	225,--
	71	III	300,--
1671	24	II-III	445,--
1672	21	III	205,--
(Schrötlingsfehler)	34	I-II	320,--
1673	12	II	500,--
1674 (Randfehler)	04	III	200,--
	05	III	300,--
1677 (leicht justiert)	34	III	210,--
(leichter Schrötlingsriß)	27	II	300,--
1685	89	III/II	320,--
	97	I	460,--
Taler auf das 1100-jährige Stiftsjubiläum,			
1682, Dav. 3509, Pr. 1651	47	I/II	1400,--
(leichte Henkelspur)	56	III	280,--
	60	II/III	575,--
	65	II	925,--
	71	III	450,--
Taler auf das 1100-jährige Stiftsjubiläum,			
1682, Dav. 3509, Pr. 1651	00	III	400,--

wie vor	02	II-III	650,--
	05	III	650,--
	19	II	825,--
	27	II	1000,--
	32	II	900,--
(getönt)	34	I	900,--
1/2 Taler, 1668, Pr. 1664	27	III	1400,--
	70	IV	420,--
1/2 Taler, 1668, Pr. 1665	27	II	410,--
	34	I-II	500,--
1/2 Taler, auf das 1100-jährige Stiftsjubiläum, 1682, Pr. 1663a	17	III/II	625,--
	27	I	1050,--
	34	II-III	470,--
	7C	II	675,--
	98	I-II	470,--
1/4 Taler, 1684, Pr. 1669a	05	III-IV	330,--
	97	III	265,--
1/4 Taler, 1669, Pr. 1667	27	III	320,--
1672	44	III	380,--
1/4 Taler zum 1100-jährigen Stiftsjubiläum, 1682, Pr. 1665a	27	II-III	410,--
	34	III	420,--
	85	III	260,--
1/4 Talerklippe, 1684, Pr. 1669 (Henkelspur)	25	III	260,--
	27	I-II	775,--
	27	II	650,--
1/6 Talerklippe, 1669 (Bug)	34	I-II	340,--
	27	III	210,--
	44	II-III	400,--
1677	34	III	280,--
1679	27	III	210,--
1/9 Talerklippe, 1669, Pr. 1682	34	II	450,--
1672	04	III	275,--
1673	34	II	350,--
	45	III	290,--
(leicht gewellt)	102	III	380,--

Taler, mit ovalem Gegenstempel "16S81" über			
Stiftswappen, 1648	27	II-III	1575,--
Bayern, Taler mir Gegenstempel "1681", 1626	72	II	4600,--
Schweden, 2 Mark mit Gegenstempel von 1681	68	III	1225,--

Johann Ernst von Thun und Hohenstein,
1687 - 1709

20 Dukaten auf seine Wahl, 1687, Fr. 710,			
Pr. 1744a (leichte Kratzer)	102	III	38500,--
10 Dukaten auf seine Wahl, 1687, Fr. 713,			
Pr. 1745 (leicht poliert)	76	II-III	19000,--
Doppeldukat, 1688, Fr. 721, Pr. 1755 (leich-			
te Kratzer)	76	II	3400,--
Dukat, 1690, Fr. 723, Pr. 1760	70	II	3300,--
1704	76	II	2500,--
1/2 Dukat, 1690, Fr. 724, Pr. 1782	76	II/I	1500,--
1/4 Dukat, 1688, Fr. 725	27	II-III	400,--
(Kratzer)	76	I	450,--
1699	00	III	250,--
1700	70	I-II	700,--
1704	27	II	775,--
1705	44	II	700,--
1707	71	III	475,--
	102	III	550,--
	102	III	475,--
1/4 Dukat, auf den Besuch von Erzherzog Josef			
(I.) und Wilhelmina Amalia in Salzburg,			
1699, Fr. 727, Pr. 1786 (leicht gewellt)	61	II	2100,--
	76	I	2900,--
Taler, 1694,	70	I-II	575,--
1695	95	III	300,--
(leichte Henkelspur)	96	II-III	225,--
1696 (leichte Randfehler)	65	I	700,--
	70	I-II	575,--
	97	II	240,--
1697	67	II	420,--
	85	II	335,--
1701	86	III	240,--
1705	70	I-II	550,--

wie vor, 1706	73	II-III	240,--
1707	68	III	240,--
	71	II	600,--
Taler, 1688 (Kratzer)	21	III	210,--
	33	III	240,--
(leichter Kratzer)	47	II	410,--
1690	24	II-III	410,--
	48	II-III	380,--
1693	31	III	240,--
1694	00	II-III	260,--
	01	II-III	475,--
	17	II/I	350,--
	27	I-II	410,--
	34	II	425,--
1695	04	II-III	300,--
1696	16	III	310,--
	34	I	500,--
1698	20	II-III	275,--
	29	II	405,--
(leichter Stempelfehler)	47	II/I	400,--
1700	16	III	210,--
	34	III-IV	200,--
	45	I	500,--
	60	III	290,--
1702 (leicht oxydiert)	63	II-III	390,--
1705	34	I-II	310,--
1707	21	II	305,--
	34	III	260,--
1708	16	II/III	300,--
(leichte Henkelspur)	63	III	215,--
1/2 Taler, 1694, Pr. 1817	98	II-III	210,--
1/2 Taler, 1694	05	II-III	300,--
	27	II	200,--
	32	II	215,--
	34	II-III	300,--
(leichter Randfehler)	40	II	280,--
	70	II-III	210,--
1695	31	II	240,--

wie vor	34	II	290,--
	48	I-II	300,--
	60	III/II	245,--
(leichte Fehler)	63	III	260,--
	97	I	335,--
1700	45	I-II	480,--
1705 (Schrötlingsfehler)	34	II	360,--
1707	48	I	525,--
1/4 Talerklippe, 1687, Pr.1829 (gestopftes			
Loch)	27	II	200,--
	27	III	240,--
	34	II	550,--
(leicht oxydiert)	96	II-III	345,--
1/4 Taler, 1696,	97	I	340,--
1700	71	II	350,--
1706	97	II/I	320,--
1/4 Taler, 1695, Pr. 1831	27	I	525,--
	34	II-III	320,--
	55	II	260,--
1696	19	II	270,--
	34	II-III	300,--
1700	34	II-III	370,--
	48	II-III	260,--
1708	20	II	240,--
	27	II	320,--
1/6 Talerklippe, 1688, Pr. 1851	27	II-III	395,--
	34	II	360,--
1/9 Taler, Auswurfmünze auf die Durchreise			
der Braut Keiser Josefs I., 1699, Pr. 1852	101	II	310,--
Franz Anton von Harrach, 1709 - 1727			
Dukat 1715, Fr. 732,	07	II-III	3300,--
1716 (leicht gewellt)	76	II	4300,--
Dukat, 1716, Fr. 740, Pr. 1949	76	II	3400,--
1722,	70	II	4400,--
1726	27	II	3600,--
	76	II	1900,--
1/2 Dukat, 1709, Fr. 741	76	I	1800,--
1/4 Dukat, 1714, Dr. 742	05	I-II	600,--

wie vor, 1718	27	I-II	825,--
1719	27	II	625,--
	44	II	560,--
	61	I-II	1300,--
	76	I	600,--
1725	61	II-III	500,--
Taler, 1709, Dav. 1236, Pr. 1992 (leicht			
fleckig)	02	II-III	650,--
	20	II-III	825,--
(poliert)	34	III	520,--
(Randfehler)	71	III	500,--
1711	00	III	525,--
Taler, 1710, Dav. 1237,	00	II-III	1600,--
	61	II-III	1550,--
	73	II	2725,--
1712 (leichte Randfehler)	34	II	2200,--
(leicht oxydiert)	63	III	950,--
1716	26	I-II	2250,--
	27	II	1800,--
	36	III/IV	1025,--
Taler, 1612, Dav. 1238, Pr. 2011 ff.	27	I-II	2800,--
1715	27	II	2500,--
1717	32	II-III	1025,--
Taler, 1723, Dav. 1239, Pr. 2006	45	I-II	2700,--
1725 (Fassungsspur, leicht poliert)	16	III	445,--
Taler, 1725, Pr. 2010	27	I	4800,--
	48	II	2700,--
1/2 Taler, 1709, Pr. 2018	27	II	1200,--
	70	I-II	1375,--
1/2 Taler, 1711 (leichte Henkelspur)	05	III	440,--
1/4 Taler, 1712	27	II-III	575,--
	34	II	750,--
1713 (Kratzer)	48	III	370,--
1715	19	II	725,--
	34	II-III	600,--
Leopold Anton von Firmian, 1727 - 1744			
Dukat, 1738, Fr. 743, Pr. 2126	76	II	5000,--
Dukat, 1733, Fr. 745, (Lötflecken)	76	II	2000,--

Dukat, 1738, Fr. 745	27	II-III	2200,--
	48	II-III	1900,--
	48	II-III	1700,--
1740	34	II	2300,--
	48	I-II	3300,--
1/2 Dukat, 1728. Fr, 746, Pr. 2128	76	I	2800,--
	102	II/I-II	2450,--
1/4 Dukat, 1728, Fr. 747	70	II	800,--
1734	27	I-II	700,--
	76	II	600,--
1740	70	II	675,--
Taler, 1728, Dav. 1241 (leicht poliert)	34	III	600,--
1729	00	III	600,--
	21	III	660,--
	27	II-III	650,--
	32	II	900,--
	34	I-II	1000,--
	51	III	725,--
	70	II-III	1050,--
1733	65	III	675,--
	70	I-II	1525,--
	71	II-III	700,--
	96	II	1000,--
1734	02	II-III	625,--
	04	II-III	775,--
1735	48	I-II	1200,--
Reichstaler, 1738, Dav. 1242	00	III	1500,--
1740	04	II-III	1800,--
	73	II-III	1450,--
1742 (leicht justiert, leichter Kratzer)	05	II	2250,--
	32	II-III	1600,--
	41	III	1250,--
1/2 Taler, 1728, Pr. 2146	34	II-III	1400,--
Jakob Ernst von Liechtenstein, 1745 - 1747			
Dukat, 1746, Fr. 748, Pr. 2190	84	II-III	4950,--
	76	II	5200,--
1747	76	I	6000,--
Dukat, 1745, Fr. 749, Pr. 2188	27	I-II	6900,--

wie vor, 1746	76	I	7000,--
1/4 Dukat, 1745, Fr. 750, Pr. 2192	76	I	2600,--
Taler, 1745, Dav. 1243, Pr. 2193	27	II-III	3900,--
	70	I-II	5000,--
Taler, 1746, Dav. 1244, Pr. 2190 (leicht			
poliert)	36	III	4600,--
	47	II	5100,--
	61	II	9000,--
Andreas Jakob von Dietrichstein, 1747 - 1753			
Dukat, 1749, Fr. 752, Cr. 18	76	II	4700,--
Dukat 1747, Fr. 756, Cr. 17	47	I-II	4700,--
	76	II	3300,--
1/2 Dukat, 1751, Fr. 753, Cr. 16, Pr. 2214	76	I	4500,--
	102	I-II	3700,--
1/4 Dukat, 1749, Fr. 758, Cr. 13, Pr. 2215	61	II	1250,--
	76	I	1500,--
1/4 Dukat, 1751, Fr. 754, Cr. 14, Pr. 2216	76	II	2450,--
Taler, 1748, Dav. 1245, Cr. 11,	34	II	2100,--
	27	I	3100,--
(Henkelspur, Randfehler)	60	III/IV	850,--
	61	II-III	2900,--
	70	I-II	3300,--
(leichte Kratzer)	71	II	2000,--
	86	II	2300,--
1750	32	II	2375,--
	47	II/I	4300,--
Taler, 1752, Dav. 1246, Cr. 12, Pr. 2219	00	IV	600,--
	00	II	2400,--
(leicht justiert, leichter Kratzer)	05	I-II	2450,--
(Henkelspur)	12	III	675,--
	25	II-III	1600,--
(leichte Kratzer)	65	II/I-II	2500,--
1/2 Landbatzen, 1745, Cr. 5, Pr. 2223, 24			
(Irrtum des Münzamts in der Jahrzahl)	27	III	410,--
1747	27	II	290,--
Sigismund III. von Schrattenbach, 1753 - 1771			
V Dukaten, 1759, Fr. 763, Cr. 81, Pr. 2232			
(Stempelrisse)	76	IV	11000,--

Doppeldukat, 1755, Fr. 759, Cr. 77, Pr. 2233	76	II	4800,--
2 Dukaten, 1765, Fr. 766, Cr. 79	76	II	5400,--
1766	27	I-II	6100,--
(aus 1765)	76	I	5100,--
1770	76	II	4500,--
1771	76	III	3400,--
Dukat, 1753, Fr. 772, Cr. 72, Pr. 2258	76	II	4000,--
Dukat, 1754, Fr. 760, Cr. 73,	76	II	2800,--
1756	02	III	1500,--
	25	II	2750,--
	48	I-II	3400,--
	76	II	2300,--
1757 (Henkelspur)	61	III-IV	900,--
(leichter Randfehler)	76	I-II	2700,--
1758	31	II/I	3000,--
(leichte Randfehler)	76	I	2500,--
1760	26	II	3000,--
(Kratzer)	48	I-II	1550,--
(Kratzer)	76	III	1200,--
1761	76	II	2300,--
1762	76	III	2700,--
Dukat, 1764, Fr. 765, Cr, 74a, Pr. 2256	76	II	2900,--
Dukat, 1766, Fr. 767, Cr. 76a,	48	I-II	3400,--
	76	III	1800,--
1768 (Kratzer)	48	II-III	1300,--
(leichte Kratzer, Schrötlingsfehler)	70	II-III	925,--
	76	II	2000,--
1770	76	III	1800,--
1771	76	II	2500,--
(geknittert)	79	II	1150,--
Dukat, 1769, Fr. 767, Cr. 76a, Pr. 2266	76	II-III/I	2100,--
Dukat, 1765, Fr. 767, Cr. 76b, Pr. 2261			
(leichter Kratzer)	76	II	2100,--
1/2 Dukat, 1755, Fr. 761, Cr. 71, Pr. 2271			
(leichter Randfehler)	48	I-II	1050,--
	70	I-II	1900.--
	76	I-II	1300,--
	102	II	1800,--

wie vor, 1761	76	II-III	1250,--
1/4 Dukat, 1755, Fr. 762, Cr. 70, Pr. 2273	02	II	7000,--
	27	I-II	1000,--
	44	I	1200,--
	48	I-II	775,--
	55	II	1400,--
	61	II-III	750,--
	70	II-III	750,--
	70	II-III	650,--
	76	II	880,--
1/4 Dukat, 1770, Fr. 762, Pr. 2274	67	I	1400,--
Vierteldukat, 1770, Pr. 2274	76	I	2100,--
Taler, 1774, Dav. 1247, Pr. 2282	27	II-III	420,--
Taler, 1756, Dav. 1247, Cr. 60, Pr. 2285	00	II-III	475,--
	100	II-III	390,--
1758	33	II-III	320,--
Taler, 1754, Dav. 1248, Cr. 61, Pr. 2276	00	II-III	450,--
	18	I-II	720,--
	27	III	575,--
	27	II	1000,--
	70	II	600,--
	97	III/II	340,--
Taler, 1757, Dav. 1249, Cr. 62, Pr. 2280			
(leicht poliert, justiert)	04	II-III	315,--
	31	II/III	675,--
	34	II	1000,--
(leicht justiert)	65	III/II	525,--
	67	III	300,--
	86	II-III	385,--
	97	III	325,--
Taler, 1758, Dav. 1250, Cr.61a, Pr. 2275			
leichter Randfehler)	05	III	330,--
	18	II	450,--
	21	II-III	455,--
(leichte Fehler)	24	II	775,--
	32	II	425,--
	27	II	525,--
	34	II	650,--

wie vor	36	I-II	800,--
(poliert)	48	II-III	220,--
(leicht justiert)	65	III	430,--
	70	I-II	1050,--
	71	III	460,--
Taler, 1759, Dav. 1252, Cr. 63, Pr. 2279	00	II	625,--
	27	I	900,--
	32	II-III	410,--
	33	III	230,--
	34	I	900,--
	36	II/I	850,--
	61	II	850,--
	65	II/IV	900,--
	70	I-II	1250,--
	70	III	300,--
Taler, 1759, Dav. 1253, Cr. 64, Pr. 2288	05	III/IV	230,--
	27	II	500,--
	34	II	700,--
	71	III	500,--
1760	70	III	280,--
	77	II	500,--
	97	III	240,--
(leicht justiert)	98	II-III	400,--
Konventionstaler, 1761, Dav. 1254, Cr. 64,			
Pr. 2289	32	II	425,--
	51	III	460,--
	97	III/II	340,--
1762	00	III	400,--
Taler, 1762, Dav. 1254, Cr. 64	97	III/II	345,--
Taler, 1761, Dav. 1255, Cr. 65, Pr. 2291			
(leicht justiert)	27	I-II	725,--
	33	III	290,--
Taler, 1762, Dav. 1257, Cr. 66	98	II-III	310,--
Taler, 1763, Dav. 1257, Cr. 66 (leichte			
Kratzer)	05	III	400,--
	28	III	200,--
1764	27	II	525,--
	30	II	475,--

wie vor	37	II-III	370,--
Taler, 1766, Dav. 1259, Cr. 67	27	III	300,--
Taler, 1765, Cr. 67, Pr. 2296 (oxydiert)	63	III	335,--
Taler, 1767, Dav. 1260, Cr. 67, Pr. 2300	00	II-III	875,--
Taler, 1769, Dav. 1261, Pr. 2302	27	II	625,--
	32	II-III	430,--
	36	II	675,--
Taler, 1770, Dav. 1261, Cr. 67	09	II	360,--
1771	17	II	480,--
	34	III/II-III	900,--
1/2 Taler, 1757, Cr. 55, Pr. 2304	27	I-II	900,--
	34	II	525,--
	70	I-II	1000,--
1760	97	II	450,--
1/2 Taler, 1766, Cr. 56, Pr. 2306	51	III	350,--
1769	27	II	650,--
	97	III/II	400,--
1/2 Taler, 1770, Cr. 56a, Pr. 2309 (Flecken)	85	II	465,--
1/2 Taler, auf die Vollendung des Sigismund-			
tores, 1769,	44	III	360,--
	47	III/II	550,--
1/2 Taler auf die Vollendung des Sigismund-			
tores, 1769 (leicht oxydiert)	24	II	650,--
	97	III/II	400,--
1/2 Taler, auf die Vollendung des Sigismund-			
tores, 1769	31	III	525,--
Schaumünze auf die Aufstellung des neuen			
Prägewerkes in der Münze, 1766, Pr. 2275 ff.	26	II	1150,--
	47	I	1225,--
1/4 Taler, 1766, Cr. 50, Pr. 2313 ff.	27	II-III	750,--
1/4 Taler, 1767, Cr. 51, Pr. 2314	27	I	1100,--
30 Kreuzer, 1754, Cr. 48, Pr. 2311	27	II	300,--
	32	III/II	255,--
	34	II-III	210,--
	39	II	335,--
	70	III	210,--
	71	II	300,--
20 Kreuzer, 1755, Cr. 46, Pr. 2315 f	27	III	210,--

wie vor (leicht justiert)	34	III	290,--
20 Kreuzer, 1767, Cr. 46b, Pr. 4159	34	III-IV	230,--
XVII Kreuzer, 1754, Cr.45, Pr. 2332	34	III	270,--
	97	III	270,--
10 Kreuzer, 1754, Cr. 40,	27	II	250,--
1761	48	II	325,--
10 Kreuzer, 1758, Cr. 40	34	II-III	220,--
10 Kreuzer, 1767, Cr. 44, Pr. 2342	48	II-III	380,--
1771 (leicht justiert)	34	II	290,--
Fünfer, 1771, Cr. 38, Pr. 2348	27	II-III	230,--
Rechenpfennig, 1770	70	II	200,--
Sedisvakanz, 1771 - 1772			
Dukat, 1772, Fr. 774, Cr. 84, Pr. 2383	27	I-II	3100,--
	76	II	4000,--
	102	II/I	3350,--
Hieronymus von Colloredo-Wallsee, 1772 - 1803			
Goldene Medaille zu 6 Dukaten auf das			
1200-jährige Stiftsjubiläum, 1782 (Rand-			
fehler)	39	II	6800,--
Doppeldukat auf das 1200-jährige Stiftsjubi-			
läum, 1782, Fr. 780, Cr. 114, Pr. 2384			
(leichter Randfehler, leicht poliert)	05	III	2500,--
Dukat, 1772, Fr. 776, Pr. 2387	76	II	5000,--
Dukat, 1773, Fr. 776,	76	II-III	2500,--
1774	76	II	1400,--
1780	27	II	1000,--
	70	II-III	925,--
1781	27	I-II	1250,--
	34	II	1000,--
(leichte Henkelspur)	62	III-IV	210,--
1783	02	II	725,--
Dukat, 1787, Fr. 776	55	II-III	1150,--
1788	27	I-II	1250,--
1789	02	II	850,--
	27	II	1000,--
	34	I-II	720,--
	47	II	1475,--
Dukat, 1793, Fr. 776	48	II	1150,--

wie vor	73	II	1300,--
	76	II	900,--
1794	27	II	975,--
1797	55	II-III	1700,--
1799	02	II-III	800,--
1800	47	II	2050,--
(leichte Kratzer)	102	II/I-II	1150,--
1801	27	I-II	1700,--
	70	I-II	1375,--
(leichte Henkelspur)	100	III	625,--
1802	48	I-II	1500,--
	73	I-II	1250,--
(leichte Kratzer)	102	II/I-II	900,--
Dukat, 1803, Fr. 777, Pr. 2417	48	I-II	6250,--
"Dukat" auf das Stiftsjubiläum, 1782, Fr. 781,			
Cr. 112, Pr. 2386	26	I	4100,--
	48	I-II	3300,--
1/2 Dukat, 1776, Fr. 778, Cr. 110, Pr. 2418	76	I-II	3200,--
1/4 Dukat, 1776, Fr. 779, Cr. 109, Pr 2420	76	I	1550,--
1777	02	II-III	425,--
	76	II	900,--
1782 (leicht gewellt)	25	II	625,--
	27	I	700,--
	44	I	740,--
	47	II/I	900,--
	76	I	1350,--
Gedenktaler = Schaumünze auf das 1200-jährige			
Stiftsjubiläum, 1782, (leichte Kratzer)	60	III/II	800,--
	97	II/I	575,--
1/2 Gedenktaler auf das Stiftsjubiläum,			
Silberabschlag vom 6-fachen Dukaten, 1782	27	II	340,--
	47	II	650,--
Silberabschlag vom Doppeldukaten (10 Kreuzer)			
auf die 1200 Jahrfeier des Stifts, Pr. 2422	05	III/II	420,--
Antritts-Taler, 1772, Pr. 2424	70	III	900,--
	71	III	2000,--
Taler, 1772, Pr. 2424 (Henkelspur)	34	III-IV	450,--
Taler, 1772, Pr. 2424	34	II	1600,--

wie vor	71	II	1900,--
Taler, 1772, Dav. 1263, Cr. 106 (Jahrgang R)	19	III	625,--
	32	III	750,--
1773	16	III/IV	210,--
(leichter Kratzer)	102	II	270,--
1774	27	I-II	400,--
1776	34	II-III	325,--
	45	II	260,--
(leichter Kratzer)	51	III/II-III	200,--
1777	28	III	215,--
	31	I	675,--
	34	III/II-III	300,--
	27	II-III	220,--
	45	II/I	280,--
	70	I	875,--
	71	II-III	350,--
1778 (etwas oxydiert)	63	III	205,--
1779 (leicht oxydiert)	09	II	200,--
1781	00	II-III	225,--
(leichte Kratzer)	24	II-III	400,--
1782	97	II/I	330,--
1783 (justiert)	05	I-II	260,--
	24	III	260,--
(leichter Randfehler)	47	III	210,--
1784	04	III	200,--
	85	III	225,--
1785	26	II	270,--
(leichte Kratzer)	40	II	240,--
	61	II-III	425,--
1786	04	II-III	275,--
Taler, 1787, Dav.1264, Cr. 107 (fleckig)	97	II	200,--
1788	27	I-II	410,--
	34	I-II	480,--
(leicht oxydiert)	62	II-III	280,--
	97	II	340,--
Taler, 1789, Dav. 1265, Cr. 107	48	III	210,--
(leicht oxydiert)	63	II-III	350,--
1790 (leicht oxydiert)	63	II-III	325,--

1791,	21	III	260,--
1794 (oxydiert)	63	III	225,--
1795 (leicht oxydiert)	24	II-III	335,--
	33	II	305,--
	48	I-II	500,--
	97	III	205,--
1797 (leichte Randfehler)	09	I-II	280,--
1798	70	I-II	600,--
1799 (justiert)	102	III/II	200,--
1800	27	II	280,--
	73	II-III	240,--
Taler, 1801, Dav. 42, Cr. 107, Pr. 2455	34	III	250,--
(leicht justiert)	51	II-III	340,--
1/2 Taler, 1787, Cr. 104a	27	III	380,--
	86	II	450,--
1792	27	II	550,--
	60	III/II	475,--
	70	II	600,--
	96	II-III	415,--
1/2 Taler, 1792, Cr. 104a, Pr. 2467 (leichter			
Randfehler)	09	II-III	500,--
1797	36	II/I	675,--
1/2 Taler, 1802, Cr. 104a,	26	I-II	1250,--
10 Kreuzer, 1798, Cr. 99a,	27	II	260,--
5 Kreuzer, 1788, Cr. 96a, Pr. 2540	27	II	220,--
5 Kreuzer, 1802, Cr. 96c, Pr. 2546	27	I	350,--
	34	II-III	260,--
Erzherzog Ferdinand von Österreich,			
1803 - 1806			
Dukat, 1804, Fr. 782, Cr. 126	47	II	3500,--
	61	I-II	5200,--
	70	II	4700,--
Dukat, 1806, Fr. 783, Cr, 126a, Pr. 2605	71	II	3000,--
Taler, 1803, Dav. 43, Cr. 125	32	II-III	400,--
	34	II	900,--
	47	I	1550,--
(leichter Kratzer)	45	II/I-II	700,--
	70	II-III	410,--

wie vor	71	III	500,--
	86	III	360,--
Taler, 1803, Dav. 43, Cr. 125,	00	III	230,--
	05	III/IV	240,--
	17	III/II	600,--
	26	II	525,--
Konventionstaler, 1805, Dav. 44, Cr. 125a	00	II	600,--
	27	I-II	1480,--
	51	II-III	525,--
	77	III/II	575,--
1806	26	I-II	2600,--
(Randfehler)	48	III	900,--
20 Kreuzer, 1804, Cr. 123	98	II/I	270,--
20 Kreuzer, 1805, Cr. 123a	27	I	300,--
VI Kreuzer, 1804, Cr. 121, Pr. 2613	27	I	360,--
Groschen, 1805, Cr. 119a, Pr. 2618a	27	I	350,--

ST.BLASIEN, Abtei

Roman, Abt, 1672 - 1695

Wechselgulden, für die Eisenschmelze Guten-

berg, 1694,	86	III	675,--
Kupfer-III Kreuzer für die Eisenschmelze			
Gutenberg, 1694 (Schrötlingsfehler)	19	III	360,--

ST.VEIT/Österreich, Stadt

Schaupfennig, Burgfriedbereitung, 1720,

Pr. 188	50	II	475,--
	71	II	550,--

SAYN-ALTENKIRCHEN

Johann Wilhelm von Sachsen-Eisenach,

1686 - 1729

XV Kreuzer Friedenwald, 1693, Mers. 4102	102	III/II	1825,--

Karl Wilhelm Friedrich von Brandenburg-

Ansbach, 1741-1755

Silberabschlag vom Doppeldukaten, auf die

Huldigung der Grafschaft, 1741	26	II	500,--
	86	I-II	550,--

wie vor (altvergoldet, Öse, poliert)	86	III	250,--
Taler, 1755, Dav. 1986, Cr. 18	100	III	3950,--
1/6 Taler, 1755,	78	III	390,--
	91	III-IV	230,--
1757 (schwache Prägung)	100	II-III	445,--
VII Kreuzer, 1753, Cr. 14 (leichter Randfehler)	86	II	230,--
VI Kreuzer, 1753, Cr. 10	55	III	325,--
	78	II	405,--
1754	98	III-IV	380,--

Christian Friedrich Karl Alexander von
Brandenburg-Ansbach, 1757 - 1791

1/6 Taler (Kriegsprägung) 1757, vgl. Cr. 32 (leicht rauh)	100	II-III	220,--
1758	20	III	270,--

SAYN-HACHENBURG

Georg Friedrich von Kirchberg, 1695 - 1749

Konventionstaler, Ausbeute der Grube St. Michael auf seinen Tod, 1749, Dav. 2373	27	I	19000,--
	73	I-II	13500,--
1/8 Taler auf seinen Tod, 1749, Joseph 5446	51	III	550,--
	55	III	450,--
	100	II-III	500,--

SAYN-WITTGENSTEIN-Linie WITTGENSTEIN

Johann, 1634 - 1657

Taler, 1656, Dav. 7670	55	III	11500,--

SAYN-WITTGENSTEIN-HOHNSTEIN

Gustav, 1657 - 1701

Gulden, Ellrich, 1674	04	II-III	450,--
	47	III	230,--
	68	III-IV	300,--
2/3 Taler, Klettenburg, 1675	51	III	300,--
2/3 Taler = Gulden zu 60 Kreuzer, Münzst. Berleburg, 1675 (leicht porös)	49	III-IV	305,--
(leichte Henkelspur)	98	III	410,--

2/3 Taler, 1676	21	III	350,--
	34	III	330,--
(korrodiert)	48	II-III	270,--
	98	III	225,--
(leicht korrodiert)	98	III	220,--
Gulden, 1676,	26	III	335,--
	68	III	290,--
2/3 Taler, 1676 (leicht poliert)	04	III	200,--
(leichter Schrötlingsfehler)	44	II	390,--
	47	III	220,--
	68	III	255,--
2/3 Taler, 1676,	47	III	240,--
	55	III	455,--
	68	III	270,--
	68	III	305,--
2/3 Taler nach zinnaischem Fuß, 1676			
(leicht poliert, korrodiert)	04	III	275,--
	98	III	220,--
2/3 Taler, 1677	26	III	335,--
	34	III-IV	320,--
Gulden, 1678	73	III	280,--
2/3 Taler, 1690 (leicht poliert, Randfehler)	73	III	675,--
(Kratzer)	101	III-IV	395,--
2/3 Taler, 1690	73	III-IV	675,--
1/6 Taler, 1689 (leicht rauh)	100	III	250,--
XXIV Mariengroschen, 1674	71	IV	600,--
XXIV Mariengroschen, 1676 (leichter			
Schrötlingsfehler)	86	III	725,--
16 Gute Groschen, 1675	87	II	2250,--
VI Mariengroschen, 1689 (Kratzer)	100	III	270,--

SCHAUENBURG/HOLSTEIN

Ernst III., 1601 - 1622

Löser zu 1 1/2 Reichstaler, o. J., Dav. 476	47	I-II	11000,--
Taler, 1620, Dav. 3741	87	III	2150,--
Sterbetaler, 1622, Dav. 3746	01	III	2700,--
Schreckenberger, (= 4 Groschen), Altona,			
o. J., Saurma 3178	37	II-III	225,--

wie vor	49	III	225,--
Doppelschilling, 1609	07	III	200,--
Doppelschilling, 1619 (Bremer Gegenstempel			
"Schlüssel")	99	III	335,--

SCHAUMBURG-LIPPE

Wilhelm I., 1748 - 1777

Dukat, 1762, Fr. 2736, Cr. 19	61	II	7250,--
Taler auf seinen Regierungsantritt, 1748,			
Dav. 2763, Cr. 15	71	I-II	8000,--
Dicktaler (Feinsilber), Bückeburg, 1765,			
Dav. 2764, Cr. 17 (leichter Kratzer)	05	III/II	475,--
(Randfehler)	20	III	315,--
(Randfehler)	21	III	245,--
	29	III	250,--
	35	III	300,--
	36	III	390,--
	47	III /II	450,--
	55	III	340,--
	69	III	350,--
	71	II-III	625,--
	91	II-III	390,--
2/3 Taler, auf seinen Regierungsantritt, 1748,			
Cr. 11 (leicht justiert)	71	I-II	3150,--
2/3 Taler, 1761, Cr. 13	26	III	600,--
	75	III	800,--
	91	III	500,--
2/3 Taler, 1761	91	III	800,--
1/3 Taler, 1761, Cr. 9 (leicht justiert)	71	II	1250,--
	73	III	380,--
	91	III	210,--

SCHLESIEN

Evangelische Stände

Dukat, Breslau, 1634, Fr. 2774, Saurma 13	61	II	3100,--
1635 (Randfehler)	73	III	1150,--
Einseitige 6-Talerklippe, 1621, FuJ 82	47	III	3000,--
3-Talerklippe, 1621, FuJ 83	01	III	410,--

wie vor (leichte Henkelspur)	31	III	575,--
	47	III	600,--
	48	III	410,--
(leichte Henkelspur)	55	III	345,--
	56	II-III	450,--
	70	III	650,--
	93	III	300,--
	93	III	300,--
Taler, Breslau, 1634, Dav. 3172, FuJ 255	89	II/III	3750,--

SCHLESIEN-JÄGERNDORF

Georg Friedrich von Brandenburg-Ansbach,

1543 - 1603

Breiter Doppeltaler, Jägerndorf, 1592, Dav. 9328, FuJ 3295	48	II-III	6100,--
Doppeltaler, 1599, Dav. 9331, v.Schr. 1238	36	III/II	4450,--
	70	III	3600,--
Taler, Schwabach, 1560, Dav. 9323	47	III	1150,--
1561	21	III	700,--
Guldentaler, 1571, FuJ 3245, v.Schr. 1060	24	III	1250,--
Taler, 1579, Dav. 9324	41	II-III	3000,--
	48	III-IV	800,--
Reichstaler, Jägerndorf, 1588, Dav. 9327	55	III	2400,--
	65	III	975,--
Taler, 1594, Dav. 9332	101	III	750,--
1599	01	II-III	1350,--
	100	II	1575,--
1/2 Taler, 1578, v.Schr. 1183, FuJ 3295	26	III	1800,--

Johann Georg von Brandenburg-Ansbach,

1606 - 1621

5 Dukaten, 1611, Fr. 2787, v.Schr. 1337, FuJ 3346 (2. bekanntes Exemplar)	89	II	12500,--
Doppeltaler, 1610, Dav. 6854	01	III	3950,--
Taler, 1612, Dav. 6858, FuJ 3356	19	II	2650,--

SCHLESIEN-LIEGNITZ-BRIEG

Friedrich, II., 1495 - 1547

Taler, 1541, Schulten 3346 (leicht

poliert, Henkelspur)	10	III	620,--
	26	II-III	3400,--
Groschen, o. J., FuJ 188	73	III	220,--

Johann Christian und Georg Rudolf, 1602 -
1621

4 Dukaten, Abschlag vom 1/2 Talerstempel,

1607, Fr. 2816, Saurma 94 (Randausbruch)	16	IV	1550,--
Doppeldukat, 1610, Fr. 2828, FuJ 1451	27	II	5000,--
Dukat, 1611, Fr. 2830 (gereinigt)	84	II-III	1850,--
Taler, 1608, Dav. 7708	52	III-IV/III	800,--
Taler, 1609, Dav. 5713, FuS 1436 v.	77	II	1080,--
Taler, 1619, Dav. 7718,	10	III	500,--
1620	68	III	1375,--

1/2 Taler, 1609, FuJ 39 (Fassung, Henkel-

spur)	10	III	300,--

Kupfer-Rait-Pfennig, der Kammerbuchhaltung

in Liegnitz, 1611	19	III	310,--

Johann Christian, 1621 - 1639

Kipper-24-Kreuzer, Ohlau, 1623, FuJ 1579	16	IV/III	200,--

Georg Rudolph, 1602 -1653

1/8 Taler auf seinen Tod, 1653, FuJ 1702

(leichte Henkelspur)	55	III	350,--

Georg III., Ludwig und Christian, 1639 -1663

Dukat, Brieg, 1654, Fr. 2844, J. 1735	89	II/III	2000,--
Dukat, Brieg, 1659, Fr. 2864 (alter Henkel)	01	III	800,--
	25	II	2050,--
	47	III	1400,--
(leicht gewellt)	65	III	1025,--
Dukat, 1657, Dav. 2864, FuJ 1755	16	II/I-II	1750,--
1/2 Dukat, 1656, Fr. 2865, (Randfehler)	12	III	775,--
	61	II	2100,--

Reichstaler, "Badehosentaler", 1656, Dav.

7729, Mad. 1569	01	III	1300,--
	10	II	1475,--

Georg III. zu Brieg, 1639 - 1664

1/8 Taler, auf den Tod seiner Gemahlin, der

Pfalzgräfin Elisabeth Maria Charlotte, 1664,

FuJ 1862	41	III/II	825,--

Christian zu Wohlau, 1639 - 1672

Taler, 1666, Dav. 7741 (leichter Schrötlings-

fehler)	89	II	3200,--

Luise von Anhalt, Regentin, 1672 - 1674

VI Kreuzer, 1673,	100	II	200,--

Georg Wilhelm, 1674 - 1675

5 Dukaten auf seinen Tod, 1675, FuJ 1979

(leichter Randfehler)	44	II	5600,--

1/2 Taler, auf seinen Tod, 1675, FuJ 1974

(Schrötlingsfehler)	51	II	1750,--

1/4 Reichstaler, auf seinen Tod, 1675,

FuJ 1975	10	III	800,--

SCHLESIEN-MÜNSTERBERG-ÖLS

Karl I., 1498 - 1536

Dukat, Ausbeute der Grube zu Reichenstein,

1530, Schulten 2351	42	III	2000,--

Joachim, Heinrich II., Johann und Georg,

1537 - 1553

Ausbeutedukat, Reichenstein, 1537, Schulten

2360,	41	III/II	1350,--
(leicht gewellt)	51	II/III	1800,--
1544 (gewellt)	47	III	2175,--
1545	17	III	1400,--
	95	III	1800,--
1548	47	II/I	3300,--
(Knick)	100	III	950,--

Joachim, Heinrich III. und Karl II.,

1552 - 1562

Dukat, Ausbeute Reichenstein, 1541, Schulten

2362	27	II	2950,--
(leichter Randfehler)	51	III	1650,--

Heinrich III. und Karl II., 1562 - 1587

Ausbeute-Dukat, Reichenstein, 1565,

Fr. 2896 (gestopftes Loch)	99	II	925,--
1567	99	II	2400,--

Karl II., 1548 - 1617

6 Dukaten, 1616, Fr. 2902 (ältere Nachprä-

gung)	84	II	2400,--
1/8 Taler, auf seinen Tod, 1617, FuS. 2213	19	III	360,--

Heinrich Wenzel und Karl Friedrich, 1617-1639

3-facher Dukat, 1622, Fr. 2919, FuS. 2258	99	II-III	5675,--
Taler, 1620, Dav. 7097	19	III	925,--
	19	III	850,--
	54	III	1200,--
	73	III	675,--
(leichter Stempelfehler)	97	III	700,--
1/2 Taler, 1620, FuS. 2230	26	III	1525,--

Kipper-48 Kreuzer, 1621, FuS. 2248

(leicht gedrückt)	68	II	3250,--

SCHLESWIG-GLÜCKSBURG

Christian, 1663 - 1698

Taler, auf den Tod von Sibylle Ursula, 1671,

We. 859a (Schrötlingsgriß)	04	III	1700,--

SCHLESWIG-HOLSTEIN-GOTTROP

Friedrich I., 1481 - 1533

Doppelschilling, Gottrop, 1523 (Randausbrü-

che)	99	IV	315,--

Johann Adolf, 1590 - 1616

Taler 1612, Dav. 3688	43	III	1240,--
Taler, 1611, Dav. 3690	88	III	1600,--
Doppelschilling, 1607,	43	III	210,--
Doppelschilling mit Wertzahl, 18 1/2, 1614	43	III	340,--

Friedrich III., 1616 - 1659

Taler, Steinbeck, 1622, Dav. 3697	07	III	550,--
Taler, Steinbeck, 1622, Dav. 3698, Mad. 1281	07	III-IV	380,--
1625	01	III-IV	575.--
1626	85	III	675,--

Taler, Steinbeck, 1625, Dav. 3699 (leichter			
Randfehler)	45	III	1475,--
1626	69	III-IV	650,--
Taler, Steinbeck, 1627, Dav. 3699	19	III	460,--
(Henkelspur)	47	III	500,--
1/4 Taler, Steinbeck, 1622, (Henkelspur)	03	III	700,--
(leichte Henkelspur)	35	III	1250,--
1/8 Taler, Schleswig, 1635,	07	III	300,--
1/8 Taler, Schleswig, 1625 (knapper Rand)	56	III	210,--
1/16 Taler, 1617,	07	III	360,--
Christian Albrecht, 1659 - 1694			
2/3 Taler, 1672	07	III	1050,--
2/3 Taler, Plön, 1683,	07	III	300,--
(leicht schwache Prägung)	68	III	270,--
2/3 Taler, Plön, 1683	56	III-IV	260,--
	86	III	250,--
Friedrich IV., 1694 - 1702			
Silberabschlag vom Dukaten, 1698, vgl.			
Fr. 2751	15	II	800,--
Bronzeabschlag vom Dukaten, 1698, cgl.			
Fr. 2751	43	III	355,--
1 1/2 Taler auf den Tod des Herzogs, 1702			
(Randfehler)	07	I-II	23000,--
Karl Peter Ulrich, 1739-1762			
Albertus-Taler, Mannheim, 1753, Dav. 1353,			
Cr. 4	55	III-IV	1400,--
	85	II	3050,--
SCHLESWIG-HOLSTEIN-NORBURG			
August, 1676 - 1699			
Reichstaler, Schleswig, auf die Beendigung			
des Oldenburger Nachfolgestreites, 1676,			
Dav. 3722A, Mad. 1293	19	II	3500,--
SCHLESWIG-HOLSTEIN-PLÖN			
Johann Adolf, 1671 - 1704			
2/3 Taler, Glückstadt, 1619 (knapper Schröt-			
ling)	07	III	525,--

2/3 Taler, 1690 (leichtes Zainende)	68	III	415,--
2/3 Taler, Glückstadt, 1690	73	III	335,--

SCHLESWIG-HOLSTEIN-Königliche Linie

Friedrich I., 1523 - 1533

Doppelschilling, 1524, (leichter Randfehler)	80	III	1050,--
1526 (leicht korrodiert)	07	III-IV	585,--
1527	16	III	700,--

Christian III. von Dänemark, 1533 - 1559

Doppelschilling, 1534, Schulten 1356	07	III-IV	825,--
1537	88	IV	260,--

Blaffert, Lübisch (= Hohlpfennig) o. J.,

Schulten 1359, Hede 23	56	III-IV	230,--

Friedrich II. von Dänemark, 1559 -1588

Schilling, (= Sechsling Lübsch) Flensburg,

o. J., Schulten 1360	07	III-IV	205,--
	88	III-IV	290,--

Christian IV. von Dänemark, 1588 - 1648

Speziestaler, Glückstadt, 1614, Dav. 3668,

Hede 156	43	III	2750,--
1623	26	III	3500,--
Taler, Glückstadt, 1645, Hede 163C	07	II -III	9300,--
1/2 Taler, Glückstadt, 1623, Hede 160	26	III	4650,--
1 Mark, Glückstadt, 1628, Hede 173	07	III-IV	300,--
8 Schilling, Lübsch, Glückstadt, 1642,			
Hede 175 (Druckstelle)	26	III	270,--
	88	III-IV	500,--

Friedrich III., 1648 -1670

Krone, Glückstadt, 1659, Hede 153A	88	III	390,--

Christian V. von Dänemark, 1670 - 1699

Taler, auf den Tod seiner ersten Gemahlin,

Sibylla Ursula von Braunschweig, 1671, We.859A,

Mad. 1292	73	III	1500,--
Krone zu 4 Mark, Glückstadt, 1671, Hede 121			
(leichtes Sammlerzeichen)	88	III	360,--
Krone zu 4 Mark, Glückstadt, 1693, Dav. 3679	88	III	340,--
1694	88	III-IV	320,--
2 Mark, Glückstadt, 1693, Hede 126A	07	III	380,--

Krone zu 2 Mark, Glückstadt 1693,	07	III	320,--
Krone zu 1 Mark, 1693, Hede 125B	07	III	270,--
Friedrich IV. von Dänemark, 1699 - 1730			
Goldabschlag von 1 Schilling, 1719	07	II	3650,--
Christian VII. von Dänemark, 1784 - 1808			
Kuranddukat = 12 Mark, Altona, 1782	07	II	1450,--
Speciestaler zu 60 Schilling, Altona, 1787,			
Dav. 1311, Cr. 9, Hede 39	15	III-IV	270,--
	55	III	425,--
1788	33	III-IV	380,--
	35	III	410,--
(Randfehler)	80	III-IV	280,--
	102	IV	200,--
1789	33	III	360,--
	35	III	390,--
	80	III	460,--
(Henkelspur)	86	II-III	210,--
1790	55	III	420,--
1795 (Kratzer)	15	III-IV	200,--
	43	III	350,--
(porös)	56	III-IV	205,--
	87	III	350,--
Speciestaler zu 60 Schilling, Altona, 1787,			
Dav. 1311, Cr. 9, Hede 39	06	II-III	295,--
1790	06	III	240,--
1794	07	III	270,--
1795	07	III	260,--
Bronzeabschlag vom Speciestaler, 1795	07	II-III	500,--
Speciestaler zu 60 Schilling, Altona, 1801,			
Dav. 70, Cr. 9, Hede 39A	55	III-IV	200,--
1804	100	II-III	340,--
1807 (Feilspur)	15	III	230,--
	33	III	345,--
	39	II-III	625,--
	88	III	260,--
1808	06	II	575,--
	07	II-III	390,--
(Randfehler)	07	III-IV	205,--

wie vor	55	III	320,--
	99	III	200,--
Speciestaler zu 60 Schilling, Altona, 1800,			
Cr. 9, GDM 1	35	III-IV	380,--
2/3 Speciestaler zu 40 Schilling, Altona,			
1787, Cr. 8, J. 9, Hede 49A	07	III	480,--
	88	III-IV	220,--
1/3 Taler Speciestaler zu 20 Schilling, Alto-			
na, 1788, Cr. 7, J. 8a, Hede 41A	01	III-IV	215,--
1/3 Speciestaler, Altona, 1787, Cr. 7, J.8b,			
Hede 41B	80	III-IV	225,--
1/24 Taler = 2 1/2 Schilling, 1796, Cr. 4,			
J. 5, Hede 44	67	II	205,--

SCHLICK,Grafschaft

Stephan und seine 7 Brüder, 1510 - 1526

Guldengroschen, Joachimstal, o. J.

Schulten 4382	61	III	1250,--
	71	III	1850,--
(Sammlerzeichen)	72	III	950,--
Taler, o. J., Schulten 4383,	31	III	1250,--
	33	III	900,--
	61	III	1400,--
(Randfehler)	86	III-IV	570,--
Taler, Joachimstal, 1525, Schulten 4383	61	II	2500,--
Taler, Joachimstal, 1525, Dav. 8142,	03	II-III	925,--
Taler, 1526, Schulten 4385 (fleckig)	98	III	900,--
1/2 Taler, o. J., Schulten 4388	26	III	1400,--
(leichter Einriß)	61	III	1400,--
1/2 Taler, Joachimstal, o. J., Schulten 4389	25	III	1300,--
	26	II-III	1650,--
1/4 Guldiner, o. J., Schulten 4392	26	III	900,--
(Henkelspur)	51	III-IV	315,--

Lorenz, bis 1581

Schaumünze, im Gewicht eines Doppeltalers,

o. J., (zeitgen. Guß)	61	III	3600,--

Heinrich, IV., 1625 - 1650

Doppeltaler, plan, 1632, Dav. 75 (Henkelspur)	71	III	4000,--

Ausbeutetaler, plan, 1634, Dav. 3402	25	III	880,--
Taler, plan, 1642, Dav. 3404	44	III	775,--
(Henkelspur, Randfehler)	96	III	380,--
(poliert)	98	III	350,--
Taler, 1644, Dav. 3406 (Bohrstelle)	80	III	300,--
Taler, plan, 1645, Dav. 3408	03	II-III	725,--
(poliert)	34	III	310,--
(Henkelspur)	37	III	390,--
	55	III	600,--
(leichte Henkelspur)	61	II-III	560,--
	100	II	1400,--
Franz Joseph, 1675 - 1740			
1/2 Taler, 1677, Don. 3843	02	I	2800,--
Franz Heinrich, 1740 - 1766			
Ausbeutetaler, Prag, 1759, Dav. 1196, Cr. 1,			
Don. 3847	25	II	1300,--
Leopold Heinrich, 1766- 1770			
Taler, Prag, 1767, Dav. 1197, Cr. 3, Don.			
3848	02	II-III	1100,--
	44	III	750,--
(leichter Randfehler)	45	II	850,--
	70	I	2300,--
(justiert)	86	III-III	725,--
SCHWARZBURG-gemeinschaftlich			
Günther XLI. und Johann Günther I. von			
Sondershausen, 1552 - 1569			
Taler, Arnstadt, 1560, Dav. 9829, De Mey 1045	73	III	600,--
	82	IV/III	405,--
Taler, o. J., De Mey 1047, Mad. 4379	13	III	460,--
	54	III	875,--
Taler, Arnstadt, o. J., Dav. 9834, De Mey 1049	04	III	850,--
(2 Schrötlingsfehler)	21	II-III	605,--

Günther XLII, Anton Heinrich, Johann Günther
II. und Christian Günther I. von Sonders-
hausen und Karl Günther, Ludwig Günther I.
und Albert Günther von Rudolstadt,
1605 - 1618

Taler, Erfurt, 1605, Dav. 7675, Mad. 1885	89	III	1200,--
Taler, 1606, Dav. 7677	44	III	1100,--
1607	12	II/III	850,--
1608	19	III	650,--

SCHWARZBURG-ARNSTADT
Johann Günther IV., 1666 - 1669

1/4 Taler auf seinen Tod, 1669,	67	II	415,--
Anton, Günther II., 1666-1716			
2/3 Taler, 1676	51	III	270,--
	68	III	205,--
XXIV Mariengroschen, 1675 (Henkelspur)	59	IV	255,--

SCHWARZBURG-RUDOLSTADT
Karl Günther, Ludwig Günther I. und Albert
Günther, 1605 - 1630

1/4 Taler, 1606	67	III	455,--
Kipper-24-Kreuzer, Leutenberg, o. J.,	67	III	285,--
Karl Günther, 1605 - 1630			
Sterbegroschen, 1630	20	III-IV	210,--
Albrecht Anton II., 1646 - 1710			
Taler auf den Tod seiner Mutter, Emilie von			
Oldenburg-Delmenhorst, 1670, Dav. 7697	70	II	4550,--
1/2 Taler, auf den Tod seiner Mutter, Emilie			
von Oldenburg-Delmenhorst, 1670,	67	II-III	1650,--
	86	I-II	3150,--
Groschen auf den Tod seiner Mutter, Emilie			
von Oldenburg-Delmenhorst, 1670	19	III	335,--
Ludwig Günther II., 1651 - 1681			
Taler 1670, Dav. 7697	59	II	4725,--
Johann Friedrich, 1744 - 1767			
Konventionstaler, München, 1765, Dav. 2768,			
Cr. 28, J. 9	26	II	850,--

Ludwig Günther IV., 1767 - 1790
Konventionstaler, Saalfeld, 1768, Dav. 2769,

Cr. 37, J. 14	67	II-III	625,--

Taler, Saalfeld, auf die zweite Vermählung
seines Sohnes Erbprinz Friedrich Karl, 1780,

Dav. 2770, Cr. 38, J. 15 (Schrötlingsfehler)	39	III/II	410,--
	45	III/II	500,--
(leichter Schrötlingsfehler)	62	II	420,--
	94	II	500,--
(leicht justiert)	100	II	315,--

Taler, Saalfeld, auf die zweite Vermählung
seines Sohnes Friedrich Karl mit Auguste
Luise von Sachsen-Gotha, 1780, Dav. 2770,

Cr. 38, J. 15	03	III/II	305,--
	04	II	455,--
(fleckig)	04	III	275,--
	07	III	425,--
(leichter Schrötlingsfehler)	21	III	235,--
	29	III	215,--
	31	III	440,--

Konventionstaler, Saalfeld, 1786, Dav. 2771,

Cr. 39, J. 16	15	II	420,--
	47	III	525,--
	51	II	770,--
(Fassungsspur)	60	III	255,--
	67	II-III	380,--
	70	I	1400,--
	91	III	240,--

Friedrich Karl, 1790 - 1793
Konventionstaler, Saalfeld, 1791, Dav. 2772,

Cr. 48, J. 21	07	II-III	460,--
	21	II-III	385,--
	41	II	625,--
(leichte Schrötlingsgriße)	44	I-II	500,--
	47	III	360,--
	67	II	315,--
	70	II	700,--
	97	III	350,--

1/2 Konventionstaler, Saalfeld, 1791, Cr. 46,

J. 20	01	II	300,--
	21	II/I-II	225,--
(Stempelfehler)	23	II	270,--
	35	II-III	230,--
	41	II	340,--
	47	II/III	310,--
	48	II-III	260,--
(Stenpelfehler)	65	II	270,--
(Brandschaden)	67	I-II	410,--

Ludwig, Friedrich II., 1793 - 1807

Dukat, Saalfeld, 1803, Fr. 2770, Cr. 55, J.26	44	II	7400,--
6 Pfennige, 1800, Cr. 53, J. 24	74	I	220,--

SCHWARZBURG-SONDERSHAUSEN

Günther XLII. und seine 3 Brüder, 1586 -1631

Taler, Erfurt, 1607, Dav. 7677, Mad. 1885	78	III	500,--
Taler, 1623, Dav. 7680 (Randfehler)	99	III	575,--
Kipper 12 Kreuzer, 1620	19	II	220,--
1621 (beschnitten)	67	III	200,--

Anton Günther I., 1642 - 1666

Groschen auf seinen Tod, 1666,	86	II	1350,--

Christian Wilhelm I., 1666 - 1721

2/3 Taler, 1676,	73	III	200,--
2/3 Taler, Arnstadt, 1676	55	III	320,--

Christian Wilhelm I. und Anton Günther II.
von Arnstadt, 1669 - 1681

Reichstaler, 1677, Dav. 7689, Mad. 1900

(leichter Schrötlingsriß)	70	II-III	2900,--

Breiter Taler, auf den Tod ihres Bruders
Ludwig Günther, 1681, Dav. 7690

	61	II-III	2100,--

Christian Günther III., 1758 - 1794

Taler, 1764, Dav. 2777, Cr. 16, J. 69	31	II/I	3600,--
	70	I-II	2600,--
	98	I-II	3200,--

2/3 Taler, (1/2 Konventionstaler) 1764,
Cr. 14, J. 68

	19	II	1350,--
	70	II-III	625,--

wie vor,	98	II	750,--

SCHWARZENBERG

Johann Adolph, 1646 - 1683

Taler, Wien, 1682, Dav. 7699, Mad. 1664	24	II	1875,--
	34	I	5500,--
(oxydiert)	63	II-III	1325,--
	68	III	1800,--

Ferdinand und Maria Anna von Sulz, 1683 -
1703

Gimborner Taler, Köln, 1697, Dav. 7703	00	II-III	3050,--
	26	II	3700,--
	34	III	4000,--
Taler, Wien, auf ihre Münzrechte, 1696,			
Dav. 7701, Mad. 1665	00	II-III	450,--
	16	III/II	670,--
	23	III/II	625,--
	23	III	390,--
(leichte Schrötlingsfehler)	31	III	410,--
	38	III	500,--
(leichter Schrötlingsfehler)	78	II-III	525,--
(leichter Randfehler)	102	III	460,--
Taler, Kremnitz, auf ihre Münzrechte, 1696,			
Dav. 7702, Mad. 1665 (Henkelspur, poliert)	21	III	230,--
	27	II	575,--
	31	III/II	625,--
	34	II	950,--
(Randfehler, poliert)	54	III	255,--
	61	II	750,--
(Kratzer)	62	II	350,--
(Sammlerzeichen)	65	III	400,--
	70	I-II	1300,--
	89	II	875,--
	98	III	525,--
	100	II	825,--
	100	IV	250,--
Taler, Nürnberg, 1696, Dav. 7700, Mad. 1666	25	III	850,--

Adam Franz, 1703 - 1732,

Taler, 1721, Dav. 2773,	44	II-III	1450,--

Joseph (Adam), 1733 - 1782

Taler, Wien, 1741, Dav. 2775, Cr. 2	02	I	4100,--
	70	I	4700,--
Taler, Nürnberg, 1766, Dav. 2776, Cr. 3	34	III	2400,--
	100	III-IV	500,--
Denkmünze zu 1/4 Taler, auf die Vermählung			
Maria Theresia von Liechtenstein, 1741,	71	III	750,--
Kreuzer, Nürnberg, 1765, Cr. 1	86	I-II	250,--

Johann Nepomuk, 1782 - 1789

Taler, Wien, 1783, Dav. 2777, Cr. 7	02	II	1450,--
(leicht justiert, leichter Kratzer)	16	II/I-II	1325,--
	32	III	825,--
	34	III	1700,--
	38	III	675,--
	86	I-II	2150,--
	87	III	1100,--
20 Kreuzer, Wien, 1783, Cr. 6	81	I-II	525,--

SCHWEIDNITZ, Stadt

1/2 Taler, Schulprämie, o. J., FuS. 3622	71	II	360,--
	71	I	310,--
	89	I	240,--
Kipper-24 Kreuzer, 1621, FuS. 3601	10	III	600,--
Groschen, o. J., Schulten 3397 (leicht			
schwache Prägung)	86	III	325,--

SCHWEINFURT, Stadt

Silberabschlag vom Dukat, 1717	65	III/II	210,--

SOEST, Stadt

2 Schilling, Kupfer, 1620, Weing. 530 ff.	20	III	210,--
Kupfer VI Pfennige, 1594	20	III-IV	215,--
(Gegenstempel 38 + Schlüssel)	20	III	215,--
Kupfer-III.Pfennig, o. J.,	20	III	650,--

SOLMS, Greiffenstein

Wilhelm Moritz, 1676 - 1722

Taler, auf den im Jahre 1700 verstorbenen Erb-

grafen Wilhelm Heinrich, o. J., Joseph 477	97	II	5000,--
2 Albus, 1693, Joseph 474c	44	III	330,--
	73	II	380,--
Albus, 1693, Joseph 476e	86	III	250,--

SOLMS-HOHENSOLMS

Philipp Reinhard I., 1613 - 1635

Taler, sog. Hahnreitaler, 1627, Dav. 7758,

Joseph 236	07	II-III	5000,--
Taler, sog. Hahnrei-Taler, 1627, Dav. 7759,			
Joseph 241 (Schrötlingsfehler, Randfehler)	19	III	1550,--
Ludwig, 1668 - 1707			
Gulden zu 60 Kreuzer, 1676,	25	III	650,--
Gulden zu 60 Kreuzer, Hohensolms, o. J.,			
Joseph 291	77	III-IV	775,--
	100	III	925,--
Gulden, 1676, Joseph 257a,	73	III	725,--
Gulden zu 60 Kreuzer, 1676,	51	III	800,--

SOLMS-LAUBACH

Christian August, 1738 - 1784

Taler o. J., Dav. 2778, Cr. 15, Joseph 445

(Henkelspur)	28	II-III	1700,--
	73	III	2700,--
Taler, Nürnberg, auf den Tod seiner 3. Gemah-			
lin Dorothea Wilhelmina von Bötticher, 1754,			
Dav. 2781, Cr. 18, Joseph 448	70	I	5100,--
	81	PP	6150,--
Konventionstaler, auf die Führung der Wetter-			
auischen Direktion, 1787, Dav. 2782,			
Joseph 451	38	II-III	2175,--
Taler, auf den Bau der Saline, "Christians-			
werk", 1768, Dav. 2784, Cr. 21, Joseph 453	70	I	6200,--
Taler, Wertheim, auf den Stammvater Otto I.,			
1770, Dav. 2785, Cr. 22, Joseph 456	28	III	2650,--

wie vor	61	II	3500,--
(korrodiert)	82	II	1950,--
1/4 Konventionstaler zu 30 Kreuzer, Wertheim,			
auf den Tod seines Enkels karl Christian			
Friedrich, 1768, Joseph 454	28	I-II	625,--
	44	III	350,--
1/4 Taler, auf die Geburt des 2. Enkels			
Friedrich Ludwig Christian, 1769, Joseph 455	01	III	400,--
	44	III	450,--
	69	II-III	380,--
	85	II	450,--
Schnepfen-Heller, silber, o. J.,	60	III/IV	480,--

SOLMS-RÖDELHEIM
Johann August, Johann Friedrich, Friedrich
Sigismund und Johann Georg III., unter Vor-
mundschaft, 1632-1665

Albus, 1657, Joseph 430	89	III	400,--
Johann August, 1665 - 1680			
Gulden zu 60 Kreuzer, 1676, Joseph 439	89	III	1550,--

SPEYER, Bistum
Philipp Christoph von Soetern, 1610 - 1652

24 Kreuzer (= Dicken) o. J.,	39	IV	300,--
Franz Christoph von Hutten, 1743 - 1770			
Dukat auf die Bruchsaler Huldigung, 1745,			
Fr. 2968, Cr. 5	27	II	4000,--
Sedisvakanz, 1770			
Schautaler, 1770, Berst. 605, Haas 560	100	II	1250,--
August von Limburg-Styrum, 1770 - 1797			
Taler, Mannheim, auf seine Inthronisation,			
1770, Dav. 2788, Cr. 12 (Druckstelle)	05	III	385,--
	13	III	450,--
(Schrötlingsfehler)	19	II-III	360,--
	30	III/II	355,--
	32	II	505,--
	41	I-II	1100,--
	45	III	340,--

wie vor	47	II/III	975,--
	51	III	420,--
(leichte Henkelspur, Randfehler)	60	IV /III	225,--
	65	IV	280,--
	77	III	450,--
(justiert)	82	III	375,--
(leichter Schrötlingsfehler)	86	III	380,--
(leicht korrodiert)	94	III	410,--
1/2 Taler, Mannheim, auf sein Inthrinisation,			
1770, Cr. 10, Haas 563	19	II	975,--
	28	II-III	330,--
	62	III	240,--
	69	II-III	300,--
	85	III	270,--
	94	I	600,--
	100	II-III	300,--
10 Kreuzer, Mannheim, auf die Inthronisation.			
1779, Cr. 8, Haas 564,	70	II-III	305,--
	100	II	410,--
5 Kreuzer, 1772, Cr. 7, Haas 565	70	III	355,--
	100	III-IV	200,--
SPEYER, Stadt			
1/3 Taler, Gedenkmünze auf das Reformations-			
jubiläum, 1617,	21	III	3400,--
Doppelgroschen-Klippe, 200-Jahrfeier der			
Reformation und Weihe der Dreifaltigkeits-			
kirche, 1717	26	II	1150,--
SPRINZENSTEIN			
Johann Ehrenreich, 1705 - 1729			
Taler, Augsburg, 1717, Dav. 1199 (Henkelspur)	87	II	800,--
STADE, Stadt			
Taler, 1616, Dav. 5810 (3. bek. Exemplar)	47	III	16000,--
Reichstaler zu 32 Groschen, 1621, Dav. 5811			
(Henkelspur)	98	III	2250,--
1/16 Taler, 1615, (Zainende)	43	III	230,--

wie vor	55	III	240,--
1616	20	III-IV	255,--
Sechsling, o. J., (leichter Knick)	07	III-IV	525,--
Unter schwedischer Herrschaft, Karl XI.			
1660 - 1697			
Reichstaler, 1686, Dav. 5814, Ahlstr. 2	27	II-III	10000,--

STOLBERG-KÖNIGSTEIN

Ludwig II., 1535 - 1574

Reichstaler, 1546	07	III	1800,--

STOLBERG-ORTENBERG

Ludwig Georg, 1572 - 1618

Albus, Ranstadt, 1610	67	II-III	240,--

STOLBERG, Grafschaft

Wolfgang, Ludwig II . Albrecht Georg und
Christoph I., 1538 - 1552
Taler, 1544, Dav. 9847, De Mey 1059,

Schulten 3441	07	III	3600,--

Wolfgang, Ludwig II., Heinrich XXI., Albrecht
Georg und Christoph I., 1538 - 1552
Taler, 1541, De Mey 1060, Schulten 3427

(Sammlerzeichen)	07	II	1600,--
(rauher Schrötling)	51	III	925,--
1/2 Taler, 1553, Schulten 3431	85	III	2300,--

Anonym

Auferstehungstaler, o. J., (Fleck)	59	II	14000,--

Ludwig II., Heinrich XXI., Albrecht Georg
und Christoph I., 1555 - 1571
Reichstaler auf den Augsburger Religionsfrie-

den, 1555,	07	III	15000,--
Taler, auf den Augsburger Religionsfrieden,			
1557, De Mey 9851 var., Schulten 3446 var.	98	II-III	2300,--
Taler, 1562, Dav. 9856, De Mey 1065	26	II	5600,--

Ludwig II., Albrecht Georg, Christoph I. und
Wolf Ernst, 1573 - 1575

1/4 Taler, 1573, Kny.6936	72	III-IV	1400,--

wie vor (Randfehler)	98	III	925,--
Albrecht Georg, Christoph I., Wolfgang Ernst,			
Botho V., Johann und Heinrich XXII,			
1575 - 1577			
Taler, 1575, Dav. 9876, De Mey 1074	26	II-III	1100,--
(leicht korrodiert)	98	III	545,--
Taler, 1576, Dav. 9877, De Mey 1075	26	III	725,--
	73	III	600,--
1/2 Taler, 1576,	07	III	4550,--
Johann, 1609 - 1612			
Taler, 1609, Dav. 7768	25	II-III	2200,--
	98	III	2300,--
Wolfgang Georg, 1615 - 1631			
2 Taler, 1624, Dav. 7777 (Henkelspur)	47	III	3600,--
Taler, Stolberg, 1624, Dav. 7778	21	III	455,--
	78	III	360,--
	86	III	500,--
	97	III	500,--
1625 (Fundexemplar)	07	IV	270,--
	47	II	1750,--
	67	III	360,--
	73	III	440,--
Johann, Martin I., 1638 - 1669			
Dukat, 1653, Fr. 2982	26	III	3000,--
Taler, 1647, Dav. 7786	26	II-III	2200,--
1652	15	III	700,--
1654	47	II	1900,--
1/3 Taler, 1669	34	II-III	700,--
Christoph Friedrich und Jost Christian,			
1704 - 1738			
Ausbeutedukat, 1706, Fr. 2984	26	II	4500,--
1723 (große Henkelspur)	03	III	380,--
1725 (Henkelspur)	39	III	950,--
Silberabschlag vom Dukat, auf die 200-Jahr-			
feier der Reformation, 1717	26	III	270,--
Ausbeutetaler, 1706, Dav. 2795 (Henkelspur,			
poliert)	25	III/IV	270,--
	55	III	1800,--

Ausbeutetaler, auf die 200-Jahrfeier der Reformation, 1717, Dav. 2799, Kny. 9995	52	III	3600,--
Eintrachtstaler, Stolberg, auf den Abschluß des 2. Teilungsvertrages, 1719, Dav. 2800	30	III	1100,--
Ausbeutetaler, 1721, Dav. 2802	47	III	1050,--
1723	39	III	675,--
	84	II	1400,--
Ausbeutegulden, auf das Reformationsjubiläum, 1717, Kny. 6983 (leichter Schrötlingsfehler)	21	III	350,--
	47	III	500,--
	70	III	375,--
Ausbeute-2/3 Taler, 200-Jahrfeier der Augsburger Konfession, 1730	67	II-III	305,--
2/3 Ausbeutetaler, 1719	55	III	280,--
1722	32	III/II	245,--
	45	III/II	240,--
1723	15	III	275,--
1734	87	III	200,--
1735	36	III	240,--
1737	01	II-III	405,--
(leichte Schrötlingsfehler)	89	III	200,--
1738	47	III/II	360,--
1/3 Ausbeutetaler, 1716	47	III	430,--
1/6 Ausbeutetaler, Feinsilber, 1715	68	II	260,--
1722	68	II	240,--
1/48 Ausbeutetaler, Feinsilber, 1739, Kny.7024	67	II-III	205,--
Ausbeute-24-Mariengroschen, 1726	86	II	345,--
Ausbeute-24-Mariengroschen, 1715	97	III/II	200,--
1723	70	II-III	310,--
1726	86	III	225,--
1733	86	II-III	240,--
1738	70	III	260,--
Ausbeute-24-Mariengroschen,1707, Kny. 6987 ff	21	III	200,--
1718	47	III	360,--
1720	32	III/II	240,--
	45	III/II	210,--
1722	47	III	315,--

wie vor, 1727	67	II-III	265,--
1728	20	II-III	390,--
1738	32	II-III	255,--
VI Mariengroschen, Ausbeute, 1707, (leichter Randfehler)	62	II	300,--
Jobst Christian und Christoph Ludwig II., 1738 - 1739			
2/3 Taler, Ausbeute, 1738	31	II/III	430,--
1739	06	III	225,--
	47	III	360,--
	67	III	225,--
Christoph Ludwig II., 1738 - 1761			
1/16 Taler, o. J., Fr. 3001, Cr. 2	67	II-III	550,--
Christoph Ludwig II. und Friedrich Botho, 1739 - 1761			
Dukat, 1742, Fr. 2995, Cr. 20 (leicht gewellt)	47	III	1200,--
1750	26	II	3000,--
1/2 Dukat, 1750, Fr. 2996, Cr. 19 (leichte Knickspur)	47	III	800,--
Ausbeute-2/3 Taler, 1741, Cr. 13	70	III	240,--
1743	47	II	750,--
1751	47	II/III	360,--
	97	III/II	230,--
1756 (Jahrgang unediert)	26	II-III	1725,--
1/3 Ausbeutetaler, 1740, Cr. 12	55	II-III	280,--
1749	47	I	1050,--
1/6 Ausbeutetaler, 1740, Cr. 9	55	II	300,--
1745	70	III	290,--
1749	47	II	410,--
1/6 Taler, 200 Jahrfeier des Religionsfriedens 1755, Cr. 10	07	III	3100,--
1/12 Ausbeutetaler, 1750, Cr. 8	47	II/III	240,--
XXIV Mariengroschen, Ausbeute, 1741, Cr. 14	07	II	280,--
Friedrich Botho in Rossla, 1739 - 1768			
1/4 Dukat o. J., Fr. 3006, Cr. 26	47	III	750,--
Friedrich Botho und Karl Ludwig, 1761 - 1768			
Dukat 1764, Fr. 3004, Cr. 42, J. 31	67	II-III	625,--

Konventionstaler, 1764, Dav. 2808, Cr. 40,

J. 21 (leicht korrodiert)	15	III	400,--
	21	III	650,--
(leicht justiert)	23	III/II	480,--
	26	I-II	1600,--
	38	II-III	850,--
(leichter Randfehler)	47	III	400,--
(Feilspur, Kratzer)	48	III	480,--
	73	III	300,--
	85	II-III	600,--
	94	III	425,--
2/3 Taler, 1763, Cr. 35, J. 19	15	III	250,--
	26	III	270,--
	80	III	260,--
2/3 Taler, 1764, J. 16	36	III	200,--
	47	II	550,--
	70	II	355,--
	70	II	355,--
	74	III/II	310,--
2/3 Ausbeutetaler, 1766, J. 30	32	III/II	280,--
1/3 Ausbeutetaler, 1763, J. 18	07	II-III	500,--
1/6 Taler, 1763	81	II	305,--

Karl Ludwig und Heinrich Christian Friedrich,
1768 - 1810

Dicker 1 1/3-facher Ausbeutetaler, 1796,

Dav. 2809, Cr. 54, J. 46	26	III	3000,--
2/3 Ausbeutetaler, 1770, J. 38a	07	II-III	300,--
	15	II-III	250,--
(aus 1769)	47	II	650,--
	68	III	300,--
	80	III	260,--
1777	86	III	200,--
2/3 Ausbeutetaler, 1796, Cr. 52, J. 45	01	II-III	370,--
	70	II	385,--
1/3 Ausbeutetaler, 1790, Cr. 50, J. 37	87	III	370,--

STOLBERG-WERNIGERODE, Grafschaft

Heinrich Ernst I., 1638 - 1672

Taler, 1659, Dav. 7787	26	III	3700,--
VIII Gute Groschen, 1771	01	III	270,--
1772	67	II-III	325,--

Ernst und Ludwig Christian, 1672 - 1710

XVI Gute Groschen, 1674 (Schrötlings-			
fehler)	26	II	1075,--
	67	III	1200,--
8 Gute Groschen, 1674	26	III	600,--

Ernst, 1671 - 1710

Taler auf seinen Tod, 1710, Dav. 2790			
(Sammlerzeichen)	19	II	3000,--
1/4 Taler auf seinen Tod, 1710	21	III	625,--
	70	III	1250,--

Christian Ernst, 1710 - 1771

Reichstaler, Zellerfeld, auf das 50-jährige

Regierungsjubiläum, 1760, Dav. 2792, Cr. 11	52	II	1100,--
	55	II	1525,--
	70	I	4000,--
	92	III/II	1550,--
1/2 Taler, 1724, Cr. 5	55	III	1000,--

STRALSUND, Stadt

Dukat, 1662, Fr. 3024	28	III	1850,--
Dukat, 1688, Fr. 3025	27	II	3900,--
Taler zu 32 Schilling, 1623, Dav. 5820	89	III	3900,--
Reichstaler, 1637, Dav. 5830	73	III-IV	1000,--
1/2 Taler, 1623 (Haarrisse)	28	II	2250,--
1629 (aus 1628)	29	II-III/II	3050,--
Witten, o. J.,	85	III	200,--
8-eckige einseitige Kupfer-Notmünze, ohne			
Wertangabe, 1628	28	III	675,--
	85	III	725,--

STRALSUND, unter Schwedischer Herrschaft

Christina von Schweden, 1632 - 1654

Dukat, 1638, Fr. 3025	00	IV/III	1500,--

Karl XI. von Schweden, 1660 - 1697

2/3 Taler, 1677 (Druckstelle)	73	II	550,--
2/3 Taler, 1683, Ahlstr. 57	47	III	875,--
1/3 Taler, 1677, Ahlstr. 60	48	III	430,--

STRASSBURG, Bistum

Johann Georg von Brandenburg, Evangelische
Partei, 1592 - 1605

Einseitige Nottalerklippe zu 80 Kreuzer,

1592, De Mey 260	10	III	1000,--
	31	III	1600,--

Karl von Lothringen, Katholische Partei,
1592 - 1607

Teston (= 1/4 Taler) o. J., Saurma 1951	10	II	370,--
	25	III-IV	220,--
	98	II	405,--

1/4 Taler = Teston, 1605, De Mey 267

(Randfehler)	48	III	230,--

Leopold von Österreich, 1607 - 1625

Taler, 1620, Dav. 3340	10	III	260,--

Ludwig Konstantin von Rohan-Guéménée,
1756 - 1779

20 Kreuzer, Guenzburg, 1773, Cr. 12, De Mey

295, EuL. 309 (leicht justiert)	05	III	350,--

STRASSBURG, Stadt

Goldgulden, o. J., Fr. 566, vgl. EuL. 423	98	III	3450,--
Goldgulden, o. J., Fr. 566, EuL. 425	10	III	3600,--
	47	III	3400,--

Abschlag von der Dukate-nklippe, auf die

100-Jahrfeier der Reformation, 1617, EuL.619	31	II	310,--
Taler, o. J., Dav. 9892	10	III	2500,--
(starker Randfehler)	10	II	1000,--
(Fundstück)	26	II-III	3600,--
	75	III	1325,--

Taler auf das Stückschießen, 1590, Dav. 9896,

De Mey 83, EuL. 587	01	III	4900,--
	61	III	4900,--

wie vor	66	III	4300,--
Talerklippe zu 80 Kreuzer, 1592, EuL. 448	25	III	1350,--
	86	III-IV	675,--
	100	III	900,--
Taler, o. J., Dav. 5842, EuL. 439 (Henkelspur			
poliert)	19	III	775,--
(Henkelspur)	38	III	575,--
	39	III	800,--
	61	I-II	1500,--
	85	II	950,--
	86	III	675,--
Taler, auf die 100 Jahrfeier der Reformation,			
1617, Dav. 5846, EuL. 609 (Henkelspur)	10	III	650,--
Taler, auf den Frieden von Nijmwegen, 1679,			
Dav. 5847, EuL. 602 (leichter Randfehler)	70	I	5200,--
60 Kreuzer (Gulden), o. J., De Mey 54,			
EuL. 484	04	III-IV	375,--
	10	II	500,--
(mit königlichem Gegenstempel)	28	II-III	875,--
	39	III	310,--
1/2 Taler, o. J., De Mey 53a, EuL. 444	10	III	1550,--
24 Kreuzer, (6 Bätzner), o. J., De Mey 56	10	III	400,--
	44	II	410,--
Dicken (Teston = 6 Bätzner), o. J.,	21	II	350,--
	30	II-III	305,--
Dicken (= 1/3 Taler), o. J., EuL. 455	10	II	550,--
Assis (Groschen zu 12 Deniers), o. J.,			
EuL. 391	68	III	250,--
Zwölfer oder Doppelassis, o. J.,	67	I-II	205,--
3 Batzen (12 Kreuzer), o. J., De Mey 62	04	III	225,--
Gegenstempel von Strassburg auf fremde Mün-			
zen			
16 Gute Groschen, 1675, Mad. 7173 Anm.	72	III-IV	1200,--
1/3 Taler nach zinnaischem Fuß, 1672	38	III	300,--
	66	III	445,--
Autonome Münzen unter Frankreich			
1/2 Ecu, 1694, EuL. 508 (justiert)	54	III	335,--
33 Sols, BB, 1705	51	III	220,--

30 Sols, 1685, EuL. 506 ff.	51	III	480,--
STUTTGART, Stadt			
Dukatenklippe, o. J.,	20	I-II	4000,--
	51	I-II	4750,--
1/4 Dukatenklippe, o. J.	72	I	2000,--
Silberabschlag der Neujahrs-1/2-Dukatenklippe,			
o. J.,	44	II	525,--
	51	II	725,--
	89	III/II	320,--
Silberabschlag der Dukatenklippe, o. J.	67	II	460,--
	86	III	330,--
Silberabschlag der Doppeldukatenklippe, o.J.	41	I-II	750,--

SULZ
Alwig VII., 1617 - 1632
Kipper-1/4-Guldentaler zu 15 Kreuzer,

Thiengen, 1622 (gelocht)	71	IV-V	320,--
Kipper-Kreuzer, Thiengen, 1623	71	IV	700,--
	71	III-IV	525,--

Karl Ludwig Ernst, 1617 - 1648

Einseitiger Halbkreuzer ohne Jahr	71	III	600,--
IV Heller, Kupfer, o. J.	71	IV	420,--

Johann Ludwig, 1648 - 1687

Gulden, Langenargen, 1675 (schwache Prägung)	71	III-IV	2450,--
15 Kreuzer, Thiengen oder Langenargen, 1675	28	III	2350,--
(Teils schwache Prägung)	71	III	1600,--
(teils schwache Prägung)	01	III	1050,--

TESCHEN/Schlesien, Herzogtum
Wenzel III., Adam, 1524 - 1579
Taler, o. J., Dav. 9897, Schulten 3480

(leichte Kratzer)	55	II	5400,--

Friedrich Wilhelm, 1617 - 1625

Kipper-24 Kreuzer, Skotschau, 1622 FuJ. 3054	21	III	275,--

THANN/Elsaß, Stadt

Taler, 1543, Schulten 3498	71	III	5500,--

2 Batzen, 1624, De Mey 12, EuL. 39	31	III	925,--
Rappen, o. J.,	10	III	250,--
	42	III	270,--
Rappen nach dem 1. Vertrag vom 1403, o. J.,			
EuL. 49	42	III	290,--
Stebler, des Vertrags von 1498, o. J.,			
EuL. 48	42	III	400,--

THORN, Stadt

Belagerung, 1629

Goldabschlag zu 5 Dukaten, eines Zwitter-
Halbtalers, sog. 1/2 Brandtaler, auf die
Verteidigung der Stadt gegen die Schweden,

1631, Fr. 49 (wohl Unikum)	61	II	36000,--

Taler, "Brandtaler", auf die Verteidigung
der Stadt gegen die Schweden unter General

Wrangel, 1629, Dav. 4369	27	III	3500,--
(leichter Kratzer)	61	II	4200,--

Sigismund III. von Polen, 1587 - 1632

Taler, 1630, Dav. 4371	85	III	525,--

Wladislaus IV., 1633 - 1648

Dukat, 1635, Fr. 50	00	III	1600,--
1638	47	III/II	2500,--
Dukat, 1638, Fr. 50	00	II-III	1700,--
Taler, 1637, Dav. 4374	25	III	650,--
	73	III	500,--

Johann Kasimir von Polen, 1649 - 1668

4 Dukaten, 1659, Fr. 54,	61	II-III	11500,--
Doppeldukat, 1664, Fr. 51	41	I-II	5000,--
18 Gröscher, 1655	55	II	280,--

Michael Koribut Wisniowiecki, 1669 - 1673

Doppeldukat (donativ), o. J., Fr. 57	01	II-III	4500,--
	25	III	5100,--

TRAUTSON, Grafschaft

Paul Sixtus I., 1598 - 1621

Breiter Doppeltaler, 1618, Dav. 3421	70	III	4300,--
	98	III	2400,--

Doppeltalerklippe, 1620, Dav. 3424 (Henkel-spur, Doppelschlag, Ex. j. Enzenberg)	23	III	5000,--
Taler, Falkenstein, 1617, Dav. 3418	71	III-IV	2600,--
Taler, 1619, Dav. 3420	23	III/IV	625,--
(Randfehler)	57	III-IV	1400,--
Taler, Wien, 1620, Dav. 3423, Mad. 4435 (Randfehler)	36	IV/III	290,--
	67	III	400,--
	68	III	450,--
	71	III	700,--
(Kratzer)	98	III	240,--
Taler, 1620, Dav. 3425 (Schrötlingsfehler)	23	III	350,--
	25	III	600,--
1/2 Taler, o. J.,	23	III	2000,--
Johann Franz, 1621 - 1663			
Taler, 1634, Dav. 3427 (Randfehler)	55	III-IV	550,--
Taler, 1638, Dav. 3429	72	II-III	1025,--
1639	25	II-III	1150,--
	45	III/II	1100,--
	73	III	900,--
Breiter 1/4 Taler,1634 (Henkelspur)	23	III	650,--
Franz Eusebius, 1663 - 1728			
Taler, Wien, 1708, Dav. 1200, Mad. 1934	32	II	1075,--
	45	II/I	1275,--
1715	32	II	1100,--
	70	II	1600,--
TRIENT, Bistum			
Peter Vigilius von Thun-Hohnstein, 1776-1800			
Donario = Silberabschlag des Dukatens auf seine Wahl, 1776, vgl. Cr. 11	55	II	330,--
TRIER, Erzbistum			
Kuno II. von Falkenstein, 1362 - 1388			
Goldgulden, Koblenz, o. J. Fr. 3050, Noss 68 ff.	89	II	1425,--
Goldgulden, Oberwesel, o. J., Fr. 3059	44	II-III	1200,--
Goldgulden, Trier, o. J., Fr. 3062	31	III	1200,--

Turnosegroschen, o. J.,Noss 163b	66	III	825,--
Weisspfennig, Koblenz, o. J.,	66	III	260,--
	66	III	210,--
Schilling, Koblenz, o. J.,	39	III	200,--
	97	III/II	210,--
1/2 Schilling, o. J., Noss 156	68	III	355,--
1/2 Weisspfennig, o. J., Noss 128	87	III-IV	385,--

Werner von Falkenstein, 1388 - 1418

Goldgulden, Koblenz, o. J., Dr. 3069, Noss 308 c/d	80	III	775,--
Goldgulden, Oberwesel, o. J., Fr. 3080	39	III/II	1100,--
	55	II-III	1100,--
	61	II-III	1100,--
	73	III-IV	625,--
	95	IV	450,--
Goldgulden, Oberwesel, o. J., Fr. 3081	31	II	2600,--
Goldgulden, Koblenz, o. J., Fr. 3078	00	III	1000,--
	40	III-IV	700,--
Goldgulden, Koblenz, o. J., Fr. 3078	18	III	1000,--
Goldgulden, Oberwesel, o. J., Fr. 3086	28	III	1250,--
Goldgulden, Offenbach, o. J., Fr. 3090	75	III	1000,--
Goldgulden, Oberwesel, o. J., Fr. 3086, Noss 357a	86	III	800,--
Goldgulden, Oberwesel, o. J., Fr. 3086	51	III	1200,--
Goldgulden, Oberwesel, o. J., Fr. 3086, Noss 360 ff.	73	III	1225,--
	100	III	900,--
Goldgulden, Koblenz, o. J., Fr. 3074	61	II	1750,--
	61	II-III	1200,--
Goldgulden, Oberwesel, o. J., Fr. 3083 (leicht knapper Rand)	28	II	1100,--
	61	II-III	1500,--
	61	II-III	1450,--
Goldgulden, Koblenz, o. J., Fr. 3076,	38	II-III	1300,--
	66	II	1825,--
Goldgulden, Oberwesel, o. J., Fr. 3084	31	III	1300,--
Goldgulden, Trier, o. J., Fr. 3087, Noss 373	80	II	2100,--
Weißpfennig, Oberwesel, o. J., Noss 364	39	III	250,--

Weißpfennig, o. J., Noss 371 (leicht gewellt)	87	III-IV	675,--
Johann II. von Baden, 1456 - 1503			
Goldgulden, Oberwesel, o. J., Fr. 3103,			
Schulten 3510, Noss 521d	51	III	3600,--
Weißpfennig, Koblenz, o. J., (leichtes			
Zainende)	51	II-III	320,--
Jakob III. von Eltz, 1567 - 1581			
Taler, Koblenz, 1572, Dav. 9917, De Mey 1101,			
Noss 34	31	III	4550,--
Lothar von Metternich, 1599 - 1623			
Goldgulden, Koblenz, 1617, Fr. 3114,			
v.Schr. 103	54	III	6400,--
Ausbeutetaler der Grube Vilmar, Koblenz, 1617,			
Dav. 5882 (leicht poliert)	73	III	21000,--
Kipper 6 Albus, Koblenz, 1622, v.Schr. 162 ff	75	III	440,--
Johann Hugo von Orsbeck, 1676 - 1711			
Silberabschlag vom Dukat, Koblenz, 1692,			
v.Schr. 606 Anm.	75	II-III	1200,--
Taler, auf seinen Tod, 1711, Dav. 2822,			
Noss 902a	70	II	6700,--
2/3 Taler, 1691, Noss 641 ff. (leicht			
schwache Prägung)	68	II	825,--
2/3 Taler, 1694, v.Schr. 648	85	III	2700,--
1/6 Taler, 1705	85	III	225,--
Karl von Lothringen, 1711 - 1715			
Taler, Münster, auf seinen Tod, 1715,			
Dav. 2824 (leichter Randfehler)	27	I-II	5600,--
	28	II-III	4650,--
Sedisvakanz, 1715 - 1716			
Taler, Koblenz, 1715, Dav. 2825, v.Schr. 931	70	II	11800,--
Franz Georg von Schönborn-Puckheim,			
1729 - 1756			
1/32 Taler, auf seinen Tod, 1756, Cr. 13,			
v.Schr. 1062	19	II-III	290,--
1/2 Kopfstück (= 10 Kreuzer), 1734, Cr. 17,			
v.Schr. 964	55	III	310,--
1/2 Kopfstück, 1734, Cr. 17, v.Schr. 965	28	II-III	305,--
	96	III	385,--

Johann Philipp von Walderdorff, 1756 - 1768

Taler, 1760, Dav. 2828, Cr. 59a, v.Schr. 1070	73	III-IV	400,--
1761 (Gravur)	93	III	350,--
Taler, 1764, Dav. 2830, Cr. 59c, v.Schr.1073			
(Schrötlingsfehler)	27	III	825,--
(kleine Einstiche)	39	III	700,--
Taler, 1764, Dav. 2830A, Cr. 59c, v.Schr. 1074	12	III	1325,--
Konventionstaler, Koblenz, (GM), 1765,			
Dav. 2831, Cr. 60	04	II-III	1200,--
(justiert)	39	III	750,--
1/2 Taler, "Ausbeute zu Vilmar", 1757, Cr. 53			
v.Schr. 1084	100	IV	850,--
1/6 Taler, Kriegsgeld, 1757, Cr. 45	44	III	230,--
1/6 Taler, Kriegsgeld, 1757, Cr. 45a	19	III	240,--
1/16 Taler, Koblenz, auf seinen Tod, 1768,			
Cr. 42, v.Schr. 1235	28	II/III	265,--
20 Kreuzer, Koblenz, 1765, Cr. 49	85	III	295,--

Klemens Wenzel von Sachsen, 1768 - 1794

Taler, mit Augsburger Titel, 1769, Dav. 2833,			
Cr. 86	00	II-III/III	900,--
(leicht justiert)	08	II-III	900,--
	27	II-III	850,--
	27	III	450,--
	39	III	1050,--
	56	III-IV	500,--
	97	III	1000,--
	100	II	1200,--
Reichstaler, Koblenz, mit Titel von Augsburg			
und Ellwangen, 1771, Dav. 2834, Cr. 87	04	III	725,--
	06	III	460,--
	12	III	550,--
	31	II	1125,--
(leichter Schrötlingsfehler)	38	III	525,--
	39	III	650,--
	47	III	925,--
(aus 1770)	85	III	600,--
Taler, 1773, Dav. 2836, Cr. 88a	12	III	650,--
(leichter Schrötlingsfehler)	27	III-IV	370,--

Kontributionstaler, 1794, Dav. 2837, Cr. 89	00	III	650,--
(leichter Schrötlingsfehler)	04	II	1200,--
(leichter Schrötlingsfehler)	19	I	1400,--
	26	II	1050,--
	28	II-III	1100,--
	41	I-II	1500,--
	46	II-III	1200,--
	49	III	630,--
	63	IV	450,--
	68	II	1400,--
1/2 Konventionstaler, 1773, Cr. 83	83	III-IV	1050,--
	84	II-III	950,--

ÜBERLINGEN, Stadt

Kupferkreuzer, 1699, Nau 27	73	III-IV	305,--
Kunzen-Pfennig, o. J., Nau 6	67	IV	300,--
Einseitiger Pfennig, o. J., Schulten 3557, Nau 13 (leicht dezentriert)	67	II-III	230,--
Einseitiger Pfennig, o. J. Schulten 3558	67	III	225,--
Einseitige Kupfermünze, 1695	67	II	200,--
1696	67	II	200,--

UFHOVEN, Rittergut in Sachsen

Friedrich Doepping

Taler, (XIV eine feine Mark), auf die 46-jährige Pachtzeit, 1857	11	I-II	240,--

ULM-Gemeinschaftsprägungen

Ulm-Überlingen-Ravensburg

Dicken (1/3 Guldentaler/1/4 Taler), 1502, Schulten 3572 (Henkelspur)	12	III	4500,--
Schilling, 1501, Schulten 3575	12	III	360,--
1502	67	III	750,--
	67	III	700,--
Einseitiger Pfennig, o. J., Schulten 3577, Nau 26	67	III	450,--

Ulm-Überlingen, Gemeinschaftsprägung,
1502 - 1503

Plappart, 1502, Schulten 3580	38	III	600,--
(leichter Randfehler)	67	III	825,--
1503	12	III	775,--
(leichter Randfehler)	67	II-III	725,--
Schilling, (auch als 1/2 Schilling bezeichnet)			
1503, Schulten 3581, Nau 37	67	II-III	1000,--
	71	III	1500,--
Einseitiger Pfennig, o. J., Schulten 3583,			
Nau 38	12	III	775,--
Einseitiger Hohlheller, o. J., Schulten 3584,			
Nau 39	67	II	600,--

ULM, Stadt

Goldgulden, 1704, Fr. 3138, Nau 155			
(justiert)	12	III	6100,--
(Schrötlingsfehler)	72	III	6000,--
Dukat, 200-Jahrfeier der Reformation, 1717,			
Fr. 3139, Nau 216	12	II	7200,--
Dukat, 200-Jahrfeier Augsburger Konfession,			
1730, Fr. 3142, Nau 228	12	II	5900,--
(leichter Randfehler)	65	I	4950,--
1/2 Dukat, auf die 200-Jahr-Feier der Augs-			
burger Konfession, 1730, Fr. 3143, Nau 230			
(leicht gedrückt)	05	II	4500,--
Silberabschlag vom Doppeldukat, auf die 100-			
Jahrfeier der Reformation, 1617, Nau 187	86	II-III	400,--
Silberabschlag vom Doppeldukat, Rückeroberung			
der Stadt, 1704, Nau 209	12	II	340,--
Silberabschlag des Doppeldukaten, auf die			
200-Jahrfeier der Reformation, 1717, Nau 215			
ff.	38	I-II	300,--
	99	II	225,--
Silberabschlag des Doppeldukaten auf die 200-			
Jahrfeier der Augsburger Konfession, 1730,			
Nau 225 f. (Feuerschaden)	67	II	395,--

Silberabschlag des Dukaten, auf die 200-Jahr-
feier der Augsburger Konfession, 1730,

Nau 229	67	II-III	220,--

Silberabschlag vom 1/2 Dukaten, auf die
Übergabe der Augsburger Konfession, 1730,

Nau 231	44	II	215,--
	70	III	200,--
Taler, 1546, De Mey 1118, Schulten 3564	12	III	2050,--
	38	III	1850,--
1547	41	II-III	3625,--
(leicht poliert)	73	III	2000,--
(schwache Prägung)	86	II	2200,--
	89	III/IV	1050,--
Guldentaler zu 60 Kreuzer, 1572, Dav. 10055,			
De Mey 1119, Nau 57a	12	III/II	6600,--
Taler, 1620, Dav. 5903 (leichte Randfehler)	98	II-III	1625,--
1623	94	II-III	2950,--
Taler, 1620, Dav. 5903, Nau 76 ff.	12	II	3000,--
	12	III	1450,--
	27	II-III	2200,--
	28	II-III	2900,--
	38	III	1650,--
(Zainende)	44	III	2500,--
(Randfehler)	67	II-III	2300,--
	68	II-III	1750,--
	70	II	2200,--
	73	III	2200,--
(Schrötlingsfehler)	85	III-IV	1100,--
	86	II-III/II	1775,--
(leicht dezentriert)	94	I	4000,--
1623 (Randfehler)	31	II	1900,--
	38	I-II	3050,--
	72	II	2000,--
Regimentstaler, 1622, Nau 192	12	II/I	1875,--
Taler, 1636, Dav. 5908A	67	III	3150,--
Talerklippe, 1704,	45	III	550,--
Guldenklippe = 1/2 Talerklippe, 1704, Nau 156	07	III	415,--
	12	III	420,--

wie vor	12	III/IV	360,--
(Schrötlingsfehler)	17	III	300,--
(Henkelspur)	20	II-III	250,--
	32	III	355,--
(leichter Randfehler)	32	III	335,--
	32	II	395,--
	38	III	390,--
	44	III	460,--
	45	II	300,--
(Öse)	67	III	280,--
(Henkelspur)	71	III-IV	350,--
	85	IV/III	290,--
	86	III	360,--
	93	III	430,--
	93	III-IV	330,--
(Randfehler)	98	III	300,--
(starker Schrötlingsfehler)	99	III	220,--
(justiert)	100	III	360,--
6-Bätzner, o. J., Nau 63b (Henkelspur)	12	III	2050,--
(Randfehler)	67	II	1600,--
Kipper-XV-Kreuzer, Stadtmünze, 1622, Nau 82	12	IV	410,--
Prager Groschen (Wenzel III.) mit Gegen-stempel Ulm und Augsburg Pyr, o. J.	70	III-IV	500,--
Prager Groschen, mit Ulmer, o. J., Nau 3	12	IV	310,--
	67	IV	410,--
Prager Groschen, mit 3 Gegenstempeln von Ulm, Hildesheim und Nördlingen, o. J., Nau 4	38	III	400,--
Schilling, nach dem Riedlinger Vertrag 1423, o. J., Schulten 3560, Nau 7	12	III	330,--
	67	III	550,--
	67	III-IV	370,--
(Randfehler)	86	III-IV	210,--
7 Kreuzer, Stadtmünze Augsburg, 1758, Cr. 11, Nau 163	67	II	500,--
5 Kreuzer, 1767, Cr. 13	38	I-II	340,--
	41	I-II	330,--
	67	II	285,--
	67	II	335,--

4 Kreuzer = Batzen, 1703, Nau 152	67	III-IV	225,--
3 1/2 Kreuzer, Stadtmünze, (= 2 1/2 Kreuzer)			
1758, Cr. 9, Nau 164	67	II-III	285,--
	72	III	280,--
2 Kreuzer, Augsburg, 1572, Nau 60	67	II-III	400,--
	67	III	355,--
2 Kreuzer, 1703, Nau 153	67	III	725,--
1 Kreuzer, 1624, Nau 106,	67	II	220,--
Einseitiger 2-Pfennig, 1624, Nau 107	67	II	230,--
Kipper-einseitiger Pfennig, 1621,	67	III	490,--
Vierschlag-Händleinsheller, o. J., Nau 1	12	II	225,--
Heller, o. J., Nau 2	80	III	230,--
Heller, nach dem Vertrag von 1404, o. J.,			
Nau 6	67	III	310,--
Heller, o. J., Nau 10	67	III-IV	390,--
Einseitiger Heller, o. J., Nau 13	67	III	270,--

UNNA, Stadt
VII Pfennige, Kupfer, o. J., Weing. 455,

Men. 99 (leicht schwache Prägung)	68	III	525,--

WALDBURG/Württemberg
Christoph Karl und Otto, 1657 - 1675

3 Kreuzer, 1657,	39	III	360,--

Max Wunibald, 1678 - 1717

Auswurfmünze, o. J., (gelocht, unediert)	71	IV	320,--
Kipper-3-Pfennig, Dürmentingen, 1675	70	IV	280,--
	71	III-IV	620,--

WALDECK, seit 1625-PYRMONT
Karl August Friedrich, 1728 - 1763
1/4 Dukat, 1741, Fr. 3149, Cr. 30 (leicht

korrodiert)	63	II-III	1100,--

Friedrich, 1763 - 1812
Kupferabschlag vom Dukatenstempel, 1782,

vgl. Fr. 3160, Cr. 61	86	III-IV	525,--

Konventionstaler, 1810, Dav. 922, Cr. 59,

J. 8	00	III	2100,--

wie vor	26	II	3500,--
	41	II	3350,--
	46	I	7250,--
1/4 Taler, 1810, Cr. 53, GDM 3	67	II	420,--
	87	II-III	455,--
10 Kreuzer, 1763, Cr. 50	39	III	250,--
Silberabschlag vom 1-Pfennigstempel, 1783,	97	II	700,--

WALKENRIED, Abtei

4 Pfennig, 1659, We. 1543 Nachtrag (leichte			
Druckstelle)	19	III-IV	1375,--

WALLENSTEIN

Albrecht Wenzel Eusebius von Waldstein,
1627 - 1634

Dukat, Jitschin mit Titel Herzog von Meck-			
lenburg, 1631, Fr. 113	02	II	14400,--
Taler, Jitschin, 1626, Dav. 3438, Don. 3973	85	II-III	6600,--
Zwittertaler mit Sachsen, 1655, (Randfeh-			
ler, Henkelspur)	24	IV-V	370,--
1/2 Talerklippe vom Guldenstempel, 1630			
(gestopftes Loch)	48	II-III	6500,--

WALLMODEN-GIMBORN, Grafschaft

Johann Ludwig von Wallmoden, 1782 - 1806

1/2 Taler, 1802, Cr. 2, Kny. 7079	67	I	2700,--
1/24 Taler, 1802, Cr. 1, GDM 3	19	III	280,--
	67	I	975,--
	86	III	200,--
	99	II-III	220,--

WARBURG/Westfalen, Stadt

12 Pfennige, 1594, Weing. 253,	99	IV	1225,--
IV Pfennige, Kupfer, 1622, Weing. 712	99	III	230,--
Kupfer-IV-Pfennige, mit zwei Gegenstempeln			
(Lilie und 39), 1622, Weing. 713a	42	III	575,--
4 Pfennige, 1690, Weing. 258c	99	III-IV	220,--
III Pfennigem Kupfer, 1622, Weing. 714	11	III	200,--

wie vor,	42	III	320,--
	42	III	260,--
3 Pfennige, 1690, Weing. 261	99	III	235,--

WARENDORF/Westfalen, Stadt

| III Pfennig, Kupfer, 1690, Weing. 261 | 20 | III | 285,-- |
| Kupfer-II Pfennig, 1690, Weing. 263 | 20 | III | 550,-- |

WEIMAR, Stadt
Taler, 1631, Dav. 4557, Ahlstr. 5

| (Schrötlingsfehler) | 48 | III | 5025,-- |

WEISSENBURG/Elsass

12 Kreuzer, 1626, EuL. 29 ff.	10	IV	300,--
	28	III	525,--
	41	III	350,--
	67	II-III	460,--

WERDEN u. HELMSTADT, Abteien
Hugo Preutäus von Assindia, 1614 - 1646
Adler-Schilling, o. J., Grote 32 (2 Ein-

| risse) | 85 | III | 525,-- |

Ferdinand von Erwitte-Welchenbeck, 1670 - 1706
1/16 Taler zu 5 Albus, (Düttchen), 1670,

| Kny. 4885, Grote 50 | 19 | III | 350,-- |

Anselm von Sonius aus Aaachen, 1757 - 1774
Taler, 1765, Dav. 2844, Cr. 10, Grote 60

| (Randfehler) | 26 | II | 6300,-- |
| (leichte Randfehler) | 61 | I-II | 5900,-- |

WERL, Stadt

| Kupfer VI Kreuzer, o. J., Weing. 453 | 20 | III-IV | 950,-- |
| | 42 | IV | 420,-- |

WESTFALEN, Kölnisches Herzogtum unter den
Erzbischöfen
Hermann IV. von Hessen, 1480 - 1508
Groschen = Stüber = 4 Vieringe, Werl, o. J.,

Schulten 3598,	42	IV	1200,--
	68	III-IV	1650,--

Pfennig, Werl, o. J., Schulten 3601,

Noss 646c	42	III	550,--

Ferdinand von Bayern, 1612 - 1650

Kupfer-III Pfennig, o. J., Noss 296	42	V	375,--

Klemens August von Bayern, 1723 - 1761
Kupfer-III Pfennige = 1/4 schwerer Stüber,

1743, Noss 722 (gelocht)	67	III	365,--

WESTFALEN, Königreich
X Taler B (= Braunschweig), 1810, Fr. 3163,

Cr. 15. J. 24, GDM 1	00	III	6000,--
	27	II	6400,--
	41	I-II	8200,--

X Taler, B, 1811, Fr. 3165, Cr. 16a, GDM 2

(leicht justiert)	00	III	3900,--
	57	II-III	4400,--
(leichte Henkelspur)	82	IV/III	1450,--
1812	00	III	3800,--
	41	II	4450,--
	44	III	4000,--
1813	00	II-III	5000,--
	25	II	5200,--
	41	I-II	7350,--
	61	I-II	7250,--
	99	III-IV	1925,--

V Taler, B, 1810, Fr. 3164, Cr. 13, J. 23,

GDM 4 (leichter Kratzer)	04	II-III	5800,--

V Taler, B, 1812, Fr. 3166, Cr. 14a, J. 25,

GDM 5	47	II	8200,--
	61	I-II	11000,--

20 Franken, J, Paris, 1809, Fr. 3168, Cr. 33,

GDM 29	00	III-IV	550,--

20 Franken, Kassel, (Münzzahl Adlerkopf und C)				
1808, Fr. 3168, Cr. 33a; GDM 28	27	I	3100,--	
	61	III	850,--	
1809	22	III	1300,--	
	23	IV/III	600,--	
	61	II-III	1100,--	
	70	III	1300,--	
	82	IV/III	750,--	
10 Franken, Kassel, 1813, Fr. 3169, Cr. 32,				
GDM 31	67	II-III	1750,--	
(justiert)	82	III	850,--	
	97	III/II	1275,--	
5 Franken, Kassel, 1813, Fr. 3170, Cr. 31,				
GDM 32	41	I-II	1525,--	
	44	II	1800,--	
	49	III	875,--	
	67	III	925,--	
	73	I	2625,--	
	73	I-II	1650,--	
	82	III/II	950,--	
Konventionstaler, 1810, Dav. 932, Cr. 19,				
GDM 7 (leicht justiert)	41	I-II	40000,--	
Probe-Konventionstaler, glatter Rand, 1812,				
vgl. Dav. 932, Cr. 19, GDM 7, Thun 411	27	II	7300,--	
Taler, Kassel, C, 1810, Dav. 933, Cr. 20,				
GDM 8 (leichter Randfehler)	32	II	1050,--	
	44	II	1850,--	
	62	II	1100,--	
	95	I	2900,--	
(Schrötlingsfehler)	99	III	575,--	
1811	21	III	525,--	
	27	III	500,--	
(leichte Kratzer)	31	III	850,--	
	32	III/II	780,--	
	33	III	370,--	
(leicht justiert)	39	II	1475,--	
	41	I-II	2550,--	
	46	II-III/II	2700,--	

wie vor,	51	II-III	900,--
	51	III-IV	525,--
	55	II-III	625,--
(Randfehler)	56	III-IV	450,--
	66	III	700,--
	67	III	600,--
(Randfehler)	74	II	975,--
	81	I	3450,--
	94	I	2100,--
1812 (justiert)	56	III-IV	525,--
Taler, Kassel, C, 1811, Dav. 933, Cr. 20,			
J. 8, GDM 9	31	III	875,--
	62	II	1350,--
1812	04	II	1200,--
	05	III/IV	1050,--
(poliert)	17	IV	380,--
(leicht justiert)	23	III/II	875,--
	25	III	725,--
	41	I	3850,--
	42	III	400,--
	55	II	1850,--
	89	III	750,--
1813	03	II-III	825,--
	15	III-IV	310,--
	23	III/IV	460,--
	27	II	1900,--
(leichter Kratzer)	27	III	525,--
	41	III	600,--
	51	II-III	900,--
	62	III	625,--
(leicht rauh)	100	II-III	675,--
Ausbeutetaler, Clausthal C, 1811, Dav. 934,			
Cr. 10, J. 19	00	III	1300,--
	31	III/IV	2200,--
	41	I-II	4300,--
	46	II/I	6000,--
	51	II-III	3200,--
	62	IV	1000,--

wie vor (Feilspur)	67	III	1750,--
	94	II	2800,--
	95	II	2650,--
	97	II/I	3900,--
Ausbeutetaler "C", 1811, Dav. 934, Cr. 10, GDM 24	41	I	5500,--
2/3 Taler nach Leipziger Fuß, Clausthal = C, 1808, Cr. 7, J. 15, GDM 10	27	II-III	310,--
	87	II	575,--
2/3 Taler, Clausthal, 1809, Cr. 7a, J. 16, GDM 11	54	III	345,--
	62	I	1100,--
(leicht fleckig)	67	II	650,--
1810	62	III	260,--
2/3 Taler nach Leipziger Fuß, Clausthal C, 1809, Cr. 7a, J. 16, GDM 11	27	III	230,--
	46	II-III	210,--
1810	01	III	320,--
	27	III	250,--
	37	III	210,--
	41	II-III	300,--
	51	III/II	310,--
2/3 Ausbeutetaler nach Leipziger Fuß, C, 1811, Cr. 9 J. 17, GDM 25	87	II-III	305,--
1812	85	III	275,--
1813	86	II	430,--
	95	I	500,--
(Randfehler)	97	II	230,--
2/3 Taler nach Leipziger Fuß, Clausthal, 1811, Cr. 9, J. 17, GDM 25	04	III	200,--
	12	III	260,--
	21	III	355,--
	27	II	400,--
	41	I-II	550,--
	42	III-IV	240,--
(Randfehler)	62	II	450,--
	62	II-II	475,--
1812	01	III	260,--

wie vor,	27	III	250,--
	29	II	460,--
	62	II	550,--
1813	27	II-III	300,--
	33	II-III	390,--
	35	II-III	365,--
	38	III	210,--
	41	II	355,--
	44	II-III	290,--
	46	II	300,--
	47	II/I	575,--
	47	II	525,--
	69	II	460,--
Ausbeute-Gulden, C, 1811, Cr. 8, J. 18,			
GDM 26	54	III-IV	550,--
Ausbeute-Gulden, C, 1811, Cr. 8, GDM 26	19	II	1500,--
	41	I-II	1900,--
	46	II	1200,--
	62	II	1050,--
	95	I	1800,--
1/6 Taler, Clausthal, 1810, Cr. 6a, J. 14,			
GDM 14	27	II-III	420,--
	41	I-II	575,--
1/6 Taler, Kassel, 1809, Cr. 18, J. 3,			
GDM 13	46	II	260,--
1/6 Taler nach Leipziger Fuß, B-Braunschweig,			
1812, Cr. 11, J. 21, GDM 15	67	II	255,--
1/6 Taler nach Leipziger Fuß, 1812, Cr.11,			
J. 21, GDM 15	27	I-II	230,--
	30	I	225,--
	41	I	280,--
1813	23	II	230,--
	41	I	360,--
24 Mariengroschen, B, 1810, Cr. 12, J. 22,			
GDM 12	27	II-III	390,--
	31	III	360,--
	42	III-IV	375,--
	46	II-III	325,--

wie vor	47	III	410,--
	51	III	360,--
	62	II	600,--
	62	II-III	420,--
IV Pfennig, C, 1809, Cr. 3a, J. 11,	49	II	300,--
5 Franken, Paris-J, Pferdek., 1808, Dav. 931,			
Cr. 30, GDM 33	41	II-III/II	6100,--
(Kratzer)	46	II-III	3600,--
5 Franken, J.-Paris, 1809, Dav. 931, Cr. 30a,			
GDM 33 (leicht justiert)	31	III	9100,--
	51	I-II	5000,--
Kupferabschlag von 5 Franken, Paris-J., 1808,			
GDM 33 var.	26	II	1800,--
2 Franken, Paris-J., 1808, Cr 29, J. 37,			
GDM 34	26	III	1200,--
	46	I	5000,--
1/2 Franken, J, Paris, 1808, Cr. 27, J. 35,			
GDM 36(Randfehler)	46	I	1000,--

WIED-NEUWIED
Friedrich Alexander, 1737 - 1791

Medaille zu 2 Feinsilbertaler, auf die			
Eintracht der Brüder Friedrich Alexander			
und Franz Karl Ludwig, 1752, Schneider 51,	71	III	1200,--
1/3 Taler, 1752, Cr. 40, Schneider 49	71	III	600,--
1/3 Taler, auf die Vermählung des Erbgrafen			
Friedrich Karl mit Maria Luise Wilhelmine			
von Sayn-Wittgenstein-Berleburg, 1766			
Schneider 72	12	III/IV	405,--
	55	III-IV	500,--
	71	III-IV	400,--
1/4 Feinsilbergulden, 1753, Cr. 36, Schnei-			
der 56	01	III	375,--
	01	III-IV	335,--
	12	III	470,--
	12	III	445,--
	21	III	390,--
	55	III	460,--

Kriegs-1/6 Taler, 1756, Cr. 38, Schneider 64	01	II-III	310,--
	44	II-III	280,--
	55	III	260,--
	71	III	270,--
	85	III	240,--
	99	III	235,--
1/6 Rechnungstaler, Kriegsgeld, 1756	44	II-III	225,--
	55	III	205,--
	71	II	200,--
VII Kreuzer, 1754, Cr. 34,	01	III	425,--
	70	III	400,--
	71	II-III	400,--
1755 (gewellt)	01	III-IV	280,--
	07	III-IV	310,--
	55	III	360,--
	66	III	310,--
	67	III	365,--
	85	II-III	320,--
	86	II	260,--
5 Kreuzer =1/24 Taler), 1764, Cr. 30,			
Schneider 71	16	V	320,--
	75	III	1175,--
4 Kreuzer, 1751, Cr. 22, Schneider 36	71	II-III	800,--
Groschen, 1750, Schneider 28	01	III-IV	525,--
1 Kreuzer, 1751, Cr. 15, Schneider 33	71	III-IV	600,--
4 Stüber, Neuwied, 1752, Cr. 28, Schneider 45	66	III	2100,--
3 Stüber, Neuwied, 1752, Cr. 26 var.,	66	III	400,--
1753	54	III	240,--
	99	III	210,--
1 Stüber, 1752, Cr. 16, Schneider 37	71	IV	200,--

WIED-RUNKEL, Grafschaft

Johann Ludwig Adolf, 1706 - 1762

1/6 Taler, Kriegsgeld, 1758, Cr. 18,			
Schneider 95	71	III	200,--
	98	II-III	200,--
	100	II	230,--
3 Kreuzer, Dierdorf, 1758, Cr.12,Schneider 90	07	IV	330,--

wie vor	55	III-IV	230,--
1 Kreuzer, 1758, Cr. 5, Schneider 88b	01	IV	625,--

Christian Ludwig, 1762 - 1791
Ausbeutetaler der Grube Weyer, auf seine
Vermählung mit Charlotte, Sophie Augusta,
Gräfin von Sayn-Wittgenstein, 1762, Dav. 2845,

Cr. 20, Mad. 5884, Schneider 96 (gereinigt)	95	II	11000,--

WIEDENBRÜCK, Stadt

III Pfennig Kupfer, 1674,(Randfehler)	55	III	205,--
1683 (Gegenstempel "Rat" von Osnabrück)	42	III	320,--
III Pfennig, 1674, Weing. 399a (mit Gegen-			
stempel "Rat"),	99	III	365,--
Kupfer-3 Pfennige, 1684	52	IV	235,--

WIEN, Erzbistum
Christoph Anton von Migazzi, 1757 - 1803
Konventionstaler, Wien, 1781, Dav. 1267,

Cr. 1	00	III	700,--
	31	III	650,--
	34	IV	300,--
	47	I	2850,--
	55	II-III	850,--
	65	III	700,--
	70	I-II	1275,--
	98	II	850,--

WIEN, Stadt
"Salvator-Medaille" zu 12 Dukaten, o. J.,

(leichte Kratzer, Brandfehler)	48	III	2200,--
"Salvator-Medaille" zu 10 Dukaten, o. J.,			
(leichte Randfehler, Kratzer)	102	III	4000,--
"SalvatorMedaille", o. J.,	71	II	750,--
Salvator-Taler, o. J. (Henkelspur)	50	II-III	750,--

WINDISCHGRÄTZ
Leopold Viktor Johann, 1727 - 1746

Taler, Wien, 1732, Dav. 1202, Don. 4034	34	II	3400,--

wie vor	45	II-III	1800,--

Josef Niklas, 1746 - 1802

1/2 Konventionstaler, 1777, Cr. 2, Holzm. 111,

Don. 4036	27	II	575,--
	32	II	625,--
	34	II-III	500,--

WISMAR, Stadt

Gemeinschaftsprägungen im Wendischen Münz-
verein

Mark, Kopie des 19. Jahrhunderts nach dem
Unikum des Lübecker Münzkabinettes, 1545,

vgl. Schulten 3611	80	III	425,--
Mark, 1550, Schulten 3612, Mad. 5143	02	III	1500,--

Prägungen außerhalb des Münzvereins

Breiter, 1 1/2-facher Taler, auf den Ver-

gleich zu Fahrenholz, o. J., Dav. 509	02	II-III	4100,--

Breiter, 1 1/2-facher Taler, auf den Tei-

lungsvertrag zu Wismar, 1617	08	II-III	25500,--

Taler, 1552, Dav. 9935, De Mey 1124,

Schulten 3620	02	III	3100,--
	08	III	1650,--
(Schrötlingsfehler)	41	III	1550,--

Taler zu 32 Schilling, 1588, Dav. 9940,

De Mey 1127 (korrodiert)	02	III-IV	425,--
Reichstaler zu 32 Schilling, 1606, Dav. 5933,	02	III	1600,--
1607	02	III	1600,--
Taler zu 32 Schilling, 1607, Dav. 5934	08	III	2375,--
(leichter Randfehler)	19	II-III	2750,--
	47	III	2300,--

Reichstaler zu 32 Schilling, 1608, Dav. 5935

(leicht korrodiert)	02	III	1250,--
Taler zu 32 Schilling, o. J., Dav. 5936A	26	II	4000,--
Reichstaler zu 32 Schilling, 1622, Dav. 5939	02	III-IV	775,--
	02	III	1200,--
(Randfehler)	48	III	1350,--
	73	III-IV	550,--

Taler zu 32 Schilling, 1623, Dav. 5940			
(leichte Henkelspur)	02	III-IV	500,--
Reichstaler zu 32 Schilling, 1673, Dav. 5949	02	III-IV	1800,--
Taler zu 32 Schilling, 1674, Dav. 5950	02	III-IV	2550,--
1/2 Taler, 1622	02	IV	1000,--
1/2 Gulden, (= 16 Schilling) 1672, Ahlstr.32,	02	III	280,--
(Henkelspur)	15	III	310,--
	33	III	220,--
1/4 Reichstaler zu 8 Schilling, 1622	02	III	1650,--
1624	26	III	1500,--
Doppelschilling - gotischer Stil, 1523,			
Schulten 3622	80	III	245,--
Doppelschilling, 1530, Schulten 3623	02	III	240,--
Doppelschilling, 1604	02	III	300,--
1605	02	III	210,--
Schilling, 1664,	02	I	200,--
1/4 Wittenpfennig, o. J.,	02	III	200,--
1/4 Wittenpfennig, o. J.,	02	III	200,--
WISMAR, unter schwedischer Krone			
Dukat, 1743, Fr. 3180	02	I-II	6000,--
Wismar-Untermecklenburg-Schwerin			
Goldabschlag vom Stempel "3 Pfennige", 1854,			
J. 99 Anm., GDM 94 Anm., (leicht gewellt)	02	III	1700,--
WOLFFSTEIN			
Christian Albrecht, Graf von Wolffstein,			
1684 - 1740			
Auswurfmünze auf die Kirche zu Kerckhofen,			
1718	71	I	600,--
	86	II	390,--
Auswurfmünze auf die Schloßkirche zu Ober-			
Sulzburg, o. J., (Kratzer)	71	I	300,--
Silberabschlag vom Dukat, auf die Grundstein-			
legung der Schloßkirche in Ober-Sulzburg,			
1719	55	II-III	290,--

AR-Abschlag von der Dukatenklippe auf den
Schloßkirchenbau zu Ober-Sulzburg, 1719

(abgebrochener Henkel)	49	II/III	250,--
(leichter Schrötlingsfehler)	71	I	680,--

WORMS, Stadt

Goldgulden, 1619, Fr. 3184	61	II-III	4000,--
Silberabschlag vom Dukaten, 200-Jahrfeier der Reformation, 1717, Joseph 433	85	III	225,--
2-facher Reichsguldinerklippe, 1616, Joseph 326 (Unikum)	31	II/III	11000,--
Reichstaler auf die 100-Jahrfeier der Reformation, 1617, Dav. 5955, Joseph 329, (leichter Randfehler)	27	II	3900,--
Taler, 1624, Dav. 5961, Joseph 337	08	III	3000,--
	56	III	2100,--
	73	III	2525,--
Dicken (1/4 Taler), 1614, Saurma 2146	01	III	575,--
1617	73	III	710,--
1619	41	III	775,--
1/4 Reichstaler, (= Dicken) 1624	41	III-IV	500,--
(leichter Randausbruch)	70	III	600,--
Groschen, auf die Reformationsfeier, 1717	19	II-III	220,--

WÜRTTEMBERG

Ludwig I., 1419 - 1450

Schilling, Stuttgart, o. J., Ebn. 16	51	III	1450,--
	67	III-IV	650,--

Ulrich I., 1. Regierung, 1498 - 1519

Goldgulden, Stuttgart, o. J., Schulten 3656	36	III	2250,--

Österreichische Besetzung unter Karl V.,
1519 - 1534

Einseitiger Pfennig, o. J., Schulten 3693, Ebn. 157	31	III	230,--

Ulrich I., 2. Regierung, 1534 - 1550

Dukat, 1535, Fr. 3191, Schulten 3660 (leicht gewellt)	47	III	11000,--
Taler, 1537, Dav. 9960, Schulten 3666, Ebn.113	26	II	38000,--

Taler, 1535, De Mey 1149, Schulten 3670,

Ebn. 129	72	II-III	8800,--
Rechenpfennig, Kupfer, 1543, Ebn. 155	67	III	350,--

Christoph, 1550 - 1568

Einseitiger Pfennig, Urach, o. J.,

Schulten 3700,	67	II-III	225,--
Rechenpfennig, Kupfer, 1561 (leichte Rand-			
fehler)	67	II-III	310,--

Ludwig VI., der Fromme, 1568 - 1593

Groschen = 1/25 Gulden, 1593, Ebn. 113	100	II-III	825,--
Einseitiger Schlüsselpfennig-Dickstück,			
o. J., (unediert)	67	III-IV	525,--

Friedrich I., 1593 - 1608

Gröschlein zu 37 1/2 auf einen Gulden, 1593,

Ebn. 14, Saurma 1580	20	III-IV	295,--
	67	II	225,--
3 Kreuzer, 1593	66	III	240,--
1596 (schwache Prägung)	86	II	200,--
2 Kreuzer, 1589, Ebn. 16, Saurma 1579	67	III-IV	200,--
1590	67	III-IV	200,--
1592	67	III-IV	200,--
1593	67	III	350,--
1594	67	III	200,--

Johann Friedrich, 1608 - 1628

5 Dukaten, Christophsthal (= Abschlag vom

1/2 Talerstempel),1609, Ebn. 16 (Henkelspur?)	87	III	30000,--
Doppeldukat, auf seine Ernennung zum Obri-			
sten des Schwäbischen Kreises, 1623, Fr. 3209,			
Ebn. 227 (leicht gewellt)	61	II	20000,--
Dicker, 3-facher Taler, 1622, Dav. 7840,			
Ebn. 94 (poliert)	16	IV/III	12400,--
Dicker Doppeltaler, 1613, Dav. 7836, Ebn. 49	27	II-III	26000,--
Doppeltaler, 1620, Dav. 7841, Ebn. 78	31	III	8000,--
Taler, Christophsthal, 1624, Dav. 7854,			
(Schrötlingsfehler)	19	III	2800,--
	72	II-III	2500,--
(aus 1623)	100	IV	420,--

Taler, 1624, Dav. 7855, Ebn. 284 (etwas			
schwache Prägung, leichter Randfehler)	27	III	1175,--
Taler, Christophstal, 1624, Dav. 7859			
(aus 1623)	84	IV/III	1450,--
1625	27	II-III	2100,--
Taler, 1625, Dav. 7862	27	III	3000,--
Taler, 1626, Dav. 7866 (Randfehler)	48	III	1500,--
(Zainende, Schrötlingsfehler)	70	III-IV	875,--
(Randfehler)	86	III	2000,--
(stark korrodiert)	98	III-IV	340,--
2 Kreuzer, 1624	100	II-III	205,--
1625	100	II	210,--
2 Kreuzer, 1625, Ebn. 336	86	II	460,--
Hirsch-Gulden, 1623	47	III	750,--
Hirsch-Gulden, Tübingen, 1622	86	III-IV	700,--
Hirsch-Gulden, Christophstal = CT, 1623			
(schwache Prägung)	100	III	1600,--
Kipper-Doppelschilling (14 Stück auf 1 Gulden),			
1622, Ebn. 201	67	II-III	350,--
Ludwig Friedrich von Mömpelgart, Administrator und Vormund für Eberhard III., 1628-1631			
2 Kreuzer (1/2 Batzen), 1630, Ebn. 8	86	II-III	250,--
Julius Friedrich von Weiltingen, Administrator und Vormund für Eberhard III., 1631-1633			
Taler, 1631, Dav. 7869, Ebn. 2 (Randfehler)	38	III	3450,--
2 Kreuzer (1/2 Batzen), 1631	86	I-II	290,--
Eberhard III., 1633-1674			
2 Dukaten, 1640, Fr. 3210, Ebn. 22 (gelocht,			
Henkelspur)	39	III	2450,--
1/2 Dukat, 1659, Fr. 3213, Ebn. 59 (vermutlich 2. bekanntes Exemplar, leicht justiert)	75	II	13500,--
Taler, 1647, Dav. 7872, Ebn. 44 (leichter			
Randfehler)	72	II	9250,--
Wilhelm Ludwig, 1674-1677			
Taler auf seinen Tod, 1677, Dav. 7877	72	II	5600,--
Einseitiger Schüsselpfennig, o. J., Ebn. 1	67	III-IV	290,--

Friedrich Karl, Administrator, 1677-1693

Silberabschlag vom Dukaten, auf den Bau

des Stuttgarter Gymnasiums, 1685 | 86 | II | 320,--

| | 94 | I-II | 480,-- |

2 Kreuzer (1/2 Batzen), 1680, Ebn. 7 | 67 | II | 280,--

Schwäbischer Kreis, 1694

Taler, Augsburg, 1694, Dav. 7799, Ebn. 38 | 44 | II | 6300,--

Schwäbischer-Kreis-Taler, Stuttgart, 1694,

Dav. 7800, Ebn. 39 | 44 | II | 6500,--

Eberhard Ludwig, 1693-1733

Doppeldukat, 1699, Fr. 3224, Ebn. 100 | 44 | II | 14250,--

Goldgulden auf seine Ernennung zum General-

feldmarschall der Reichsarmee (1712), o. J.,

Fr. 3226 | 27 | II-III | 5500,--

Karolin, 1733, Fr. 3227 (leichter Randfehler) | 98 | II | 3050,--

1/2 Karolin, 1732, Fr. 3228 | 16 | III/IV | 2100,--

1733 | 00 | II | 2300,--

1/4 Karolin, 1732, Fr. 3229 | 51 | III | 950,--

| | 75 | III | 1025,-- |

1733 | 87 | II-III | 1800,--

Abschlag vom Goldgulden, Grundsteinlegung

der Hofkapelle in Ludwigsburg, 1716, Ebn.

264 | 67 | I | 400,--

Silberabschlag vom Dukaten auf die Erbhuldi-

gung zu Mömpelgart, 1723, Ebn. 266 | 67 | III | 205,--

Taler, 1694, Dav. 7880 | 00 | III | 2350,--

Taler, 1694, Dav. 7881, Ebn. 35 | 00 | II-III | 3100,--

(leichte Henkelspur) | 29 | II-III | 1700,--

Taler, 1697, Dav. 7884 (leichter Kratzer) | 72 | I | 5800,--

30 Kreuzer, Landmünze = 1/2 Gulden, 1731 | 31 | III | 480,--

| | 67 | III-IV | 280,-- |

(Kratzer) | 75 | III | 215,--

1732 | 20 | II-III | 455,--

| | 31 | III | 470,-- |

1733 | 86 | III | 380,--

Karl Alexander, 1733-1737

Karolin, 1735, Fr. 3232 | 16 | III | 3700,--

| | 38 | III | 2700,-- |

wie vor	82	III	2050,--
1/2 Karolin, 1734, Fr. 3233	87	II	3000,--
1735	98	II-III	1525,--
1/4 Karolin, 1734, Fr. 3234	87	II	2700,--
1735	71	I-II	2975,--
Silberabschlag vom 3-fachen Dukaten, auf seine			
Hochzeit mit Maria Augusta von Thurn und Taxis,			
o. J., Ebn. 104	100	II	1050,--
30 Kreuzer, 1734 (leichter Schrötlingsfehler)	44	II	410,--
1735	51	II-III	430,--
1/2 Gulden zu 30 Kreuzer, 1735	67	III	375,--
	84	III	320,--
	86	III/II-III	295,--
	86	III/II-III	365,--
	87	II-III	525,--
1736	67	II-III	500,--
	75	II-III	455,--
1/2 Gulden zu 30 Kreuzer, 1734	67	III	350,--
1735	20	II-III	415,--
	47	III	250,--
	55	III	360,--
Karl Rudolph von Württemberg-Neuenstadt,			
Administrator und Vormund für Karl Eugen,			
1737-1738			
Taler, 1737, Dav. 2851	00	III	2450,--
(Randfehler)	48	III	4050,--
	86	II-III	4000,--
	93	II-III	3750,--
Karl Eugen, 1744-1793			
Dukat, 1750, Fr. 3244, Cr. 78	98	III-IV	2050,--
Dukat, 1790, Fr. 3244, Cr. 78	87	II	10600,--
Goldene Neujahrsklippe im Dukatengewicht, 1748,			
Ebn. 300	87	I	6600,--
Dukat auf seine Vermählung mit Elisabeth			
Sophie Friederike von Brandenburg-Bayreuth,			
1749, Fr. 3246, Cr. 80	87	II	6750,--
Dukat auf die Konfirmation, o. J.	73	I	1600,--

Neujahrsklippe auf die bevorstehende			
Vermählung des Herzogs, 1748, Ebn. 300 a	98	I-II	450,--
Silberabschlag vom 4-fachen Konfirmations-			
dukat, o. J.	73	II	650,--
Ag-Abschlag vom Dukaten auf die Geburt seiner			
Tochter, 1750	19	III	250,--
Silberabschlag vom Dukat auf seine Geb.,			
1776, Ebn. 307	67	II-III	300,--
Taler, 1744, Dav. 2857	41	II/I	10500,--
	48	II	4400,--
Konventionstaler, 1759, Dav. 2859, Cr. 73,			
Ebn. 131	27	II-III	1850,--
	73	II	2825,--
Taler, 1759, Dav. 2859 A, Cr. 73, Ebn. 132	00	II-III	1600,--
Konventionstaler, 1760, Dav. 2860, Cr. 73 a	04	III	825,--
	19	III	470,--
	44	II	1900,--
	67	III-IV	600,--
	86	III	500,--
Taler, 1761, Dav. 2862, Cr. 74	51	III	925,--
	70	I	4100,--
Konventionstaler, Stuttgart, 1766, Dav. 2864,			
Cr. 74	70	III	1200,--
Taler, 1769, Dav. 2866, Cr. 76, Ebn. 196			
(poliert)	19	IV/III	330,--
Taler, 1769, Dav. 2866 A, Ebn. 197	26	II	2000,--
Taler, 1779, Dav. 2868, Cr. 76 (leichter			
Randfehler)	26	I-II	2700,--
Konventionstaler, 1781, Dav. 2870, Cr. 76,			
Ebn. 242	41	II-III	1350,--
(Kratzer)	98	III-IV	450,--
Taler, 1784, Dav. 2871, Cr. 76	41	I-II	2500,--
(leichter Kratzer)	44	I-II	2900,--
(leichter Stempelfehler)	47	II/I	2900,--
	75	III	950,--
1/2 Taler, 1745, Cr. 66, Ebn. 13	75	III	4000,--
	86	III	2675,--
1/4 Taler, 1744, Cr. 64, Ebn. 10	89	III	2200,--

1/6 Taler, Kriegsmünze, 1758, Cr. 50, Ebn.			
108	47	II	460,--
	75	II-III	355,--
	97	II	400,--
Kriegs-1/6 Taler, 1758, Cr. 51, Ebn. 109	44	II	575,--
1/24 Taler, Stuttgart, 1769, Cr. 40, Ebn. 204			
(leichter Schrötlingsfehler)	67	II-III	345,--
20 Kreuzer, 1764, Cr. 56	19	III/II-III	245,--
20 Kreuzer, 1767, Cr. 57	100	II-III	360,--
1768	98	III	350,--
	100	II-III	360,--
20 Kreuzer, 1769, Cr. 59 (Stempelfehler			
CONSTANST)	18	III/II	240,--
1770	100	II-III	360,--
20 Kreuzer, 1775, Cr. 57, Ebn. 225	100	II-III	340,--
15 Kreuzer, 1758, Cr. 48	51	II-III	275,--
1759	75	II-III	240,--
12 Kreuzer, 1758	67	III-IV	320,--
10 Kreuzer, 1765, Cr. 44	18	II	325,--
6 Kreuzer, 1758, Cr. 37 a	51	II	380,--
Friedrich I. Eugen, 1795-1797			
Konventionstaler auf die 300-Jahrfeier des			
Herzogtums, 1795, Dav. 2873, Cr. 103	19	II-III/III	2350,--
	37	I	4350,--
	84	I	5300,--
	94	I	5225,--
1/6 Taler (20 Kreuzer), 1796, Cr. 99	19	III	330,--
Friedrich II. (I.), 1797-1816			
Probetaler, London, mit glattem Rand, 1798,			
Dav. 2875, Cr. 119, GDM 2 Anm.	31	II/PP	5900,--
	70	PP	6900,--
Taler, 1806, Dav. 938, Cr. 149 a, J. 5			
(Henkelspur)	86	IV	3550,--
Taler, 1809, Dav. 939, Cr. 150, J. 17	26	II	16250,--
	46	II-III	14000,--
	55	II-III	14000,--
Kronentaler, 1810, Dav. 943, Cr. 153, J. 22			
(leicht korrodiert)	01	II-III	4000,--

wie vor (leichter Randfehler)	23	III	2900,--
	41	II/I-II	3500,--
(leichter Schrötlingsfehler)	51	III	2450,--
(fleckig)	67	II	3350,--
(leichter Schrötlingsfehler)	74	II	6200,--
(leichter Schrötlingsfehler, leichter Randfehler)	86	III	900,--
(leichter Randfehler)	100	I-II	8000,--
Kronentaler, 1810, Dav. 943, J. 23, GDM 35	86	III-IV	3000,--
Kronentaler, 1811, Dav. 944, Cr. 153 a, J. 24	11	II	7250,--
Kronentaler, 1812, Dav. 945, Cr. 154, J. 25	11	II	3600,--
	26	II-III	2150,--
	30	II/I	4650,--
(leicht justiert)	48	III	1800,--
	51	I-II	7100,--
	67	II	4000,--
(leicht justiert)	74	I	6000,--
	86	III	3100,--
(justiert)	98	III	1850,--
1/2 Konventionstaler, 1805, Cr. 132, GDM 19, Ebn. 51	11	III	1300,--
(leichter Randfehler)	86	III	1225,--
20 Kreuzer, 1798, Cr. 116 a, GDM 4, Ebn. 11	67	II-III	975,--
20 Kreuzer, 1798, Cr. 116, GDM 5	67	II-III	1150,--
	86	III-IV	380,--
20 Kreuzer, 1799, Cr. 116, GDM 6	67	III	1475,--
20 Kreuzer, 1807, Cr. 146, J. 11, GDM 43	19	II	1000,--
	41	I	240,--
	49	III	225,--
	99	III	215,--
1808	41	II	400,--
	46	II	525,--
	67	III	320,--
	86	II-III	525,--
1809	06	I-II	950,--
(leicht justiert)	67	III	485,--
	86	II-III	550,--
20 Kreuzer, 1810, Cr. 147, J. 13, GDM 44	41	III	330,--

wie vor	67	II-III	500,--
	86	III-IV	200,--
1812	49	III	225,--
20 Kreuzer, 1812, Cr. 148, J. 16, GDM 46			
(fleckig)	67	II	950,--
	86	III-IV/III	390,--
	92	I	1250,--
10 Kreuzer, 1809, Cr. 144, J. 10, GDM 47	19	III-IV	300,--
	67	II-III	1300,--
6 Kreuzer, 1799, Cr. 112, GDM 8, Ebn. 21	67	III	220,--
VI Kreuzer, 1804, Cr. 126, GDM 23	67	II-III	220,--
	67	II	525,--
VI Kreuzer, 1806, Cr. 142, GDM 49	46	II/I	250,--
	49	II-III	220,--
	86	II-III	305,--
III Kreuzer, 1812, Cr. 141, J. 8, GDM 53			
(leicht dezentriert)	67	I-II	210,--

WÜRTTEMBERG-MÖMPELGART, Grafschaft
Ludwig Friedrich, 1608-1628

Taler, 1622, Dav. 7075, Ebn. 45	79	III/II	4500,--

WÜRTTEMBERG-NEUENSTADT
Friedrich August, 1654-1715

1/4 Taler, 1704, Ebn. 14	87	II	2200,--

WÜRTTEMBERG-OELS
Christian Ulrich I. in Bernstadt, 1664-1704
Dukat, auf seine Vermählung mit Sophia von
Mecklenburg-Güstrow, o. J., Ebn. 74, FuS.

2418	87	III	6000,--
1/4 Dukat, 1685, Fr. 2939, FuS. 2389	47	II	1325,--

Karl Christian Erdmann von Württemberg,
1744-1792
Leichter Reichstaler, 1785, Dav. 2879, Cr. 1

(leicht justiert)	70	I	1150,--
	94	I	925,--
Leichter Reichstaler, 1785, Dav. 2879, Cr. 1	01	III-IV	550,--

wie vor (Privatgravur)	01	III	250,--
	18	II-III	875,--
	20	II-III	500,--
(leichter Randfehler)	35	III	425,--
	47	II	900,--
	51	II-III	650,--
(leichter Randfehler)	51	II	750,--
	67	II-III	550,--

WÜRTTEMBERG-WEILTINGEN

Julius Friedrich, 1617-1635

Hirsch-Gulden (Kippermünze), 1622

(schwache Prägung)	86	II-III	820,--
(leicht schwache Prägung)	100	II-III	1000,--
Kipper-Gulden zu 60 Kreuzer, 1623, Ebn. 10	25	III-IV	700,--

WÜRZBURG, Bistum

Gottfried IV. Schenk von Limburg, 1443-1455

Schilling, o. J., Heller 44	06	III	265,--
Schilling, o. J., Saurma 1327	39	III/II	220,--

Melchior Zobel von Giebelstadt zum Guttenberg,
1544-1558

Guldiner (Taler), 1554, Dav. 9975, De Mey

1168, Schulten 3722	47	III	900,--
	55	II-III	1800,--

Johann Gottfried I. von Aschhausen, 1617-1622

Neujahrsgoldgulden, o. J., Fr. 3278, Heller

103	76	III	7000,--

Philipp Adolph von Ehrenberg, 1623-1631

Taler, 1624, Dav. 5972	27	II	5500,--

Franz von Hatzfeld, 1631-642

Dukat, 1638, Heller 145	76	II	2100,--
Taler, 1637, Dav. 5975	41	II-III	1950,--
(leichte Henkelspur)	65	IV/V	575,--
1639 (leichter Randfehler)	26	II-III	2250,--

Bernhard von Sachsen, während der Vertreibung
von Franz von Hatzfeld, 1633-1634

Salvatorbatzen, 1634	19	II	310,--

wie vor	26	III	210,--
Johann Philipp I. von Schönborn, 1642-1673			
Doppeldukat, o. J., Fr. 3289 var.	76	II	14500,--
Neujahrsgoldgulden, o. J., Fr. 3293	76	II	6200,--
Reichstaler, Nürnberg, 1652, Dav. 5980			
(Henkelspur)	65	III	850,--
Reichstaler, o. J., Dav. 5981 (leichter			
Schrötlingsfehler)	70	I-II	4400,--
Peter Philipp von Dernbach, 1675-1683			
5 Dukaten = Goldabschlag vom Taler-Stempel,			
o. J. (leichte Henkelspur)	05	IV	3700,--
Taler, o. J., Dav. 5986	26	II-III	5000,--
Johann Gottfried II. von Guttenberg, 1684-1698			
Taler, o. J., Dav. 5990 (Zainende)	26	II	5000,--
Taler, 1693, Dav. 5993 (Zainende)	16	III	1050,--
	18	II	1350,--
(Vergoldungsspuren)	47	III	700,--
(Schrötlingsfehler)	65	III/II	875,--
(Henkelspur, poliert)	86	III	550,--
(leichte Henkelspur, poliert)	98	II-III	700,--
Taler, Würzburg, 1693, Dav. 5994	45	II	1325,--
	65	III/IV	875,--
	70	II-III	1400,--
	77	III	1080,--
1/2 Taler, 1696 (Randfehler)	16	III	625,--
1/4 Taler, 1696 (leichtes Zainende)	98	II	1825,--
Johann Philipp II. von Greiffenklau-Vollraths, 1699-1719			
3-facher Dukat, 1707, Fr. 3305	26	II	17250,--
	61	I-II	14000,--
	76	I-II	11500,--
Doppeldukat, 1707, Fr. 3306	76	II-III	5000,--
Dukat, 1703, Fr. 3304 (leicht gewellt)	76	III	6500,--
Neujahrsgoldgulden, o. J. (leichter Rand-			
fehler)	76	II	3100,--
Goldgulden, o. J., Fr. 3307	76	III	2800,--
Reichstaler, 1702, Dav. 2881 (Henkelspur)	65	IV/V	260,--
Taler, 1702, Dav. 2882	27	I	3700,--

wie vor (leichter Kratzer)	65	II	2550,--
Taler, 1702, Dav. 2883	65	IV/III	700,--
Taler, 1707, Dav. 2884 (leichte Henkelspur, poliert)	63	III	435,--
Taler, 1707, Dav. 2885 (leicht poliert, Henkelspur)	65	III	1000,--
Johann, Philipp Franz von Schönborn, 1719 - 1724			
Neujahrsgoldgulden, zum Regierungsantritt, o.J., Fr. 3315 var.,	31	II	3900,--
(Schrötlingsfehler)	38	III	3800,--
	76	III	2700,--
Christoph Franz von Hutten, 1724 - 1729			
2 Dukaten, (vor der Weihe geprägt), o. J., Fr. 3316	44	I-II	6900,--
(Stempelriß)	76	I	4400,--
Doppeldukat, auf seine Weihe, o. J., Fr. 3319 (Stempelfehler)	05	III/II	3100,--
	76	II	5000,--
Dukat (vor der Weihe geprägt), o. J., Fr. 3317	76	III	1750,--
Dukat, nach der Weihe, o. J., Fr. 3320	76	II	2100,--
	76	II	2200,--
	98	I-II	2500,--
(gewellt)	99	II	1200,--
1/2 Dukat, o. J., Fr. 3322	55	II	1300,--
(gewellt)	60	I-II	650,--
	76	I	820,--
	89	I	1025,--
Neujahrs-Goldgulden, o. J., Fr. 3323	76	II	2600,--
Neujahrs-Goldgulden, 1724, Fr. 3324 (poliert)	76	II-III	3400,--
Silberabschlag vom Doppeldukat (vor seiner Weihe), o. J., vgl. Fr. 3316	65	III/IV	250,--
Taler, 1725, Dav. 2886	26	II	2250,--
1/2 Taler, 1725,	41	II	1600,--
1/2 Taler-Zwitter, 1726	44	I-II	1200,--

Friedrich Karl von Schönborn, 1729 - 1746

2 1/2 Gulden = 1/4 Karolin, 1735, Fr. 3328	76	I	3700,--
2 1/2 Gulden = 1/4 Karolin, 1736, Fr. 3331			
(leichte Lötspur)	76	II-III	1300,--
Doppeldukat, 1729, Fr. 3332	76	I-II	13000,--
Dukat, 1731, Fr. 3333	44	I-II	5200,--
	76	II	3200,--
1732	76	III	2700,--
Dukat, 1730, Fr. 3334	27	II	5500,--
	76	II	5200,--
Neujahrs-Goldgulden, o. J., Fr. 3337	05	III	2500,--
	61	II-III	3000,--
	67	III-IV	1400,--

Anselm Franz von Ingelheim, 1746 - 1749

Neujahrs-Goldgulden, o. J., Fr. 3340	76	I	4700,--

Sedisvakanz, 1749

Schautaler, 1849	70	II-III	625,--

Karl Philipp von Greiffenklau-Vollraths,
1749 - 1754

Neujahrs-Goldgulden, o. J., Fr. 3343, Cr. 12	76	III	3600,--

Sedisvakanz, 1754

1/2 Schautaler (Oexlein), 1754 (leichter Randfehler, Kratzer)	05	II/I-II	500,--
	18	III/II	430,--

Adam Friedrich von Seinsheim, 1754 - 1779

Dukat, 1765, Fr. 3345, Cr. 61 (leicht gewellt)	26	II-III	7800,--
Dukat, 1772, Fr. 3346, Cr. 62	76	II	2600,--
Dukat, 1774, Fr. 3347, Cr. 63	76	I	3500,--
	78	II	1950,--
(leicht dezentriert)	90	II	1500,--
1777	41	II	2100,--
	44	II	2500,--
	89	II	1850,--
1778	55	II	2250,--
	76	II	2600,--
1779	44	I-II	3000,--
Neujahrs-Goldgulden, 1755, Fr. 3344, Cr. 57	51	III-IV	1850,--

wie vor, (leichte Randfehler)	76	II	2200,--
Neujahrs-Goldgulden mit Titel von Bamberg,			
o. J., Fr. 3349, Cr. 58	76	I	3500,--
Neujahrs-Goldgulden, 1774, Fr. 3348, Cr. 60	76	I	2900,--
1777	76	I	2900,--
1778	76	III	1650,--
Taler, 1760, Dav. 2890 (Schrötlingsfehler)	04	III	550,--
Taler, 1760, Dav. 2891B, Cr. 51	41	III-IV	1500,--
Konventionstaler, 1760, Dav. 2892, Cr. 52	48	III-IV	255,--
	70	III	430,--
	75	III	680,--
Taler, 1763, Dav. 2893, Cr. 55	05	III/IV	250,--
	16	III/IV	300,--
	66	III	550,--
Taler, 1763, Dav. 2893A, Cr. 55 (leicht			
justiert)	70	I	3000,--
Taler, 1764, Dav. 2895, Cr. 55 (Randfehler)	05	III/IV	220,--
	38	III	775,--
	55	III	425,--
Konventionstaler, 1764, Dav. 2896, Cr. 55	44	III	350,--
Taler, 1764, Dav. 2897, Cr. 53a	06	III	400,--
	47	II	775,--
	51	III	460,--
Taler, 1765, Dav. 2898, Cr. 55 (leichter			
Schrötlingsfehler)	04	II-III	400,--
	41	I-II	900,--
	51	III	675,--
	83	III	370,--
Taler, 1765, Dav. 2899, Cr. 53a	34	III-IV	270,--
	36	III/IV	340,--
(Schrötlingsfehler)	51	III	375,--
	73	II-III	350,--
Taler, 1765, Dav. 2899B, Cr. 53a	47	III	410,--
"Herzogs-Taler", 1766, Dav. 2900, Cr. 56	73	II	7050,--
Taler, 1767, Dav. 2901, Cr. 55 (leicht			
justiert)	65	III/IV	525,--
1769	38	III	480,--
1770	69	III-IV	310,--

wie vor (Randfehler)	97	III	300,--
1771 (leicht justiert)	04	III	230,--
	31	III	360,--
1772	30	I-II	775,--
1777	00	III	360,--
Taler, 1773, Dav.2902, Cr. 53a (Schrötlings-			
fehler)	60	III	330,--
1775 (leicht justiert)	51	III	460,--
1776 (leichter Kratzer)	16	III	420,--
1/2 Taler, 1761, Cr. 46 (leichte Henkelspur)	25	III	230,--
1/2 Taler, 1765, Cr. 48	01	III-IV	360,--
	04	III	280,--
	26	II-III	360,--
(Kratzer)	38	III	430,--
Sedisvakanz, 1779			
1/2 Schautaler, 1779	27	II	925,--
Franz Ludwig von Erthal, 1779 - 1795			
Dukat, 1780	76	II	3300,--
1781	26	II	3600,--
	76	II	3300,--
1782 (Stempelfehler)	61	I-II	2600,--
	76	II	2850,--
1783	76	II	2900,--
Dukat, 1785, Fr. 3353, Cr. 98 (leichter			
Kratzer)	44	II	2550,--
(gewellt)	76	III	1500,--
2 Goldgulden (dick), 1786, Fr. 3354, Cr. 99			
(leichter Einriß)	76	I	3300,--
Neujahrs-Goldgulden, 1779, Fr. 3351, Cr. 94	76	II	2800,--
Goldgulden, 1786, Fr. 3355, Cr. 95	27	I-II	4400,--
Neujahrs-Goldgulden, 1786, Fr. 3352, Cr. 96	38	III	2525,--
(justiert)	48	II	2100,--
	102	I-II	3100,--
1791 (justiert)	44	II	3100,--
(justiert)	76	III	1500,--
Goldgulden, 1790, Fr. 3356, Cr. 97	76	II	4800,--
Doppelter Prämientaler, 1786, Dav. 2906, Cr.93	27	I	4300,--
	32	II/I	2000,--

wie vor	41	I-II	2775,--
(Randfehler)	51	II	1850,--
Konventionstaler, 1779, Dav. 2904, Cr. 86	21	III	365,--
	25	II	950,--
	47	III	480,--
	54	III	600,--
	65	I-II	1525,--
	70	II	1500,--
Taler, 1785, Dav. 2905, Cr. 87	94	II	875,--
Taler, 1785, Dav. 2905, Cr. 87	07	III	395,--
(poliert)	17	III	260,--
(Randfehler)	19	III	435,--
(poliert)	48	III	360,--
(leichter Randfehler)	65	II	775,--
	86	II-III	525,--
Taler, 1786, Dav. 2908, Cr. 88	16	II/III	710,--
	29	III-IV	250,--
	86	III	460,--
	94	I-II	1250,--
Konventionstaler, Prämie, 1786, Dav. 2907,			
Cr. 89	00	II	1125,--
	16	III/II	625,--
	30	II	680,--
	81	II	725,--
	86	III	370,--
1791	27	II	850,--
	41	I-II	1250,--
1790, Dav. 2909, Cr. 90 (leicht justiert,			
Stempelfehler)	70	I	2000,--
Taler, Prämie, 1794, Dav. 2910, Cr. 89a			
(poliert, leicht justiert)	16	II	550,--
(leicht justiert)	25	II	600,--
	51	II	1650,--
1795	29	III	345,--
Kontributionstaler, 1794, Dav. 2911, Cr. 91	26	III	725,--
	27	II	1400,--
	55	II	1550,--
Kontributionstaler, 1795, Dav. 2912, Cr. 92	46	II-III	2200,--

Kontributionstaler, 1794, Dav. 2911/12			
(Randfehler, poliert, sehr seltene Stem-			
pelkoppelung)	46	II	3100,--
20 Kreuzer, Würzburg, 1785, Cr. 78 (leicht			
justiert)	31	II	230,--
	41	II	240,--
	94	II	230,--
1787	74	III/II	200,--
20 Kreuzer, Kontribution, 1795, Cr. 83	16	III/IV	230,--
Georg Karl von Fechenbach, 1795 - 1803			
Karolin, 1795, Fr. 3357, Cr. 121 (Schrötlings-			
riß)	44	III	9300,--
Neujahrs-Goldgulden, 1798, Fr. 3359,			
Cr. 120	76	II	7200,--
Kontributionstaler, 1795, Dav. 2913, Cr. 117			
(leichter Randfehler)	16	II	1000,--
(leicht justiert)	27	II-III	650,--
	34	III	380,--
	41	II	800,--
	46	II	825,--
	55	III	450,--
(leichter Schrötlingsfehler)	65	III	460,--
Kontributionstaler, 1795, Dav. 2914, Cr. 118	00	III	850,--
(leicht justiert)	41	II	1225,--
(leichte Kratzer)	46	I	2700,--
Kontributionstaler, (Götzinger), 1795,			
Dav. 2915, Cr. 118	65	III/II	800,--
Kontributionstaler, 1795, Dav. 2915, Cr. 118	16	III	1025,--
	27	II	1700,--
20 Kreuzer, Kontribution, 1795, Cr. 107			
(leicht oxydiert)	09	II	285,--
	47	II	310,--
	98	II-III	445,--
Kontributions-20 Kreuzer, 1795, Cr. 108	41	I-II	310,--
Kontributions-20 Kreuzer, 1795, Cr. 110			
(Schrötlingsfehler)	55	III	290,--
20 Kontributionskreuzer, 1795, Cr. 111	26	II	260,--

WÜRZBURG, unter schwedischer Besetzung

Gustav II., Adolph, 1631 - 1632

Losungstaler, 1631, Dav. 4559 (leicht po-liert)	19	III	900,--
	38	III-IV	1000,--
"Losungstaler", 1632, Dav. 4560	06	II	2250,--
	19	III	1550,--
	100	III	1200,--

SCHWEIZ-AARGAU, Kanton

Neutaler zu 4 Franken, 1812, D.T. 189, Divo 142 (leicht gereinigt)	61	II	2400,--
20 Batzen = 1/2 Taler, 1809, Cr. 9, D.T. 191	28	I/II	725,--
	44	II	1150,--
	72	II	775,--
	75	II-III	405,--
	86	II-III	1100,--
10 Batzen, 1818, Cr. 8, D.T. 192	00	II	750,--
5 Batzen, 1808, Cr. 6, D.T. 194	72	III	320,--

SCHWEIZ-APPENZELL-AUSSERRHODEN

Neutaler zu 4 Franken, 1812, D.T. 154, Divo 116 (leichter Kratzer)	60	I-II	1200,--
Neutaler zu 4 Franken, 1816, D.T. 155, Divo 117	61	II	2800,--
1/2 Taler zu 2 Franken, 1812, Cr. 6, D.T. 156 (Haarriße)	28	I-II	825,--
	61	II	850,--
1/2 Franken, 1809, Cr. 5, D.T. 157	00	II	480,--
	61	II-III	360,--

SCHWEIZ-APPENZELL-INNERRHODEN

15 Kreuzer (Örtli), 1738, D.T. 786	67	III	300,--
	72	III	330,--
Einseitiger 2 Pfennig, o. J., D.T. 802	72	III	360,--

SCHWEIZ-BASEL, Bistum

Jakob Christopher Blarer von Wartensee,

1575 - 1608

Groschen, 1596, Saurma 1748	72	III	320,--

Johann Konrad II. von Reinach-Hirzbach,

1705 1735

1/4 Taler, 1717, D.T. 700	61	III-IV	650,--

SCHWEIZ-BASEL, Stadt

Basel, Stadt - Königliche Münzstätte für

Goldgulden

Goldgulden, o. J., Fr. 15	102	III/IV	1050,--
Goldgulden, o. J., Fr. 20	00	II-III	1700,--
	27	III	1100,--

Basel, Stadt - Städtische Münze

Grossus, geprägt in Gold, mit Original-

stempel im Jahre 1901, 1499 (3 Exemplare

geprägt)	61	I	5000,--
Goldgulden, o. J., Fr. 32, D.T. 733	12	II	7250,--
Doppeldukat-Schaumünze, o. J., Fr. 86,	02	II	6750,--
Dukat, o. J., Fr. 50, Ewig 80	00	III	3800,--
1/2 Dukat, o. J., Fr. 52, Cr. 87, D.T. 726,			
Ewig 115	02	I-II	11000,--
1/4 Dukat, o. J., Ewig 116, D.T. 727	02	II	6200,--
Doppeltaler, o.J, Divo 86, Ewig 127	61	I-II	8500,--
Doppeltaler, 1741, D.T. 739, Divo 88A,			
Ewig 132	25	II	3300,--
(Zainende)	98	II-III	1475,--
Guldentaler, 1565, Divo 110, Ewig 243 ff.	19	III	1450,--
1576	25	III	1100,--
1577	89	III/IV	525,--
1580	86	III	900,--
1581 (seltener Jahrgang)	25	III	1800,--
Taler, 1621, Dav. 4601, Divo 92 (Randfehler)	48	III	550,--
(Zainende, Schrötlingsfehler)	70	III	230,--
Taler, 1624 (Henkelspur)	87	III	335,--
Taler, 1622, Divo 93	17	III-IV	250,--
	87	III-IV	250,--

Taler, 1640, Divo 94	04	III	350,--
Taler, o. J., D.T. 742, Divo 101	00	III	500,--
(Randfehler)	15	III	525,--
	68	II	1025,--
Taler, o. J., Dav. 1744, Divo 98	79	III-IV	410,--
Taler, o. J., Dav. 1746, Divo 100 (gelocht)	01	I	305,--
Taler, 1741, D T. 743, Divo 103	19	III	675,--
(leichter Schrötlingsriß)	44	II-III	875,--
(Kratzer)	51	III	390,--
(leichter) Taler (Handmann), 1765, D.T. 746,			
Divo 105	89	III	280,--
Taler, 1785, D.T. 747, Divo 106 (gereinigt)	17	III	350,--
	48	III	700,--
Taler, 1793, D.T. 749, Divo 107A	48	III	850,--
Gluckhennen-Taler, o. J., Ewig 807	02	II	3200,--
	32	II	1825,--
(Rand bearbeitet)	45	II	1075,--
Gluckhennen-Taler, o. J., Ewig 808	43	II	4550,--
1/2 Taler, o. J., D.T. 753, Ewig 300	70	II	800,--
1/2 Plankus-Taler, 1751, Ewig 728	00	III	1550,--
Dicken, 1633	70	III	270,--
1/4 Taler, o. J., D.T. 744, Ewig 366	70	III	210,--
	70	II-III	310,--
	100	I-II	600,--
1/2 Taler, 1740, Ewig 364, D.T. 767	01	III	310,--
	21	III	305,--
	25	III	270,--
1/4 Taler, 1740, Ewig 363, D.T. 768 (Schröt-			
lingsfehler)	28	III	205,--
	68	II1	300,--
(justiert)	70	II	410,--
	72	III	250,--
1/4 Gluckhennen-Taler, o. J., Ewig 811	102	IV/III	390,--
Turnose-Groschen, o. J., Ewig 370	00	II-III	5000,--
Hälbling vom Rappen (Stäbler), o. J.,	42	II-III	320,--
SCHWEIZ-BASEL, Kanton			
5 Batzen, 1809, Cr. 106, D.T. 136	00	II/I	240,--

wie vor, 1810	00	II/I	200,--
	28	I	210,--
	70	I	480,--
Konkord.-Batzen-Probe, 1826, Cr. 110,			
Ewig 380, D.T. 138	00	II/I	290,--
5 Konkord.-Batzen-Probe, 1826, Cr. 110,			
Ewig 383, D.T. 139	00	II	250,--
Batzen, 1826, Cr. 109a, D.T. 143	28	I-II	325,--

SCHWEIZ-BERN

2 Dukaten, 1600, Fr. 92	02	II	18500,--
Doppeldukat, 1679, Fr. 120	61	II	20000,--
3 Dukaten, 1680, Fr. 126	61	I-II	27000,--
3 Dukaten, 1680, Fr. 126 (leicht gebogen)	00	II	22000,--
1697	02	I-II	26000,--
4 DUC(aten), o. J., Fr. 137, Cr. 48, D.T. 472	42	II	7000,--
Doppeldukat, 1727, Fr. 153, Cr. 45, D.T. 479	72	I-II	10750,--
Dukat, o. J., Fr. 159, Cr. 43, D.T. 487	00	III	2850,--
1/2 Dukat, 1717, Fr. 160, D.T. 494	12	II	4600,--
Dukat, 1794, Fr. 167, Cr. 53a, D.T. 491	86	II-III	2800,--
	98	II	2900,--
Doppel-Duplone, 1793, Fr. 168, Cr. 59, D.T.499	02	II	4300,--
1794	02	II	4300,--
1795	02	II-III	4100,--
	37	I-II	4300,--
	61	II	4000,--
Doppel-Duplone, 1796, Fr. 168, Cr. 59a, D.T. 500	61	II	4000,--
Duplone, 1796, Fr. 169, Cr. 58a, D.T. 502	61	II	2600,--
Doppel-Duplone, 1796, Fr. 172, Cr. 62,	72	II-III	10000,--
Duplone, 1793, Fr. 173, Cr. 61, D.T. 504	02	II	9250,--
Duplone, 1797, Fr. 173, Cr. 61, D.T. 505	27	I	11000,--
Taler zu 30 Batzen, 1679, Dav. 4619, Divo 41	36	IV	390,--
(Henkelspur)	51	III	280,--
	61	II	2500,--
(leichter Randfehler)	61	II	1500,--
	61	II-III	1300,--
Neutaler zu 40 Batzen, 1795, Divo 42, D.T.507	19	II-III	410,--

wie vor	72	II	600,--
1795	79	II-III	475,--
	89	III	525,--
1796	07	III	490,--
Taler zu 40 Batzen, 1795, Divo 42A, D.T. 507b	89	III	360,--
Taler zu 40 Batzen, 1798, Divo 43, D.T. 508	28	I/II	1050,--
	61	II-III	950,--
	68	I-II	925,--
	77	III/II	450,--
	86	II-III	600,--
Taler zu 40 Batzen, 1798, Divo 43A, D.T. 509	00	II	1000,--
40 Batzen - Gegenstempel 1816/19 auf franz.			
Ecu, 1726, Divo 46, D.T. 32 (poliert)	74	III/II	280,--
1750	04	III	325,--
1766	61	III	600,--
1769	70	III	600,--
1784	39	III	320,--
40 Batzen - Gegenstempel 1816/19 auf franz.			
Laubtaler, 1785, Divo 46, D.T. 32	70	III	500,--
1787 (justiert)	75	III	400,--
1789	01	III	340,--
1790	61	II	600,--
1793	61	III	750,--
40 Batzen - Gegenstempel 1816/19 auf franz.			
Ecu constitutionell, 1792, D.T. 32	38	III-IV	250,--
	61	III	850,--
Neutaler, zu 40 Batzen, 1835, Divo 44,			
D.T. 30h	61	II-III	2300,--
1/2 Taler, 1679	61	III	500,--
1/2 Taler, 1796, Cr. 32, D.T. 510	25	III	225,--
	44	I-II	600,--
	87	II-III	320,--
(justiert)	100	II-III	225,--
1797	61	II	550,--
	75	III	300,--
1/2 Taler, 1797, Cr. 32a, D.T. 511	28	I	550,--
2 Franken (= 1/2 Taler = 20 Batzen), 1835,			
Cr. 83, D.T. 33	00	II-III	825,--

wie vor	68	II	900,--
30 Kreuzer (1/4 Taler), o. J.,	61	III	300,--
30 Kreuzer, 1655, (justiert)	61	I	550,--
1/4 Taler, 1680	61	III	280,--
1/4 Taler, 1759, Cr. 30, D.T. 512	61	I	1700,--
1760	28	II	220,--
1773 (leichter Schrötlingsfehler)	61	II	225,--
1/4 Taler, (10 Batzen) 1797, Cr. 31a, D.T. 513	36	I	260,--
(leicht justiert)	44	II	370,--
	70	II	350,--
1 Franken (10 Batzen = 1/4 Taler), 1811,			
Cr. 82, D.T. 34	00	II	450,--
	28	I-II	465.--
	61	II	550,--
	72	II-III	340,--
20 Kreuzer, 1659	61	II	250,--
20 Kreuzer, 1798, Cr. 20a, D.T. 517	25	I-II	230,--
5 Batzen, 1810, Cr.81, D.T. 35	00	II/I	225,--
1/2 Dicken (10 Kreuzer), o. J.,	61	II	2300,--
	72	III	1050,--
Halbdicken (12 Kreuzer), 1620, Loh. 425	61	III	425,--
10 Kreuzer, 1669, Loh. 488	61	II	250,--
10 Kreuzer, 1755, Cr. 14, D.T, 521, Loh. 1063	61	I-II	300,--
1/2 Batzen, 1546, Loh. 739	72	III-IV	300,--
1 Cent - Probe in Kupfer, 1838, D.T. 50			
(mit Silberstift)	00	I	1750,--
(mit Silberstift, Randfehler)	72	II-III	625,--

SCHWEIZ-BEROMÜNSTER, Stift

2 Dukaten, o. J.,	02	I	24500,--
Michelgulden, o. J.	68	II-III	270,--
Michaelsgulden, o. J.,	70	II	650,--
Michelgulden, o. J.	70	I	625,--

SCHWEIZ-CHUR/Graubünden, Bistum

Paul Ziegler von Ziegelberg, 1503 - 1541

1/2 Batzen, o. J., Tr. 34	61	III-IV	650,--

Beatus a Porta, 1565 - 1581

1/2 Dicken, o. J.	67	III	1600,--
Kreuzer (Etschkreuzer), o. J., vgl. Tr. 57	61	III-IV	700,--

Johann V., Flugi von Aspermont, 1601 - 1627

Taler, o. J., Dav. 4661, Divo 126 (Sammlerzeichen)	61	III-IV	950,--
Taler, 1626, Tr. 132, Divo 127A (Zainende)	61	III-IV	3000,--
Dicken, o. J., Tr. 96	87	III-IV	525,--
Dicken, o. J., Tr. 97 ff.	48	IV	525,--
Dicken, o. J., Tr. 98	61	III	700,--
Groschen, 1627, Tr. 133	61	III-IV	725,--
1/2 Batzen, 1625	99	III-IV	575,--

Joseph Mohr von Zernetz, 1627 - 1635

10 Kreuzer, 1629	23	III/IV	550,--
1630	67	II	230,--
(schwache Prägung)	77	II	305,--
10 Kreuzer, 1630	48	II-III	380,--
1632 (nicht rund)	23	II/I-II	800,--
	61	II	550,--
	99	II-III	340,--
Groschen, 1628, Tr. 138a	60	III	370,--
1633	99	III	550,--
1/2 Batzen, o. J.	99	III	1600,--
Einseitiger 2 Pfennig, o. J.	99	III	235,--

Ulrich VI. von Mont, 1661 - 1692

2/3 Taler, 1688, Tr. 216 (Randfehler)	61	II	1200,--
2/3 Taler, 1689, Tr. 222/3	28	II-III	750,--
	67	II-III	230,--
1690	31	III	525,--
	61	II-III	800,--
15 Kreuzer, 1688	16	III	485,--
	23	III/IV	360,--
1690	16	III	500,--
	16	III	450,--

Ulrich VII. von Federspiel, 1692 - 1728

15 Kreuzer, 1703, Tr. 236	72	III-IV	3000,--

Joseph Benedikt von Rost, 1728 - 1754

2 Kreuzer, 1740	67	II-III	400,--

SCHWEIZ-CHUR/Graubünden, Stadt
Taler, o. J., Dav. 4672, Tr. 416, Divo 137

(Zainende)	70	III	1450,--
Taler, 1633, Tr. 527, Divo 138	61	II	4000,--
Dicken, o. J.,	48	III	850,--
10 Kreuzer, 1629, vgl. Tr. 466	00	III	5100,--
10 Kreuzer, 1629	23	II	450,--
	44	III	250,--
	77	II	405,--
1630 (fleckig)	23	II	230,--
	47	II	340,--
	61	II-III	240,--
	87	II	225,--
	99	I	340,--
1632	05	II	440,--
(Randfehler)	23	II	220,--
	44	III	220,--
	87	II-III	200,--
Schilling, 1624, Tr. 443	61	III	1500,--
Groschen, 1629 (leicht dezentriert)	49	I-II	290,--
(leicht gewellt, dezentriert)	60	II	270,--
	61	I	850,--
Groschen, 1631,	00	II	700,--
	99	I	700,--
Kreuzer, 1568	99	III	2050,--

SCHWEIZ-DISENTIS, Abtei
1 Kreuzer, 1729, D.T. 905, Tr. 324 (leicht

fleckig)	23	III/LV	1850,--

SCHWEIZ-FREIBURG, Kanton

Neutaler zu 4 Franken, 1813, D.T. 104, Divo 72	44	II-III	1200,--
	60	II	1275,--
	61	II	1900,--
	72	II-III	1350,--
	86	III-IV	480,--
	89	III	525,--
Dicken = 1/3 Guldiner, Cahn 16	48	III	1950,--

Dicken, 1556	70	III	4100,--
Gulden zu 56 Kreuzer, 1797, D.T. 647	61	II-III	400,--
Franken zu 10 Batzen, 1812, Cr. 37, Cahn 75a,			
D.T. 106	00	II/III	425,--
	48	II-III	400,--
	70	III	210,--
5 Konkord.-Batzen, 1827, Cr. 44, Cahn 82,			
D.T. 108	70	I-II	250,--
Groschen, 1527, Cahn 18	72	IV	425,--

SCHWEIZ-GENF, Stadt

Goldabschlag vom Deux-quarts, 1750, D.T. 1025			
Anm.	02	II-III	2400,--
Kippertaler, 1625, Dav. 4621, Divo 160	01	III	1575,--
Taler, 1723, D.T. 1007, Divo 161	22	III	280,--
1/2 Taler, 1622,	61	III	2000,--
1/2 Taler, (= 6 Florins, 4 Sols und 6 Deniers)			
1795, D.T. 1034	70	III	310,--
	73	III	305,--
24 Sols oder 2 Gulden, 1644,	61	III	280,--

Revolution, 1792 - 1798

Taler (= Genevoise = 10 Decines), 1794,			
Dav. 1768, Cr. 43, Divo 162, D.T. 1029			
(Zainende)	61	I-II	1800,--
(Schrötlingsfehler)	65	IV/III	370,--
	72	II-III	1100,--
	89	III	375,--
1/2 Ecu = 1/2 Taler zu 6 Florins, 4 Sols und			
6 Deniers, 1795, Cr.41, D.T. 1034	01	II	390,--

Unter französischer Herrschaft, 1798 - 1814

1/2 Franc AN 12, D.T. 267 (justiert)	61	II	1900,--

SCHWEIZ-GENF, Kanton - ab 1814

20 Francs, 1848, Fr. 231, Cr. 75, D.T. 277	02	I	5250,--
	72	III	4600,--
10 Franken, 1851, Cr. 73, D.T. 279, Divo 168			
(leichter Randfehler)	25	II	1250,--
	61	I-II	3300,--

5 Francs, 1848, Cr. 72, D.T. 280, Divo 169	61	II	1200,--
(Randfehler)	9⁷	III	350,--

SCHWEIZ-GLARUS

XV Schilling (45 Rappen), 1806, Cr. 3, D.T.95	61	II-III	1175,--

SCHWEIZ-GRAUBÜNDEN, Kanton
Duplone zu 16 Franken, Bern, aus Calandagold,

1813, Fr. 233, Cr. 8, D.T. 177	72	I	19000,--
Taler, auf den Bund mit Venedig, 1603,			
Tr. 1147	72	III	1550,--
X Batzen, 1825, Cr. 7, D.T. 178	00	II/I	950,--
	48	II-III	700,--
	61	II-III	575,--
V Batzen, 1807, Cr. 6, D.T. 179	61	II	325,--
1820	28	II	310,--
1 Batzen, 1807, Cr. 4, D.T. 180	61	II	325,--

SCHWEIZ-GRAUBÜNDEN-GOTTESHAUSBUND

Groschen zu 3 Kreuzer, 1565, Tr. 366v.	61	II	1650,--
Etsch-Kreuzer, 1569, Tr. 385 (Überprägungs-			
spuren)	61	II	550,--

SCHWEIZ-HALDENSTEIN, Freiherrschaft
Thomas, I. von Schauenstein-Ehrenfels,
1609 - 1628
Ausbeutetaler, 1623, Dav. 4679B, Divo 140A

(aus 1632)	48	III	2050,--
Kipper-Dicken, 1621, Saurma 1678, Tr. 829			
(justiert)	62	IV/III	975,--
(justiert)	73	III-IV	650,--
Batzen, o. J., (schwache Prägung)	72	III	1950,--

Georg Philipp von Ehrenfels, 1671 - 1695

2/3 Taler, 1690, Tr. 877 var.	61	II-III	750,--
2/3 Taler, 1690, Tr. 877 (Zainende)	23	III/IV	700,--
2/3 Taler, 1690,	48	II	1150,--
2/3 Taler, 1691 (Zainende)	23	III	850,--
2/3 Taler, 1691	19	III	675,--

2/3 Taler, 1692, Tr. 900 var.	61	II-III	700,--
2/3 Taler, 1691,	23	III/IV	825,--
XV Kreuzer, 1689	102	III	600,--
XV Kreuzer, 1687	16	III	650,--
	102	III/IV	500,--
1690 (leichter Randfehler)	16	III	430,--
	16	IV/III	240,--
	16	IV	205,--
	16	III/IV	400,--
	67	III	205,--
	72	III-IV	290,--
	102	III/IV	500,--

SCHWEIZ-Helvetische Republik

Taler zu 40 Batzen, 1798, Dav. 1771, D.T. 3, Divo 1	100	III	680,--
Taler zu 40 Batzen, 1798, D.T. 3a, Divo 1A	61	II	1700,--
	70	III	625,--
Taler zu 4 Franken, B, 1801, Dav. 359, Cr.8a D.T. 5	61	II-III	1550,--
	70	II	1500,--
1/2 Taler zu 20 Batzen, 1798, Cr. 6, D.T. 6 (leicht schwache Prägung)	61	II-III	850,--
10 Batzen, Bern, 1799, Cr. 5, D.T. 7b	61	II-III	550,--
10 Batzen, Bern, 1801, D.T. 7b	00	II	750,--
5 Batzen, Bern, 1799, Cr. 4, D.T. 8a	00	II	250,--
	61	I	850,--
	61	II-III	225,--
5 Batzen, Bern, 1800, D.T. 8c (leicht schwache Prägung)	00	II	225,--

SCHWEIZ-LAUFENBURG, Stadt

2-Plappart, 1623 (unediert)	72	V	2900,--
Doppelvierer, o. J.,	00	III/II	1000,--
	87	III	770,--

SCHWEIZ-LUZERN

Dukat, 1715, Fr. 267, D.T. 537	02	II	16500,--

Breiter Doppel-Schautaler, 1699, Wiel. 140a	72	II-III	4550,--
Taler, o. J., Dav. 8740, Divo 49 (seltene			
Variante)	61	II-III	3600,--
	66	III	1800,--
Taler, zu 40 Batzen, 1796, Cr. 24, D.T. 542,			
Divo 54 (leichter Kratzer)	48	II	650,--
(leicht justiert)	72	II	1250,--
Taler zu 4 Franken, 1813, D.T. 53, Divo 55	00	II	525,--
1814	28	II	460,--
	54	III	425,--
	70	II	650,--
	75	III/II	340,--
	85	II-III	450,--
	100	II-III	370,--
1/2 Taler zu 20 Batzen, 1795, Cr. 23, D.T. 544	68	II-III	575,--
Dicken, 1610, Wiel. 62 var.	70	V	700,--
10 Batzen (= 40 Kreuzer = Franken), o. J.,			
Cr. 19, Wiel. 175	00	III/II	425,--
1 Franken zu 40 Kreuzer, 1796, Cr. 21a,			
D.T. 550	70	I-II	500,--
	70	II	460,--
10 Batzen (1 Franken), 1812, Cr. 35, D.T. 55	61	I	1100,--

SCHWEIZ-MISOX/Graubünden, Herrschaft
Johann Jakob Trivulzio, 1487 - 1518

Cavallotto= 9 Soldi, o. J., Tr. 1088 ff.	61	II	2100,--
Grosso = 6 Soldi, o. J., Tr. 1082 ff	61	II-III	575,--
	61	III	300,--

Johann Franz Trivulzio, 1518 - 1549

Cavallotto = 9 Soldi, o. J., Tr. 1101	42	II	1700,--

Anton Theodor Trivulzio, 1676 - 1678

Breiter Doppeltaler, 1676, Dav. 4135	52	III	2450,--
(rauher Schrötling)	61	III	2100,--

SCHWEIZ-NEUENBURG
Henri II. von Orléans-Longueville, 1595-1663

10 Kreuzer, o. J.	61	III	240,--

wie vor	70	III	250,--
	70	III	250,--
Marie von Orléans- Longueville, 1694 -1707			
1/4 Taler, 1694, (leicht schwache Prägung)	61	III	450,--
16 Kreuzer, 1694	56	II-III	335,--
	61	II-III	200,--
Friedrich I. von Preußen, 1707 - 1713			
Pistole, JP, 1713, Fr. 2151, D.T. 981			
(leicht justiert)	27	III-IV	7600,--
Silberabschlag vom Doppeldukaten, auf seine			
Wahl zum Fürsten von Neuenburg, o. J.,	41	II	410,--
	70	III	775,--
	89	III/II	750,--
Taler, 1713, D.T. 982, Divo 152	31	III	5000,--
1/2 Taler, 1713, D.T. 983, v.Schr. 54	61	II	3600,--
1/4 Taler, 1713, D.T. 984, (leicht justiert)	25	II	1250,--
	48	III	1325,--
(leichter Randfehler)	61	II	1500,--
	70	III-IV	775,--
	85	III	900,--
20 Kreuzer, 1713, D.T. 986	41	I-II	900,--
(Zainende)	62	II	600,--
	85	III-IV	350,--
10 Kreuzer, 1713, D.T. 988	61	II	650,--
	70	III	575,--
	89	II	650,--
Friedrich Wilhelm I. von Preußen, 1713 - 1740			
Taler, 1714, Dav. 1777, D.T. 992, Divo 135	61	II-III	14500,--
Friedrich Wilhelm II. von Preußen, 1789-1796			
21 Batzen = 12-fache Piècette, 1796, J. 231,			
D.T. 994	95	III	600,--
10 1/2 Batzen = 1/2 Gulden, 1796, J. 230,			
D.T. 996	47	III-IV	625,--
Friedrich Wilhelm III. von Preußen,			
1797 - 1806			
21 Batzen (Gulden), 1799, Cr. 32, J. 245,			
D.T. 243	25	II	1050,--
	48	II-III	900,--

wie vor (private Gravur)	48	III	275,--
(6 kleine Gegenstempel)	69	III-IV	310,--
	91	IV	320,--
Batzen, 1800, Cr. 29, J. 244a	41	I-II	550,--
Alexander Berthier, 1806 - 1814			
1/2 Batz, 1809, Cr. 36, D.T. 256	41	I-II	350,--

SCHWEIZ-NIDWALDEN

5 Batzen, 1811, Cr. 13, D.T. 92	61	II	1500,--
	70	III	310,--

SCHWEIZ-OBWALDEN

20 Kreuzer, 1728, D.T. 615	48	IV	220,--
20 Kreuzer - Nachprägung mit Originalstempel,			
1743, D.T. 618	00	II	430,--
5 Batzen, 1812, Cr. 23, D.T. 89	61	III	575,--
Batzen, 1812, Cr. 22, D.T. 90	61	II-III	240,--

SCHWEIZ-REICHENAU, Herrschaft
Johann Rudolf von Schauenstein, 1709 - 1723
Einseitiger Pfennig, o. J., D.T. 957

(gelocht)	61	III	475,--

SCHWEIZ-RHEINAU, Abtei
Gerold II. von Zurlauben, 1697 - 1735
Silberabschlag vom Dukat, 1710, vgl. Fr. 302,

D.T. 460 Anm.	61	III	600,--
Silberabschlag vom Jubiläumsdukat, 1723,			
D.T. 461 Anm.	72	II-III	1000,--

SCHWEIZ-ST.GALLEN, Abtei
Bernhard II., Müller von Ochsenhausen,
1594 - 1630

Taler, 1777, D.T. 841, Divo 122 (Randfehler)	31	III	310,--
	61	II	2400,--
1778	04	III	505,--
Taler, 1780, Divo 123, D.T. 842 (Randfehler)	60	III	400,--
	61	III	425,--

wie vor (leichter Schrötlingsfehler)	70	III	600,--
	89	III	575,--
1/2 Taler, 1777, Cr. 13, D.T. 843 (justiert)	75	III	600,--
1/2 Taler, 1782, Cr. 13a, D.T. 844	19	III	250,--
1/2 Taler zu 30 Kreuzer, = 1/4 Taler, 1796,			
D.T. 851	61	III	260,--
20 Kreuzer, 1779, D.T. 846	61	II	340,--

SCHWEIZ-ST.GALLEN, Stadt

Taler, 1565, Dav. 8792, Divo 118 (Randfehler,			
leicht poliert)	48	III	3300,--
Taler, 1620, Dav. 4677, Divo 120 ff.	47	III	200,--
1621	05	IV/III	250,--
	63	III	310,--
1622	04	III	205,--
1623	68	III	285,--
1624 (Randfehler)	19	III	210,--
1/2 Taler, 1620	61	III	1400,--
1/2 Talerklippe, 1620	51	III	2000,--
1/2 Gulden zu 39 Kreuzer, 1738, Cr. 40,			
D.T. 806	86	III	205,--
Dicken, 1505 (Randfehler)	48	III	1100,--
	73	III	500,--
	99	III	270,--
1/2 Dicken-Klippe zu 3 Batzen, 1622, (leicht			
poliert)	86	III	300,--
Rollbatzen, o. J.,	61	III	210,--
	61	III	220,--

SCHWEIZ-SCHAFFHAUSEN

Taler, 1550, Dav. 8741, Divo 112	73	III	1250,--
1551	48	III	1300,--
	61	II	3600,--
Taler, 1620, Divo 113, D.T. 113	65	IV/III	200,--
	99	III	225,--
1621	31	III	200,--
1622	89	III	200,--
1623	75	III	305,--

wie vor	87	III-IV	250,--
Taler, 1623, D.T. 113, Divo 113	24	III	285,--
Dicken, 1611, Wiel. 488 ff.	31	III	250,--
Dicken, 1614, Wiel. 564 ff.	28	II-III	290,--
	70	III	250,--
	97	III	240,--
1617 (leicht justiert)	62	II	280,--
Dicken, 1632 (leicht fleckig)	23	III	290,--
1634 (poliert)	05	IV/III	230,--
Etschkreuzer, 1550	86	III	650,--
1 Kreuzer, 1808, Cr. 1, D.T. 153, Wiel. 747	61	I	350,--

SCHWEIZ-SCHWYZ, Kanton

1 Gulden, 1785, Cr. 23, D.T. 578, Wiel. 100	00	III-IV	775,--
1 Gulden, 1797, Cr. 25, Wiel. 102	00	III	1025,--
	61	III-IV	1400,--
1/2 Gulden = 20 Schilling, 1785, Cr. 18,			
D.T. 580, Wiel. 101	00	II	1350,--
	00	II	1425,--
	61	III	500,--
1/2 Gulden = 20 Schilling, 1797, Cr. 19,			
D.T. 581, Wiel. 103	00	III	500,--
20 Kreuzer, 1730, D.T. 582, Wiel. 94	00	III	1200,--
4 Batzen, 1811, Cr. 40, Wiel. 140, D.T. 81	61	III	460,--

SCHWEIZ-SITTEN,Bistum

Adrian I. von Riedmatten, 1529 - 1548

1/2 Dicken, 1542	72	III	2300,--
Batzen, o. J.,	72	III-IV	340,--

SCHWEIZ-SOLOTHURN, Kanton

Duplone, 1787, Fr. 330, Cr. 34, D.T. 671			
(leicht poliert)	47	III	1600,--
Duplone, 1797, Fr. 330, Cr. 34, D.T. 672	61	I-II	5500,--
1/2 Dublone, 1787, Fr. 332, Cr. 33, D.T. 674	61	I-II	3600,--
1/4 Dublone, 1789, Fr. 333, Cr. 31, D.T. 675	02	II	1500,--
	73	II	1525,--
Taler, o. J., Dav. 8755, Divo 75	70	III	1200,--

wie vor,	70	III	1550,--
Taler, o. J., Dav. 8758, Divo 75	47	III	1650,--
Taler, o. J., Dav. 8759, Divo 75	61	III-IV	950,--
Taler zu 4 Franken, 1813, Dav. 365, Cr. 48,			
Divo 78, D.T. 123 (leichter Kratzer)	61	II	2600,--
	72	II	3350,--
(Doppelschlag)	73	II-III	1800,--
Dicken. o. J.,	48	III	725,--
	61	II-III	1150,--
	70	III	410,--
	70	II-III	1500,--
1/2 Taler zu 20 Batzen, 1795, Cr. 25,			
D.T. 677	70	III	230,--
	75	III	300,--
Franken, 1812, Cr. 47, D.T. 124,	61	I	1300,--
	70	III-IV	390,--
	70	III	500,--
5 Konkordats-Batzen, 1826, Cr. 56, D.T. 126	72	II	280,--
Groschen, 1542,	70	III	340,--
1/2 Batzen, 1552	61	III	550,--

SCHWEIZ-TARASP, Herrschaft

<u>Ferdinand von Dietrichstein,</u> 1680 - 1698

Taler, Wien, 1695, Tr. 1110	61	II-III	1000,--

SCHWEIZ-TESSIN, Kanton

Taler zu 4 Franchi, Luzern, 1814, D.T. 213,			
Divo 143, J. 1a	60	II-III	1900,--
	102	IV	340,--
Taler zu 4 Franchi, Bern,(ohne Stern), 1814,			
D.T. 213, Divo 143	48	II-III	1050,--
1/2 Taler zu 2 Franken, Luzern, 1813, Cr. 7,			
D.T. 214	70	IV	380,--
1/2 Taler zu 2 Franken, Bern, 1813, Cr. 7,			
D.T. 214	61	II	1700,--
1/4 Taler zu 1 Franken, Luzern, 1813, Cr. 6,			
D.T. 215a	70	IV	205,--

1/4 Taler = 1 Franken, Bern, 1813, Cr. 6,
D.T. 215, J. 3b

	61	I-II	2100,--
	70	III-IV	310,--

SCHWEIZ-THURGAU, Kanton

5 Batzen, 1808, Cr. 5, D.T. 208	61	I	2000,--
1 Batzen, 1808, Cr. 4, D.T. 209	61	II -III	220,--
1/2 Batzen, 1808, D.T. 210	61	I	600,--
1 Kreuzer, 1808, Cr. 2, D.T. 211	61	II	500,--
1/2 Kreuzer, 1808, Cr. 1, D.T. 212 (Rand-fehler)	00	II	230,--

SCHWEIZ-URI, SCHWYZ und NIDWALDEN
Taler, Altdorf, o. J., Dav. 8763, Divo 60,

Wiel. 26	28	III	10000,--
Etschkreuzer, Altdorf, o. J., Wiel. 52	70	III	430,--
Testone (= 1/3 Guldiner), Bellinzona, o. J., Wiel. 7	61	III	2400,--

SCHWEIZ-URI

Dukat, 1736, Fr. 341, D.T. 575 (aus 1720)	26	II	5750,--
(aus 1720)	61	I-II	7100,--
Dicken, 1614 (justiert)	74	III	550,--
Dicken, 1617	61	III	1000,--
1/2 Dicken, 1610	61	II-III	11000,--
4 Batzen, 1811, Cr. 15, D.T. 75	00	II	500,--
	28	I-II	650,--
	61	III	375,--
	87	III	365,--
2 Batzen, 1811, Cr. 14, D.T. 76	00	I	450,--
	61	II-III	360,--
	85	III	250,--
Batzen (10 Rappen), 1811, Cr. 13, D.T. 77	00	II	250,--

SCHWEIZ-WAADT, Kanton
Neutaler zu 40 Batzen, 1812, Cr. 10, Divo 144,

D.T. 222	21	II	1300,--
	61	II	2200,--

wie vor	72	I-II	1900,--
Französischer Laubtaler mit Waadtländer			
Gegenstempel, 1727, Cr. 9, Divo 145,			
D.T. 223	61	III-IV	2700,--
1/2 Taler = 20 Batzen, 1810, Cr. 8, D.T. 224	44	I-II	900,--
	61	II-III	500,--
	102	III/IV	340,--
1811	48	II	600,--
10 Batzen, 1810, Cr. 7, D.T. 226	44	I	725,--
1811	00	II	400,--
10 Batzen, 1823, Cr. 7a, D.T. 226	00	II	300,--
	28	I-II	415,--
	61	I	800,--
Franken, auf dem Schützenfest als Preis ver-			
geben, 1845, Cr. 13, D.T. 227 (leichtes Zain-			
ende)	28	I-II	200,--
	51	II-III	220,--
	61	II	220,--
	70	I-II	290,--

SCHWEIZ-WETTINGEN

Taler, 1652 (Nachbildung, 2 Seiten zusammenge-			
klebt)	70	II	500,--

SCHWEIZ-ZÜRICH

Goldgulden, o. J., Fr. 362	27	III	17000,--
Dukat, 1646, Fr. 382	01	II-III	6400,--
Dukat, 1709, Fr. 403, D.T. 405 (leicht schwa-			
che Prägung)	02	I-II	5600,--
Dukat, 1719, Fr. 403, D.T. 406	72	III	1850,--
Dukat, 1775, Fr. 403, Cr. 43, D.T. 407	00	III	1750,--
	02	II	2900,--
Dukat, 1810, Fr. 403, Cr. 60, D.T. 17	61	I	5800,--
(leichter Kratzer)	86	II	3600,--
1/2 Dukat, 1761, Fr. 404, Cr. 42, D.T. 411			
(kleines Zainende, aus 1758)	18	II/I	1200,--
1/4 Dukat, 1649, Fr. 387	61	I-II	3250,--
1/4 Dukat, 1662 (gewellt)	61	III	1500,--

1/4 Dukat, 1651, Fr. 387,	00	III	700,--
1/4 Dukat, 1671, Fr. 389	72	III-IV	1250,--
1/4 Dukat, 1739, Fr. 389, D.T. 416	61	II	1100,--
1761 (aus 1758)	00	III	600,--
Guldiner, 1512, Dav. 8771, Divo 4	68	III	3100,--
Taler (Gutenson), 1556, Dav. 8775, Divo 6	51	III	1350,--
1558	47	III	1300,--
Taler, 1560, Dav. 8778, Divo 7	70	III	1800,--
Taler, 1559, Dav. 8770, Divo 7 (Schrötlings- fehler)	61	II	1300,--
Taler, o. J., Dav. 8783, Divo 9	61	II	2000,--
Taler, 1649, Dav. 4643 (aus 1647)	61	III	475,--
Taler, 1652, Dav. 4647, Divo 15	75	III-IV	400,--
Taler, 1677, Dav. 4651, Divo 18	00	III	700,--
Taler, 1727, Dav. 1784, D.T. 423, Divo 23	61	II-III	950,--
Taler, 1736, Dav. 1788, Divo 24, D.T. 422	36	III	625,--
1739	98	III	340,--
Taler, 1753, Dav. 1789, Divo 25, D-T. 421 (leichter Randfehler)	61	II-III	850,--
1768	70	II-III	700,--
Taler, 1753, Dav. 1791, D.T. 422, Divo 24 (Stempelfehler)	68	III	400,--
1756	65	III/IV	500,--
1758	42	II	700,--
1761	61	II-III	1075,--
(Randfehler)	68	II-III	600,--
Taler, 1777, D.T. 427, Cr. 36a, Divo 28	61	III	675,--
Taler, 1783, Dav. 1798, Cr. 38, Divo 31, D.T. 430	48	III	600,--
Taler, 1790, Cr. 39, D.T. 431, Divo 32	61	II-III	750,--
Neutaler zu 40 Batzen, 1813, Dav. 366, Divo 33 D.T. 18	45	II/I	475,--
	45	II	400,--
	56	II	510,--
	61	II	600,--
	61	II	475,--
	70	II	420,--
	100	II-III	400,--

Neutaler zu 40 Batzen, 1813, Dav. 366,

Divo 33, D.T. 18	04	II	550,--
	19	II-III	400,--
	19	II	450,--
(leichte Kratzer)	25	II	600,--
	28	II	410,--
	33	II	575,--
	44	I-II	650,--
1/2 Taler, 1720, Cr. 26, D.T. 436	87	III-IV	250,--
1736	82	III	330,--
1748	61	II-III	450,--
1753	85	III	270,--
	86	III	215,--
1756	33	III	200,--
1761	61	II	800,--
	73	III	335,--
	87	II-III	390,--
1768	66	III	250,--
1/2 Taler, 1758, D.T. 436 (ohne Wertzeichen)	01	III	325,--
1/2 Taler, 1776, Cr. 24, D.T. 40	42	II-III	330,--
	61	II-III	375,--
	70	II	575,--
1/2 Taler, 1779, D.T. 441	00	II	600,--
	54	III	355,--
1/2 Taler = 20 Batzen, 1813, D.T. 19	61	II	650,--
Dicken, 1629	61	III	600,--
10 Batzen, 1812, Cr. 57, D.T. 20	00	II	225,--
	61	II	220,--
	70	II	200,--
	87	II	350,--
8 Batzen, 1810, Cr. 56, D.T. 21	61	II	550,--
	70	II	310,--
XX Schillinge, 1792, Cr. 21, D.T. 448	61	I-II	650,--
1/2 Taler, 1622,	61	III	600,--
1/2 Taler, 1649, (aus 1647)	81	III	650,--
1/2 Taler, 1714, D.T. 434	61	II-III	600,--
1/2 Taler, 1720, D.T. 436a	48	III	200,--
1729	73	III	300,--

1/2 Taler, 1736, D.T. 435	00	III	210,--
1748	00	III	210,--
Batzen, 1623,	89	III	240,--
Krähenplappart, o. J., Wiel. 678 ff.	61	III	550,--
10 Schilling, 1751, Cr. 15, D.T.450	70	III	200,--
10 Schilling (4 Batzen), o. J., Cr. 55,			
D.T. 22	61	II	375,--
1811	61	I	500,--

SCHWEIZ-ZUG

Taler, 1620, Dav. 4632, Divo 69a, Wiel. 41 v.	61	III	875,--
Taler, 1622, Dav. 4633, Divo 69	61	III	525,--
	91	III	280,--
	102	IV/III	280,--
Taler, 1623, Dav. 4635, Divo 69e	61	III	975,--
1/2 Taler, 1620, Wiel. 48 ff.	44	III	330,--
	70	III	260,--
1621	19	III	210,--
	61	III	320,--
	61	III	290,--
1/2 Taler, 1622, Wiel. 51a	61	I-II	800,--
Dicken, o. J., (Zainende)	62	III	245,--
Dicken, 1609 (Henkelspur)	80	III	200,--
1610	28	III	320,--
1612	10	III	220,--
	23	III/II	390,--
	38	III	250,--
	68	III	310,--
1618	68	III	360,--
12 Kreuzer (1/2 Dicken) o. J.,	61	II-III	750,--
1/2 Dicken (12 Kreuzer), 1621	60	IV	250,--
1/2 Dicken (12 Kreuzer), 1621, Wiel. 72e	61	III	650,--
Groschen, 1568, Saurma 1717	72	III	390,--

Antike Münzen feiner Qualität
Gold- und Silbermünzen für Sammler
Schweizer Münzen und Medaillen
Ankauf – Verkauf – Schätzungen

Auktionen

Numismatische Abteilung

Bahnhofstrasse 32
8022 Zürich
Telefon 01 219 11 11

H. D. RAUCH
WIEN

AUKTIONEN
MÜNZHANDEL
ANKAUF
VERKAUF

AUKTIONSHAUS H. D. RAUCH
A 1010 WIEN 1
GRABEN 15 UND TUCHLAUBEN 6
TELEFON (0222) 633312
TELEX 076933

00	Frank Sternberg, Zürich	Nov.	1979
01	Heinrich Winter, Düsseldorf	Jan.	1980
02	Schweizer Bankverein, Basel	Jan.	1980
03	Tempelhofer Münzhandlung Heinz Senger, Berlin	Jan.	1980
04	Heinz-W. Müller, Solingen	Jan.	1980
05	Gerhard Hirsch, München	Febr.	1980
06	Galerie des Monnaies, Düsseldorf	Febr.	1980
07	H. G. Oldenburg, Kiel	Febr.	1980
08	J. M. Bickelmann, Saarlouis	März	1980
09	Karl Kress K.G., München	März	1980
10	Frankfurter Münzhandlung E. Button, Frankfurt/M.	März	1980
11	Gernot Dorau, Berlin	März	1980
12	Münz-Zentrum Albrecht + Hoffmann, Köln	April	1980
13	Wie vor - Westfälische Sammlung - Hochzeiten	April	1980
14	Wie vor - Braunschweig/Hannover	April	1980
15	Tietjen & Co., Hamburg	Febr.	1980
16	Gerhard Hirsch, München	April	1980
17	Tempelhofer Münzhandlung Heinz Senger, Berlin	Mai	1980
18	Eduard Gaupties, Augsburg	Mai	1980
19	Kurpfälzische Münzhandlung, Mannheim	Mai	1980
20	Karla W. Schenk-Behrens, Essen	Mai	1980
21	Berliner Münz-Cabinet Graupner & Winter, Berlin	Mai	1980
22	Heinz-W. Müller, Solingen	Juni	1980
23	Gerhard Hirsch, München	Juli	1980
24	Karl Kress K.G., München	Juli	1980
25	Gießener Münzhandlung Dieter Gorny, München	März	1980
26	Hans Joachim Schramm, München	März	1980
27	Partin Bank, Bad Mergentheim	April	1980
28	Galerie des Monnaies, Düsseldorf	Mai	1980
29	Christa Mohr, Münster/Westf.	Mai	1980
30	Klaus Haak, Wiesbaden	Mai	1980
31	Dr. Busso Peus Nachf., Frankfurt/M.	Mai	1980
32	Heinz Friedrichs, Rüsselsheim	März	1980
33	Dieter Koslowski, Hamburg	April	1980
34	Numismatik Lanz, München	Mai	1980
35	Tietjen & Co., Hamburg	Juni	1980
36	Gerhard Hirsch, München	Sept.	1980
37	Tempelhofer Münzhandlung Heinz Senger, Berlin	Okt.	1980
38	Nürnberger Münzauktionen G. Frank KG., Nürnberg	Okt.	1980
39	Münz-Zentrum Albrecht + Hoffmann, Köln	Nov.	1980
40	Karl Kress KG., München	Nov.	1980
41	Münzkontor (H. Spreitzer), Frankfurt/M.	Okt.	1980
42	Auctiones AG., Basel	Okt.	1980
43	H. G. Oldenburg, Kiel	Okt.	1980
44	Partin Bank, Bad Mergentheim	Okt.	1980
45	Heinz Friedrichs, Rüsselsheim	Okt.	1980
46	Bank Leu AG., Zürich	Okt.	1980
47	Dr. Busso Peus Nachf., Frankfurt/M.	Okt.	1980
48	Gießener Münzhandlung Dieter Gorny, München	Nov.	1980
49	Karla W. Schenk-Behrens, Essen	Nov.	1980
50	Hermann Lanz, Graz/Österr.	Nov.	1980
51	Kurpfälzische Münzhandlung, Mannheim	Dez.	1980
52	Gernot Dorau, Berlin	Dez.	1980
53	J. M. Bickelmann, Saarlouis	Nov.	1980
54	Berliner Münz-Cabinet Graupner & Winter, Berlin	Dez.	1980
55	Heinrich Winter, Düsseldorf	Sept.	1980

Ausklapptafel
AUKTIONS-KENNZIFFERN

56	Tietjen & Co., Hamburg	Nov.	1980
57	Dieter Koslowski, Hamburg	Dez.	1980
60	Gerhard Hirsch, München	Jan.	1981
61	Schweizerischer Bankverein, Basel	Jan.	1981
62	Tempelhofer Münzhandlung Heinz Senger, Berlin	Febr.	1981
63	Karl Kress KG., München	März	1981
64	Gerhard Hirsch, München	März	1981
65	Gerhard Hirsch, München	April	1981
66	Münz-Zentrum Albrecht + Hoffmann, Köln	April	1981
67	Karla-W. Schenk-Behrens, Essen	Mai	1981
68	Heinrich Winter, Düsseldorf	März	1981
69	Christa Mohr, Münster/Westf.	März	1981
70	Partin Bank, Bad Mergentheim	April	1981
71	Numismatik Lanz, München	April	1981
72	Adolph Hess, Luzern	Mai	1981
73	Gießener Münzhandlung Dieter Gorny, München	Mai	1981
74	Tempelhofer Münzhandlung Heinz Senger, Berlin	Mai	1981
75	Heinz-W. Müller, Solingen	Mai	1981
76	Münzen und Medaillen A.G., Basel	Mai	1981
77	Eduard Gaupties, Augsburg	Mai	1981
78	Nürnberger Münzauktionen G. Frank KG., Nürnberg	Mai	1981
79	Berliner Münz-Cabinet Graupner & Winter, Berlin	Mai	1981
80	Tietjen & Co., Hamburg	März	1981
81	Klaus Haak, Wiesbaden	Mai	1981
82	Gerhard Hirsch, München	Juli	1981
83	Karl Kress K.G., München	Juli	1981
84	Tempelhofer Münzhandlung Heinz Senger, Berlin	Sept.	1981
85	Heinrich Winter, Düsseldorf	Okt.	1981
86	Kurpfälzische Münzhandlung, Mannheim	Juni	1981
87	Heinz-W. Müller, Solingen	Febr.	1981
88	H. G. Oldenburg, Kiel	Mai	1981
89	Dr. Busso Peus Nachf., Frankfurt/M.	Mai	1981
90	Gerhard Hirsch, München	Sept.	1981
91	Nürnberger Münzauktionen G. Frank KG., Nürnberg	Okt.	1981
92	Tempelhofer Münzhandlung Heinz Senger, Berlin	Okt.	1981
93	Hans Jürgen Knopek, Köln	Mai	1981
94	Stadtsparkasse, Ludwigshafen	Mai	1981
95	Gernot Dorau, Berlin	Juni	1981
96	Karl Kress KG., München	Nov.	1981
97	Münz-Zentrum Albrecht + Hoffmann, Köln	Nov.	1981
98	Gießener Münzhandlung Dieter Gorny, München	Dez.	1981
99	Karla W. Schenk-Behrens, Essen	Dez.	1981
100	Kurpfälzische Münzhandlung, Mannheim	Dez.	1981
101	Gernot Dorau, Berlin	Dez.	1981
102	Gerhard Hirsch, München	Dez.	1981
103	Heinrich Winter, Düsseldorf	April	1981